밤

3월 1일의

3월 1일의 밤

폭력의 세기에 꾸는 평화의 꿈

권보드래 지음

2019년 3월 1일 초판 1쇄 발행
2021년 11월 30일 초판 4쇄 발행

펴낸이	한철희	주간	김수한
펴낸곳	돌베개	책임편집	윤현아
등록	1979년 8월 25일	표지디자인	김동신
	제406-2003-000018호	본문디자인	김동신·이은정·이연경
주소	10881 경기도 파주시 회동길	마케팅	심찬식·고운성·한광재
	77-20 (문발동)	제작·관리	윤국중·이수민·한누리
전화	031-955-5020	인쇄·제본	영신사
팩스	031-955-5050		
홈페이지	www.dolbegae.co.kr		
전자우편	book@dolbegae.co.kr		
블로그	blog.naver.com/imdol79		
트위터	@dolbegae79		
페이스북	dolbegae		

ISBN 978-89-7199-927-1 (93900)
책값은 뒤표지에 있습니다.

이 도서의 국립중앙도서관
출판예정도서목록(CIP)은
서지정보유통지원시스템 홈페이지(http://
seoji.nl.go.kr)와 국가자료공동목록시스템
(http://www.nl.go.kr/kolisnet)에서
이용하실 수 있습니다.
(CIP제어번호: CIP2019005590)

권보드래 지음　　　폭력의 세기에 꾸는 평화의 꿈

밤

3월 1일의

돌베
개

들어가는 글

3·1 운동을 사랑하기 시작한 지 10년이 훌쩍 넘게 지났다. 천성을 어쩔 수 없어 내 사랑은 게으르고 미지근하고 무책임했다. 3·1 운동을 생각하지 않는 날은 거의 없었으나 잠깐 떠올리곤 그뿐, 눈앞의 일과 관계를 핑계 삼아 그를 홀대하곤 했다. 사랑한다면서 한번도 극진히 마음 기울이지 못했다. 그럼에도 3·1 운동은 나날의 박자에, 생각의 갈피갈피에, 읽는 페이지마다에 따라붙었다. 3·1 운동 때문에 버나드 쇼와 E. M. 포스터와 앙리 바르뷔스를 읽었고, 3·1 운동을 위해 아이티혁명과 멕시코혁명과 이집트혁명을 공부했다. 3·1 운동은 너무나 벅찬 대상이었으나, 그를 사랑함으로써 내 생각과 존재는 조금이나마 풍요로워진 것 같다.

"3·1 운동을 공부한다고요?" 자주 들었던 말이다. 하긴 나도 그랬다. 3·1 운동을 사랑하게 되다니, 상상도 하지 못했다. 3·1 운동은 식상한 대상, 알려질 대로 알려진 대상이었다. 빚졌다는 생각은 있었지만 그 아득한 부채는 고맙다기보다 갑갑했다. 근 100년 전 일이라 3·1 운동을 겪은 사람을 맞대할 일도 없었다. 3·1 운동에 대해 무엇을 궁금해할 수 있단 말인가? 만세 부르며 태극기 휘둘렀다는 뜨거운 심장을? 그 사람들로부터 어떤 위로와 용기를 얻을 수 있단 말인가? 지금 내 삶과는 무연(無緣)한 사람들인 것을.

　사랑이란 늘 일종의 기적이다. 인과율대로 좋아하고 싫어

할 수 있다면 훨씬 수월하련만. 3·1 운동을 만난 건 2000년대 초였나 보다. 도서관에서였다. 서가를 훑다가 눈에 띄는 대로 국역(國譯)된 3·1 운동 신문조서 몇 권을 챙겼다. 딱히 관심이 깊었던 건 아니다. 1900~1910년대 '문학' 개념의 형성을 주제로 박사학위논문을 막 끝냈던 터라 그 직후에는 무슨 일이 벌어졌는지 궁금했을 뿐. 1920년대 초 문학을 '3·1 운동 이후의 절망과 퇴폐'로 설명하곤 하는 관용적 어법을 미진하게 느껴 온 탓도 있었다. 그때는 몰랐다. 가벼운 마음으로 자료를 읽기 시작한 것이 10년 넘는 길이 될 줄은.

신문조서는 놀라웠다. 자료를 대면하면 요약된 지식과 전혀 다른 세계를 만나게 된다는 사실은 익히 알고 있었지만, 3·1 운동의 경우 그 간극은 충격적이었다. 이게 내가 안다고 생각했던 그 3·1 운동이 맞나? 어린 시절부터 불변의 국경일이었던, 유관순 '누나'를 묵념하곤 했던 3월 1일, 갑남을녀가 독립만세 외치며 총칼에 맞섰다는 그 1919년 3월 1일에 시작된 사건이 이랬단 말인가? 그제서야 내가 3·1 운동을 만난 일이 없다는 사실을 깨달았다. 길 가다 엇갈리면 멀리서 고개 한번 숙여보이고 걸음을 재촉하곤 했으니. 그의 얼굴을 본 적도 없고 목소리를 들어본 일도 없었다. 그는 나를 알아보았을까? 내게 할 말이 있었을까?

처음 본 3·1 운동의 얼굴은 미추(美醜)가 분간되지 않았다. 신문조서 속 사람들은 독립이 무슨 뜻인지 몰랐다고 우기고, 집에 불지르겠다고 위협당해 만세 불렀다고 발뺌하고, 뒤 보느라 시위대열에서 빠져 돌아왔노라고 변명하고 있었다. 그런가 하면 바로 그 사람들이 손가락 잘라 피를 내어 독립만세기를 만들고, 몰래 등사기 장만해 새벽마다 격문을 돌리고, 총 맞아 이웃이 죽었는데도 다음날 또 헌병주재소를 향해 행진해 가고 있었다. 신문조서를 독파하면서 자주 멍해지곤 했다. 이 사람들은 도대체.

당최 가늠이 되지 않았다. 조야하면서 장엄하고, 난폭하면서 고귀하고, 무지하면서 드높은, 이들은 누구인가? 익숙한 방법으로 이 놀라운 세계에 접근할 수 없다는 건 분명해 보였다. 이후 몇 년은 좌충우돌의 시기였다. 한동안 1910년대 『매일신보』를 읽다가 그보다 오래 1920년대 초 신문과 잡지를 보았다. 부산물이었달까. 『연애의 시대: 1920년대 초반의 문화와 유행』과 『1910년대, 풍문의 시대를 읽다: 『매일신보』를 통해 본 한국 근대의 사회·문화 키워드』라는 책도 냈다. 그때만 해도 2009년 정도면 3·1 운동에 대해 내 시각을 가질 수 있으려니 했다. 역사학도가 아닌 문학도라 1차 자료에는 어설프지만 전후의 사회·문화적 맥락을 보충하면 3·1 운동을 새롭게 해석해볼 수 있겠거니 싶었다.

뜻 같지 않았다. 2009년쯤 되니 3·1 운동에 닿으려면 오래 걸어야겠다는 실감이 분명해졌다. 3·1 운동을 알려면 제1차 세계대전을 공부해야겠다는 생각을 한 것도 그즈음이었나 보다. 3·1 운동 90주년이라 모처럼 3·1 운동에 대해 마음껏 생각하고 토론할 기회를 가진 직후였다. 3·1 운동 속 그들이 봤던 세계를 나도 보아야 하지 않을까. 다 미치지는 못하겠지만 가까이라도. 그러나 그렇게 정한 걸음은 길을 찾기보다 잃어버리는 데 능해서, 종종 3·1 운동을 잊고 멀리서 그곳 풍경에 홀려 있곤 했다. 제1차 세계대전 연구자들이 「상심의 집(Heartbreak House)」을 언급하곤 하는 게 궁금해 쇼를 넘기다가, '오직 연결하라……'는 말이 의아해 포스터 장편을 섭렵하다가, 전후 최대 베스트셀러 작가라는 말에 바르뷔스 번역본을 구해 읽다가, 각각 유쾌하고 정직하고 투박한 그들의 헌신에 마음 가는 대로 오래 머물렀다.

한편으로는 봉기의 역사가 궁금해져 프랑스혁명과 아이티혁명을, 사회주의가 가늠되지 않아 러시아혁명과 중국혁명을, 제3세계에 대한 무지를 면하고자 라틴아메리카와 인도차이나의 역사를 들춰보았다. 제1차 세계대전을 통해 역사를 다시 이해하게 됐고, 1910년대가 혁명의 연대였다는 상식을 뒤늦게나마 깨닫게 되었다. 1910년 멕시코혁명, 1911년 신해혁명, 1916년 아일랜드의 부활절봉기, 1917년 러시아혁명, 1918년 독일혁명, 1919년 이집트혁명과 헝가리혁명과 중국 5·4 운동…… 그런 세계사적 변동에 눈감은 채 3·1 운동을 이해하긴 어려우리라고 생각하게 되었다. 문학 연구자로서 훈련받은 토대를 완전히 벗어나는 게 아닌가 난감했지만, 돌이키게 되질 않았다.

3·1 운동을 어떻게 불러야 할지도 간단치 않았다. 3·1 운동은 한때 '3·1 혁명'이라 불렸고 북녘에서는 '3·1 인민봉기'라 칭해지는 사건이다. 근년에는 '3·1 만세운동'이라는 표현이 늘어나고 있다. 1919년 3월 1일 '민족대표 33인'이 발표한 선언서는 '3·1 독립선언서' 또는 '기미독립선언서'라고 지칭된다. 이 책에서는 이에 대해 어떤 적극적 주장도 하지 않았다. '이름의 정치학'은 지금 내가 감당할 몫이 아니라고 생각했다. '3·1 운동'과 '기미독립선언서'라는 명칭을 선택했으나, 그 명명법의 근거는 순전한 실용주의다. 반복해 써도 자연스럽다는 이유로 '3·1 운동'을, 다른 선언서들과 구별 효과가 뛰어나다는 이유로 '기미독립선언서'를 택했다. 특히 후자는 우파적 함의가 짙지만 개의치 않았다. 그를 어

8

떻게 명명할 것인지는 3·1 운동에 대한 토론이 좀 더 활발해진 후의 과제로 돌렸으면 했다.

"3·1 운동을 공부한다고요?" 이 질문에서 '당신이?'라는 뜻을 감지할 때도 종종 있었다. 문학 전공자가 아니냐, 문화사적 연구를 해왔다지만 역사학자는 아니지 않으냐, 3·1 운동처럼 역사학의 핵심 영역에 속하는 주제를 과연 다룰 수 있겠느냐…… 그런 뜻으로 알아들었다. 당연한 의구심이다. 3·1 운동에 빠져 어지간한 관습을 무시하기에 이르렀지만 '그 역시 네 사랑을 바라겠느냐'는 질문은 쓰라렸다. 과연 그랬다. 그에게 어떻게 접근해야 하는지 알지 못했다. 어떤 자료와 어떤 논문에서 출발해야 하는지조차 낯설었다. 매일같이 자료 속에서 길을 잃었다. 그의 귓불은 보고 또 보았을지라도 얼굴 전체를 음미할 만한 시야를 갖추지 못했다. 3·1 운동에 대해 여러 편의 글을 썼지만 지금 읽으면 낯 뜨거울 뿐. 아무도 못 보게 파묻어버리고 싶은 심정이다.

9

섭렵한 자료의 절대량부터 적었다. 3·1 운동에 이르기 위해 내가 주로 이용한 자료는 3·1 운동 당시의 신문조서와 재판기록, 그리고 일본외무성과 육해군성 문서 중 '조선소요사건관계서류'다. 각각 『한민족독립운동사자료집 11~27』(국사편찬위원회, 1990~1996), 『독립운동사자료집 5: 3·1 운동 재판기록』(독립운동사편찬위원회, 1971), 『한국민족운동사료: 삼일운동편 1~3』(국회도서관, 1979)으로 탈초(脫草)·번역되어 있다. 다 모아도 1만 쪽이 채 되지 않을 분량이다. 탈초되지 않은 원본 자료는 거의 보지 않았고, 번역이 미심쩍을 때도 원본과 대조한 일이 드물었다. 사랑한다면서 어지간히 불성실했던 셈이다. 다양한 기관 및 개인이 정리·편찬한 자료를 힘닿는 대로 활용했고, 『매일신보』, 『학지광』, 『개벽』을 비롯해 신문·잡지를 생각나는 대로 참고했지만, 그렇다고 그의 이해를 구할 수 있을지 모르겠다.

　　3·1 운동 및 관련 주제에 대해서는 많은 수집·정리·번역이 나와 있어 뒤에 시작한 자로서의 혜택을 누렸다. 앞선 연구에도 크게 힘입었다. 어지간히 궁벽한 주제라고 생각하고 찾아보았는데 고마운 논문을 발견하고 한숨 돌린 일이 한두 번이 아니다. 대부분 2010년대에 나온 연구였다. 인문학의 위기라지만 많은 연구자들이 묵묵히 작은 주제들에 착심한 결과일 터이다. 그때마다 요즘 연구 경향이 자폐적이라며 툴툴대던 순간이 부끄러워지곤 했다. 내 사랑은 과연 게으르구나. 다들 열심히 일하고 사랑하고 있구나. 그렇지만 가끔 방대한 자료가 중복 수집·번역된 걸 볼 때면 속이 쓰렸고, 연결시키면 좋을 논의가 뿔뿔이 산포돼 있는 장면에 부딪힐 때면 그 미연(未然)의 인연에 안타까워지곤 했다.

　　한편으로 3·1 운동은 자료량이 막대한 데 비해 사료 비판은 거의 없는 난감한 대상이었다. 사망자 수 집계가 553인과 7,509인으로 열 배 이상 차이가 나는 데서 시작해, 3·1 운동에 대한 기록과 기억은 숱하게 어긋나고 충돌한다. 독립선언서를 2만 1,000매를 인쇄했다는 건지 3만 5,000매를 인쇄했다는 건지, 경운동 78번지에 보관했다는 건지 88번지였다는 건지, 노동자들의 첫 시위가 3월 1일 자정에 있었는지 3월 2일 정오에 있었는지. 자료와 씨름하면서 계속 부딪힌 문제다. 결국 불가피하게 선택을 해야 할 때 나를 움직인 기준은 '역사적 사실'보다 '문학적 구성'이었다. '가능한 사실'의 범위를 벗어나지 않으려고 노력했으나, 명백하게 신뢰도가 떨어지는데도 글의 기초로 삼은 자료가 없지 않다. 그때마다 각주를 달아 오해를 최소화하도록 유의했다.

3·1 운동은 낮, 장터, 태극기로 표상되지만, 다른 한편 밤의 사건이요 산 위에서 만세 부른 사건이며 독립만세기를 휘날린 사건이다. 어디서는 3월 초로 끝났지만 어느 지역에서는 12월에야 시작된 사건이자, 누구에게는 성대한 평화시위로, 다른 이에게는 면사무소를 습격한 경험으로 남은 사건이기도 하다. 그만큼 3·1 운동의 얼굴은 여럿이다. 하긴 그토록 많은 이들이 3·1 운동에 뛰어들었으니. 식민권력의 통계로도 약 60만에서 100만이 참여했다고 할 정도다. 역시 식민권력의 인구통계 약 1,600만을 적용하면 전 인구의 3.7퍼센트에서 6.2퍼센트 정도가 된다. 이후의 어떤 사건도, 1960년의 4·19혁명이나 1987년의 6·10 민주화운동도 그만한 참여도에 이르지 못했다. 3·1 운동 때는 교통·통신이 미비했고 전국적 조직이나 지도체도 없었는데 말이다.

    1919년 3월 1일 오후 전국 일곱 개 도시에서 독립선언식이 거행됐다. 한반도 전역에서 이어질 시위와 봉기가 시작된 순간이었다. 봄철 내내, 낮에 장터에서 태극기 휘날리며. 그러나 한편으로는 '3월 1일의 밤'부터 이어진 밤의 사건도 숱했다. 3월 1일 밤 서울에서는 수백 명 노동자가 만세를 불렀고, 평양에서는 수천 명이 낮보다 성대하게 악대 앞세우고 등불 손에 든 채 시내를 행진했다. 연구자에게야 익숙하지만 일반적으로는 잘 알려지지 않은 사건이다. 3·1 운동의 밤은 다채롭다. 3·1 운동 속 그들은 어스름녘 시내에서 전차에 투석하고, 어둠이 짙어질 때 뒷산에서 봉화 올리고, 밤 깊어갈 무렵 모여서 산 너머 주재소를 향하곤 했다. 그들은 잘 알려진 시공간을 벗어날 뿐 아니라 익숙한 인식론도 동요시킨다.

밤은 사랑의 풍요로운 토대다. 밤은 원근(遠近)을 잠재우고 형태를 묻어버린다. 멀고 하찮았던 존재가 성큼 다가오게도 한다. 3·1 운동 속 그들을 조명할 때도 '3월 1일의 밤'에 가까운, 덜 알려진 사람들을 우선했다. 3·1 운동 한복판에 서 있던 축보다는 만세 한번 부르지 않았지만 평생 영향받은 축을 택했다. 만세 한번 불러보지 못한 박화성, 시위 행렬 따라다닌 것이 고작인 정칠성, 그리고 3·1 운동 때 돌 한번 던지곤 다시는 역사에 떠오르지 않은 수많은 무명씨들 — 그들에게 3·1 운동이 어떤 경험이었는지를 설명해보고 싶었다. 그들에게도 3·1 운동이 종생토록 생생한 사건이었음을 읽어낼 수 있었으면 했다.

12 사랑은 앎에의 명령이다. 그를 잘 모르면서도 위로와 용기를 얻지만, 그를 매일 만나는데도 더 알고 싶어진다. 좀 더 잘 알려는 욕망은 사랑의 핵심적 동력이다. 그렇지만 3·1 운동에 대해서는 정확한 앎이 도통 불가능할 때가 자주 있었다. 숫자에 어둡고 세부에 취약한 내 탓도 컸다. 평양과 의주 상황을 헷갈리고 계봉우와 이인섭을 혼동하는 등 초보적 실수를 얼마나 반복했는지 모른다. 그러다 그 '길 잃은' 실감을 적극적으로 활용하자는 생각을 하게 됐다. 어쩌면 3·1 운동은 길 잃는 게 당연한 사건일지 모른다고 여기게도 됐다. 어떨 때는 종이공예하듯, 어떨 때는 조각보 만들듯 글을 썼다. 종이를 겹겹이 덧붙이고 천을 조각조각 모으듯 어떤 사건은 중첩해 썼고 어떤 사례는 부(部)와 장(章)을 건너뛰어 흩뿌렸다.

나아가 한반도와 세계를, 역사적 사실과 문학적 허구를 매개 없이 병치했다. 「기미독립선언서」를 논하다 체코슬로바키아와 아일랜드 선언서를 분석하고, 3·1 운동기 여성들을 논하다 후일담 소설의 여성 주인공들을 바로 곁에 세웠다. 3·1 운동을 설명하는 개념으로 '직접성'과 '무매개성'을 동원했으니 꼭 부적절한 구성은 아니라고 생각한다. 19세기 후반 이래 역사를 지배해온 것이 개별―특수―보편, 나―가족―민족(국가)―인류라는 매개의 변증법이었다면, 3·1 운동은 그 안과 밖을 가로지른 사건이다. 3·1 운동의 그들은 민족(국가)과 탈민족(국가)을 동시에 꿈꾸었고, 대표―의회정치와 자치적 질서를 동시에 지향했으며, 역사―진보와 유토피아적 파국을 동시에 추구해 나갔다.

매개되지 않고 대표되지 않는 세계가 가능할까. 무한히 다채로운 힘을 조직할 수 있는 다른 질서를 찾을 수 있을까. 오늘날 우리도 3·1 운동 속 그들과 마찬가지. 매개의 변증법 너머를 개척해야 할 상황에 처해 있다. 민족(국가)을 넘고 의회정치를 넘고 역사―진보의 관념을 넘어서. 그러니까 혹시, 3·1 운동에 대한 사랑은 나 자신에 대한, 우리 자신에 대한 사랑으로도 돌아올 수 있지 않을까.

13

집필 막바지이던 어느 날 밤은 자리에 눕는데 눈물이 났다. 3·1 운동에, 그 사람들에 미안해서. 내 사랑과 능력이 이것밖에 안 되는 것이 죄스러워서. 더 많은 자료를 읽었더라면, 역사학의 기초 훈련을 받았더라면, 이론적 문제의식이 더 정확하고 섬세했더라면. 그래도 3·1 운동 속 그들처럼 계속 갈 수밖에 없었다. 부족하더라도 한번 시작한 사랑에 일단락을 지어야 했다.

갖춰야 할 예의를 제대로 갖추진 못했다. 그간의 게으름을 만회하려고 주변을 퍽이나 괴롭혔을뿐더러, 100주년에 맞추겠다며 세부를 얼버무리는 무리도 범했다. 막판 자료유실까지 겹쳐 미주 등에 부족한 흔적이 많이 남았을 줄 안다.

이 책의 각 부별 구성은 내가 3·1 운동을 이해하기 위해 밟아본 여러 갈래 길을 그대로 따랐다. 제1부는 3·1 운동을 사회적 상상의 재구성으로 이해하고자 한 시도의 결과다. 제2부에서는 1910년대부터 이어지는 사상·문화적 연속선 위에 3·1 운동을 위치시키려 했고, 제3부에서는 3·1 운동의 봉기 양상 자체를 다루었으며, 제4부에서는 1910~1920년대의 문화사를 3·1 운동의 자장 안에서 재평가하는 접근법을 택했다. 3·1 운동의 공간적 축과 시간적 축을 확대하고 문화론적 접근을 채택한 것이 방법론적 요체라고 할 수 있겠다.

부족한 대로, 3·1 운동이 태어난 100주년을 맞아 책을 끝맺을 수 있게 돼 다행이다. 그를 만나기 전보다 그를 더 잘 알게 된 건 아니지만, 여기에나마 이르고 나니, 끝내 알 수 없으리라는 사실을 예감했기에 그를 사랑했다는 생각이 든다.

개인적으로 2018년은 꽤 다사다난했다. 한 해를 큰 탈 없이 넘길 수 있게 해줬다는 점에서도 『3월 1일의 밤』은 고마운 책이다. 3·1 운동을 생각하기 시작한 지 10여 년. 만난 인연, 신세진 관계가 어찌 한둘이랴마는, 작년 그 상황 속에 함께 처했던 사람들부터 이 책을 읽어준다면 좋겠다. 저마다의 사연과 상처와 갈망은, 비판받고 교정되어야겠지만, 남루할 수밖에 없는 우리 생애에서 인간이고자 하는 시행착오의 경로다. 여전히 거의 대부분이 인간이고자 하는 이 기적. 그 때문에 무시무시한 오류와 거대한 악덕을 저지르곤 하지만 그럼에도 인간이길 갈망하는 기적. 그것은 곧 3·1 운동을 만들어낸 기적이다.

이 서툰 책을 빚어내는 데 신세를 많이 졌다. 여러 해 전 한국연구재단의 인문저술지원이 책의 밑거름이 되었고, 10여 년 동안의 여러 인연이 책의 갈피갈피를 지어냈다. 그러나 이 책이 때맞춰 나올 수 있게 된 것은 순전히 편집자 덕이다. 돌베개출판사와 인연 맺은 지도 10년이 훌쩍 넘었다. 내게 돌베개는 겪을 때마다 '극진하다'는 형용사를 절로 떠올리게 하는 곳이다. 10여 년 전 얄팍한 책 한 권 기획하면서 어지간히 늑장 피운 데서 시작해, 이 책을 두고는 더더구나 하냥 게으름이었는데, 늘 기억하면서도 한 번도 채근하지 않고 꾸준히 기다려주신 데 대해 깊이 감사드린다. 미흡한 글에 멋진 '책'으로서의 형태를 갖춰주신 디자인팀 분들께도 고맙다. 막바지 두 달여를 동지로서 함께 달려주신 편집자 윤현아 선생께는 더더구나 감사의 말을 이루 다할 수 없다. 역시, 극진한 마음이야말로 최대의 힘의 원천이다.

15

차례

3·1 운동 전후 국내외 주요 사건

국외
국내

1910

8. 29. 한일 강제병합

1912

6. 23. '105인 사건' 1심 공판 시작

8. 토지조사령 발포

1915

9. 11. 시정 5주년 기념 조선물산공진회 개막

11. 4. '최후의 의병장' 채응언 사형 순국

1917

10. 대한광복회 사건

하와이 국민총회,

세계약소민족회의에 대표 파견

1918

8. 부산 항만 노동자 파업

경성전기회사 노동자 파업

8. 28. '조선판 쌀소동' 종로에서

1,000여 명 시위

1910-1915 ─────── 1916-1918 ───────

1911

10. 10. 신해혁명

1912

7. 30. 일본 다이쇼천황 즉위

다이쇼정변

1914

7. 28. 제1차 세계대전 개전

1915

8. 2 타이완 서래암 사건

1916

4. 24. 아일랜드 부활절 봉기

11. 6. 폴란드 독립선언

1917

11. 6. 러시아 볼셰비키혁명

1918

7. 23. 일본 '쌀소동'

1. 미국 윌슨 대통령

'14개조' 평화원칙 발표

8. 2. 일본, 시베리아 파병

10. 21. 체코슬로바키아 독립선언

11. 09. 독일혁명

11. 제1차 세계대전 종전

1. 21. 고종황제 사망
2. 8. 도쿄의 조선인 유학생들
「2·8 독립선언서」 발표

3. 1. 서울·평양 등 전국 7개 도시에서
독립선언식
3. 황해도 수안, 최초 대규모 인명 희생
3. 신한청년당 대표 김규식 파리 도착
5. 남대문역 학생시위
22. 서울 노동자대회
28~4. 11. 경기·충청 지역 시위 절정

4. 11. 대한민국 임시정부 임시의정원 출범
15. 경기도 수원 제암리 학살 사건

1920

4. 11. 조선노동공제회 창립
9. 2. 강우규 폭탄투척사건
10. 21~26 청산리전투
11. 9. 중국 지린성에서 의열단 결성
10. ~1921. 4. 경신참변

──○── **1919** ────────○── **1920-1922** ──

1. 18. 파리평화회의 개막
1922
3. 2. 제3인터내셔널 창립
1921. 11. 12~2. 6. 워싱턴회의
9. 이집트혁명
1. 21~2. 2. 극동피압박민족대회
21. 헝가리 볼셰비키혁명
5. 이광수「민족개조론」 발표

4. 23. '한성 임시정부' 주도자들
국민대회 개최
13. 인도 암리차르 학살

5. 4. 중국 5·4 운동
6. 28. 파리평화회의 폐막

일러두기

1. 맞춤법과 외래어 표기는 국립국어원의 용례를 따랐다. 다만 국내에 이미 굳어진 인명과 지명이라고 판단한 경우에는 통용되는 표기를 썼다.

2. 단행본, 정기간행물, 박사학위논문에는 겹낫표(「」)를, 단편 및 시, 석사학위논문, 소논문, 기사에는 낫표(「」)를, 영화, 미술작품, 노래명에는 홑꺾쇠(〈 〉)를 썼다.

3. 일본어·중국어 외 다른 외국어에 대해서는 영어 알파벳으로 표기하는 것을 원칙으로 했다. 독일어·프랑스어의 경우 예외적으로 해당 언어의 표기를 따랐다. 3·1 운동 당시 베트남 인명은 한자를 병기했다.

4. 국내 인물의 본명·필명·가명 등이 각기 다른 경우, 가장 알려진 이름이라고 판단된 것을 우선하고 장별 첫 등장 시 괄호 안에 함께 표기했다. 다만 글의 맥락상 이름의 변화가 중요한 경우 복수로 표기했다.
   예 송영(송무현)(299쪽 등)/ 이발(이승교)(149쪽 등)
   예 정금죽-정칠성(391쪽)/ 정지현-정백(510쪽 등)

5. 외국 인명은 장별 처음 등장할 때는 모두 원어를 병기하되 서양 인명의 경우 퍼스트네임은 이니셜만 표시했다. 또한 일본 인명은 장별 두 번째 등장부터는 성만 따서 표시했다. 3·1 운동 당시 인물에 한해, 일본인 단순 관련자들의 경우 성만 밝혀 적었다.

6. 일본 잡지나 신문명의 경우 고유명사에 해당하는 부분만 일본어 발음대로 적었다. 중국 잡지와 신문명은 한자 발음대로 표기했다.
   예 『오사카마이니치신문(大阪每日新聞)』/ 『신청년(新靑年)』

7. 일본과 중국의 지명이나 연호는 소리나는 대로 적는 것을 원칙으로 했으나 다른 표기가 관용화돼 있는 경우는 그에 따랐다.
   예 무창(武昌) ⇒ 우창(武昌)(257쪽)

8. 국가명, 지명, 기관·단체명은 3·1 운동 당시를 기준으로 표기했다. 다만 국가명의 경우 필요에 따라 복수의 명칭을 썼다.
   예 오스트리아-헝가리 제국/ 오스트리아 제국

9. 인용문의 경우 필요에 따라 한글과 현대어 표기로 바꾸고, 띄어쓰기 역시 본문 내 통일하는 것을 원칙으로 삼았다. 또한 순한글 인용 시 필요하다고 판단한 경우 한자 병기를 추가했다.
   예 개탁(開坼)(409쪽)

10. 인용문 중 지은이가 첨언한 부분에는 [ ]를 썼다.

11. 같은 단락 내에서 동일한 책을 인용했을 경우, 가장 마지막 부분에 통합해 출처를 밝혔다.

3·1 운동 그리고 세계

제1부

1장.
선언

현재가 된 미래

며칠 후. 질화로에다 밤을 구워 먹으면서, 자자
한 소문을 들어 포달이가 죽을 때,
"나는 조선 백성이다!"
만세 소리와 함께 이렇게 부르짖으며 숨을 거두
었다는 것을 알았다. 소년은 흰 바지저고리와
그것을 빨갛게 물들인 피, 피를 연상하였다. 혼
곤하게 연상하였다.
(…)
만약 나는 조선 백성이다, 한 것이 농민의 입에
서는 나올 것 같지 않은 부자연한 소리라면 애
초부터 독립만세 소리 그 자체도 그러하였다.
그러나 아버지 어머니나 부르고 지게목을 두드
리며 양산도나 하던, 아무것도 모르는 농민들의
입에서 실제로 독립만세 소리가 나오지 않았느
냐. 그때 전 민족의 가장 많은 희생을 받은 것도
농민이었다.

/ 안회남, 「폭풍의 역사」(1947)

1919년 3월 1일 서울, 중앙학교생 채만식

1919년 3월 1일, 당시 중앙학교 2년생이었던 채만식은 2시를 막 넘겨 탑골공원에 도착했다. 독립선언식은 즉흥적인 대로나마 예정된 시각에 거행되어 "만세!" 소리가 막 터져 나오고 있는 참이었다. 서울 시내 중등학교 및 전문학교 학생들이 주동이었다. 종교 조직이 선언서 지방 배포에 주력한 데 비해 학교 간 연락망은 당일 인원 동원을 목표로 했던 터다. 그러나 1919년 당시 서울의 해당 교육기관에 재학하고 있던 학생 수는 2,000명 미만에 불과했다. 인원 동원의 경계는 거기까지였다. 공원 주변에 숱한 인파가 웅성거렸겠지만 그 대다수는 선언식에 대해 전혀 알지 못했던 단순 상경객이었다.

3월 3일에 있을 고종의 장례 및 그 습의(習儀)에 참석하기 위해 상경해 있던 사람들은 이 '소동'을 보며 처음에는 아마 어리둥절했을 것이다. 상복 복제가 공포되지 않았음에도 자발적으로 백립(白笠)을 쓰고 '인산(因山) 구경' 차 상경한 촌로들, 그들 중 하나가 채만식에게 물었다. "여보 학생, 이 웬일이요?" 채만식의 대답은 간결했다. "조선이 독립이 되었습니다." 70세도 넘어 뵈는 노인은 잔뜩 겁먹은 얼굴이었는데, 채만식의 말을 듣고는 "당장 표정이 환희"로 바뀌었다. 감정에 복받친 듯 "어? 허어! 그럼…… 그럼"하며 더듬거리더니 이내 지팡이를 높이 쳐들곤 "나두 만세! 만세!"하고 부르짖었다.[1]

이 촌로는 그 후 수십 일을 어떻게 경험했을까? 아마 시위 행렬에 합류해 서울 시내를 활보했을 것이고, 수천수만의 군중이 '독립만세'를 외치는데도 헌병과 경찰이 수수방관하는 것을 목격했을 것이다. 서울에서 시위대에 대한 무력 진압은 3월 5일 학생

시위 이후에야 본격화된 만큼, 3월 3일 고종의 장례 후 바로 귀향했다면 그는 '해방된 서울'만을 목격했기 쉽다. 독립선언서 한두 장을 손에 넣을 수도 있었겠다. 『(조선)독립신문』(이하 『독립신문』)을 보고 "전 국민이 제씨(諸氏)['민족대표' 33인]의 본래의 뜻을 관철하기 위하여 일체 향응(響應)"한다는 소식을 접했을지도 모른다. 총독부의 각종 경찰·행정기관이며 교통·통신 등이 건재한 것을 보았겠지만, "조선이 독립이 되었습니다"라던 학생의 말을 반박할 증거를 찾기는 어려웠으리라.

고향에 돌아가 그는 '독립'과 '만세'를 전달한 수만·수십만의 입 중 하나가 되었을 것이다. '독립'과 '만세' 사이의 관련은 어떻게 설명했을까? 독립되었으므로 만세를 불렀다고? 독립하고자 만세를 불렀다고? 혹은 다른 설명법을 동원했을까? 아마 다소의 한문 지식이 있었을 테니 어렵잖게 읽어냈을 독립선언서는 어떻게 받아들였을까? "오등(吾等)은 자(玆)에 아(我) 조선의 독립국임과 조선인의 자주민임을 선언하노라." 식상해 보이는 이 첫 문장은 천 갈래의 파문을 일으킬 수 있다. 선언하노라? 독립과 자주는 이미 기정사실이란 말인가? 아니면 오지도 않은 미래를 당겨쓴단 말인가? '선언'이라는 이 낯선 단어는 무엇인가?•

28

• 「기미독립선언서」의 '선언'은 당시 'proclamation'으로 번역됐다. 오늘날 영문 번역에서는 주로 'declaration'을 채택한다. '공산당선언'(1848), '파시스트선언'(1919), '초현실주의선언'(1924) 등 'manifesto'라는 표현을 쓴 경우와는 차이가 있다. 모두 '선언'으로 번역되지만 그 어원에 있어 'declaration'은 경합 속에서 권리를 주장한다는 의미가, 'proclamation'은 소리 높여 의견을 공표한다는 의미가, 'manifesto'는 공공연하게 입장을 밝힌다는 의미가 깃들어 있다. '미래를 당겨 쓰겠다는' 의지는 manifesto에서 가장 분명하다. 미국의 독립선언이나 프랑스의 '인간과 시민의 권리선언'에서는 'declaration(déclaration)'을 선택했는데, 그것은 군주가 행사하는 주권적 능력을 환수하겠다는 의지를 담은 명명법이었다.

'독립'과 '만세'의 선후 관계

채만식이 만났던 촌로가 시위에 참여했다 체포됐다면 신문 과정에서 그는 '독립이 됐다고 들었노라'고 진술했을 터이다. 그 혼자만이 아니었다. 전국 곳곳에서 많은 사람들이 비슷한 곡절을 겪었다. 3월 1일 오후 1시 평양에서 열린 집회 명칭은 아예 '독립 축하회'였다. 경찰과 헌병이 방관하는 가운데 성 안으로 진입, 축하회를 거행한 군중에게 독립은 이미 현실이었다. 관공서 앞에 독립선언서가 붙었고 연도에 태극기가 휘날렸다. 군수가 '독립됐다는 소문이 있는데 사실이냐'는 공식 문의를 보냈을 정도다.[2] 실제였는지 조작이었는지 의문이나, 평안남도 일원에서는 군수와 경찰서장 연명으로 조선독립을 알리는 문서가 면장과 구장(區長)에게 교부되기까지 했다.[3] 주민들이 면사무소나 헌병주재소로 몰려가 조선이 독립된 만큼 총독부 기관은 필요 없으니 당장 조선 땅에서 물러가라고 요구하는 일도 빈번했다.

대중은 독립 소식에 환호했다. 논리와 근거도 발전시켰다. "조선이 독립됐다 하여 독립만세를 외친 것"이라고 설명한 사람들이 많았지만, "역사 있는 나라와 인구 500만 이상의 나라로 타국의 속국인 나라는 남김없이 해방된다는 소식에 만세를 불렀던 것"이라고도 했고 "금번 만국 강화회의에서의 민족자결론이 타국의 속령인 나라는 해방된다고 천명한 바 있어 조선 경성에서도 민족대표 33인이 조선의 독립을 선언하였고 전 국민이 만세를 외침에 따라서 피고 역시 독립만세를 불렀던 것"이라고 상세히 부연한 이도 있었다. 황해도 봉산군 사원면에서 만세 부른 31세의 농민 김승신은 "만국 강화회의에서 조선독립이 승인됐다는 소식이 전해져 처음에는 이 지역 경찰관도 만세대열에 참가했기에

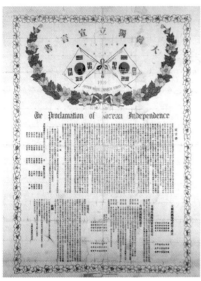

30

미국 하와이 대한인국민회에서 1919년 4월에 발행한 인쇄물 '대한독립선언
서'(1)와 역시 1919년 4월 북미에서 발행된 것으로 알려진 「기미독립선언서」 영
어 번역(2). 왼쪽 선언서에는 '선언서(기미독립선언서)' 및 '대한민국 임
시헌장 선포문'과 '대한민국 임시헌장' 등을 실었다. 태극기와 무궁화
문양을 화려하게 장식하고 'The Proclamation of Korean Inde-
pendence'라는 영문을 큰 글자로 배치한 것이 눈에 띈다. 〈2〉의 번역
은 현순이 이광수와 협력해 완성한 것으로 알려져 있다. "오등은 자에
아 조선의 독립국임과 조선인의 자주민임을 선언하노라"는 첫 문장은
"We herewith proclaim the independence of Korea and the
liberty of the Korean people"로 번역했다.

(…) 조선의 독립은 이미 확정된 것으로 알고" 그랬다고 설명했고, 평산군 보산면에서 홀로 만세를 부르다 체포된 68세의 농부 고군삼은 "장을 보러 나갔다가 경성에서 내려온 과객이 전하는 말을 들으니 금번 파리평화회의에 의해 조선독립이 승인됐다는 것인즉 그 기쁨은 산보다도 바다보다도 크고 벅차 종일 축배를 들고 취흥이 도도하여 두 손을 들고 춤을 추며 조선독립만세를 두어 번 외쳤"다고 진술했다.[4]

독립됐다는 소문은 '예언적 소문(prophetic rumor)'[5]으로서 종종 독립과 방불한 현실을 불러왔다. 평안도 일부 지역에서는 일시적으로 해방구가 조성돼 주민 자치가 탄생했다. 순천군 신창면에서는 면장과 교섭, 면사무소에 '대한독립운동준비사무소'라는 간판을 달고 태극기를 게양했고, 선천군 운종면 신미도에서는 면사무소를 인수해 20여 일간 자치적 행정 사무를 집행했으며, 의주군 옥상면에서도 자치민단이 면사무소 비품 및 자금을 압수한 후 10여 일 동안 자치 업무를 보았다.[6] 가히 '독립되었다'고 믿기에 부족함 없는 현실이었다. 군수나 경찰서장이나 면장마저 혼선을 일으켰을 정도니 헌병보조원이라든가 순사보와 면사무소 서기 등 조선인이 담당했던 말단의 군사·행정직에서는 더했을 것이다. 시위가 잠잠해진 후에도 한동안 '독립 이후'를 기대 혹은 염려해 사표를 제출하는 이들이 속출했다.[7]

'이미 독립'했다는 소문이 '곧 독립'한다는 소문과 뒤섞이면서 일부 지방이 먼저 독립했다거나 며칠 내 독립이 확정되리란 말도 돌았다. 충남 부여군 임천면에서는 천도교도 일곱 명이 헌병주재소를 방문, "경성은 이미 독립했다. 그러하니 우리에게도 독립의 권리를 부여하라"고 요구했다.[8] 그 인근 지역에서는 4월 10

일 독립설이 기세 좋게 번져갔다. 기대했던 날짜가 지난 후에는 더 많은 지역에서 6월 독립설이 퍼졌고 늦어도 파리평화회의 종료 때까진 독립되리라는 소문이 파다했다.[9] 파리평화회의가 마무리된 것은 1919년 6월 28일이다. 적어도 이때까지, 더 늦게는 1922년 2월 워싱턴회의가 끝날 때까지 '독립'에의 기대는 소진되지 않은 듯하다.

그러나 시간이 흐르면서 조선이 독립했다는 소문은 오보이거나 적어도 곡절이 복잡한 것이라는 사실이 분명해졌다. 독립됐으니 행정기관을 내놓고 떠나라며 쇄도하던 군중 중에도 희생이 잇따랐다. 허나 인명 피해에도 불구하고 소문은 끈질겼다. 잠시 수십 년을 건너뛰어 소설가 김송이 「무기 없는 민족」(1946)에서 묘사한 해방기 상황과 비교해보자. 세계사로 시야를 넓혀 제2차 세계대전 당시 독일이 항복한 직후를 떠올려 봐도 좋겠다. 최고 통수권자가 항복을 선언한다 해도 그 효과가 단숨에 전 조직에 닿는 것은 아니다. 시차가 있을 수밖에 없고 단말마(斷末魔)의 저항이 있을 수밖에 없다. 1945년 5월 8일 이후에도 유대인을 학살한 독일군들이 있었고 8월 15일 이후에도 조선인에 총격을 가한 일본군들이 있었다. 라디오 등으로 항복 소식이 빠르게 전파된 1945년에도 그러했으니, 만약 1919년이었다면, '독립'이나 '해방'이 선포됐다 해도 그것이 방방곡곡에서 현실화되기까지는 더 시간이 필요했으리라.

'독립했다'는 소문과 예전 그대로인 현실 사이에서 적잖은 조선인들이 그런 이해 방식을 동원했다. 조선독립이 성취되었으나 일본이 거기 반발하고 있다고 판단한 것이다. 경기도 양주군 별내면에 살았던 유생 유해정의 사례는 전형적이다. 19세에 불과했던 그는 3월 말 일본 국왕에게 장문의 편지를 썼다.[10] 조선의 독립을 인정하지 않는 태도를 경고하기 위해서였다. 그는 "만국이 구 한국의 독립을 승인하였음에도 [일본이] 이를 돌려주기를 꺼린다"면서 국제적으로 이미 독립이 확약되었다고 보았고, "연합국이 손을 잡고 그 죄를 물을 때는 호랑이 앞의 토끼 신세가 될 것"이라는 표현으로써 일본의 태도를 경고하려 했다.[11] 좀 더 사정을 자세히 짐작하는 축은 한창 진행 중인 파리평화회의에서 조선독립이 긍정적으로 검토되고 있다고 여기면서, 폴란드나 체코슬로바키아 등처럼 조선 또한 곧 나라를 되찾으리라 기대했다.

독립선언서 비교론

오지 않은, 그러나 와야 할 미래를 당겨쓰는 언어적 양식으로서 '선언'의 역사는 18세기 후반에 본격적으로 개시된다. 미국 독립선언(1776)이 선구적 사례다. 영국 식민통치를 받던 13개 주 대표가 모여 독립을 선언할 당시 미합중국이란 일종의 가상적 존재에 지나지 않았다. 국제조약을 통해 미국의 독립이 공식화된 것은 7년 후인 1783년으로서, 그에 이르기까지는 영국과의 긴 전쟁 및 복잡한 조정 과정이 필요했다. "아등(我等)이 자금(自今)으로 영(永)히 영국의 법령을 폐기하고 지어(至於) 군신(君臣)의 분(分)과 속지(屬地)의 의(誼)를 단절하고 타 독립국과 같이 선전(宣戰)·구화(媾和)·동맹(同盟)·통상(通商) 제건(諸件)을 다 자주(自主)"[12]한다는 13개 주 선언 당시, 그 내용은 현실일 수 없었던 동시에 비현실 또한 아니었다.

언어와 현실 사이 거리는 당연한 일이다. 정치적 영역에서도 어떤 존재든 먼저 언어로써 자기를 주장하기 마련이다. 한자어 '선언(宣言)'에는 본래 그런 뜻이 없었으나[13] '선언'으로 번역된 declaration이나 proclamation에는, 더더구나 manifesto에는 아직 현실화되지 않은 사태를 언어로써 먼저 선포하는 용례가 포함돼 있다. 미국 독립선언 외에도 비슷한 사례는 많고도 다양하다. 네덜란드연방공화국은 독립을 선언(1581)하고 그 존재를 공인(1648)받기까지 무려 70년 가량이 걸렸다. 반면 아이티는 12년여의 봉기 끝에 1803년 12월 31일, 독립국으로서 정식 출범하기 열달 전 비로소 독립선언문을 발표했다.[14] 둘 사이 중간적 사례랄까 베트남은 1945년 9월 2일 독립선언 후 8년 동안 프랑스군에 맞서 싸우고서 독립을 현실화했다. 그렇듯 선언과 봉기와 독립 사이에는 다양한 시차가 있었으며, 그동안 이들 정치체의 운명은 현실과 비현실 사이, 존재와 비존재 사이에 처해 있었다.

　　선언 중에서도 민족국가의 독립선언이 집중됐던 시기는 제1차 세계대전과 제2차 세계대전 종전 무렵이다. 제1차 세계대전이 끝난 해이자 3·1 운동 전년이었던 1918년에는 벨라루스·라트비아·아르메니아·아제르바이잔·에스토니아·우크라이나·조지아·체코슬로바키아 등 유럽 여러 민족이 차례로 독립선언을 발표했다. 이중 상당수는 이듬해 파리평화회의에서 국제적으로 독립을 인정받았다. 한두 해 앞뒤로 핀란드·아일랜드·폴란드 등의 독립선언도 있었다. "민족자결에 의해서 폴란드 및 빙란(氷蘭)[아이슬란드] 등의 나라가 독립선언한 결과 독립이" 됐으니 조선도 독립할 수 있다고 믿었다든지[15] "각 민족이 독립하여 국가를 경영하도록 되어 이미 애란(愛蘭)[아일랜드]·폴란드·유대국을 세울 것을 승낙하고 인도도 같은 취지로서 위 강화 위원회에 청원 중"

이니 마땅히 조선도 독립해야 한다고 생각했다는[16] 당대의 목소리는 불확실한 대로 세계적 변동을 온당히 이해한 결과였다.

인간으로서 생명·자유·행복을 추구할 권리를 주장한 미국 독립선언이 보여주듯 무릇 선언은 신생의 언어로서 새로운 세계상과 새로운 이념을 제시한다. 더불어 영국 국왕의 횡포를 세세하게 폭로한 그 조항이 예시하듯 낡은 질서의 폐단을 공격한다. 제1차 세계대전 종전 당시 발표된 선언서들도 그러했다. 1918년 10월 발표된 체코슬로바키아 독립선언서의 경우 패전 위기에 놓인 합스부르크 왕가의 제안, 즉 제국 형태를 포기하는 대신 연방제 형태로 판도(版圖)를 유지하겠다는 제안을 반박하는 데 초점을 두고 있다. 독립선언서에 따르면, 합스부르크 왕가는 그 내부 여러 민족에게 자치(autonomy) 허용을 약속하고 있으나 그것은 소수민족으로서 받아들일 수 없는 기만적 구설(口舌)에 불과하다. 16세기 중반 투르크의 침략을 함께 방비하기 위해 여러 민족이 연방화에 동의한 것을 오스트리아-헝가리 제국에서는 민족의 권리를 짓밟고 독자적 헌정을 파괴하는 데 이용했고, 제1차 세계대전기에는 제국의 야욕을 위해 소수민족을 전선으로 동원해 희생시켰으며, 벨기에와 프랑스와 세르비아를 침략하는 등 해외 민족에 대해서까지 폭력적 침탈을 서슴지 않았다.

체코슬로바키아 임시정부는 독립선언서를 통해 오스트리아-헝가리 제국은 "인위적이고 비도덕적인 정치적 구성체"이며 "민주적·사회적 진보를 위한 모든 노력을 방해"하고 있다고 공격했다. 반면 체코슬로바키아인들은 "현대 민주주의의 이상"을 준수하는 동시 "해방된 인류, 민족들의 실제적 평등, 피통치자들의

POBLACHT NA H EIREANN.

THE PROVISIONAL GOVERNMENT
OF THE
IRISH REPUBLIC
TO THE PEOPLE OF IRELAND.

Ćesko-Slovenská Dohoda,

3   4

1916년 부활절 봉기 때 배포된 아일랜드 독립선언서(3)와 1918년 체코슬로바
키아 독립선언서(4). 아일랜드 독립선언서 상단의 ‘Poblacht na h Eire-
ann’은 ‘아일랜드공화국’이라는 뜻의 아일랜드어다. 파리평화회의의
열강은 민족자결주의를 적용하는 데 있어 아시아·아프리카는 물론 유
럽 내 여러 민족에 대해서도 동등한 대우를 하지 않았다. 아일랜드처럼
승전국 식민지인 지역의 독립 요구를 외면한 것은 물론이고, 차후 본국
의 세력을 확장하는 데 있어 이용 가치가 없는 민족의 요구에는 냉담하
게 대처했다. 아일랜드는 파리평화회의에서 외면당했으면서도 1918년
선거에서 ‘신페인(Sinn Fein, 우리 힘으로)’당이 압승한 후 1919년 1
월 새로운 독립선언서를 발표한다. 남부 아일랜드를 중심으로 아일랜
드자유국이 탄생한 것은 1922년, 격심한 내전 끝에 아일랜드공화국이
출범한 것은 1937년이다. 그러나 1916년 부활절 봉기를 두고 예이츠
(Y. B. Yeats)가 노래한 “무서운 아름다움(terrible beauty)”은 그 후에
도 오래도록 아일랜드를 떠날 수 없었다.

동의를 정당한 권력의 원천으로 하는 정부"의 이념을 수용한 상태다. "체코슬로바키아 민족의 국가는 공화국일 것이다." 아울러 체코슬로바키아 임시정부에서는 앞선 선언들의 역사를 호출함으로써 체코슬로바키아 독립 문제를 세계사적 지평 위에 놓았다. "미국의 독립선언, 링컨의 원칙, 인간과 시민의 권리선언"이야말로 체코슬로바키아 독립선언이 의지하고자 하는 전통이다. "우리의 민주주의는 보통선거권을 채택할 것이다." 여성은 남성과 동일한 정치·사회·문화적 권리를 누릴 것이며 소수민족은 비례대표제를 통해 그 권리를 보장받을 것이다. 귀족적 특권이 철폐되고 대토지가 환수되는 등 사회·경제적 개혁도 추진될 것이다.[17]

　　체코슬로바키아 독립선언에 대한 국제적 반응은 호의 일색이었다. 독립선언서 기초자이자 이후 곧 체코슬로바키아 공화국의 초대 대통령이 된 얀 마사리크(J. G. Masaryk)가 "우리가 동화 속에서 사는 건가?"라고 자문했을 정도다.[18] 그런 반응에 힘입어 체코슬로바키아는 제1차 세계대전이 종전되자마자 공화국 출범을 선포했으며, 파리평화회의가 한창이던 1919년 4월에는 1인당 150헥타르 이상의 토지 소유분에 대한 몰수 정책을 결의했다. 토지 소유자 대부분이 "황실 일원이거나 전쟁 당시 배반자들"이라는 이유로 보상금도 지급하지 않은 급진적 정책이었다. 이어 노동국을 설치하는 한편 8시간 노동제를 통과시키고, 독립선언 당시 약속한 대로 여성 참정권을 추진하는 등, 신생 체코슬로바키아는 놀랄 만한 개혁 추진력을 보였다. 당시 미국에서 체코슬로바키아 대표로 활약했던 찰스 퍼글러(C. Pergler)는 이와 같은 정책을 소개하면서, 자칫 급진적으로 보일 수 있겠으나 체코슬로바키아의 개혁정책은 "질서 잡힌 합법적 변화"로서 "볼셰비키와는 반

대되는 길" 위에 있음을 강조하고 있다.[19]

　　각국마다 독립선언서의 주체나 강조점은 조금씩 달랐다.
러시아 내 자치공국으로서 독자적 내각과 의회를 갖추고 있던 핀
란드에서는 의원들이, 수 세기 동안 덴마크·스웨덴·러시아에 의
해 차례로 통치되다 갓 자치권을 부여받은 에스토니아에서는 민
족회의가, 영국의 식민지인 아일랜드에서는 제국의 법 밖에서 출
범한 아일랜드 의회가 선언의 주체가 되었다. 핀란드 독립선언
(1917. 12)의 경우 러시아를 비롯한 여러 나라에 보내는 독립 승인
에의 탄원이 핵심이었다면 에스토니아 독립선언(1918. 2)에서는
"민족들의 자결의 권리"를 직접 언급했고, 아일랜드 독립선언
(1919. 1)은 아일랜드 의회의 대표권을 역설하는 내용을 줄기로
삼았다. 또한 핀란드가 정부의 "완전한 쇄신"을, 에스토니아가 보
다 구체적으로 "민주공화국"을 약속한 한편 아일랜드에서는 "인
민의 의지에 기반한 민족의 정체(政體)"라는 그 중간형의 표현을
내세웠다. 이상주의나 보편주의에 반응한 정도에도 차이가 있어
서, 이 점에 있어서는 핀란드나 아일랜드에 비해 에스토니아가
한결 적극적이고 구체적이다. 에스토니아 독립선언서는 보통·직
접·비밀투표에 의해 제헌의회를 구성할 것을 약속하고 인민의 권
리를 보장한 후 "에스토니아 독립 민주공화국 만세! 민족들 사이
의 평화 만세!"라는 구호로써 마지막을 장식하고 있다.[20]

「기미독립선언서」의 비밀

　　국제적으로 많은 선언서가 있었던 만큼이나 국내적으로도
많은 선언서가 있었다. '민족대표 33인'이 서명한 「기미독립선언

38

서」는 당시 나온 그 숱한 독립선언서 중 하나다. 1919년 초에는 조소앙이 기초한 「(무오)대한독립선언」(이하 「대한독립선언」)이 있었고[21] 3·1 운동 직전에는 도쿄 유학생들의 「2·8 독립선언서」가 있었으며, 3·1 운동 후에는 수십 종의 선언서가 발행되는 가운데 염상섭이 쓴 오사카 선언서와 러시아에서 대한국민의회가 발표한 선언서 등 국외 발간물만 헤아려도 1920년대 초까지 30여 종이 발표되었다.[22] 전체적 조직이 결여된 상태에서 국제정세를 감지하고 독립의 가능성을 민감하게 포착한 여러 주체들은 연결 없이, 소통 없이, 동시다발적으로 '선언'을 계획했다. 「기미독립선언서」역시 각기 독자적으로 진행되던 천도교 측의 선언서, 기독교 측의 청원서, 서울 시내 고등보통학교 학생들의 선언문이라는 세 가지 갈래가 통합되면서 작성된 문서였다. 유림 일각을 위시해 선언이 아닌 청원서를 발표한 축도 있었다.* 천도교와 기독교가 주축이 된 준비 과정에서도 끝내 청원 형식을 고집한 이들이 있었으나 그럼에도 공식 문서를 '선언'으로 하자는 합의는 비교적 순조롭게 이루어진 듯 보인다.

"오등은 자에 아 조선의 독립국임과 조선인의 자주민임을 선언하노라." 「기미독립선언서」는 첫 문장에서 '독립'과 '자주'를 선언한 다음 "반만년 역사의 권위"와 "2,000만 민중의 성충(誠忠)"이 그 기초임을 확인한다. 한 걸음 더 나아가 독립선언은 하늘의 명령이자 시대의 대세이자 전 인류 공존동생권(共存同生權)의 발로다. 민족의 명령인 동시 인류적 사명

* 김윤식·이용직이 일본 정부에 제출한 독립청원서나 김백원·문일평 등이 3월 13일 종로 보신각에서 낭독한 청원서가 대표적이다. '민족대표 33인' 또한 선언서를 발표함과 동시에 파리평화회의와 미국 대통령, 일본 정부 및 귀족원과 중의원 각각에 독립청원서를 발송했다. '민족대표' 중에도 기독교계의 오기선처럼 청원 형식을 고집했던 사람이 있었으며, 최성모가 그랬듯 청원서를 발표한다고 알았던 이도 있었다.

인 것이다. 이렇듯 독립선언의 정당성을 천명하고 나서 「기미독립선언서」는 "침략주의, 강권주의의 희생"이 되어온 식민화 이후의 역사를 고발한다. 그러나 그 고발에 공격적 어조는 거의 없다. "일본의 무신(無信)을 죄"하지 않고 "일본의 소의(少義)함을 책"하지 않는다. "자기의 건설"이 급선무요 "타(他)의 파괴"를 목표로 하지 않기 때문이다. 오히려 "일본으로 하여금 사로(邪路)로서 출(出)"케 하려는, 즉 잘못된 길에서 이끌어 내려는 숭고한 의도가 있을 뿐이다. 동양평화·세계평화·인류행복이라는 크나큰 목표 앞에 구원(舊怨)을 돌아볼 겨를이 없는 것이다. 「기미독립선언서」의 저자는 환희에 가까운 어조로 부르짖는다. "아아, 신천지가 안전(眼前)에 전개되도다. 위력의 시대가 거(去)하고 도의의 시대가 내(來)하도다."

　　　　최남선이 집필한 선언서의 문면(文面)은 추상적이며 비장하다. 비슷한 시기 각국 독립선언서에서 목격되는 정치·경제·사회적 공약도 전연 보이지 않는다. 최남선은 『소년』 시절부터 유려한 순한글 글쓰기 솜씨를 보였지만 「기미독립선언서」의 문장을 적을 때는 난해한 한자투성이 국한문을 선택했다. 선언서를 낭독했을 때 청중이 잘 알아듣지 못했다거나 어조가 온화하여 오히려 맥이 빠졌다는 등의 증언[23]은 그 지점을 가리킬 터이다. '민족대표 33인' 중 상당수는 최린이 선언서를 집필했으리라고 추측했는데, 그것은 『소년』, 『청춘』 같은 잡지에서 현대적 문체를 구사하던 최남선이 「기미독립선언서」 식의 문체를 구사했으리라고 생각하기 어려운 탓이었을지도 모른다. 그에 비해 한용운이 추가했다는 '공약 3장'의 문장은 보다 힘차고 간결하다. "일, 금일 오인의 차거(此擧)는 정의·인도·생존·존영(尊榮)을 위하는 민족적 요구이니,

오직 자유적 정신을 발휘할 것이요, 결코 배타적 감정으로 일주(逸走)하지 말라." "일, 최후의 일인까지, 최후의 일각까지 민족의 정당한 의사를 쾌히 발표하라." "일, 일체의 행동은 가장 질서를 존중하여, 오인의 주장과 태도로 하여금 어디까지든지 광명정대하게 하라."

식민권력은 "최후의 일인까지, 최후의 일각까지"라는 구절을 의심하여 무력 사용도 불사하겠다는 뜻이 아니냐고 추궁했지만, 「기미독립선언서」에는 "배타적 감정"을 경계하고 "질서" 존중을 역설하는 어조가 뚜렷하다. 3·1 운동 당시 대부분의 다른 선언서들에 비해 한결 보편주의적이며 평화주의적인 어조다. 「대한독립선언」에서는 "일사(一死)는 인(人)의 가피(可避)치 못할 바"니 죽더라도 "육탄혈전으로 독립을 완성하"자고 촉구했고, 「2·8 독립선언서」에서도 자유와 권리가 침탈당하는 현상을 낱낱이 폭로한 후에 "오족(吾族)은 정당한 방법으로 오족의 자유를 추구할지나 만일 차(此)로써 성공치 못하면 (…) 최후의 일인까지 자유를 위하는 열혈(熱血)을 유(流)"할 것이라 하여 무력투쟁을 경고했던 터다.

「대한독립선언」이 독립운동가 39인의 서명이라는 방식을, 「2·8 독립선언서」가 조선청년독립단 대표 11인이 서명하는 방식을 취했던 반면 「기미독립선언서」에서는 '조선민족대표'라는 명칭을 앞세웠던 것도 큰 차이다. 통상적 대표 선출의 과정이 전제되지 않았음에도 33인의 서명자들은 보편적 '민족대표'임을 자임했고 그럼으로써 선언의 공명(共鳴) 효과를 최대로 확장했다. '조선'민족대표라는 표현을 택함으로써 근과거인 대한제국의 기억을 우회한 것도 중요한 특징이다. 연호로는 '조선건국 4252년'을 사용했다. 즉 단기(檀紀)를 택함으로써 민족의 수천 년 역사를 환기시키고 오래된 일체감에 호소했던 것이다. 「2·8 독립선언서」는 날짜를 적지 않았지만 「대한독립선언」 역시 '단군기원 4252년'이라는 연호를 써서 마찬가지 의식을 내보인 바 있다. 단, 어떤 선언서든 구체적인 정치·경제·사회적 개혁 방향에 대해서는 함구했다.

전염되고 변형되고 증식되는 선언서

독립선언서는 현장을 넘어 멀리까지 독립의 소식을 실어 날랐다. "만세를 부른다고 해도 대한독립만세로 할 것인지 조선독립만세로 할 것인지" 혼란스러워하는 지역민들에게 지침을 제공하는 역할도 했다.[24] 구어(口語)로서 독립선언의 소식은 선언식 현장에서조차 구석구석 다 들리지 못했겠지만[25] 문어(文語)로서는 전국 방방곡곡에 미칠 수 있었다. 그 배포 중 일부는 조직적인 것이었다. 2만 1,000매를 인쇄했다는 독립선언서 중 상당수는 기독교 혹은 천도교 조직을 타고 전국적으로 배포됐다. 특히 3월 1일 오후 2시 동시다발적 선언식을 개최한 여섯 개 도시에는 기독교계가 배포를 책임지고 수십수백 매씩 인편으로 전달했다. 그 밖의 기독교계에서 군산·대구·마산에, 천도교계에서는 전주·청주와 황해도 수안·곡산·서흥 일대에 선언서를 보냈으며, 불교계의 한용운은 불교중앙학림 학생들에게 3,000매를 부탁했다. 학생 측에 대해서는 보성전문의 강기덕을 통해 총 1,500매를 맡겼는데, 강기덕은 선린상업학교의 이규영에게 300매, 경성고등보통학교의 김백평에게 200~300매를 맡기는 식으로 다시 분배하여 3월 1

일 오전 서울 시내 인가에 배포했다.[26] 기독교계의 이갑성과 박희도, 천도교계의 이종일 등이 주축이 된 과정이었다. 예를 들어 평안북도 선천에는 박희도의 지시에 따라 박덕유 양화점 직원인 이계창이 300매를 몸에 지닌 채 파견됐고, 청주 및 전주에는 이종린 책임하 보성사 사무원인 인종익이 3,000장을 갖고 떠났다.* 이렇게 전달된 가로 44.9센티미터, 세로 20.1센티미터의 인쇄물은 3·1 운동의 소식과 더불어 운동 그 자체를 실어 나를 것이었다.

실제로 많은 지역에서의 봉기가 「기미독립선언서」에 의해 촉발됐다. 그러나 독립선언서를 인쇄하고 배포한 이들은 운동의 초기 발화점이었을 뿐 결코 '본부'는 아니었다.** 중앙에서 온 선언서를 전달받아 배포하는 역할에 그치는 단순 대리인들은 3·1 운동에 거의 존재하지 않는다. 3월 1일에 독립선언식을 가진 지역들부터 「기미독립선언서」에 전적으로 의지하지는 않았다. 선천과 의주에서는 「2·8 독립선언서」를 확보

* 「기미독립선언서」 배포 경로 및 수량에 대해서는 3·1 운동 재판기록 및 그에 기반한 『한민족독립운동사 3』(국사편찬위원회, 1988, 246쪽)의 '독립선언서 배포도'를 따르는 것을 기본으로 했다. 예컨대 「기미독립선언서」 인쇄 및 배포 책임을 맡았던 이종일은 『묵암비망록』에서 선언서 발행부수가 총 3만 5,000장이었다고 썼다고 전해지지만, 그 숫자를 따르는 대신 재판기록에서 총 발행부수를 2만 1,000매로 집계한 기록을 채택했다. 마찬가지로, 이계창과 인종익이 배포를 맡은 몫에 대해서는 이계창·인종익·이종일이 신문과정에서 각각 200~300매, 2,000매, 2,500매로 달리 진술하고 있음에도 '독립선언서 배포도'의 숫자를 따라 300매와 3,000매라고 썼다. 그러나 재판기록이나 '독립선언서 배포도'보다 신문조서에서의 진술이 상세하거나 맥락상 필요할 경우에는 신문조서 쪽을 앞세웠다. 앞 단락에서 강기덕·이규영·김백평에 대해 서술한 내용은 세 명의 신문조서 내용을 종합한 결과다.

** 식민당국도 그러했지만 그 밖에도 3·1 운동에 '본부'가 있지 않은가 의심한 이들은 종종 있었다. 일본 조합교회 전도사 유석우는 격문을 인쇄하고 독립 창가를 배포하다 체포됐는데, 그는 3·1 운동의 명분에 동의했기 때문이 아니요 반대로 본부를 찾아내 운동을 중지하라고 촉구하기 위해 그렇게 움직였다고 진술했다. "이번의 독립운동에 본부가 있을 것"인데 "등사판이라도 가지고 가"면, 혹은 "격문이라도 써서 주면" 본부의 신뢰를 얻을 수 있으리라고 생각했다는 것이다.

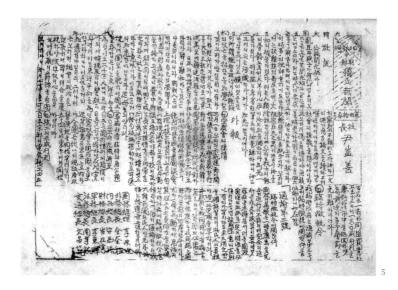

3·1 운동기 발행된 지하신문의 대표격인 『독립신문』 중 제43호. 1919년 8월 21일에 발행됐다. '사장 윤익선'이라고 적혀 있으나 8월이라면 윤익선은 물론 이종린·장종건·강매 등 초기 『독립신문』 발행을 주도한 사람들이 모두 체포된 뒤다. '독립신문'이라는 제호를 이어 자발적으로 발간한 지하신문 중 한 종류였으리라 추정된다. 광주의 『조선독립광주신문』 등 지역에서도 『독립신문』 계승 시도가 있었다. 이 신문의 경우 연호(年號)로 '조선 개국 원년'을 썼다. 조선 왕조나 대한제국과의 단절을 분명히 하고 있음은 물론, 대한민국 임시정부가 출범한 지 넉 달여 후이지만 대한민국이라는 기원 또한 사용하지 않고 있다. 그럼에도 내용에서는 임시정부에 대한 지지가 분명하다. 제일 하단 '임시징세령'이란 기사에서는 "아(我) 임시정부는 통론 제3호로써 임시 징세에 관한 건을 공포하니 여좌(如左)함"이라고 소개한 후 임시정부 포고령 제3호를 설명하고 있다.

해 준비해두었다. 원산에서는 선언서가 늦게 도착할까 걱정한 끝에 독자적 선언서 2,000매를 미리 준비했다. 함흥에서는 다시 원산에서 인쇄한 이 선언서를 한 장 구한 것을 갖고 밤새 3,000매를 인쇄했으며 북청에서도 그것을 어렵사리 얻어 300매를 등사함으로써 시위를 준비했다.[27] 선언서는 빠르게 전염되고 변형되고 증식됐다. 서울에서 작성한 선언서의 일부만 인쇄하거나 '민족대표'의 명의만 비는 등 변형의 사례는 무수했다.

　　위에서 든 원산에서는 「기미독립선언서」와 함께 독자적으로 작성한 선언서도 33인의 명의를 덧붙여 식장에 살포했다. 평안남도 진남포에서는 독립선언서 전체를 이용하는 대신 서두와 대표 서명 부분만 발췌해 인쇄에 부쳤다. 경상남도 함양군에서도 "독립선언서는 그 문장이 너무 길어 한 장에 등사할 수 없으므로" 축소·개작하는 방식을 선택했다. 함경남도 경성군에서는 기본적으로 천도교도들이 주도하여 「조선독립선언」를 작성했는데, 그것은 '민족대표 33인'을 가상하고 쓴 모작(模作)으로서의 성격을 보여준다. "여기 전국 내 각 종교회의 첨의가 집합하고 대황제 폐하 국장 의식이 박두한 3월 1일에 「조선독립선언」를 공포하기에 이르렀음"이라는 구절이 증명하듯, '민족대표 33인'의 목소리를 빌어 자신들의 선언서를 공표한 것이다.[28] '민족대표 33인'이라는 이름에 기대어, 그러나 그것을 축약하고 교정하고 편집한 각지에서의 노력에 의해 「기미독립선언서」는 3·1 운동 공통의 문서로 전파되어 갔다.

45

신문과 격문의 자발적 속전들

3·1 운동 와중에 발행된 매체로서 대표격인 『독립신문』은 당시 매체의 증식과 변형 과정을 전형적으로 보여준다. 시위 전개 과정에서 『독립신문』은 종종 독립선언서와 유사한 역할을 해냈다. 무엇보다 『독립신문』은 3월 1일 당일 서울에 1만 매가 뿌려졌던 만큼 독립선언서 못지않게 풍부한 언어적 자원이 됐다. 국장 배관객들은 거리에서 얻은 선언서나 『독립신문』을 짐 속에 꾸려 넣고 귀향길에 오르곤 했다. 선언서가 없으면 『독립신문』을 낭독함으로써 계몽과 선동의 효과를 꾀하는 경우도 있었다. 경기도 광주군에서는 3월 26일 밤 대왕면사무소 앞에서 만세를 부르는 가운데 그중 한 명이 램프 빛에 의지해 『독립신문』을 읽어주었다고 한다.[29] 때문인지 재판 과정에서도 신문관들이 가장 자주 던진 질문 중 하나가 '『독립신문』을 본 적이 있느냐'는 것이었다.

이렇듯 큰 영향력을 발휘한 이 신문은 처음에는 보성사 사장 이종일에 의해 기획되었다. 그는 보성전문학교 교장 윤익선의 동의를 얻어 '발행인도 인쇄소도 없는' 선언서와는 다른 형식의 매체를 낼 것을 결심했다. 같은 '민족대표'에게 통보하지도 않고 천도교주 손병희의 허락을 얻지도 않은, 다분히 자율적인 출발이었다. "태화관에서 독립선언서를 발표하니 그것을 문장으로 써 달라"는 요청에서 출발한 제1호는 보성사에서 1만 부를 인쇄,[30] 3월 1일 시중에 배포했다. 노동자 네 명을 각 50전씩에 고용해 배포를 의뢰하는 방식으로였다.[31] 당일 이종일이 검거되고 보성사가 폐쇄된 후에는 이종린과 장종건·최기성이 경성서적조합 사무소 등에서 신문 발행을 계속했다. 이종린은 보성사 사원으로서 이종일로부터 『독립신문』 발간을 계속해 달라는 부탁을 받아둔 처지였다. 장종건은 경성서적조합 서기, 최기성은 경성전수학교 생도였는데, 이종린 때문에 신문 발간에 조력하게 된 것으로 보인다. 인쇄에 필요한 종이는 조합 것을 사용했고 등사기는 '어디선가' 빌어왔다. 제4호까지의 원고는 이종린이 작성했으나 그가 체포된 후에는 장종건이 "스스로 『독립신문』의 발간을 계속하고자 생각하여" 최기성 등 학생 여럿의 협력에 의지해 제9호까지를 발행해냈다.[32] 3월 1일 이후 보성사가 폐쇄되어 활판 인쇄가 불가능했으므로 등사기를 이용해 호당 400매에서 2,000매 정도까지를 인쇄하는 규모였다.

　　장종건까지 검거된 후에도 『독립신문』은 계속 발행된다. 무명씨들의 자발적 속전(續戰)이었으리라 짐작된다. 제10호부터 제15호까지 발행자는 불명이나, 제16호는 배재고보 재학생 장용하가 같은 하숙에 묵는 동급생들과 함께 300매를 인쇄해 뿌렸고[33] 제17호부터 제27호까지는 김유인·장채극 등이 발행했다. 김유인·장채극은 4월 23일 국민대회 관련자들이기도 했는데, 용지 조달에 있어서는 동양 용달회사의 조력을 얻었다.[34] 요컨대 『독립신문』은 기원에서부터 그러했듯 발행의 전 과정에 있어 대중의 자발성과 자결(自決)에 크게 힘입었던 것이다. 『국민신보』처럼 『독립신문』 못지않게 지속적으로 발간된 신문도 있었으나[35] 『독립신문』이 3·1 운동을 상징하는 이름이 되고 임시정부의 기관지로까지 계승된 것은 이 때문이라 할 터이다. 『독립신문』은 창간호 1만 부 인쇄에 그치지 않고 자발적 릴레이에 의해 여러 달 계속 발간될 수 있었으며, 이로써 증식과 변형의 운동성을 상징해냈다.[36] 그것은 곧 3·1 운동 자체의 생리이기도 했다.

『독립신문』에만 그치지 않았다. 3·1 운동 당시 그 많던 신문·격문·경고문 등은 어떤 사전 조율도 없이 운동 와중에 결의한 개인들에 의해 발행되었다. 그 자신 여러 달 동안 소형 신문을 발간했다는 일석 이희승은 "당시 서울 시내에서 이러한 신문을 제작하는 그룹은 수십 개나 되었"다고 썼다. 상해 임시정부 성립 후에는 그쪽에서 발간되는 『독립(신문)』이 주 원천이 됐고, 그 밖에도 각종 지하 신문과 팜플렛 등을 참조해 내용을 마련했다고 한다.[37] 예컨대 경성공업전문학교 2년생 양재순은 서당 동창인 김준호와 더불어 『각성회회보』를 제작·발간했다. 서울에서의 두 차례 시위가 지나간 후 거리에서 주운 격문을 읽다가 "우리가 이런 것을 인쇄하여 배부하는 것이 어떻겠는가" 의논한 것이 발단이었다. 이들은 3월 8일 제1호 발간을 시작으로 제4호까지 발간·배포를 해냈다. 호당 40에서 140~150부까지 인쇄해 인근 인가에 배포하는 비교적 작은 규모였다. 인쇄에는 등사기를 이용했다. 자기 집에 투입됐던 『독립신문』과 『신민보』, 또 옆집에서 얻은 독립선언서 등을 참고하여 "내용을 뽑아서 되는 대로 한 편의 문서를 만들어 인쇄의 원고로" 삼았다고 한다.[38]

양재순과 김호준의 경우 『각성호』를 발간한 언론 행위가 3·1 운동기 행적의 거의 전부다. 양재순은 3월 1일 시위에는 참여했지만 5일 남대문역 시위는 귀띔을 받지 못해 놓쳤다고 한다. 문서를 읽고 편집해 원고를 작성한 후 인쇄하고, 그것을 인근에 배포하는 행위 자체가 이들의 3·1 운동을 구성한 것이다. 문자를 이용한 선전에 주력한 사례로 좀 더 규모가 큰 것은 경상북도 김천군 일원에서 활약한 '혜성단'의 경우다. 계성학교 생도인 19세 김수길과 농업 종사자 25세 이종식 등이 주축이 된 이 단체에서는 1919년 4월 실로 다양한 문서를 작성해냈다. 「동정 표시 경고문」을 제3호까지 발간했고, 시장 상인들을 대상으로 「철시 경고문」을 발행한 데 이어 비슷한 내용으로 「근고(謹告) 동포」, 「경고아(我) 동포」도 인쇄했으며, 「경고 관공리 동포」를 쓴 외에 일본인 경찰서장과 소위 자제회를 주도한 조선인 유지 등에게 경고 편지를 우편으로 발송했다.

혜성단은 "서양의 신문기자가 대구로 와서 순시"한다며 독립 의사를 표하기 위해 철시할 것을 요구했고, 일본인 상인과 거래하지 말고 총독의 유고나 경찰서 훈시 등도 신뢰하지 말라고 선전했다. 제1차 세계대전을 '자유'를 위해 낸 희생으로 평가하면서 "가령 일본의 강압이 있어도 육탄으로 싸워 굴하지 말라"고 선동하기도 했다. 그 단원들은 3월 8일 대구 시위에 단순 가담자로 참여했던 것으로 추측되는데[39] "대구에 본부를 두고 경성·만주에 동지를 파견"한다는 원칙하에 혜성단을 조직했지만 실제 시위를 주도하거나 인원을 파송한 일은 없었다. 독립을 위해서는 일본 상품을 배척하고 조선인 상인들은 폐점으로 저항하며 조선인 관공리가 일제히 퇴직해야 한다는 방책을 세웠다지만 그 또한 실질적 전략을 모색한 바 없다.[40] 김수길 신문조서에 의하면 혜성단에서는 "박 모의 금융조합으로부터 가져온 등사기"를 사용했으며 "등사판의 분은 다수를 인쇄하여 발행한 것으로서 그 외는 전부 분담하여서 손으로 썼다." 우편물의 경우 "엽서의 발신인 성명은 아무렇게나 되는 대로" 적어 넣었다.

언어의 힘, 운동의 테크놀로지

협력자마저 없이 홀로 '문자 행위로서의 독립운동'을 실천한 사례도 있다. 경상남도 통영군 연초면에 거주하던 21세의 농민 권오진이 그랬다. 그는 3월 25일 「조선 국민 독립단 경고문」을 작성하고, 원지에 철필로 써서 50매를 등사한 후 이틀 후 시중에 뿌렸다. 같은 경고문에 "본년 4월 말일 이내에 조선독립 승낙서를 구 대한 정부에 제출하라. 그렇지 않을 경우에는 귀국의 인종 전부를 몰살한다"는 말을 덧붙인 문서는 일본 총리대신 하라 다카시(原敬) 및 조선 총독 하세가와 요시미치(長谷川好道)에게 우편으로 부쳤다. 4월 말에는 각 지역 군수에 대한 사직 권고서를 작성, 150매를 인쇄하여 창성 군수 등에게 우송한다. 특이하달지 그는 자기 행동을 일기에 낱낱이 기록해두었다.[41] 어떤 인적 연계도 없이 혼자서 문자와 언어를 통한 선동을 담당한 그에게 식민지 법원이 선고한 형량은 징역 2년이었다.[42]

평안북도 안주군 안주면에서는 20세의 조성룡이 비슷한 행동방식을 보였다. 그의 경우는 더 왕성하다. 조성룡은 병합 이후 "독립의 사상이 뇌리에 충문하고 열혈 온몸에 끓어"올랐던바 "경성(京城) 민회(民會) 측의 대표자 33인"의 선언서를 구해 등사한 외에 『자유신보』와 「2,000만 동포에 대한 경고문」 등도 인쇄했다. 이들 문서가 독자적 제작이었는지 외부에서 입수한 것을 단순 인쇄한 것인지는 불분명하다. 권오진과 달리 조성룡은 언어적 실천을 실제 시위로 확산시키고자 시도했다. 문서 입수 및 인쇄 과정에 있어서는 홀로 활동했으나, 태극기와 조선독립기를 만든 후에는 동리 사람 두 명의 도움을 얻어 장터로까지 진출했다. 3,000여 명이 모인 큰 장터였는데 조성룡은 거기서 독립 취지를 연설하고 그간 제작한 등사물들을 살포한다. 그의 경우 체포된 후 법정에서 징역 2년 6월을 선고받았다.[43]

3·1운동의 대중은 활발한 분자적 활동을 보이는 동시에 운동 자체를 교정하고 편집하는 역할도 했다. 예컨대 학생들이 주도한 3월 5일의 시위 역시 몇몇 학생이 만든 통고문이 아니었다면 무산되거나 크게 축소됐을지도 모른다. 전날 오전까지만 해도 시위 일자 외에 "시간이나 장소가 전혀 일정해 있지 않았었다." 준비 부족 때문이었는지 전달 과정에서 착오가 생긴 탓인지, "남대문, 대한문 앞, 의주통이라든가, 8시 30분, 12시, 오후라고 하는 식으로" 여러 갈래 소문이 돌고 있었다. 같은 하숙에 묵고 있던 경성고등보통학교의 채순병·김종현·채강윤은 "그래서는 재미없기 때문에 우리들이 시간과 장소를 정해 통지하자고 생각"했다. 스스로 지도부이자 기획자 되기를 자처한 셈이다. 아침 8시 30분 남대문역 앞이라는 시간과 장소도 어떤 문의나 확인 없이 세 명이 의논해 결정했다. 어디서 구했는지 알 수 없으나 등사기를 이용해 오후 내 400장을 인쇄하여 인근의 하숙집 밀집 지역에 배포한 것이 저녁 늦은 시간이었다고 한다.[44]

3·1운동 당시 언어는 이렇듯 수행적(perlocutionary)이었다. '선언'이라는 말 그대로 그것은 미래를 당겨쓰는 방법이었으며, 목표한 미래를 일궈내려는 자기 결의의 표현이기도 했다. '민족대표 33인'은 청원과 선언 사이에서 고심했지만 3·1운동의 대중은 '선언'의 급진성을 최대치로 고양시켰다. 「기미독립선언서」를 "조선이 독립이 되었습니다"라는 한 문장으로 요약한 18세 청년 채만식에 의해, 그리고 그 말을 고스란히 받아들여 "나두 만세! 만세!"를 외쳤던 촌로에 의해 — 그런 사람들에 의해 「기미독

51

립선언서」의 선언은 (준)독립의 현실을 길러내는 생산적 모태가 되었다. 독립의 선언이 곧 독립의 현실을 구성한다는 믿음이야말로 3·1 운동의 비밀이다. '와야 할 현실'을 '도래한 현실'로 변형시킴으로써, 그러한 정언명령을 표현하고 전달하고 감염시킴으로써, 3·1 운동의 대중은 그 스스로 새로운 현실의 일부가 되었다. 무엇보다 그들은, 정작 '민족대표 33인'은 다 믿지 않았을지 모르는 「기미독립선언서」[45]를 곧이곧대로 받아들임으로써, 그 언어의 힘을 신뢰함으로써 1919년 봄의 거대한 봉기를 만들어 냈다. 그것은 '가리워진 언어가 드러나면서 언어의 빛이 뻗어나오는' 희유한 순간이었다.

2장.
대표

자발성의 기적

현 교사: 그럼 여러분, 여러분의 뜻에 따라가겠습니다. 이제 다시 대표를 보내 담판을 한다는 것은 우리 힘을 쪼개서 범의 굴로 보내는 것이나 한 가지니까 대표고 무어고 할 것 없이 일제히 몰려서 들어갑시다. 대한독립만세.
일동: 만세
두일: 모든 것을 내놓고 물러가기까지 전진이다, 돌진이다.
일동: (다시 독립가 시작)

태극기를 휘날리며 대문으로 행렬의 선두가 움직인다. 갑자기 총성, 군중이 흩어졌다가 다시 모인다.

군중의 소리: 헛총이다. 무서워 마라.

/ 김남천, 「3·1 운동」(1946)

강화도 은세공업자, 전 육군 상등병, 34세 유봉진

1919년 3월 6일, 강화도의 은세공업자 유봉진은 가게에 들른 손님으로부터 서울에서 만세운동이 대단하다는 말을 들었다. 마음이 뛰놀았다. "조선이 독립이 되었으니 만세를 부른다는 사람이 있지만 나의 생각으로는 독립하기 위해 만세를 부른다고 생각했다." 그뿐, 오직 한 조각 소문뿐이었다. 독립선언서도 신문도 격문도 그는 "듣지도 또 보지도 못했다." 그런데도 그는 즉각적이고도 확고하게 만세를 불러야겠다는 결심을 굳혔다. 3월 8일 평소 알고 지내던 조중환과 함께 여러 사람을 불러내 시위 계획을 세웠고 12일에는 이웃 섬 주문도까지 건너갔다. 외포리에서 배 타고 거문도까지 간 후 다시 배를 갈아타야 하는 먼 길이었다. 열몇 시간이 걸리는 노정(路程)이었나 보다. 일요일인 16일을 기다려 교회에서 궐기를 호소하는 연설을 끝마치고는 갔던 길을 바삐 되짚어 왔다. 강화에서의 시위 계획을 장날인 18일로 잡아두었기 때문이다.

서두른 보람이 있어 약속한 오후 1시 30분이 되기 전 장터에 도착할 수 있었다. 지인(知人) 집에서 밥을 한술 뜨는 참에 벌써 만세 소리가 울렸다. 그러나 나가 보니 군중은 우왕좌왕하고 있을 뿐이었다. 대오도 없고 방향도 없었다. 유봉진은 군청 인근 일본인 상점 앞에 있는 큰 종을 마구 두드려 사람들의 이목을 모았다. 몇십 명이 모이자, 대오를 만들고 방향을 정할 것을 제안해 군청-객사-공자묘 순서로 행진을 해가기로 했다. 삽시간에 소식이 번지면서 장꾼들이 유봉진의 지휘하에 모였다. 정한 대로 세 군데를 다 돌고, 몇 명이 체포됐다는 소식에 강화경찰서로 들이닥쳐 검거자 탈환에까지 성공한 것은 밤 11시쯤이었다. 그 사이

뻗대는 군수를 으르고 달래 만세를 부르게 했고, 군중에게 쫓기는 조선인 순사보를 구출해주기도 했다. 취한(醉漢)까지 섞여 경찰서 앞에서는 순사 잡아 죽이라는 목소리가 거셌으나 그 또한 가까스로 만류할 수 있었다. 유봉진은 한편으로는 폭력을 행사하려는 군중을 설유하고 다른 한편으로는 총격을 가하려는 경찰을 설득했다. "살아 돌아오지 못할" 각오를 한 사람으로서 경탄할 만한 인내심이었다.[1]

유봉진은 3·1 운동 당시 금은세공업과 이발업에 종사했지만 본래 군인 출신이었다. 강화공립보통학교를 다니다 15세의 어린 나이로 군대에 지원, 강화 진위대에서 근무했다고 한다. 아버지도 장교 출신이었다니 그 영향이었기 쉽겠다. 예로부터 군사 요충지였던 강화도는 유봉진이 복무할 무렵 또 한 겹으로 독특한 지역이었다. 성재(誠齊) 이동휘가 진위대장으로 있으면서 구국계몽운동을 크게 일으키고 있었기 때문이다. 함경남도 단천 출신 빈농의 아들, 이동휘는 "개척자의 정신 (…) 군인의 혼담(魂膽)"으로써 파란만장한 생애를 살았는데, 군수의 통인(通人)에서 사회주의 지도자까지 망라하는 그 굴곡 중에 1903년 5월 강화에 부임했던 것이다.[2] 2년여 진위대장 시절과 이후 5년여 교육운동가로 활동했던 시절을 통해 이동휘는 강화의 분위기를 일신시켰다. 학교를 열고 기독교를 보급했으며 애국의 열기를 퍼뜨렸다. 이동휘 휘하에서 군대 생활을 했을 유봉진으로서는 당연히 그 영향을 받았으리라 짐작된다. 이토 히로부미(伊藤博文)의 시중꾼이 되면 그를 암살할 수 있으리라는 생각을 품었던 것도 그 자취일 터이다.

1905년의 감축과 1907년의 해산을 통해 대한제국의 군대는 사라졌다. 유봉진 역시 강화 진위대를 해산시키려는 일본 군대와의 전투를 마지막으로 군인 생활을 정리했다.[3] 이후 그가 어떤 과정을 거쳐 '은쟁이'라 불리는 은세공업에 종사하게 됐는지는 알려져 있지 않다. 은세공업자로 살면서도 짬짬이 교직 생활을 하는 등 민족적·계몽적 활동에 대한 관심을 놓지 않았다는 사실만은 분명해 보인다. 3·1 운동 당시 주문도에서 연설회를 열 수 있었던 것도 한때 주문도 소재 영생학교의 운영에 관여했었기 때문이다. 양자 들여 며느리까지 본 30대 중반의 유봉진은, 식민지의 평범한 양민(良民)처럼 보였으나 애국과 계몽이 뜨거웠던 1900년대의 열기를 깊이 간직하고 있었다.

　　3월 16일 주문도에서의 연설 당시 유봉진은 군중 앞에서 웃옷을 벗고 흰빛 속옷에 '결사대'라고 뚜렷이 적은 글씨를 보여주었다.[4] 홀로 자임한 역할이었다. '결사대장'이라고 쓴 깃발도 만들었다. 유봉진이 그렇듯 선봉에 서자 결사대원 되겠다는 이들이 속속 나섰다. 18일 시위에서 결사대원이라면 나서라고 호령했을 때는 "전원이 앞에 (…) 군중 전체가 나왔다." 시위 후 도피 생활을 할 때도 유봉진은 '결사대표'라는 정체성을 놓지 않았다. 곧 독립될 날을 기다리며 깃발의 도안을 구상했는데 거기도 "독립주창자 겸 결사대표 유봉진"이라는 문구를 먼저 적었다. 그의 말로는 독립되는 날에는 순무사(巡撫使)가 되어 각지를 돌며 양민을 표창할 생각이었다고 한다. 그의 영향력하에 3·1 운동은 강화도민의 삶에 사라지지 않을 흔적을 남겼다. 평화 시위로 시종했음에도 많은 사람이 태형에 처해졌고 약간 명은 옥살이를 했다. 옥살이한 청년들 중에는 후일의 진보당 당수 조봉암도 있었다. 그는 "나라가 무엇이라는 것을 알게 되었고, 내 민족을 위해 무엇을 할 것

인가 하는 것을 생각하는 사람이 되었"으며 평생 그 결심에 충실
했다.[5] 1900년대의 애국·계몽이 3·1 운동을 통해 재생·계승되고
그것이 분단 이후 한국에까지 이어지는 장면 중 하나다.

"대표로서 소요를 감행하려 하니 사진을 찍으라"

1919년 4월 3일, 충청북도 영동군 학산면에서도 만세 소
리가 터졌다. 호서 지방은 비교적 조용하던 것이 3월 말 봉화시위
를 시작으로 하여 각지에서의 시위가 잇따르고 있던 와중이었다.
충청남도에서만 따져도 기성면 가수원리, 장기면 도계리, 우성면
쌍신리와 도천리, 탄천면 여러 군데, 또 남면 방축리·보통리·양
화리·진의리·송담리, 동면 응암리·예양리·노송리·송룡리, 영인
면의 아산리·상성리 등, 헤아릴 수 없이 많은 동리에서 밤에 횃불
을 올리고 독립만세를 불렀다. 대개 3월 말에서 4월 초까지 집중
된 현상이었다. 3월 31일에는 아산군에서만 50여 개소 2,500여
명이 횃불 만세운동을 벌였다고 한다.[6] 충청북도에서는 4월 1일
청주·오창·강외·부용·북일·북이·강내·옥산 등 곳곳에서 밤에
산등성이에서 봉화를 피웠다.[7] 청주군과 연기군에서는 원거리에
서 동시에 봉홧불을 올리는 일종의 연합 시위를 벌이기도 했다.[8]

박노갑은 해방기에 발표한 소설 「40년」(1948)에서 3·1 운
동 당시 충청도 일원에서의 밤의 봉기를 다음과 같이 묘사한 바
있다. "산 산 봉우리 봉우리마다, 해가 지기도 전에 불꽃이 하늘
로 치달았다. 이 마을 사람들은, 이 마을서 준비한 마을 뒷산으로
몰려, 또한 불을 놓고, 소리 소리 맘껏 만세를 부르고 부르고, 그
칠 줄을 몰랐다." 예로부터 봉화 올려 나라의 급변을 알리는 '봉화

58

고변(烽火告變)'의 예를 따라 산에 오른 농민들은 화톳불을 피우고 밤새 정상을 지켰다. "산허리를 단단히 지켜라. 돌들을 준비하였다가, 수상한 놈이 있거든, 돌로 때려 죽여라, 총도 무서울 것 없다. 죽일 놈을 죽이면 그만 아니냐!"라며 진압 가능성에 살기등등 대비하기도 했다. 막상 산상 봉화시위에 대해서까지 탄압의 손길이 미치는 일은 드물어서, "나무가 없을 때까지, 불이 다 탈 때까지, 목에서 피가 나올 지경까지, 그들은 산에서 버티다가, 결국은 마을로 내려오고야 말았다."[9] 봉화는 장관이었다. 역시 충청도 출신인 이기영은 수십 년 후 『두만강』(1952~61)에서 "사면팔방으로 꽃밭처럼 불길이 타오르는" 것으로 그 장면을 묘사한 바 있다. "마치 아우성을 치듯 만세 소리가 그 속에서 들끓는다. 이 근감한 횃불들은 '합방' 전에 성행하던 '쥐불놀이'보다도 더한 장관이었다."* 3·1운동 때까지 의병부대가 유지됐다고 주장하는 이기영은 의병들이 이르는 "곳곳마다 만세 소리가 드높고, 산봉우리 위에는 봉화가 줄줄이 켜 있었다"고 쓰기도 한다.[10]

59

4월 3일 영동군 학산면에서의 시위는 그렇듯 봉화시위가 기세를 올린 직후의 봉기였다. 오전에는 면(面) 시가지에서 만세를 불렀고 오후에는 조산리 장터에 모였다. 장터에서 만세 부른 사람들은 총 300명 정도로, 몇 시간 장바닥을 누빈 후 저녁 무렵 다시 학산면사무소를 향했다. 마침 면사무소 부근에는 2만 8,000그루 정도의 뽕나무 묘목이 가식(假植)돼 있었다. 상묘(桑苗)라고 불렸던 뽕나무 묘목은 1910년대에 조선 농민을 어지간히 괴롭혔던 제재다. 잠업 보급을 농업정책의 주안점 중

● 이 대목을 읽으면 이기영의 「서화(鼠火)」(1933)에서의 '서화' 즉 쥐불놀이가 3·1 운동기 봉화의 환유일 가능성을 생각하지 않을 수 없다. 이기영은 「서화」를 '3·1 운동 전 조선 풍속도'의 일환으로 소개한 바 있다.

하나로 삼은 식민권력은 상묘를 강매하고 잠사 생산을 독려했다. 지주 눈치까지 봐야 해서 농민들로서는 여러 겹의 고역이었다. 시위대가 면사무소에 도착할 무렵 상묘 강매에 대한 불만은 아마 절로 터져 나오고 있었을 게다. 그때 30대로 보이는 농민이 앞에 나섰다. 나오자마자 그는 "나는 국민 대표자인 군산 거주의 양봉식이다"라고 외쳤다.

'국민대표'를 자처한 이 양봉식이란 인물의 내력은 잘 알려져 있지 않다. 호서 지역을 대표하는 의병장이었던 고(故) 이강년의 휘하였다는 설이 있으나 근거가 분명치 않다.[11] 본래 군산 사람으로 충북 영동군으로 이주한 지 5~6년째였다니 '군산의 국민대표'로 자처한 것은 그 때문이었던 듯하다. 영동에서의 연고는 허약했을 그는 그럼에도 군중의 갈채 속에 상묘를 없애 버리자고 선동했다. "군민이 좁쌀을 살 돈도 없어 고생하는데 비싼 상묘를 사라는 것은 곤란하지 않은가? 상묘를 심을 뽕밭도 없지 않느냐? 차제에 상묘를 없애 버리자." 과연 그렇다는 응답이 퍼지면서 시위 군중은 상묘를 헤치기 시작했다. 그러자 양봉식은 한 걸음 더 나아가 제안했다. 이렇게 상묘를 흩어 놓는댔자 내일 수습하면 그만 아닌가? 아예 불태워 버리자. 역시 대다수가 호응하여 마침내 상묘를 쌓아 놓고 불을 질렀다. 이미 저녁 8시, 해는 진작 진 다음이었다. 조금 전까지 어둠 속에 가려 있던 시위대의 얼굴이 상묘를 태우는 불빛을 받아 훤히 드러났다. 그럼에도 양봉식은 전혀 위축되지 않았다. 오히려 얼굴을 드러내 보이며 "대표로서 이 소요를 감행하는 것인즉 제군은 내 얼굴을 익혀 두라. 사진을 찍으라"고 연거푸 외쳤다.[12]

'대표'의 즉흥성과 비체계성

'결사대표'로 자처한 유봉진과 '국민대표'로 자임한 양봉식. 3·1 운동을 통해 스스로 대표로 나선 사람들은 그 밖에도 많다. 마을이나 지역 단위에서 대표를 내세운 사례도 있다. 대구에서는 3월 8일 궐기 전에 먼저 40대 교사 정재순 등 다섯 명을 대표로 뽑았다. "경성에 가 보니 (…) 대표자가 운동의 전 책임을 지고 후일 관청의 취조를 받게 될 때에 그들이 도맡아 하도록 되어" 있더라며 같은 방식을 취하자는 발의가 있었기 때문이다. 강원도 화천군에서는 장날을 이용한 시위를 계획하면서 주동자들이 "화천면 민단 대표자 김창의·이은규 외 1명"이라고 쓴 깃발을 준비했다. 평안북도 운산군 성면에서는 41세의 윤기호가 '민족대표'를 자칭하면서 혼자 만세를 불렀다. 운산은 광산 지역이었는데, "노동자가 많은 곳이어서 소요가 일어날까 우려해서 홀로 만세를 호창하는 뜻에서 대표하였"다고 한다. 다중(多衆)이 시위에 나서다자칫 혼란이 야기될까 염려해 자기 자신에게 단독의 대표권을 부여하려 했다는 뜻이다.[13] 3·1 운동을 통해서는 이렇듯 각양각색의 동기와 양태로 전국 곳곳에서 '대표'들이 탄생했다.

1910년대는 세계적으로 혁명의 연대였지만 3·1 운동만큼 자발적인 동시에 전국적인 봉기 양상을 찾아보기는 어렵다. 멕시코에서도, 중국과 아일랜드에서도, 핀란드나 독일이나 헝가리에서도, 봉기가 더 끈질긴 일은 있었을지언정 3·1 운동처럼 지역과 분파와 계층을 막론하고 참여가 거족적(擧族的)이었던 경우는 없었다. 비교에 더 적절하기로는 3·1 운동과 같은 무렵 시작된 이집트혁명을 들어야 할 텐데, 이집트에서 혁명은 이슬람교도와 기독교도를 단결시키고 여성을 거리로 불러내면서 마침내 독립을 달성했으나[14] 그 힘의 상당 부분은 정치적 기반의 연륜에서 온 것이었다. 이집트혁명은 정당과 의회의 역사에 기댈 수 있었고 사드 자글룰(S. Zaghloul) 같은 지도자의 권위를 빌 수 있었기 때문이다.[15] 반면 3·1 운동은 근 10년간 일체의 정치·사회적 조직이 금지된 상황을 뚫고 나온 봉기였으며, '민족대표 33인'은 대표를 형성하는 데 성공한 사실상 최초의 사례였다. 이렇듯 열악한 상황에서도 3·1 운동은 8개 군(郡)을 제외한 전 지역에서 일어났다.

3월 1일 이전 일부 지역에 독립선언서가 교부되었고 해외로부터, 혹은 서울로부터 파견된 인물이 작용한 일도 없지 않았던 것은 사실이다. 그러나 대부분의 봉기는 외부와의 어떤 조직적 네트워크도 없는 상태에서 일어났다. 국장 참례 차 상경했다가 얻어 온 독립선언서라든가 각처에서의 만세시위 소문 외 어떤 '배후'도 없는 경우가 허다했다. 면장이나 구장부터 개입해 촌락 단위 동원을 한 사례가 상당수지만, 향촌에서의 지위가 특별할 것 없는 몇 명이 문서와 깃발을 준비해 시위를 일으킨 일 또한 많았다. 후자의 경우 조직적 군중 동원이 없었던 만큼 시위의 성공 여부는 현장에서의 호응이 얼마나 큰지에 달려 있었다. 홀로 부른 만세가 수백 명의 호응을 얻어 대규모 거리 시위가 된 사례가 여럿인 반면, 몇 명이 만세를 외쳤으나 끝내 호응이 없어 무색하게도 선창자(先唱者)들만 체포돼 온 경우도 종종 있었다.

전국적 조직이나 지도체가 없을 때였다. '민족대표 33인'의 이름이 당시 가장 유명하지만, 그 실제는 종교계 대표, 그것도 천도교와 기독교만의 대표에 가까웠으며 33인 중 전국적 신망이나 지명도를 얻고 있던 사람은 소수에 불과했다. 더더구나 잘 알려져 있다시피 이들은 선언 자체로 소임을 다했다고 생각해 3월 1일 당일 자진 체포됐던 터다. 천도교나 기독교 조직이 선언서 배포나 시위 소식 전달 등에 적잖은 역할을 하긴 했지만 그 또한 일부 지방에 국한된 사정이었다. 서울 시내에서는 다섯 개 학교 대표들이 연락·회동하여 선언서 배포 및 인원 동원을 책임졌으나 그 역할은 봉기의 초기 국면에 그쳤다. 해외에서 조직된 신한청년당이 일본 유학생들의 2·8 독립선언 때부터 배후의 영향력을 발휘했으나 그 영향 또한 범계층적이거나 전국적이지는 못했다. 요컨대 일본 정부에서 우려한 '중앙총부', 즉 "조선으로 하여금 (…) 신독립국을 건설할 사(事)를 목적으로"[16] 각 지방 봉기를 조직·지휘한 중심체는 3·1 운동을 통해 존재하지 않았다.

대신 3·1 운동을 통해 광범하게 목격되는 것은 오직 스스로의 힘에 의지한 결의와 궐기다. 당대의 유행어였던 '민족자결'에서의 '자결(自決, self-determination)'이 함축하듯 국제적으로도 기성의 권위와 질서가 무너지면서 저마다의 존재 주장이 그 어느 때보다 열렬하던 시기였다. 독립선언서 말미에 감히 '민족대표'라고 서명한 33인부터 어떤 선출이나 위임 과정 없이 대표로서의 자격을 스스로 주장하고 선언했다. 3월 1일 발표된 독립선언서는 3·1 운동 전후에 발표된 수십 종의 독립선언서 중 하나일 뿐이요, 33인 역시 천도교와 기독교·불교 내부에서 다분히 임의적으로 선정된 인물들이었을 따름인데도 이들은 '민족대표'로서 자신을 기투(企投)했으며 그런 결의와 헌신을 통해 대표로서의 자격을 추인받았다. 33인 중 상당수가 2월 말에야 독립선언서 서명을 제안받았고 그중 일부는 선언서를 일독(一讀)해본 일도 없이 서명에 동의했지만[17] 그런 비체계성과 즉흥성에도 불구하고

'민족대표'로서의 자기 결의 자체가 전국적 호응을 불러일으킬 수 있었던 것이다.

통상의 대표-선출 기제를 기준으로 할 때 33인이 '대표'로 인정받을 수 있는 근거는 박약하다. 한 달 앞서 도쿄에서 유학생들이 발표했던 「2·8 독립선언서」처럼 독립을 선언하되 그 정당한 주체를 세우기 위해 '민족대회'를 개최하자고 제안하는 편이 보다 합당했을 터이다. 33인의 구성은 기껏해야 '종교계 대표'가 될 수 있을 뿐이요, 조선인의 신분·지역·직능 구성을 대표하는 데는 부적절했다는 평가가 나온 소이다.[18] 선거와 의회를 핵심으로 하는 '대표' 개념이 어지간히 친숙해진 후였음에도 '민족대표 33인'은 공공연하게 다른 노선을 취했다. 따지고 보면 3·1 운동 전후 '대표'임을 주장한 인물이나 단체 중 '민족대표 33인'처럼 임의성이 두드러지는 경우는 별로 없다.* 33인 중 적잖은 수가 후일 소극적으로 혹은 적극적으로 일본에 협력했다는 사실을 가리켜 말하는 것이 아니다. 당시 다른 사례와 비교해도 '대표'의 비포괄성이 눈에 띈다는 뜻이다. 3·1 운동 전후에도 다른 경우는, 예컨대 '한성정부' 주창자들은 13도 대표라는 체제를 갖추었고 대동단에서 기획한 국민대회에서는 집단별 대표 체제를 구상했다. 후자의 경우 황족·진신단(縉紳團)·유림단·종교단·교육단·청년단·군인단·상인단·노동단·부인단·지방구역이라는 총 11개 대표단을 내세웠다.[19]

* 최린은 "천도교와 예수교의 사람들이 30명쯤 모여 보니 이들로 조선민족의 대표자라고 할 수 있었고, 그래서 매우 충분하다고 생각"했다고 진술한 바 있다. '민족대표 33인'이라는 자칭(自稱)이 드높은 자발성의 결과인 동시 안이한 정치의식의 발로였을 가능성을 보여주는 진술이라 하겠다.

　　3·1 운동 당시 미국 대통령이었던 우드로우 윌슨(W. Wilson)에 대해 조선인들이 크나큰 기대를 걸었다는 사실은 널리 알려져 있다. "윌슨 대통령님! 우리는 당신을 아버지처럼 보고 있습니다. 청컨대 우리의 독립선언을 들으시고 세계 여러 나라에 선포해주시기 바랍니다."[20] ─ 조선 여학생들은 이렇게 편지를 썼다. 미주(美洲) 한인들 역시 "윌슨을 하나님처럼 우러러보고 있었다."[21] 조선인들만 윌슨을 '아버지처럼'·'하나님처럼' 숭앙했던 것이 아니다. 유럽에서도 윌슨의 지지자들은 그 "홀로 보편적인 도덕적 권위를 부여받았"다는 찬사를 아끼지 않았다.[22] 그런 지지자들 중 하나였던 영국의 어느 사회주의자는 윌슨의 실험이 "프랑스혁명 이후 가장 창조적인 집합적 행위"라고 평가하기도 했다. 그는 '14개조'로 상징되는 윌슨의 노선을 세계 공화국에의 꿈으로 정리했으며, 그 꿈을 실현시키는 도정(道程)에서 제1차 세계대전 전후 여러 민족을 소진시킨 증오가 종식될 것을 기대했다.[23] 그런 시각에서 보자면 '민족자결'은 민족적 열망을 세계공화국을 향해 재편·수렴해가는 단계의 하나일 뿐이다.

　　그러나 막상 14개조의 내용 중 민족자결이나 세계개조를 언급한 부분은 일부에 불과하다. 실제로 내용의 대부분을 차지하고 있는 것은 공해(公海)상 권리에 대한 제언과 정치적 대표 개념에 대한 비판적 재구성이다. 특히 앞부분, 제5조까지 대부분의 내용은 '대표' 개념의 비판 및 재구성에 할애되어 있다. 윌슨은 "정복과 이권다툼(aggrandizement)의 시대는 갔다"고 선언하면서 그로써 개시된 혼란스러운 상황 속에서 "러시아 대표는 누구를 상대하고 있는가? 중부 유럽 제국의 대표들은 누구를 위해 발언하는가?"라고 질문한다. 이들 제국의 '대표'들이 대표하는 것은 의회나 다수당이 아니라 군사주의적·제국주의적 소수에 지나지 않는다는 것이 윌슨의 시각이다. 더욱이 이들 소수는 전쟁 책임을 나눠 져야 할 처지다. "그렇다면 누구에게 귀를 기울여야 할 것인가?" 정의 및 세계 평화의 원칙에 합치되는 국가만이 국가로서의 자격을 주장할 수 있다. 마찬가지로 종래의 '대표'는 자유와 평화를 염원하는 인민들의 희망을 실현할 수 있는 방향으로 수정·교체되어야 한다.[24]

이 원칙에 따라 미국 정부는 미온적으로나마 소비에트 러시아를 지지했으며[25] 반면 이집트 민족지도자들과의 회견은 거부했다. 이집트의 민족주의자들은 이집트 인민의 진정한 대표가 아니라 "소작농들에게는 영국인만큼이나 낯선 토박이 독재(native autocracy)"에 지나지 않는다고 여겼기 때문이다.[26] 정치적 권리를 인정받으려는 소수자들은 거꾸로 이같은 대표 개념의 변용에 기민하게 대응했다. 제1차 세계대전 패전 후 오스트리아−헝가리 제국의 귀추가 불분명하던 무렵, 예컨대 그 영토에 복속돼 있던 슬로바키아인들은 새로 건국하려는 체코슬로바키아야말로 정의·인도·평화에 대한 민중의 열망을 대표할 수 있는 정치체제라고 선전했다. "피지배자들의 동의로부터 정당한 권력을 끌어내는 정부"라는 원칙에 비춰볼 때 "합스부르크 왕가는 더 이상 우리를 인도할 자격이 없다"는 것이 체코슬로바키아 독립운동가들의 주장이었다.

투표 제도의 도입 및 의회의 창설과 더불어 뿌리를 내린 '대표'라는 개념 — 돌이켜 보면 근대로의 전환을 이룬 정치적 급변은 이

'대표' 개념을 둘러싼, 즉 '통치'와 '대표' 사이 관계를 둘러싼 쟁투에 다름아니다. '대표 없이 세금 없다'는 미국 혁명 당시의 표어나 '제3신분은 전부다'라던 프랑스혁명 전야의 선동을 기억할 수 있을 것이다. 제1차 세계대전 발발 당시 대부분의 유럽 국가에서는 의회 제도가 도입돼 있었다. 일찍 시민혁명을 치른 영국이나 프랑스는 말할 나위 없이, 독일 제국에는 연방의회와 제국의회가 있었고 러시아에도 1905년 혁명 이후 설치된 두마(Duma)가 존재했다. 사실상 스웨덴의 식민지였던 노르웨이에마저 의회(Storting)가 있었다. 정부 형태는 달랐으나 명목상 인민의 대표가 있었던 셈이다. 윌슨이 문제 삼았던 것은 바로 이 오래된 '대표'의 개념 및 제도다. 되풀이하자면 윌슨은 정의·인도·평화에 대한 인민의 열망을 대변할 때만 대표는 대표로서의 정당성을 얻을 수 있다고 주장한다.

그렇다면 어떻게 이 추상명사들을 만족시킬 수 있는가? 어떻게 해야 정의·인도·평화에 복무하는 어엿한 국가가 되고 어떻게 해야 인민의 열망에 기초한 진정한 대표가 될 수 있단 말인가? 스스로에게 부여한 도덕적 권위와 전승(戰勝)의 무력에 힘입어 이 질문을 비껴간 소수 국가를 제외하고 대부분의 지역에서는 격렬한 인정투쟁을 피할 수 없었다. 대표임을 자임하는 개인 혹은 단체가 속출했고, 그 사이 경합과 협조가 어지럽게 전개되었으며, 국제적으로도 숱한 종족이 '자아(self)'로서의 자격을 얻기 위해 뛰어들었다. 자결을 위해서는 당연히 자아가 전제되어야 할 테니 말이다. 헌데 많은 연구에서 지적됐다시피, 과연 자아로서의 자격은 모든 존재에게 동등한가? 파리평화회의 당시 윌슨이 구상한 것은 식민지의 '독립'이 아니라 '위임통치(mandate)'였다. 윌슨을 비롯한 구미 지도자들의 눈에 아시아·아프리카 지역의 식민지들은 아직 민족국가로서의 존재를 감당할 만한 '자아'가 아니었다. 아직 그 스스로를 통치할 만한 준비가 돼 있지 않은 민족, 그들은 신탁(信託)되어야 할 대상에 불과했다. 윌슨 자신부터 필리핀을 독립시키자는 논의를 '무책임하다'며 반박했던 터다.[27]

선교사의 양자 김규식, 조선을 대표하다

1919년 3월, 한창 평화회의가 진행 중인 파리에 조선의 '대표'로 도착한 사람은 일찍이 선교사 언더우드(H. G. Underwood)의 양자로 자라난 청년이었다. 당시 39세였던 김규식. 사실상 고아였던데다 몸까지 허약했던 그는 어릴적 기사지경(幾死之境)을 헤매다 언더우드의 구원을 받았다. 고작 네 살이었던 그는 벽지를 뜯어먹으며 목숨을 부지하고 있었다고 한다. 회생하기 어려울 듯 보였던 어린 소년은, 그러나 언더우드 부부의 도타운 사랑 아래 발군의 재능을 발휘하며 자라났다. 부부가 운영하는 경신학교에서 영어와 라틴어, 수학·신학·과학 등도 배웠다. 귀양간 부친이 온전했더라면 생각하기 어려울 전신(轉身)이었다. 역시 고아였던 이광수의 생애가 보여주듯 고아라는 조건은 대변동의 시기에 종종 더 폭넓은 변신과 더 높은 약진을 가능케 해주는 기초가 된다. 그야말로 "선조도 없는 사람, 부모도 없는 사람 (…) 천상으로부터 오토(吾土)에 강림한 신종족"[28]으로서 김규식은 미국으로 유학, 르노크 대학 학부와 프린스턴 대학 석사과정을 마쳤다. 1904년 귀국 후 한동안 기독교계 언론 및 교육 활동에 종사했으나 1913년에는 중국으로 망명했다. 망명 직후 벌써 중국 내

혁명운동에 가담했으며 한편으로는 중국과 몽골·러시아를 오가며 사업에 종사했다. 여운형이 주도한 신한청년당에 발기인 중 한 명으로 참여한 것은 1918년의 일이다.

일본어·중국어·러시아어는 물론 몽골어·산스크리트에까지 통달했으니 신한청년당에서 파리평화회의에의 대표 파견 의제가 떠올랐을 때 김규식이 담당자로 선출된 것은 당연한 결과였을 터이다.[29] 김규식은 본래 김탕·여운홍 등을 이끌고 출발했으나 유럽행 배편을 구하는 데서부터 난관에 부딪혀, 중국 대표단 중 한 사람의 표를 양도받아 그 혼자만 겨우 파리로 떠날 수 있었다. 1919년 2월 1일 중국 상하이를 출발한 김규식이 파리에 도착한 것은 3월 13일이다. 그러나 김규식이 조선 대표로 파견된 유일한 인물은 아니었다. 조선이라는 나라를, 그리고 조선인이라는 사람들을 대표할 정통의 정치체제가 구축돼 있지 않았던 당시, 민족과 인민의 이름으로 말하고 행동하고자 하는 이들에게는 대표임을 자처하는 방향이 오히려 자연스러웠던 때문이다.

이에 따라 러시아의 대한국민의회(한족중앙총회)에서는 윤해와 고창일을, 미국의 대한인국민회에서는 이승만과 조한경을 대표로 파견했다. 그 밖의 여러 단체에서 대표 파견을 추진하여, 예컨대 일본 유학생들은 여학생 송복신을, 유림계에서는 심산(心汕) 김창숙을, 여성계에서는 도쿄 유학생 신마실라를, 대종교에서는 김성(김병덕)과 정신을 대표로 뽑았다. 그들 대부분이 여권 및 여비 문제로 중도에 좌절하고 말았을 뿐이다. 당연하게도 파리에서 김규식이 조선 대표로 활동하기 위해서는 다른 이들의 인정과 협조가 필요했다. 여행 허가가 나지 않아 파리행을 포기한 이승만과 조한경은 차치하더라도 뒤늦게 파리에 도착한 윤해·고창일 등이 김규식과 경쟁하려 했다면 '대표'의 정치는 낯부끄러운 파벌싸움의 장이 됐을 것이다. 다행히 윤해는 김규식이 신한청년당 대표로 먼저 파리에 도착했다는 사실을 인지한 후 "나는 옆에서 도와줄 테니 대표 노릇을 당신이 하라"며 물러났다.* 이관용·황기환·장택상 등 프랑스에 체류 중이던 다른 조선인들도 김규식이 머물고 있던 샤토당 거리 38번지에 찾아와 그를 보조했다.

1919년 봄의 파리는 다채로웠다. 미국·영국·프랑스에 이탈리아와 일본의 '5대 강국'을 위시한 각국의 공식 대표들은 물론이고 대표이고자 하는, 스스로 대표이기를 결의한 이들이 파리에 모여들었다. 그런 점에서 민족의 운명을 스스로 결정해야 한다는 '자결'의 원칙은 비단 민족의 차원에만 국한되지 않았다. 온갖 경로, 온갖 방법에 의지한 '대표'들이, 그 '대표'들을 지지하는 사람들의 갹출에 의지해 머나먼 파리를 향했다. 라틴아메리카에서는 18세기 말 아이티혁명을 시작으로 대부분 지역이 진작 독립했지만, 아시아·아프리카 등지의 식민지에서는 독립을 위한 움직임이 바야흐로 본격화되고 있는 시점이었다. 이들 지역에서는 '대표' 개념 역시 활발하게 토의하고 재구성했다. 이집트의 자글룰이 이끈 정당의 명칭은 아

70

* 김철수의 진술에 의한 극적 구성이다. 김철수는 윤해가 "나는 옆에서 도와줄 테니 대표 노릇을 당신이 하라"며 대표 역할을 순순히 양보했다고 회고하고 있다. 김규식을 파견한 상하이 신한청년당(상해파)과 윤해를 파견한 러시아 대한국민의회(이르쿠츠크파) 사이의 경쟁과 알력을 생각한다면 더욱 인상적인 장면이다. 그러나 김철수의 기억과는 달리, 내전 중이었던 러시아 내 교통 상황 때문에 여정이 크게 지연돼 윤해·고창일 일행은 9월 26일에야 파리에 도착했다는 것이 일반적인 보고다. 김규식은 8월에 이미 파리를 떠났다니 만남 자체가 없었을 가능성이 높다. 직접 목격자도 아닌 만큼 김철수의 회고는 '복수(複數)의 대표'와 '단수(單數)적 효과'를 둘러싼 감정적 기억에 불과할 가능성이 크다 하겠는데, 그럼에도 불구하고 여기서는 김철수의 기억을 채택해본다.

예 '대표'였다. '대표'라는 뜻의 이집트어 '와프드'가 정당명이었다는 의미다.[30] 인도에서는 소수의 중산층 운동에 불과했던 국민회의가 급속히 대중화돼 명실상부 인도인을 대표하는 조직으로 자라나게 되는 기초를 다졌다.[31]

아시아·아프리카 각 지역에서 떠나온 대표들의 행로는 달랐다. 모든 대표가 윌슨 대통령을 비롯한 각국 지도자들과의 회견을 희망했지만 그것에 성공한 사람은 소수에 불과했다. 후일 호치민(胡志明)으로 이름을 떨친 베트남 청년은 윌슨 대통령과의 면담을 신청한 후 프랑스인 친구로부터 연미복까지 빌려두었으나 끝내 회견 기회를 갖지 못했다.[32] 반면 세네갈 대표는 프랑스 수상 조르주 클레망소(G. Clemenceau)와 면담하는 데 성공하는 한편 듀보이스(W. E. B. Du Bois)가 주도하는 범아프리카 회의에도 참석했다.[33] 그러나 어떤 쪽이든 그들은 모두 대표로서의 자격을 인정받는 데 실패했다. 그들이 대표하고자 한 민족의 자결권이 철저하게 외면당했기 때문이다. 조선 대표 김규식이 그러했듯, 식민지의 대표자 대부분이 대표로서의 법적·제도적 조건을 충족시키지 못했다는 상황 또한 불리하게 작용했다.

식민지라는 조건상 아시아·아프리카 각 지역의 대표란 의회주의적 대표일 수는 없었다. 식민지 대부분에서는 선거와 의회제도로써 공인된 대표가 존재하지 않았기 때문이다. 이들 지역에서 온 대표들은 따라서 구세주를 만나지 못했는데도 그 후계자임을 자처하는 바울의 부류, 이방인 예언자의 면모를 닮았다.[34] 당시 독립을 위해 분투하고 있던 민족 중 파리평화회의에 초청받은 것은 일부에 불과했다. 유럽 내에서도 폴란드·세르비아·체코슬로바키아 대표 정도가 정식 참여 자격을 부여받았을 뿐이다. 그러

6

1919년 2월 파리에서 듀보이스가 주도한 범아프리카회의에 참석한 대표들. 미국·과달루페·세네갈·라이베리아 등 15개 지역에서 온 57인이 참석했다. 정중앙에 듀보이스의 얼굴이 보인다. 진작부터 제기돼온 흑인의 권리 문제가 있었던데다. 패전국 독일 식민지였던 네 개 지역 1,300여 만인구의 향방이 초미의 관심사가 되던 때였다. 미국 애틀랜타대학 교수였던 듀보이스는 '아프리카인을 위한 아프리카' 건설을 주장하면서 예의 네 개 지역이 "조직된 문명의 지도"하에 "자치국가(autonomous state)"로 자립해야 한다고 주장했다. 미국 내 유색인종들의 아프리카 이주 가능성을 예상하기도 했다. 그는 문명간 차이를 "인간 본성의 본질적 풍요와 다양성의 증거"로 읽으려 했으며 미국 독립전쟁 이래 제1차 세계대전까지 흑인들이 "그들을 경멸해왔고 경멸하는 국가"를 위해 피 흘리며 싸운 역사를 상기시켰다.

3·1운동 그리고 세계

나 다른 민족들, 알바니아·크로아티아·에스토니아에서부터 페르시아·시리아·레바논·예멘·튀니지, 그리고 카탈로니아 민족주의자나 아일랜드의 신페인당까지 '대표'를 자처하는 실로 다양한 군상 또한 1919년 파리에서 활동했다.[35] 이들 중 일부는 예의 '5개국' 정상 일부로부터 그 존재를 승인받았지만, 대부분은 열강의 인정을 얻기 위해 헛되이 분투했을 뿐이다.

초대받지 않았지만 힘들여 대표를 보낸 종족과 민족 들의 목소리는 거의 울리지 않았다. 정식 대표단을 파견했던 중국마저 거듭 소외당하고 묵살당했다. 중국 대표 루정샹(陸徵祥, 르네 루)과 웰링턴 구(顧維鈞, 구웨이쥔)가 맹렬하게 활약했으나 '5대 열강' 중 하나로 급부상한 일본의 위세를 저지하는 데는 실패했다. 중국의 5·4 운동은 중국의 대표들이 민족적 발언권을 인정받는 데 실패한 결과로서, 즉 일본의 권리만을 편든 파리평화회의에서의 결정에 대한 반발로서 개시된다. 조선은 더더구나 무시당하고 배척당했다. 파리에 모인 각국 대표들은 한번도 조선 문제에 진지하게 관심을 기울이지 않았다. 김규식이 조선 문제의 의제화 가능성을 타진했다지만 그 답변은 비공식적으로 이루어진 듯, 파리평화회의 관련 문서에서 김규식의 이름이 눈에 띄지도 않는다. 파리평화회의 문서에서 조선의 국명이 발견되는 것은 꼭 한 군데, 3·1 운동이 거의 저물고 난 후인 5월 말, 미국인 신문기자가 일본 대표를 회견한 기록이 참고자료 삼아 첨부돼 있을 뿐이다.[36]

대표와 인민 사이 — 유토피아적 직접성의 논리

한성정부나 대동단의 경우와 달리 '민족대표 33인'은 대표

파리평화회의 당시 파리에서 활약한 김규식(7), 그리고 중국의 공식 대표였던 루정샹과 웰링턴 구(각각 8, 9). 위안스카이(袁世凱) 사망 후 군벌(軍閥)이 발호 중이던 중국은 대표를 파견하기 위해 복잡한 내부 논의를 거쳐야 했다. 공식 대표는 두 명이었지만 대표단 규모가 수십 명에 달한 것도 혼란한 내정(內政) 탓이 컸다. 최종적으로 공식 대표로 파견된 루정샹과 웰링턴 구는 파리평화회의 이후 크게 다른 길을 걷는다. 루정샹은 유럽에 남아 가톨릭 수도사가 되어 벨기에 교회 장상(將相)의 자리에까지 올랐고, 반면 웰링턴 구는 국제연맹 창설에 관여하며 1920년대 후반 한때 북양(北洋) 정부 국무총리를 지냈다. 이들 중 특히 웰링턴 구의 활약상은 조선인들 사이에서도 유명했다. '민족대표 33인'이 중국으로 파견한 목사 현순은 웰링턴 구를 존경해 그 이름을 따서 외손자 이름을 지은 바 있다.

성의 어떤 체계도 마련하지 않은 채 스스로를 대표로 선포하고 주장했다. 종교계 내부의 대표 체계에 영향을 받았지만 그것을 그대로 준용하지 않았고, '대표'가 일상어가 돼 가는 중이었으나 학급이나 학교에서 대표를 세울 때 같은 절차에도 개의치 않았다. 일본이 '독립불원서(獨立不願書)'를 작성해 서명케 했다는 허구의 '대표'마저 귀족대표·유림대표·사회대표·종척(宗戚)대표 같은 최소한의 체계를 표방했다는 소문이었는데[37] '민족대표 33인'은 이상할 정도로 대표로서의 정당성을 확보하는 경로에는 무관심했다. 그렇다고 기존의 대표 개념에 뚜렷이 이의를 제기한 것도 아니다. 조선은 대표 개념에 막 적응하기 시작했던 터, 의회나 선거제도에 대한 의구심을 장착하기에는 아마도 시기상조였을 터이다. 러시아에서는 1917년 10월 혁명 후 제헌의회 문제를 둘러싸고 부르주아적 대표 기구에 대한 논쟁이 뜨거워지고 있었으나 그문제가 동아시아에 파급되기까지는 몇 년을 더 기다려야 했다.[38]

　　'민족대표 33인'은 한편으로는 '대표'로서의 선언 이후 상황 전개를 예측하는 데도 무관심했다. 대표로서 일껏 결의하고도 그들은 스스로의 역할을 선언까지로 국한시켜, 잘 알려진 대로 독립선언식을 거행한 후에는 경무총감부에서 보낸 승용차 몇 대 편으로 고스란히 유치장을 향하고 말았다. 애초부터 중심도 본부도 없었던 3·1운동은 이로써 전적으로 대중의 결의에 따라 전개된다. "대표들과 유권자 사이의 (…) 지속적인 상호관계"에서 대표들이 탈락함으로써, "공장·작업장·거리에서 아우성이 있을 때면 (…) 갑작스레 가슴속의 혁명적 심성을 발견하는" 역할[39] 또한 낱낱의 대중에게 돌아갔다. '결사대표' 유봉진이나 '국민대표' 양봉식 같은 인물이 줄을 이었다. 유봉진이나 양봉식 같은 집합이나 영향력이 없을 경우에는 종종 홀로라도 나섰다. 어떤 이는 집 뒷산에서 홀로 만세를 부른 후 체포되었고 누구는 이웃사람과 둘이서 거푸 만세를 부른 후 옆 마을로 시위에 참여하러 갔다.[40] 황해도 해주에서 주막을 운영하던 초로(初老)의 여인은 "대한독립만세라고 쓴 깃발을 들고 단독 만세를" 불렀고,[41] 봉산의 서당 교사인 30세의 김해술은 "사리원까지는 거리가 멀어 가기 어렵고 하여" 시위 참여를 포기하고 있었는데, 난데없이 순사가 방문해 단속하는 데 반발해 순사가 보는 앞에서 생도들을 집합시켜 놓곤 홀로 만세를 외쳤다.[42]

서울 종교 예배당 신자, 37세 김영진의 경우는 그런 예로서 전형적이다. 그는 3월 1일 오후 길거리에서 「기미독립선언서」를 주워 읽고는 열렬히 기뻐했다. "그 선언서의 글뜻을 보고 나는 우리 조선국 독립이 되었다고 생각하고 실로 열성으로써 기쁨을 참지 못해 오늘 오후 1시경 서울 종로 1가 즉 전차교차점인 동쪽 큰길 중앙에 무리지어 모여 있는 조선인의 교통 빈번한 곳을 보고서 갑자기 독립만세를 큰 소리로써 계속하였더니 운집한 조선인과 교통인들은 일시에 500인가량 내 주위에 급속히 모여 왔다. 이어서 힘 있는 대로 큰 소리로서 독립만세 만세를 연창하니 500 남짓의 군중 집단인 조선인도 각자가 덮어쓰고 있는 모자를 흔들면서 만세 만세라고 연창하니 성원은 일층 더하여, 이제는 응원하는 다수 조선인이 합세하여 경찰관·헌병의 제지에도 대항할 수가 있다고 알자, 군중 단체에 솔선하여 내가 쓴 모자를 1~2칸의 높이로 던져 올리면서 행진하다가 종로경찰서 앞길에서 경찰관에게 붙잡히고 말았다."[43] 홀로, 아무 조직적 예비 없이 만세를 선동한 경우로서 전형적이며, 그중 성공한 사례에 속한다. 김

76

영진은 선언서 내용을 진술하라는 요구에 '우리는 여기에서 우리가 조선독립국임과 조선인의 자주민인 것을 선언함……'으로 시작해 선언서의 요지를 줄줄이 기술했다. "조선이 독립국이 되었다고 생각했는가"라는 질문에 대해선 "독립국이 되었다는 기분이었다", 성공적으로 만세 선동한 데 대해서는 "실로 만족해 마지않는다"고 답했다. 국장 전일에 소동 일으킨 것이 불경 아니냐는 질문에 대해서는 "우리들은 우리 민중들과 같이 기뻐하면서 독립을 축하함과 동시에 이태왕 전하의 영혼도 만족할 것이라고 생각한다. 그래서 나쁜 일이라고 생각지 않는다"고 변해(辯解)할 정도의 논리력을 과시하기도 했다.

1910년대의 다른 혁명이나 운동, 즉 1917년 러시아혁명, 1918년의 핀란드혁명(내전)과 독일혁명, 1919년 헝가리혁명 등에서는 볼셰비키 등의 조직적 지도나 군인들에 의한 우선 봉기가 핵심적 역할을 담당했다. 1919년 중국의 5·4 운동은 도시를 근거지로 청년 학생에 의해 주도된 운동이었다. 3·1 운동과는 여러모로 다르다. 부재하는 중심, 불확실한 소문이 중요한 역할을 했다는 점에서라면 3·1 운동은 오히려 1789년의 프랑스혁명과 1790년의 아이티혁명, 그리고 1857년 인도 세포이항쟁 같은 멀리 떨어진 사건을 연상시키는 바 있다. 초기에 귀족적 부르주아지에 의해 주도됐던 프랑스혁명은 농촌 지역에서의 '대공포(Grand Peur)'를 통해 급진전했고, 흑인 노예의 반란으로 점화된 아이티혁명은 식민 본국인 프랑스를 참조한 자유에의 기대에 의해 고무됐으며, 인도인 용병들의 봉기로써 시작한 세포이항쟁은 제국주의 영국의 종교 차별에 대한 의구심에서 그 동력을 얻었다. '십일세·영주세와

1919년 발간된 『한국의 독립과 평화』(이하 『한국의 독립』)(10)와 1927년 발행된 『한국의 문제』(11). 『한국의 독립』은 1919년 봄 파리평화회의 당시 김규식이 이관용·황기환 등과 함께 조선공보국을 만들어 활동하면서 찍어낸 책자다. 『한국의 문제』는 1927년 2월 벨기에 브뤼셀에서 세계피압박민족결의대회가 개최됐을 때 나온 소책자. 이 대회는 124개국에서 147인이 참석한 대규모 대회였다. 『한국의 문제』는 표지부터 『한국의 독립』을 빼닮았다. 대회에 참여한 조선인은 김법린·이극로·이미륵(이의경)이었다. 자발적 '대표'들이었다. 중국 방랑을 거쳐 베를린대학에 유학 중이던 이극로가 대회 개최 소식을 듣고 김법린과 이미륵에게 협조를 구했다고 한다. 승려였던 김법린은 범어사 승려들이 주도한 3·1운동 시위에 참여한 후 중국을 거쳐 프랑스로 건너와 당시 파리대학원에서 근세 철학을 공부하고 있었다. 경성의학전문 학생으로 역시 3·1운동 후 망명한 이미륵은 뮌헨대학에서 생물학 전공으로 학위논문과정을 밟고 있었다. 이들은 조선 상황을 호소하는 결의문을 독일어와 영어, 프랑스어로 옮겨 『한국의 문제』를 제작·배포했다. 조선이 "1919년 3월 1일 독립을 선언했다"는 사실을 강조하는 내용이었다. 비용은 동아일보사 기자로 유럽에 와 있던 김준연이 부담했다. 대회 첫날 김법린이 일본과의 조약 무효와 상해 임시정부 요구를 골자로 하는 연설을 발표했으나 반응은 미약했다. 세 명의 노력으로 조선독립 문제가 표결에 붙여졌음에도 조선독립안은 세 표 차이로 부결되고 만다.

수렵금지령이 폐지됐다'고 여겼던 '대공포' 속의 프랑스 농민들, '본국에서 이미 노예해방령을 선포했는데 노예주들이 그 사실을 숨기고 있다'고 믿었던 아이티의 흑인 노예들, '영국인이 탄약 재료로 힌두교도와 이슬람교도가 금기시하는 소·돼지기름을 사용하고 있다'고 생각했던 인도의 토착 병사들[44] — 이들은 부정확한, 그러나 현재에 대한 불만과 분노를 강렬하게 실어나르는 소문에 의해 스스로를 일으켰고 그럼으로써 현실을 바꾸는 동력을 만들었다.

이들은 의회제도나 대표의 정치에 의존하지 않았다. 그런 제도는 존재하지 않았거나 그들의 생활영역에 들어와 있지 않았다. 대신 그들은 궁핍과 억압과 차별에 대한 분노, 안전과 자유와 평등에 대한 갈망에서 출발하여 '혼돈의 개방성(chaotic openness)'[45] 속에 뛰어듦으로써 거대한 정치적 에너지를 형성했다. 의회제도 자체부터 이런 직접 봉기(immediate uprising)의 힘에 대응하는 과정에서 생겨나고 변형됐다고 할 수 있으리라. 3·1 운동이 일어났던 1919년은 이같은 직접성−즉각성(immediacy)이 유례없을 정도로 고양된 시기였다. 선언이라는 발화 행위가 언어와 현실 사이 무매개성−직접성을 기념하듯 시간 의식에 있어서도, 정치적 구성에 있어서도 직접성의 형식이 도약했다. 어느 윌슨주의자가 말한대로 대전(大戰) 이후의 세계, 파국 이후의 세계에서는 "유토피아만이 실제적(practicable)"이다. 인류를 기다리고 있는 것은 유토피아냐 멸망이냐 사이의 선택일 수밖에 없다. 인류는 어디로 향하고 있는가 — 천상의 왕국인가 아니면 더 깊은 지옥인가? 그는 눈앞의 피투성이 참상에도 불구하고 '메시아적 현실'이 가까이 와 있다고 결론짓는다. "언제라도, 눈 깜박할 사이

79

에, 변화가 닥칠 것이다. 신성한 사회적 현존이 열려서 깨어나 기뻐하는 민족들을 연합시킬 것이다."[46]

매개 없는 세계 혹은 또 다른 대표

　낙관적 공화주의자였던 윌슨 자신은 이런 '파국' 혹은 '묵시록적' 비전을 묘사한 바 없다. 그러나 많은 윌슨주의자들은 그러했다. 기이하게도, 임박한 유토피아에 대한 윌슨주의자들의 예감은 사회주의의 도래에 대한 레닌주의자들의 예감을 닮았다. 제1차 세계대전 와중에 집필된 레닌 자신의 글을 돌이켜 보자. 흉년에 물가고가 겹치고 통신·교통망이 마비돼 가던 1917년 가을 레닌은 "이제 인류는 절멸할 것인가 아니면 우월한 생산양식으로 가장 신속하고 가장 철저하게 이행하기 위해 가장 혁명적인 계급에게 자신의 운명을 맡길 것인가를 선택해야만 한다"고 쓴다. 제1차 세계대전의 충격은 인민의 물질적·도덕적 힘을 소진시켰고 현대사회 조직 전체를 강타했다. 정권을 잡고 있던 멘셰비키는 부르주아적 개혁을 당면 목표로 삼고 있지만 그것은 너무나 머나먼 길, 좌절을 자초하는 길이다. 레닌은 대신 은행 및 신디케이트를 국유화함으로써, 즉 자본주의에서 국가독점자본주의로 이행함으로써 사회주의로 직행할 수 있다는 파격적 경로를 제안한다. 유럽의 기술적·문화적 자산을 전유할 수 있게 된 만큼 러시아는 이 파격을 현실화할 수 있을 것이다. 노동자들은 이미 사회주의적 심성으로 훈련돼 있으며, 멘셰비키의 주장과 달리 농민 대부분은 프롤레타리아와 훌륭하게 결합할 수 있다. 사회주의를 먼 미래로 준비하다가는 임박한 파국에 잡아먹히게 될 뿐이다. 반면 "사회주의적 미래는 모든 창문에서 우리를 들여다보고 있다." 선택할 때가 왔다. "절멸할 것인가, 아니면 전속력으로 나아갈 것인가?"[47]

　　파국과 유토피아가 함께 임박해 있다는 감각이 시간성에 있어 직접성의 형식을 구성한다고 하면, 대표 개념의 비판 및 재구성은 (민족) 공동체 수준에 있어 매개(mediation)의 질을 수정하고 직접성을 제고한다. 개별과 전체 사이를 잇는 매개라는 층위가 꼭 필요한가? 인민은 대표되고 재현되어야만(representation) 하는가? 개별 그대로, 인민의 존재 그대로 사건의 동력이 될 수는 없는가? 그 힘 자체를 구조화한 사회는 불가능한가? 레닌은 맑스를 다시 쓰면서 선거란 "억압계급의 어떠한 대표자가 의회에서 자신들을 대표하고 억압할 것인가를 결정하는 일"에 불과하다는 이유로 의회주의적 대표 개념을 거부한다. "우리는 의회제 없는 민주주의를 생각할 수 있으며 또 마땅히 그렇게 해야 한다."[48] '대표' 개념을 둘러싼 무정부주의와 사회주의 간의, 다시 로자 룩셈부르크와 레닌 간의 이견(異見)을 기억해볼 수 있겠으나, 결과적으로 20세기 세계사의 한 축을 이끈 것은 레닌의 노선이었다. 그는 입법과 행정을 통합한 의회를, 언제라도 소환할 수 있는 의원을, 노동자와 같은 임금을 받는 국가 관리를 제안했으며 그에 따라 신생 소비에트 러시아를 건설하고자 했다. 윌슨이 '대표' 개념의 갱신과 재구성을 제안했다면 레닌은 '대표' 개념 자체의 해체를 추진했다. '모든 권력을 소비에트로'라는 평의회(Soviet) 모델이야말로 레닌이 지향한 모델이었으며, 그는 제헌의회를 소집하고도 즉시 그것을 해산시켜 버림으로써 새롭고도 무모한 정치적 실험을 개시했다.

　　유토피아적 기대와 달리 파리평화회의 이후 미국과 유럽

81

1919년 3월 2일 모스크바에서 개막된 코민테른(제3인터내셔널) 창립총회. 둘째 줄 오른쪽에서 세 번째가 레닌이다. 뒤쪽에는 각국어로 '제3인터내셔널 만세'라고 쓴 휘장이 보인다. 1919년 봄은 급격한 세계사적 변곡점이었다. 3·1 운동을 시작으로 이집트혁명, 헝가리혁명, 인도 암리차르 시위, 그리고 중국 5·4 운동이 차례로 일어났다. 의미심장하게도 아인슈타인의 상대성 원리가 실제 천문학적 관측을 통해 증명된 것도 1919년 5월 29일이었다. 새로운 국제조직 코민테른은 그런 일련의 격변 중 하나였다. 그 명칭대로 '공산주의 인터내셔널(Communist International)'을 표방했으나 창립 당시에는 공산당이 창당된 지역이 적어 각국의 사회주의 급진파들이 주로 참석했다. '대표'의 개념 및 체계가 요동치고 있었던 만큼 자발적 참석자들도 많았다. 코민테른 제1차 대회에는 '대표'로서, 즉 단체나 조직의 위임을 받아 참석한 조선인은 없었으나 재러 조선인 여러 명이 행사를 참관했다고 한다.

대부분의 국가는 옛 질서로 회귀했다. 유럽 내에서는 제국이 사라지고 민족국가 체제가 완성됐으나 유럽 바깥의 식민체제는 여전했다. 신생 제국 일본은 제국주의적 팽창을 바야흐로 본격화했다. 18세기 말~19세기 초 라틴아메리카에서 시작, 20세기 초 아시아·아프리카 지역으로 확산된 식민지 해방 운동은 제2차 세계대전을 겪고 나서야 그 소기의 성과를 거둔다. 그렇다면 다른 한편, 혁명 후 카라한 선언으로 식민지에 대한 권리를 포기한 소비에트 러시아는 어떠했던가? 레닌이 기약한 대로 '국가의 사멸', '자본주의의 사멸'을 현실화해냈던가? 역사가 보여주듯 러시아는 그 방향으로 달려가지 못했다. 룩셈부르크가 우려한 것처럼, 부르주아적 의회제도를 철폐한 후 러시아 내 대표기구는 점차 당의 종속기관으로 전락했다. 정치에 있어 직접성-즉각성의 질을 제고시키자는 제안도 좌초했다. "국가의 폐지 (…) 즉 모든 조직적이고 체계적인 폭력의 폐지"를 제안한 레닌의 테제와 어긋나게 국가 기구 자체가 강화·폭압화되면서 스탈린 시기에는 천만 이상으로 추정되는 막대한 인명이 희생되기까지 했다. 세계 사회주의운동과의 관련에 있어서도 러시아의 정책은 직접성-즉각성을 제고하는 것과는 거리가 멀었다. '1국 1당'의 원칙을 강제함으로써, 즉 나라마다 '유일한 공산당'을 요구함으로써 이번에야말로 '대표'될 권리를 둘러싸고 경쟁이 — 심지어 혈전(血戰)이 — 벌어졌고 중국이나 일본에 체류하는 조선인들은 조선공산당이 아니라 현지 공산당에 가입해야 했다.[49]

3·1 운동에 있어서의 '대표'는 이런 세계사적 격동 속에서 태어났다. 지금껏 계승되고 있는 '33인 민족대표'라는 명칭, 이것은 '대표' 개념 자체가 해체·재구성되고 있던 상황에서 시도된 술

한 실험 중 하나였다. 그 정당성이 민중봉기에 의해 추인됨으로써 '민족대표'는 1919년 4월의 상해 임시정부 구성까지 이어지는 동력이 될 수 있었다. '대표'임을 자임하는 이들이 많았던 만큼이나 '임시정부'로서 스스로를 표명한 단체가 많았던 1919년 봄,* 갈래갈래 분열됐을지도 모를 그들 흐름은 3·1 운동의 폭발에 힘입어 '대한민국 임시정부'로 통일될 수 있었다. 4월 11일 대한민국 임시정부 선포 후에도 "한성에서 조직 발포한 일(一) 정부의 명(名)[한성 임시정부]이 거연(遽然)히 해내외(海內外)에 선전되는 기관(奇觀)이 생(生)하야 (…) 이(二) 정부의 존재를 의(疑)치 아니치 못하게 되"는 등[50] 혼란이 없지 않았으나 서로 조직안을 타협하여 '복수의 임시정부'라는 당황스런 상황을 피할 수 있었던 것이다. 이곳이 곧 의회와 선거제도를 경유하지 않은 3·1 운동의 자발적 '대표'들이 도달한 지점이었다. 지금껏 계승되고 있는 '민족대표'라는 명칭, 이것은 '대표' 개념 자체가 해체·재구성되고 있던 세계적 상황에서 일어난 숱한 실험 중 하나가 성공한 결과였으며, 그 성공을 가능케 한 것은 봉기 대중이었다.

84

● 이 시기 '임시정부'를 표명한 단체는 앞서 본문에서 서술한 노령(露領) 임시정부(대한국민회의)·상해 임시정부, 한성 임시정부 외 실체가 확인되지 않은 조선민국임시정부·고려공화국·간도임시정부·신한민국정부 등 총 일곱 개에 달한다.

3장.
깃발

군왕과 민족과 대중

낭독이 끝나자 약간 웅성대는 듯했다. 그러나,
그것은 아낙네들과 농민들이 서로 주고받는 말
때문이었다. 선언서의 문장이 힘든 탓일 게다.
"읽은 기 조선이 독립이 됐다는 글임메?"
"독립이 됐으면 우리 잉금(임금)이 다시 등극으
한다는 말임메?"
"독립이 됐으니 그럴 기 앙이겠음."
"보조원 새끼들이 없어질 게 앙임메?"
"보조원뿐이겠음?"
"애구 씨원해라. 그놈 아아들이 없어진당이……."

/ 안수길, 『성천강』(1971~1974)

경성직뉴주식회사 서기, 24세 이희승

직뉴(織紐)란 끈[紐]을 천 짜는 기계식[製織] 방법으로 만드는 것을 뜻한다. 한복 입을 때 착용하는 허리띠나 대님, 주머니 끈이 그 대표적 상품이다. 경성직뉴회사는 1910년 창립, 1911년 4월 주식회사로 재조직된 직뉴업계의 선두 기업이었다. 수공업 방식으로 직뉴에 종사했던 쌍림동 일대 군소업자들과 몇몇 자본가들이 합력(合力)해 세운 회사로 알려져 있다. 자본 규모는 약 10만 원으로서 조선인이 설립한 기업체 중 단연 돋보이는 규모였다. 소박한 것이었지만 수십 대의 기계를 갖추고 있었고 직공 숫자도 150여 명에 이르렀다.[1] 사장직은 해평 윤 씨 집안의 윤치소가 맡았으며, 그가 경영난으로 물러난 후에는 호남 대지주가의 김성수·김연수 형제가 회사를 인수해 후일 경성방직주식회사의 기초로 삼았다.

이 중량급 회사에 중앙학교 졸업생 이희승이 입사한 것은 1918년이다. 김성수의 사업을 돕고자 경성직뉴회사 임원이 된 교사 이강현의 지휘를 따라서였다. 입사 전 이희승의 이력은 나름 복잡했다. 열세 살 때 한성외국어학교 영어과에 입학한 것을 시작으로 경성고등보통학교와 양정의숙에서 수학(修學)했고, 열아홉 살 때 잠시 교사로 일한 후 중동학교와 중앙학교에 차례로 다녔다. 경기도 시흥의 양반가 출신으로, 그 아버지는 단발을 꺼려 일본 유학 기회도 거부하고 말았다지만, 이희승 본인은 그야말로 '공부병'이요 신학문으로 입신(立身)한다는 노선에 지나칠 만큼 충실했던 축이었나 싶다. 3·1 운동이 일어났던 당시 그는 입사 1년차 서기로서 경성직뉴회사 숙소에서 지내고 있었다. 학교를 떠나 있었고 종교계와 별다른 접촉이 없었던지라 3·1 운동 계획을

사전에 듣지는 못했다. 인산(因山) 구경 차 친척들이 상경하여 접대하기 분주했을 따름이다.[2]

　　그러나 시내 한복판인 쌍림동에 회사가 위치해 있었던 만큼 이희승은 3·1 운동을 그 격동의 첫 단계부터 자세히 목격할 수 있었다. 3월 5일 학생 시위에는 거사 계획을 미리 입수해 참가했고, 이후에는 경성직뉴회사의 등사기를 빼돌려 지하신문을 제작했다. 그런 그가 3·1 운동을 통해 가장 인상 깊게 서술하고 있는 것은 서울 하늘을 장식했던 태극기의 물결이다. 3월 1일부터 "어느 틈에 만들었는지, 종이로 만든 태극기의 물결"이 출렁거렸고, 3월 5일에는 그 자신이 "밤을 새우다시피 하여 만든 소형 태극기를 한 다발씩 한복 차림의 두루마기 속에 감추어 가지고" 남대문역을 향했으며, 거기서 "어떤 지도자격인 사람이 인력거를 타고 앉아서 큰 태극기를 높이 들고" 달리는 모습을 보았다고 한다.[3]

3월 1일 서울, 깃발 대신 모자를 휘두르며

　　이희승의 회고는 3·1 운동에 대한 전형적인 상상 그대로다. 거꾸로 말하자면 그의 회고 같은 일련의 기억담이 해방 후 대한민국에 정착한 3·1 운동상을 만들어 왔을 터다. 그러나 이희승의 증언과 달리, 3월 1일 서울 하늘에 태극기는 휘날리지 않았다. 어떤 깃발도 날리지 않았을 가능성이 높다. 당대의 문자나 시각자료에서, 즉 신문조서나 사진 등에서 이 날짜에는 태극기가 전혀 등장하지 않는다.* 보성사에서 인쇄한 총 2만 1,000매의 독립선언서 중 상당수가 서울에 뿌려졌지만 가로 44.9센티미터, 세로 20.1센티미터의 흰 종이가 숱하게 휘날리는 가운데 깃발은 없었다. 당시 경성여자고보에 재학 중이던 최은희는 "그날 태극기는 하나도 나오지 않았으며 장안이 전부 철시를 하였다"[4]고 회고한 바 있다. 탑골공원에서 독립선언서를 낭독한 경신학교 졸업생 정재용 역시 후일 "이때 탑골공원에 태극기가 휘날렸다는 기록이 있으나 (…) 태극기가 없었다"는 증언을 남겼다.[5] 군중은 대신 손수건을 휘두르고 모자를 벗어던지며 존재를 과시했다.

　　서울에서 벌어진 며칠 후의 대규모 시위, 즉 학생들이 주도한 3월 5일 남대문역 앞 시위에서는 여러 종류의 깃발이 동원됐다. 이날 시위는 3·1 운동을 지속화·장기화하는 데 결정적 계기가 된 사건이었다. 3월 1일 시위가 20만이 넘는 국장 상경객을 통해 전국 방방곡곡에 전해진 데 이어, 3월 5일 시위는 독립선언이 일회적 사건으로 끝날 수 없다는 의지를 명확하게 천명했다. 3월 1일의 선언식은 본래 천도교계, 기독교계, 그리고 서울 시내 학생, 최소 세 개 조직에서 각기 독자적으로 준비했던 독립선언 내지 청원이 합류한 사건이었는데, 그중 가장 적극적이고 활동적이었던 학생들이 본래의 독자적 계획을 일부나마 실현시킨 것이 3월 5일 시위였던 것이다. 3월 1일과 달리 이날 시위에는 다양한 소도구가 동원됐다. 보성전문의 강기덕과 연희전문의 김원벽이 인력거에 탄 채 대열을 지휘했고 행렬을 통해 깃발

● 예외로 꼽을 만한 것은 3월 1일 대한문 앞에서 체포된 23세 정봉학의 진술이다. 그는 누군가 "두 자쯤 되는 막대기 끝에 흰 무명베에 서너 자쯤 쓴 한 자 다섯 치 사방쯤 되는 것을 가지고 흔들고 있"는 것을 보았다고 한다. 문맹이라 뜻을 알아볼 수는 없었다고 하지만 독립만세기였을 것이 확실해 보인다. 일본조합교회 소속인 광남교회 전도사였던 유석우는 2월말 교회 관계자로부터 "국장을 하는 날에 무슨 일이 있는데 그날은 국기를 가지고 행진을 한다"고 들었다고 했으며, 경성부청 임시 직원 신징균은 3월 1일 혼마치(本町)에서 목격한 시위 대열 선두에서 두 사람 정도 '빨간 천'을 휘두르고 있었다고 진술했다. 요컨대 3월 1일 서울에서의 깃발 출현 여부 및 그 종류에 대해 최종적 결론을 내리려면 좀 더 토의가 필요하다고 생각한다.

깃발

과 전단이 나부꼈다. 강기덕과 김원벽은 '조선독립'이라고 크게 쓴 깃발을 휘둘렀다. 이희승이 "어떤 지도자격인 사람이 인력거를 타고 앉아서 큰 태극기를 높이 들고" 달리는 것을 보았다는 것은 이 장면을 기억·변형한 소산임이 분명하다. 그 밖의 시위 행렬의 다수 학생들은 붉은 천을 들고 있었다.[6]

이 붉은 천은 한때 '적기(赤旗)'라 불리면서 사회주의적 경향의 징후로 독해된 바 있다.[7] 그러나 윌슨주의의 유행 속에서 각국 혁명 소식도 '개조'로 수렴돼 이해됐던 시절이었던 만큼, 3월 5일의 학생들이 유독 사회주의에 친화적이었다고 생각할 근거는 없다. 붉은 천의 모양새 역시 적기라기보다 좀 큰 붉은 손수건에 가까웠던 것 같다. 이화학당 학생들이 학생 시위를 준비하면서 빨간 앵당목(櫻唐木)으로 손수건 수천 개를 제작했다니 말이다.[8] 배포는 3월 5일 현장에서도 했겠지만 그 전날부터 준비한 것으로 보인다. 김재익이라는 학생이 3월 4일 밤 거리에서 학생으로 보이는 사람들에게 배포를 부탁했단다. 그중 한 명이었던 도쿄 물리학교 1년생 고재완은 자신이 맡은 것은 '두 권(卷)', 즉 두루마리 두 뭉치였다고 진술한다.[9]

3월 4일 밤에는 '5일 오전 8시 30분 태극기를 소지하고 남대문역 앞으로 오라'는 통고문도 돌았다.[10] 그 지시대로 태극기를 지참한 사람도 있었을 법하다. 중앙학교 2년생 김승제에 의하면 3월 4일 밤 그 문서를 보고 하숙생들이 함께 태극기를 만들었다고 한다. 막상 3월 5일에는 하숙생 중 한 명이 "그런 것을 가지고 가면 좋지 못하다"고 하여 두고 나갔다지만[11] 학생 밀집 지역에 통고문이 400통이나 뿌려졌다니 분명 그 영향이 있었을 것이다. "5일에는 태극기를 들고 나온 남학생들이 많았다"는 회고도 있다.[12] 그러나 독립기와 붉은 천이 워낙 인상적이었기 때문인지 당시 조사과정에서는 심문자나 피의자나 그 두 종류의 깃발에 주목했을 뿐 태극기에 대해서는 별달리 언급하지 않았다. 3월 초 서울에 국한해서는, 태극기는 그렇듯 부재(不在)하는, 혹은 미약한 존재였다.

전국으로 시야를 넓힐 때 태극기가 처음 사용된 것은 3월 1일 오후 1시에 열린 평양의 독립선언식이다.[13] 선언식을 축소·조정한 서울에서와 달리 평양에서는 장로교회가 주도하는 가운데 숭덕학교 운동장에서 대규모 선언식을 거행했다.* 죽은 황제의 봉도식을 겸한 자리였다. 회장 안내자만도 여럿 배치된 3,000여 명 규모의 체계적인 군중 집회였다고 한다. 선언서를 낭독·배포하고 목사 강규찬과 김선두가 연설도 했다. '구속되어 천년을 사는 것보다 자유를 찾아 백 년을 사는 것이 의의가 있다'는 요지였다.[14] 학교 현관에는 대형 태극기가 게양돼 있었고 참석자들에게도 태극기 수백 장이 배포됐다. 참석자들 중 시내 행진에 참석한 사람들은 당연히 태극기를 휘둘렀을 텐데, 이날 가두행진은 그리 열정적 분위기는 아니었던 듯하다. 선언식 후 바로 귀가해버린 축이 다수였다고 한다. 저녁에는 훨씬 열렬한 분위기 속에 독립축하회가 열렸지만 경찰은 종일토록 수수방관했다.

91

같은 날 조금 늦게 선언식을 거행한 평안남도 진남포·안주와 평안북도 선천·의주, 함경남도 원산, 황해도 해주 중에도 여러 곳에서 태극기가 등장했다. 진남포에서는 교회에서 봉도식을 마친 후 시내 행

* 행사 후 연합했으나 감리교파는 남산현교회에서 800명 규모의 독자적 선언식을 개최했으며, 천도교도들 또한 설암리 천도교회당에서 따로 행사를 진행했다.

진을 할 때 '대한독립'이라고 쓴 기를 앞세우는 한편 군중에게 태극기를 배포했으며, 선천에서는 신성학교 학생들이 중심이 되어 '대호(大呼)! 조선 청년'이라는 글자를 쓴 큰 깃발과 함께 태극기를 다수 준비했다. '민족대표' 중 한 명인 유여대 목사가 주도한 의주 독립선언식에서는 태극기 게양을 행사 첫 순서로 삼았다. 원산은 3월 1일이 마침 장날이었는지라 약 2,000명 규모의 큰 시위를 벌일 수 있었는데, 선두에 태극기를 세우고 학생들은 북 치고 나팔 불며 시위를 이끌었다고 한다. 반면 안주·해주에서는 3월 1일 선언식은 단출하여, 며칠 후 후속 시위에서야 독립만세기 및 태극기를 준비해 사용하였다.[15]

92　　　　태극기, 대한제국의 기억

　　비록 3월 1일 당일 전국을 뒤덮은 것은 아니지만 태극기는 독립된 한반도를 상기시키는 강력한 기호였다.* 평양·진남포·선천·의주·원산을 시작으로 오래잖아 태극기는 자생적으로 준비되고 사용되기 시작했다. 비단 시위 때만 태극기를 꺼내 든 것이 아니다. 충청남도 유성에서는 '조선이 독립되었다'는 사실을 알리기 위해 대형 태극기를 마을 한복판에 게양했고, 전라남도 연안에서는 어선들이 태극기를 매단 채 조업을 나섰다.[16] 3월 말에는 서울에서도 태극기가 대거 등장, 그 상징 가치를 최고도로 발휘했다. 남대문 학생 시위 이후 위축됐던 서울 시내 봉기가 재연(再燃)된 3월 말, 태극기 게양은 그 자체로 시위에 버금가는 효과를 올린다. 누가 한 일인

● 일본 유학생들의 2·8 독립선언 때도 태극기 마련이 논의됐다고 한다. 최승만에 따르면 "태극기도 준비코자 하였으나 이것은 실행하지 못"했는데 자금 부족과 제작상의 곤란 때문이었다고 한다.

지 밝혀지지 않은 채, 3월 26일에는 북악산에서 태극기가 휘날렸고, 27일에는 동대문 근처 전주 몇 곳에 태극기가 걸리는 한편 남산 팔각정에도 게양되었다.[17]

1919년 상하이에서 발간된 『독립신문』에 연재된 소설 「피눈물」은 바로 이 시기 시위를 배경으로 한 것으로 짐작된다. 소설에서 태극기는 "일변 놀라고 일변 외구(畏懼)"케 하는 경이로운 힘을 발휘하고 있다. 밤새 누군가의 손으로 "북악과 남산과 인왕산에 무수한 태극기가" 매달려 아침햇살 속 선명하게 나부끼기 시작했기 때문이다. "마치 10년간 일인(日人)에게 압수되어 화장(火葬)을 당하였던 수백만의 태극기의 비혼(悲魂)이 일야(一夜)간에 음부(陰府)로서 뛰어나와 비한(悲恨) 많은 서울을 에워싼 것 같다. (…) 아아 얼마나 그립던 태극기 얼마나 달고 싶던 태극기뇨."[18] 「피눈물」의 작자는 산마다 태극기가 펄럭이는 데 호응해 북촌 민가에서도 태극기를 꺼내 달고 "이 [구]석 저 구석에서 만세 소리"를 내기 시작했다고 적는다.

태극기는 1883년 이래 조선, 그리고 대한제국의 국기였다. 특히 1897년 조선이 대한제국으로 재탄생한 이래 국민의례가 정착하면서 태극기는 근대 국가의 상징으로서 대중적으로 각인된다. 3·1 운동 당시에도 대한제국기의 기억이 소환되는 일이 드물지 않았다. 황해도 연백군 유곡면에서는 29세의 농민 주시향이 독립이 승인됐다는 소문을 듣고 "융희황제 북순시에 그분을 맞이하려고 마련해두었던 국기 30여 폭을 꺼내 들고" 주민과 함께 만세를 불렀다. 함경남도 북청군 양화면에서는 35세의 교사 손규용이 봉직 중인 용연학교 강당에 생도들을 집결시킨 후 "이 국기는 구한국 건국 이래 사용해온 것 (…) 가까운 장래에 조선은 독립되어 다시 이 국기를 다시 사용할 수 있"게 될 것이라며 만세를 선동했다. 신문조서 등에서 주로 '구한국기'로 불린 태극기가 절로 대한제국을 환기시키는 기호였음을 잘 보여주는 사례라 하겠다. 황해도 서흥군 매양면에서는 성서 행상인 32세의 홍종훈이 "이태왕 전하 국장일에 태극기를 게양했음은 이태왕 전하 생전의 국기였던 고로 그분을 추모하는 뜻으로 게양한 것이다"라는 말로써 3·1 운동기의 태극기에 대한 제 나름의 풀이를 보여준 바 있다.[19]

태극기를 만들고 휘두름으로써 3·1 운동의 대중은 대한제국으로의 복귀를 염원했던 셈일까? '독립만세'라고 할 때 그들이 일컬은 '독립'은 대한제국의 회복을 뜻하는 것이었을까? '독립'이 무슨 뜻인지 모른다는 피의자들에게 일본인 판사는 풀어서 묻곤 했다. "합병 전의 조선이 되기를 바라는가." 이와 관련해 소설가 안수길은 장편 『성천강』에서 3·1 운동 당시 함경도를 배경으로 독립선언서 낭독에 "웅성대는" 장터의 갑남을녀를 보여준 바 있다.[20] 그들은 "읽은 기 조선이 독립이 됐다는 글임메?", "독립이 됐으면 우리 잉금(임금)이 다시 등극으 한다는 말임메?"라며 서로 묻고는 "독립이 됐으니 그럴 기 앙이겠음"이라고 고개를 주억거린다.[21] 독립이 잃어버린 나라를 되찾는 일이라면 일차적으로 그것은 복벽(復辟), 즉 물러났던 왕의 복귀를 의미함이 마땅할 터이다.

제국의 옛 조신(朝臣)들은 더더구나 그렇게 생각했다. 운양 김윤식은 정체(政體) 문제는 온 나라 사람들이 의논해 정할 일이라면서도 "복벽을 이룰 수 있다면 좋지 않겠는가"라고 반문한다.[22] 일찍이 판서를 지낸 윤용구는 "종묘사직이 회복되는 것을 바라지 않을 까닭이 없"다면서 "조선을 이전과 같이 어진 임금이 다스리게" 한다면 최상이리라는 기대를 표명했다.[23] 공화(共和)를 반대하고 복벽만이 온당한 길이라고 여긴 보다 강경한 유학자들도 있었다. 호남의 이름 높은 선비 전우는 "이씨 종사를 복벽하여 대통령 제도를 허용치 않을 것을 분명히 하고, 공자교를 세워 기독교를 배제할 것을 분명히" 하지 않으면 안 된다는 이유로 「파리장서」에 서명을 거부했다.[24] 관료나 유학자들만 그랬던 것이 아니다. 경북 영주의 농민 31세 황승흠은 "이태왕 전하가 훙거(薨去)하셨으므로 그 은혜를 잊지 못하여" 만세를 불렀다고 답변했으며 서울 사직동에 사는 김상직은 태극기를 크게 만든 후 "대한제국 만세! 이 사직은 이전에는 조선총독부 경영이었으나 금년부터는 대한제국의 소유로 돌아왔다. 대황제폐하 만세!"라는 문구를 첨부해 사직단 앞에 게시했다.[25]

95

왕의 목을 베는 대신 왕을 위해 통곡하고

3·1 운동 당시 죽은 황제에 대한 추모 분위기는 대단했다. 상복례가 공포되지 않았는데도 사실상 모든 사람이 백립 쓰고 상장(喪章)을 둘렀고, 고을고을마다 망곡(望哭)과 봉도(奉悼)의 예식을 행했다. 공식적 상복례 반포가 없다는 사실이 오히려 추모의 열기를 고조시켰다. 1909년 이토 히로부미(伊藤博文)가 사망했을 당시 추도회며 요배식을 강요하고 관청도 사흘간 휴무했던 데 비하면 죽은 황제에 대한 대접은 너무 소홀하다는 여론이 들끓었다.[26] 많은 이들이 수백 리 길을 마다않고 빈소를 찾아 대한문 앞에서 통곡했으며, 장례 때는 무려 20여 만 명이 서울로 모여들었

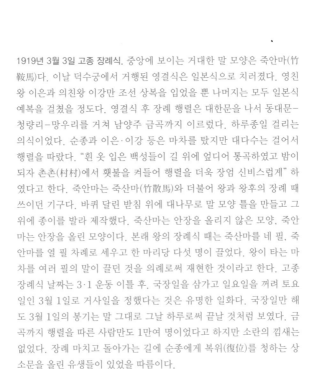

13

1919년 3월 3일 고종 장례식. 중앙에 보이는 거대한 말 모양은 죽안마(竹鞍馬)다. 이날 덕수궁에서 거행된 영결식은 일본식으로 치러졌다. 영친왕 이은과 의친왕 이강만 조선 상복을 입었을 뿐 나머지는 모두 일본식 예복을 걸쳤을 정도다. 영결식 후 장례 행렬은 대한문을 나서 동대문-청량리-망우리를 거쳐 남양주 금곡까지 이르렀다. 하루종일 걸리는 의식이었다. 순종과 이은·이강 등은 마차를 탔지만 대다수는 걸어서 행렬을 따랐다. "흰 옷 입은 백성들이 길 위에 엎디어 통곡하였고 밤이 되자 촌촌(村村)에서 횃불을 켜들어 행렬을 더욱 장엄 신비스럽게" 하였다고 한다. 죽안마는 죽산마(竹散馬)와 더불어 왕과 왕후의 장례 때 쓰이던 기구다. 바퀴 달린 받침 위에 대나무로 말 모양 틀을 만들고 그 위에 종이를 발라 제작했다. 죽산마는 안장을 올리지 않은 모양, 죽안마는 안장을 올린 모양이다. 본래 왕의 장례식 때는 죽산마를 네 필, 죽안마를 열 필 차례로 세우고 한 마리당 다섯 명이 끌었다. 왕이 타는 마차를 여러 필의 말이 끌던 것을 의례로써 재현한 것이라고 한다. 고종 장례식 날짜는 3·1 운동 이틀 후. 국장일을 삼가고 일요일을 꺼려 토요일인 3월 1일로 거사일을 정했다는 것은 유명한 일화다. 국장일만 해도 3월 1일의 봉기는 말 그대로 그날 하루로써 끝날 것처럼 보였다. 금곡까지 행렬을 따른 사람만도 1만여 명이었다고 하지만 소란의 낌새는 없었다. 장례 마치고 돌아가는 길에 순종에게 복위(復位)를 청하는 상소문을 올린 유생들이 있었을 따름이다.

3·1 운동 그리고 세계

다. 신교육 받은 학생들도 예외가 아니었다. 너나없이 조표(弔標)를 착용하고 교복을 찢어 검은색 댕기와 나비 모양 조표를 만들었다.[27] 서울 시내 한 여학생의 수기에 따르면, 고종 별세 소식이 전해진 날은 "종일 눈물로 지내고 오후 7시경에 100여 명이 일처에 모여 대한문에 가서 망곡"했으며[28] 일본인 교원의 제지에도 불구하고 전교생이 다 흰 댕기를 드리우고 "아침마다 (…) 대한문을 향하고 망곡한 후에야 등교하기로" 결정했다고 한다.[29] 경성전수학교에서는 상장(喪章)을 달지 않고 등교한 1학년생을 상급생들이 구타하고, 그것이 문제되어 집단 정학을 받은 사건도 있었다.[30]

"애곡성(哀哭聲)은 전교를 진동하며 (…) 눈은 다 분홍빛이 되"었던 대다수 학생들은 아마 자기 마음을 다 설명하지 못했을 것이다. 그들이 본래 광무황제 이희(李熙)를 그토록 사랑했던가? 무려 40여 년을 재위했고 10여 년 전까지 군주로 군림했던 한 개인에 대해 충성과 경모(敬慕)의 정을 이대토록 간직하고 있었단 말인가? 독살당했다는 소문이 왕에 대한 애도를 고양시킨 것은 분명하다. 독살당했다는 풍문은 민족자결주의에 대한 기대와 섞이면서 점점 구체적으로 극화(劇化)되기도 했다. 3월 1일 아침 나붙은 격문을 참조하자면, 파리평화회의에서 조선독립 건이 토의될까 염려한 일본이 귀족대표 이완용, 유림대표 김윤식, 종척대표 윤택영, 사회대표 조중응·송병준 등을 세워 '독립불원서'를 작성한 후 고종에게 서명을 요청했다는 것이다. 고종이 단호하게 거부하자 그렇잖아도 왕세자 결혼 건에 반대한다는 이유로 그를 경계하고 있던 일본이 독살을 결행한 것이라고 했다.

"이태왕 전하가 병사한 것은 윤택영이 독살한 것이라고 씌어져 있는 것을 본 일이 없는가."[31] "파리강화회의에서 민족자결을 제창하고 있는 것과, 이완용 기타의 사람들이 이태왕 전하를 독살하였다는 등의 내용은 써 있던가."[32] 서울 지역 시위 참가자들에 대해서는 종종 고종 독살설을 읽은 — '들은'이 아니라 — 적이 있냐는 질문이 던져지곤 했다. 유언(流言)이 아니라 문자로 고정된 정보라면 더욱 불온시됐기 때문이리라. 실제로 3·1운동기 여러 지하 언론에서, 예컨대 국민대회 선언문 및 『국민회보』제1호와 『독립신문』제2호 등에서 고종 독살설을 문자화한 바 있다. 『국민회보』나 『독립신문』외 숱하게 제작된 '경고문' 중에서도 고종이 독살됐다는 내용을 주로 한 경우가 있었다. 이들 선전물의 경우 위에 쓴 이른바 '독립불원서'에의 서명 거부로 독살의 이유를 설명했다.[33]

　　피신문자들은 모두 '본 일이 없다'고 대답했지만, 고종 독살설이 널리 퍼졌던 만큼 구어로서나마 소문 자체는 누구나 접했을 것이다. 자살설·분사설·독살설 등이 섞여 있었지만 일반적으로 독살설이 우세했는데, 그 내용은 사뭇 구체적이었다. 1월 21일 저녁식사 후 궁녀 두 명이 식혜를 진어(進御)했고 황제가 이를 먹은 후 경련을 일으키며 고통스러워하다 한밤중에 사망했다는 것이다. 독살을 교사한 것은 민병석·윤덕영 등으로, 이들은 비밀을 누설할까 봐 궁녀들마저 바로 살해하고 말았다고 했다. 『매일신보』와 『경성일보』에서는 궁녀 한 명은 병사했고 한 명은 출궁(出宮)했을 뿐이라 해명했고, 황제는 식혜의 10분의 2 정도를 들었을 뿐 나머지는 시중들던 사람들이 나눠 마셨다고 보도했으나, 독살설은 빠르게 전국으로 퍼져 나갔다. 믿지 말아야 할 까닭이 없었으므로 민심은 쉽게 독살설을 받아들였다. 고종 황제에 대한 애도의 열기, 예컨대 백립이나 흰 옷 착용이 공식화되지 않았는

98

3·1운동 그리고 세계

데도 전 인민이 상복을 착용하다시피 한 데도 독살설은 상당히 작용했으리라 짐작된다.[34]

억울하게 세상을 뜬데다 죽은 후에도 홀대당하고 있다는 의식 속에 옛 군주에 대한 동정의 여론은 고조되었다. 왕과 왕실에 대한 묵은 기억이 어떻든지 간에 3·1 운동 직전 왕에 대한 태도는 거의 만장일치의 추모와 공분(公憤)이었다. 냉담한 축이 없지 않았으나 절대다수가 왕의 죽음을 애통해 하고 그 상실에 민족의 비극적 처지를 겹쳐 보는 시각을 택했다. 3월 1일 탑골공원에서 출발한 시위대 중 한 갈래가 덕수궁을 향했다는 사실 또한 기억해둘 만하다. 거꾸로 읽자면, 조선의 왕과 왕실에 대한 대중의 태도는 3·1 운동을 통해 호의적 추모로 낙착됐다고 할 수 있다. 오늘날까지 한반도의, 적어도 남녘 거주민들의 구 왕실에 대한 태도가 비교적 온정적인 데도 그 영향이 남아 있을 터이다. 그러나 그것은 완전한 상실을 전제한 위에서의 애도, 더 이상 공화의 경쟁자이거나 억압자일 수 없게 된 왕을 민족 자체와 동일시하면서 형성된 추모의 의식이었다.

99

'공화만세'와 국민주권론

고종은 조선의 제26대 임금이다. 태조 즉위년인 1392년을 기준으로 하면 조선 왕조는 500년 하고도 18년 동안 지속된 후, 제27대 순종의 즉위 4년째 되는 1910년에 멸망했다. 공교롭게도 조선시대 비결서(秘訣書)였던 『정감록』에서 조선 왕조의 수명을 500년으로 점친 것과 거의 일치하는 숫자다. 『정감록』은 왕조의 적폐(積弊)가 청산된 새 나라를 꿈꾸었던 민중 심리가 집대성된

책이요, 조선 후기 민중운동에서 빼놓을 수 없는 참고서이자 지침서였는데[35] 3·1 운동기에도 『정감록』류의 도참(圖讖)에 빗대 한반도의 미래를 점치는 풍설은 적지 않았다. 일찍이 건국 때부터 조선 왕조의 수명은 28대라는 예언이 있었는데 고종이 제28대 왕이니 "금회의 훙거에 의해 이조는 완전히 멸망"했다고도 했고, "이조도 28대에서 망하였으니 조선의 전도가 실로 암담하지만" 곧 조선 전도(全道)에서 한 명을 뽑아 "목하 지나(支那)에 있어서의 대통령과 같은 것을 두고 국사를 통제할 계획이" 있다고도 했다.[36] 왜 고종을 제26대가 아닌 제28대로 헤아렸는지는 의문이지만, 순종을 제쳐두고 고종을 '최후의 군주'로 대접하는 동시에 그의 죽음으로 조선 왕조가 완전히 멸망했다고 진단하는 시각은 여러 풍설을 통해 공통적으로 확인된다.

100 　　　이미 멸망한 왕조, 이미 죽어버린 왕에 대해 애도를 아낄 이유는 없다. 그것은 대한제국으로의 회귀를 염원하느냐의 선택과는 전연 다른 문제다. 대한제국기의 깃발을 꺼내 들더라도 그것이 옛 군주에 대한 충성으로 오인될 가능성은 희박하다. 3·1 운동기 고종에 대한 추모 열기는 이렇듯 왕조의 종말을 확인한 안도감에 의해 고양됐던 듯 싶다. 그렇지 않다면 애도와 추모를 통해 왕과 왕조를 부활시키는 대신 애도와 추모로써 구체제를 끝장내버린 3·1 운동의 실제 전개를 이해할 수 없으리라. 옛 왕조를 민족의 상징으로 승인하는 심리가 없었던 것은 아니지만, 3·1 운동을 통해 그런 심리는 민족의 새로운 주체성을 발견하는 방향으로 변화해갔다. 물론 그런 진행이 처음부터 의식된 것은 아니었다. 그러한 전개가 미리 토의되고 준비되지는 않았다. 3·1 운동을 통해 국기와 정부가 탄생했으나, 그 실제는 3·1 운동을 통해 어떤

각성과 변화가 이루어졌는지 명확히 이해·정리하지 못한 채 3·1 운동의 결과로서의 대중 심리를 수용한 측면이 크다. 그런 점에서 지난 100년간 3·1 운동을 회고하고 평가할 때 겪었던 혼란은 3·1 운동 자체가 지닌 혼란의 반영이기도 하다. 대체 3·1 운동의 대중은 정치체제에 대해 어떤 입장을 갖고 있었는가? 소유와 노동문제에 대한 그들의 의견은 무엇이었는가? 성과 신분과 지역 사이 차별에 대해서는 어떻게 생각했는가? 운동이나 혁명이 순조롭게 성공할 경우 열띤 토론을 통해 표현되고 법제화 과정을 통해 정리될 이런 문제들이 3·1 운동에 있어서는 명확히 제기될 수 없었다. 임시정부의 내각이나 의회에서 격론이 있기는 했으나, 실질적으로 조선 대중을 대표할 수 없는 기구에서 벌어진 논의였던 만큼 충분히 구체적이거나 포괄적이기는 어려웠다.

3·1 운동의 결과 탄생한 대한민국 임시정부에서는 '공화'의 정치체제를 수립하면서도 '왕정'에 대한 온정적 태도를 포함시켰다. 헌법 중에, 즉 헌장 제8조로 '대한민국은 구 황실을 우대함'•이라는 조항을 포함시킨 것이다. 이 조항을 발의한 조완구는 "고종이 서거했을 때 헤아릴 수 없는 많은 백성들이 덕수궁 앞에 주저앉아 밤낮없이 통곡했던 일로 미루어보아 다수 국민이 이(李) 왕가에 대한 충성심과 추모정신이 있음을 알 수 있

• 1919년 9월 "대한민국은 전 황제를 우대함"으로 개정하자는 안이 발의된 바 있으나 만장일치로 기성안 유지가 결정되었다. 다른 한편 황실우대 조항에 강경하게 반대한 여운형 등의 인사들이 있었다는 사실 또한 기억해둘 필요가 있다. 여운형의 동생 여운홍이 요약한 바에 의하면 반대파 주장의 핵심은 옛 군주 및 왕실의 매국적 행태 비판과 3·1 운동기 고종 추모열에 대한 대안적 해석이라고 한다. 반대파는 "돈과 작위를 받고 매국의 덕으로 잘들 살고 있"는 옛 조선 왕실을 우대한다는 것은 "정의를 모독하고 국민의 기강을 문란케 하는 일"이라고 공격하는 한편 "대한문 앞에서 국민들이 통곡을 한 것은 (…) 풀 길 없이 맺히고 맺혔던 망국의 한이 국장이란 기회에 터져 나왔던 것"이라고 주장했다.

다. 따라서 민심을 수습하기 위해서도 황실을 우대할 필요가 있다"고 주장했다.[37] 3·1운동 당시 고종에 대한 추모 열기를 '충성심'이라는 민심으로 읽은 것이다. 그러나 똑같은 전국적 애도를 목격하면서도 일부에서는 멸망해버린 옛 왕조에 대한 반감을 읽어내고 그것을 공공연하게 표현했다. 대표적으로 천도교계 지도자 권동진은 국상 상경 인파를 두고도 "이태왕의 죽음을 슬퍼하는 것이 아니"라고 단언한다. 조선에서는 임금과 신하 사이가 적대적이었던 터, 그저 민족자결주의 선풍 속 "이태왕이 생존해 있으면 혹은 이전과 같이 독립국으로 될 수도 있다는 희망"이 불현듯 각성되고 또 좌절된 까닭에 광범한 애도 분위기가 조성되었다는 것이다.[38] 미주 한인들이 발행한 『신한민보』에서는 진작부터 "황실이라면 자다가도 이가 갈리고 (…) 왜놈 미워하는 것과 다름이 없"다는 정조가 종종 표출되던 바다.[39] 군주의 대표권 내지 통치권을 부정하는 논의도 일찍부터 나왔다.

미국의 대한인국민회에서는 강제병합 후 "우리는 인민의 정신을 대표하여 우리의 복리를 도모할 만한 정부를 세울 것"이라고 했으며, "우리 신한국민은 전일에 몇 사람의 손으로 농락하던 전제정치를 박차고 침 뱉어 이 세상에 용납치 못하게 할 것"이라고 선언하기도 했다.[40] 중국 내 독립운동가들 사이에서도 국민주권론이 제기됐다. 1917년 4월 신규식·조소앙 등이 서명한 「대동단결선언」에 따르면 "융희황제가 삼보(三寶)를 포기한 8월 29일은 즉 우리 동지가 삼보를 계승"한 날이다. 즉 "제권(帝權) 소멸의 때가 곧 민권 발생의 때요, 구한국 최종의 날은 즉 신한국 최초의 날"이라는 논리가 된다.[41]

손병희는 검찰에서의 제3차 신문에서 "조선이 독립되면

어떤 정체의 나라를 세울 생각이었는가"라는 질문에 대해 다음과 같이 대답한 바 있다. "민주 정체로 할 생각이었다. 그것은 나뿐만 아니라 일반적으로 그런 생각인 것으로 생각한다. 그리고 나는 유럽전쟁이 한창일 때 (…) 전쟁이 끝나면 세계의 상태가 일변하여 세계에 임금이라는 것이 없어지게 된다는 말을 한 일이 있다."[42] 천도교 산하 인쇄소 보성사의 간사였던 인종익 역시 비슷한 논조로 답했다. "현금의 세계를 보건대 모두 민주 공화 정체이므로 이에 따라 물론 민주 공화 정체를 하려고 했을 것이다. 단 이것은 나의 추측일 뿐이다."[43] 공화에 대한 희망·예상·기대를 피력하면서 조선이 독립국이 되면 손병희가 대통령이 되리라고 예측한 사람도 여럿 있었다.[44]

　　4월 23일 종로 보신각에서 열린 국민대회에서는 '공화만세'라고 쓴 깃발이 등장했다. 남대문·동대문·서대문 세 방면에서 각각 시위대가 집결했던 이날 각 행렬의 선두는 자동차를 탄 채 '국민대회'와 '공화만세' 깃발을 휘둘렀다고 한다.[45] '3대 만세 지역' 중 하나로 꼽히는 황해도 수안군 인민은 3월 3일에 이미 "공화정치는 세계의 대세이다. 속히 분대를 명도하라"며 헌병주재소 앞에서 시위를 벌였다. 시위대 중 이영철은 36세의 나이로 천도교구실 소사(小使)에 불과했지만 "대한제국은 오늘로 독립하였고 우리는 자유민이 되었다"면서 "자유와 공화정치는 세계의 대세"라고 절규하였다.[46] 그런가 하면 평안북도 선천에서 작성한 선언서에서는 "우리 조선민족은 정의와 자유를 기초로 한 민주주의의 신국가를 건설하려고 한다"는 구절도 발견된다.[47]

　　보다 신중한 축은 왕정과 공화정, 양쪽에 다 가능성을 열어두었다. 3월 5일 시위 참여로 검거된 정신여학교 학생 이애주

14

104

대한제국기에 발행된 『초등소학』에 실린 '조련(調練)' 단원에서의 태극기. "이 아해들은 지금 병정 모양으로 조련을 하오"란 문장으로 시작되는 단원 이다. 구국(救國)의 힘을 갈망했던 1900년대에는 체육 시간에도 병식 (兵式) 훈련이 유행이었는데, 그림 속 소년들은 병정놀이를 하는 것 같 기도 하고 병식 훈련 중인 것 같기도 하다. 실제 군대와 방불하여, 제일 앞에 나팔수를 세우고 대나무로 대포 모형을 만들어 말 대신 강아지에 게 끌도록 하는 중이다. 이런 장면의 핵심적 소도구는 태극기와 애국가 다. "기에는 태극과 팔괘를 뚜렷하게 그렸으니 바람에 펄펄 날려 빛이 나나이다. (…) 또 일제히 애국가를 부르니 참 용맹스러운 기운이 나나 이다." 짧은 시기였지만 태극기와 애국가로 요약되는 대한제국의 국가 의례는 학교 교육의 현장에 깊이 파고든 것으로 보인다.

는 '독립'이란 "조선에 황제 또는 대통령이 나와 조선을 통치한다는 것"이라고 해석했다.[48] 소지주이자 유생인 50대는 "이조의 부활을 희망하지는 않는다"면서도 결국 구 왕정을 지지할 수밖에 없다고 토로하기도 한다. "이조는 120년 이래 악정을 하여 유생을 쓰지 않았"던 만큼 그 부활을 희망할 수는 없으나, 반면 "삼강(三綱)의 가르침에는 임금이 있고 신하가 있는 법인데 (…) 공화제도가 되면 유생의 입장은 또 없어진다." "유생의 입장에서 말하면 양난(兩難)의 위치에 있는 것이다."[49] 의병장 출신으로 1910년대 초 간도 및 연해주에서 활약했던 유인석은 복벽을 주장하면서도 그 의리(義理)보다 실리(實利)의 문제를 중시했다. 1911년 중국 신해혁명 이후 근왕주의(勤王主義)의 기초가 동요할 때, 경쟁자들이 각축하는 선거제는 자칫 외세에 의존하기 십상인 반면 군주정은 국민 통합과 정치 안정에 보다 유리하다고 역설했던 것이다. 즉 유인석 같은 이는 어떤 쪽이 독립을 지키고 정치를 안정시키는 데 더 효과적인지 따지는 전략적 관점에서 왕정과 공화정의 문제에 접근했다는 뜻이 되겠다.[50] 세계적으로 군주정이 붕괴하고 있던 1910년대에, 그러나 공화정은 무조건 선진적이요 왕정은 무조건 후진적이라고 전제하지 않는 이상, 한반도에서 정체(政體)의 결정은 본격적 토의와 조정이 필요한 과제였다.

105

독립만세기와 만세 태극기, 대한제국의 비판 혹은 보충

　이런 상황에서 태극기는 어떤 의미였을까? 대한제국의 역사를 계승·재생코자 하는 의지의 표현이 아니었다면 3·1 운동을 통해 점차 우세종이 된 태극기를 어떻게 설명할 수 있을까? 1919

년 4월 13일 출범한 대한민국 임시정부는 대한제국과의 관계 속에서 어떻게 자리매김할 수 있는가? 이미 19세기 말부터 공화제에 대한 논의가 있었음에도, 왕에 대한 실망과 반감의 경험이 만만찮았음에도 3·1운동의 대중이 고종의 죽음에 그토록 많은 눈물을 쏟은 까닭은 무엇인가? 지금까지의 질문을 거슬러 다시 물어본다면, 만약 사람들이 그렇듯 왕과 왕실을 사랑했다면 3·1운동 당시 제안됐던 다양한 임시정부들이 모두 공화제를 채택하는 일은 또 어떻게 가능했는가? 해외 독립운동가들 사이에서는 이전부터 공화제가 주창되기 시작했던 터, 3·1운동을 통해 그런 주장이 영향을 미치기라도 한 것일까?

　　3월 1일의 서울, 그리고 4월 23일 국민대회 날 서울에서 태극기가 목격되지 않았다는 사실은 의미심장하다. 이 둘만큼 막대한 자금을 쏟아부어 주도면밀하게 준비한 사건은 3·1운동에서 달리 찾아보기 어렵다. 인력이나 사려의 부족 때문에 미처 태극기를 갖추지 못했을 가능성은 희박하다는 뜻이다. 그렇다면 두 사건의 주동자들은 공히 태극기의 사용을 꺼리거나 적어도 주저했다고 생각할 수 있음직하다. 대신 등장한 것이 '조선독립'·'국민대회'·'공화만세' 등을 대서(大書)한 깃발이다. 유사한 깃발은 운동의 전 시기 전국적으로 발견된다. 혹은 종이에, 혹은 천에 '독립만세' 또는 '조선독립만세'나 '대한독립만세'라고 쓰는 것이 일반적이었다. 함경남도 북청군 신창면과 노동면, 황해도 곡산군 곡산면과 청계면, 강원도 화천군 화천면과 원주군 부론면 등 태극기 없이 독립기만 제작해 사용한 지역도 상당수다. 태극기 문양이 복잡했던 만큼 간편한 문자를 선호했던 까닭일 수도 있고, 그 밖의 다른 동기가 작용했을 수도 있다. 대다수는 태극기와 독립기를 모두 사용했다. 3월 4일, 신흥학교 생도 30여 명이 주동이 된 평안남도 용강군 서화면 시위에서는 인원이 불어난 시위대가 헌병주재소 앞까지 몰려간 후 주재소 문 앞에 태극기와 독립기를 함께 게양했다. 3월 14일 황해도 해주군 금산면 시위에서는 이봉영이 태극기 한 장과 독립기 두 장을 제작했다.[51]

태극기를 변형·보충하는 방식으로 '(조선/대한)독립만세'라는 글자를 활용한 경우도 자주 눈에 띈다. 3월 3일 함경남도 함흥 장터 시위에서는 소형 태극기 18장과 더불어 대형 태극기 두 폭이 등장했는데, 후자에는 '조선독립만세'라는 글자를 크게 써 놓았다. 함경남도 영흥군 진평면의 진흥 시장 시위를 준비한 이들은 "조선 비단을 구입하여 그 상부에는 태극을 그리고 그 하부에는 대한 독립기라 크게 쓴 기 한 개를 제작"했다. 황해도 은율군 장련면 시위는 학생 중심 청년층이 주도했는데, 태극기 여덟 장을 제작한 후 그 각각의 여백에 '대한국 만만세', '아(我) 동포는 독립권을 얻었다' 등의 구절을 적어 넣었다. 이렇게 제작된 깃발은 장터 게시판이나 보통학교 정문 등에 게시됐다. 곡산군 천도교도 시위에서는 "태극기의 여백에 한국독립만세라고 써 넣"은 깃발이 등장했다.[52] 여기서 60대 유생 이달주가 붓을 잡았다면, 전라남도 나주군 정가리에서는 서당 훈장인 최문현이 태극기에 '대한독립만세'라는 글씨를 써 넣는 역할을 맡았다. 전라북도 금산군 제원면에서는 한지에 태극기를 그린 후 한쪽에는 국문, 또 한쪽에는 한문으로 '한국 독립 만만세'라고 써 넣은 깃발이 출현하기도 했다.[53]

요컨대 3·1 운동에 있어 태극기의 위상과 의미는 통념보다 불안정했던 것이다. 한편으로 1900년대와 1910년대를 통해 국기

15

3월 21일 밤 고양군 용강면 일대 여러 마을에 나붙은 태극기. 이 자료는 원본
이 아니라 군경(軍警)에서 수거하여 원본을 베껴 놓은 판본이다. 밤 사
이 선언서나 격문을 게시판에 붙이는 것은 3·1 운동 당시 일반적 선전
방식이었다. 이 경우는 백지에 태극기를 그려 민가에 붙여둔 것이다.
위아래로 '대한' '국기', 우좌로 '독립' '만세'라고 적어 놓은 글자가 보인
다. 오른쪽 여백에는 '이 깃발을 훼손하면 불 지른다'고 써 있다. 원본
은 한글 또는 한자였을 것이다. 이 깃발을 제작한 사람은 '조선' 대신
'대한'을 택했고, 가운데 음양 무늬를 상하로 그리는 대신 좌우 대칭에
가깝게 그렸다. 색깔이나 제작방식은 불명(不明)이다. 3·1 운동 당시
에는 시위대열 선두에서 태극기를 휘날릴 때 흔히 '독립만세' 등의 문구
를 깃발에 써넣었다. 어떤 민족이 민족자결주의에 따라 독립할 자격이
있는지 따질 때 유럽에서는 종교·인종·문화보다 언어 문제가 중시됐던
데 비해 한반도에서는 역사와 깃발에 대한 소문이 많았다. 500년 이상
역사면 독립한다는 설이 광포된 중에 황해도 일원에서는 '국기 있는 나
라는 독립한다'는 소문이 무성했다.

의 의미 자체가 변화했기에 태극기는 3·1 운동에서도 등장할 수 있었다. 즉 군주의 통치권을 표상하는 측면이 약화되면서 국가-국민의 일체화 쪽으로 그 중심축이 옮아갔기에 태극기는 1910년 강제병합 후에도 민족 상징으로서 살아남을 수 있었다.[54] 다른 한편, 고종이 독살당했다는 소문이나 더더욱 일본에서 요구하는 성명에 날인하기를 거부해 그렇듯 비극적 최후를 맞았다는 평판은 그가 재위하던 시절에 대한 불만을 누그러뜨렸다. 반일(反日)이 당면 과제가 된 상황에서 민족 내부의 정치적·계급적 분열은 다시 한번 봉합된다. '식민 이전'을 상기시키는 깃발로서 태극기는 3·1 운동기 내내 우세종이었다. 그럼에도 일차적으로 구 대한제국의 깃발일 수밖에 없었던 태극기는 비판되고 보충되어야 했다. 한편으로는 대안이 선명치 않았기 때문에 태극기의 위상은 더 중요했다. 독립기는 대체로 선두에 세우는 표식의 용도로 제작됐고, 군중에게 배포할 목적으로 소형 독립기가 제작되는 일은 많지 않았다.[55] 그런만큼 적기처럼 완전히 새로운 깃발의 위세는 제한적이었다고 해야겠으나, 태극기=대한제국의 국기라는 연상에 대한 모종의 경계심이 작용한 것 또한 사실이라고 생각된다.

109

부적절한 유비일 수 있겠으나, 식민지에서 험난한 투쟁 끝에 독립을 쟁취하고도 식민자의 깃발을 변형시켜 새 나라의 깃발로 삼은 여러 사례를 기억해보아도 좋겠다. 아이티에서는 해방투쟁 내내 프랑스 삼색기를 사용하다가, 이것이 독립 불원(不願)의 표지로 오해되곤 한다는 사실을 인지한 후 "적·백·청의 삼색기에서 흰색을 빼고, 프랑스 공화국을 상징하는 머릿글자인 R.F. 대신에 '자유가 아니면 죽음을'이란 문구를 넣"어 새로운 깃발을 제작했다.[56] 스페인에 맞선 무장투쟁 끝에 한때 대(大) 콜롬비아공화국으로 함께했던 콜롬비아·베네수엘라·에콰도르에서는 스페인 국기의 빨강과 노랑 가로 분할에 아마존강을 상징하는 파랑을 넣어 독립 후의 국기를 제정했다. 건국 과정에서 식민자와의 폭력적 대립을 심각하게 겪지 않았던 지역의 경우 응용의 폭이 더 다양하여, 미국 내 아프리카인들의 재정착지로 탄생한 라이베리아의 경우 미합중국의 깃발을 본뜬 후 별과 가로선의 숫자를 줄여 국기로 삼았고, 영국 식민지였던 뉴질랜드나 오스트레일리아의 경우 영국 국기 문양을 좌측 상단에 둔 후 남십자성의 성좌(星座)를 추가해 국기의 모양새를 만들었다. 3·1 운동기에 '독립만세'로써 보충된 태극기는 바로 그런 일련의 변형을 상기시키는 바 있다. 대한제국에 빚지고 대한제국을 기억하면서도 그 못지않게 강렬하게 신생(新生)에의 열망을 품고 있는 '만세 태극기'라면 말이다.

110

공론장으로서의 3·1 운동

돌이켜보면 공화정을 향한 움직임은 1884년 갑신정변 당시부터 본격화된 바 있다. 갑신개혁을 주도한 청년들이 평등주의적 심성에 기울어 있었음은 잘 알려져 있는데, 박영효의 경우 "『연암집』에 귀족을 공격하는 글에서 평등사상을 얻었"다고 한다.[57] 1888년 일본 체류 중 작성한 상소문에서부터 나라는 본디 인민의 것이라는 그의 사고는 분명하게 드러난다.[58] 박영효는 유학 경전에서 백성이 나라의 근본이라는 여러 문구를 찾아 인용하면서 부강과 민지(民智) 향상 사이의 관계를 천명하고, 나아가 부강을 위해서라도 군권을 제한할 필요가 있다고 주장한다. 개명한 백성은 압제의 폭정을 감수하지 않기 때문에 군권의 제한이 필요한바, 그로써 더욱 진전될 민지의 개발이야말로 부강의 원동력이라는 것이다.[59] 나아가 박영효는 정부의 방향이 백성의 뜻과 어긋날 경우 백성은 정부를 '변혁'해 그 큰 뜻[大旨]을 지킬 권리와 의무를 갖고 있다고 언급하기도 한다.

그럼에도 갑신개혁 당시 고종의 존재는 결정적이었다. 당시 사태의 관건은 "그저 정권을 옮겨 잡는 것 (…) 상감을 꼭 붙드는 것"에 있었고[60] 실제로 패운이 완연해진 후 정변 주도자들은 고종과 함께 일본으로 가 후일을 도모할 것을 계획했다.[61] 일본의 태도 돌변과 고종의 완강한 거부로 계획이 무산되자 정변 참여자들 중 일부는 단독으로 일본 군함에 승선했지만, 일부는 끝까지 고종을 시위(侍衛)하다 타살되었다. 어떤 사람들보다 당시 정치체제에 비판적이었던, 명실공히 급진 개혁파였던 이들조차 그러했다. 정변에 참여한 하인들에게 관직을 약속하고 실제로 정변 성공 후 직위를 부여할 정도로 신분제에서 어지간히 자유로웠는데도[62] '왕'의 권위는 절대적이었던 것이다. 평등주의적·공화주의적 심성의 최대치는 입헌군주제였다. 갑신개혁이 실패로 끝난 후 박영효는 입헌군주제의 한계 내에서 보다 과격한 방향으로 이동, '활빈당'을 조직해 각처에서 무기를 수집하고 자금을 동원하는 등 무력으로 새 정부를 설립할 것을 목표로 세웠지만, 유길준처럼 반대로 왕위 계승의 정통성을 더 중시하게 된 축도 있다. 1900년 혁명일심회의 청년 장교들이 찾아와 황제 및 황태자를 폐위시키고 이강을 옹립할 계획을 상의했을 때, 유길준은 '황상을 모시고' 개혁을 꾀하는 길을 권유한다.[63]

10여 년 후 독립협회와 만민공동회 시절, 공화를 향한 열기는 더욱 뜨거워졌으나, 당시의 의회 구상 역시 실패로 돌아갔

111

다. 이후 러일전쟁 때까지는 황제의 전제권이 일방적으로 강화됐던 억압적 통치기로, 공화정은 물론 민권에 대한 논의마저 거의 일어나지 못했다. 러일전쟁 후 일본이 한반도를 지배하기 시작한 1905~1910년에는 실로 다기한 애국·계몽의 담론이 있었으나 막상 정체 문제에 대한 담론은 미약했다. 아마 황제가 이미 무력화되어 전제(專制)가 아니라 외세가 투쟁의 초점이 되었고, 또한 국망의 위기 앞에 구국 외의 다른 논제가 부차화됐기 때문일 것이다. 그럼에도 이미 1890년대부터 각국 '혁명사'와 '망국사'를 통해 수용되기 시작한 공화주의[64]는 이 시기에 더욱 강력해졌다. 황제가 무력해진 대신 민간 영역이 활성화된 애국과 계몽의 경험이 '민(民) 중심'의 정치적 실감을 돈독하게 한 까닭이다. 그리고 1910년대를 통해, 사실상 모든 정치적 논의가 금지된 공백 속에서도 암중모색의 벡터는 가동하고 있었다고 해야겠다. 중국을 비롯한 세계 곳곳의 공화 혁명 소식이 들려오는 가운데 사람들은 정체에 대한 의문을 키워갔다. 문제는 그것을 논할 수 있는 장(場)의 부재였다.

3·1 운동은 봉기의 터전일 뿐 아니라 공론의 토대였다. 새로운 정치적 공통감각을 형성하는 토론의 장인 동시 행동의 장이었다. 그것은 유럽에서와 같이 살롱과 카페와 공원에서 대화와 토론과 연설을 통해 형성되는 공론의 장일 수는 없었다.[65] 언어와 사상이 무르익은 후 행동과 제도화가 뒤따르는 장기적 과정일 수 없었다. 총칼에 맞서 봉기를 조직하면서, 선전전(宣傳戰)을 펼치고 임시정부를 만들어 가면서, 3·1 운동의 대중은 언어와 행동이 하나된 식민지의 공론장을 개척했다. 그들은 독립이 박두했다는 소문에 고무돼 만세 부르며 일어나, 그 이후의 몇 달을 거쳐 이후

112

의 정치체제와 그 속에서 살아가게 될 자기 자신을 만들었다. 그런 점에서 3·1 운동은 각성의 과정이자 자아 형성의 과정이었다. 목표를 뚜렷하게 정하고 실현 가능성을 가늠한 후 나선 운동은 아니었지만, 전략적 숙고와 준비 끝에 결행된 어떤 사건보다 폭발적인 혁명이기도 했다. 3·1 운동을 통해 한반도 주민들은 비로소 수천 년 군주 체제와 작별할 수 있었으며, 3·1 운동을 통해 태극기는 비로소 만인의 국기가 되었다.

3·1 만세와 6·10 만세

3·1 운동이 지나고 7년 후, 1926년 4월 전 융희황제 이척(李坧)이 세상을 떴을 때도 애도의 분위기는 물씬했다. "전 조선의 민중이 모두 모여 통곡하고, 신문에는 전하가 효성스럽다거나 또는 현명한 임금이라고 찬양했다."[66] 전국적으로 망곡·봉도가 있었고 봉도의 뜻으로 휴교한 학교도 적지 않았다. 마치 3·1 운동 때처럼 장례식에 때맞춘 봉기가 준비되기도 했다. 그러나 조선공산당에서는 6월 10일의 시위를 준비하면서도 마지막 군주의 죽음에 대해 비판적이었다. 일부 사회주의자들은 순종이 '민중의 피를 빨아먹는 흡혈귀'였다고까지 극언했으며 전국적 추도 행사 또한 '광충(狂忠)'의 소산이라고 공격했다. 망국이 곧 황제의 죄업이라는 의견도 3·1 운동 당시보다 훨씬 일반화된 듯 보인다.[67] 그에 비하면 3·1 운동 당시 전 광무황제 이희가 민족적 공동성(共同性)을 환기시키는 데 있어 훨씬 중요한 역할을 한 것은 분명하다. 목숨을 건 애도도 있었다. 1910년 홍범식·이만도·황현 등 총 29인이 순국한 데 비할 수야 없겠지만 고종이 죽은 후에도 백성흠·

유신영·김기순 등 몇몇 유생들이 "죽음으로 보국(報國)"하고 "군왕을 지하에서 만나 평생에 불충 불효한 죄를 씻겠다"며 죽음의 길을 택했다.[68] 개성에서 『대한제국 독립신문』과 『대한제국신문』이 발행되고 「대한제국 독립찬가」가 등장하는 등 드물게나마 '제국'의 정체성을 그대로 긍정한 측도 없지 않았다. 경남 합천군 야로면에서는 '대한제국 독립만세'라는 깃발도 등장했다.[69]

고종은 사실상 조선의 마지막 왕이었다. 국망 이전에 이미, 1907년 고종 폐위 후에는 국왕 교체나 입헌군주제에 대한 기대가 소멸되고 말았다고 한다. 이즈음부터 각종 출판물에서 '혁명'이라는 단어가 범람하기 시작하고 공화국 헌법의 사례가 광범하게 토론되기 시작한다. 근왕주의가 마지막 버팀목을 잃은 후 공화주의가 거리낌없이 부상하게 된 것이다.[70] 곧이어 닥친 1910년의 국망 속에서 왕정과 공화정 사이 긴장은 실종되지만, '암흑기' 1910년대를 통해서도 그에 대한 토론이 완전히 끊어지는 않았다. 앞서 쓴 대로 「대동단결선언」에서는, 조선의 왕은 1910년 '합방조약'을 인준함으로써 주권을 포기한 셈이므로 사실상 주권은 국민에게 양여되었다는 해석을 내놓은 바 있다. 더불어 국내 동포가 주권 행사를 제약당하고 있는 만큼 실제로 주권을 행사할 책임은 해외 동포가 짊어지고 있다는 시각을 제시하기도 했다.[71] 비록 반향이 적었다고는 하지만 이런 움직임은 1910년 이후에도 계속 존재했던 근왕주의, 예컨대 이상설이 주도한 신한혁명당 등의 노선이 더 이상 유효할 수 없었음을 상징적으로 보여준다.

3·1 운동 이후 왕정은 과거의 유물이 되었다. 3·1 운동 전부터 해외운동가들 사이에서는 빙탄불상용(氷炭不相容)의 관계였던 복벽주의와 공화주의가 변화·통합의 기미를 보이기 시작했

114

다. '충군'의 의병 계열과 '애국'의 계몽운동 계열은 대한광복회(1915)로써 최초의 조직적 합류를 보였고 「대동단결선언」을 통해 군주제와 결별했다. 3·1 운동 후에는 그런 변화가 대중적으로 승인된 가운데 대한민국 임시정부가 출범했다. 1919년 봄의 짧은 시기 동안 이토록 극적으로 대중의 이념적·감성적 태도가 바뀌었다는 것은 놀라운 사실이다.[*] 10년간의 침묵 끝에 연대와 공공성의 세계를 다시 만난 대중은 그 사이 무엇이 바뀌었는지를 민감하게 포착해냈다. 천도교와 기독교라는 종교 조직의, 또한 근대 학교 및 학생층의 선도적 역할을 보면서, 옛 황제와 황실이 수동적이지만 안전한 생애로 도피해 있는 동안 어떤 주체가 부상했는지를 절감했으며, 오래된 지배 계층이 무력화되고 보수화되어 향촌에서조차 지도력을 발휘하기 어려워졌음을 깨달았다. 3·1 운동을 통해 대중은 (망명) 공화국을 추동해냈고 또한 스스로 공화국의 (잠재적) 국민이 되었다. 지금은 식상할 만큼 익숙한 태극기, 그것은 3·1 운동을 통해 대중이 피로써 새로이 그려낸 새 나라의 깃발이었다.

● 물론 군주제의 수천 년 기억이 단숨에 사라지지는 않았다. 1916년생 소설가 김학철(홍성걸)의 경우 1930년대 중반 중국에 망명했을 때 "일제 통치를 뒤집어엎고 이씨 왕조를 복벽하겠다는 숭고한 꿈"을 갖고 있었다고 한다. 반면 3·1 운동기 「파리장서」를 주도한 유생 송준필은 유학 전통에 충실한 인물이었는데도 일본인 경찰서장으로부터 차후 대통령감이 누구냐는 질문을 받았을 때 "인물이 없겠는가"라고 답변했다. 왕(정)에 대한 식민지시기의 반응은 그야말로 '비동시성의 동시성'이라 불러야 할, 수백 년 기억이 얽혀 있는 복합성을 특징으로 한다.

4장.
만세

새 나라를 향한 천 개의 꿈

그날 일찍 나는 주름살투성이 늙은 농부들이 손
에 손을 잡고 춤추며 환희에 차 이렇게 외치는
것을 들었다.
"금년에 우리는 정성껏 농사를 지어야겠네. 금
년에는 열심히 일해야겠네. 농토가 다시 우리의
것이 된다네."
또 어떤 사람들은 자유를 이미 되찾게 되어 모
든 옛 관습이 되살아날 것이라고 생각하는 것
같았다. 점잖아 보이는 한 시골 노파는 눈물을
줄줄 흘리며 하늘에 감사하고 있었다.
"앞으로는 우리 아이들이 머리카락을 자르지 않
게 해주십시오."

/ 강용흘, 『초당』(1931)

천도교구실 소사, 36세 이영철

황해도 수안군은 1900~1910년대에 천도교도 수가 급속히 증가한 지역 중 하나다. 1918년 당시 전교사(傳敎師) 수 약 80명, 교리강습소가 11개소, 신자 규모가 300호(戶) 1,500명 가량이었다고 한다. 군(郡)의 전체 인구가 6만 명 정도였다니 약 2.5퍼센트에 해당하는 숫자다.[1] 황해도는 천도교 측이 독립선언서 배포 책임을 맡은 지역으로, 수안읍에서 선언서를 전달받은 것은 3월 1일 저녁이었다. 3월 2일에는 교구실에서 지도급 인사들이 모여 시위 계획을 논의, 이튿날 만세를 부르기로 했다. 그러나 몇 시간 안 돼 헌병들이 교구실에 들이닥쳤다. 선언서가 배포됐다는 정보를 입수한 것이다. 남아 있던 사람들은 모르는 일이라며 시치미를 뗐으나 돗자리 아래 숨겨 두었던 선언서가 발각되고 말았다. 교구상 안봉하를 비롯한 열한 명이 현장에서 체포됐다.

체포를 면한 사람들은 대응책을 강구했다. 곳곳에 소식을 알린 후 3월 3일 시위 계획을 시간을 당겨 실행키로 했다. 밤을 지새고 새벽 6시, 3월이니 아직 어둑했을 텐데 사람들이 교구실로 모여들었다. 총 130~140명쯤 되는 숫자였다. 전교사 한청일이 중앙에서 태극기를 들고 역시 전교사인 홍석정과 교구실 소사(小使) 이영철이 선두에 섰다. 수안읍을 향해 행진하여 금융조합 사무소 앞에 도착했을 때 이영철은 "조선은 독립하였다. 자유와 공화정치는 세계의 대세이다"라고 외쳤다.[2] 별 충돌은 없었다. 날이 밝아오면서 사람들은 아침 치를 겸 잠시 흩어졌다 다시 모였다. 헌병주재소 앞이었다. 어느덧 11시에 가까웠다. 이영철은 다시 나서서 헌병들에게 "이미 독립했으니 주재소를 내놓고 물러가라"며 맞섰다. 헌병들이 총을 들고 위협하자 이번에는 대열 앞머리에 있던 오광옥이 나섰다. 그는 "나는 총알이 맞지 않으니 마음대로 쏴 보라"며 저고리를 풀어헤쳤다.

　　그때 헌병들의 총격이 개시됐다. 다섯 명이 쓰러졌다. 그러나 흩어졌던 사람들은 두 시간 후에 다시 모였다. 주재소에서 빙 둘러 새끼줄을 쳐 놓았지만 그것을 끊어버리고는 주재소 안으로 들어가 "분대를 내놓아라", "우리를 죽여라"며 육박했다. 감정적으로 격앙돼 있었으나 무장 시도는 없었던 듯하다. 헌병들은 다시 총격을 가했다. 여덟 명이 현장에서 즉사했다.[3] 부상자도 18명에 달했는데, 그들 대부분이 제대로 치료를 받지 못해 상처가 썩어 문드러지는 탈저병으로 오래도록 고통받았다고 한다.[4] 체포된 사람은 83명에 이르렀다. 가난한 동네였는지 옥바라지가 거의 없었던 모양이다. 이듬해 공판 당시 취재 기자는 수안군 시위 관계자들이 "의복을 차입할 수가 없는 까닭인지 보기도 흉한 푸른 감옥 옷을 입은 것"이 눈에 시리더라고 적고 있다.[5] 선두에 섰다 총을 맞았던 이영철 역시 재판정에 출두했는데, 그는 시위 동기를 묻는 질문에 "인류의 행복을 위해 독립만세를 부르고 마침내 2,000만 동포 전부가 이러한 뜻을 품으면 세계의 공인을 얻어 독립할 수 있다고 생각하여 만세를 불렀"다고 대답했다.[6]

독립했으니 식민권력의 경찰·행정기관이 무용해졌다고 판단한 것은 수안군민들만이 아니었다. 평안남도 의주군 옥상면에서는 3월 초 수십 명이 만세 불렀던 데 이어 4월 2일에는 약 3,000명이 모여 면사무소로 향했다. 평안남도라면 3·1운동 초기 인명 피해가 컸던 지역으로, 성천·영원·맹산 등지에서 수십 명 단위의 사망자가 발생한 바 있다. 영원에서는 100명 남짓 시위대 중에서 무려 23명이 목숨을 잃었고, 맹산에서는 헌병대 안에 들어와 대화하자는 제안에 응해 들어갔던 56명 중 두 명을 제외한 전원이 총격으로 절명했다.[7] 분명 그런 사건을 보고 들었을 터인데도 옥상 면민들이 다시 대규모 시위를 벌인 것이다.[8] 초기 희생이 컸던 탓인지 평안남도 지역 시위가 잠잠해진 후였는데도 그랬다. 3월 말 서울에서부터 재개된 시위의 영향이었을 수도 있고, 고난이 깊을수록 독립 가능성이 높아진다고 생각한 때문이었을 수도 있다. 3월 초에 비해 4월 2일에는 시위 군중의 숫자가 많았던데다 몽둥이 든 시위대가 앞장섰다. 이들은 면사무소에 도착하여 서류와 공금 일체를 넘기라고 요구했다. "조선은 독립을 할 터인즉 면사무소의 집행은 하지 못한다"는 이유에서였다.

어떤 이는 좀 더 정교하게 이유를 댔다. "독립하면 자치민단을 조직하여" 행정 사무를 볼 것이요 "일본 관헌의 지휘를 받고 있는 면사무소는 폐지"할 예정이라는 것이었다. 자치민단이라는 말로써 옥상면민들이 가리킨 내용은 무엇일까? 혹시 당시 러시아나 독일에서 시행 중이었던 평의회(評議會, Soviet) 모델*과 닮은 것이었을까? 실제로 면사무소를 접수하고 공금 193여 원을 인수받은 후 자치 행정을 펼치는 동안 사무와 집행은 어떻게 처리한 것일까? "우리 지방만이라도 독립·자치를 하자"는 결정은 3·1운동을 통해 종종 발견되는 경향성이다. 식민통치의 수직성·일원성·관

* 평의회는 직접민주주의와 자치를 핵심으로 하는 대중의 자발적 조직을 뜻한다. 20세기 초반 노동자·농민 조직 원리로 주로 활용되었다. 평의회가 중요한 정치적 의미를 획득한 것은 1905년 러시아혁명 때다. 1905년의 혁명은 유화적 개혁 조치로 일단락되고 말았지만 어용 노동조합에 대항해 만들어졌던 노동자평의회는 1917년 혁명 과정에서 다시 출현했다. 독일·헝가리 등지에서도 평의회가 대중 정치 조직의 근간으로 채용되었다. 의회나 노동조합이 대표와 지도자의 정치를 근간으로 한다면 평의회는 함께 토론하고 집행하는 평등성의 정치를 특징으로 한다.

제성에 반해 봉기 주체들이 수평적·다원적·공동체적 대응 양상을 보여주었다고 할 때[9] 그 증거로 들어도 좋을 경향이기도 하다. 옥상면 외에 전라남도 순창군 서천면과 평안북도 선천군 신미도에서도 주민들이 면사무소를 인수한 후 여러 날 자치적으로 행정 사무를 집행한 바 있다.

독립했다면 어떤 나라를

3·1운동으로 독립에 성공했다면 조선은 어떤 나라를 만들어 갔을까? 군주제와 공화제 사이 정체(政體)뿐 아니라 소유와 세금, 노동과 군대, 교육과 보건 등 제반 정책을 결정하는 데 어떤 원칙과 방법을 동원했을까? 누가 인민을 대표해 그 원칙과 방법을 구성해 나갔을까? 과연 식민통치 시절에 비해 더 나은 세상이 되었을까? 일본인과의 차별은 당장 해소되었겠으나 식민통치에 대한 주된 불만, 즉 세금 증가와 강제 노역, 폭압적 통치 질서 등을 성공적으로 해결할 수 있었을까? "독립한다면 새 정부는 국고(國庫) 자금이 없으므로 가렴주구가 배(倍)가 될 것"이라던 일부의 영악한 예측대로 신생 국가는 막대한 재원을 필요로 했을 텐데, 과연 불만을 최소화하면서 재정을 확보하는 데 성공할 수 있었을까? "하루 세 끼 대신 두 끼를 먹더라도 독립을 바란다"[10]던 대중의 열렬한 마음은 변치 않았을까? 19세기 말~20세기 초를 통해서는 근대적 독립 국가를 경영하는 데 많은 허점을 노출했던 터, 3·1운동 직후 독립을 했더라면 그간의 역사를 교훈 삼아 국가의 번영과 인류적 공영(共榮)을 지혜롭게 추구해갈 수 있었을까? 이미 소비에트 러시아가 출현했고 유럽에서 사회주의적 봉기

가 잇따르고 있던 시절, 독립한 조선 또한 경제·사회 정책을 결정하는 데 있어 그 영향을 받아들였을까?

　　3·1 운동은 많은 변화를 가져왔으나 독립 그 자체를 현실화하지는 못했다. 독립적 권리(independent right)도 획득하지 못했다. 대신 1910년대를 통해 유예됐던 일본에 대한 적대를 확고하게 했고 '독립했더라면' 맞이했을 미래에 온갖 유토피아적 소망을 투사하게끔 했다. 후일 프란츠 파농(F. Fanon)이 날카롭게 지적한 대로 "인구의 95퍼센트에게, 독립은 즉각적인 변화를 가져오지 않"기 십상이겠지만, 심지어 "소원대로 독립을 이루고 굶어 죽으라"는 식민자의 저주가 현실화될 가능성도 낮지 않겠지만[11] 1919년에 상상된 '독립'은 결코 그런 것이 아니었다. 19세기의 아이티나 20세기의 알제리처럼 독립 후 독재와 저발전의 덫에 걸린 많은 사례가 있음에도 그런 상황이 한반도에서 독립 후 미래로 고려됐던 적은 없다. 마르티니크처럼 독립과 자주의 권리를 누리기 위해 주권(sovereignty)을 유보한다는 노선*은 더더구나 논의되지 않았다. 원(原)-민족주의(proto nationalism)의 역사가 오래됐고 정치·문화적 자원이나 행정·통치의 경험 또한 풍부한 한반도의 특수성도 크게 작용했을 것이다. 3·1 운동 이후 자치권이나 참정권을 주장한 축은 모두 식민 권력에 굴복한 자들이었다. 3·1 운동 이후 '독립'은 불가침의 신성한 서약이 됐다. 이즈음부터 자치청원운동이 활발해진 타이완[12]과는 크게 다른 전개다. "조선민족의 생존을 유지하자면 강도 일본을 구축(驅逐)할지며 강

123

* 한반도에서는 거의 고려된 바 없지만 원리적으로는 '독립권'을 '독립'과 분리시켜 생각하는 방안도 가능할 것이다. 에메 세제르(A. Cé-saire)는 주권 독립이라는 문제를 독립권 확보의 정치적 스펙트럼 중 하나로 간주, 독립을 하는 대신 프랑스의 한 도(道)로 승격하는 방안(départmentalisation)을 추진했다. 마르티니크는 여전히 프랑스령(領)이다.

도 일본을 구축하자면 오직 혁명으로써 할 뿐"이라는 명제[13]가 최고의 정치적·윤리적 정당성을 발휘해온 것이 이후의 역사였다.

사람들은 '독립'에 실로 각인각색의 열망을 투영했다. 어떤 이는 부역(賦役)과 잡세(雜稅)의 철폐를 소망했고, 어떤 이는 토지의 분배와 경작권을 희망했으며, 또 다른 이는 벼슬 한자리를 꿈꾸었다. 어떤 꿈도 명료하지는 않았다. 유언(流言)과 소문 속을 떠돌았을 뿐이다. 1910년대 후반 조선은 제1차 세계대전의 병폐를 전가당한 채 세금·물가·소작료가 모두 인상되던 참이라, 불만은 팽배했고 조세 저항이나 노동쟁의 등을 통해 그 최초의 표출이 시작되고 있었다. 강제병합 직후부터 축적돼 온 민족 차별에 대한 분노도 심각했다. 「2·8 독립선언서」의 표현을 빌자면, "참정권, 집회결사의 자유, 언론·출판의 자유 등을 불허"하고 "일본인에 비하야 열등한 교육을 시(施)"하며 "정부의 제 기관은 물론이고 사설의 제 기관에까지 일본인을 사용"하는가 하면 "상공업에도 일본인에게만 특수한 편익을 여(與)"하는 등, 차별의 양상이 전방위적이고 노골적이었기 때문이다. 3·1 운동이 한창일 무렵 조선인들은 일본인과 마주칠 때 길을 비키는 대신 흘겨보고 또는 모욕적 언사를 퍼붓곤 했다는데[14] 그런 감정적 해방과 표출부터가 '독립'의 중요한 성분이었을 것이다.

민족 내부의 불만이 없었을 리 없건마는 3·1 운동을 통해 내전(內戰)의 양상은 목격되지 않는다. 3·1 운동의 전국적 폭발력은 모든 불만을 민족화하는 데 성공한 결과다. 『매일신보』 지면을 통해 보더라도 1910년대에 있었던 집단적 충돌은 대개 민족적 계기로 수렴되고 있다. 식민권력의 증세(增稅)에 대한 저항이 거셌고, 토지 소유권 정리 과정에서 갈등이 빈발했으며, 노동자들의 쟁의 또한 일본인 고용주를 겨냥하곤 했다. 일본의 척식회사들이 진출하면서 국유지 불하를 독식했고 소작료 또한 일반적 관행보다 높게 책정한 상황에서 토지-소작 문제를 둘러싼 저항 또한 민족화될 수밖에 없었다. 식민권력은 "시정(施政) 개선, 생명과 재산의 확보, 교통과 산업의 발달, 교육 보급 등"을 자부했지만, 그렇게 자부한 각 항목은 동시에 통제와 억압의 항목이기도 했다. 식민지 조선인들은 풍속 단속에 쫓기고 소유권 정비 과정에서 소외됐으며 부역에 동원되고 각종 산업장려책을 강요받는 한편 교육에서도 식민지적 순응을 강제당했다. 교실에서 반항적 학생에 대해 "목을 베기 위해 (…) 긴 칼을 뽑으려" 하는 일본인 교원의 모습[15]은 1910년대 식민지 조선의 상황에 대한 상징적 축도다.

그러나 '독립'은 민족적 불만의 해소 이상을 가리킨다. 3·1 운동기의 구호, '독립만세' 혹은 그 축약형으로서의 '만세'에 이르면 더욱 그렇다. '만세'는 불만의 승화이자 희망의 표현인 동시, 새로운 세계의 새로운 질서를 축원하고 환영하는 기호다. '만세'로써 축원하는 '독립'의 새 나라는 따라서 단순히 대한제국의 귀환일 수 없었다. 그 새 나라는 대체 어떤 나라였는가? 100년 전 두 달여 동안 한반도를 휩쓴 군중 경험에서 참여자들 각자는 대체 어떤 뜻으로 '독립'과 '만세'를 불렀는가? 일반적으로 말하자면, 3·1 운동 당시 '만세'와 '독립'은 민족해방으로 소진되지 않고 계급 이동으로 다 해소되지 않는 미정형(未定型)의 유토피아적 충동을 표시한다. '만세'가 저마다의 불만과 희망을 표현했듯 '독립'은 그런 불만과 희망이 해결된 미래상을 지시했다. 인민은 고통스런 현실이 철폐되길 소망했고 또한 현재의 부조리를 보상할 만한 새 나라를 꿈꾸었다.

만세

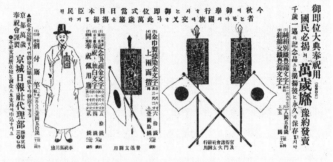

1915년 『매일신보』에 게재된 광고 두 종. 〈16〉은 일장기 들고 만세 외치는 조선인들을 전진 배치한 조선여관 광고이고, 〈17〉은 즉위식 때 달아야 할 '만세' 깃발을 선전하고 판매를 안내하는 경성일보사 광고. 다이쇼 천황 즉위식은 11월 11일이었는데, 대례 기간에는 '만세' 휘장을 달고 '만세' 깃발을 게양할 것이 강요되다시피 했다. 〈17〉에 "어(御) 즉위식 당일 일본 신민된 자는 반드시 국기에 교차하여 차(此) 만세기를 게양 할지라"는 안내문이 보인다. 휘장 가격은 2전에서 50전에까지 달했으 며 깃발의 경우 최하가 60전, 최고가는 8원 50전이었다. 대례일 전후 『매일신보』에는 '열성으로 만세를 삼창하라', '만세, 만세!—경복궁의 시 민봉축식' 같은 기사가 넘쳐났다. 〈16〉에서 볼 수 있듯 이때 만세 부르 는 군중 모습은 얼핏 3·1 운동의 군중처럼 보인다. '만세'를 '망세(亡 歲)'로 바꿔 부르는 저항이 없지는 않았다지만 1910년대에 '만세'는 완 전히 일본제국에 차압당해 있었다. 그랬던 '만세'라는 구호는 3·1 운동 기 대중봉기를 통해 전혀 다른 의미로 재탄생한다.

희망과 요구, 불쾌와 평화의 '만세'

번역가이자 소설가였던 민태원은 1921년에 발표한 소설 「어떤 소녀」에서 오직 울음으로써 모든 감정과 요구를 표현하는 갓난아기를 두고 다음과 같이 표현한 바 있다. "[어린애는] 조선 사람의 만세보다도 유력한 소요를 하루에도 몇 번씩 일으켰다. 마치 만세라는 두 가지 성음에 여러 가지 복잡한 의사가 포함된 것처럼 어린애의 울음소리에는 희망과 요구, 불쾌와 평화의 모든 의사가 포함되어 있었다."[16] '희망과 요구, 불쾌와 평화의 모든 의사.' 3·1 운동을 통해 불후의 생명력을 획득한 '만세'란 민태원의 비유마따나 갓난아이의 울음소리와도 흡사할지 모른다. 알려져 있다시피 '만세'가 대중화된 것은 1897~1910년 대한제국기의 의례를 통해서다. '만세(萬歲)'는 뜻그대로 만년토록 이어지라는 축원으로 중국 진한(秦漢) 시대 때 황제 앞에 세 번 연호하는 의례어로서 출현한 후[17] 메이지(明治)기 일본에서 천황 및 국가에 바치는 군중 환호로 정착했고[18] 대한제국기 한반도에서는 '대한제국 만세', '대황제폐하 만세'와 '황태자전하 천세' 등의 용례를 구축하면서 사용되었다.[19] 1910년 국망(國亡) 후 상황은 크게 바뀌어, 1910년대 한반도에서 '만세'는 일본 제국과 천황에게 바치는 환호로 재탄생했다. 그렇다고 국가주의적 엄숙성이 '만세'를 다 지배하지는 않은 듯 광고나 민간행사에서도 '만세'는 종종 사용되었다. 그랬던 '만세'가 3·1 운동을 통해 민중의 발성장치로, 불만과 요구와 열망을 실어나르는 음향으로 재탄생한 것이다.[20]

민태원이 포착한 '만세'의 동학(動學)을 다른 작가들 역시 예민하게 관찰했다. 예컨대 주요한은 3·1 운동 당시 어느 촌락에서의 봉기 양태를 두고 다음과 같이 기술한다. "'독립만세'의 한소리는 그들에게 희열과 공포가 뒤섞인 이상한 감동을 주었다. 그러나 마침내는 희열이 공포를 이겨 그들은 미친 듯이 만세를 부르고 놀뛰다 그 뒤에는 다시 검과 구두소리가 전촌(全村)을 놀라게 하였다."[21] 3·1운동의 후일담을 서사 줄기로 한 장편『읍혈조』(1923)에서도 '만세'의 심리는 "죽어도 좋다. 다만 그들은 시원히 소리 한번만 질러보아도 거기서 더 만족한 것이 없었다"로 요약되고 있다.[22] "희망과 요구, 불쾌와 평화의 모든 의사"라든가 "희열과 공포가 뒤섞인 이상한 감동", "시원히 소리 한번만" 등으로 표현된 복잡한 심정은 민족독립에 대한 요구로써 다 해소되지 않는다. '만세'는 민족독립에의 염원으로 수렴됐을 뿐 아니라 그 밖의 개인적이고 사회적인 모든 희망과 요구, 불만과 기원을 실어 날랐다. 운동의 초기 단계에서부터 그랬던 것으로 보인다. 3월 5일 학생 시위를 이끌었던 김원벽은 '만세'라는 구호로 조선독립을 요구했다고 인정하면서 그러나 다른 사람들도 같은 뜻으로 만세를 불렀는지는 의문이라고 진술했다. "나는 조선독립에 대하여 소리를 지르기 위하여 '만세'하고 불렀을 뿐으로 별다른 깊은 생각은 없었다. 그러나 군중은 어떤 의미로 만세를 불렀는지는 모른다."[23]

김원벽의 말마따나 고립된 단어로서 '만세'의 의미는 모호하기 짝이 없다. 도시 공간 및 학교 제도 밖의 거주자들에게 있어서 '만세'는 낯선 용어이기도 했다. "만세의 뜻도 모르면서 (…) 따라서 불렀을 뿐"이라는 발뺌이 적지 않았던 터다.[24] 3·1운동 당시 '만세'를 이해하지 못했거나 오해했다는, 혹은 그런 차이를 알리바이 삼는 진술은 종종 발견된다. 예컨대 동아등자회사 직공이었던 25세의 김흥수는 3월 1일 "3,000명쯤의 사람들이 '만세, 만세'

하면서" 지나가기에 까닭을 물었으나 돌아온 것은 웃음뿐이라 어리둥절했다고 기억한다.[25] 전남 영암의 면서기로 국장 구경차 상경했던 유인봉의 경우도 비슷했다. 그는 만세시위를 목격하고는 "전혀 까닭을 몰랐으므로 자꾸 (…) 물었으나 (…) 만세를 모르면 몰라도 좋다고 하면서 만세를 부른 이유를 설명해주지 않았다."[26] 보성고보생 황주원은 3월 1일 시위를 보고 처음에는 "이태왕의 장례를 위해 만세를 부르는 것"으로 믿었다고 주장했다.[27] 3월 18일에는 전남 무안군 장산면에서 고종의 안장식(安葬式)을 지낸다는 명분하에 수천 명이 만세를 불렀는데, 이에 대해 관련자는 "조선독립만세를 높이 부른 것이 아니고 안장(安葬) 만세를 부른 것"이라며 변명하고 있다.[28] 황해도 신계군 쌀 시장에서 만세를 선창했던 50대 천도교도는 심지어 자신이 부른 만세를 세 종류로 나누어 설명하기도 했다. "제일 먼저 천황폐하 만세를 불렀고, 둘째 번에는 조선독립만세를 불렀으며, 셋째 번에는 천도교의 선생 손병희는 독립만세를 부르고 감옥에 들어가 있다고 외치고, 그 후는 다만 독립만세를 불렀다."[29]

3·1 운동의 3대 시위 지역 중 하나로 꼽힌 경기도 양성면 사례를 보면 '만세'에 무지했다는 주장이 꼭 발뺌만은 아니었음을 알 수 있다. 양성에서 '만세'가 처음 불린 것은 대중시위 전 보통학교에서였다고 한다. 보성전문 학생이었던 동향인(同鄕人)이 양성보통학교 조회시간에 와서 조선인 교원 및 학생들을 불러내 만세를 부르게 했다는 것이다. 일본인 교장이 있었으나 속수무책이었다는데, 이렇듯 보통학교에서의 만세가 며칠 거듭된 끝에 4월 1일에는 양성면과 이웃 원곡면 전 마을이 일어나다시피 한 대규모 시

위가 벌어진다. 이때 마을 주민들은 보통학교 학생을 찾아 만세 부르는 법을 배워갔다고 한다.[30] 1900년대든 1910년대든 국가의 례에 접할 일 없던 지역의 민초(民草)들에게 '만세'는 그렇듯 비일상적 어휘였다. 그러나 서먹해하던 이들에게도 '만세'는 몇 번 부르면 입에 붙었다. 감염의 효과는 신속하고도 광범위했다. 사람들은 때와 장소를 가리지 않고 만세를 불렀다. 옆 마을에서 만세성이 들리면 변소 다녀오는 길 집안에서도 따라 불렀고, 술 마신 후 비틀거리는 귀갓길에도 외쳤다. 누구는 종로 네거리에서 대성통곡하며 만세를 불렀고 다른 사람들은 춤추며 외쳤다. 이 다양한 상황을 관통하여 넘쳐흐를 듯한 희열은 공통된 정서였던 듯 보인다. 평안도 대동군 율리면에서는 3월 5일 저녁 마을 사람들이 모여 환담하고 있던 중 이웃 마을에서 만세 소리가 들리기에 따라 불렀는데, "현 정부에 반대하려는 사상도 없고 동민 10여 명도 다만 즐거운 마음"이었다고 주장했다.[31]

130

때문인지 일부 유생들은 '만세'가 유생 신분에는 어울리지 않는 경거망동이라고 판단했다. 예컨대 면암(勉菴) 최익현의 문하로서 함께 쓰시마로 유배되기도 했던 유준근이 그러했다. 1900년대에 의병항쟁에 참여했던 그는 3·1 운동 당시에는 대중시위에 참여하는 대신 순종에게 복위(復位)를 청하는 행동 양식을 선택하는데, 그때 판단이 "우리들 유생이 만세를 부르고 학생이나 아이들이 하는 것처럼 독립운동을 하는 것도 좋은 것이 못" 된다는 것이었다고 한다.[32] 얼마 후 파리평화회의에 보내는 이른바 「파리장서」를 주도한 사람 중 한 명이었는데도 그러했다. 헌데 '만세'를 "학생이나 아이들이 하는 것"으로 치부한 그의 시각은 꽤 적확한 것이기도 했다. "희망과 요구, 불쾌와 평화의" 또한 "희열과 공포가 뒤섞인" '만세'란 그 희망·요구·희열·공포의 방향이 명확하지 않다는 사실 또한 의미했다. 정치적 자의식을 정련하기 전 민중의 발성 장치로서 '만세'는 새로운 자아, 새로운 세계에 대한 막연하나 열렬한 동경을 지시한다. 다시 『읍혈조』의 한 대목을 빌려오자면, "잘 살아야 되겠다 하는 의식에 가슴을 태우면서도 잘 살 수 없는 그들의 운명, 그리고 새 문명과 새 세상에 대한 그들의 동경은 오랫동안 무기력하게 살아오던 그들의 심리적 반동으로 좋거나 언짢거나 무슨 새로운 세계를 발견하려고 들지 않을 수 없"던 것이다. '좋거나 언짢거나'의 방향성보다 '새로운 세계'의 인력 자체가 더 중요한 순간, '만세'는 그 순간의 발성법이었다.

'새 나라', 토지 분배와 생활 개선에의 소망

3·1 운동기 '만세'의 원형을 따지자면 물론 '조선독립만세'일 것이다.● '만세'로써 표현한 희망과 요구는 당연히 '독립'이란 지향점으로 수렴된다. 의존에서 벗어나 홀로 선다는 의미의 '독립', 그것은 식민상태로부터의 해방을 의미하는 말이지만, 해방 이후 '독립'의 실제는 어떻게 상상됐을까? 대한제국의 깃발 태극기를 수정·변형하려 한 각종 시도가 상징하듯 3·1 운동에서의 '독립'은 대한제국의 회복을 향하기보다 일찍이 없었던 새 나라의 건설을 겨냥했다. 민족 차별로 압축되는 근과거와의 단절이 급선무였기에 더 오랜 과거에 대한 판단이 불문에 부쳐졌을

● '조선독립만세'와 '대한독립만세'가 혼용되는 중에 주류를 이룬 것은 전자였던 것으로 보인다. 선천의 신성학교 교사 김지웅처럼 '조선독립'과 '한국독립'을 명확히 분별한 후 전자를 사용한 경우도 있었다. 김지웅은 신문과정에서 "한국의 독립이 아니다. 조선의 독립이다"라고 분명히 밝히고 있다. '민족대표 33인'이나 학생 대표들도 일관되게 '조선'이라는 국호를 사용했다.

뿐이다. 3·1 운동은 1910년 강제병합 당시 '의외로 평온했던' 배후의 대중 심리, 즉 '병합' 후를 일단 방관했던 태도가 불만과 분노로 귀결되었음을 알려주는 사건이었으나, 비교급 속에서나마 대한제국기의 과거가 전면 긍정되기는 어려웠을 터이다. 중국의 신해혁명이며 제1차 세계대전기 유럽 대제국의 해체 등을 겪은 이후라 더욱 그러했다. "세계에 임금이란 것이 없어지게" 됐다는 손병희의 말마따나 군주정이라는 정치체제의 기반은 취약할 대로 취약해졌다. 일본에서도 "진실로 제국이라 칭할 수 있는 것은 전 세계 중 오직 우리 대일본"만 남았다는 불안을 느끼게 된 상황이었다. "황조(皇祖) 황종(皇宗)의 유훈"이야말로 최신의 민본주의와 합치한다는 억설(臆說)을 내세워 궁색한 옹호를 해야 할 정도로 군주정이 급속히 그 기반을 잃어가고 있었던 것이다.[33]

132   그러나 눈앞에 당장 문제되는 현실은 조선 왕조나 대한제국의 그것이 아니었다. 1910년대의 폭력과 억압과 차별은 '일본'이라는 기호로 압축됐으며 '독립'은 그런 온갖 족쇄로부터의 해방을 의미했다. 헌·철종대 이후 조선의 역사는 민란이 끊이지 않은 역사였으나 그런 내력이 새삼 상기되는 일은 없었다. 가옥세·주세·연초세며 영업세·인지세 등 1910년 이후 신설된 세금에 대한 저항 심리가 우선적이었고 도로와 간척 사업 등 부역 동원에 대한 염증이 더 가까웠다. 벼 품종 교체와 뽕나무 식재(植栽)를 강요당했던 데 대한 불만도 팽배했다. 3·1 운동기 경기도 수원의 장안·우정면 시위에서는 "이제부터는 묘포 일도 할 것 없고, 송충이도 잡을 필요가 없으며, 해안의 간석(干潟) 공사도 하지 않아도 좋다"는 말이 나왔다. 경기도 개성군 중면에서는 20대 학교 교사가 불평이 많았던 묘지 규칙을 두고 "부모는 공동묘지에 묻을 필요

도 없을 터이니, 각자 소유의 산에 자유로 매장할 수 있지 않겠는 가"라면서 만세를 선동했다. 황해도 수안군 시위에 참여했다 검 거된 홍석정은 "독립만세를 부르면 조선민족의 생활이 개선된다" 고 들었다고 진술한다.[34] 구체적 내용이 전해지지는 않으나 3월 중순 서울에는 '경제적 공약'이라는 제목의 문서가 유포됐다는데 [35] 그 또한 세금이나 부역 등 문제를 겨냥했기 쉽다. "현 정치에 대해서도 불복인데 그것은 세금이 너무 과하기 때문"이라는 지적 은 전 지역을 통해 청취된 불만 사항이었다.[36] 서울 일부 지역에서 지세(地稅) 및 가옥세 납부 거부가 결의되기도 했고, 3·1 운동이 수그러들기 시작한 후에도 가을 지세 수납기에는 재차 봉기가 일 어나리라는 소문이 돌았다.[37]

한 걸음 나아가 독립되면 재산을 균분(均分)하리라는 소문도 전 라남도 및 충청남도 일원을 중심으로 퍼졌다. 조선뿐 아니라 세 계적으로 그렇게 될 것이며 동서양 구별도 철폐될 것이라 조선 내 일본인들까지 성원을 보내고 있다는 자못 구체적인 내용이었 다.[38] 다른 지역에서도 균분까지는 아니더라도 토지와 재산 재분 배에 대한 소문이 있었다. 평북 창성에서는 독립 후 정부에서 토 지를 매수한 후 평등하게 분배할 것이라는 풍문 때문에 서둘러 토지를 팔아버리는 사람까지 나타났다.[39] 경기도 안성군 원곡·양 성면에서는 구속된 농민 중 여러 명이 독립하면 뺏긴 땅을 되찾 게 되리라는 희망을 피력했다. "독립이 되면 빼앗긴 땅을 되찾게 된다기에 기쁜 마음으로 바라는 것"이라거나 "10년 동안 빼앗겼 던 땅을 찾게" 될 것이라 하고 "독립이 되면 (…) 빼앗긴 땅을 되 찾으니까 좋다"는 문장은 약속한 듯 비슷하다.

이때 "빼앗긴 땅을 되찾"으리라는 말은 일차적으로 토지조 사 과정에서 부정당했던 경작권을 돌려받을 수 있으리라는 기대를 가리킬 것이다. 조선시대를 통해 토지 소유는 배타적 사적 소유가 아니라 중층적·관습적 소유 형태로 존재했다. 소작농이라 해도 단순히 계약직 노동자가 아니라 엄연한 부분적 소유권자인 경우가 많았다. 즉 조선시대에 대부분의 소작농은 장기간 경작권을 보장받았고 심지어 그 권리를 상속하기마저 했으며, 도지권 (賭地權)이라 하여 경작권을 넘기는 대가로 토지 매매 시에도 매매가의 약 3분의 1에 해당하는 돈을 받을 수 있었다.[40] 그랬던 것이 1910년대에 토지조사사업을 통해 배타적 사적 소유 제도가 확립됨으로써 소작농의 권리가 대폭 축소됐고 설상가상으로 소작료는 가파르게 뛰어올랐던 것이다. 국유지를 경작할 때는 내지 않아도 됐던 세금 또한 더 징수당해야 했으므로, 농민층에 있어 1910년대 토지조사사업은 그야말로 '땅을 빼앗기는' 경험이었다. 3·1 운동은 바로 그런 박탈의 근과거를 취소해버릴 수 있는 해방의 가능성으로 비쳤다. 단순히 토지조사사업 이전으로의 회귀가 아니라 진작부터 꿈꿔왔던 균분 혹은 보다 공평한 분배에 대한 소망까지 곁들여졌다. '만세' 부르면 빼앗겼던 경작권을 되찾게 된다니, 그뿐 아니라 그 땅을 온전한 내 소유로 할 수 있다니. 경기도 시흥사는 40대 농민은 주위 사람들에게 "조선이 독립하면 국유지는 소작인의 소유지가 되니 이때 만세를 부르는 것이 득책"이라고 권고했다는데[41] 그가 기대한 세상이 바로 민초들이 기대한바 '만세'로써 불러올 '새 나라'였을 것이다. 경상남도 밀양에서는 이 무렵 관유지 불하를 진행했지만 독립되면 어차피 무료 불하될 땅이라는 소문이 퍼지는 바람에 매입 희망자가 희소했다고 한다.[42]

"만세 안 부르면 백정촌이 된다"

　토지에 대한 희망 외에도 '독립'에 얽혀 있는 생활주의적·현세주의적 기대[43]는 다양했다. 식민권력은 "돈을 받고 만세를 불렀는가"조차 자주 물어댔을 정도다.[44] 강화의 유봉진이 독립 후 "순무사가 되어 각지를 돌며 양민을 표창할 생각"을 했던 것처럼 적잖은 사람들이 독립된 한반도에서 당당한 사회적 역할을 할 것을 꿈꾸었다. 그것은 헌신에의 의지인 동시 출세에의 기대이기도 했다. 3월 23일 밤 서울 시내에서 투석하고 만세 부른 18세의 상점 직원 이규민은 "부르면 훈장을 준다고 하므로 불렀다"고 진술한 바 있다.[45] 경남 밀양에서는 검거자들을 두고 "장래 조선독립 때는 세인의 존경을 받을 것"이며 "우리도 이때 운동에 참가하지 않는다면 (…) 장차 사회에서 입신할 수 없게 될 것"이라는 여론이 일었다. 재일(在日)로 살면서 경상남도를 방문 중이었던 차경덕은 국무대신 추천을 받기로 약속하고 독립운동비 2,000원을 내놓았다고 한다. 봉기의 절정은 지나갔지만 철시와 시위가 재점화됐던 1919년 8월, 평안도 선천군의 보통학교 담벼락에 "서양인의 혁명기를 본뜬 반절지 크기 그림"과 더불어 "독립의 공로 있는 국민에게 준다는 뜻을 적은 훈장 두 개"를 그려 넣은 인쇄물이 나붙은 일도 있었다. 한편으로는 독립 후 징계와 불이익을 염려해 사직서를 제출하는 면장과 면 직원, 순사보들이 줄을 이었다. 경남 밀양군의 경우 13개 면 중 8개 면 면장이 사직서를 제출했으며 단양면의 경우 면 직원 전체가 총사직하는 일까지 있었다. 하동군에서는 14개 면 중 3개 면 면장이 사직하는 가운데 화개면에서는 면장 이하가 총사직했다.[46] '독립'에 적극적 기대를 두지는 않더라도 소극적 대응책이나마 마련하려 한 심리의 소산이라 하겠다.

1915년 손병희 생일 기념연(18)과 천도교 청년당 발족 당시 궁을기(弓乙旗)를 배경으로 한 단체 사진(19). 절대자를 부정하고 '인내천(人乃天)'을 교리로 한 동학-천도교는 19세기 후반 이래 세계 종교계의 변동과 공명하는 경향을 보였다. 심령주의(spiritualism)가 놀라운 기세로 유행하고 콩트(A.Comte)가 인류교(religion of humanities)를 제창한 것이 이즈음이었다. 토착적 말세 신앙에서부터 인간주의적 종교, 그리고 근대적 정치·문화 운동에 이르기까지 천도교의 스펙트럼은 다양했다. 천도교가 대헌 및 깃발 등을 제정하고 일종의 소국가다운 형식을 갖추게 된 것은 1905년부터다. 궁을기 모양은 동학 창시자 최제우가 지녔던 영부(靈符)가 "태극 같기도 하고 궁궁(弓弓) 같기도 하다"고 한 말에 따라 만들었다. 손병희의 만 54세 생일연을 그린 〈18〉에서도 궁을기 그림에 '대도주(大道主) 만세'라는 글씨가 또렷하다. 천도교 청년당은 3·1 운동 후 교세 위축을 딛고 1923년 출범한 조직으로, 한때는 120여 개의 지방조직과 3만여 명의 당원을 확보할 정도로 성장했다.

지역 단위에서는 다른 고장이 다 만세 부르는데 홀로 뒤떨어질 수 없다는 자의식이 빈번하게 발견된다. 3·1 운동의 봉기에는 당연히 지역별 차이가 있었고 지역별 인정투쟁의 구도도 있을 수밖에 없었는데, 개인적으로 "독립운동에 참가치 않는 자는 (…) 후환이 있을 것"이라는 데서 시작해 "충청북도만은 평온한 즉 타도에 대해 면목이 없다"거나 "경성에서는 여학생까지 나서서 독립시위를 하고 있는 판에 공주에는 남자다운 의기와 용기가 없는 자들이 많다" 혹은 "대구만이 운동을 못하는 것은 대구의 치욕"이라고 하고 "대구의 선인(鮮人)들은 그렇게도 떠들고 있는데 고령(高靈)의 인간들은 어째서 독립만세를 부르지 않는가"고 힐문하는 등 지역별 자의식을 발동시킨 예는 일일이 거론키 어려울 정도로 흔하다.[47]

한술 더 떠 "만세를 안 부르면 백정촌이 된다"는 소문도 있었다고 한다.[48] 경기도 양성의 경우 서울에서 『독립신문』 기자가 시찰 차 파견됐다는 소문이 시위를 가속화시켰으며[49] 여주에서는 "경성에서는 여주 및 이천 사람에게 먹일 것으로서 돼지 먹이를 저축하여 둔 모양"이라는 소문에 분발해 4월 1일 시위를 조직했다. 전라남도 여수에서는 1919년 12월에야 시위 계획을 세웠는데, 이를 주동한 21세의 청년 유봉목은 이미 늦었다는 동향인들에 대해 "결코 늦지 않으며 12월에는 조선독립이 달성된다"고 설득하는 한편 "지난 3월 이래 조선독립만세를 외치지 않는 곳이 없는데 유독 여수만은 그렇지 못함은 유감일뿐더러 동포 사회에 대해 면목이 없다"는 말로써 여수의 지역적 자존심을 자극하려 했다.[50]

천도교도들의 경우 '독립' 이후에 거는 기대가 보다 구체적

137

이었다. 1910년대를 통해 천도교의 약진은 대단했다. 1919년 당시 교단 측에서는 열성 신도만도 100만이라고 주장하고 있었을 정도다. 교단에 대한 신뢰와 충성도 높았다. 매끼 밥 지을 때마다 쌀 한 줌씩을 따로 모으는 '성미(誠米)'를 집집마다 실천했고, 교당 건축헌금을 희사했으며, 3·1 운동 때도 교주의 뜻이라면 목숨까지 걸었다. 천도교는 주지하다시피 동학의 후신으로서 동학농민운동이 폭발시켰던 '개벽(開闢)'에의 소망을 잇는 한편 1910년대에는 가상 국가에 가까운 자율적 체제를 구축하고 있었다. 헌법격인 '대헌(大憲)'을 두고 의회와 흡사한 의사원을 설치하는가 하면 행정부서에 해당하는 각종 부서를 운영하는 등 흡사 '대안의 망명 정부=소국(小國)'과도 같은 면모를 과시하고 있었다는 뜻이다.[51] 그러한 천도교에 있어 '독립'은 교단 기구의 사회화 및 천도교인들에 대한 보상의 실현을 의미했다. 천도교도가 중심이 된 강원도 이천군 동면 시위에서는 "조선독립은 우리 천도교 60년래의 소망"이라는 등 '독립'을 교파적 비전의 실현이라는 측면에서 이해한 언술이 보이며, 강원도 양구군 양구읍에 있어서는 "일찍부터 조선이 독립국으로 되어서 천도교가 동국(同國)의 국교로 되기를 몽상"해왔다는 시위 참여자도 목격된다.[52]

독립이 되면 천도교도로써 정부를 조직하고 군수 등을 모두 교도 중에서 채용할 것이라고 믿는 이들이 적지 않았다.[53] 그것은 동학농민운동 시절부터의, 또한 동학 내 분파에서 출발했던 1900년대 일진회의 기대를 닮은 순진한 야망이다.[54] 1894년 동학농민운동 당사 손병희에게 부여됐던 명칭은 총지휘관을 뜻하는 '대통령'이었는데, 그런 명칭부터 독자 정부 수립에 대한 천도교의 꿈을 함축하는 것으로 해석되곤 했다. 3·1 운동 심문과정에서도 손병희가 '대통령'으로 불렸던 내력이 주목됐던 바 있다. 최시형이 주령(主領)이었으나 연로한 까닭에 손병희 자신이 실제 최고 지휘권을 맡았다는 진술에 대해 심문관은 "피고는 동학의 대통령이므로 그 당시의 정부를 넘어뜨리고 스스로 정치를 해보려는 포부가 있었던 것이 아닌가"라고 질문했던 것이다. 손병희는 "대통령이라는 것은 병사를 인솔하는 임원으로, 정부를 넘어뜨린다 하더라도 내가 정부를 조직한다는 생각은 없었다"고 답변했지만[55] 동학도들 사이에 '정부' 참여에 대한 기대가 있었음은 사실이었다고 해야겠다.

천도교도가 아님에도 함경남도 북청군 양화면의 손규철은 국장 구경 차 상경했다 돌아와서는 "손병희가 '조선독립선언서'를 발표하여 대통령과 같은 세력을 가졌고 조선 전토를 좌우할 만한 인물인 것"을 열심히 선전했다.[56] 손병희 자신 교단 내 비밀결사인 천도구국단(天道救國團)에 대해 수임기구로서 준비를 갖추라는 지시를 내린 바 있고, 1918년 중반부터는 대중 봉기의 가능성을 타진해왔던 터다.[57] 1910년대에 가장 교세가 번성했던 서북 지역에서는 독립 후 군수나 경찰서장을 희망하는 교도가 많았으며, 심지어 교구실을 독립 후 군청으로 쓴다는 소문도 돌았다. 교구실을 필요 이상 번듯하게 짓는 곳이 많은데, 독립 후 군청으로 전용하려는 원려(遠慮) 때문이라는 것이었다.[58]

'조선독립만세'를 외친 일본인들

유아사 가츠에(湯淺克衛)의 「간난이」(1946)는 1910년대를 배경으로 조선인 소녀와 일본인 소년 사이 우정을 그려내고 있는 소설이다. 소녀와 소년은 일본어로 대화를 주고받지만, '간난이'라는 이름의 소녀는 소년에게 "조선말을 배워. 내가 일본말을 할수 있는 것처럼"이라고 요청한다. "그러면 너와 나는 조선말과 일본말을 섞어서 이야기할 수 있잖아. 학교에서 일이랑, 그 밖의 전세계의 이야기를 많이 하자"라는 것이 간난이의 생각이다. 일본인 소년 류지 역시 간난이의 제안에 적극적으로 동의한다. 이윽고 3·1운동이 벌어지고 전국적으로 만세 소리가 울려 퍼진다. 류지는 소년답게 천진하게도 각자 '만세'와 '반자이'를 외침으로써 조선독립과 동양평화와 세계의 진보에 기여하자고 제안한다. 류지의 말을 그대로 옮겨 오자면 다음과 같다. "간난이는 만세 — 조선말이기 때문에, 류지는 반자이, 일본말이기 때문에. 좋네. 함께 외치자. 그러면 조선은 독립할 수 있어."[59]

140 　　「간난이」식 민족의 경계를 넘는 우정은 현실에도 존재했다. 3·1운동이 고조기를 넘기고 있던 4월 중순, 대전 일대에서는 서울에서 일본인 70여 명이 '일본 민주국 만세'를 외치며 시위를 벌이다 일본으로 압송됐다는 소문이 퍼졌다.[60] 실제로 일본인 교사가 만세시위에 동참한 일도 있었다. 전북 옥구의 영명학교 교사 및 학생들이 벌인 시위에 일본인 교사인 요코하타(橫畑)와 야마시로(山城) 두 명이 "같이 행동하여 큰 기를 세우고 앞장"섰던 것이다.[61] 요시노 사쿠조(吉野作造)의 발의로 일본 내 공화정치가 실현되게끔 결정되었으므로 조선독립이 머지않았다는 풍문도 있었다.[62] 3·1운동기 가장 유력한 지하언론이었던 『독립신문』에는 일본 사회당에서 파리평화회의에 서신을 보내 현재 파견된 대표는 진정한 일본 대표가 아니라고 경고했다는 기사가 실리기도 했다.[63] '일본의 개조'에 희망을 거는 심리의 표현이었다고 하겠다.

개조의 주체가 될 법한 일부뿐 아니라 일본이라는 국가 전체를 향해 정의·인도·평화 등의 가치를 요구하고 또 기대하는 발화도 드물지 않았다. 다분히 전략적이었을 터이나, 황해도 수안에서는 58세의 농민 김찬석이 "조선독립을 위해 만세를 부름에 있어 서양인이 한 번 이를 찬성한다면 일본인은 반드시 열 번 백 번 찬성할 것으로 여겼"다고 실망을 표현했다. 평안북도 구성에서는 37세의 농민 최덕화가 "일본은 동양의 선진국 (…) 체코슬로바키아 민족의 자유권 회복을 위해서 시베리아에 출병한 사실도 있"지 않냐며 일본의 모순을 꼬집었다. 평안북도 창성 거주 69세의 농민 문정규는 "만일 본인을 보안법에 의해서 판결하려거든 파리평화회의와 귀국 대사를 먼저 보안법에 의해서 판결하라"며 준엄히 항의하고 있다.[64]

141

일본 내에서도 '개조'의 물결은 도도(滔滔)했다. 파리평화회의에 파견된 일본 대표부터 '개조'의 약속 중 하나인 인종 간 평등을 집요하게 요구했다. 파리평화회의 대표단을 이끌었던 사이온지 킨모치(西園寺公望)는 귀국 후 어전 보고에서 "전체적으로 우리 소원을 달성하지 못해 비감(悲感)"하다며 침울해했다는데, 그가 말한 '우리 소원'이란 인종 평등에 대한 구절을 최종 평화 조약문에 포함시키는 것이었다. 일본 대표단의 수석으로 이미 칠순을 넘겼던 사이온지 공작 ─ 그는 메이지 천황의 동급생이었고 메이지유신 및 이후 내전 과정에서 강력한 천황파였으며, 그럼에도 천황 중심 체제가 안정된 직후 정계에 투신하는 대신 10년간의 프랑스 유학을 택한 독특한 인물이었다. 소르본느 대학 법대를 졸업한 후 그는 '지성, 방만, 무심'으로 요약되는 독특한 태도로 일세를 풍미했다. 프랑스 수상 클레망소(G. Clemenceau)와 급우로 지내고 유명한 공쿠르(E. de Goncour & J. de Goncour) 형제와 교유하는 등 일종의 '명예 백인'일 수 있었던 인물로 보이지만, 그의 눈에도 인종차별은 심각한 문제였다.[65]

미국에서 아시아인은 토지소유를 금지당하고 임차권마저 제한당했고, 캘리포니아주에서 아시아 아동은 별도 학급으로 격리되고 있었다. 제1차 세계대전에서 그토록 많은 민족과 인종이 어울려 싸운 후인 만큼 인종차별 철폐 문제는 즉시 제기될 수 있을 듯 비쳤다. 윌슨의 14개조며 국제연맹 조약 역시 '민족들의 평등(equality of nations)'을 인정하는 데서 시작하지 않았던가? 그러나 '오지에 사는 아프리카인과 유럽인 사이 평등'을 인정할 수 있는 사람은 의외로 적었나 보다. 특히 백호주의(白濠主義)를 표방하고 있던 오스트레일리아 — 영 연방의 일원으로서 오스트레일리아 또한 유럽 전선에 군대를 파견했다 — 에 있어 인종차별 철폐 조항은 국가 정체성을 위협할 수 있는 심각한 도전이었다. 결국 인종차별 철폐 조항은 영국 대표단의 완강한 거부로, 그리고 "이 조항을 통과시킨다면 전 세계적으로 인종 문제를 일으키게 될 것"이라는 윌슨의 발언으로, 표결에 부쳐지지 못한 채 사산된다.[66]

일본인 중에는 '인종'의 평등을 넘어 '민족'의 자유에 대해 공감한다는 이들도 있었다. 요시노 사쿠조(吉野作造) 등의 양심적 지식인들은 3·1 운동에 대한 지지를 공표하거나 그 희생에 대한 연민을 표시했다. 3·1 운동 희생자의 흔적을 찾아 시골 마을로 위험한 여행을 떠난다는 소설 속 인물마저 있었다.[67] 3·1 운동 후 한때 야나기 무네요시(柳宗悦)나 나카니시 이노스케(中西伊之助)

등의 방문을 계기로 조선과 일본 지식인 사이 연대가 일층 광범하게 모색됐던 역사도 이 맥락에서 기억할 만하다. 그러나 조선에 동정적이었던 일본인들 대부분은 최종적으로 조선의 독립이 아니라 자치를 대책으로 삼았다. 일본 내 정치에 있어서도 천황제를 유지하는 위에서의 민본주의적 개혁으로 그 한계를 그었다. 예외가 없지 않았지만 당시의 인도주의적 일본인, 즉 도쿄대학 신인회(新人會) 등의 개조론자들은 3·1 운동식의 급진적 유토피아니즘과는 멀리 떨어진 자리에 있었다. 반(反)제국, 반(反)식민도 단호하지 않았다.[68]

파리평화회의를 논하는 농민들

3·1 운동의 봉기 대중은 일본인들과 달리 모든 층위에서의 '개조'를 원했다. 그들은 동등한 지평 위의 세계를 바라보고 세계의 개조에 희망을 걸었다. "세계의 대전쟁은 수(遂)히 지(止)하니 악마가 섬멸되고 사악(邪惡)이 세계에서 제구(除驅)되었음"을 믿었다.[69] 조선인들이 열강, 특히 미국에 걸었던 기대가 높았던 것은 사실이다. 3·1 운동의 기원에서부터 그 자취가 엿보이기도 한다. 2·8 독립선언 제안에서부터 파리평화회의에의 대표 파견에 이르기까지 3·1 운동의 전개에 있어 중요한 역할을 한 신한청년당의 경우 1919년 초 당수 격인 여운형이 미 윌슨 대통령의 특사 크레인(C. R. Crane)을 면담한 경험으로써 결정적 동력을 얻었다.[70] 3·1 운동기에는 미국과 일본이 곧 전쟁에 돌입하리라는 소문이 파다했으며, 조선독립을 위해 미 군함이 파견됐다는 풍문마저 있었다. 3·1 운동 후에도 미국 상원의원단 방문 때 민심이 크게 고

무돼 그 시기에 맞춘 시위 및 테러 계획이 여러 건 있었을 정도다.[71] 널리 알려진 대로 '민족자결주의'에 대한 열렬한 호응은 이러한 아메리카니즘의 집약적 표현이었다 하겠다. 3월 1일 서울에서는 시위 군중이 미국인 관광객을 옹위한 채 "윌슨 만세!"를 외쳐대는 진풍경도 벌어졌다는데[72] 그만큼 미국 및 윌슨 대통령에 대한 신망이 두터웠다는 뜻일 터이다. 3·1 운동 후 몇 년이 지나도록 "윌슨의 도덕적 동기와 선의는 아무리 그에게 악의를 가진 자라도 부인하지 못할 것"이라는 의견이 정평(定評)이었을 정도다.[73]

　　그러나 3·1 운동의 대중은 민족자결주의가 윌슨의 독자적 발명품이 아니라는 사실 또한 뚜렷이 의식했다. 폴란드·헝가리·체코슬로바키아 등 약소민족의 해방투쟁이 먼저 있었고, 윌슨의 "도덕적 동기와 선의"란 그 투쟁을 인정하고 명명(命名)한 데 있었음을 간파했던 것이다. 공소이유서에서 피고들이 가장 자주 인용한 국제 사례는 폴란드와 체코슬로바키아였으며, 그 밖의 헝가리·핀란드·유고슬라비아·아일랜드·아이슬란드 등 주로 유럽 내 다양한 실례들을 언급하곤 했다. 글 읽을 줄 아는 자들은 『매일신보』와 『도쿄아사히신문(東京朝日新聞)』, 『오사카마이니치신문(大阪毎日新聞)』 등은 물론 영자(英字) 신문까지 섭렵하면서 '민족자결'에 대한 정보를 탐욕스레 흡수했고, 글을 모르는 이들은 풍문에 의지하여 '민족자결'을 의욕적으로 학습했다. 황해도 곡산군 화천면의 젊은 농민 김두환은 "본시 초야의 우민으로 누항에 궁거하여 겨우 반생을 보내고 있던 차 시대의 상태에 놀라 칩거의 꿈을 깨고 매일신보 및 반도시보를 열람"하여 민족자결주의 등을 익히게 되었다고 한다. 황해도 봉산군 영천면에 거주하는 30세의 서당 교사 김해술은 3·1 운동이 보도되기 시작한 후 뒤늦

게 "조선 매일신문 및 대판 매일신문을 보"면서 세계정세를 가늠
케 되었다고 진술했다. 평안남도 용천군 양강면에서 역시 서당
교사 일을 하던 28세의 김지혁은 "민족자결 문제는 세계열강이
공인할 뿐 아니라 조선총독부 기관지인 매일신보 지상에서도 명
확히 게재 공포된 것"이라는 소식을 이웃 사립학교 교사로부터
들었다고 술회한다.[74] 부녀자까지도 '민족자결'이며 '독립만세' 같
은 단어를 쉽게 입에 올리게 된 시절이었다.[75] 황해도 연백군 해성
면에서는 어떤 농민이 "세계 평화회의가 열려 타국에 점령당한
약소국은 빠짐없이 독립하고 있다. 우리 조선도 독립이 달성되는
이 마당에 어찌 기쁘지 않으리오"라는 말로써 면장을 설득하려
했다는 기록이 전한다.[76]

　　'자결'의 사상에 따라 약소민족이 궐기했을 뿐 아니라 열강
이 그 사실을 추인하고 공론화했다는 이 놀라운 사태에 직면하여
조선인들은 개벽(開闢)이라 할 만한 신세계를 목도했다. 일본 언
론마저 민족자결을 대서특필하고 있지 않은가. 조선인들은 경천
동지(驚天動地)의 변화를 발빠르게 받아들인 것은 물론이고 "이
행복한 신사조를 전 세계에 확산시키기 시작했다."[77] 민족자결을
외치고 요청하고 정당화했다. 황해도 곡산의 평범한 천도교인이
자 농민이었던 문창환의 다음과 같은 진술은 이렇듯 3·1 운동기
대중이 세계를 향해 발언하고 행동하기 시작한 순간을 잘 보여주
고 있다. "오늘의 운동은 조선 전도에 걸쳐서 거행하여 곧 총독은
일본 정부에 통보하고 정부 당국에서는 조선 인민의 희망하는 바
를 알고 나가서는 이 상황은 전 세계에 주지되어 바로 만국 평화
회의도 눈앞에 닥친 오늘 조선의 독립은 그 회의의 문제가 되어
좋은 결과에 도달해야 하는 사리라고 생각하는 것이다."[78] 내가

145

20

1919년 6월 28일 베르사이유 평화조약 조인을 위해 회의장으로 향하는 영국·프랑스·미국의 수반들. 왼쪽부터 영국 수상 로이드 조지, 프랑스 수상 조르주 클레망소, 미국 대통령 우드로우 윌슨. 파리평화회의를 주도한 세 나라 중 유럽 내 국경을 정하는 데 가장 민감했던 것은 유럽 대륙에 위치한 프랑스일 수밖에 없었다. 클레망소는 실질적으로 유럽 내 세력 관계 속에서 민족자결의 파장을 측정하려 했다. 그 자신 파란만장한 정치적 이력의 소유자로서, 클레망소는 파리 시장으로 파리코뮌을 경험했고, 프랑스의 통킹만 침략을 비판했으며, 에밀 졸라(E. Zola)와 더불어 드레퓌스 사건의 영웅이었지만, 내무장관 시절 광산 노동자 파업을 폭력적으로 진압해 비판을 샀으며 1917년 수상으로 임명된 후에는 제1차 세계대전을 승전으로 이끄는 데 혁혁하게 공헌했다. 클레망소의 정치적·인간적 개성은 파리평화회의의 여러 결정에, 예컨대 체코슬로바키아 세력을 확장시킨 반면 헝가리는 약화시키고, 보불전쟁 때 독일 땅이 됐던 알자스-로렌을 프랑스 영토로 되돌리며, 독일에 막대한 배상금을 부담시키는 등의 결정에도 투영된 것으로 보인다.

3·1 운동 그리고 세계

고향 마을에서 부른 만세가 한반도로, 일본으로, 세계로 퍼져 나가리라는 이 낙관적 기대는 물론 거의 실현되지 않았다. 그러나 폭압적 식민통치에 시달리던 평범한 조선인으로서 감히 지역과 민족과 세계를 의식하며 사고하고 행동한 경험은 개인과 민족의 생애에 오래도록 영향을 남겼다. 3·1 운동의 '만세'는 한반도를 넘어 전 세계를 지향했으며, '독립'이라는 말로써 상상한 미래상 역시 전 지구를 겨누었다.

3·1 운동의 대중이 '독립'이라는 말로 꿈꾸고 '만세'라는 구호로써 소환하고자 했던 새 나라는 즉각적이고도 완전한 신세계였다. 그들은 독립과 해방을 구분하지 않았고 "독립에서 멈추지 않고 해방을 추구하는"[79] 고단한 여정을 직시하지 않았다. 조선만의 사정은 아니었다. 유럽의 제국들이 몰락하고 미국이 세계의 구원자로 등장했으며 러시아가 신생 사회주의 국가로서 기대를 모으고 있던 당시, 세계는 바야흐로 대중 유토피아의 이념을 조형(造型)하고 있었다. 1,000만이 넘는 인명을 희생한 끝에 세계가 바야흐로 정의·인도·평화의 새 시대에 들어섰다는 믿음은 이때는 물론 20세기 전반을 관통한 새로운 신앙이었다. 조선인들만이 순진하고 낙관적이었던 것은 아니다. 유럽의 노회한 정치가들마저 유토피아니즘에 의지하려 한 예외적 시기였다.[80] 미래 세대인 우리가 보기에 이것은 물론 환상에 불과한 한때다. 파워 폴리틱스는 그 순간에도 틀림없이 작동했다. 파리평화회의에의 대표 파견에 반대하고 오히려 대표를 암살할 지원자를 물색했다는 후일의 의열단 단장 김원봉 같은 인물의 선택이 오늘날 훨씬 현실적이고 올바른 것으로 비치는 까닭이다.[81] '민족대표 33인'이 독립을 내세운 이면

147

에서 실은 자치를 희망하고 있었다는 혐의 또한 「기미독립선언서」식의 이상주의를 불신케 하는 중요한 동기다.[82] 표면상의 이상주의 뒤편에 기민한 계산과 현실 권력의 교환 관계가 있었을 뿐이라면 3·1 운동은 과연 한때의 헛된 소망, 실패로 끝날 것이 처음부터 명약관화했던 사건에 불과하리라. "우리의 문명 행동/ 원수들도 탄복하고/ 동포의 지극혈성/ 만방에서 찬양하네"[83] 같은 믿음 역시 무력하고도 어리석은 오판일 따름이었다고 보아야 하리라.

더 나아가서 보자면 프랑스혁명 전후 본격화되어 제1차 세계대전 전후 절정에 올랐던 역사적 유토피아니즘 자체를 문제 삼아야 할는지 모른다. 좌우를 막론하고 20세기 전체를 지배했던 이 사상이 가장 순도 높았던 것으로 보이는 때가 3·1 운동 전후다. '있어야 할 세계'를 둘러싸고 전 인류가 윤리적 대화를 나누었던 이 시기[84]는 진정 미망(迷妄)에 불과했는가. 제1차 세계대전 이후 더 침중한 인식에 이끌렸던 프로이트는 '진보'와 '유토피아'에의 욕망 자체를 회의한 바 있다. "많은 사람들은 인간 속에 완벽을 향한 본능이 작동하고 있다는 믿음을 버리기 힘들 것이다. (…) 그러나 나는 그러한 내적 본능이 존재한다는 믿음을 도대체 갖고 있지 않으며 이러한 자애로운 환상이 어떻게 보존될지 알 수 없다."[85] 실제로 파리평화회의 이후 잠시 잊힌 듯 보였던 국가 간 이권다툼은 더 극심한 형태로 분출했다. 프로이트의 진단마따나 파리평화회의의 영웅 윌슨의 심리나 난만했던 국제주의나 모두 '현실의 무시', '현실 세계로부터의 소외'에 발판한 일시적 착각에 불과했는지도 모른다. 프로이트는 당시의 코스모폴리탄적 분위기에 대한 혐오를 감추지 않으면서, 그것은 유토피아의 현현이 아니라 병리적 증후에 불과했다고 쓴다.[86] 과연 20세기의 역사는 '진보'와 '유토피아'의 사상이 얼마나 파괴적인 결과를 가져올 수 있는지를 생생하게 증명했다.[87] 대중 정치와 유토피아의 이념이 결합할 때의 무시무시한 부작용은 오늘날 세계가 짐 지고 있는 역사적 과제 중 하나다.

희생의 실체론 ─ "11인 영혼이 씻사오니"

1919년 5월, 러시아에서 결성된 노인단(노인동맹단) 단원인 이발(이승교)·정치윤 등 다섯 명이 서울에 들어와 시위운동을 벌이다가 경찰에 체포됐다. 『매일신보』는 이 사건을 다음과 같이 보도했다. "31일 오전 11시 반쯤 되어 경성 종로 보신각 앞에서 50여 세가량 된 자 다섯 명이 각각 손에 구한국기를 들고 독립만세를 고창하고 그중 한 명은 칼로 자기의 목을 찔러 피가 몹시 흐르는 대로 종로 큰길로 걸어다니며 만세를 불렀더라."[88] 블라디보스톡에서 간행되던 『한인신보』의 보도를 빌어오자면 사건은 크게 달라진다. "다섯 명은 모두 노령(露領) 노인단 대표로서 경성에 지(至)하여 독립운동을 기(企)하다가 기중(其中) 인(刃)으로써 두부(頭部)를 자(刺)한 이발 씨는 한인독립당 두령 이동휘 씨의 부친으로서, 또 안태순 씨는 이등박문(伊藤博文)을 총살한 안 의사의 백부로서 이들은 모두 노령의 두령될 인물이다." 『한인신보』 기자가 이발의 집을 찾았을 때 그 가족은 이미 그의 죽음을 각오하고 있었다면서 "평소 나라를 위해 생명을 봉(捧)하겠다고 말하였으므로 기(其) 출발에 제(際)하여 이를 인류(引留)하는 것이 불능하였다"는 말과 더불어 눈물을 쏟았다고 한다. 기자는 강개

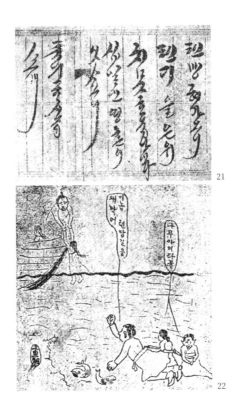

21

150

22

1919년 6월에 있었던 일가족 집단자살(기도) 사건을 보도한 『매일신보』 기사
화보. 3·1 운동 직후에는 어떤 일이 일어났을까? 조선군 참모부에서 작
성한 '선내(鮮內) 민심 일반의 추향(趨向)에 대하여'라는 보고에 의하면
1919년 6월 조선의 상황은 "다수의 위험분자를 포장(包藏)"하고 있었
다. 이완용을 타살(打殺)하겠다는 위협이 끊이지 않았고, 조선독립을
알리는 유인물이 돌았으며, 일본인이 우물물에 독약을 타 조선인을 죽
이려 한다는 소문이 흉흉했다. 곧 독립할 것이니 일본어가 필요 없다고
했고, 납세를 기피하고 일장기 게양 지시를 무시했으며, 관공서 게시판
을 부수고 게시물을 찢는 일이 빈번했다. 한편으로는 단속이 뜸한 틈을
타 도박이 번성했지만 다른 한편으로는 신문 구독자가 급증했다. 기독
교 신자가 늘어나는가 하면 기차나 전차에서 일본인 자리를 뺏는 이들
이 생겼다. 아직 많은 이들이 독립의 가능성을 믿고 있었다. 11인 집단
자살(기도) 사건은 바로 그 한복판에서 일어난 것이었다. 〈21〉은 본문
중 다섯 줄만 확대·게재된 일가족 중 한 명인 현씨 부인의 유서. 〈22〉
는 사건 당시 물에 빠진 희생자들을 그린 만평식 그림이다.

한 어투로 "노인단의 차거(此擧)는 실로 아(我) 청년을 위해 먼저 성(聲)을 거(擧)한 것"이라며 그 사상을 '살아서 치욕을 보느니보다 죽는 것이 오히려 영광'이라는 것으로 요약하고 있다.[89]

노인단은 3·1 운동이 한창이던 1919년 3월 26일 블라디보스톡에서 발족했다. 박은식·김치옥 등 여섯 명이 발기인이 되고 46세 이상 70세까지를 회원으로 하여 320여 명 단원을 망라한 조직이었다. 여성들의 참여도 적극적이었으며 단원 중 150명을 조선에 파견해 3·1 운동을 확산할 계획도 세웠다고 한다. 5월 31일 보신각 앞 시위를 감행한 다섯 명의 단원은 일본 국왕 및 총독에게 보내는 독립청원서를 휴대하고 있었는데, 당일로 체포된 후 그중 연로한 이발과 정치윤은 국외 추방당하고 나머지 세 명은 징역 8월~1년을 선고받아 서대문 감옥에서 복역하였다.[90] 거사 당일 "피가 몹시 흐르는 대로 종로 큰길로 걸어다니며" 만세를 불렀는데도 주변의 호응은 거의 없었던 모양이다. 서울에서 만세 소리가 그친 지 두 달, 전국적으로 만세성이 잠잠해진 지는 한 달여, 3·1 운동은 그렇게 끝나가고 있었다. 사그라지는 운동에 목숨 바쳐 불꽃을 당기겠노라고 불원천리(不遠千里) 러시아로부터 20여 일을 달려온 노인단원들의 자기희생적 결의마저 소기(所期)의 성과를 달성하는 데는 실패했다. 희생과 성취가 함께했던 봉기의 나날이 지나가고 희생이 무의미해졌단 말인가? 아니면 희생의 양상이 달라져야 한단 말인가? 약 석 달 후인 9월 2일에는 역시 노인단원인 강우규가, 이번에는 폭탄테러라는 새로운 방법으로써 일대 충격을 안겼다.

노인단 대표들의 보신각 시위와 노인단원 강우규의 폭탄테러 사이, 1919년 6월 29일에 강화도 앞 바다에 일단(一團)의 남녀가 뛰어들어 자살을 기도한 사건이 발생했다. 전등사 구경을 간다며 인천에서 배 한 척을 빌려 타고 출발한 일행이 한밤중이 되자 일제히 바다로 투신한 것이다. 서울 다옥정에 사는 최영철의 아내와 형수, 그리고 세 딸과, 이웃한 관철동에 사는 양기환 외 그 가족 다섯 명 등 총 11명이었다. 이들은 양기환을 선두로 붉고 흰 천으로 서로 허리를 묶은 후 바다에 빠졌는데, 사공의 민첩한 조치로 여덟 명은 구조되었다. 최영철의 아내인 현씨, 형수인 이씨, 그리고 양기환 세 명은 목숨을 잃었다. 열 살에서 22살에 이르는 자녀 여섯 명을 포함한 두 가족 총 11명이 자살을 기도한 사건은 응당 충격적이었다. 『매일신보』는 '괴사(怪事)·참사(慘事)'라는 표제를 달아 이 사건을 상세히 보도하고 며칠 후 사건의 조목조목을 짚는 장편 기사를 다시 마련했다. 『매일신보』에 의하면 독실한 불교 신자였던 양기환은 "이번에 부처님의 거룩하신 공덕에 감동되어 극락세계에 가서 다시 큰 덕을 닦으려" 한다는 요지의 유서를 남겼다고 한다. "자기 가족은 바다에서 어복에 장사를 지내이나 영혼은 즉시 용궁에 가서 좋은 지위에 올라서 (…) 천하대장이 되어 만국에 공덕을 펴리"라는 내용이었다.[•] 양기환은 또한 11명을 기념하는 전각을 건립할 것과 시가 4,000여 원 자택을 팔아서 빈민 구제에 사용해줄 것을 당부했다. 양

152

• 1910년대에는 말세론과 구국(救國) 사상을 결합시킨 신생 종교가 크게 유행했다. 대부분 동학이나 정감록 사상을 배경으로 한 선동으로, 청림교나 백백도의 사례가 대표적이다. 불교를 배경으로 한 유사 사건도 있었다. 1918년 10월 제주도 중문에서는 도민(島民) 수백 명이 경관주재소를 습격한 사건이 일어났다. 불무(佛務) 황제라 자칭한 승려 김연일과 선도교(仙道敎) 수령 박명수 등이 배후가 된 사건이었다. "국권을 회복하게 될 것이니 (…) 제주도에 사는 일본인을 모조리 축출하여야" 한다는 말로써 신도 33인을 앞세우고 인근 부락민 400여 명을 동원하는 데 성공했던 것이다.

기환의 영향하에 불교에 귀의했던 이웃 현씨 부인도 유서를 남겼는데, 그 대강은 "열한 사람이 결사대를 모아 바닷속으로 부처가 되어 간다"는 것이었다.[91]

이 기묘한 사건에서 주목되는 것은 사진으로 실린 현씨 부인의 유서 일부다. 무슨 의도에서인지 본문 중에서는 딱 다섯 줄을 택해 촬영한 유서는 대략 "천지 옳은 위치 못한 우리나라 십일인 영혼이 씻사오니"로 읽힌다. 만약 이 독해가 옳다면 두 가족의 집단 자살(기도)은 3·1 운동과의 관련을 짙게 함축하고 있는 사건이라 할 수 있겠다. 기사에서 보도된바 '결사대'라는 표현도 3·1 운동을 단박에 연상시킨다. 전국 곳곳에서 숱한 결사대들이 활약하지 않았던가. 그렇다면 1919년 6월 강화 앞바다에 뛰어든 11명은 '결사대'로서 '나라'를 위해 죽는다는 생각을 품었던 걸까. 갓열 살 자식까지 참혹한 지경에 빠뜨리면서 무엇을 기대한 것일까. 죽은 후 "천하대장이 되어 만국에 공덕을" 펼 것을 소원했다는 것은 또 무슨 뜻일까. 흡사 소설 「표본실의 청개구리」의 김창억이 "세계가 일대 가정을 이룰 시기"를 맞아 세계 각국을 주유하며 경찰도 하고 설교도 할 것을 공상했듯이, 강화도 시위를 지휘한 유봉진이 순무사가 되어 전국을 시찰할 것을 꿈꾸었듯이.

"천지 옳은 위치 못한 우리나라 십일인 영혼이 씻사오니." ─ 유서 독해가 옳다고 가정하고 현씨 부인의 생각을 이어가 보자. 조선이 "옳은 위치"를 찾지 못한 것은 세계가 미처 다 바뀌지 않은 탓이다. 11명의 희생으로써 그 사이를 메꿀 수 있다면, 죽음으로써 재생하여 세계의 개조에 일조할 수 있다면, "결사대가 되어 바닷속으로 부처가 되어 간다"고 자부할 수 있지 않을까. 병적 과대망상이요 터무니없는 낙관론이라고 치부해버리면 그뿐이겠

으나, 1919년 6월의 11인 투신 사건은 '만세'의 한끝을 보여주는
가 싶기도 하다. 적어도 이들이 희생을 통한 불사(不死)를 믿고
머나먼 미래가 아니라 당장 도래해야 할 신세계를 기대했다는 사
실은 분명해 보인다. 황해도 수안의 천도교도 오광옥, "나는 총알
이 맞지 않으니 마음대로 쏴 보라"며 총탄에 맞섰던 그이를 연상
해볼 수도 있겠다. 혹은, 1910년대에 정감록 신앙이나 신생 종교
의 영향하에서 쟁의를 일으켰던 농민들, 예컨대 "자기네는 이미
신명의 부르심을 입어서 (…) 여간 무기와 같음은 반드시 우리들
을 상하"지 못하리라고 여기고 호세(戶稅)를 독촉하는 경찰에 격
렬히 대항했던 강원도 화전민들을 떠올려 봐도 무방하겠다.[92] '만
세'는 그런 마음과 행동에까지 실체론적 말세 신앙에까지 닿아 있
는 구호이기도 했다.

154

1910년대와 3·1 운동

제 2 부

1장.
침묵

망국 이후, 작은 개인들

의식을 하고 보니 나라는 이미 없어진 것이었다.
역사에 남을 수 있는 가장 뼈아픈 대목은 곧, 자
기의 평생에 속하는 일이었으나 그러나, 본 사
실이 아니요, 들은 이야기였다.
나라라는 것이 정말 그처럼 필요한 것인가? 어
른들이, 잃은 것을 그렇도록 원통해할진대, 잃
어서는 안될 것, 없어서는 안될 것인가 보지?
(…)
"이까짓 세상! 다 산 세상! 우리네야 이미 죽을
날 받아논 바에, 그리울 것 있을까마는 어린 저
거들이 불쌍탄 말이라!"
노인들이 술잔이나 자시고, 눈에 눈물까지 지워
가며, 이럴 때는, 아닌게 아니라 정말 큰일이로
구나 싶었던 것이었다.

/ 박노갑, 「40년」(1948)

1910년 8월, '이상할 만큼 조용한' 서울

1910년 8월 31일, 스무 살 청년 안재홍은 비장한 마음으로 남대문역에 내렸다. 일본에 한반도 통치권을 넘겨 준 이른바 '병합조약'이 체결된 지 이틀이 지나 있었다. 『대한매일신보』나 『황성신문』 같은 민간 신문은 8월 28일자 발간을 마지막으로 조약 체결 당일인 29일에는 이미 폐간됐던 터. 그렇지만 요처(要處)마다 포고문이 나붙어 나라 망했다는 소식은 빠르게 퍼졌다. 안재홍의 경우 방학을 맞아 고향 평택에 내려가 있었던지라 '병합' 소식을 하루 늦게 들었다. 8월 30일 읍내로 출타했던 부친이 돌아와 포고 내용을 알려준 것이다. "서정리를 나갔더니 한일합방 조서가 나왔는데 (…) 흐! 그예 망하였고나!" 부친은 창백했으나 침착한 낯빛이었다. 충격을 받은 것은 오히려 안재홍 쪽이었다. YMCA 중학부 졸업반이었던 그는 방학 내내 고향에서 '국망(國亡)'을 우려하는 사람들에게 반박 의견을 내고 있었던 터다. "향당의 부로(父老)와 청년들에게 또 농민에게 대단한 견식이나 얻은 듯이, 망국사·독립사·음빙실문집에서 얻어 가진 지식을 총동원하여, 반박하고 또 역설했다. (…) 돌아다니면서 도도수천언(滔滔數千言)식 좌담으로 지껄여대면서 조국은 망하지 않는다고 역설했다. (…) 작열하던 조국애가 덮어놓고 '우리는 망하지 않는다'는 것이다." 현실을 한사코 부정하던 젊은이로서는 갑자기 덮쳐온 국망의 소식을 도저히 받아들일 수 없었다. 개학 맞이 겸 안재홍은 바로 다음날 행장을 꾸려 서울로 출발했다. "일대 반항운동이라도 있을 것인가? 그러면 나도 한번 목숨을 내어걸고 그 운동에 뛰어들리라"는 각오를 다지면서.

남대문역의 떠들썩한 소음을 뒤로하고 종로로 향하기를

한참, 그러나 어디서도 시위나 봉기의 함성은 들리지 않았다. "사람들은 풀이 없고 우울하고 말조차 없었다. (…) 길 가는 행인조차 평시보담 훨씬 줄었다." 모모(某某) 학교 교사며 학생들이 예비검속으로 유치장에 갇혔다는 침통한 소문만 돌았다. 1905년 을사조약으로 외교권을 뺏겼을 때나 1907년 정미조약으로 군대가 해산됐을 때 통곡하며 일어섰던 서울이 아닌가. 을사조약 때는 유생들의 분개 높은 가운데 대관이 자결했다는 소식이 잇따랐고, 정미조약 때는 군인들이 무장해제를 거부해 일본군과 온종일 교전하지 않았던가. 시내에서 콩 볶듯 총소리가 나고, 긴급 구호에 나선 여학생들의 옷이 온통 붉게 물든 게 3년여밖에 지나지 않았거늘. 1905년부터 1910년 사이 한반도는 실로 열혈의 애국자들이 족출(簇出)하는 시기였다. 그러나 막상 나라 망했다는 소식이 들려온 1910년 8월 말 서울은 마냥 고요했다. 당장의 항의도 봉기도 자결도 없었다. 안재홍은 실망했다. "너무도 우울과 침체와 암담한 그 분위기 속에 있기가 싫어서 (…) 나는 미국으로 모갑(某甲)은 상해로 모을(某乙)은 북경으로 간다고 하고 또 가장 연장자인 모병(某丙)은 '시베리아'를 간다고 하며 양복을 지어 입고 큰 가방을 사들이고 하면서 서둘러 보았다."[1]

정주 오산학교 교사로 있던 이광수의 회상도 비슷하다. 교사라지만 아직 열아홉이었을 때, 그는 평양역 대합실에서 '병합' 소식을 처음 접했다. "대합실 벽에 이상한 것이 붙어 있었으니 그것은 한국이 일본에 합병되는 조서였다. (…) 나는 이것을 보고 어안이 벙벙하였다. 이런 일은 내 평생에 처음일 뿐 아니라 한 민족의 역사에도 몇천 년에 한번도 있기 드문 일이므로 나에게 이런 경우에 응하는 감정의 길을 가진 것이 없었던 것이다. 오직 앞

160

이 캄캄하고 전신에 맥이 풀렸을 뿐이었다." 학생들도 조용했나 보다. 밤을 지새고 이튿날 새벽 3시, 이광수는 종을 쳐서 기숙사 학생들을 예배당으로 모은 후 새벽 기도회를 열었다. 그 자신이 '예레미아 애가'를 낭독했다고 한다. 예루살렘 함락을 배경으로 한 '예레미아 애가'는 근 1,500년 전 곡조인데도 나라 잃은 비탄을 빼박은 듯 노래하고 있었다. "어찌하여 이 백성은 과부가 되었나뇨. 여러 나라 중에 크고 여러 지방 중에 여왕이던 자가 속방이 되었나뇨. 그는 밤에 슬피 울어 눈물이 그의 뺨에 있도다. 그를 사랑하던 자들 중에 하나도 그를 위로하는 자가 없고, 그의 친구들은 그를 배반하여 적이 되었도다."[2] 교사도 학생도 흐느꼈다. 새벽 3시마다 깨어 우는 일이 그나마 망국의 심정에 위로가 되는 듯했다. 그러나 머잖아 "헌병이 밤에도 와서 지킨다는 바람에 '밤중에 일어나 우는 일'도 할 수가 없었다."[3]

161

분노하는 대신 비애에 사로잡히는 것은 한반도 전체를 통해 일반적 반응이었던 듯 보인다. 동래군 기장면 "선비의 딸"로서 1950~1960년대에 야당 지도자로 맹활약한 박순천. 그는 1910년 8월 "주막집 담에 붙은 네 글자의 벽보"를 보았을 때 들었던 감정을 '수심'과 '눈물'로 요약해내고 있다. "많은 사람들이 모여 수심에 싸여 있었고 그중에는 한숨짓는 어른들도 있었다. 나도 그 사람들 틈에 끼어 덧없이 울기만 하였다."[4] 1900년대를 통해 열혈과 애국으로 타올랐던 사람들, 그들은 어째서 "덧없이 울기만" 하는 존재가 되었을까. "이러고야 아니 망하는 수가 있나?"는 탄식 속에 여러 해를 살았던 때문일까. '경술년에 나라 옮아간다는 [庚戌國移]' 도참(圖讖)이 파다하던 때문이었을까.[5]

1910년 8월에만 그랬던 것이 아니라 1910년대 내내 한반

'일한병합'을 기념해 발행한 엽서 중 한 종(23)과 당시 일본 신문의 만평(24).
19세기부터 20세기 초까지를 통해 '연방'은 '민족국가' 못지않게 강력
한 정치적 동력이었다. 나폴레옹은 유럽공화국이라는 환상과 민족국가
에의 열망을 동시에 전파했고, '라틴아메리카의 해방자' 시몬 볼리바르
(S. Bolivar)는 전미합중국을 구상했으며, 러시아의 트로츠키(L. Trot-
sky)는 유럽합중국을, 중국의 리다자오(李大釗)는 대아시아연방을 꿈
꾸었다. 일본이 내세운 '연방'이나 '합방'이라는 담론에 진지하게 호응
한 내외국인 또한 없지 않았다. 〈24〉처럼 일본 내 여론에서 '병합'을 제
국주의적 야욕의 발로가 아니라 동양평화를 위한 희생으로 재현할 수
있었던 것도 그 때문이었으리라. 마치 〈23〉의 엽서 속 순종과 메이지
천황이 약간의 비대칭 속에서나마 동등한 '병합'을 상징하듯이. 그러나
일본제국은 폭압적인 식민지 통치책을 조선에 적용함으로써 '동양평
화'며 '연방' 같은 명분이 다만 허울에 불과했음을 스스로 폭로했다.

도의 기류는 크게 바뀌지 않았다. 의병 활동이 이어졌고 비밀결사가 탄생했으며 신생 종교가 약진했지만 그것이 반(反)식민의 대중적 정치의식으로 표현되지는 않았다. 1910년대 중후반 물가고와 생활난이 극심해지면서 곳곳에서 조세 저항과 노동 분쟁이 있었으나 그 또한 산발적 수준을 넘어서지 않았다. 근 10년 동안 식민지 조선인들은 다만 침묵하는 듯 보였다. 그러나 1919년 봄, 그동안의 침묵과 공백은 거대한 운동성을 함축하고 있었음이 드러났다. 안재홍은 3·1 운동 지도 제안은 사양했지만 대한민국청년외교단을 만들어 임시정부와의 연락을 책임졌고,[6] 이광수는 유학생 신분으로 도쿄에서 2·8 독립선언을 기초했으며, 박순천은 마산 의신학교 교사로서 독립선언서를 전달받아 학생 시위를 조직했다. 순응적이고 어리석은 듯 보였던 사람들은 3·1 운동을 통해 새로운 주체로 거듭났다. 특히 1910년대에 자라난 젊은 세대가 그러했다.

163

뜻밖에 견딜 만한 식민지

"자(玆)에 한국의 통치권을 종전으로 친신의앙(親信依仰)하던 인국(隣國) 대일본황제폐하께 양여하야 외(外)으로 동양의 평화를 공고케 하고 내(內)으로 팔역(八域) 민생을 보전케 하노니, 유(惟) 이(爾) 대소 신민은 국세(國勢)와 시의(時宜)를 심찰(深察)하야 물위번요(勿爲煩擾)하고 각안기업(各安其業)하야 일본제국 문명 신정(新政)을 복종하야 행복을 공수(共受)하라."[7] 1910년 8월 29일, 평화와 민생과 행복을 명분 삼은 '한국병합에 대한 조약'이 발표됨으로써 대한제국의 통치권은 일본제국에 이

양되었다. 같은 날 '한국의 국호를 고쳐 조선으로 칭하는 건'에 의해 독립국 대한제국은 식민지 조선이 되었고, '조선총독부 설치에 관한 건'에 의해 새로이 관제가 정해진 총독부가 한반도의 최고 통치기구가 되었다. 1894년 동학농민운동-청일전쟁-갑오개혁이라는 일련의 사태를 겪은 후 가파르게 치달려 온 조선의 내외적 변화가 식민지라는 종착점을 맞은 것이다. 러일전쟁 이후 일본의 보호국이 되고부터 이 같은 종착점은 계속 경고된 터였으나, 막상 식민지란 조선인으로서는 미증유의 상황이었다.

『월남망국사』나 『파란국말년전사』 같은 해외 사례를 통한 학습은 있었다. 베트남에서는 조세 부담은 물론 언론 통제와 경찰 폭력에 매춘의 공공연한 조장까지 "월국(越國) 인민을 은근히 없이할 생각"이 보인다 했고[8] 폴란드에서는 러시아어를 강요하고 시베리아 이주를 압박하여 "생사를 자주(自主)치 못하게" 한다고 했다.[9] 이러한 '망국' 즉 식민지화에 대한 여러 정보 중에서 1905~1910년 사이 조선인의 심정을 자극한 것은 생존 자체가 위협받으리라는 극단적 상상력이었던 듯 보인다. '망국멸종(亡國滅種)'이라는 네 글자는 영토로부터의 추방과 생명권의 박탈이라는 사태를 가리키는 말로 해석됐다. "국가가 멸망한 후에 너의 일신과 너희 일가는 어디 가서 살리오"라거나 "노예 고사하고 멸종 내이(滅種乃已)하리로다"[10]라는 표현이 보여주듯 말이다. 영토의 상실은 토지·가옥이 강제 수용되는 것을 목격해야 했던 경험에 조응했고, 생명권의 위협은 '남한대토벌'* 전후 1만 7,000여 명이 의병 혐의로 살해당했던 참혹한 체험에 부응했다. 1905~1910년의 보호국 체제하 민간 영역에서의 담론 및 실천이 오직 '구국(救國)'으로 집중되고 있었던 것도 충분히 납득할 만하다.

나라를 잃은 후 '망국멸종'의 시대 인식은 새로이 현실 적
응력을 갖춰야 했다. 인신의 구속과 재산권의 침탈과 언론·결사
의 압살이며 교육과 사회 진출에서의 차별 등, 식민권력은 분명
폭압적이었지만 그 통치가 바로 죽음을 의미하지는 않았다. 1900
년대에 대한제국 국민들이 '망국'이란 말로써 두려워한 것이 제2
차 세계대전기 홀로코스트와 유사한 상황이었다면, 실제로 닥친
식민통치는 그것과는 크게 달랐다. 1910년대 초 『매일신보』 기사
를 통해 보면 '망국멸종'에의 공포가 한동안은 지속됐던 것 같다.
재산을 압류하거나 강제 예치시킨다는 소문, 인두세를 징수하고
토지를 몰수하리라는 소문이 돌았고, 단발과 일본 의복을 강제하
리라는 풍문도 퍼졌다. '멸망'이나 '멸종'에 보다 가까운 종류로는
"묘령 여자는 일본인에게 처로 강가(強嫁)케" 한다는 풍설이 있었
고[11] 종두 예방접종에 대해서도 "종두 중에 독약을 혼효(混淆)하
였다. 또는 종두자는 회임(懷妊)치 못한다"는 유언(流言)이 돌았
다.[12]

실제로 식민권력의 통치에는
노골적 폭력의 가능성이 상존했다.
청일전쟁과 러일전쟁을 거치면서 강
대국 중 하나로 발돋움하기는 했으
나 1910년대까지 일본제국의 식민지
경영 능력은 불충분하고 불안정했다.
전쟁으로 인한 재정 압박 및 산업구
조의 중공업 중심 재편 부담은 일본
내부에서 농민층의 몰락을 비롯한
광범한 사회·경제적 문제를 불러오

● '남한대토벌'이란 1909년 9~10
월 전라남도 지역의 의병을 궤멸시
키기 위해 일본군이 수행한 작전을
뜻한다. 동학농민운동의 최대 근거
지이기도 했던 호남은 항일의 정서
와 행동이 드높았는데, 일본은 이
일대 의병을 토벌한다는 구실로 의
병운동의 인적·물적 토대까지 말살
할 것을 목표로 했고 당연한 결과로
무고한 인명을 숱하게 희생시켰다.
3·1 운동기 호남은 상대적으로 소
극적인 봉기 양상을 보이는데, 그것
은 '남한대토벌' 과정에서 항일의
인적·물적 토대가 파괴된 후과(後
果)로 보인다.

25

26

타이완의 서래암 사건 당시 봉기군이 사용한 무기(25)와 사건의 핵심 인물 위칭
팡(余淸芳)(26). 서래암 사건은 타이완 남부 초파년(噍吧哖) 지방에서 일
어난 무장항일투쟁을 가리킨다. '위칭팡 사건' 혹은 '초파년 사건'이라
고도 부른다. 타이완 토착신인 '왕야신(王爺神)'에 기대 항일사상을 고
취하던 위칭팡과 항일의병 출신 지도자들이 합력하여 봉기, 지청(支
廳)과 파출소를 공격하는 등 한때 기세를 올렸으나 결국 일본군에 섬멸
당했다. 교전 중 사망한 타이완인이 약 300명이요, 진압 과정에서 학
살된 수가 수천 명에 이른다고 한다. 법정에서 사형 선고를 받은 인원
만도 866인이었다. 봉기 지도자인 위칭팡은 스스로를 '타이완의 황제'
로 칭하면서 '산중보검(山中寶劍)'의 힘으로 뇌우와 벼락을 뜻대로 하
고 손가락 하나로 일본인들을 죽일 수 있다고 선전했다. 흡사 1910년
대 조선의 일부 신생종교처럼 민족 감정과 말세 신앙을 결합시킨 양상
이었다.

고 있었으며, 그렇듯 저발달한 일본 자본주의로서는 인구 약 1,500만의 조선을 식민지로 감당하기에 역부족이었다. 선점(先占)에의 강박, 군사적 판단에 쫓겼다는 의미에서 대응적 제국주의 혹은 군사적 제국주의라고도 불리는 일본의 제국주의[13]는 식민지 조선을 경영하는 데 있어 재정 부족이라는 문제와 씨름했고 군사·경찰·행정 통제의 미비라는 문제에도 부딪혀야 했다. 1910년대 말 한반도에서 순사 1인당 담당 인구는 1,200여 명에 달했다.[14]

1913년 상반기까지 한반도 상당수 군(郡)에는 헌병분대·분견소나 경찰서·분서 등의 군·경찰기구가 전혀 존재하지 않았다. 1914년 지방 정리에 즈음해서야 '1부군(府郡) 1경찰서' 원칙이 확정되었으나, 이후에도 군경(軍警)은 증강되기는커녕 재정 압박에 시달리는 본국 정부로부터 축소 요구를 받아야 했다. '1면 1주재소' 방침에 입각해 경찰기관과 경찰관이 대폭 확충된 것은 3·1운동 이후다.[15] 요컨대 1910년대 일본은 제국주의로서의 통치 기술이 미숙한 상태에 있었다. 그만큼 그 통치는 노골적이고 직접적인 폭력에 의존했다. 식민지에서만 채용했던 태형령이 그 대표적 예라 할 것이다. 즉결처분의 범위도 일본보다 훨씬 광범하여 재판의 권리 자체를 보장받지 못하는 일이 잦았다. 친구들과 장난내기 화투를 치다 발각돼도 범죄즉결례에 태형이 적용되어 수십 대의 곤장을 맞는 식이었다.[16]

그러나 폭압은 멸망이나 멸종과는 달랐다. 화투도 않고 과음도 않고 극장 출입도 하지 않고, 산에서 나무 꺾지 말고 공연히 거리를 배회하는 일도 삼간다면, 글쎄, 그렇게 온순한 '양민(良民)'이 될 수 있다면 식민지인으로서의 생활은 견딜 만할 듯 보였다. 대다수 사람들에게 궁핍과 억압은 언제나 익숙한 조건이었을 터, 조심스레 걷고 조용히 숨 쉬면 나라 뺏기고도 살 수 있으려나 생각하게 되지 않았을까. 불만이야 치솟았겠지만 언론·집회·결사의 공간이 궤멸되고 애국·계몽의 지도자 대부분이 사라진 상황에서 다른 모색은 쉽지 않았다. 애국·계몽의 상당수 지도자들이 이미 망명한 후였고, 1909년 '남한대토벌'에 이어 1911년 총독부에 의해 조작된 '105인 사건'이 민족운동의 의기(意氣)를 그나마 꺾어버린 상황이었다. 1895년 식민화된 이후 격렬한 저항운동을 벌인 타이완의 경우와는 여러모로 대조적이었다 할 것이다. 타이완은 초기 '타이완 민주국'의 무력항쟁에서 시작해 1915년 서래암(西來庵) 사건에 이르기까지 끊임없이 식민권력에 저항했고, 서래암 사건으로 1,957명이 체포당하고 866명이 사형 선고를 받은 후에야 공공연한 저항을 포기했다.[17] 반면 1905~1910년에 강경하게 일본에 맞섰던 조선은 1910년 이후 거의 완전한 잠복 상태에 들어갔다. 1910년대를 통해 민단조합이며 대동청년단, 대한광복회 등의 저항조직이 있었으나 그 활동은 전면화되지 못했다.[18]

　게다가 '개발'이라고 불러야 할 가시적 변화가 있었다. 교통·통신망을 확충하고 법과 행정을 근대화하고 산업과 기술 발달을 지원하는 과정에서 식민권력은 시종 수탈적·억압적이었으나, 제한된 영역에서나마 편익과 복리를 제공하기도 했다. "물질적·형식적 행복은 구한(舊韓)에 비해 증진"했다는 일각의 반응[19]은 후자를 가리키고 있다 할 것이다. 일본인들이 자긍한 것처럼 식림(植林)과 도시정비, 학교와 병원 시설의 확충으로 식민지 조선은 날로 '문명화'되어 가는 듯 보이기마저 했다.[20]

얼핏 일상은 평온했다. 1900년대의 '영웅'과 '지사'들은 사라졌다. 식민권력은 공식적으로는 충민(忠民)을 요구했지만 실제로는 양민을 키워내고자 했다.[21] 온순하고 선량한 백성, 제 앞가림에 착실한 백성, 성실히 일하고 근검히 저축하며 휴일에는 공원 산보로 만족해하는 백성 — 무엇보다 정치나 세계 대세 같은 허황한 화제에 유혹되지 않고 개인과 가족을 지상가치로 삼는 백성이 식민권력의 이상이었다. 한창 팽창 중인 제국이었지만 일본으로서도 갓 신민(臣民)이 된 조선인들에게 당장 '충(忠)'을 요청하지는 않았다. '민도(民度)가 낮은' 조선인들로서는 '충'의 주체가 되는 데 자격부터 부족한 탓이었는지 모른다. 같은 한반도에서도 재조(在朝) 일본인들이 소학교 6년, 중학교 5년의 학제에 따라 교육을 받는 동안 조선인은 보통학교 4년, 고등보통학교 4년(여성은 3년)의 교육 연한만을 허가받았다. 이른바 재근수당(在勤手當) 등 정책 때문에 동일 업무를 해도 일본인이 받는 봉급이 훨씬 높았고, 하급 임시직은 거개 조선인으로 충당했지만 고급 관료 중에는 일본인 숫자가 현저하게 많았다. 1917년 현재 전국 13도 중 다섯 개 도의 도지사가 조선인이었는데, 소위 유력 도는 일본인이 독점한 위에서였다. 가장 친일적이고 체제 순응적인 정신에 대해서까지 차별은 엄격했다.

169

"군(郡) 서기 시험이나 치르렵니다." "중학교 교사 노릇이야 못하겠습니까."[22] — 장군과 대신을 지망하던 대한제국기 청년들의 꿈은 1910년대에 교사와 서기, 심지어 순사보 정도로 졸아들었다. 총독부 기관지인 『매일신보』에서는 끊임없이 '성공'을 선전했지만 그 최대치는 금융조합 지배인이나 중소규모 자영업자

언저리였다. "담배값으로 매일 몇 푼씩 주는 것을 모아서 (…) 21원 75전의 큰돈을 이"룬 것 같은 사연[23]이야말로 식민권력이 사랑함직한 미담이었다. 몇 년 저축한 결과로 겨우 괜찮은 월급쟁이 한 달치 봉급을 모아 놓고 기뻐하는, 그렇듯 딱할 만큼 소소한 욕심이라야 어떤 위반의 효과도 발휘하지 않을 것이었다. "오직 돈이니라 오직 돈이니라"[24]는 욕망은 용인되어야 했지만 한편 그 배금주의는 자칫 도덕과 규칙을 위협하지 않도록 제어될 필요가 있었다. 1910년대에 식민권력이 내세웠고 대중이 추종한 새로운 인물형 '신사(紳士)'는 바로 그 타협의 지점에서 태어난다. 신사라는 남성 주체는 우선 성공한 사적 개인이어야 했다. 먼저 자기계발에 성공한 후 타인을 돌보고 사회와 국가에 기여하는 행위 양식을 체득한 존재여야 했던 것이다. 『매일신보』에서는 '공익'과 '자선심'도 지속적으로 강조했지만 그것은 성공 이후의 과제였다.

식민권력은 개인의 삶을 안돈(安頓)케 하겠다고 약속했다. 조선 시대 내내 위협받았고 1900년대에도 위태롭게 들썩였던 작은 주체로서의 삶을 보장하겠다는 것이었다. 애국을 위해 모든 것을 바치라고 명령했던 1900년대에 혹시 피로하진 않았는가? 공연한 허위의식이나 의무감에 번거롭지 않았던가? 1910년대식 작은 주체의 삶에서는 대신 안전과 편익과 쾌락이 중요해졌다. 치안의 향상과 도로망의 확충과 관광자원의 확보가 보장된다면, 그럴 수 있다면 식민지인으로서의 제약과 수동성도 상쇄될 수 있을지 몰랐다. 『매일신보』는 바로 이 지점을 공략하면서 다종다양한 '취미'와 '쾌락'을 추천했다.[25] "우리는 쾌락 없이는 살 수 없소"![26] 성실히 노동하여 사사화(私事化)되고 가정화된 개인의 영역을 공고히 한 후, 여가에는 건전한 쾌락을 추구하고 사회적 관계에 있어

170

서는 공익심·자선심을 견지함으로써 성공적인 타협을 이루는 것이 1910년대 식민지 조선에서 모범적 처세술의 요약본이었다.

1910년생 누군가의 생애를 상상해보자. 나의 증조할머니, 할아버지, 어머니의 생애를. 3·1 운동이 일어나던 1919년 그는 열 살이 되었을 게다. 취학률이 3.9퍼센트에 불과하던 때지만 드물게도 보통학교에 진학했다고 치면 그는 무엇을 보고 들었을까. 보통학교 4년을 통해 일본어 시수(時數)는 총 40시간인 반면 조선어 시수는 22시간이었고, 수업 중 조선어가 허용되기는 했지만 일본어가 원칙이었으며, 수신(修身)이나 역사 시간에도 일본의 도덕과 민족사를 배웠다. 거리에 나가면 오직 일본인이라는 이유로 거들먹거리는 일본인이 많았고 오직 조선인이라는 이유로 겪어야 하는 모멸이 다반사였다. 조선인은 더럽고 게으르고 무지하다는 비난을 질리도록 들었다. 동네마다 정해진 '청결' 날짜에는 순사가 나와 집 안팎을 검사했다. 옆집 누구 엄마는 솥을 씻지 않은 채 올려두었다가 주걱으로 뺨을 얻어맞았다고 했고, 건넛집 누구 아버지는 가로수 가지를 꺾었다가 즉석에서 곤장 몇 대를 맞았다고 했다. 시내를 순찰하는 총 찬 일본인 헌병은 살벌한 대로 일상의 풍경이었고, 고작 십수 원 월급에 칼 절그럭거리는 조선인 순사보도 눈치 봐야 하는 '나리'였다. 그렇지만 창가 시간에 배운 일본 동요는 정다웠고 천황 생일인 천장절(天長節)이며 황후 생일인 지구절(地久節)에 외치는 만세는 그런 대로 흥겨웠다. 차별이 없지는 않지만 나 역시 일본제국의 신민이 아닌가? 아버지, 어머니는 종종 소리죽여 옛날이야기를 하곤 하지만 조선이라는 나라가 따로 있었다니, 그때는 뭐가 달랐던 걸까?

침묵

3·1 운동이 없었다면 이 아이는 서른여섯이 되는 1945년까지 한번도 '독립'을 실감할 수 없었을 게다. 자유로이 손발을 휘두르고 목청껏 소리를 지른다는 것이 어떤 경험인지 끝끝내 알지 못했을 수도 있다. 태극기 한번 구경하지 못했을 수도 있다. 마치 3·1 운동 후 태어난 사람들이 1945년 해방 때 흔히 그랬듯, 일본이 패망했다는 소식에 환호하는 노년층을 보면서 알 수 없는 배신감을 느꼈을지도 모른다. 『친일문학론』을 쓴 임종국은 식민 말기 창씨개명(創氏改名)에 소극적인 어른들을 보면서 불만스러워했고, 『광주시편』의 재일(在日) 시인 김시종은 해방되던 날 홀로 강변을 찾아 일본 노래를 부르며 눈물 흘리지 않았던가.[27] 3·1 운동이 아니었다면 대다수의 한반도 주민은 뿌리 깊이 일본인이 되어 해방 후에도 평생 분열증에 시달리지 않았으려나. 인도인들은 세포이항쟁 이후에도 근 100년간 영국의 식민지였으면서도 영국에서 온 식민자들을 '라즈(Raj)'라 부르며 거의 경애하지 않았던가. 인도의 한 주(洲)로 복속되어 역시 영국 통치하에 있었던 미얀마(버마)인들 또한 스스로 양심적입네 영국을 깎아내리는 식민자들 앞에서 기를 쓰고 제국을 옹호하지 않았던가.[28] 가까운 타이완에서도 1910년대 중반 이후 대규모 반(反)식민항쟁이 없었기 때문인지 — 해방 직후 대륙에서 옮겨 온 국민당의 폭압적 통치에 시달린 까닭이 크겠으나 — 일본 통치 시절에 대해 호의적인 기억을 갖고 있다지 않은가.

다른 지역의 식민지 기억과 비교해보면 한반도의 식민지 기억은 오히려 특별하다. 제2차 세계대전 종전 직후 독립한 여러 지역 중 한반도처럼 단호한 적대성으로써 식민지 시기를 기억하는 경우는 드물다. 1950~1960년대 반(反)식민투쟁의 전면성과 폭력성에 비한다면 20세기 전반기의 반식민투쟁은 그 규모와 강도가 비교적 약했기 때문이리라. 제1차 세계대전 직후 민족(자결)주의의 강력한 영향에도 불구하고 제2차 세계대전까지의 전간기(戰間期)에 아시아·아프리카에서 제국주의는 보편적 통치 양태였으며, 그런 만큼 그 정당화의 이데올로기는 강력했다. 식민 이전을 기억하지 못하는 사람에게 반식민을 요구할 수 있을까. 식민 바깥을 경험하지 못한 사람이 탈식민을 갈망할 수 있을까. 인간은 경험의 지평에만 갇혀 살지 않으니 그런 일도 응당 가능하겠지만, 경험과 기억의 힘이란 막강한 터, 적어도 그것을 대신할 만한 욕망과 상상력이 필수적이리라. 이런 맥락에서 볼 때 3·1 운동은 일종의 가상적 독립이었다. 식민 이전, 식민 바깥에 대한 경험과 기억을 대체하고 환기시킬 만한 강력하고도 전민족적인 사건이었던 것이다. 그러나 3·1 운동 이전, 1910년대를 통해 식민 이전과 식민 바깥의 지평은 점점 흐려지고 있었다. 일상에서의 차별에도, 그에 대한 불만과 분노에도 불구하고.

운동회와 탐승회, 그리고 1915년 조선물산공진회

1910년대의 식민권력은 '쾌락'을 장려하고 강요했다. 그 대표적 방편은 여가와 관광과 공연이었다. 당시 『매일신보』의 기사 표제를 몇 개 들여다보자. 「꽃구경 갑시다」(1914. 4. 26), 「연 2일의 휴가 — 교외에! 금일 명일의 휴가를 문밖에 산책하오」(1916. 4. 2), 「화(花)의 가오리에 — 갑시다 30일의 일요일 정히 좋은 때」(1916. 4. 28), 「오늘 일요일은 창의문 외 단풍 구경이 상책」(1916. 10. 22), 「우이동에, 가오리에 — 사쿠라 구경에 제일 좋은 날」

(1917. 4. 29) 등. 이들 기사를 읽노라면 휴일 외출은 거의 과제처럼 느껴진다. 주말이면 동물원이며 효창원을 산책하고, 동대문밖 산등성이에 "넓고 넓은 백포장을 친 듯" 끼리끼리 둘러앉아 술과 가무를 즐겨야만 할 것 같다.[29] 식민권력은 선전으로만 그치지 않았다. 봄이면 임시 관앵(觀櫻) 열차를 운행하고 여름이면 해수욕장행 임시 기차를 마련하는 등 '쾌락' 있는 생활을 위한 제도적 지원까지 준비했다. 1914년부터 본격화된 종로 야시(夜市)는 1일 최대 5만여 명을 거리로 이끌어내는 성황을 거두었고[30] 창경원 동물원은 1914년까지만 해도 휴일 입장자 3,000명이 호황으로 소개되었던 것이 1917년에는 1만 3,000명을 돌파하는 신기록을 세우더니[31] 1918년 4월부터는 매일 개원체제로 탈바꿈했다. 탑골공원도 야간 개장을 단행했으며 조선호텔의 로즈가든처럼 수요가 제한적인 공간의 야간 행사도 번창했다.[32]

스포츠도 중요했던 것은 물론이다. 자전거 경주대회가 열려 엄복동이라는 스타를 탄생시키는가 하면 정구대회와 유영대회가 개최되었다. 1917년에는 와세다대학 야구단이 내한하고 청년회 주최로 발리볼 경기회가 계획되기도 했다. 매일신보사가 주최했던 첫 번째 문화행사는 바로 경성(京城) 시민 춘기 대운동회였다.[33] 1912년 4월 치러진 이 행사는 100미터, 200미터 경주와 장거리 경주 같은 종목 외에도 닭 쫓기 같은 골계적 종목을 포함하고 있었고 장안사 기생 공연 같은 여흥까지 망라하고 있었는데, 행사 당일 비가 내렸기 때문인지 참여 인원은 5,000명에 그쳤다. 당시 경성 인구가 20만에 미달했다는 사실을 생각하면 적은 숫자였다고 할 수 없겠지만, 주최 측 인원 및 내빈과 그 가족이 되려 순수 참여 인원보다 많았다는 보도에 비추어보면, 근 한 달 동안

174

대대적인 선전을 하면서 준비한 데 비해 호응이 크게 미달했던 것은 분명하다. 부진(不振)을 만회하려는 듯 매일신보사는 일주일 후 동일한 내용의 운동회를 무료 주최, 이번에는 총 15만 명이 참석·관람하는 대성황을 거둔다.[34] 과장이 섞였다고 가정하더라도, 회장인 남산공원 주변에 '백의산(白衣山)'이 생긴 듯 보일 정도로 많은 인파가 몰렸다는 전언은 사실일 것이다. 군사적 성격을 짙게 띠었던 1900년대의 운동회와는 달리 이 행사는 철저하게 '쾌락'을 위한 행사였다.

1910년대 매일신보사 주최 주요 문화행사 일람

일시	문화행사명	참가 인원	주최지국 (기타는 본사)
1912. 4	춘기 대운동회	2만여 명	
1912. 6	독자 관각(觀角) 대회		
1913. 7	남선시찰단		평남지국
1913. 10	경성 습율(拾栗) 대회	5,000여 명	
1914. 10	개성 습율대회		
1914. 11	독자위안회	1,000여 명	해주분국
1915. 2	청도전적시찰단		
1915. 4	원산시찰단	380여 명	
1915. 5	평양 춘계 대운동회		평남지국
1915. 5	금강산 탐승회		
1916. 2	애독자위로회		수원지국
1916. 5	순성장거(巡城壯擧)		
1917. 4	남북 만주시찰단		
1917. 4	북한산 등반회		

1917. 5	봉은사 대탐승회	10만여 명	
1917. 5	석왕사 탐승회		수원지국
1917. 6	한강 관화(觀火) 대회		
1917. 6	남포실업단 평양관람회		진남포분국
1917. 6	독자위안회		마산분국
1917. 7	동래 해운대 탐량회		
1917. 10	청량리 회유관월회	1만여 명	
1918. 4	우이동 독자위안 관앵회	1만여 명	
1918. 6	자전거 야유회		원산지국
1918. 7	연합궁술대회		부산지국
1918. 8	한강 관화대회		
1918. 9	관화대회	5만여 명	함남지국

176

각처에서 진열회와 공진회가 열렸고 여름에는 납량(納凉)
파크까지 선을 보였다. 소방대연습이 일종의 대중 퍼포먼스로 소
비되고 경절(慶節) 제등행렬이 그 실제적·강제적 성격에도 일면
축제로서 향락되는 등, 본래 다른 실질적·의례적 기능을 맡은 행
사에 문화행사로서의 성격이 부가되는 일도 드물지 않았다. 이러
한 여가 문화 활성화 과정에서 『매일신보』는 특히 중요한 역할을
수행했다. 『매일신보』는 승경지를 소개하고 여가 풍속을 홍보하
면서 '쾌락'의 필요를 제창했고, 실제로 굵직한 문화행사들을 주
관함으로써 1910년대의 '대중'을 문화적 주체로 구성해 나갔다.
'각희(角戲)', 즉 일본 씨름을 무료 관람하는 행사를 개최하고, 가
을이면 밤 줍기 행사를 열었으며, 이윽고 1915년부터는 한결 적
극적으로 문화행사를 주도해나간다. 관광을 위주로 하여 문화행

사를 마련한 것도 이때부터다. 제1차 세계대전 중 일본이 점령한 독일 식민지 칭다오(青島)에까지 여행을 떠나는가 하면 관광지로 개발되고 있었던 금강산과 해운대의 승경지를 찾아가기도 하고, 가까이는 한강과 청량리, 우이동과 북한산을 즐기는 식이다. 일주일 일정에 28원의 회비를 청구한 금강산 탐승에서부터 한나절 소요 무료 순성(巡城)까지 여정은 다양했다. 분국이나 지국에서의 행사도 자주 마련되었다. 참석 인원은 종종 1만 명에 이르렀으며, 5만 명이나 심지어 10만 명이 참여했다는 경우도 있었다.

1910년대의 문화행사 가운데는 그 참석자 숫자만으로도 인상적인 예가 적지 않다. 매일신보사가 주최한 문화행사 중 상당수가 그러했거니와, 경성부 개최 탑동공원 대연무회(1913.11)의 입장자가 10만이었다는 둥 공업소 진열회(1914.6) 관람자가 1만 5,000이었다는 둥, 1918년 평양의 초파일 불꽃놀이(1918.5)에는 10여 만의 관중이 참여했다는 둥 그 외에도 몇만 단위의 참석자를 자랑한 행사가 여럿이었다. 정치·사회적 결사의 경험이 태무했던 1910년대에 이들 문화행사는 군중 경험을 제공하는 거의 유일한 기회였다. 그중에서도 획기적인 행사로는 1915년 9~10월에 개최된 조선 시정 5주년 기념 조선물산공진회(이하 '공진회')를 꼽아야 할 것이다. 예상 인원의 세 배가 넘는 인원이 관람했다는 공진회의 성공은 지방마다 관광단이 조직되는 등의 반강제적 동원에 크게 힘입은 것이었지만, 그럼에도 공진회 진열품과 더불어 기생의 가무 공연, 일본 기예단의 마술 공연, 불꽃놀이와 변장미인 탐정대회 등 다양한 볼거리를 제공함으로써 신선한 문화적 자극을 안겨주었다. 이후 공진회는 군중 경험과 새로운 문화 체

매일신보사에서 개최한 금강산 탐승회 참가자 모집 광고(27)와 1920년대 초 창
경궁의 나들이객 사진(28). '관광'이라는 행위가 대중화되기 위해서는 도
로와 철도망이 설비되어 먼 거리를 오가는 일이 비용이나 시간 면에서
덜 부담스러워질 필요가 있다. 1914년 9월 서울-원산을 잇는 경원선
이 개통된 후 금강산 관광은 불과 며칠이면 끝낼 수 있는 여정이 되었
다. 조선철도국에서는 관광철에 경원선 평강역과 금강산 사이에 자동
차편을 마련함으로써 철도를 이용한 금강산 관광이 더욱 용이토록 했
다. 1917년 매일신보사의 금강산 탐승회는 그런 기반시설 확충에 힘입
어 만들어질 수 있었던 관광상품이다. 일주일 소요에 회비 28원을 받
는 만만찮은 상품이었으나 경원선 완공 전에 비하면 훨씬 가벼워진 부
담이었을 것이다. 〈28〉의 창경궁은 1911년 '궁(宮)'에서 '원(苑)'으로
격하된 바 있다. '창경원'은 동물원·식물원 등이 설치되면서 유락 장소
로 탈바꿈했으며, 벚나무 수천 그루가 식재되어 벚꽃놀이의 명소로 재
조성됐다. '창경궁'으로 복원된 것은 1980년대의 일이다.

험을 함께 대표하는 대명사로 자리 잡는 한편 문화행사에 대한 수요를 가속화하는 효과를 거두었다. 1915년을 경계로 매일신보사 주최 문화행사가 눈에 띄게 늘어나면서 많은 대중을 동원하고 있다는 사실을 보더라도 공진회의 효과를 간접적으로 확인할 수 있다.

'조선 시정 5주년 기념 공진회'는 성공적으로 식민통치를 안정시켰다고 판단한 조선총독부의 자신감이 드러난 행사였다. 개최 일수 50일, 출품 물목 수 4만여 점, 입장객 총수 근 120만 명. 총독부는 각 도에 평의회와 협찬회를 조직하는 등 2년여에 걸쳐 치밀하게 행사를 준비했으며, 공진회 기간에는 철도 운임을 3할까지 할인하는 등 적극적으로 관람객을 유치했다. 일본에 조선을 소개한다는 목적도 있었으나, 공진회 시기 일본-조선 간 철도 왕복 할인권 이용이 4,000여 건 증가한 데 그친 것을 보면, 공진회를 관람한 120만 가운데 절대 다수를 차지한 것은 조선인이었을 것으로 짐작된다. 이 숫자는 당초 40만 정도로 예상했던 입장객 수를 훌쩍 뛰어넘는 것이었는데, 덕분에 제약업 같은 일부 분야의 경우 제품을 사려면 "아침 일찍부터 구매표를 받고 일렬로 늘어서서 기다려야" 하는 전무후무한 호황을 기록했다. 후일 3·1운동 직전 고종 장례 배관(拜觀)을 위해 상경객이 몰린 것을 두고도 흔히 "공진회 처음 날보다 갑절"이라고들 표현했을 정도다.[35] 공진회의 기본 골격은 농업·척식·수산·광업 등 산업 부문을 전시한 제1호관과 교육·토목·교통·위생 등 부문을 전시한 제2호관, 그리고 미술관이었다. 그렇지만 관람객들이 열광한 것은 각종 여흥과 문화행사였다. 대중은 공진회를 관람하면서 각종 산업 생산물을 접했고 식민통치 전후를 바라보는 비교의 관점을 학습했으나, 그보다 각양각색 경품이며 볼거리에 열광하고 그것을 내내 추억거리로 삼았다.

　공진회장이었던 경복궁, 그리고 가까이 가정박람회를 열었던 경성일보사에는 공연과 문화행사가 풍성했다. 공진회 연예관에서는 밤마다 기생 가무가 이어졌고 일본의 쇼쿄쿠사이 텐가쓰(松旭齋天勝) 연예단이 내한해 〈살로메〉를 공연하고 마술을 선보였으며, 불꽃놀이와 곡예비행이 이목을 끌었고, 기생 수십 명에게서 명함을 받는 행사나 변장한 채 관람객 속에 섞여 있는 공연단 일행을 찾아내는 행사 등 다채로운 여흥이 마련되었다. 출품작 시상이 끝난 후 공진회 막바지에는 아예 이런 행사가 주를 이루었을 정도이다. 특히 막 관기(官妓) 신분에서 해방돼 공연문화의 스타로 발돋움하고 있던 기생들이 고비고비 활용되었다. 가정박람회는 그 대미(大尾)를 기생의 가곡 대결과 기생 제등행렬, 기생 대운동회 등 기생을 주역으로 내세운 다채로운 행사로 장식했다. 한편에서는 5년간 식민통치의 치적을 선전하는 산업박람회가, 다른 한편에서는 신선하고 자극적인 각종의 대중 연예가, 1915년 공진회의 성공이 증명하듯 한반도 주민들은 식민지라는 제약에 적응해가는 듯 보였다. 유럽에서는 제1차 세계대전이 한창이었으나 이때까지만 해도 일본제국과 그 식민지는 오히려 번영을 구가해 나갔다. 대중문화의 활황은 그 증거인 듯 공진회 이후에도 다양한 레퍼토리로 전개되어 갔다. 일본인 천재 피아니스트 오쿠라(小倉)의 연주회가 떠들썩하게 열리고(1916. 12), 텐가쓰가 다시 내한해 화려한 무용 레퍼토리를 선보이는(1918. 5) 등 전문 예술가를 주역으로 하는 문화행사가 저변을 넓혀가기마저 했다.

'만세전'의 풍경 — 증세, 토지조사사업, 공동묘지령

물론 전 인구의 약 1퍼센트가 거주하는 데 불과한 서울에 집중된 '쾌락'으로 식민지의 남루한 현실이 다 가려질 수는 없었다. 토지조사사업에 세금 부담, 잦은 부역에 강압적 산업정책 시행, 공동묘지령과 지방행정조직 개편에 이르기까지, 식민권력은 전방위에서 식민지인의 생활을 압박했다. 사회 전반을 통한 폭력적 재편으로 가장 악명 높았던 것은 아무래도 토지조사사업이다. 토지조사사업은 1910년 3월에 시동돼 1918년 6월에야 마무리된 대규모 사업으로, 조세의 기초를 확립하고 자본주의적 토지 관계를 정착시키는 한편 일본인의 토지 지배권을 강화하는 것을 목적으로 했다.[36] 이 사업의 결과 전국적으로 경지 면적이 81퍼센트 증가했으나, 종래 농민들이 경작해오던 궁장토·역둔토 등이 국유화되고 산림지에서의 화전과 벌채(伐採)가 금지되는 등 생활경제의 관습적 기반은 크게 위협당했다. 전남 여수군 금오도에서 주민 전체가 무력시위에 나서 재측량을 실현시킨 사례가 보여주듯[37] 관습적 공유지를 박탈당한 데 대한 불만이 특히 막대했다. 3·1운동 당시 "빼앗긴 땅을 되찾게 된다"는 소문은 일차적으로 이들 공유지의 회복을 염원하는 마음의 소산이었으리라.

토지조사사업 못지않게 식민지 조선의 기류를 불온하게 했던 것은 각종 세금의 신설 및 중과(重課), 그리고 강압적 농업 행정과 부역 동원이었다. 식민권력은 1910년 초 가옥세·주세·연초세를 신설하고 1910년대 중반에는 지세(地稅)와 주세·연초세를 대폭 인상하는 등 강력한 조세정책을 시행했다. 초기의 선심 정책 시기를 제외하고는 세금은 지속적으로 증가했고, 각종 신설세가 등장해 전신주에 세금을 매기고 기생과 광대에게 잡종세를

181

걷는가 하면 기르는 개와 말 한 마리당 1년에 몇 전씩을 내게 하는 등으로 일반을 크게 압박했다. 1890년대~1900년대에도 임시 세금인 잡역세(雜役稅)를 두고 조세 저항이 만만치 않았지만[38] 1910년대의 세금은 체계적·장기적 수탈을 의미하는 것이라 더욱 큰 문제였다. 조선시대에는 명목상 관유지인 둔전(屯田)을 경작하면 조세 부담에서 면제됐던 것이 새로운 세제(稅制)에서는 궁민(窮民)도 세금을 납부해야 하므로 한층 불만이 심각하다고도 했다. "종래 세금을 납부하지 않던 궁민으로서는 불만이 클 수밖에 없"다는 상황이었다.[39]

나아가 식민권력은 농업에 있어서도 근대화·합리화를 추구하면서 농민들에게 일본 벼 품종을 강제하고 면작(綿作)과 잠업(蠶業)을 장려했다. 지극히 식민주의적인 근대화·합리화, 즉 "재래품종의 못자리를 짓밟아 못쓰게" 만드는가 하면 네모반듯한 정조식(正條植) 모내기가 아니면 "묘(苗)를 뽑아버리고 다시 심도록" 하는 등 폭력을 통해 관철한 농업개량책이었다. 그 결과 벼품종의 경우 일본종이 1912년에는 2.8퍼센트에 불과하던 것이 1921년에는 61.8퍼센트를 차지하기에 이르렀을 정도다.[40] 부역 부담도 무거워져서, 평남 지역의 경우 도로 부역에 동원되는 횟수가 많게는 한 집당 연 12~13회, 최대 64회에까지 달했다.[41] 3·1운동 당시 여러 지역에서 "묘포 일도 할 것 없고, 송충이도 잡을 필요도 없으며 (…) 공사도 하지 않아도 좋다"는 외침이 터져 나온 것은 이런 식민주의적 농정(農政)에 대한 반발 때문이었다.

최대의 감정적 반발을 일으킨 조치는 '묘지·화장장 매장 급 화장 취체규칙'이었던 듯하다. 1912년 발표된 묘지규칙은 개인별 분묘를 금지하고 각 지방 단위의 공동묘지를 마련하는 것을 골자로 한 것으로, 선산(先山) 관습이 뿌리 깊었던 조선인들에게 는 받아들이기 어려운 조치였다. 내로라한다는 사람들은 어떻게 든 사설 묘지를 인정받으려고 동분서주했고, 그렇지 못한 사람들 이더라도 몰래 시신을 매장할지언정 공동묘지는 피하기를 바랐 다. 대한제국 시절 외부대신을 지냈던 박제순이 유언으로 공동묘 지 매장을 부탁했고 농공은행장 박완혁이 일찍 죽은 아들의 묘를 공동묘지에 마련한 일이 있었으나, 이들 사례가 미담으로 선전되 어야 했을 정도로 공동묘지 정책 일반에 대한 호응도는 낮았다. 제 선산이 없어 남의 묘지에 투장(偸葬)을 생각해야 했던 사람도 집장(集葬)의 관습에는 낯설어했던 것이다. 1910년대를 거쳐 반 발이 어찌나 집요했던지, 결국 1918~1919년 두 차례에 걸친 개 정을 통해 공동묘지 안은 실질적으로 철회된다.

183

공정하게 말하자면 1910년대에 시행된 대부분의 조치, 즉 토지조사사업이나 지방행정조직 재편, 조세 정비와 시구 개정과 식산 장려책 등은 식민지라는 조건이 아니었어도 근대화·자본주 의화를 위해서는 겪었음 직한 절차다. 그러나 식민지라는 조건은 이 절차를 무단적(武斷的)·폭력적으로 굴절시켰고 일체의 불만이 식민권력을 향해 집중되게끔 했다. 1910년대 식민지 조선은 사실 상 상시군사계엄체제하에 놓여 있었다.[42] 범죄율은 낮아졌고 도 로는 신설·확장되었고 전기·수도 설비도 확충되었다. 각종 문화 행사가 늘어나고 오락을 위한 공간도 증설되었다. 그러나 대신 식 민지인은 헌병경찰의 일상적 폭력에 시달려야 했고 토지 수용을 참아내고 토목 부역에 응해야 했으며, 이주 일본인들이 선민(選 民) 대우 받는 것을 참고 지켜보아야 했다. 대중적 오락이 장려되는 대신 사회적 발언 및 활동의 기회는 차단되었다. 식민지라는 새로운 조건에서는 수동적인 삶, 열등성을 감수한 삶만이 가능했으되 1910년대에는 그나마 자의적 폭력의 위협에 시달려야 했다.

염상섭의 「만세전」(1922)은 이 시절에 대한 탁월한 기억이다. 「만세전」은 일선(日鮮) 혼인 문제, 교사까지 칼을 차게 만든 무단통치 문제, 공동묘지령으로 인한 파란과 부랑자단속령의 부작용을 보여주는 한편, 도시문화의 유희적 측면, 즉 식객 김의관이 연극장에 드나드는 장면이라거나 이인화 또래 청년들이 호화로운 주루(酒樓)에 들르는 장면을 보여주기도 한다. 문제는 곪아가고 있지만, 다들 불평스러워하면서도 문제에서 헤어나려 하지 않는 와중이다. 예민하고 양심 바른 청년으로선 "구더기다! 다 구더기다!"라는 혐오를 뱉지 않을 수 없다. 「만세전」을 통해 염상섭이 묘파해낸 것을 3·1 운동 이전의 전형적 상황이라 본다면[43] "울고 맞아주"는 어머니, "종가의 장남으로 태어난 덕에 일평생 손 하나까딱하지 않"는 사촌형, 그리고 "한층 더 점잔을 빼고 장죽을 물고 앉"은 아버지는 곧 일어날 3·1 운동과 더불어 사라져야 할 인간형이다. 한때 지사였으나 예비검속을 당한 후 급변해버린 김의관 또한 이 '만세전'의 군상, 벌써부터 시취(屍臭)를 풍기면서 "바둑 장기로 세월을 보내고 저녁 때면 술추렴이나 다니는" 부패와 타락의 양태를 상징한다. 보통학교 교사인 형 한 명만이 시류에 적응하고 재산을 불리고 부령(府令)과 옛 관습 사이 타협을 도모하지만 그 또한 '무덤 속'의 인물일 뿐이다.[44]

물가고, 동맹파업, 1918년의 쌀소동

토지조사사업과 조세 신설에 중과(重課), 공동묘지령 등은 식민지인들 사이에 큰 불만을 불러왔다. 당연히 충돌이 있을 수밖에 없었는데, 그중 일부는 폭력적 양태로 표현됐다. 강원도 삼척에서는 1913년 측량 작업 중인 총독부 기사를 폭행 치사케 한 사건이 있었던 데 이어 1914년에도 기사 보조로 출장 온 일본인을 집단 구타해 사망케 한 사건이 일어났다.[45] 1917년 강원도 이천에서는 호세 납부 문제 때문에 사상자가 여럿 나는 충돌까지 생겼다. 화전(火田)으로 생활하던 농민들이 계룡산으로 이주할 것을 결정했으나 미납 호세 때문에 만류를 당하자 벌어진 사건이었다. 왕십리에서는 국유지를 경작하는 소작인들이 가옥세 납입 문제 때문에 분기했고, 서울과 평양 시내에서는 시가지세 징수에 항의하는 상인들이 잇달았다.[46]

이 위에 제1차 세계대전의 경제적 파장이 더해졌다. 일본은 "유럽의 전쟁에서 일본이 얼마나 수익을 낼 수 있겠는가?" 따지며[47] 호경기를 누렸지만 식민지 조선의 상황은 전혀 달랐다. 일본 정부는 식량 수출로 경제적 이익을 누리면서 그 부족분 때문에 문제가 잇따르자 식민지의 식량을 반입하는 것으로 미봉책을 삼았다. 조선 내 양질의 쌀을 대거 매수해 일본으로 보내는 반면 싼 값의 안남미는 조선으로 내보냈다. 그런데도 한 되당 10전 안팎이었던 쌀값은 40전 가까이까지 폭등했고, 제철소 노동자에서부터 전차 운전수에 이르기까지 임금인상을 요구하는 시위가 끊이지 않았으며, 궁핍에 못 이겨 자살한 일가 소식도 신문지상에 오르내렸다. 가뭄까지 겹쳐 전남 무안군 도초도에서는 "찰흙을 얻어다가 떡가루같이 만들어 가지고" 곡식 가루를 섞어 죽들을

29

『매일신보』 1916년 2월 13일자 만평. '이렇게 올라가서야 사람이 견딜 수
가 있나—한없이 올라가는 물가'라는 설명글을 달고 있다. 제1차 세계
대전은 일본에 경제 도약의 기회를 제공했지만 식민지 조선에는 물가
인상과 쌀값 폭등의 수난으로 각인됐다. 전쟁으로 물자가 귀해진 와중
에 특히 유럽이 주산지였던 품목의 가격이 크게 올랐다. 이 만평에서는
문제되는 품목으로 종이·염료·약품·서적·함석·생사와 화장품·구두 그
리고 유리 원료인 초자(硝子), 즉 유리 등을 그려내고 있다. 1916년 초
에 물가 등귀의 양상이 벌써 이러했는데, 1917~1918년에는 쌀값이 더
가파르게 폭등하는 한편 다른 생필품 물가도 비상이었다. 갑작스런 가
격 상승 때문에 지방에서는 불량 석유가 유통되어 폭발 사고가 잇따랐
고, 유리 값이 5~6배나 오르는 바람에 깨진 유리창을 갈 수 없을 지경
이었다. 집값마저 요동쳐 사글세 신세로 전락하는 사람이 줄을 이었다.

끓여 먹는다고 했고, 경북 달성군 첨산동에서는 가장이 벌이하러 나간 새 아이 둘이 굶어 죽었으며, 고작 14세로 노동 이민을 자원하는 소년들이 줄을 이었다. 부산 부두 짐꾼이며 경성전기회사 직원 들이 "쌀값이 고등하여 생활이 곤란하므로 임금을 상당히 올려달라"며 동맹파업에 나서기도 했다.[48] 1912년 여섯 건에 불과했던 파업투쟁이 3·1 운동 전야인 1918년에는 총 84건으로 늘어날 정도였다.[49]

1917~1918년은 분기점이었다. 1917년은 여름 가뭄이 길었고 겨울 추위가 매서웠다. 쌀과 보리 등의 농작물이 모두 흉작이었다. 전쟁이 길어지면서 시장에 매점매석의 기교가 생긴데다 이런 요인이 겹쳐 이해 쌀값은 섬당 15원에서 시작해 24원 안팎까지 들락거렸다. 1918년은 더욱 심했다. 연말에 섬당 40원을 돌파하는 초유의 폭등세를 보였던 것이다. 됫박으로 사 먹는 쌀은

45전으로까지 올랐다. 2년 사이 쌀값이 세 배. 영세한 계층에서는 기아선상에 내몰릴 수밖에 없었다. 20원 월급을 받는 감옥 통역이 도저히 살 도리가 없다고 목숨을 끊었다. 생활고에 지쳐서 아이를 내다 버리거나 심지어 땅에 파묻은 사람도 있었다. 생활이 어려워지면서 간도로 떠나는 사람들이 늘어 열차마다 수십 명씩 이주자들이 실려 가곤 했다. 지방에서는 풀뿌리에 나무껍질로 연명하는 이들이 많았고, 흙에 곡식가루를 섞어 쪄서 끼니를 해결하는 사람들도 있었다. 반면 일본의 대표적 곡물상인 스즈키(鈴木) 상점 등은 쌀의 매점매석으로 막대한 이익을 올리고 있다고 했다. 일본 정부가 비호하는 가운데.•

• 1918년 여름, 일본 스즈키 상점의 상인 고니시 타츠지로(小西辰次郎)가 조선을 방문, 쌀 10만 석을 매점해 일본으로 싣고 간 사건이 있었다. 고니시는 지게꾼에게 삯전 서너 배를 주어가며 독려해 속전(速

일본 정부 개입 소문까지 나돌면서 쌀값 폭등이 사회적 폭발의 요소를 내장해감에 따라 식민지 당국은 각 지역의 구제회 조직을 독려했다. '세민(細民)'에게 약간의 곡식을 배급하고 월수입 30원 이하인 가정에 쌀을 시가보다 헐하게 파는 쌀 염매소를 설치하는 것이 구제회의 활동이었다. 되당 10전씩 싸게 공급하는 것이 표준이었으므로 서울 시내의 경우 아홉 곳의 염매소에 매일 1,000~2,000명이 몰릴 정도로 호응은 높았다. 저마다 쌀자루를 들고 그날 몫이 떨어지기 전에 쌀을 사겠다고 아우성치는 사람들 때문에 염매소는 날마다 번잡했는데, 염매가 시작되고 일주일여 후, 종로소학교 염매소에서 드디어 군중의 불만이 터져나오는 사건이 일어났다. 오후 2시경 쌀이 다 떨어졌다고 통보하자 기다리던 행렬 사이에서 불평이 쏟아지는 가운데, 50대 여인 하나가 유난히 드세게 항의하며 경관에게 맞서다 혼절한 것이다.

188

『매일신보』는 "들이밀리는 군중으로 인하여 그 노파는 엎더져 절식(絕息)이 된 모양"이라고 적었지만 사태는 분명 그보다 훨씬 폭력적이었을 터, 군중 사이에는 경관이 노파를 때려죽였다는 말이 순식간에 번져나갔다. 그렇잖아도 불만에 차 있던 군중은 이 소식에 흥분해 염매소를 파괴하고 경관에게 돌팔매질을 하는 등 한동안 폭동에 가깝게 기세를 올렸다. 애초 200명이었던 군중은 이 과정에서 1,000명으로까지 불어났으며, 그중 100명 가량이 체포됨으로써 상황이 종료된 후에도 서울 시내에서는 "구

戰)으로 작업을 해치웠지만, 그가 떠난 뒷자리에는 일본 정부의 개입설이 무성했다. 당시는 일본에서도 '쌀소동'이 한창이라 스즈키 상점이 호된 공격을 받고 있던 때다. 제1차 세계대전으로 인상 요인이 축적된 데다 내각에서 일본군의 시베리아 출병을 발표함으로써 상인들의 매점이 가속화된 까닭에 쌀값이 가파르게 올랐고, 그에 분노한 대중의 폭력적 봉기가 잇따르는 가운데 1918년 8월 12일에는 고베(神戶)의 스즈키 상점 본점이 시위 대중의 방화로 전소되었다.

석구석에서 모두 그 이야기들뿐만 하여 민심이 자못 불온"하였다.[50] 더 이상 확산되는 일 없이 일회성 사건으로 끝났지만, 조선판 '쌀 소동'이라 할 만한 이 사건은 불만의 수위가 위험할 정도로 고조되었음을 잘 보여주고 있다.

1918년 가을부터 쌀값은 안정세에 들어섰다. 염매소도 철폐되었다. 그러나 일단 솟구친 불만은 좀처럼 잠잠해지지 않았다. 조선인들로서는 제국이 궁지에 처할 때 식민지가 어떻게 착취당하고 모욕당할 수 있는지 뼈저리게 깨달은 셈이었다. 그 위에 1918년 9월부터는 세계적으로 유행한 스페인 독감이 조선에서도 그 기세를 본격화했다. 종로경찰서 관내에서만 스페인 독감으로 인한 사망자가 매일 약 20인씩 보고될 정도로 독감의 기세는 기승스러웠다. 조선인 인구의 근 절반인 742만 2,111명이 발병하여 그중 13만 9,128명이 사망했다고 한다. 그 흔적은 독감에 시달리는 젊은이들을 그린 김동인의 「마음이 옅은 자여」(1919)나 전영택의 「생명의 봄」(1920)에도 남아 있다. 소설가 이기영의 부친도 스페인 독감으로 세상을 떠났다. 이렇듯 치명적이었던 스페인 독감의 기세는 1919년 2월에 접어들어서야 누그러지기 시작한다. 바야흐로 3·1 운동 전야였다.[51]

2장.
약육강식

진화론의 갱생, 인류의 탄생

때로 그는 인간의 잔혹함에 분노를 느꼈다. 어
찌하여 인간은 짐승처럼 자기의 무리를 죽이는
걸까. 예를 들면 왜 지금 자기와 같이 피스톨을
손에 들고 누군가를 쏘아 죽일 수밖에 없는가.
(…)
지금 이 세계는 사람이 사람을 죽이는 세계, 강
한 자가 약한 자를 죽이는 세계인 것이다. 그는
이 세계를 움켜쥐어 작은 공으로 만들어서 있는
힘을 다해 지면에 내던져 가루로 만들어버릴 수
없는 것이 원통했다.

/ 김산, 「기묘한 무기」(1930)

윤치호, "물 수 없다면 짖지도 마라"

3·1 운동 직전인 1919년 1월 29일, 윤치호는 일기에 "강해지는 법을 모르는 이상 약자로 사는 법을 배워야 한다"[1]고 썼다. 최남선이 찾아와 파리평화회의에 조선인 대표를 파견해야 하지 않겠느냐는 제안을 한 날에 쓴 일기다. 최남선에 앞서 배재고보 교장 신흥우며 중앙학교 교장 송진우 등도 윤치호를 방문해 독립운동에의 참여를 호소한 바 있다. 기독교계 계몽운동의 지도자였던 윤치호의 존재감은 그만큼 컸다. 독립선언을 준비하던 20~30대 중진들이 선언에 참여할 원로가 필요하다는 데 합의하고 찾아 나섰던 사람들이 박영효·한규설·윤용구·김윤식, 그리고 윤치호였던 것이다.

1866년생인 윤치호는 1919년 당시 쉰네 살이었다. 명문인 해평 윤씨 집안 후손으로, 아버지 윤웅렬은 무과에 급제해 군부대신과 법부대신까지 지낸 당대의 풍운아였다. 임오군란·갑신개혁·을미사변 등 굵직한 사건마다 핵심에 있었고, 일본과 가까웠으나 민비 시해 직후에는 친일정권 타도에 앞장섰으며, 유배와 망명을 겪으면서 정계의 중심에서 활약했다. 그의 큰아들이었던 윤치호는 일본에서 도진샤(同人社)를, 중국에서 중서서원(中西書院)을 다녔고 교회 후원을 받아 미국에서 대학까지 나왔다. 일찍부터 영어에 능숙했던지라 고종 측근에서 통역으로 활약했으며 외교 무대에서도 두각을 나타냈다. 1895년 귀국한 후로는 외부협판과 같은 관직을 지내는 한편 독립협회·대한자강회·신민회 등에도 참여한다.

행적이 복잡하긴 하지만 윤치호는 1910년 강제병합 후에도 조선의 독립과 근대화 가능성을 믿었던 듯하다. 결정적인 변

193

105인 사건 검거자들이 재판받으러 가는 모습(30)과 윤치호가 105인 사건으로 복역하고 출옥한 직후 연설회를 보도한 기사(31). 105인 사건은 1911년 9월 데라우치 마사타케(齋藤實) 총독 암살을 기도했다는 혐의로 600여 명 이 체포당하고 그중 105인이 1심에서 유죄를 선고받은 사건을 말한다. 그 전해에 안중근의 사촌동생 안명근이 간도 지역 무관학교 설립 자금 을 모금하다 체포된 일이 있었는데, 식민권력은 이 '안명근 사건'을 조 사하는 과정에서 '총독 암살 음모'를 발견했다며 평안도 지역 중심으로 민족운동가들을 사실상 일망타진하려 했다. 신문 과정에서 두 명이 사 망할 정도로 체포된 이들이 겪어야 했던 고문은 혹독했다. 일본 내부에 서의 정치변동도 있어 제2심에서는 안태국·양기탁·옥관빈·윤치호·이 승훈·임치정의 여섯 명 외 다른 이들은 모두 무죄를 선고받는다. 윤치 호 등이 풀려난 것은 1915년 2월이다. 한편 윤치호는 출옥 직후 '오십 이각(五十而覺)', 즉 오십이 돼서야 깨달았다는 제목의 연설회를 열고 식민지로서의 처지를 인정할 것을 역설하기 시작했다. '좋으나 싫으나 한 집이 된 것은 사실'이라는 일종의 현실주의는 이때부터 윤치호의 인 생에서 확고한 원칙이 된다.

1910년대와 3·1 운동

화를 보인 것은 '105인 사건' 이후다. 총독 암살 미수라는 억지 죄목으로 각계 인사 105인이 구속됐던 이 사건 이후 윤치호는 '약자로 사는 법'을 익혀야 한다는 입장으로 돌아섰다. 혹독한 고문을 당하고 3년여 옥살이를 겪으면서 그의 마음에서 낙관의 씨앗은 다 죽어버렸나 보다. 출옥한 직후에는 '오십이각(五十而覺)'이라는 제목하에 대일협력을 설득하는 강연회를 갖기도 했다. 1915년 5월 18일 종로 기독청년회관에서였다. 본래는 출옥 기념으로 마련됐던 자리다. 주로 학생들이 몰려들었다는데, "의자는 우지끈 우지끈 부러지고 어린 생도는 에구에구 사람 죽겠네" 하는 속에 정작 연사 윤치호의 목소리는 잘 들리지 않았다. 워낙 웅변가형이 아니었던데다 청중석의 소란이 대단했던 모양이다. 이 자리에서 윤치호가 한 말이 식민지 된 현실을 인정하자는 것, 즉 "좋아서 되었든지 싫어서 되었든지 한 집이 된 것은 사실"이라는 것이었다.[2]

이후 윤치호는 평생 '약자로 사는 법'을 지키면서 살았다. 3·1 운동에 부정적이었던 것은 물론이다. 그는 독립선언 때문에 수천 민중이 죽어가고 있다며 분노했고, 관계자들이 속속 망명을 떠나는 것을 보며 남은 가족은 어떻게 하란 말이냐며 화를 냈다. "독립이 몇 달 안에 이루어질 것이라 믿었던가?" 어쩌면 조선 민족이 '약자'라는 실감은 그 자신이 오랜 해외 생활 중 맛본 '약자'로서의 자괴감에 기초해 있는 것 같다. 윤치호는 외국인들이 자신을 홀대할 때도 화를 꿀꺽 삼키면서 "내가 분노한다 해서 미국인들이 잃을 것이 무엇인가? 무(無)보다 못한 내 우정이 고작인 것을"이라며 씁쓸해했다. 반면 조선인에 대한 그의 반응은 혐오와 분노, 그리고 크나큰 연민이었다. 그는 조선인들의 무계획성과

뻔뻔함에 진저리를 치며 "우리를 가난한 친척에게서 구원하소서"라고 탄식한다.[3] 가까이서 봉사한 고종에 대해서도 애정과 혐오를 동시에 표현하곤 한다.[4] 결국 그는 "사랑이 아니라 공포가 이세상을 유지시"킨다고 믿었으며 "실망하지 않기 위해서라도 인간본성이 악하다고 믿는 게 좋다"고 생각했다.[5]

인간이 선하다는 생각을 회의하고, '강해질 수 없다면 약자로 사는 법을 배워야 한다'고 여겼던 윤치호의 생각은 어쩌면 지당한 지혜일 것이다. 윤치호가 젊었던 시절 유행한 사회진화론에 따르면 당연한 결론이기도 했다. 주지하다시피 조선이 본격적으로 제국주의적 세계질서에 대면하게 되었을 때 사회진화론은 그 인식론적 충격을 처리할 수 있는 유일한 명명법이었다. 성리학적 신념에 기초한 조선사회가 '도(道)'와 '의(義)'를 강조했다면 새로 열린 세계는 힘만이 지배하는 아수라장으로 비쳤다. 야만에 불과한 서양 오랑캐들이 수천 년 문명의 정화(精華)를 무릎 꿇리다니. 주제넘은 변방에 지나지 않는 일본이 중국과 전면전을 벌여 항복을 받아 내다니! 생존경쟁이며 우승열패 같은 진화론의 핵심어는 그 충격적 장면에 적절하게 조응했다. '20세기 생존경쟁의 시대'라거나 '생존경쟁은 천연(天然)이요 우승열패는 공례(公例)'라는 표현은 동학농민운동의 해[年]요 청일전쟁과 갑오개혁의 연도이기도 했던 1894년 이후 빠르게 관용어구로 정착한다.

약육강식이 보편법칙이라면 식민지는 왜

조선은 임진년이나 병자년의 수난을 겪으면서도 '도'와 '의'의 수호자라는 자긍을 잃지 않았던 나라다. 그러나 중화체제의 구심점이었던 중국 자체가 무너지는 과정을 겪으면서 조선 역시 '힘'이야말로 세계의 법칙이라는 사실에 충격적으로 맞닥뜨릴 수 밖에 없었다. 중화체제와는 근본적으로 다른 국가 간 체제에도 익숙해져야 했다. "생존경쟁은 사회원리 (…) 민족제국주의는 천하 풍조"[6] 같은 표현은 이런 변화를 요약한 것이다. 국제법, 즉 만국공법이 대포 한 방만 못하다거나 선악이며 정사(正邪)도 피차 대 거리하는 핑계에 불과하다는 말도 공공연하게 오갔다. 경쟁·정복· 전쟁의 현실마저 정당화됐다. 경쟁이 진보의 어미요, 전쟁은 문명의 촉매제라는 사고방식 속에서 민족국가의 목표는 독립과 부강을 넘어서 정복과 확장이 된다.

　　망국(亡國)의 위험에 시달리는 약소국으로서 사회진화론은 위험한 자극제였다. 독립과 부강을 추구하는 데 추진력이 되긴 하지만, 다른 나라의 정복과 확장욕 앞에서는 어떤 명분으로 맞선단 말인가? 윤치호는 일찍이 "세계가 약육강식이라는 가차없는 법칙에 의해 창조되었다고 한다면, 위대한 존재(Great Being)께서 약자들의 이해라는 질문을 '떠올려 본' 적이 있을지 의문"[7] 이라고 썼던 바 있다. 그의 말대로, 진화론적 세계관에 대해서는 회의와 균열의 계기가 처음부터 존재했다. '문명'의 본질이 약육강식이라면 인간이 목표 삼아야 할 곳은 대체 어디란 말인가? 만국공법 같은 국제 정의의 추구는 허울에 불과하단 말인가?

　　회의를 느꼈던 것은 윤치호만이 아니다. 약육강식·우승열패의 질서를 어떤 수준에서 승인할 것인지도 문젯거리였다. "강권이 이같이 중할진대 조국 동포를 해하고 나의 권리를 확장함도 가할까"라는 질문이 던져질 수밖에 없었다. "불가하다. 이는 제 살을 베어 제 배를 채우는 자라"라 하여 즉각 부정적인 답변이 제출되었으나, "같은 종족과 같은 국민이 서로 만나면 도덕만 있고 권력은 없이하며 다른 종족 다른 국민이 서로 만나면 권력만 쓰고 도덕은 없게 한다"는 모범답안은 근본적 해결책이 되기 어렵다.[8] 강자가 되어 살아남는 것이 최대 과제라고 한다면 같은 민족이라고, 같은 가족이라고 경쟁을 마다할 이유가 없다. 민족이 약해빠져 멸망의 위기에 직면했다면, 민족을 배신하고라도 생존 방도를 모색하는 것이 약육강식·적자생존이라는 명령에 훨씬 어울리는 길이 아니겠는가? 약소국이 식민지 되는 일이야 피할 수 없는 결론이 아닌가?

때문에 사회진화론의 신봉자로서 윤치호는 3·1 운동을 부정할 수밖에 없었다. 윤치호만이 아니다. 한창 왕성하게 활동하는 언론인이요 문필가였던 백대진 역시 "약자가 되었거든 일(一) 강족(强族)의 약자로서만 만족하여라"고 주장했다. "이것이 공(恐)컨대 약자의 신성한 행동"이라는 것이다.[9] 강자들이 약자의 편을 들 리 없다. 약자로서 강자를 무찌를 수 있을 리 없다. 3·1 운동의 초기 국면이었던 1919년 3월 8일 윤치호가 「조선인을 위하여 비애」라는 글을 발표했을 때 그는 아마 진심이었을 것이다. 늘 일기에 쓰던 대로 그는 "약자는 항상 종순(從順)하여야만 강자에게 애호심을 기(起)케 하여" 평화의 기초를 이룩할 수 있으리라고 역설했다.[10] 충실하고 모범적인 노예가 됨으로써 강자의 호감과 신뢰를 사고, 그럼으로써 '서로 화목하고 사랑하는[相和相愛]' 세계를 이루자는 제안이었다. 문명국의 기준을 초과할 만큼 문명화됨으로써 강국을 감복(感服)시키자는 제안이기도 했다.

윤치호나 백대진의 입장을 약자의 현실주의라고 불러볼 수 있겠다. 강약(强弱) 사이 부동(不動)의 위계를 인정하는 순간 약자의 현실주의는 불가피한 결론이다. 그런 세계관이 대세였다면 3·1 운동은 불가능했을 것이다. 3·1 운동은 사회진화론을 돌파함으로써 가능해졌고, 3·1 운동 이후 약육강식·적자생존은 시대에 뒤떨어진 명제로 취급받았다. 그것은 국망 이후 조선인들이 갈망해오던 변화이기도 했다. 1900년대에 사회진화론이 부국강병과 문명화를 추진하는 데 동력이 될 수 있었다면 1910년대에는 나라 잃은 상황을 수긍케 하는 자기비하의 방향을 벗어나기 어려웠던 까닭이다. 1900년대의 사회진화론은 민족과 개인의 상승 욕망을 함께 자극하는 효과가 있었다. '국민'의 일원으로서 계층과 성과 지역의 질곡을 벗어날 수 있다는 가능성이 열리고 있던 시기였다. 소외받던 계층·성(性)·지역에 속하는 사람들은 '나라를 위해' 대중 집회를 열고 '나라를 위해' 단체를 조직하고 '나라를 위해' 신식 교육에 입문함으로써 저절로 자신의 사회적 입신(立身)까지 추구하는 이중의 효과를 거둘 수 있었다. 백정이 만민공동회에서 연설하고 여성들이 국채 보상을 위한 탈환회(脫環會)를 조직하며 서북(西北) 사람들이 기독교를 앞세운 문명화론의 선두에 섰던 시절, 나라의 독립과 부강을 위한 노력은 동시에 소외에서 벗어나는 자기실현의 방편이기도 했다.

'독립'과 '부국강병'이라는 이념이 사회 질서를 재편하고 있음을 간파하고, 그 사실을 개인적 입신출세에 이용한 축이 많지는 않았으리라. 애국과 나란한 자기실현에의 욕망은 많은 경우 무의식적이었다. 신분제와 과거제도가 폐지되면서 서얼이며 중인층이 대거 신식 학교에 몰려들었지만, 그들 대부분도 출세에의 영악한 욕망을 앞세웠다기보다 그에 앞서 애국의 요청에 열렬히 화답했다. 을사조약이 체결된 1905년 이후 특히 그랬다. 이제 막

199

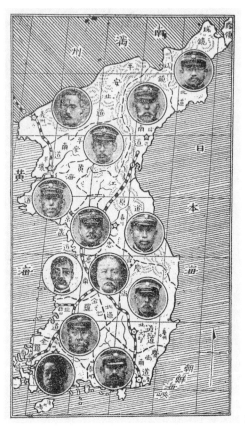

32

1917년 당시 도(道) 장관의 얼굴을 표시한 한반도 지도. 1917년을 기준으로 도 장관 중 조선인은 강원도 장관 이규완, 전라북도 장관 이진호, 충청 북도 장관 유혁로, 함경남도 장관 신응희, 황해도 장관 조희문으로 총 다섯 명이었다. 면에 일본인 인구 비율이 높은 23개 '지정 면'과 '기타 면'이 있었던 것과 마찬가지로, 도 중에서도 조선인이 장관으로 임명될 수 있는 도는 한정되어 있었다. 식민지시기 내내 경기도와 평안남북도, 경상남도 등 치안 핵심 지역의 도 장관은 일본인이 독점했다. 조선인 도 장관 출장비보다 아래 직급인 일본인 판임관의 출장비가 더 높은 차 별도 있었다. 면장 또한 '지정 면' 면장이 훨씬 높은 봉급을 받았다.

1910년대와 3·1 운동

나라 안에서 어엿한 위치를 찾을 참인데, 아뿔싸, 그 나라가 망할 위기라는 것 아닌가. 일심협력하여 위기를 벗어나야 하지 않겠는가. 어찌 내 손익을 따지며 너와 나 사이 이해관계를 다투리오. 나라가 있어야 대신이며 장군도 될 수 있지 않겠는가. 문장과 교육으로 동포를 일깨우는 일도 나라 뺏긴 후에야 어찌 자유로우리오. 군주와 정부에 대한 불만마저 눌러 두어야 하리.

경쟁하는 우리, 이 구차한 현실을 넘어서

1910년 이후 세상은 급변했다. 대한제국을 '병합'한 이후 일본제국은 조선인들의 사회적 욕망을 전면적으로 차단했다. 참정권을 부여치 않은 것은 물론 집회·결사와 언론·출판의 자유를 박탈했고, 교육에 차별을 두는 한편 중요 기관에는 일본인만을 등용했다. 새로 정비된 행정 단위인 면(面)을 책임지는 면장만 해도 높은 월급을 받는 지정면(指定面)의 면장 자리는 모두 일본인 차지였다.[11] 3·1 운동 당시 많은 격문과 선언서에서도 이 점을 문제 삼았다. "도 장관 급 군수 면장까지라도 일본인만을 사용하여 우리를 야만인과 여(如)"히 대접했으며 그럼으로써 "국가 생활에 지략과 경험을 득(得)할 기회를 부득(不得)케" 했다는 것이다.[12] 기껏 근대적 교육을 받았는데도 공적 영역에서 식민지인이 얻을 수 있는 직위는 거의 없었다. 보통학교 교사나 각종 관청의 서기, 토지조사국의 기수 자리가 고작이었다. 그나마 경쟁이 치열했다. 엊그제까지 나라를 위한 위대한 업적을 꿈꾸었던 사람들이 월급 몇십 원 자리를 얻기 위해 신경을 곤두세워야 했다. 식민권력은 그런 경쟁을 조장하면서 조선인들이 개인의 생존만을 목표로 서로 고립돼 가게끔 조장했다.

　'약육강식'과 '우승열패'라는 말은 이 새로운 상황에서 전연 다른 의미를 획득한다. 민족이나 국가 간 경쟁보다 이웃 사이 경쟁이 문제되기 시작한 것이다. 따지고 보면 "경쟁 중에 동종(同種)의 경쟁보다 심한 자 무(無)"하다. "학생 된 자는 화기만만한 교실 동창 간에 비상히 극렬한 경쟁이 은재(隱在)함을" 깨달아야 한다. 더불어 "시시각각으로 면려불식(勉勵不息)하여 열(劣)한 자의 지위를 점령치 말고 항상 우승한 지위를 점령코자" 해야 한다.[13] 바야흐로 일상이 전쟁이다. 옆자리 동무는 정다운 벗이지만 동시에 밟고 서야 할 경쟁자다. 공동체로서의 연대 의식과 경쟁자로서의 갈등 관계는 분리된 현실이 아니라 중첩되어 있는 현실이다. 가장 친밀한 사이에서 경쟁 또한 가장 격렬하게 일어난다.

202　민족·국가를 단위로 한 1900년대식 경쟁의 구도가 투명하고 명료했다면, 벗과 경쟁해야 한다는 1910년대식 궤도는 모순 속에 착종돼 있다. 눈에 보이는 현실을 그대로 믿어서는 안 된다. 무릇 표면이란 경계해야 할 이면을 품고 있으니 말이다. 이 얼마나 불투명하고 혼란스러우며 기만과 허위에 가득 찬 세상인가. 거짓말하고 속이면서까지 승리자가 돼야 하는가. 1910년대의 젊은 이들은 1900년대의 선배들과는 달리 진화론과 약육강식론을 깊이 회의하기 시작한다. 이렇듯 심신을 소모시키는 경쟁의 명분이 고작 개인의 생존과 안락이란 말인가? 그런 수준을 넘는, 함께 나눌 수 있는 명분은 없단 말인가? 강자가 되려면 내 벗과 이웃을 밟아야만 한단 말인가? 아니다. 차라리 약자가 돼도 좋으리라. "무엇? 약자다, 생존경쟁의 패퇴자라고? 관계치 않는다. 나는 약자로서 만족히 생각한다."[14] 차마 약자가 될 생각은 없더라도, 매

일매일 겪는 경쟁 속에서 신경은 닳아 나달거린다. "내일 아침부터는 또 다시 격렬한 허위의 경쟁이 시작될 것이외다. 그것을 생각하면 몸이 떨리나이다."[15]

1910년대에 갓 소설을 쓰기 시작한 젊은 세대에게 '신경쇠약'으로 떠밀려 간 동시대 청춘은 즐겨 다룸직한 소재였다. 현상윤의 「핍박」(1917)이나 양건식의 「슬픈 모순」(1918) 같은 단편이 여기 속한다. 「핍박」의 주인공은 아예 첫 줄에서부터 "이즘은 병인가보다"라며 식은땀을 흘린다. "무엇으로든지 병일 이유는 없다. (…) 그러나 병은 병이로다. 낮에는 먹는 밥이 달지 아니하고 밤에는 잠이 편치 못하며 (…) 반가운 친구를 만나도 웃음이 발(發)치 아니하고 남에게 칭예(稱譽)를 받아도 기쁨이 나오지 아니한다—." 그는 얼마 전 학업을 마치고 귀향한 유학생 출신. 막상 졸업하니 마땅한 일자리가 없는 때문이었는지 고향집에서 무직 상태로 머물고 있지만, 집안은 유족하고 "부모는 평강히 계시고 형제는 단란히 즐기며 아내는 해족이 웃"는 화기(和氣)마저 넘친다. 취객은 취객대로 즐거워 보이고 농군들은 농군들대로 노동 속에서 떳떳한 듯하다. 그러나 '나'는 사방으로부터 죄어드는 듯한 '핍박'을 느낀다. 어디 가나 "모두 나를 보고는 (…) 비죽비죽 웃는 모양"이다. 마치 사방에서 손가락질하는 듯하다. "이놈아, 우리는 우리 이마에 흐르는 땀을 먹는다. (…) 미안이나 고통이 있을쏘냐. (…) 어리고 철없는 놈아 무엇이 어째—권리니 의무니 윤리니 도덕이니 평등이니 자유이니 무엇이 어째." '나'에게는 신분의 불평등이 부자연하고 유쾌한 도락도 불편하지만, 그렇다고 "권리니 의무니 윤리니 도덕이니 평등이니 자유이니"를 실현할 수 있는 사회적 경로가 있는 것도 아니다. 다만 "숨이 답답하여지고 가슴

203

이 욱여드는 듯”할 뿐.[16]

「슬픈 모순」의 ‘나’ 또한 「핍박」의 ‘나’와 방불한 처지다. 『학대받는 사람들』이라는 외국소설을 읽고 “향상심과 자각”을 중시하지만 세상은 녹록치 않다. 자애로운 어머니도 대할 때마다 눈치 보이고, 사랑하던 후배는 불과 열아홉의 나이에 무책임한 부모가 떠메 놓은 생활의 압박에 시달리다 스스로 목숨을 끊고 만다. ‘나’ 자신 발 디딜 곳이 없다는 느낌이다. 전차에서 동승객들이 우르르 내려버리기만 해도 “어쩐지 낙오된 듯한 생각이 나서 홀지에 외로운 마음이” 되고 전차가 질주하며 울려대는 종소리마저 “나의 어리석음을 조소하는 듯하여 일층 불쾌한 생각이” 일어난다. “보이는 것 들리는 것이 모두 불평하여 견디지 못하겠다.”[17] 이럴진대 출세하고 성공한다는 게 무슨 의미가 있겠는가? 평안도 출신으로 일본 유학 중이던 현상윤이나 기호(畿湖) 태생으로 중국 유학을 경험한 양건식이나, 20대 중후반에 도달해 있던 세대는 곱씹어 생각하기 시작한다. 생활의 압박에 굴복하여 “진실성과 모순되는 허위의 옷을 두르고” 남들처럼 살아야 할 것인가? 그렇게 잘 산댔자 인생의 근본 의문은 풀지 못할 것 아닌가?

양건식의 경우 첫 소설인 「석사자상(石獅子像)」(1915)에서부터 이 문제를 깊이 다룬 바 있다. 이 소설의 주인공은 「핍박」이나 「슬픈 모순」 속 인물과는 판이한 청년 실업가 김재창. 사업에서 큰 성공을 거둔데다 ‘미모의 아내까지 얻은’ 행운아다. 그는 ‘독립독행(獨立獨行)’으로 자수성가한 인물인 만큼 능력 없는 이들에게 매몰차다. “약자라 하는 것은 생존상에 적당치 못한 물건이니 자연 멸망하는 수밖에 무슨 다른 도리 없”다는 것이 그의 평소 주장이다. 그는 “받지 않는 동시에 또 주지도 아니하는 것이 (…) 내

주의"라면서 "아무리 보시를 하나 자선을 하나 약자는 자연 멸망" 하기 마련이라고 목소리를 높인다.[18]

이렇듯 철저하게 진화론적 세계관을 추구한다면 차라리 모순은 없을 수 있겠다. 개인 사이에서건 민족 사이에서건 중요한 건 힘을 길러 살아남고 지배하는 일. 변명도 신음도 필요 없다. 동정하거나 도와줄 필요도 없다. 그렇게 하여 약자를 살릴 수도 없거니와 살린다고 해봤자 세상 질서를 어지럽힐 뿐이다. 「석사자상」의 청년 실업가 김재창의 약육강식론은 조선총독부의 그것보다 철두철미하다. 식민권력이 내세운 위선의 허울을 두르지 않기 때문이다. 식민권력이 치열한 경쟁을 조장하면서도 갈등의 완화제로서 자선을 처방했던 반면, 자수성가한 김재창은 자선이 불필요하다고 주장하기 때문이다.

김재창이 '진화론 ABC'라 할 만한 장광설을 늘어놓는 동안 그의 아내 영자는 다소곳하게 고개를 숙이고 있을 뿐이다. 그러나 광화문 앞 석사자상 ― 오늘날 해치 혹은 해태로 불리는 상은 흔히 '돌사자상'으로 불렸다 ― 앞에 앉아 있는 걸인을 본 순간 영자의 자세는 달라진다. 눈물을 글썽거리면서 지갑을 꺼내더니, 거기서 직접 돈을 꺼내는 대신 지갑째 남편에게 건네는 것이다. 의뢰처럼 보이는 이 동작은 실은 질문이나 명령에 가깝다. 바로 내 눈앞에 손가락 뭉텅 잘려나간 사내가 누더기옷을 걸친 채 추위에 떨고 있다. 한센병 환자일까, 사고였을까, 아니면 동상에 시달린 걸까? 이 사내가 이렇게 된 건 과연 그 자신의 무능력 탓일까? 나는 그와 같은 운명에서 자유로운가? 김재창은 채 의문을 정리하지도 못한 채 떨리는 손으로 지갑을 열어 "무의식으로 오십 전짜리 은전을 그 걸인 앞에 던져준다!"

걸인과 낙오자를 바라볼 때

「석사자상」의 마지막을 장식하고 있는 느낌표는 의미심장하다. 흔하디흔한데다 숙고된 행위도 아니지만 자선 혹은 동정은 여기서 '전향'이라 부름직한 장면을 구성한다. 따지고 보면 사회적 낙오자들을 어떻게 대할 것인지의 문제는 오래도록 논의된 바 없었다. 부국강병을 꿈꾸었던 1900년대라면 걸인이나 부랑자는 우생학적 당위 앞에 추방되어야 할 존재였다. 지능이나 신체 조건의 우열에 따라 짝을 맺음으로써 우수한 후손 보기를 기약하자는 주장이 빈번하던 당시, '열(劣)'에 속하는 사람들은 쉽게 무시당하거나 멸시당했다. 1910년대의 식민권력은 아예 법규를 정해 '일정한 직업과 주거가 없는 자들'을 단속하기 시작했다. 총독부에서 '부랑자'라 칭한 존재는 비단 걸인만은 아니었다. 공연장이나 요릿집에 출입한다거나 도박을 일삼는다는 등 명목으로 중상층 자제들까지 단속 대상이 됐던 터다. 그러나 걸인이 일차적 표적 중 하나였음은 분명하다. 일제 단속기간을 정해 '부랑자'들을 연행, 유치장에 가두었다가 도로청소 등 노역을 시킨 후 풀어주는 것이 당시의 관행이었다.

'구휼'에 앞서 '처벌' 대상이 된 이들 걸인에 대해 1910년대의 젊은이들이 보여준 태도는 식민권력의 그것과는 달랐다. 진화론의 세례를 받은 세대답게 청년 세대 또한 낙오와 전락에서 당사자의 책임을 먼저 찾기는 했다. 길가의 걸인들은 나태나 부도덕 같은 '악의 씨'를 갖고 있었고 그 때문에 파멸한 존재다. 그러나 "조금이라도 인자(人子)의 동정이 깊었었던들" 어떠했을까? 이광수는 새해 첫날 걸인을 목격한 경험을 시로 쓰면서 다음과 같이 요청한다. "소리쳐 노래하라 우리 동무야/ 너희 신년을 의미 있게 부르는 것과 같이/ 이 개천, 이 다릿목에 선 낙오자—걸인을 위하여서도."[19] 사회진화론을 폐기하거나 경쟁의 논리 자체를 공격하지는 못할지언정 이광수는 낙오한 자에 대한 연민을 노래하는 데 적극적이다.

　　한편으로 이것은 새로운 지배권력이 추천한 '자선'의 원리와 상통한다. 식민권력은 개인 간 과열된 경쟁을 조장했지만, 그것만으로 사회질서가 원활히 유지되긴 어렵다는 사실을 알고 있었던 만큼, 인색하게나마 '자선'을 잊지 말 것을 당부했다. 그러나 권력이 요청한 '자선'이 일종의 자기방어를 위한 것인 데 비해 청년 세대가 제기한 '동정'은 훨씬 자생적이고 열렬한 감정이었다. 약육강식·적자생존의 원칙 위에 구축된 사회제도가 과연 정당한지 질문하는 개혁론적 감성을 간직한 것이기도 했다. 이런 질문을 파고들기 위해 젊은이들은 새로운 지식과 감성을 목마르게 추구했다. '회개'와 '동정'을 키워드로 하는 일본 가정소설을 번안하고, 은식기를 훔친 도둑에게 은촛대마저 내주는 자비로운 주교를 등장시킨 『레미제라블』을 번역했으며, 대귀족 출신임에도 민중에 헌신한 크로포트킨(P. A. Kropotkin)의 저작을 탐독하기 시작했다. 투르게네프(I. S. Turgenev)의 시와 소설 역시 크게 유행했는데, 그의 문학 중 가장 즐겨 소개된 것은 다름 아닌 산문시 「걸인」이었다.

　　「걸인」은 추운 날 거리에서 걸인과 마주친 젊은이의 경험을 표현한 시다. 걸인은 걸인답게 추악하여, "눈물이 그렁그렁한 눈, 푸른 입술, 고름 곪은 상처", "그리고 벌겋게 부어오른 더러운 손"을 내보이고 있다. 그러나 '나'는 그 추악함 앞에서 혐오나 경멸 대신 연민과 죄책감을 느낀다. 몇 푼 동전이라도 내밀기 위해 주

207

머니를 뒤지지만 그 속은 텅 비어 있을 뿐. 안타까워진 '나'는 걸
인의 손을 부여잡고 줄 게 없다며 사과한다. 불행과 비참에 지쳐
거의 비인간처럼 보였던 걸인은 '나'의 포옹에 비로소 인간으로서
의 빛을 발한다. "이것도 적선이올시다, 형제여"라며 '나'의 포옹
에 화답하는 것이다. 이 시를 한국어로 처음 번역한 것은 와세다
대학에서 러시아문학을 공부하고 있던 순성(瞬星) 진학문이다.
유학생 잡지 『학지광』 제4호(1915. 2)에 실었다. 이후 문학 신문을
표방한 『태서문예신보』와 동인지 『백조(白潮)』 및 『금성』에서도
각각 1918년 11월, 1922년 1월, 1924년 5월에 「비렁뱅이」나 「거
지」라는 표제하에 같은 시를 번역해 싣는다. 시에서나 현실에서
투르게네프식 감정을 모방·실천하는 일도 종종 있었다. 계명구락
부에서 발간한 잡지 『신청년』에 실린 짤막한 글 한 편은 거지의
얼굴에 입을 맞춰 동정을 표시하는 청년을 그려내고 있다.[20]

　　　1910년대의 젊은이들은 세계의 모순을 다른 방식으로 이
해하기 시작했다.[21] 약육강식과 적자생존, 부국강병과 입신출세
로는 다 설명하거나 해결할 수 없는 암흑면(暗黑面)을 성찰하기
시작한 것이다. 한때 문학사에서 '3·1운동 실패 후의 절망과 비
애'로 설명됐던 비관과 의혹의 정조는 실상 1910년대 중후반부터
널리 번지기 시작한다. '세상은 추악한 동물원'이라고 쓰디쓰게
곱씹는 솔로구쁘(P. Sologub)가 번역되고, '세계의 차디찬 냉혹'
을 폭로하는 안드레예프(L. Andreyev) 소설이 소개되며, '죽음이
라는 불가항력' 앞에 전율하는 메테를링크(M. Maeterlinck)의 경
구(警句)가 읊조려졌던 것이 이때다. 앞서 1900년대에 구미(歐
美)의 위인과 사상가들이 '모범'으로서 소개되었다면 1910년대에
는 같은 지역의 작가들이 '동시대인'으로서 수용되기 시작한다.

수용의 기세는 실로 왕성했다. 이미 최남선이 소개했던 톨스토이(L. Tolstoy)와 괴테(J. W. von Goethe)·위고(V. Hugo)·바이런(G. G. Byron)·테니슨(A. Tennyson) 등은 물론이고 니체(F. Nietzsche)와 슈티르너(M. Stirner), 롱펠로우(H. W. Longfellow)와 브라우닝(R. Browning)과 휘트먼(W. Whitman), 베르그송(H. Bergson)에 오이켄(R. C. Eucken)과 맑스(K. Marx)·바쿠닌(M. A. Bakunin)·크로포트킨에 이르기까지, 지금 익숙한 이름 중 상당수가 이때 소개되고 알려졌다고 해도 좋을 정도다.

더불어 주목해야 할 것은 이들 해외 사상가와 작가들이 절대적 표준으로서보다 방편적 참조를 위해 인용되기 시작했다는 사실이다. 똑같이 루소(J. J. Rousseau)가 인용되더라도 1900년대의 루소가 "그 자유를 세우는 마음은 루소와 같을지며"[22]라거나 "사상은 루소와 같은 인물을 숭배하며 기력은 크롬웰 같은 인물을 숭배"[23]하라는 식으로 추종하고 숭배해야 할 존재로 자리했다면, 1910년대의 루소는 "나옹(邢翁)[나폴레옹]의 웅자(雄姿)"와 대조를 이루는 사상가이자[24] "자연에 복귀하라"는 충고를 들려주는 일종의 벗이다.[25] 나아가 이광수 같은 이는 "조선에서라고 로크나 루소가 나지 말라는 법이 있으며, 벤덤이나 밀이 나지 말라는 법이 있습니까."[26]고 오연하게 묻는다. 제1차 세계대전이 막바지로 치닫고 있던 1917년, 전쟁으로 인한 혼란과 경악을 서술한 직후의 질문이다. 여러 사상가가 경합하고 있지만 여전히 세계 사상계는 암중모색 중이라며 이광수는 당당하게도 "이러한 모든 문제는 반드시 서양인만 해결할 권리와 의무를 가진 것이 아니"라고 선언한다.

문명론에서 인류의식으로

앞서 1900년대의 문명론을 지배한 분할의 논리가 여기서
는 보이지 않는다. 19세기 말 한반도에 들어온 문명론이란 문명
과 반개(半開)와 야만을 "인류가 거쳐가게 되어 있는 단계" 혹은
"문명의 연령"으로 엄격하게 구분한 후, 그 정상에 유럽 문명을
둔다. "오로지 유럽의 문명을 목표로 설정"하는 만큼 이 길에서
생각할 수 있는 가능성은 유럽 문명의 추종과 모방뿐이다.[27] 유럽
에서조차 문명의 최고 단계는 달성되지 않았다며 유보를 표하기
는 했으나[28] 계속 진보 중인 서양 문명의 절대 우위는 요지부동이
다. "예수교에 세계 사람이 모두 동포라 함과 루소의 만성(萬姓)
이 평등이라 한 말"[29]이 중요치 않은 것은 아니되 이상적 평등 세
계의 실현은 먼 미래의 목표일 뿐, 눈앞의 세계는 국가 간, 문명
의 등급 간 엄격한 구별과 위계에 의해 움직인다.

210

말하자면 1900년대에 조선이 맞닥뜨린 세계는 문명론적
위계로 분할된 세계였다. 인종과 민족과 국가의 경계에 따라 엄격
한 구분이 적용되는 대신 각 집단 내부는 균질한 단일체처럼 가
상되는 것이 그 세계의 특징이다. 개인이나 민족 단위는 속까지
환히 비치는 투명체로되 민족국가 사이는 짙은 색 구분선이 뚜렷
한 그런 지구의를 떠올려 보아도 좋겠다. 1900년대의 민족주의는
이렇듯 안팎을 판연하게 분리하는 의식에 기초해 성장했다. 당연
히 '세계'와 '인류'라는 보편주의적 접근은 불가능했다. 나라를 잃
은 후, 1900년대식 국가 관념과 민족주의가 그 현실적 입지를 잃
고, 또 제1차 세계대전을 통해 서양이 '지선지미(至善至美)'에 도
달한 문명이 아니라 모순과 부조리로 가득 찬 문명이라는 사실이
폭로되면서[30] 세계에 대한 보편주의적 관념은 처음으로 대중적

차원에서 활성화된다.[31] 서구 문명의 추면(醜面)을 목도한 충격적인 경험은 문명 사이의 분할과 위계라는 세계 인식을 뿌리부터 뒤흔들었고, 제1차 세계대전 이후 '5대 강국' 중 하나로 부상한 다이쇼(大正)기 일본에서 비롯된 보편주의적 자신감은 식민지 청년들까지 감염시켰다.

　　'세계'와 '인류'의 보편주의가 학생과 지식인 사이에서의 동향을 벗어나 일반적인 기류가 된 것은 3·1 운동 이후다. 거꾸로 말하자면 인류 보편주의의 성장에 힘입어 3·1 운동의 이념은 비로소 형성될 수 있었다. 민족의 독립과 자강(自强)을 염원한다는 점에서 1900년대와 1910년대의 민족주의는 마찬가지지만, 1900년대의 '대한제국만세'가 진화론적·문명론적 믿음에 기초해 있었다면 1910년대의 '독립만세'는 그 믿음을 회의하고 대안적 세계관을 모색하는 가운데 자라났던 것이다. 윤치호처럼 사회진화론과 위계적 문명론에 계속 의지하는 입장에서 보면 조선이 신흥강국 일본을 넘어서 독립을 달성한다는 꿈은 비현실적 몽상일 수밖에 없다. 윤치호의 입장에서 보자면 3·1 운동은 불가능한 목표를 향한 엉뚱한 투기, '민력(民力)의 낭비'에 불과했다. 윤치호가 끝내 3·1 운동에 반대하고 시위가 시작되자마자 『매일신보』 지상에 반대 의견을 피력했던 것은 그 때문이다. 윤치호의 눈에는 3·1 운동이 "순진한 젊은이들이 애국심이라는 미명하에 불을 보는 뻔한 위험 속으로 달려드는" 사건으로 비쳤다.

　　현실주의자 윤치호를 사로잡은 것은 지금 질서대로 세상이 굴러갈밖에 없다는 일종의 절망론이었다. 힘센 자가 지배하고 약자는 잡아먹힐 수밖에 없으리라. 희생자가 포식자를 이기는 일은 영영 불가능하리라. 세상은 바뀌지 않으리니, 현재 질서를 받아들이고 적으나마 제 몫을 늘려가는 것밖에 다른 방법은 없으리라. 사회진화론을 맹종한다면 순응은 당연했다. 1910년 8월 29일 나라 망했을 때 놀랄 만큼 전국이 조용했던 것도, 이후 1910년대 중반까지 '양민'으로서 산 사람들이 많았던 것도 일부분은 그 영향으로 설명될 수 있을 법하다. 1900년대에 상상했던 데 비해 식민지로서의 현실이 뜻밖에 견딜 만했던 까닭도 있었을지 모른다. 식민지가 되면 다 죽고 추방당하고 재산을 빼앗길 것이라 생각한 데 비기면, 나라 잃은 후에도 일상은 뜻밖에 어제와 비슷했다. 여기서 '독립만세'를 부르짖기까지는 적어도 두 가지 변화를 겪어야 했다. 하나는 식민지라는 차별과 수탈의 구조를 뼈저리게 경험하는 것, 또 하나는 진화론을 대체할 만한 새로운 사고와 감성의 체계를 발견하는 것이었다.

212

'인류적 양심'과 '도의의 시대'

제1차 세계대전이 끝난 1918년 11월쯤, 불만은 무르익을 대로 무르익어 있었다. 종래의 약육강식론 대신 새롭게 현실을 진단하고 미래를 처방할 신선한 이념도 거의 준비된 상태였다. 때마침 유럽과 미국에서는 종전(終戰) 직후의 이상주의적 분위기가 뜨거웠다. 3·1 운동과 같은 운동은 어떤 규모, 어떤 방식으로든, 어떤 주체에 의해서든 일어날 터였다. 출판사 신문관을 운영하고 있던 최남선 같은 문화계의 중심인물은 운동을 제안하거나 제안받을 수밖에 없는 딱 그런 위치에 있었다. 묘한 위치였다. 1910년대에 최남선은 — 이광수와 더불어 — 식민권력이 허용할 수 있는 지성의 최대치를 상징했으며, 이미 1900년대부터 그러했던 대로

'급진(急進)' 아닌 '완만한 진보'를 주장했지만, 윤치호와는 달리 진화론이 아닌 다른 세계관을 꾸준히 탐색하고 있었다. 『불쌍한 동무』와 『자조론(自助論)』을 탐독·번역하고 조선광문회를 설립해 옛 전적(典籍)을 수집·편찬하면서 최남선은 '동정'과 '자조' 사이를 오가는 한편 '민족'의 문화적 자존감에 집중하기 시작했다.

　　최남선이 작성한 3·1 운동 당시 「기미독립선언서」는 주지하다시피 "반만 년 역사의 권위", "2,000만 민중의 성충(誠忠)"과 더불어 "인류적 양심의 발로에 기인한 세계개조의 대기운"을 운동의 정당성의 근거로 꼽는다. 이것이 "천(天)의 명명이며 시대의 대세이며 전 인류 공존동생권의 정당한 발동"이라는 인식은 침략주의·강권주의가 "구시대의 유물"이라는 판단과 병진(竝進)하고 있으며, 독립의 요구가 민족적 복수심에서 기인한 것이 아니라 "동양평화", 나아가 "세계평화, 인류 행복에 필요한 계단"을 마련하려는 당당한 명분에서 출발한 것이라는 자신감과 연결되어 있다. "신천지가 안전(眼前)에 전개되도다. 위력의 시대가 거(去)하고 도의의 시대가 내(來)하도다. 과거 전 세기에 연마장양된 인도적 정신이 바야흐로 신문명의 서광을 인류의 역사에 투사하기 시작하도다." — 직접적으로는 민족자결주의의 영향을 받은 것으로 설명되는 이들 구절은, 그러나 1910년대를 통해 일어난 지식과 사상의 변화를 고려하지 않는다면 온전히 설명되기 어렵다. 동경 유학생들 사이의 「2·8 독립선언서」 역시 마찬가지다. 조선은 독립 후 "정의와 자유를 기초로 한 민주주의의 선진국의 범(範)을 취하여 (…) 세계의 평화와 인류의 문화에 공헌함이 유할 줄을 신(信)"한다는 것이 「2·8 독립선언서」가 전파하려는 믿음이다.

　　선언서를 집필한 최남선과 이광수의 개성을 고려해야 하

33

독일 화가 오토 딕스(O. Dix)의 판화 연작 '전쟁' 중 하나. 제1차 세계대전에
참전한 후 그는 전쟁의 참상을 고발하고 부르주아의 위선성을 공격하
는 작품을 다수 창작했다. 애국주의적 동기로 자원입대한 그를 맞이한
전쟁은 "이[虱], 쥐, 철조망, 벼룩, 탄피, 포탄, 땅굴, 시체, 피, 술, 똥,
탄환, 박격포, 불, 쇠 (⋯) 악마의 작품"에 다름 아니었다. 후일 1930년
대에 나치가 정권을 잡고 '퇴폐 미술전'을 개최했을 때 딕스의 그림은
'퇴폐'의 대명사로 공격당한다. 딕스가 그려내고 있는 전쟁의 참상은
제1차 세계대전 당시 조선 젊은이들이 '문명'과 '진화'의 가치를 회의하
게끔 한 장면 그대로다.

1910년대와 3·1 운동

겠지만, 두 독립선언서의 수사 사이 공통점은 인상적이다. 강권주의는 "구시대의 유물"이자 "고대의 (…) 정책"이요 이제는 "인류적 양심"에 기반한 "도의의 시대"로서 "정의와 자유의 승리"를 목격하게 되었다는 것, 그리고 조선의 독립은 이런 "시대의 대세"에 발맞춘 사명인바 동양평화를 통해 세계평화를 달성하고 나아가 "인류 행복"과 "인류의 문화"에 공헌할 수 있으리라는 것이 양자의 공통된 인식이자 수사다. 이는 민족과 세계 사이 달라진 관계를 분명하게 표현해준다. '민족'은 스스로의 자강과 번영을 통해서뿐 아니라 세계 평화와 인류 번영에의 동참을 통해 존립 가치를 증명해야 한다. "조선민족 같은 사회의 약자는 전연 멸망함이 도리어 이익이 아닐는지! (…) 니체로 하여금 평하라 할진대 차(此)와 여(如)한 민족은 전전(全全) 멸망함이 초인 출현에 필요하다 단언할지로다!"[32] 같은 회의를 넘어서기 위해서라도 인식의 전환은 필수적이다. '(이상적) 신조선'이며 '뉴 코리아' 같은 단어가 유행하면서 "일어라, 서라, '뉴 코리안'아! (…)/ 정의의 '뉴 코리안'으로/ 애(愛)의 '뉴 코리안'으로/ 이상의 '뉴 코리안'으로"[33]라는 부르짖음이 등장하는 가운데, 급진적인 경우 "정의와 인도에 합한 자면 세계 어떠한 곳에 있는 어떠한 민족을 물론하고 (…) 당연히 우리의 친우올시다. (…) 정의와 인도에 합하지 못한 자이면, 비록 우리의 동족이라도 우리와는 일치할 수 없는 것이올시다"[34]에서처럼 인류적 이상과 민족적 가치 사이에 일종의 전도가 생겨나기도 한다. 그 평균적이며 전형적인 양태는 "우리도 세계 사람과 무슨 교섭을 짓자. 인류의 문명을 위하여 무슨 공헌을 하자"고 요청함으로써 민족의 존재 의의를 확보하려는 것이다.[35]

일본의 보편주의와 조선의 보편주의

보편주의적 감각이라 부를 수 있는 이 의식과 이른바 다이쇼 데모크라시 사이의 일치점을 발견해내기는 어렵지 않다. 개인의 발견이나 진화론에 대한 회의는 다이쇼기 일본의 사상사적 흐름과도 통하는 것이며, 그 결과로서의 '인류' 의식은 다이쇼 데모크라시의 중요한 특징 중 하나다. 그것은 비슷한 시기 독일에서 '황금의 20년대', '새로운 페리클레스 시대'를 구가했던 바이마르(Weimar) 문화의 환각에나 비견할 만한 것으로, 정치적 혼란상에도 불구하고 풍성한 문화적 생산력을 자랑한 바이마르의 독특한 세계주의가 패전의 산물이었음을 역설적으로 환기시킨다.[36] 일본의 경우, 독일의 바이마르 공화국과는 달리 제1차 세계대전 시 이룩한 비약적인 경제·사회적 발전이 다이쇼 사상의 근거였다. 발전하는 사회의 낙관적인 사유에 힘입어 신칸트학파가 대표하는 인도주의·이상주의가 적극 수용될 수 있었으며[37] 유소년 인구가 장노년을 압도하는 독특한 사회 구조 속에서 자아와 내면에 대한 관심 또한 본격화될 수 있었다.[38]

더불어 이런 자신감 혹은 낙관성이 정치로부터의 이탈을 허용했다는 사실을 주목해둘 만하다. 미키 키요시(三木清)의 유명한 회고, "제1차 세계대전이라는 대사건을 만난 후 우리는 정치에 대해서도 전혀 무관심해졌다. 혹은 무관심할 수 있게 되었다"[39]는 다이쇼 사상의 일단을 잘 드러내주는 진술이다. 다이쇼의 사상가들은 '소일본주의'를 통해 조선과 만주의 사실상 포기까지 주장하는 등[40] 때로 정치적 입장을 강력하게 제기하기도 했는데, 그 근저에는 메이지 시대 일본의 강력한 국가주의에 대한 반감이 공통적으로 깔려 있었다. "국가지상(國家至上)을 강요하여 내부 생명의 쇠약을 초래한" 일본에 대한 저항은 이들에게 깊이 뿌리박혀 있었으며, "시민사회의 정상적 발달을 보지 못하고, 따라서 개인주의 사상이 건전하게 성장할 때를 갖지 못했던 일본 근대의 불행"[41]을 상쇄하려는 의지 또한 분명했다. 일본의 해외 사상까지 일본을 통해 접하곤 했던 조선 학생들은 이런 일본 사상계의 영향에 민감했다.[42] 각 사상가를 인용할 때의 표현이나 맥락이 이들 서적을 연상케 하는 경우도 많다. 니체를 "절대적 개인주의"로 특징짓고[43] "베르그송의 창조적 진화는 파괴를 포함"한다고 진술한다든가[44] 로맹 롤랑(R. Rolland)을 "공허와 싸우는 생명"으로 요약하는[45] 시각에는 일본을 경유한 지식의 흔적이 뚜렷하다. 오이켄과 베르그송의 철학을 인격주의·이상주의로 정의하면서 근래 서양 문명의 '대건설'로 평가하는 것[46] 또한 일본학계의 해석을 따르고 있다.

217

　　진화론을 비판하고 개인을 발견하며 인격의 가치를 역설하게 되는 과정에는 이들 여러 사상가의 영향이 절대적이었다. 예를 들어 베르그송은 '진화' 개념에 대한 수정안을 제시함으로써 진화론의 갱신에 큰 영향을 끼쳤다. 그는 무릇 철학에는 진화론의 언어가 필요하다고 전제하면서도 "과거가 미래를 잠식하고 전진하면서 부풀어 가는 부단한 과정"으로서의 '지속'을 강조함으로써 진화론의 단선적 서사를 동요시켰다. 또한 진화에 있어서의 우연성, 즉 "엄밀히 말하면 구상도 계획도 없었던 것"을 주장함으로써 그 방향성을 의문시했으며 생명이란 늘 "복수적 단일성(unité multiple)이자 단일한 복수성(multiplicité une)"이라고 제창함으로써 위계적인 우열 관념에 도전했다.[47] 그런가 하면 다이쇼 초년을 풍미한 인격론과 이상주의는 신칸트학파의 영향하에 자기

실현과 완성을 위한 노력이야말로 도덕의 근거임을 설득해냈다. 이는 인간을 다른 자연물과 똑같이 취급한 스펜서류(H. Spencer)의 자연주 윤리설에 도전한 사상으로서, 생물학적 진화라는 사실로부터 일체의 사회 원리를 설명하려 한 시도에 반기를 든 움직임이었다.[48]

그러나 19세기 이래 서양 사상가를 동시대적 감각으로 참조해내고 '세계'와 '인류'라는 계기를 발견했다고 해도 한국과 일본의 문제의식은 같을 수 없었다. 비약적으로 발전한 국가가 '그럼에도 불구하고' 자아의 공간을 허락하지 않는 데 일본 청년들이 반발했다면, 식민지 조선의 젊은이들은 국가가 사라진 상황에서 '그렇기 때문에' 온전한 자유가 허락될 수 없다는 문제와 싸워야 했다. 다이쇼기 일본 청년의 비정치성이 정치적 경험을 포식한 뒤에 온 것이라면, 조선 청년들에게 있어 정치성의 탈피란 패배주의일 수밖에 없었다. 때문에 현상윤은 이광수의 「우리의 이상」(1917)에 깊이 감복하면서도 "군이 우리의 민족적 이상을 말할 때에 문화 한 가지만을 말한 것은 무슨 까닭인가"라고 물어야만 했다.[49] "그래도 이상이라고 하는 이상에는 (…) 무슨 까닭으로 원만한 것을 바라지 아니하고 한쪽이나 한 부분에만 편(偏)한 절름발이의 것을 바라는가"라는 현상윤의 의문은 '인류 문화에의 기여'를 이상으로 삼는 이광수의 소론이 근본적으로 패배자의 언어라는 사실을 날카롭게 지적하고 있다.

식민지 청년들에게 정치는 포기된 것이 아니라 금지된 것이었기에 결코 무관심할 수 없는 대상이었다. 김동인은 2·8 독립 선언 계획을 전해들은 날 흥분하면서도 "정치 방면은 그쪽 사람에게 맡기고 우리는 문학으로 ― "라고 결정했고 염상섭은 '세계

개조'에 대한 흥분을 냉정하게 경계했지만, 그럼에도 각각 3·1 운동 직후 격문을 초하고 오사카에서의 시위를 계획하다 체포당했다. 식민지 조선에서 '인류'와 '세계'는 결코 민족을 도외시할 수 없었다. 개인이 민족을 경유하지 않고 직접 인류나 세계와 조우한다는 사상의 전통은 한반도에서 실로 희귀하다. 민족을 거부하는 개인, 아일랜드인이면서도 아일랜드어를 거부하고 "아일랜드는 제가 낳은 새끼를 잡아먹는 암퇘지다" 같은 통렬한 독설을 날리는 청년[50]도 거의 키워낸 바 없다.

"이 기회가 어찌하여 체코·폴란드만의 기회이겠습니까"

일본 유학생 김항복은 1919년 1월 19일 블라디보스톡 신한촌민회장 한용환에게 편지를 띄웠다. 봉투에 '동경검열 필(畢)'이라는 도장을 찍어 검열을 통과한 양 위장하고 발신인 이름도 김(金)이라고만 쓴 은밀한 서한이었다. 편지에서 김항복은 제1차 세계대전 종전과 체코슬로바키아·폴란드 독립 소식을 논하면서 "노령 및 간도 선인(鮮人) 활동과 자각이 여하(如何)한지를" 문의했다. "이러한 기회를 여하히 생각하십니까, 또 지금은 여하한 활동을 하시는지요." 러시아 이민 2세대 한용환은 러시아명 안드레이 콘스탄티노비치로, 블라디보스톡 근교 가장 큰 한인 마을인 신한촌(新韓村) 지도자였다.• 평안남도 출신으로 와세다대학에 유학 중이던 김항복이 어떻게 한용환을 알게 됐는지 의문이

• 다른 맥락이지만 3·1 운동 후인 1922년 한용환은 해삼위(블라디보스톡) 천도교청년회연예단을 이끌고 단장 자격으로 조선을 방문한다. 1921~1922년 조선을 찾은 세 개의 재러 한인 공연단체 중 하나였다. 혁명기 러시아 레퍼토리를 전파하고 고려혁명위원회 조직을 자극하는 등 이들 단체의 조선 방문은 러시아 발(發) 문화와 사상을 중개하는 데 중요한 역할을 했다.

약육강식

지만, 그는 한용환을 '대형(大兄)'이라고 부르면서 "이 기회가 어찌하여 체코·폴란드만의 기회이겠습니까. (…) 우리의 적혈(赤血)을 흘리지 않고는 중지할 수 없고 우리 금전을 허비해볼 시기라고 알고 있습니다"는 말로써 연해주 한인들의 분기(奮起)를 촉구하고 있다.

김항복은 윌슨의 민족자결주의에 대해서도 언급했다. 그러나 그가 먼저 주목한 것은 민족자결주의라는 결정체를 낳은 유럽 내 피압박 민족의 독립 시도 그 자체였다. 윌슨의 '14개조' 중 제6조에서 제13조까지 내용은 유럽 내 옛 제국의 판도를 재조정하는 것이 핵심으로, 조항별로 각국 사례를, 예컨대 제13조에서 "독립한 폴란드 국가가 세워져야 한다"면서 폴란드 문제를 따로 다룬 데서 보이듯 유럽 내 약소민족의 독립 요구가 그 배경이었다. 민족자결주의가 각국의 독립을 성사시킨 것이 아니라 반대로 각 민족의 독립운동에 부응하여 민족자결주의가 형성됐다고 보는 편이 더 온당한 이유다. '윌슨'이나 '민족자결'이라는 용어로써 조선인들이 받아들인 것 또한 유럽 약소민족들의 해방투쟁 및 독립 소식이었다. 위 편지에서 김항복은 체코슬로바키아와 폴란드의 사례를 "온 세계의 전제군주는 '데모크라시로 변화'"한 현상으로 해석함으로써 독립뿐 아니라 자유와 해방을 문제 삼는다. 이어 약육강식의 세계관이 지양되고 있음을 설파하기도 한다. "우승한 자가 약자를 관리하고 약한 국가가 강국의 통치와 지배를 받는 것은 자연의 법칙입니다마는 전 세계가 전부 인정하는 바는 금일 '윌슨' 씨의 민족자결이며 국제연맹입니다. 각종 발포(發布)에 별천지(別天地)의 별야망(別野望)이 전 세계를 지도하고 운동하게 되었습니다."[51]

3·1 운동 후『학지광』에 실린 글을 빌어오자면, "재래에는 약육강식이니 우승열패니 힘 즉 권리니 하는 등 여러 가지 우상을 많이 만들었다. 강자를 숭배하고 우자(優者)를 숭배하고 힘을 숭배해왔다. 약자·열자(劣者)는 생존을 요구할 권리가 없다는 사상이 19세기를 횡행하였다."[52] 그러나 김항복의 말마따나 이제는 '별천지의 별야망', 다른 세계의 다른 이념이 요구되기 시작했다. 그는 "우리 일생에 이렇게 큰 변화를 보기는 다시 없을 것"이라고 예상했다. 그 말대로였다. 프랑스혁명 이후 오래도록 지체돼온 자유·평등·박애의 기류가 전 세계를 덮는 듯 보였다. 민족뿐 아니라 계급과 여성의 해방을 포함한 움직임이었다. 한반도에서 이미 입지가 좁아질 대로 좁아진 약육강식론은 마침내 종막(終幕)을 맞으려 하고 있었다. 3·1 운동은 바로 이같은 사상적 변동 위에서 태어났다. 침략주의·강권주의를 "구시대의 유물"로 폐기한 「기미독립선언」, "저들 병마(兵馬)는 우상이며 저들 무기는 환영(幻影)이라. 아, 동포여! 정의의 인도는 과거의 시대의 무력보다 더 강하느니라"고 설파했던 그 많은 격문들,[53] 그리고 "세계 대세와 민족자결주의를 무시하고 신성한 2,000만 동포를 금수와 같이 보는 자"라며 3·1 운동 이후 신총독의 부임에 분격했던 민심[54] 등은 그 자취의 일부일 뿐이다.

221

3장.
제1차 세계대전

파국과 유토피아

샘[Sam]아 같이 가자
정의 위해 싸우려
대적(大敵)을 부서치고
공평을 건설하려 (⋯)

별기[星條旗]가 앞에 섰고나
자유의 옹호자가 내요
인권을 위해 싸우리라
그는 오직 평화와[의] 낭도

벨지엄·부리튼·프렌치 아이들아
내 너희들로 더불어 같이 싸워 주마
세계 운명이 너희들에게 있거니
무엇이 더 중하야 싸움을 마다할까

/ 차의석, 「세계 민주주의」(1918)

1915년 10월, 수백 명 조선인들을 태운 화물열차가 블라디보스톡에서 출발했다. 좌석도 없는 열차간에서 덜컹거리며 하룻밤을 지새고 다음날, 이들은 하얼빈역에 도착해 신체검사를 받았다. 불합격한 10여 명이 내쫓긴 다음, 나머지 사람들은 인(印) 찍은 쇳조각 매단 끈을 하나씩 받았다. 손목에 휴대하고 지역 이동 시 여행증명서 대신 쓸 쇳조각이었다. 최종 목적지는 민스크. 지금은 벨라루스 공화국 수도인 민스크는 제1차 세계대전 당시 러시아와 독일 사이 격전 지역으로서, 열차 안 조선인들은 민스크 전선에서 전투 못지않게 중요한 노동을 감당하기 위해 모집된 사람들이었다. 제1차 세계대전 당시 숱한 아시아·아프리카인들이 군인 및 노무자로 동원됐듯 말이다. 100여 만의 인도인, 20여 만의 세네갈인, 10여 만의 중국인, 약 5만의 베트남인과 민스크 전선을 향하고 있던 조선인들은 그들과 같은 운명이었다.

돈 몇 푼에 머나먼 이역(異域) 험난한 전선에서의 노동을 마다하지 않았던 터다. 선금 10루블과 겨울옷은 치치하르에서 받기로 돼 있었다. 그러나 막상 치치하르에 도착해보니 모집에서 계약 조건까지를 책임졌던 조선인 통역이 사라진 후였다. 러시아어를 제대로 구사하는 사람이 한 명도 없어 문의나 항의조차 변변히 할 수 없었다. 돈도 옷도 궁색했지만 당장 불만은 불량한 식사였다. 본래 "쇠고기와 마가린 넣고서 국을 끓여주고, 흰 떡, 간질한 연어, 차, 기타 식료(食料)를 꼭 전선에 있는 군인들과 같이 공급한다고 하던 것이" 실제로는 거친 검정빵과 뜨거운 맹물뿐이었다. "조국은 왜놈들에게 잃고 부모처자를 생이별하고, 돈을 많이 준다는 선동에 속아서 러시아 차르 주권에게 팔리어서 (…) 이 처

225

34

제1차 세계대전 당시 프랑스로 향하는 중국인 노동자들. 중국은 제1차 세계
대전에 참전을 제안하지만 거절당하고, 대신 1916년부터 노무자 지원
을 시작한다. 처음 유럽 전장에 송출된 중국인 노동자는 톈진을 출발,
1916년 8월 마르세이유에 도착한 1,698명이었다. 종전 때까지 약 14
만 명의 중국인 노동자가 영국·프랑스·미국 군대를 위해 전장 및 보급
선에서의 노동을 감당하며 일했다. 그들은 참호를 파고 탱크를 수선하
고 포탄을 조립하고 식수를 날랐다. 러시아 전장에서 일한 숫자는 훨씬
더 많은 50만 가량으로 추산된다. 아마 이 중국인 노동자들 중에는 적
지 않은 조선인이 섞여 있었을 것이다. 무르만스크에서 그러했듯이.

1910년대와 3·1 운동

참한 산죽음의 바다에서 헤매이는 조선 근로자 — 망국노들 형상"
은 비참했다.[1] 며칠을 견딘 후 '동맹파공' 결과 좀 나은 대우로 여
정을 계속하게 되었지만 민스크에 도착하기까지는 여러 날이 남
아 있었다.*

이들은 혹시, 4년여 후인 1919년 10월 러시아 무르만스크에서 영
국으로 온 조선인 노동자들과 같은 사람들이었을까. 제1차 세계
대전 당시 무르만스크에서 철도 노동에 종사하던 조선인들의 후
일담은 조금이나마 알려져 있다. 이들은 종전 후 러시아 북단의
항구 무르만스크에서 영국군 전쟁포로들과 함께 영국으로 이송
됐다. 무르만스크에서 일하던 조선인 노동자들은 약 500명이었
다고 하는데 영국으로 온 것은 그중 200명 가량이었다. 이들 대부
분은 이후 중국 칭다오를 거쳐 조선으로 송환되었지만 유럽에 잔
류한 인원도 적지 않았다. 가장 많은 숫자가 자리잡은 곳은 프랑
스. 총 35명이 '한국(Corée)' 국적을 인정받은 채 프랑스 이민을
허가받았다.

　　파리평화회의가 끝난 다음이었으나 그 잔상 효과 때문이
었는지 프랑스를 향하는 조선 젊은이들이 많았을 때다. 무르만스
크를 떠나 프랑스에 정착한 35명의 노동자들도 파리평화회의 소
문 때문에 더더구나 프랑스를 향하
게 됐을는지 모른다. 이들은 프랑스
정착 약 한 달 후 쉬이프라는 지역에
서 전쟁터를 복구·정리하는 작업에
고용됐다. 수십만의 생명을 삼킨 베
르덩전투가 있었던 곳이다. 폴란드·

* 러시아에서 활동한 대표적 한인
활동가 중 한 명인 이인섭의 수기를
토대로 재구성한 내용이지만, 그의
수기에 노동자들의 인원이 명시돼
있지는 않다. '수백 명'이란 이들이
제1차 세계대전 종전 당시 무르만
스크에서 노동하던 조선인들과 같
은 사람들이란 가정하에 허구적으
로 설정해본 숫자다.

체코슬로바키아 등지에서 온 노동자들과 함께 유골을 수습하고 참호를 메꾸고 땅을 정돈하면서, 조선인 노동자들은 점차 프랑스에 적응했고 유학생들과 함께 유럽 최초의 한인단체 '재법한국민회(在法韓國民會)'를 결성했다.[2]

스스로는 기록을 남기지 않은 이들 노동자 중 주변의 증언을 통해 이름이 전하는 사람들은 홍재하·김주봉·김두봉 등이다. 민스크 전선에서의 노동을 향해 이동해가던 노동자들 중 남아 있는 이름, 즉 차대형·고지하·이명근 등과 겹치는 이름은 없다. 무르만스크의 노동자들은 전쟁 노동에 대해 발설한 바 없고 다만 "볼셰비키혁명을 피해" 머나먼 무르만스크까지 밀려 왔노라고 진술했다. 그렇다면 제1차 세계대전 초기에 민스크 전선으로 동원된 조선인들과 종전 무렵 무르만스크에서 노역 중이었던 조선인들은 서로 무관한 존재일까? 지금으로서는 우연의 일치라기에는 여러모로 존재 방식이 겹친다고 말해둘 수밖에 없겠다. 만약 민스크의 조선인들이 무르만스크의 조선인들과 동일한 이들이라면, 이들이야말로 제1차 세계대전 중의 전 지구적 이동성을 보여주는 데 적합하리라.

제1차 세계대전에 참전한 조선인들

조선인 노동자들이 프랑스에 정착하기까지 과정이 쉬웠을 리 없다. 제1차 세계대전 후 비교적 유동적이었던 유럽 내 국경도 빠른 속도로 닫히고 있던 와중이었다. 이때 조선인 노동자들이 프랑스에 정착하는 데 중요한 역할을 한 인물이 파리평화회의 때 구성된 파리 조선공보국, 그중에서도 서기장 역할을 맡았던 황기환이다. 1886년생 혹은 1887년생, 평안남도 순천에서 태어난 황기환은 관립영어학교를 마친 후 도미(渡美), 제1차 세계대전 중 미군에 자원입대해 유럽 전선에서 활약했다.[3] 중상자 구호를 담당했다고 하고, 동아일보사 기자였던 김동성이 회견한 기록으로는 전후에는 프랑스에서 독일군 포로들을 감독해 철도 부설하는 사업에 종사했다고 한다. 1919년 3월 신한청년당 대표 김규식이 파리에 도착한 후에는 그를 도와 조선독립의 필요를 선전하는 데 조력했으며, 8월 김규식이 파리를 떠나고부터는 조선공보국 운영을 독담(獨擔)하다시피 했다.

김동성이 "구주전쟁부터 그 명성을 포문(飽聞)"[4]했다고 쓴 걸 보니 조선에까지 그 이름은 유명했던 모양이다. 얼(Earl)이라는 영문 이름 때문에 'E.K. 황'이라고도 불린 황기환은 1919년 무르만스크의 조선인 노동자들 중 일부가 프랑스에 정착하는 과정에서도 크게 활약했다. 에딘버러까지 갔고 영국 외교부를 방문했으며 그들을 고용토록 프랑스 노동부를 설득했다. 유럽 체류를 원한 노동자들 중 비록 몇십 명이라도 프랑스에 정착할 수 있도록 한 데는 그의 공이 크다고 해야 할 것이다. 이후 1922년 워싱턴회의 때 이승만의 지원 요청에 따라 미국으로 돌아갈 때까지, 황기환은 사실상 홀로 유럽 대륙에서 조선-한국의 대표로 활약했다.[5] 평안도에서 서울로, 다시 미국으로, 그리고 제1차 세계대전 중 수백만의 미국 젊은이들 속에 끼어 유럽의 전장으로. 그는 재차 미국으로 돌아간 후에도 영국을 방문하며 국제 선전활동을 벌이던 중 1923년 세상을 떠났다. 30대 중반 파랗게 젊은 나이였다.

19세기 막바지에 '이른 세계화(early globalization)'가 시작된 이래[6] 조선인들 중에서도 세계를 누비고 세계 곳곳의 벗들

229

과 사귀는 이들이 늘어났다. 극히 일부는 여행자로서, 대다수는 떠돌이로서.[7] 제1차 세계대전은 그런 이동성을 가속시켰다. 황기환 외에도 미주 한인 중에서 제1차 세계대전에 종군한 사람만도 수십 명을 헤아린다. 미주의 한인 신문 『신한민보』만 보아도 그 명단은 제법 길게 이어질 수 있다. 1917년 5월 추첨징병령(Selective Draft Act)이 발효된 후 미국 내 한인 젊은이들 사이에도 추첨 혹은 자원으로 전선을 향하는 이들이 생기기 시작했다.[8] 차의석(1918. 5. 2), 김길석·정을돈(1918. 6. 6), 이성창(1918. 6. 13), 오관선(1918. 6. 27), 박창순(1918. 7. 4), 차정옥(1918. 8. 15), 한영호(1919. 1. 2), 임공선·김진성·이도신(1919. 7. 17) 등의 이름이 여기 속한다.[9] 1918년 7월에는 한인 인구가 많은 하와이에서 청년 30여 인이 추첨징병 대상이 되어 전별회가 열렸다는 기사도 있었다.[10]

이들 중에는 미주리주에 유학 중이던 차의석처럼 미국 국적이 아니지만 입대를 자원한 사람도 있었다. 이미 미국 정부에서 추첨징병령과 함께 "비국적의 외국인은 병역을 허락지 아니하는 것으로되" "본인이 자청하는 경우에는 (……) 마땅히 허락하리라"는 방침을 밝혔던 터다.[11] 한때 '순수 미국인'만 대상으로 하는 징병령을 구상했던 데서 두 번 달라진 정책이었다. 결과적으로 제1차 세계대전 당시 유럽 전선에 복무했던 미군 중 18퍼센트는 이민자 출신이었으며, 그중 상당수는 차의석처럼 비미국 국적이었다. 후일 제1차 세계대전 참전 군인들에게 미국 국적을 부여하는 정책이 발표됐을 때 그에 따라 미국인이 된 사람은 30만 명을 헤아린다.[12] 그러나 시민권자 후보의 국적 46개국을 명시하는 데서 식민지인 조선-한국은 빠져 있었다. 「현대 민주주의」라는 시를

써서 "샘아 같이 가자", "별기가 앞에 섰고나"라고 노래했던 차의
석도 한동안 미국 국적 신청의 자격을 인정받지 못했다. 조선인도
일본인도 아닌 위치에서 살아야 했던 재미 한인들의 상황은 그러
했다.[13]

　　조선인으로 제1차 세계대전에 참여한 사람들은 그 밖에도
많았다. 일본·중국·러시아의 군인으로 제1차 세계대전을 겪었다
는 사람들의 증언도 드물지 않게 목격된다. 염상섭의 형인 염창섭
을 비롯해 이응준·조대호 등이 일본군 소속 장교로서 시베리아
에 출정했고[14] 후일 독립군으로 활약한 지청천도 제1차 세계대전
당시에는 일본군 장교로서 참전했다고 한다. 증언의 신뢰성에 의
문이 없지 않지만, 후일 중국군 소속 비행사로 이름을 날린 서왈
보는 중국군으로 참전한 것으로 전해진다.[15] 장편소설 『읍혈조』
(1923)에서 대전 당시 "불쌍한 조선 사람도 (…) 멀리 인연 없는
구라파의 산천에서 피 흘리는 가슴을 붙안고 황천의 객이 된 자
가 많"았다는 서술이 나오는 대로다.[16] 그런가 하면 나운규가 감
독한 영화 〈풍운아〉(1926)에서 주인공 니콜라이 박은 러시아군
으로 참전했다 포로가 되어 독일에까지 흘러갔던 인물로 설정돼
있다.[17]

　　실제로 재러시아 한인으로 제1차 세계대전에 종군한 사람
은 일일이 거론하기 어려울 정도다. 헤이그 밀사 중 한 명으로 잘
알려진 이위종부터 러시아에 귀화한 후 대독(對獨) 전선에 배치
됐다고 하고, 1930년대에 '독립군 잡는 친일 용병'으로 악명을 떨
친 김동한도 러시아군으로 제1차 세계대전에 종군했다고 한다.
그 밖의 강상주·남만춘·박창극·전희세·채동순·황하일 등, 사전
을 들춰봐서 종군 사실을 확인할 수 있는 인물만도 여러 명이다.[18]

231

35

36

젊은 시절 김경천과 아내 유정화(35) 그리고 김경천이 평생 쓴 일기의 서문
(36). 유정화와 결혼한 직후 사진으로 추정된다. 사직동 수천 평 집에
일본 육군장교라는 직위, 본명인 김광서로 살던 시절 김경천에게는 승
승장구 초(超) 엘리트로서의 삶이 보장돼 있는 것처럼 보였다. 그와 같
은 또래인 나경석은 "아오야마(靑山) 연병장에서 때때로 준마를 달리면
서 부하를 지휘하던" 그 모습을 도쿄 유학생 출신이라면 누구나 기억하
리라고 술회한 바 있다. 김경천은 그렇듯 많은 사람이 부러워할 삶을
버리고 이름까지 바꾼 후 망명, 일본군과 중국 마적, 그리고 러시아 백
군과 맞서 싸웠다. 조선인 부락을 약탈·파괴하곤 했던 마적을 섬멸하
여 명성이 드높았고 인근 러시아인과 중국인까지 포함하는 일종의 지
역 군정(軍政) 체제를 형성했다고 한다. 김경천은 평생 꾸준히 일기를
썼는데, 그 첫머리에 "우주의 조물주가 나에게 무엇을 주신가. 너의 운
명은 네가 스스로 개척하라 함을 주었다. 여(余)의 일생은 이에 인하여
나아감이로다"라는 문장을 적어두었다.

러시아에 조선인들이 대거 이주한 지 반세기를 헤아리게 된 만큼 당연하다면 당연한 결과겠다. 제1차 세계대전 도중에 일어난 러시아혁명 및 내전 과정에 뛰어든 조선인들도 많았다. 일본 외무성 자료에 따르면 백군에 속한 제34연대의 경우 총 600명의 부대원 가운데 19명이 조선인이었다. 월 10루블에 고용됐던 용병들이었다.[19] 적군에 합류한 사람은 더 다수였던 듯하다. 이위종을 비롯해 일찍이 러시아로 이주해 있던 사람들은 물론이고 김경천(김광서)처럼 3·1운동 후 망명한 이들 중에도 적군 편에서 싸운 사람들이 목격된다.

김경천은 1888년생, 서울 명문가 출신으로 17세 때 도일(渡日)하여 도쿄의 육군중앙사관학교를 졸업했다. 유학할 때만 해도 대한제국의 군인이 되겠다는 각오였으나 졸업 전에 국망(國亡)을 맞아 일본군 기병 장교로 근무했으며, 3·1운동을 목격한 후 후배 장교였던 이동천·지청천과 함께 만주로 망명했다. 1920년 초 러시아로 이동, 한인 빨치산부대를 조직해 일본군 및 러시아 백군에 맞서 싸웠으며, 내전 말기 무장해제를 당한 후에는 한인협동농장 '나제즈다(희망)'를 여러 해 운영했다. '백마를 탄 김 장군'으로 불리며 혁혁한 무공을 쌓았던 그는, 그러나 스탈린식 숙청이 한창이던 1936년 체포되어, 1942년 결국 수용소에서 사망한다.[20] 약 2,500명의 재러시아 한인들이 체포되어 그중 상당수가 처형당할 무렵이었다. '조선의 레닌'으로 불렸던 김아파나시나 「낙동강」의 작가 조명희도 그 희생양이었다. 이웃한 중국에서도 비슷한 일이 벌어지고 있었거니와, 돌이켜보면 내전 직후부터 소비에트 러시아의 국가 폭력은 조선인에 자주 미쳤던 바다. 1924년 한인 빨치산 31명이 적군에 의해 잔살(殘殺)당한 사건이 벌어

233

졌을 때 김경천은 일기에 다음과 같이 썼다. "필시 러시아 측은 광기가 들었다고밖에 못하겠다. (…) 그 다수의 보고서에 무슨 착오가 없을까?!"[21]

일본의 시베리아 출병

전쟁 당시 '대전쟁(Great War)' 혹은 '구주대전(European War)'으로 불렸으나 제1차 세계대전은 현재의 명칭마따나 최초로 전 지구적 규모에서 치러진 전쟁이었다. 유럽 외에 미국과 일본 등 비유럽 국가가 정식으로 참전했을 뿐 아니라 아시아·아프리카를 포함한 전 지역이 전쟁에 연루되었기 때문이다. 인도의 네루(J. Nehru)가 말한 대로 제1차 세계대전은 동양이 세계무대에 진입하게 된 사건이었다.[22] 한편으로 1789년 프랑스대혁명 후 한 세기 남짓의 격변에도 불구하고 유럽에 남아 있던 '앙시앙레짐'은 제1차 세계대전을 통해 척결되었다. "1789년은 1918년으로써 완성"됐다고 말할 수 있는 소이다.[23] 봉건적 위계가 최종적으로 무너짐과 동시에 국가간·인종간 장벽도 약화됐다. 전쟁 중에 많은 아시아·아프리카인들이 전 지구적 이동성을 경험했다는 사실도 크게 작용했다. 조선인 중에도 유럽 전장까지 흘러간 이들이 적지 않았으니, 영국·프랑스 식민지였던 지역에서 유럽의 도시와 전장을 경험케 된 인구가 많았음은 말할 나위 없다. 프랑스 출신 혁명가 빅토르 세르주(V. Serge)는 파리 거리에서 청소와 경비를 담당하고 있는 아프리카인과 인도차이나인 들을 목격하곤 했다. "뼈다귀만 남은 알제리인들이 도로의 오물을 느릿느릿 치우고 있었다. (…) 철모와 양가죽을 뒤집어쓴 인도차이나 사람들이 오들 오들 떨면서 현청과 상테를 지켰다."[24] 40세의 나이로 전선에 지원한 소설가 앙리 바르뷔스(H. Barbusse)는 참호 주변에서 몇 번인가 아프리카인 부대를 마주쳤다. ""모로코 부대다."/ 그들은 거무스레한 얼굴, 누런 얼굴, 갈색 얼굴, 드문드문한 수염, 진한 수염, 곱슬한 수염을 보이며 행진해온다. 황록색 외투를 입고, 흙투성이 철모에는 우리들의 유탄(榴彈) 휘장 대신 초생달이 달려 있다. (…) 아프리카병들은 즐거운 표정으로 활기를 띠고 있다. 말할 것도 없이 제일선으로 가는 것이다. 그곳이야말로 그들의 장소다."[25]

식민지인들은 제국이 '피의 빚(dette de sang)'을 갚아줄 것을 기대하며 전장으로 나아갔다. 세네갈에서는 민족주의자 디아녜(B. Diagne)가 참전을 독려했고[26] 인도의 간디(M. K. Gandhi) 또한 남아프리카 거주 인도인들을 대상으로 지원병을 모집하는 데 앞장섰다. 신흥 군사강국 독일에 비해 영국이나 프랑스는 숫자에서부터 군사력이 열세였던 만큼 식민지 군대의 동원은 중요했다. 독일에서 이 뜻밖의 동원에 신경질적 반응을 보였던 것도 충분히 이해함직한 일이다. 후일 제2차 세계대전 때 반(反) 나치 활동에 앞장섰지만 제1차 세계대전 당시에는 열렬한 전쟁 지지자였던 소설가 토마스 만(T. Mann) 역시 아프리카인 군인들을 '피에 굶주린 야수'로 공격하는 데 동참했던 바 있다. 1804년 아이티를 필두로 하여 1898년 쿠바에 이르기까지 라틴아메리카 전 지역은 이미 독립한 후였다. 그러나 영국·프랑스·독일·미국 등은 바로 그때부터 식민지 경영에 박차를 가해왔다. 19세기 말이 되면 영국·프랑스·독일은 아프리카 분할을 둘러싸고 콩고협약을 맺었고, 미국은 스페인과 전쟁을 불사하여 쿠바와 필리핀을 지배하에 두었으며, 이들 국가 모두 멀리 동아시아에까지 관심을 뻗게 되었다. 이때의 제국주의적 지배는 스페인식 약탈에 비해 일층 세련화된 지배, '백인의 책무(white man's burden)'와 '문명화 사명(la mission civilisatrice)'이라는 자아도취를 동원할 수 있는 지배 양식이었다.

일본은 바로 이 고비에 새로운 제국주의 국가로 등장했다. 청일전쟁과 러일전쟁, 두 차례의 전쟁을 통해 성장해온 신흥 강국답게 일본은 제1차 세계대전에도 적극 개입한다. 1914년 7월 개전(開戰) 직후 동맹국인 영국의 지원 요청에 신속하게 참전을 결의, 11월에는 독일 식민지인 칭다오(靑島)를 점령했으며 이듬해 3월에는 중국 동부 지역 병력을 증강했다. 1918년 8월에는 체코슬로바키아 부대 구출을 명분으로 시베리아에 군대를 파견했다. 영국·프랑스·미국 역시 같은 명분으로 러시아에 군대를 보내 내전 개입을 시작할 때였다.

체코슬로바키아 부대란 오스트리아-헝가리 군대 포로 중 체코-슬로바키아인 자원자로 구성된 부대를 뜻한다. 이 부대는 오스트리아-헝가리 제국으로부터 동족(同族)을 독립시키겠다는 목적하에 러시아에서 활약하고 있었으며, 1917년 러시아혁명 후에는 볼셰비키 정부와 갈등하고 타협하면서 귀국을 위해 동쪽 국경으로 이동하고 있었다. 3·1운동 중 다수의 참여자들이 지적한 바 "약소 민족 자결에 대한 성의를 표하여", "체코슬로바키아 민족의 자유권 회복을 위해서 시베리아에 출병한" 일본으로서 어찌 조선의 독립 요구를 외면하느냐며 힐문한 것은 바로 이 지점을 꼬집는 뜻이었다. 여담이지만, 조선 독립군이 바로 이 체코슬로바키아 부대로부터 무기를 인수받았으며 그 화력에 기반해 청산리전투 등 일본군과의 전면전을 벌일 수 있었다는 것은 오랫동안 전설처럼 전해진 일화다.*

　　일본군의 제1차 세계대전 참전 및 시베리아 출병은 일본군과 조선인 부대 사이 정면충돌을 빚어냈다. 중국과 러시아에 최대 7만 규모로 파견돼 있던 일본군은 소비에트 적군에 가담한 한인 빨치산부대와 충돌했고, 3·1운동 이후 본격 무장을 시작한 다종(多種)의 독립군들과 대결해야 했다. 조선인들로서는 국제적 조건을 활용·주도할 필요에 눈뜨고 있었을 무렵이다. 폴란드·체코슬로바키아 등이 '민족자결'이라는 호응을 끌어내고 마침내 독립에 성공했듯, 조선 역시 세계적 대변동의 물길을 잘 바꾸고 모아낸다면 독립을 일굴 수 있을 듯 보였다. 구체적으로는 독일 혹은 러시아와의 연대 방안이 모색되었다. "독일의 필승을 믿고 전후 독일의 원호(援護)에 의해 한국 부흥을" 꿈꾸는 사람들이 있었는가 하면[27] 소비에트 러시아야말로 반(反) 제국주의의 새로운 세계를 열 것이라고 기대하는 이들도 있었다. 마침 러시아가 카라한 선언을 발표하여 해외 식민지에 대한 권리를 포기하겠다는 입장을 밝힐 무렵이었다. 민족자결주의 역시 윌슨의 창안이기 앞서 레닌의 고안이요 사회주의야말로 약소민족의 미래상이라고도 했다. '빈자를 위한 민주주의, 인민을 위한 민주주의'를 제창하는 정부라지 않는가.

237

* 이범석의 회고록에 의하면 체코슬로바키아 망명군대의 무기를 구입하는 데는 임시정부 군무부장 조성환이 중개 역할을 했다. 당시 러시아를 횡단하고 있던 체코슬로바키아군은 6만 명 규모였는데, 그 진영에서 발행하는 신문에서 3·1운동을 여러 차례 호의적으로 보도하는 등 조선 문제에 관심을 갖고 있었으며, 그것이 기반이 되어 총지휘관인 장군 라돌라 가이다(R. Gajda)의 협조로 무기를 매수할 수 있었다고 한다. 여운형 역시 윌슨 대통령 특사 크레인(C.R. Crane)의 소개로 가이다 장군을 회견했다.

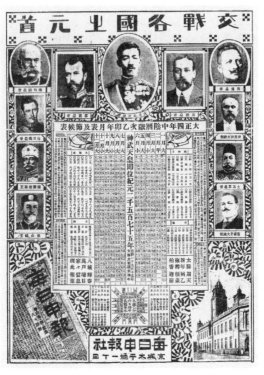

37

제1차 세계대전 참전국 지도자들의 모습. 『매일신보』 1915년 1월 1일자 지면의 일부로, 달력으로도 쓸 수 있게 제작했다. 중앙에 다이쇼 천황을 배치한 후 좌우에 연합국인 러시아 황제와 영국 국왕을 각각 배치했고, 왼쪽에는 오스트리아-헝가리 황제, 벨기에 국왕, 세르비아 국왕, 몬테네그로 국왕을, 오른쪽에는 독일 황제, 프랑스 대통령, 투르크 황제, 포르투갈 대통령을 차례로 배치했다. 총 11명 중 프랑스와 포르투갈을 제외한 9개국 수반(首班)이 세습군주인 상황이었다. 그러나 제1차 세계대전은 왕과 왕실에 의한 지배체제를 끝장냈다. 전쟁과 혁명, 그 와중의 국가 분리 및 해체의 영향으로, 1919년 파리평화회의 개막 당시 이들 군주 중 왕좌를 지킬 수 있었던 것은 영국과 벨기에, 그리고 일본에 불과했다.

전쟁의 위생학, 죽음이라는 대가

여느 전쟁과 마찬가지로 제1차 세계대전은 일종의 불가사의다. 원인도 불가사의였고 진행 과정도 그러했다.[28] 선발 제국주의 영국·프랑스와 후발 제국주의 독일 사이에 긴장이 고조되고 있었던 것은 사실이고, 오래된 제국체제가 주변부 지역의 민족주의적 열망과 불화하고 있었던 것 또한 사실이지만, 제1차 세계대전 같은 대규모 살육전은 누구도 예상치 못한 초유의 경험이었다. 그럼에도 이 전쟁은 유럽을 넘어 세계를 바꾸어 놓았다. 나폴레옹 전쟁 이후 꼭 한 세기 동안 평화를 구가했던 유럽은 왕정-부르주아 협력체제로 안정되어 있던 옛 세계의 터전을 잃어버렸고, '유럽의 몰락'이 초래된 대신 미국과 소비에트 러시아가 신생했으며, 패전국 식민지를 중심으로 세계적 수준에서 판도의 재조정이 이루어졌다.

239

전쟁은 열광에 가까운 환영을 받으면서 시작된 것으로 보인다. 발발과 거의 동시에 영국에서는 "모든 전쟁을 끝내기 위한 전쟁"이라는 문구가 유행하기 시작하여[29] 청년들은 '특별한 명예', '기적적인 경이'라는 자긍으로써 전장에 나아갔다.[30] 『마의 산』이나 『데미안』 결미에서 보이듯 독일과 오스트리아-헝가리 제국의 젊은이들 사이에서도 '마침내 진짜 삶이' 개시되었다는 흥분이 고조되었다. 젊은 아방가르드 예술가 사이에서는 "전쟁이야말로 최고의 위생학"이란 표현마저 등장했다.[31] 독일의 승전을 기대한 심리와는 또 달리, 조선 청년들 사이에서도 이 전쟁이 독일의 군국주의·전제주의에 맞선 평화주의의 전쟁이라는 영국 발(發) 선전이 수긍되는 듯 보였다.[32] 그렇다면 유럽 내부에서 더 선진적인 문명이 다른 문명의 오류를 교정하는 사건으로 전쟁이 평가될 수도 있었을 것이다.

그러나 폭력의 규모는 압도적이었다. 전사자 약 1,000만에 부상자 약 2,000만이라는 가공할 숫자에서 보이듯 제1차 세계대전은 대규모 살육전이었으며, 그중 상당수가 어떤 전과(戰果)도 거두지 못한 대치전에서의 희생이었다는 점에서 파괴는 더욱 부조리했다. 그 충격은 일본에까지, 조선에까지 미쳤다. 3·1 운동 후 미국에서 활약한 작가 강용흘은 전쟁 당시의 감상을 다음과 같이 회고한 바 있다. "세계대전이 일어났다. 수백만 명이 살해되고, 2,000년 동안 누적되어 온 그리스도교 문명이 파괴되었다는 기사도 읽었다. 르네상스 시대 이전에 건축된 예술품인 웅대한 사원들이 40마일 떨어진 곳에서 발사한 포탄에 의해 파괴되었다는 기사도 읽었다. 그러면 서양은 자기들이 말하던 대로 행동하지 않는구나! 그들은 동양과 똑같이 악하다. 아니, 더 악하다. 왜냐하면 적어도 동양은 선교사들을 보내어 이렇게 말하지는 않았기 때문이다 — "우리의 그리스도교는 훌륭한 정의다. 너희는 이방인이요, 너희가 숭배해온 현인들은 훌륭하지 않다. 왜 너희는 우리의 예를 좇지 않느냐?""[33]

당시 와세다대 유학 중이던 설산(雪山) 장덕수도 전쟁의 참상에 몸서리쳤다. "포성이 동지(動地)하고 연기가 창천(漲天)하며 칼끝에 불이 나고 눈 안에서 피가 나니 이것이 진실로 지옥이요 이것이 참으로 악마로다."[34] 아이러니컬하게도 식민지 조선 청년들에게 있어 유럽을 포함한 동시대성의 감각은 전장에서 죽어가는 신체들을 보면서 싹튼다. 제1차 세계대전 초엽에 발표된 「희생」이라는 산문시는 이렇듯 전쟁을 통해 '동시대성' 혹은 '세계성'을 감각케 되는 순간을 잘 보여주고 있다. "불 한번 번쩍, 흰 연기 풀썩!/ 젊은 용사의 온 미래, 온 현재, 온 과거는,/ 다만 이 순간이러라./ 한없는 붉은 피는 사방으로 솟으며,/ 흩어진 살점은, 삼사 분이 지난 이때야 비로소/ 최후의 두려움을 맛보는 듯,/ 흐드들…… 떤다!"라는 초두를 통해 작자는 유럽의 어느 전장, 포탄 속 젊은 병사의 최후를 증언한다. 포탄에 맞아 젊은 신체가 찢기는 순간, 생생하던 생명이 붉은 피와 더운 살점으로 조각나는 순간 — 머나먼 유럽 전장의 백인 청년이건 조선의 식민지 청년이건 죽음 앞에 취약하긴 마찬가지다. 이 사실을 확인한 후 글의 초점은 점차 조선으로 이동한다. 개인의 생애 속으로 들어가, 어머니의 자애 같은 보편적 유년 체험을 술회한 후 화자가 도착한 곳은 "소학교 체조 선생님"이 학교 온 이유를 묻고 "하나, 둘 하러 왔소"라고 답하는, 즉 학교=병식체조의 장(場)이었던 1900년대의 조선적 풍경이다. 전장에서 죽은 청년은 "일찍이 톨스토이 옹의 『전쟁과 평화』를 고성으로 대독한 적도 있었고, 또 외국인의 명저 되는 전쟁실기도 몇 번 암송한 적이 있었"다. 책을 통해 막연히 전쟁을 상상했을 뿐, 유럽에서나 조선에서나 별다를 것 없을 도서목록이다. 유럽의 청년과 조선의 청년, 두 존재의 죽음과 생은 거의 완벽히 겹쳐 버린다.[35]

241

이러한 이중 초점은, 그러나 글 말미에 이르면 다시 "들 풀 숲 이슬에 고기 한 덩어리! (…) 한 순간에 다 스러져가는 용사의 말로!"라는 구절로써 유럽 전장에 되돌아간다. 1914년 8월 작(作)이라는 부기가 붙어 있으니 아직 연합국에 의한 조기 승전이 점쳐질 무렵이고 일본이 독일에 선전포고를 한 직후이지만[36] 전투에 대한 흥분은 전무하다 해도 좋을 정도로 느껴지지 않는다. 다른 글을 널리 참조하더라도 유럽의 젊은 세대처럼 전쟁을 환영한 자취는 거의 없다. 1920년대 초 장편소설에서 "불쌍한 조선 사람들이 스스로의 용병을 조직해 가지고 멀리 구라파에 출전한 것"을 설명하면서 "전쟁 — 그것은 강한 자보다 약한 자의 맘을 격동시키는 물건. (…) 구름 같은 연기 속에서 칼을 번쩍이며 이리저리 달리는 것이 무엇보다도 자기네들의 억울한 심정을 풀어주는 것"이라고 이유를 댄 바 있지만[37] 그런 '격동'의 증거를 다른 글에서 찾기는 쉽지 않다. 앞서 장덕수처럼 전쟁에 대한 공포를 적나라하게 토로한 후에야 "남자가 한번 이 세상에 나서 칼을 들고 투쟁의 영웅이 되며 탄알 받고 자기의 의지를 실현함이 역시 남아의 일대 쾌사가 아닐는가?"라고 덧붙일 뿐이다.[38] 같은 시기, 일본은 물론이고 중국에서도 전쟁의 승패 및 그 근인(根因)에 관심이 쏠려 있었다는 사실[39]과 조선 청년들이 전쟁 자체에 대한 전율을 주로 고백했다는 사실은 흥미로운 대조를 이룬다.

따져 보면 제1차 세계대전에 대한 반응 자체에 공포와 희망은 착잡하게 얽혀 있다. "산하(山河)를 명동(鳴動)케 하는 대포성 (…) 참절(慘絶) 비절(悲絶)한 시체들" 속에서나마 선진 문명은 진보의 계단을 밟고 있는 반면 조선은 침체 일변도라는 대조[40]는 오히려 초기의 반응에 속한다. "구주 천지의 진포뇌탄(震砲雷彈)은 은은한 애성(哀聲)이 수십만 리를 통하여 아(我)의 몽(夢)을 경(驚)케 하"는 가운데 "어찌 이같이 적막하며 고통하며 고독하며 함정(陷靜)한가"라고 탄식하는 감각은 이윽고 '충돌'과 '타파'를 부르짖는 선동으로 이어진다.[41] 파괴와 살육의 극한지점에서 참회가, 전환이, 신생이 찾아오리라는 기상천외의 희망이 피력되기도 한다. "포탄이 난다. / 창검(鎗劍)이 번득인다. / 뭍에, / 바다에, / 하늘에." "육(肉)이 난다. / 혈(血)이 뛴다. / 뭍에, / 바다에, 하늘에" 전쟁의 장면은 전형적이다. 그러나 오래잖아 이는 "우리들의 눈이 다 빛나,/ 우리들이 다 가즉히 머물러서,/ 다 각각 '나'더러 가만히,/ '내가 무엇을 합니까' 물으리다"라는 참회에의 기대로, "그때 그때야말로 참 뉘우침이,/ 우리들의 가슴을 찢으리다"라는 갱생에의 소망으로 이어진다. 시인은 마침내 미래의 광명을 미리 목격하기마저 한다. "아니, 아니 벌써, 벌써/ 저, 저 하늘가에 적은 별이 번득이오. (⋯) 오직 이뿐! 오직 이뿐!/ 신(神)의 사랑. 전인(全人)의 사랑."[42]

전쟁의 도덕화, '폐허 이후'의 기대

막 실존과 죽음을 재발견하기 시작한 때여서인지도 모른다. 조선의 젊은 세대는 제1차 세계대전을 통해 '죽음'에 민감하게 반응한 반면 전쟁의 정치·경제적 영향에 응대하는 데는 비교적 더뎠다. 실제적 영향 관계를 가늠하기에는 안목이 부족한 탓도 있었으리라. 1917년 발표된 서춘의 「구주전란에 대한 삼대의문」이 잘 표현해냈듯, 평화주의를 내세운 채 전쟁을 계속하고, 자유주의를 표방하면서 국가주의적 정책을 채용하며, 영국·프랑스·러시아에 미국을 망라한 위력으로서 독일 한 나라를 꺾지 못하는 원인이란 도통 불가사의였다.[43] 청년들로서는 그보다 전쟁의 영향을 정신화·도덕화하는 노선을 선호했다. 제1차 세계대전의 전장을 체험한 예외적 조선인들과는 다른, 그러나 역시 중요한 접근법이었다. 청년 세대는 제1차 세계대전을 민주주의 대 군국주의의 대결로 해석한 베르그송식 선전[44]을 떠올렸고, 전쟁 이후의 세계에 대해 고심하기 시작했다.

244

'쾌재아? 독군아!'라는 표제하에 시체더미 위, 어떤 소녀의 시체를 밟고 선 독일
군사를 그린 「매일신보」 소재 삽화. 배경의 불타는 마을은 독일군이 잔인하
게도 비무장의 민간인을 공격·학살했다는 사실을 강조해준다. 이 삽화
바로 옆에는 '동(冬)이 내(來)하였다 비참한 백국민아'라는 표제의 기사
가 크게 실렸다. '춥고 떨리는 엄동이 왔다 ─ 불쌍한 백이의(白耳義) 백
성아 ─ 배고프고 추운 700만 생명은 ─ 천하 사람의 의협심에 달렸소'
라는 장황한 부제를 달고 "세계 사람의 동정을 받아 의연금을 얻지 아
니하면" 벨기에 국민들이 동사·아사하게 될 지경이라고 호소하고 있는
기사다. 이즈음 「매일신보」는 거의 매일 전쟁의 파괴상을 보도하면서
불타는 교회며 부상당한 군인, 시신이 널린 거리 등의 화보를 게재했
다. 그러나 일본이 참전하면서 「매일신보」의 논조는 크게 바뀌어, 기사
및 화보의 방향도 전투의 관점을 독려하고 애국주의적 심성에 호소하
는 쪽으로 이동한다.

제1차 세계대전은 20여 년 후 제2차 세계대전과 겹쳐 비치곤 하지만, 독일이 먼저 선전포고를 했고 결과적으로 패전했다는 점 외에는 실상 크게 다른 전쟁이다. 자유주의 대 파시즘 사이 충돌을 핵심으로 한 제2차 세계대전과 달리 제1차 세계대전은 선발 제국주의 국가 대 후발 제국주의 국가 사이 식민지 쟁탈 전쟁의 성격을 띠었으며, 터키인에 의한 아르메니아인 학살 같은 참극이 있었음에도 한쪽이 반인륜적 범죄의 책임을 거의 다 짊어져야 하는 방식으로 전쟁이 전개되지도 않았다. 한 치를 뺏고 뺏기는 소모적 참호전 속에서 수십만, 수백만이 죽어간 데 대한 책임을 한쪽에 귀속시키기 쉽지 않다는 뜻이다. 그럼에도 불구하고 제1차 세계대전은 세계 역사상 최초로 '전쟁 범죄(war crime)'와 '전쟁 책임(war responsibility)' 개념을 낳은 전쟁이었다.[45] 이때 독일을 단죄하는 주된 심리적 동기가 된 것이 전쟁 초기 중립국 벨기에가 침공당한 사건이다. '벨기에의 강간(Rape of Belgium)'이라 불린 이 사건은 세계적으로 대(對) 독일 여론을 악화시키고 전쟁의 야만성에 대한 공분(公憤)을 고조시켰다. 조선에서도 마찬가지였다.

『매일신보』는 여러 차례에 걸쳐 벨기에 민간인들이 학살당하고 문화유산이 파괴당했다는 사실을 보도했다. 자극적인 화보도 실었다. 벨기에 병사 전사 장면을 게재하기도 했고 벨기에 소녀의 수난을 그린 후 '욕보고 매맞고 덕군(德軍)에게 참혹하게 밟히어 이 세상을 떠나는 백이의국의 불쌍한 소녀'라는 표제를 달기도 했다.[46] 약소국이라는 공동 의식에 어쩌면 대한제국기 한때 중립화론을 제기했던 기억이 겹쳐 조선인들 사이에 충격과 공감은 더욱 컸을 터이다. 벨기에 망명정부를 위한 모금운동에 공명하고 벨기에 병사를 애도하는 시를 지으면서, 식민지 조선인들은 '전쟁 이후'와 '약육강식 이후'에 대한 갈망을 키워 나갔다. 『매일신보』조차 칭다오 함락을 경축하고 국세 신장을 예찬하는 한편에서 전쟁 자체에 대한 회의를 전달했다. 같은 날짜 같은 면 화보에 '포탄이 하물(何物)이냐 일사(一死)로 보국이다'라고 써 놓고도 기사에는 '참혹한 전장의 발광 — 매일 생기는 미친 군사 — 적군의 진 앞으로 쏜살같이 — 법군(法軍)의 발광이 삼사만 명' 같은 부제를 달아 전장의 공포나 수면 부족으로 발광하는 병사가 속출하고 있다고 보도하고 있는 형편이었다.[47] 칭다오 공세가 한창인 상황에도 '처참한 전후의 비극'을 지적하고 '전쟁보다 비참한 전쟁 뒤 — 들에 널린 용사의 송장 — 군복을 적시는 장졸의 눈물 — 주머니 속에 처자의 사진 — 연기로 사라지는 적지의 충혼' 같은 표제를 통해 죽음의 애달픈 무게를 강조하는 식이다.[48] 요절한 시인 최승구가 노래했듯 정의와 평화는 "다만 저들의/ 꿈속의 농담"이며 벨기에 '히어로'의 죽음은 "너, 자아 이외에는,/ 야심 많은 적뿐이요,/ 패배는 너의 정부/ 약한 까닭뿐이다."[49]

3·1 운동 몇 년 후 『개벽』에서는 이렇게 분석했다. "구주대전이 개시된 동기는 덕(德)·법(法)·아(俄) 삼국의 군국주의적·제국주의의 물질적 욕망의 충돌이었다. 거기는 아무 도덕적 동기도 없었고 민중적 동기도 없었다."[50] 그러나 약 1,000만 명이 죽어간 제1차 세계대전은 '이토록 많은 피를 무위로 돌릴 수는 없다'는 절박한 실감을 선사했다. "세상과 우리 자신에 대해 이 모든 일을 저질러 놓았으니 (…) 반드시 더 나은 세계를 건설해야 한다"는, 폐허 이후의 유토피아적 사명의식이었다. 더욱이 전후의 유럽은 '건설'의 염원에 적합하게, 너무나 많은 것이 미결정 상태에 놓인

유동(flux) 속에 처해 있었다.[51] 더 이상 옛 세계일 수 없으나 새 세계에 진입할 수도 없는 한계 상황(liminal condition) — 이것이 유럽 및 유럽이 지배한 세계가 대면한 새로운 국면이었다. 제국주의적 야욕에서 시작했을지라도 "덕국(德國)이 백이의(白耳義)의 중립을 침해함을 구실로 영국이 참전하게 된 때에는 적더라도 언론상으로는 정의와 인도를 옹호하기 위한 것이라는 도덕적 동기가 가하여졌다. (⋯) 미국의 참전에 이르러서는 더욱 이 도덕적 동기가 농후하였다."[52]

제1차 세계대전 중 참호전은 가공할 만한 낭비였다. 폭탄과 독가스가 동원되었고 무려 1,000만여 명의 유럽과 식민지 청년들이 죽어갔다. 처음으로 그만한 규모의 내부 전쟁을 경험한 유럽인들은 그 충격을 어떤 방식으로든 이해하고 치유하려 했다. 예컨대 제1차 세계대전 와중에 씌어졌고 한국에도 큰 영향을 미친 바르뷔스의 소설 『포화』(1917)를 참조해볼 수 있겠다. 바르뷔스 자신 40세를 넘긴 나이로 전선에 자원, 1년여 참호전을 치른 경험에 바탕하고 있는 이 소설은 '연옥'으로서의 전장을 고발한다. 포탄이 작렬하고 동료가 죽어가는 한켠에서, 비는 매일 무섭게 들이쳐 참호 속 병사들의 허리 너머까지 넘실거린다. 채 옮기지 못한 시체는 빗물 아래 잠겨 있고, 진흙과 오물로 범벅된 더러운 물은 포화보다 더한 공포와 혐오를 안겨준다. 그러나 아직 전쟁이 끝나기 전이지만 마지막 장에서 주인공은 '서광'을 본다. 마침내 빗줄기가 걷히고, 노아의 대홍수를 치른 듯한 들판 위에서 희미하지만 필사적인 희망을 느끼는 것이다. "마치 광기의 발작과도 같이" "이성, 논리, 그리고 단순성의 황홀"이 닥치리란 예감이 주인공을 압도하는 가운데, 대홍수–파괴는 인류가 방향 전환을 위

해 치러야 할 막대한 대가로서 승인되고 긍정된다.[53]

일종의 유토피아니즘을 낳은 이 새로운 국면을 선도한 사람은 당시 미국 대통령이었던 우드로우 윌슨이다. 이미 프린스턴 대학 총장 재직 시절부터 대학과 국가의 "절대적으로 민주적인 재생"을 요구한 바 있던 그는[54] 제1차 세계대전 발발 후 추동력을 얻은 개조의 사상에 적절히 조응했다. 본래 미국의 참전에 반대했고 제1차 세계대전 후에는 미국의 국제연맹 가입을 이끌어내는 데도 실패했지만, 즉 정치가로서 국내 입지는 제한돼 있었지만, 국제적으로 그의 유토피아니즘은 참혹한 전재(戰災) 이후 신세계를 갈망하는 여론을 단숨에 끌어들였다. 낡은 현실이 녹아내리고 있었던 만큼 '재생'의 비전은 강력했다. 막상 윌슨 자신은 인종주의자였고 식민지 문제에 대해 전혀 관심이 없었으나, 윌슨을 통해 제기되고 표현된 문제는 그 개인을 넘어서 세계를 지배했다. "윌슨의 도덕적 동기와 성의"는 그 본래의 취지를 넘어 식민지 민중 사이에서 크나큰 공감을 불러일으켰다. "다수 민중이 소수 자본가계급의 유린하는 노예인 것을 분명히 자각하고 이것을 도괴(倒壞)하자는 결심과 맹서를 한 것은 구주대전의 결과 중의 하나이다. 그네는 인류의 모든 불행이 군국주의와 자본주의에서 오는 것임과 인류의 행복이 정치적·경제적으로 자유와 평등의 신사회를 건설함에 있음을 자각한 것이다."[55]

이 지각변동이 근본적으로 제국주의적 질서 내에서의 변이에 불과했으며 영토의 재정비 역시 패전국 영토 갈라먹기에 불과했다는 지적은 결과적으로 타당하다. 그러나 제1차 세계대전 후 변동은 '구 질서 유지'와 '신 질서 건설' 사이 쟁투의 과정이었으며, 결국 열강이 득세하고 제국주의적 지배가 강화된 그 결과가 처음부터 예상된 것은 아니었다.[56] 제1차 세계대전은 실로 크나큰 변화를 불러왔다. 노동문제와 여성문제가 급부상하면서 8시간 노동제와 여성참정권이 정착하기 시작했고, 민족간·인종간 평등이 쟁점화되면서 민족국가 체제가 전 지구적 현실로 발돋움했으며, 계급 간 투쟁과 화해가 재조형되면서 유럽 내 지각변동이 잇따랐다. 식민지 조선 또한 3·1 운동 이후 9시간 30분 노동제를 맞이했고 여성의 계몽과 해방을 논하게 되었으며, 반제국주의의 정서를 선명히 하면서 개조주의·사회주의·무정부주의를 받아들였다. 19세기 후반 세계와 조우했던 한반도는 제1차 세계대전과 3·1 운동을 통해 비로소 세계의 의제를 동등하게 고민하는 주체가 되었다. 1900년대부터 문제됐던 민족의 생존과 부강은 이제 세계적 상황 속에서 짚어야 할 문제가 되었고, 식민지 청년들은 세계적 존재와 인류적 실존을 개척함으로써 그 상황에 동참하였다.

249

4장.
혁명

신생하는 세계

도시에서 돌아온 폐병 앓는 청년이 해준 이야기는
어린 우리들에게 얼마나 즐거웠던지. (…)
그는 차르의 어두운 러시아를 이야기했다. (…)
차르의 검은 독수리가 찢어지고
모스크바의 하늘 높이 낫과 망치가 그려진 빨간 깃
발이 나부꼈던 그날의 일을
최 선생이라고 불린 그 젊은이는
그 대단했던 우렁찬 함성이 조선을 뒤흔든 봄도 보
지 못하고
잿빛의 눈이 내릴 듯한 하늘에 희망을 던지고 고향
의 서당에서 죽었다
그렇지만 자유의 나라 러시아 이야기는
얼마나 깊은 동경과 함께, 내 가슴에 스며들었던가

/ 마키무라 코우, 「간도 빨치산의 노래」(1932)

메이지대 학생 양주흡, "민중이 회집하여 혁명을"

1919년 1월 31일, 메이지대 법대 재학생 양주흡은 고향인 함경북도 북청을 향한 귀향길에 올랐다. '혁명'에의 기대에 자못 흥분돼 있는 상태였다. 2·8 독립선언 계획 때문이었지만 옛 광무황제의 죽음도 한몫했다. 2·8 독립선언에 대해 조선인 유학생들 사이 공개적으로 논의가 시작된 것은 1월 6일이었던 듯하다. 이날 학우회 편집부 주최 웅변대회에 참석했던 양주흡은 "구세(救世)의 국책을 설명하여 만장일치가 되었으므로" 위원 열 명을 뽑아 일본에 대해 시위운동을 벌이기로 했다고 적는다. 다음 날은 '독립운동 혁명회'가 열렸다. 여학생들도 대표를 파견한 가운데 도쿄에 유학하는 학생 중 절반 넘는 400여 명이 회의석상에 참석했다. 일본 정부에의 질의, 각국 외교관저 앞에서의 시위운동 등을 결의한 후 마침기도를 할 때 학생들은 "만장일치로 눈물을 흘리면서 절규"했다. 회의가 끝난 후 대표 20여 명이 경시청을 방문했다. 양주흡은 이날 일기에 "이 민족을 구제할 자는 우리 동경의 유학생이므로 비록 산이 움직이더라도 나는 움직이지 않겠다"고 다짐한다.[1]

대표단의 경시청 방문은 그야말로 '질문과 회유'로 끝났으나 양주흡은 의기를 꺾지 않았다. 졸업을 1년여 남겨두었을 때였지만 "졸업을 하여도 별볼일이 없으므로 이 차제에 독립이 되지 않으면 미국으로 가서 정치과를 졸업하기로" 결심한다. 부모에게 자금을 청구한 후 며칠 기다리던 중 "귀국하여 경성에 가서 민심을 선동할까, 만주로 갈까" 다시 고민하기 시작한다. 판단은 혼잡하고 피는 끓고, 겨우 경성행을 결심하고 났는데 고종 승하 소식이 들려온다. 양주흡은 더 안타까워진다. "경성에서는 이태왕 서

253

거로 인하여 민중이 회집하여 혁명을 하는 데 절호의 기회인데 아 — 어찌하여야 하는가.” 다수 민중이 모였다는 이유만으로도 ‘혁명’을 상상하고 계획하기에는 넉넉해 보였다. 양주흡 자신은 여러모로 지도자급의 인물은 아니었던 듯한데도 그랬다.

도쿄에 유학하던 젊은이들이 대개 그러했듯 양주흡도 ‘혁명’을 꿈꾸었다. 3·1 운동 전이지만 양주흡의 눈에 이미 혁명은 시작되고 있었다. 야시장에 가서 책을 사고 『수양론』이며 『대전과 미국의 장래』며 『연설미사법(演說美辭法)』 등을 읽으며 소일하는 동안 서울에서는 사람들이 혁명 운동을 시작하는 게 아닌가. 고종 승하 소식을 듣고 “아 — 혁명 — 새 생명의 혁명”[2]을 외쳤던 와세다생 김우진과 마찬가지로, 양주흡 역시 옛 군주가 세상을 떠났다는 소식에, 애통해 하기보다 곧 격변이 닥쳐올 것을 예감하고 기원한다. ‘구세계의 장례식’으로 제1차 세계대전이 자리매김되고 있던 당시다. 유럽이 쇠퇴하고, 약육강식의 질서가 몰락하고, 제국주의적 세계 질서가 종막을 맞게 되리라고 했다. 1년여 전 있었던 러시아혁명 같은 경로일지는 알 수 없지만 조선도 바야흐로 혁명을 바라보고 있는 듯 보였다.

2월 초 고향에 도착한 양주흡은 『혁명론』을 읽고 『연세혁명사(延世革命史)』를 자습한다. 1910년대 지식 청년들에게 ‘혁명’이 그만큼 가까운 말이었음을 잘 보여주는 사례라 하겠다. 국내에서는 거의 발설되지 못했으나 식민지의 경계를 넘어서면 ‘혁명’이라는 단어는 넘쳐났다. 이미 근대 초기 식자층 사이에서는 ‘혁명’이라는 말이 친숙해졌던 후다.[3] 비록 독립협회 해산 후 러일전쟁까지, 즉 1899~1905년의 시기에 ‘혁명’이라는 단어가 금지되다시피 했고 이후 1910년까지는 국망의 위기 앞에 ‘혁명’의 문제가 부차화되었으나, 그럼에도 '혁명'에 대한 문제의식이 끊이지는 않았다. 더더구나 1910년대는 세계적으로 혁명의 시대였다. 3·1 운동 직전 양주흡이나 김우진이 '혁명'이라는 단어를 쉽게 발음할 수 있게 된 것은 그런 상황 한복판에서였다. 오늘날에는 3·1 운동이라 불리고 있는 사건이 종종 '3·1 혁명'이라 불렸던 것 역시 그 같은 사정을 배경으로 해서였다.

1911년 신해혁명, 중화체제의 종말

바야흐로 혁명의 시대였다. 1910년 멕시코혁명이야 현지 조선인들이 참여했을 뿐 생경한 지역의 사건이라 별 반향을 불러일으키지 못한 것 같지만, 1911년에는 중국 신해혁명이 크나큰 충격을 주었고, 1917년 러시아혁명에 이어 1918년 2월 핀란드혁명(내전), 1918년 12월 독일의 스파르타쿠스혁명, 1918년 11월과 1919년 3월 헝가리의 두 차례 혁명 등, 유럽 대륙의 혁명 소식은 대부분 조선에까지 와 닿았다. 운암 김성숙은 도회지도 아닌 평안북도 철산 산골 출신이었지만 어린 시절 신해혁명이며 러시아혁명 등에 대한 소식을 줄곧 들었다고 한다. "그 소식들은 모두 제가 살던 철산의 산간벽지에까지 곧 흘러들어옵니다. 손문 이야기, 신해혁명 이야기 (…) 러시아에서는 레닌이라는 혁명가가 나타나 제정을 뒤엎고 공산주의 국가를 세우려고 망명지에서 뛰어다닌다는 얘기도 들었지요."[4]

한반도에 '혁명'이라는 어휘가 쓰이기 시작한 것은 1890년대 후반부터다.[5] 혁명사를 중요하게 다룬 『태서신사(泰西新史)』나 아예 프랑스혁명에 초점을 맞춘 『법국혁신전사(法國革新戰史)』

등이 이때 번역·소개되었고, '청국 혁명당'이나 '아라사 혁명'에 대한 외신 보도가 드물게나마 있었으며, 청년 장교들의 '혁명일심회'처럼 국내에서도 '혁명'을 표방한 비밀결사가 생겨났다. 1900년대에는 량치차오(梁啓超)의 '시계혁명(詩界革命)'에서 영향받아 '동국시계혁명'이 주창되는 등 '혁명'이 보다 익숙한 어휘가 되었다. 그럼에도 이 시기에 '혁명'은 실감 나는 의제는 아니었던 것으로 보인다. 전제를 종결시켰다는 공화혁명은 먼 유럽의 역사였을 뿐이고, 반면 중국·러시아의 사건에 대해서는 시사적 관심이 우선이었을 따름이다. 정치·사상적 의미와 현실적 충격이 결합된 '혁명'에의 실감은 채 형성되지 않았다. 그러나 청조(淸朝)를 무너뜨린 신해혁명은 이런 상황을 크게 바꿔 놓았다. '혁명'은 그야말로 가까운 현실이 되었다.

256   1911년 신해혁명 당시 한반도에서는 중국인 거리마다 혁명에의 열광이 넘실거렸다. 서울에서는 중국인 상점을 중심으로 "손문과 황흥의 사진이 걸리고, 혁명이라는 새로운 음파(音波)가 뜻을 지닌 청년의 귀를 난타하는 실정"이었다고 한다.[6] 특히 수백 년 전제의 사슬을 끊고 배만(排滿)과 공화혁명을 성공시킨 쑨원의 활약상이 청년층의 비상한 관심을 모았다. 성균관 유생 출신이요 근왕주의자였던 조소앙은 독일 체류 중이던 가형(家兄)의 추천으로 『손일선전(孫逸仙傳)』을 구해 읽고 큰 영향을 받았다고 한다. '지나문제회 연설'이나 '청국 풍경과 혁명군' 같은 중국 시사(時事) 관련 강연회를 찾아다닌 것도 그 연장선상에 있었을 터이다.[7] 후일 신한혁명당에 참여한 민필호는 "신해년에 국민들이 중화민국의 혁명 성공을 풍문에 듣고 심중에 흥분했다"고 적는다. 민필호 자신이 중국 망명을 단행한 것도 신해혁명 직후인 1911년

겨울이었다.[8]

신민회원 조성환도 흥분 어린 편지를 안창호에게 보냈다. 조성환은 수십 년간 베이징 거점의 독립운동을 키워낸 인물이자 3·1운동 직후 무장투쟁단체 북로군정서(北路軍政署) 군사부장이며 후일 광복군의 조직가다. 안창호와 매우 친밀했는데, 1911년 10월 10일 우창(武昌)에서 최초의 봉기가 일어난 이래 거의 중계하듯 신해혁명 소식을 편지로 써서 안창호에게 부치곤 했다고 한다. 그가 보기에 신해혁명은 "4,000년 노 대제국의 부패한 전제를 타파하고 대륙에 영예로운 공화정체를 건설"한 경축할 만한 사건이었다. 그 "빠르고 순탄하고 원만한 성공"은 실로 놀라워 "혁명에 찬동할 한국의 기관이 없"다는 사실이 아쉬울 따름이었다. 신해혁명 소식은 그에게 불꽃과도 같았다.[9] 중국이 양이(洋夷)의 제도인 공화제를 채택했음에 불만을 표시한 이들도 있었지만, 박은식 등 개신유학자만 해도 신해혁명에 대해 호의적이었으며, 앞서 민필호의 경우처럼 신해혁명 이후 중국 망명을 선택한 이들이 급증했다고 한다. "한중호조(韓中互助)'가 본격화된 것도 이때부터다.[10]

김규흥처럼 쑨원의 측근으로 봉기에 직접 가담한 인사들도 있었다. '흘겨보는 자'였던 예관(睨觀) 신규식 — '을사오적(乙巳五賊)'을 처단하려다 실패한 후 음독자살을 시도하고 그 후유증으로 한쪽 시력을 잃어 평생 흘겨보는 듯한 눈초리를 가지게 됐다고 한다 — 도 신해혁명 소식을 듣고 비로소 국망의 타격에서 벗어났다. 세상을 등지려 했던 마음을 내던지고 혁명의 전선으로 뛰어든 것이다.[11] 그 밖에도 대한광복회의 박상진과 이관구 등, 독립운동에 헌신한 이들 중 신해혁명에 관심을 두고 그 전개 과정에

257

258

중화민국 성립을 알리는 전단지(39)와 신해혁명의 시발점이 된 우창(武昌) 봉기
를 묘사한 삽화(40). 〈39〉에는 임시 대통령 쑨원, 부통령 리위안훙(黎元
洪), 대원수 황싱(黃興)의 얼굴이 그려져 있다. 신해혁명으로 청 왕조
가 무너진 후 1912년 1월 1일에는 중화민국이 선포됐지만, 중국은 본
래 성(省) 단위 자립성이 강한데다 신해혁명에 중앙에 대한 성의 독립
이라는 의미를 크게 담았던지라 중화민국 체제는 쉽게 안정되지 않았
다. 결국 공화정부와 청 왕조 사이를 중개하던 위안스카이(袁世凱)가
임시 총통으로 취임하는 것으로 신해혁명은 일단락된다. 황제는 실권
을 잃었지만 황제라는 칭호를 그대로 보유했고, 자금성 거주를 비롯해
본래대로의 생활 또한 보장받았다. 1916년, 위안스카이가 황제를 참칭
하려다 반대 운동이 들끓는 가운데 급서(急逝)한 이후 중국의 정치적
운명은 다시 혼란 속에 빠져든다. 이런 혼란상 속에서 많은 조선인들은
신해혁명의 주역들을 일관되게 지지했다. 3·1 운동의 '민족대표' 중 한
명이었던 한용운은 1935년에 발표한 장편소설 『흑풍』에서 황싱을 중요
한 조역으로 등장시킨 바 있다.

참여한 경우는 적지 않다.[12] 신해혁명이 만주족을 몰아내고 중원(中原)을 회복한다는 민족혁명 성격을 겸했다는 사실이 호의적 반응을 촉진했으리라 짐작된다. 일찍이 장타이옌(章太炎)이 말했듯 중국 근대의 '혁명'은 배만(排滿)의 민족 혁명과 공화의 정치 혁명이라는 과제가 복합돼 있는 이중적 혁명이었으니 말이다. 한반도에서는 1900년대부터 미국 건국사와 프랑스 혁명사를 비롯해 세계사 속 공화와 민주의 역사를 학습해온 열기가 뜨거웠던 터, 그 위에 수천 년 중화체제의 최종적 붕괴는 바야흐로 새로운 시대가 도래하고 있음을 절감케 했다.

일본에 미친 신해혁명의 영향도 컸다. 천황제를 전제로 한 부국강병 노선을 걷고 있던 일본인들은 분파에 따라 중국의 공화혁명을 위협으로, 기회로, 혹은 자극으로 받아들였다.[13] 신해혁명을 일본의 다민족 통치를 점검하는 계기로 삼으려는 시각도 있었다. 서로 다른 입장과 시각을 가로질러, 입헌군주제를 앞세운 일본제국의 우월성이 도전받는다는 위기의식만은 상당 정도 공유된 듯하다. 대응책은 다양했다. 한편으로는 중국에서의 군주제 지속을 지원하는 세력이 출현하는 가운데, 다른 편에서는 신해혁명을 통해 일본 민주주의의 진전을 꾀하는 움직임도 등장하기 시작한다. 신해혁명 이듬해 혼란한 '다이쇼(大正)정변' 와중에 집권한 가쓰라(桂) 내각이 전자에 가까웠다면, 그에 대한 일본 민중의 저항은 후자의 경향을 고무했다. 번벌(藩閥)과 결탁해 집권한 가쓰라 내각은 다이쇼 정변 후 연이은 대중시위에 의해 50여 일 만에 실각한다. 이 사건 후 다이쇼기는 '민중적 경향'을 축으로 전개됐으며 이에 상응하여 정당 내각이 출현하기 시작했다.[14] 일본 민권주의자들이 메이지유신을 '혁명'으로 재해석하여 자유민주주의 옹호의 발판으로 삼고 정치·사회 개혁을 재시동하게 된 것은 그 후다.

동아시아 진보 연대

한·중·일 삼국 사상·운동가들 간 교류 일반은 신해혁명 후 1910년대를 통해 급진전된 것으로 보인다. 1880~1890년대 한때 그러했듯 '혁명'이라는 명분이 다시 삼국 공통의 근거를 마련했다고 할 수 있겠다. 일본은 고토쿠 슈스이(幸德秋水)가 처형당한 1911년의 '대역사건' 후 '사상의 겨울'을 통과하고 있었지만, 다이쇼 정변 이후 정치적 격동은 '다이쇼 데모크라시'라는 자유주의적 기풍으로 귀결되었으며, 그런 환경 속에서 '혁명'이라는 어휘도 재생되었다. 그 주류는 "시라카바(白樺)파 등을 배경으로 한 청년들의 인도주의적이고 이상주의적인 연대감", 그리고 일본 조합교회 풍의 인도주의에 해당할 법한 내용이었지만 말이다.[15] 요시노 사쿠조(吉野作造)에 의해 대표되는 노선, 즉 후일 제1차 세계대전 종전 무렵에는 윌슨주의와 레닌주의의 결합으로서의 '국제 민주주의' 실현을 기대한 개조론의 노선이 1910년대 일본을 풍미했다.[16] 중국 혁명에 대한 입장에서 드러나듯 요시노는 "공화 국체의 유지 옹호"를 흔들림 없는 방향으로 견지하면서도[17] 그 뿌리를 메이지유신에서 찾는 독특한 일본식 자유주의를 통해 국내외에 두루 음역(音域)을 확보하고 있었다.

일본 내 조선인 유학생들과 요시노와의 친교는 사뭇 두터웠다고 전한다. 요시노는 조선인 학생들을 위해 장학금을 알선했을 뿐 아니라 유학생 학우회에서 강연을 하기도 했다. 요시노가

1918년 말 조직한 여명회에는 백남훈·변희용·김준연·최승만 등 여러 명의 조선인 학생이 가입했다고 한다.[18] 이상주의·인도주의· 민본주의라 해야 할 당시 일본의 풍토 속에서 보다 정치적이고 급 진적인 연대가 시험되기도 했다. 1916년 도쿄에서는 신아동맹단 이라는 단체가 결성됐는데, "일본 제국주의를 타도하고 새 아시 아를 세우는" 것을 목표로 한 이 단체에는 한국과 중국·일본을 비 롯, 타이완·인도·베트남 등지 유학생들까지 두루 망라돼 있었다. 이들은 각기 자국의 상황에 자극받은 위에 당시 일본의 사회·정 치적 환경에 자극받아 '민본'에서부터 '혁명'에 이르는 다양한 사 조를 탐사했다. 1920년 무렵까지는 맑스(K. Marx)의 『자본론』 번 역을 기념해 좌우를 막론하고 함께 축하연을 벌일 수 있는 분위기 였다니 '혁명'도 그만큼 자유로웠을 터이다.[19]

    1910년대 일본의 지적·문화적 분위기는 일본 열도를 넘어 서는 영향을 미쳤다. 가까이는 직접 교수와 사상가들을 접촉하는 유학생이 있었고, 멀리는 일본 서적을 통해 자유주의·아나키즘· 사회주의를 접촉하는 청년들이 있었다. 예컨대 조선인 유학생이 많았던 와세다 대학에는 우키다 가즈타미(浮田和民), 오야마 이쿠 오(大山郁夫), 아베 이소오(安部磯雄) 등 다이쇼 데모크라시의 사 상가들이 교수로 재직하고 있었고[20] 조선과 중국의 일본 서점에 서는 『카이죠(改造)』, 『카이호오(解放)』, 『히효오(批評)』등의 잡 지를 판매하고 있었다.[21] 이미 1880년 전후부터 초보적 소개가 이 루어지기 시작한 위에, 사카이 도시히코(堺利彦)의 『사회주의 강 요』(1907)나 야마카와 히토시(山川均)가 편집·번역한 『동물계의 도덕』(크로포트킨 『상호부조론』 제 1·2장의 번역, 1908), 고토쿠 가 번역한 『빵의 약취(略取)』(크로포트킨, 1909) 등 사회주의나

아나키즘을 알리는 중요 저작이 출판된 지도 여러 해 지난 후였다.[22]

당시 게이오(慶應) 대학에 재학 중이었던 변희용은 1910년대 초에 이미 크로포트킨을 익숙하게 떠올리고 있다. 학우회 창립 후 첫 망년회였다고 하니 1912년 말이었을 텐데, 그는 아래층 일본 학생들이 조롱하는 데 분노해 한바탕 피까지 본 후에 문득 크로포트킨의 자서전을 연상했다고 한다.[23] 상대가 피 흘리는 순간 연민을 느끼고는 크로포트킨이 술회한 그 비슷한 순간을 겹쳐 떠올린 것인데, 변희용이 『일(一) 혁명가의 회상기』라고 쓰고 있는 크로포트킨 자서전은 이때까지는 완역된 바 없었다. 고토쿠가 생전에 『헤이민신문(平民新聞)』에 일부를 번역했을 뿐(1907)이다.[24] 변희용의 기억이 옳다면, 그는 지난 『헤이민신문』을 힘들여 찾아 읽었거나 일본어 외의 외국어를 통해 크로포트킨을 접했다는 말이 된다.

262

일본 대신 중국을 택한 청년층도 다른 경로로 '혁명'에 접근해갔다. 신해혁명 이후 제3차 혁명에 이르기까지 격동의 과정에 직접 참여한 이도 있었고, 책과 잡지와 벗들을 통해 중국 혁명 사상의 영향에 노출된 사람도 있었다. 1914년 난징으로 유학을 떠난 여운형의 경우는 중국 신문화운동의 근거지였던 잡지 『신청년(新青年)』을 통해 젊은 혁명파에 접근했다. 천두슈(陳獨秀)의 글을 통해 특히 감명을 받았다고 하는데, 후일 여운형과 천두슈는 실제로 가까운 벗이 된다. 1920년 대한민국 임시정부 초청으로 오스기 사카에(大杉榮)가 상해를 방문했을 무렵 함께 토론을 벌였던 이들이 바로 여운형과 천두슈다. 코민테른 창설 이후였음에도 이

들은 소비에트 공산주의의 노선을 우선시하기보다 '각국 혁명당 운동의 자유'에 공감했다고 한다.[25]

신해혁명을 통해 동시대의 사건으로 다가온 '혁명'은 다이쇼 데모크라시의 환경 속에서 임박한 현실이 된다. 식민지로 전락한 조선이나, 유혈 혁명 후 위안스카이에 의한 권력 횡령을 지켜봐야 했던 중국이나, 대역사건 후 정치적 관심을 차단당한 일본이나, 공히 '혁명'과 거리를 두어야 할 이유 또한 있기는 했다. 식민지 조선에서 정치적 삶은 금기시됐고 신해혁명 후 중국에서는 시기 상조론이 위세를 떨쳤으며, 경제 성장과 정치적 금압이 혼합된 일본의 상황은 공적 영역에서의 활동을 위축시키고 있었다.

그러나 그렇기에 '혁명'의 유인력은 더욱 컸다. 일본의 도쿠토미 소호(德富蘇峰)는 메이지의 열혈 청년들에 비하면 다이쇼기의 청년은 "패기가 없는 모범청년, 입신출세열에 들뜬 성공청년, 및 아무 일에도 무관심한 무색청년 (…) 성공이라고 하면 십중팔구는 부자가 되는 것"이 고작이라고 일갈한 바 있다. '혁명'은 이런 정황에의 저항력이었다. '혁명'은 인간의 욕구가 비정치적 사적 생활로 다 충족될 수 없음을 선명하게 각인시켰다. 위축된 생애, 경제·사회·정치적 제약에 짓눌린 생애에 '혁명'이란 실로 매력적인 촉발이요 선동적인 자극이었다. 메이지대생 양주흡의 말을 다시 빌면, "우리들의 목적은 실업에 있는 것이 아니"고 "다만 정치적 혁명"이라는 것이다.[26] 그것은 즉, 1900년대의 열렬한 애국주의를 등지고 '양민(良民)'의 세계에 굴종해야 했던 변화를 한 번 더 뒤집어 놓은 제3의 변신이었다.

263

『학지광』의 '혁명'

　　1910년대 중후반 '혁명'이 재부상한 흔적이 선명하게 보이는 것이 도쿄 유학생들의 잡지 『학지광』이다. 『학지광』에는 최승구의 「너를 혁명하라!」, 백일생의 「문단의 혁명아(革命兒)야」 등 표제에서부터 '혁명'을 앞세운 글이 여러 편 눈에 띈다. 「사상개혁론」, 「사회의 갱생」 등 개조·개혁·갱생의 계열이 적지 않지만 '혁명' 역시 그에 뒤지지 않을 만큼 활발하게 사용되고 모색된다. '혁명'의 어의(語義)가 가장 풍부하게 타진되고 있는 「너를 혁명하라!」를 먼저 살펴보자. 유학생들 사이 문학가로 평판이 나 있던 필자 최승구는 '혁명'이라고 할 때 일반이 먼저 연상하는 것은 영국 청교도혁명과 프랑스혁명이라고 한다. 그러나 "찰스 1세를 죽이던 크롬웰의 거완(巨腕)", "루이 16세를 무찌르던 리퍼블리칸의 단두대"로써 수행하는 것만이 혁명은 아니다. 판단키에 따라 혁명의 핵심은 반역도 충성도 파괴도 건설도 될 수 있다. 전제가 입헌으로, 입헌이 공화로 변화하는 것이 혁명인 것과 마찬가지로 "부속국이 독립국으로" 되고 "식민지가 자립하게" 되는 것도 혁명이다. 심지어 인상주의에 대한 사실주의의 반기, 유물론에 대한 이상주의의 비판도 혁명이라고 통칭할 수 있다.[27] '인상주의에 대한 사실주의', '유물론에 대한 이상주의'라는 우열 관계를 설정하고 그 항목 간 전이를 '혁명'이라고 부르고 있는 점이 흥미로운데, 그러니까 여기서 '혁명'은 맑스·레닌주의적 함의와는 무관하게 일체의 본능 및 욕망의 해방을 가리킨다. 사회혁명이 곧 자아혁명일 수 있는 까닭도 그것이다.

　　「문단의 혁명아야」를 쓴 백일생은 최승구보다 한결 과격한 논조를 채용, 필요하다면 "자부(子婦)로 처를 삼"고 "병사의 시체

264

로 기름을 짤" 수 있어야 한다고 주장한다. "나의 몸은 선천적 혁명당원 (…) 나의 활동은 죄다 혁명 사업"이라는 선포가 잇따른다. "오인(吾人)은 혁명을 즐기는 소성(素性)을 가졌으며, 혁명을 능위(能爲)하는 천재가 부(富)한 자라. (…) 신진대사는 생리적 혁명이요, 탈구착신(脫舊着新)은 피복을 혁명함이라. 사회가 역연(亦然)이며, 국가가 역연(亦然)이며, 우주가 역연(亦然)이니, 혁명이란 아(我)의 본능이며, 아(我)의 사명이라." 어조는 한결 과격하지만 백일생의 논지 또한 최승구와 별반 다르지 않다. 무릇 변화란 동등하게 '혁명'이다. 늙은 세포가 죽고 새 세포가 나는 생리적 작용, 낡은 옷 대신 새 옷을 걸치는 의복 교체까지 다 '혁명'이다. 백일생은 '혁명'의 반대 자리에 "인습도덕과 온갖 관습, 경우에 속박"당하는 허식투성이 규범을 둔다. 문단에 있어 그 상징은 '한학파'이며, 반면 '혁명'에 값하는 것은 용강하고 독창적·진취적이며 민활한 "무적(武的), 해양적(海洋的)인 조선족성(朝鮮族性)"이다. 백일생은 작가로 플로베르(G. Flaubert)며 푸시킨(A. S. Pushkin), 정치가로 영국의 피트(W. Pitt)며 독일의 힌덴부르크(P. C. von Hindenburg)를 들면서 "지선(至善)을 행하다가 폐(斃)한들 무슨 한이 있으며, 생명을 구하다가 희생이 된들 무엇이 석(惜)하"겠냐고 묻는다. 성욕을 해방하고 대신 성병 치료제를 개발할 필요를 논하기도 한다. 더더구나 "문학의 천지는 자유의 천지"인 것이다.[28]

이렇듯 과격한 문장으로 시종한 「문단의 혁명아야」에 대해서는 다음 호에 곧 반론이 게재되었다. 비판문을 쓴 서상일은 "우리는 혁명에 제(際)하야도 수술하는 의사의 주의와 같은 주의를 가지지 아니치 못할 것이라"고 경계로써 말문을 연다. "우리는 비록 혁명에 제(際)하야도 가급적 구제도 구습관 중에 선미(善美)한 부분은 훼손치 않도록 주의하여야 된다는 말이다."[29] 그러나 이렇 듯 신중을 강조한 논자조차 '혁명'의 보편적 가치를 부정하지는 않는다. "세(世)의 진보 발전이 기(其) 대부분이 혁명의 사물(賜 物)이요 국가 민족의 향상 증진이 거의 다 혁명의 힘"이며 "혁명 이란 여사(如斯)히 아(我) 인류계의 만반사의 진보 발전 향상 증 진에 대(大)히 필요한 것"이다. '혁명'이라고 탄성처럼 한마디 적 어 놓은 후 서상일은 계속해서 쓴다. "무릇 양(洋)의 동서와 시 (時)의 고금을 물론하고 나라 치고 혁명이 없은 나라이 없고, 민 족 치고 혁명이 없은 민족이 없었나니 한 나라, 한 민족만을 가지 고 논하면 간간 혁명이 쉬인 때가 있으나 전 세계를 들고 말하면 갑처(甲處)에서 혁명이 끝나면 을국(乙國)에서 혁명이 시작되고 을국에서 혁명이 끝나면 병국(丙國)에서 혁명이 시작되어 꼬리에 꼬리를 이어 혁명이 수인[쉰] 때가 없나니 세인(世人)은 혁명을 예외로 아나 기실(其實)은 혁명이 예외가 아니요, 혁명 없는 때 즉 당시가 예외라."

'혁명'을 진보·발전에 연관시키고 그 보편성을 인정하는 시 각은 여기서도 분명하다. 빠르게는 1915년, 늦게는 1918년에 발 표된 위의 세 글을 보면 일본 유학생들 사이 '혁명'의 불가피성이 이미 명제화돼 있는 상황을 간취할 수 있다. 그 형성의 경로와 지 적 원천을 추적하기는 쉽지 않으나, 한·중·일 청년들 사이 연대 와 공동 활동이 늘어나고 있는 무렵이었다. 언론·출판 공간의 제 한으로 '혁명'을 발음할 수 없었던 조선 청년들은 이웃한 중국과 일본의 영향을 광범위하게 공유했으리라 짐작된다. 『학지광』을 통해 보면 1910년대 중반에 '혁명'은 이미 의심할 바 없는 권위다.

'혁명'이라고 하면 바로 종교개혁·프랑스혁명·산업혁명을 연상하는 경로 또한 이때 정착한다. 『대한매일신보』 등에서 개척한 영국 청교도혁명과 프랑스혁명이라는 대표값이 바랜 것은 아니지만[30] 별반 주목받지 못했던 종교개혁과 산업혁명이 정치혁명 못잖은 자격으로 부상하면서 '혁명'은 명실공히 역사의 보편 원리가 된다. '혁명=왕조 교체'라는 오랜 해석을 벗어버리고 '혁명=구세계의 파괴'라는 한결 보편적인 연상의 회로를 개척하게 된 것도 당시부터다.

실제로 1910년대 『학지광』에서 가장 빈번히 출현하고 있는 '혁명'의 용례는 정치·사회적 혁명이 아니라 산업혁명이다. 1900년대의 식산흥업론과 정치개혁론이 결합된 양상이라고도 할 수 있겠는데, 그 대표적 서두는 다음과 같은 식이다. "20세기의 문명은 파괴주의의 산물이라. 1789년 불국(佛國)의 대혁명은 유래의 전제정치를 타파하야 세계 인류에 평등 자유의 사상을 공고케 하였고 1555년 독일의 종교개혁은 종래의 압박적 구교를 타파하여 세계 인민에 신앙 자유를 확보하였으며 19세기 영국의 산업혁명은 유래의 산업상 인습을 타파하야 일반 산업상 제도를 혁신한 결과로 나날이 세계(世界)에 찬란한 물질적 문명을 산출하였나니라. 그런고로 차(此) 삼대혁명은 금일 문명의 산모요 발전의 기초요 진보의 수단이라 운(云)할지로다."[31] 종교개혁과 프랑스혁명과 산업혁명은 서로를 지지·보충하면서 '혁명'의 정당성을 강화한다. 그것은 유럽의 대표적 세 나라 각각의 산물이며, 자유와 번영을 향한 전진 운동이다. 종교개혁이 '혁명'의 정당성을 보증한다면 프랑스혁명은 그 위력을 증명하고 산업혁명은 그것이 문명화에의 길임을 약속한다. 종교와 정치와 경제, 이 셋이 모두

267

268

박헌영(붉은 원)이 끼어 있는 고종 장례 습의(習儀)날 군중 사진(41)과 옥중에서 의 박헌영(42). 〈41〉은 보통 3월 1일 시위 군중을 찍은 것으로 알려져 있던 사진이지만, 몇 년 전 박헌영전집간행위원회에 의해 이 사진의 실제 배경이 정정된 바 있다. 사진 위쪽 흰 테 두른 모자를 쓰고 있는 학생들이 경성고보 학생들로서, 해방기에 박헌영이 이 사진을 보고 자신이 그 자리에 있었다며 자기 위치까지 정확히 알려주었다는 것이다. 박헌영은 3·1 운동 전후 고양된 '혁명'에의 관심을 계속 추구해간 청년 중 하나였다. 그는 1925년 치안유지법 위반으로 검거됐을 당시 신문과정에서 "모든 것을 공유물로 하는" 경제 체제를 목표로 하고 있음을 인정하면서도 "우리들의 주장은 폭력에 의한 국체의 변혁을 꾀하거나, 혁명을 일으키려는 그런 것이 아니라, 장차 자연히 찾아올 시기를 기다려 역사적 진보과정에 따라 우리의 주의를 관철하는 데 있다"고 말한 바 있다. 자신이 말하는 '고려 혁명'이란 "산업혁명, 즉 개인주의 경제제도에서 사회주의 경제제도로 옮겨짐"을 뜻한다고도 해명했다.

1910년대와 3·1 운동

바뀌지 않는다면 진정한 '혁명'은 없다. '후진국' 러시아에서 제일 먼저 사회주의혁명이 일어난 상황이지만, 그렇다고 정치·사상·경제 전 분야에서 혁명이 필요하다는 전제가 취소되는 것은 아니다.

이 일련의 글에서 또 하나 주의를 끄는 것은 혁명은 곧 구세계의 파괴라는 관념의 확고한 장착이다. 종교개혁이나 프랑스혁명은 물론, 산업혁명처럼 물질적 부의 증대로 표상되는 경험마저 "유래의 산업상 인습을 타파"한 사건으로 해석되고 있는 것이다. "20세기의 문명은 파괴주의의 산물"이라는 진술은 이 맥락에서 가능해진다. 전영택처럼 좀 더 정직하게 분열을 느꼈던 축은 "아아 파괴의 위력! 건설의 위력! 과연 굉장하고, 무섭고 두렵도다"라고 쓴다. "이 파괴와 건설 두 가지 현상은 우주의 일대 리듬[調律]이요, 자연계의 변치 않은 법칙이로다. 이 '리듬'이 있으매 비로소 우주의 대운전이 있고, 지구상 모든 생물이 진화 발달하고, 인류의 문명이 발전하여 우리 세계는 점점 새로워지며, 광채가 나서 이상향에 달(達)하는도다." 전영택은 '이상향에 달(達)'하려는 노력으로 역사의 방향을 정리한다. 비록 '혁명'이라는 단어는 뒤쪽에서 한두 번 나오는 데 불과하지만, 우주와 인간세가 모두 파괴와 건설이 교차하는 리듬에 의해 형성된다는 의식은 이 글에 또렷하다. 파괴 없이 이상을 이룰 수 없으며, 이상이 없다면 파괴는 무의미하다. 전영택은 "여(余)의 파괴라 하는 것은 위대한 원동력을 가진 파괴를 이름이요, 근거 있는 이상이 있는 파괴를 이름이로다"라고 적시한다. "근본 토대부터 부숴 없이 하는 파괴", 그 역대 실천자로 손꼽히는 것은 "인류 구원의 대도(大道)"를 품었던 예수, 평등과 공화사상의 루소, 그리고 종교개혁을 일

269

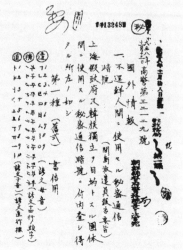

43

44

3·1 운동 전후 사용되던 암호문 두 종류. 일본이 암호표를 탐지한 후 작성한 보고서에 첨부된 내용이다. 〈43〉은 개개의 한글 자모(字母)에 숫자를 부여해 숫자를 나열함으로써 의미를 전달하는 방법을 사용한 암호다. 즉 'ㄱ'이 1, 'ㄹ'이 4, 모음 'ㅕ'도 4라면 144를 '결'로 해독하는 식이다. 〈44〉의 암호체계도 비슷하다. 그 밖의 의열단에서는 나프탈렌으로 글자를 쓴 후 탄산나트륨을 칠해 글자를 식별하는 방법이나 여덟 글자를 띄워가며 글자를 읽어 의미를 파악하는 8격자법(隔字法) 등을 썼다. '독립' 혹은 '혁명'을 위해 일하던 조선인들에게 암호는 필수불가결한 도구로서, 각 단체별로 고유의 암호체계를 개발하고 혹은 암호수첩을 만들었다. 1921년 9월 총독부에 폭탄을 투척한 황임성의 경우 상하이의 '카이제르 빌헬름' 학교를 다니며 전문적으로 암호학과 비밀탐정학을 배웠고, 그 내용을 대한청년단 단원들에게 교육했다고 한다.

군 루터다.[32]

러시아혁명이라는 새로운 의제

1910년대 『학지광』을 통해보면 '혁명'이 확고한 이념적 정당성으로 무장케 되었음을 알 수 있다. 이미 1900년대에 역성(易姓)혁명 즉 단순한 왕조교체로서의 '혁명'과는 멀어졌던 것이, 1910년대 중후반이 되면 '혁명'은 Revolution으로서[33] 역사철학적 위엄과 시적 광휘를 둘러쓴다. 고토쿠가 일찍이 남긴 말을 빌면 "중국 문자로서 (…) 주로 주권자나 천자의 경질을 말하는" '혁명'과 작별하고 "레볼류션(Revolution)의 번역어 (…) 주권자의 변경 여하와는 관계없으며, 정치조직·사회조직이 근본적으로 변혁"되는 것이라는 '혁명'의 어의와 조우케 되었다고도 할 수 있겠다.[34] 비슷한 시기 중국의 천두슈는 유명한 「문학혁명론」에서 다음과 같이 쓴다. "오늘날 장엄하고 찬란한 유럽은 어디로부터 온 것인가? 그것은 혁명의 소산이다. 유럽어로 이른바 혁명이란 옛 것을 개혁하여 새롭게 바꾼다는 뜻이다. 이는 중국의 이른바 왕조교체와는 결코 같은 것이 아니다. (…) 근대 유럽문명사는 그야말로 혁명사라고 말할 수 있다."[35] 『학지광』류 '혁명' 개념 역시 1900년대에 프랑스혁명 등의 근세 유럽사에 친숙해진 위에, 1910년대에 신해혁명을 동시대적 사건으로 겪고 다이쇼 데모크라시의 문화적 환경에 영향을 받으면서 형성돼 간다. 전영택의 지적마따나 새로운 '혁명'의 핵심은 이상을 향한 전진 운동이었다. 그러나 『학지광』을 통해 볼 때 이상의 내용이나 구체적 경로 등은 별반 탐문되지 않은 것으로 판단된다. 파괴와 건설의 이중적 리듬으로서 '혁명'은 일상생활에서부터 정치적 격변까지 다양한 충위를 포괄했으되, 아나키즘과 사회주의는 물론 급진적 민주주의의 입장과도 조화되는 광범한 스펙트럼을 갖고 있었다.

　신해혁명을 겪은 후였으나 중국 청년들 또한 1910년대에 '혁명'의 재조형 과정을 비슷하게 통과하고 있었던 듯 보인다. 배만혁명의 정치적 의제였던 '혁명'은 신해혁명 후 1919년 5·4 운동에 이르는 시기 일종의 시적 테마로까지 고양된다. 중국 신문학의 주창자 중 한 명인 궈모뤄(郭沫若)는 1921년 「혁명」이라는 시에서 다음과 같이 쓰고 있다. "우주의 대혁명이여!/ 신진대사는 모두 혁명의 과정/ 계절의 오고감은 혁명의 표현/ 비바람 번개는 혁명의 선봉/ 아침놀 석양은 혁명의 깃발/ (…) 혁명이여! 혁명이여! 혁명이여!/ 아득한 날부터 지금까지/ 혁명이여! 혁명이여! 혁명이여!"[36] 신진대사도, 계절의 교체도, 자연의 모든 현상도 '혁명'이라는 이 시는 절로 앞서 살펴본 최승구나 백일생의 글을 연상시킨다. 파괴와 건설의 교차가 곧 혁명이다. 『학지광』에서 '문단의 혁명아' 문제를 둘러싸고 논전을 펼친 백일생과 서상일처럼 파괴와 건설의 황금비율을 정하는 데 있어 입장은 저마다 다르다. 예컨대 '혁명' 아닌 '개량'이라는 단어를 선택해 「문학개량추의」를 썼던 후쓰(胡適)는, 그 자신이 문학혁명론을 점화했으면서도 이듬해 「건설적 문학혁명론」을 발표하여 앞서 논했던 '팔불주의(八不主義)'를 "모두 긍정적인 어투로 바꾸어" 네 가지 실천 조항으로 정리한다. "우리 문학혁명을 제창하는 사람들이 물론 파괴라는 측면부터 착수하지 않을 수 없다고 생각"하지만 한편 "'참문학'과 '살아 있는 문학'이 생기면 저런 '거짓 문학'과 '죽은 문학'은 자연히 소멸될 것"이라고 보는 것이 후쓰의 입장이었다.[37]

"옛날 미국과 프랑스는 — 18세기의 양대 혁명/ 신흥 러시아와 중국은 — 20세기의 양대 혁명."[38] 궈모로가 읊은 대로 1910년대에 '혁명'은 20세기적 재조형 과정을 통과한다. 1911년 중국 신해혁명에 이어 1917년에는 러시아혁명이 일어난다. 1918년에는 독일에서 혁명이 일어나 제1차 세계대전의 종전을 가능케 했다. 『학지광』을 통해 목격되는 것은 그중에서도 러시아혁명을 향한 특별한 관심이다. 『학지광』이 학우회 기관지로 발간되기 시작한 1914년에 신해혁명은 이미 과거지사였기 때문인지, 러시아혁명이 여러 차례 다뤄진 반면 신해혁명이 따로 취급된 일은 없다. 『학지광』에서 러시아 문제에 집중한 글로는 극웅(極熊)의 「KERENSKY」(1917. 11)와 「로서아 국민성」(1918. 3), 동원(東園) 이일의 시작(詩作) 「브레슈코프스카야」(1918. 3)를 들 수 있다. 이들은 모두 1917년 러시아혁명 직후의 소작이다. 여기서 '혁명'은 "부글부글 끓던 러시아혁명"(「KERENSKY」), "금일의 혁명"(「로서아 국민성」), "혁명(革命)의 화해(火海)요 자유(自由)의 절규(絶叫)"며 "혁명(革命)의 개화(開火) 그것"(「브레슈코프스카야」) 등의 구절로써 제시되는데, 일차적으로는 가까이 1917년의 상황을 뜻하는 것으로 짐작된다. 다만 의문스러운 점은, 「로서아 국민성」을 제외한 나머지 두 글에서 초점 인물이 1917년 혁명보다는 1905년 혁명에 훨씬 가까이 연결돼 있다는 사실이다.

조선인 유학생들이 러시아를 가깝게 의식한 계기가 1917년 혁명이라는 점은 분명하다. 당시 사회주의에 대한 이해는 '빈부·귀천·상하 계급의 차별이 없는 것' 정도의 소박한 접근이 일반적이었던 듯 보이는바[39] "세계 각국 중 공산주의와 사회주의를 발달시킨 것은 로서아"라는 믿음 속 "로국은 세계 각국 중 사상상

273

1918년 독일혁명(45) 및 1919년 헝가리혁명(46). 독일혁명은 대규모 살육의 악순환에 처해 있던 제1차 세계대전을 멈춘 결정적 사건이었다. 한용운은 옥중에서 집필한 「조선독립의 서(書)」에서 "정의 인도 즉 평화의 신은 독일 인민의 수(手)를 차(借)하여 세계의 군국주의를 타파"했다며 독일혁명을 "19세기 이전의 군국주의 침략주의의 전별회(餞別會)"라고 고평했다. 세계적으로 그런 인식은 공통적이었던 듯 일본에서도 후쿠다 도쿠조(福田德三) 등이 비슷한 말을 남긴 바 있다. 독일 민중은 전쟁을 강행하는 정권에 맞서 무장한 채 봉기, 자유주의와 사회주의 사이 정치적 갈림길에서 이후 진로를 모색했다. 독일 내 사회주의혁명은 결국 실패한다. 반면 헝가리에서는 쿤 벨라가 이끄는 사회주의혁명이 한때 성공을 거두었다. 헝가리 소비에트공화국은 실지(失地) 회복을 위해 체코슬로바키아 및 루마니아와 차례로 전쟁을 벌였으나 패퇴당한 후 붕괴한다.

에 있어서 선도자"라는 견해는 그 위에서 제출될 수 있었다.[40] 그러나 맑스·레닌주의 노선보다는 크로포트킨 류의 이상이 힘을 얻고 있었던 당시, 1917년 혁명에서의 볼셰비키적 입장에 대한 이해는 충분하지 않았던 것으로 보인다. 『학지광』에서 주목한 러시아 내 인물들은 반볼셰비키파에 해당한다. 멘셰비키파의 영수였던 케렌스키(A. F. Kerenskii)가 그렇고, 브레슈코프스카야(C. Breshkovsky) 역시 귀족 출신으로 열렬한 혁명가였으나 1917년 혁명 때는 오히려 망명해버린 인물이다. '혁명의 노모(老母)'라 불린 브레슈코프스카야는 망명 직후 일본을 방문하여 고토쿠나 오스기 사카에(大杉栄) 등에게 깊은 인상을 남긴 바 있다.[41] 일본 아나키스트들에 있어서나 「브레슈코프스카야」를 쓴 이일에 있어서나, 브레슈코프스카야가 1905년 혁명과 1917년 혁명의 간격을 상징한다는 사실은 관심 밖이다. 브레슈코프스카야는 "자유종 짓기로 사명받은 청춘 남녀" 중 한 명이었으며 그 자신의 고행을 통해 혁명을 앞당긴 "천사와 같은 명문의 여자"일 뿐이다.[42] 케렌스키 역시 마찬가지다. 그는 "로서아 혁명이 돌파되자 (…) 창공의 혜성같이 세상 사람의 이목을 현황케 하는 이"로 묘사될 따름, 혁명 분파 내 복잡한 갈등은 문제되지 않는다.[43]

극단적 전제(專制)에서 노동자·농민의 사회주의로 — 러시아의 극적 전환은 전 세계 '후진'의 인민을 고무했다. '혁명'이 아나키즘과 사회주의와 급진적 민주주의까지 포괄하고, 크로포트킨이 가장 인기 높은 사상가였던 당시, 러시아혁명 또한 그런 시점에서 이해되었다. 박은식은 러시아혁명을 "정의와 인도를 표방하는 자들이 마침내 드높이 승리를" 기록한 사건, "극단적인 침략주의자였던 러시아가 일변하여 극단적인 공화주의가 된 것"으로

275

고평한 바 있다.[44] 미국 대통령 윌슨에 의한 민족자결주의가 크나큰 영감을 주었고 독일혁명도 회자되었지만 러시아혁명은 '후진의 선진으로의 역전 가능성'을 현실화함으로써 이후에도 오래 지속될 설득력을 발휘했다. 제1차 세계대전 직후의 이상주의가 걷혔을 때 다른 사례가 빛바랜 데 비해 소비에트 러시아는 신생(新生)의 생명력을 한층 빛냈다는 사실도 작용했다. 신해혁명에서 시작되었으나 제1차 세계대전 중 유럽 각국에서의 혁명 경험으로 고무된 1910년대의 '혁명'은, 적어도 식민지 조선 청년들의 눈에 러시아에서 최적의 거처를 발견한 듯 보였다.

3·1 운동과 '혁명'

　　3·1 운동 직전 광무황제의 국상을 참관하러 상경한 군중을 두고 "민중이 회집하여 혁명을" 할 기회라고 판단했던 양주흡의 감각, 전 황제의 죽음을 전해 듣고 "혁명! 혁명! 새 생명의 혁명!"을 노래했던 김우진의 감각은 당시 일반 대중의 속내와 얼마나 가까운 것이었을까. 1915년 상하이에서는 신한혁명당이 결성됐다. 신한혁명당은 독일·러시아와의 제휴에 편리하다는 판단하에 입헌군주제 노선을 선택했지만 한편 '한국 혁명'을 목표로 천명했다. 비슷한 시기 국내의 비밀 결사 대한광복회 또한 세계사의 여러 혁명을 상기시키며 봉기를 격려한 바 있다.[45] 3·1 운동도 해외에서는 주로 '3·1 혁명'으로 불렸다. 이승만은 3·1 운동을 '본국 혁명'이라고 칭한 바 있고[46] 임시정부에서 활동한 최명식은 해방 후까지 '3·1 혁명'이라는 표현을 애용했다.[47] 김구 역시 해방 후 3·1 운동 기념식 즈음에도 '3·1 혁명'이라는 용어를 포기하지 않

앗다.

'독립'을 최고의 가치로 추구했을 이들에게 있어 '혁명'은 어떤 의미였을까. 이들은 젊은 시절 '혁명'과 어떻게 조우했고 이후 '혁명'을 어떻게 기억했을까. 조소앙은 1930년대 이르러 '독립'만으로는 운동가들의 목표를 다 표현할 수 없다고 설파한 바 있다. 그는 근대 이전 중국의 '혁명'이 "찬탈행위 (…) 구 군주를 집어내고 새로 통치자가 대체하였다는 의미"였던 데 비해 서양어에서 유래한 '혁명'은 "폭력으로써 (…) 통치계급의 모든 기관을 여지없이 전복하고 즉각에 그들이 표방하는 주의로서 새로 통치기관을 시설하는 정치운동"이라고 정리한 후, '독립'보다는 '혁명'이 자기 활동을 명명하는 데 적당하다는 의견을 시사했다. "독립이라는 문구로서 만반을 표현할 수 없는 약점"이 있고 "운동하는 방법도 독립 두 자만으로는 표현되기" 어렵다는 것이다.[48]

277

오늘날까지 이어지는 '3·1 운동'이라는 명칭은 다분히 해방 이후의 산물이다. '3·1'이라고 하여 사건의 내용보다 날짜를 앞세우는 명칭부터 암유(暗喩)적 수사가 3·1 운동을 지배해왔음을 보여준다고 할 수 있다. 식민지 시기에 '3·1 운동'이라는 표현이 없지는 않았으되, 보다 직접적으로 '3·1 운동'은 국내에서 쓰인 '기미운동'·'만세사건'·'만세운동' 등의 이름과 국외에서의 '3·1 혁명'이라는 용어가 합성된 결과다. 해방과 분단 이후 억눌린 '혁명'의 색채가 그 이전의 3·1 운동에서는 좀 더 짙었으니 말이다. 3·1 운동 당시 혁명을 기대하고 예비하는 심리가 작동했다고 하면, 그 실제는 어떤 것이었을까. 1919년 봄에 한반도 방방곡곡을 뒤덮은 구호는 '만세'였다. 모호하면서도 강렬한 이 두 글자, '만세'에서 어떤 내용과 방향을 찾아나가느냐가 3·1 운동의 관건이었을 것이다. 모든 사건이 그러하듯 3·1 운동 역시 후속의 언어와 행위에 의해 끊임없이 다시 개시되고 경험되었다.

『학지광』을 통해 볼 수 있는, 지식 청년들 사이 '혁명'은 이 과정에서 어떻게 작용했을까. 결과적으로 3·1 운동은 많은 변화를 일구어 냈으나 청년들이 기대했던 '정치조직·사회조직의 근본적 변혁', 유토피아적 신세계의 실현에는 현저히 미달했다. 그 후로도 오래도록 3·1 운동은 '혁명'이라고 불렸으나 그것은 현실태가 아닌 이상태, 요구하는 목표를 가리키는 명사에 가까웠다. 신해혁명과 러시아혁명을 보면서 기대한 것 같은 '혁명'이 이룩되지 못했을 뿐더러, 정치와 경제를 평화적으로 갱신하자는 '개조'도 추진되지 못했다. 제1차 세계대전 종전 직후 기이한 열기를 기록한 이상주의와 국제주의는 좌초하고 말았다. 국제연맹 창설 등의 성과가 있었으나 염상섭의 날카로운 진단마따나 그것은 기껏 '사이비의 개조'였다.[49] '개조'와 '혁명'을 겹쳐 보며 전 세계의 변화를 기대했던 청년들의 심리는 배반당했다. '혁명'과 3·1 운동 사이의 거리, '혁명'과 파리평화회의 이후 실제 세계 사이의 격차 — 3·1 운동 후 조선인들이 맞닥뜨린 질문은 그 간격을 어떻게 해결할 것인지의 문제였다. 1920년대 다양한 정파와 입장의 분기는, 이 같은 '혁명'의 불만족 또는 잉여에서 비롯된 결과다.

3·1운동의 얼굴들

1장.
시위문화

정치, 일상의 재조직

만 리의 구름 흩어지고/ 이 내 정신 새롭구나
구주(歐洲)의 오랜 총소리는/ 반도의 정신 깨일쏘냐

어린이 찬송 독립만세/ 조선의 혼이 소생하고
무도한 총포 그 소리/ 강산이 슬피 탄식한다

뜨거운 피가 흐르는 곳에/ 자유의 나뭇잎이 나고
뼈살이 갈려 떨어진 곳에/ 독립의 꽃이 다 피었구나

이 몸이 죽어 백 번 죽어/ 가루가 되어 날지라도
우리의 목적 독립만세/ 내 눈에 보고야 말지라

작자미상, 「나의 바람」(1919)

북 치고 나팔 불고 노래를 부르며

평양의 독립선언식은 3월 1일 오후 1시에 시작됐다. 숭덕학교 교정에 연설대를 설치하고 그 주변에 평양 지역 목사들을 비롯한 각계 인사가 둘러앉은 가운데 참석자는 약 3,000명에 달했다. 전 광무황제 이인의 봉도식(奉悼式)을 겸한 자리인 만큼 먼저 제4교회 목사 강규환이 죽은 왕의 역사를 설명했다. 이어 제5교회 목사 김선두가 나와 「베드로전서」 3장 13~17절과 「로마서」 9장 3절을 낭독했다. 「베드로전서」는 "너희가 열심으로 선을 행하면 누가 너희를 해하리오. (…) 선을 행함으로 고난받는 것이 하나님의 뜻일진대 악을 행함으로 고난받는 것보다 나으니라"는 내용, 「로마서」는 "나의 형제 곧 골육의 친척을 위하여 내 자신이 저주를 받아 그리스도에게서 끊어질지라도 원하는 바로라"는 내용이었다. 다음 순서인 「기미독립선언서」 낭독을 맡은 것은 제4교회 조사(助事) 정일선이었다. 낭독이 끝난 후에는 연설대 뒤편에 대형 태극기를 게양하고 참석자들에게는 소형 태극기를 나눠주었다. 경찰이 들이닥쳐 태극기를 빼앗으며 해산을 종용했지만 뭇사람은 움직이지 않았다. 결국 경찰이 물러간 후 시내를 향한 행진이 시작됐다. 외국 선교사들이 앞에 선 비교적 평온한 행진이었다.•

보다 본격적인 시위는 저녁에 있었다. 숭덕 교정에 재집결했을 때는 "벌써 등불이 걸리고 군악대가 울렸다." 그 자리에 참석했던 학생의

• 3월 1일 평양 독립선언식을 재구성하는 데 있어서는 장로교회 행사를 중심으로 했고 『신한청년』 창간호(1919. 12)에 실린 「평양의 독립선언」이라는 글 내용을 따랐다. 같은 시각 감리교도들이 남산현교회에서 거행한 독립선언식에서는 관철리교회 목사 주기원이 선언서를 낭독했다. 천도교도들 또한 독자적 집회를 가진 후 시내 행진 때는 세 교파가 합류했다. 독립선언식 순서 및 각 인원의 역할에 대해서는 자료별로 차이가 있어, 예컨대 재판기록에는 강규찬이 정일선의 선언서 낭독 후 독립을 고창하는 연설을 했다고 돼 있다.

말을 빌면 "선두에는 군악대, 숭실대학, 그 다음이 평양고보 그리고 또 광성, 숭실…… 이제부터 행렬을 지어 시가로 행렬……", 이런 호령에 맞춰 서문통 쪽으로 방향을 잡았다고 한다. 시민들도 등을 내걸고 행렬 맞이할 때마다 만세를 외쳤다.[1] 노래도 불렀지 싶다. 낮의 행사 때도 한목소리로 독립 창가를 합창했던 터다. "반도 강산아/ 너와 나와 함께 독립만세를 환영하자/ 충의를 다해서 흘린 피는/ 우리 반도가[sic] 독립의 준비이다/ 4,000년 이래 다스려 온 우리 강산을/ 누가 강탈하고 누가 우리 마음을 변하게 할 수 있으랴/ 만국 평화회의에서의 민족자결주의는/ 하늘의 명령이다/ 자유와 평등은 현재의 주의인데/ 누가 우리 권리를 침해할 쏘냐"는 가사였다고 한다.[2] 곡조는 찬송가 곡조를 차용했다. 악대를 선두에 세운 군중은 의기충천했다. 당시 평양고보 학생이었던 함석헌은 훗날까지도 "대열을 해산키 위해 행진해오던 군대(71연대)를 피하지 않고 오히려 그들을 향해 평양고보 악대를 앞세워 행군하던 감격은 잊을 수 없다"고 그 순간을 떠올리곤 했다.[3]

돌이켜보면 나라 잃은 지 채 9년이 되지 않았다. 대한제국기의 기억은 많은 사람에게 생생했을 터이다. 앞서 3월 1일 평양의 야간시위를 증언한 이 또한 소학교 때 "대한제국 만세야……"[4]로 시작하는 〈애국가〉를 불렀던 기억을 떠올렸노라고 썼다. 일찍이 1900년대에 애국과 계몽의 열정이 폭발하면서 창가(唱歌)에도 그 영향이 미쳤던 만큼 1919년에 그 유산을 되살리기는 어렵지 않았다. 1910년대에도 사립학교 중심으로 애국적 노래는 은밀히 전승됐다. 1916년에도 개성 송도고등보통학교에서 애국창가집을 인쇄, 학생들에게 가르치다 발각된 사건이 있었다. 레퍼토리는 1900년대의 전승이었던 것 같다. 문제가 된 창가 중 하나는 '영웅

284

의 모범'이라는 제목으로 "한산도와 영등포에서 거북선 타고/ 일본 함선을 모조리 복멸시킨 이순신의 전략은/ 우리들이 모범으로 삼아야 하리. (…) 의병을 일으켜 싸우다가 드디어 대마도에 갇히어/ 일본의 곡식을 먹지 않고 태연히 굶어 죽은 최익현의 절개는/ 우리들이 모범으로 삼아야 하리/ 도적 이토 히로부미를 하얼빈에서 습격하여 3발 3중 사살하고/ 조선독립만세를 부른 안중근의 그 의기/ 우리들이 모범으로 삼아야 하리"와 같은 내용이었다.[5] 중국 간도 지방에서 발행된 『최신창가집』(1914)이나 미국 하와이에서 나온 『애국창가집』(1916)에 실린 노래들 역시 1900년대부터의 전승이 많다.[6]

　3·1 운동은 한반도 사상 초유의 도시 거점 대중적 저항운동이었던 만큼 도시 봉기로서의 문화를 풍부하게 구축하지는 못했다. 상시 계엄령 체제와 같았던 1910년대, 도시문화 자체는 발달했지만 저항적 대중문화는 싹트지 않았던 것이다. 3·1 운동 당시 노래와 구호가 저발달했던 중요한 이유다. 음악과 노래를 동원할 때도 그 원천은 주로 앞선 시대였다. 마치 1960년 4·19 때 시위 군중이 해방기와 한국전쟁기의 문화를 끌어와서 〈해방가〉며 〈전우가〉를 불렀듯, 그럼으로써 "어둡고 괴로워라 밤이 깊더니"와 "전우의 시체를 넘고 넘어"라는 옛 곡조에 자유에의 새로운 열망을 담아냈듯,[7] 1919년 3·1 운동의 대중은 1900년대의 기억을 소생시켜 전진의 곡조를 마련했다. 특히 〈애국가〉와 〈학도가〉, 〈혈성가〉, 〈소년행진가(전진가)〉 풍의 레퍼토리가 여러 지역에서 불렸다. 경남 진주에서는 3월 17일 장날 "악대를 선두로 애국가를 제창하면서" 시내를 일주한 데 이어 3월 19일에는 7,000여 군중이 "악대를 선두로 태극기를 앞세우고 독립만세를 연호 고

285

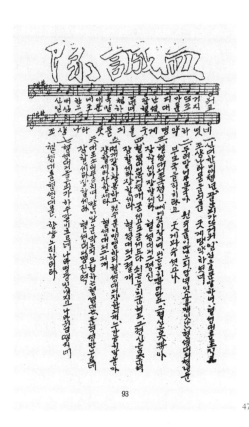

93

47

1914년 7월 북간도에 설립되었던 광성학교에서 사용했던 음악 교재 『최신창가집』. 〈혈성대가〉라는 노래가 보인다. 3·1 운동기 곳곳에서 불렸다는 〈혈성가〉와 같은 곡으로 짐작된다. 3월 1일 평양에서 열린 독립선언식 행사 때도 일단의 여학생들이 일어나 〈혈성가〉를 불렀다. 제1절 가사는 "신대한의 애국청년 끓는 피가 뜨거워/ 일심으로 분발하여 혈성대를 조직코/ 조상 나라 붙들기로 굳게 맹약하였네"다. 곡조로는 기독교의 찬송가 61장 〈주여 복을 비옵나니〉를 사용했다고 한다. 마치 1980년대의 '노가바(노래가사 바꿔부르기)'처럼 찬송가 곡조를 애국적 가사에도 응용하는 것은 3·1 운동기 독립 창가의 가창 방식이었다.

창"했다. 경남 영산에서는 노동자 수십 인을 포함한 600~700명이 시위를 벌일 때 〈애국행진곡〉을 약조했으며 실제로 부른 노래 가사는 "무쇠팔뚝 돌주먹 소년 남아야/ 애국의 정신을 분발하여라/ 다다랐네 다다랐네 우리나라에/ 애국의 정신이 다다랐네"라는 것이었다고 전한다.[8]

　　창작한 노래도 있었다. 경남 삼천포에서는 공립보통학교 졸업식인 3월 25일을 이용해 시위를 벌였는데, 청년대를 선두로 한 500여 명은 "4,000유여 년의 역사국으로 오늘날 이 지경이 웬 일인가/ 천부의 자유권은 사(私)가 없거든 우리 민족은 무슨 죄로 욕을 받는가!/ 철사(鐵絲)·주사(紬絲)로 결박한 줄을 우리의 손으로 끊어버리고/ 독립만세의 우리 소리에 바다가 끓고 산이 동하네"라는 노래를 부르며 장터로 진출, 위세를 드높였다.[9] 평양에서의 선언식 때 불렀다는 노래 역시 '평화회의'며 '민족자결주의'가 언급된 것으로 보아 창작 가요로 보인다. 개성에서는 호수돈여학교 학생들이 찬미가와 독립가를 노래하며 행진했고 한영서원 학생들 또한 나팔 불면서 독립가를 고창했다는데, 역시 창작이었을 가능성이 있다.[10] 평북 선천의 신성학교 학생들은 큰북과 나팔을 앞세우고는 교사 중 한 명이 지은 〈행보가〉를 연주했다.[11] 그 밖에도 "이 풍진 세상"*이나 "만나면 헤어짐"으로 시작하는 노래를 부른 지역도 있었다. "이 풍진 세상"은 1920년대 초에 유행한 것으로 알려진 〈희망가〉의 원형이 아니었을까 짐작된다. 구호랄까

● 1920년대 초반 대중가요로 알려져 있는 〈희망가〉는 영국 춤곡을 변형시킨 찬미가로 19세기 중반 미국에서 처음 유행했다고 한다. 1910년대에 일본에 전래, 여학생 선박 사고 추모곡인 〈새하얀 후지산의 뿌리〉로 인기를 끌다가 1920년대에 조선에 전래됐다는 것이 통설이다. 혹 〈희망가〉가 3·1 운동 당시 불린 것이 사실이라면 1920년대 초 그 유행은 3·1 운동에의 기억을 강하게 함축하고 있다고 생각해 볼 수 있겠다.

군중이 리드미컬하게 입을 맞춰 같은 말을 반복해 외쳐댄 곳도 있다. 선두에서 서로를 독려하며 고함쳤던 "가자 가자"나 "전진하라 전진하라", "가거라 가거라" 혹은 헌병을 쫓으면서 내질렀던 "붙잡아라 붙잡아라" 등이 그때 내지른 구호에 속한다.[12]

농촌 지역에서의 시위는 다소 달랐다. 음악을 울리더라도 농악이 주종이었다. 악기로는 주로 나팔과 징과 북을 동원했다.● 3월 22일 경남 합천에서는 다섯 개 지역 면민들이 무려 약 3만 명 규모의 시위를 벌였는데, 이때 "연락을 받은 각지 군중들은 농악을 울리면서" 몰려왔다고 한다.[13] 4월 12일, 경남 장유면 내덕하리에서는 50여 명이 "큰 태극기를 들고 (…) 북을 치고 나팔을 불면서" 행진해 나왔으며, 인근 각 동리에서도 "주동 인물 인솔 아래 북을 치고 나팔을 불면서" 운집하여 합동 시위를 벌였다.[14] 경남 영산에서는 농악을 준비해 놓고 개춘회(開春會) 방식으로 사람들을 소집했다.[15] 수원군 장안·우정면에서는 마을 소사가 시위 참여를 독려하면서 "뒷산에 북을 걸어 놓고 둥둥둥 쳐서 주민들을 모았"으며[16] 경남 부북면 춘화리에서는 "주동 인물 선창에 따라 '대한독립만세'를 고창한 후 징·북을 치고 나팔을 불면서 각 마을을 시위 행진하였다." 이어 제각기 본래 살던 마을로

● 3·1 운동으로부터 10여년 후 소설가 엄흥섭은 「흘러간 마을」(1930)에서 농민들이 지주에 맞서 일어서면서 징·북·장구·꽹과리 등 농악기를 자진모리로 쳐대며 〈상사뒤여〉 가락을 부르는 장면을 묘사한 바 있다. "어깨와 어깨를 겨누어라 상―사―뒤―여/ 힘차게 앞으로 나아가자 상―사―뒤―여/ 열두 달 하루도 안 놀아야 상―사―뒤―여/ 우리네 살림이 왜 이런고 상―사―뒤―여" 등의 가사다. 본래 줄다리기 민요인 〈상사뒤여〉가 진주 지역 소작쟁의 때 쓰이는 것을 목격, 그 견문을 소설 속에 녹여낸 결과라 한다. 엄흥섭 말마따나 "아기자기한 현대 문명"과 무관하게 살며 "상사뒤여, 산타령, 아리랑이 가끔 흥을 돋우는 그들의 음악"이었던 농민들로서는 시위 때도 농촌 공동체의 문화 전통에 의지했을 터이다. 3·1 운동 당시는 더더구나 그랬으리라 짐작된다.

288

돌아간 후에도 각 뒷산에서 모닥불을 피워 놓고 밤새도록 징과 북을 울려가며 만세를 불렀다.[17] 농촌이랄 수는 없겠으나 3월 1일 독립선언식을 거행한 지역 중 하나였던 원산에서는 장터에서의 선언식 후 "만세를 부르며 나팔을 불고 징과 북을 울렸다"고 한다.[18]

팔각정·가마니더미·고무신수레

3월 1일 서울에서 시위가 시작된 곳이 탑골공원이라는 것은 잘 알려져 있는 사실이다. 당시 민족대표들이 '태화관'이라는 요릿집에 모여 있었다는 사실도 유명하다. 태화관은 이름 높은 명월관의 분점이요 후신(後身) 격이었기에 '명월관'이라고도 불렸다. 당일에는 일본 유학생들이 단성사에서 독립선언서를 낭독하리라는 소문도 돌았다.[19] 그러나 학교 대표와 반 대표를 통해 고등보통학교 이상 재학 중인 사실상 전 학생들에게 연락이 닿았으므로 대부분은 약조한 대로 탑골공원으로 모여들었다. 당시 파고다 공원이라고 불린 탑골공원은 본래 고려 때 흥복사, 조선 시대 원각사가 있었던 장소다. 지금도 공원 한복판에 서 있는 석탑, 소실돼 버린 국보 제1호 남대문에 이어 국보 제2호로 지정돼 있는 '원각사지 10층 석탑'이 바로 옛 사찰의 자취다. 원각사지 10층 석탑은 '백탑(白塔)'이라고도 불렸다. 연암 박지원과 담헌 홍대용을 비롯해 이덕무·박제가·유득공·백동수 등이 신분과 연령 차이를 뛰어넘어 교유했다는 '백탑파'의 그 '백탑'이란다. 원각사(터) 자체는 세조 때 창건되어 연산군 때 파훼(破毁)된 후 오래 방치돼 있다가 고종 때 공원으로 개축됐다. 1897년이었다니 조선이 청으로부터의 독립해 황제국임을 선포한 직후 건축사업의 일종이었을 것이다.

　3·1 운동 당시 독립선언서가 낭독된 탑골공원 중앙의 팔각정은 황제 즉위식을 올렸던 환구단 내 황궁우(皇穹宇)를 본떠 만든 것이라고 한다.[20] 현재 조선호텔 정원에 위치한 황궁우는 천제(天帝)의 위패를 안치했던 곳이다. 1910년대에 팔각정은 주로 시민을 위한 무료 연주회 장소로 사용됐다. 처음에는 일본 군악대가, 나중에는 이왕직 양악대(洋樂隊)가 당시로서는 낯설었을 서양 음악을 연주하곤 했다.[21] 목요일 밤 정기 연주를 개시한 1916년 6월 1일의 경우 그 연주 레퍼토리는 왈츠와 폴카에 일본 음악과 유행가, 그리고 요한 슈트라우스(J. B. Strauss)의 〈박쥐〉 등을 망라하는 것이었다. 시작과 마지막은 〈육군행진곡〉 및 〈기미가요〉로 장식했다.[22] '민족대표 33인'이 당초 탑골공원에서의 선언식을 계획했을 때 그 장소로 팔각정을 물색했던 것일까? 그랬을 가능성이 높겠다. 팔각정은 공원 한복판 가장 통행이 번다한 곳인데다 단(壇) 위에 자리 잡아 단번에 시선을 끌 만한 위치다. 3월 1일 당일 대표들이 태화관으로 선언식 장소를 옮겨 버렸을 때 팔각정 주변에는 아연 긴장이 감돌았을 것이다. 누군가 나서야 했고 누군가 나설 것이었다. 그러나 과연 누가? 결국 팔각정에 올라 독립선언서를 읽은 사람은 당시 34세의 경신학교 졸업생 정재용이었다. 기독교인이었던 그는 "유대 민족의 영웅 다윗과 같이 민족의 영웅이 되리라는 충격을 받"고 팔각정에 올랐다고 한다.[23]

　정재용뿐 아니었다. 지역에서 독립선언서를 읽고 만세를 선창(先唱)한 사람들은 자연스레 높은 곳을 찾았다. 대한제국기 만민공동회 때도 종로 백목전(白木廛) 2층을 연단 삼아 썼다지 않

290

은가. 그러나 서울에서도 이층집이 드물었을 무렵이다. 시골 장터에서라면 더더구나 단으로 이용할 자리 찾기가 어려웠으리라. 가장 흔히 쓰인 것은 쌀가마니나 소금가마니를 쌓아 단처럼 만드는 것이었다. 시인 이상화가 참여한 대구 서문시장에서의 시위를 비롯해 "시장의 쌀가마니를 포개어 임시 단을 만든 후" 선언서를 낭독한 곳은 여러 군데다.[24] 경남 함양군 함양시장에서는 30세 농민 김한익이 장터 한가운데 소금가마니가 쌓여 있는 위에 올라 태극기를 휘두르며 조선독립만세를 불렀다.[25] 선천에서는 신성학교 교사 김지웅이 고무신장수가 끌고 온 수레 위에서 선언서를 소리 높여 읽었다. 고무신으로 가득 찬 수레 위에서 독립선언서를 낭독하는 장면이란 독특한 장관이었으리라. 마땅히 높은 데가 보이지 않을 때는 지붕 위에 올라서기도 했다. 전북 남원군 덕과면의 면장 이석기는 면장으로서는 이채롭게 이웃 면(面)까지 편지를 보내 만세를 촉구했을 뿐 아니라 4월 3일 식목절 행사 후 직접 만세를 선동하고 시위를 지휘했는데, 근방 헌병주재소를 목표하고 행진하던 중 길가 어느 집 지붕에 올라가 직접 제작한 격문 「경고 아동포제군(警告我同胞諸君)」을 낭독하였다.[26]

산상시위와 봉화

3·1 운동을 기억할 때 가장 먼저 떠오르는 시위 장소는 장터겠지만, 높은 곳으로, 산으로 올라가 만세 부르는 일도 많았다. 경남 영산에서는 마을을 에워싸고 있는 남산에서부터 시위를 시작했는데, 공지할 일이 있으면 동정(洞丁)이 남산에서 소리치는 관례 때문이었다고 한다.[27] 경기도 시흥에서는 40대의 포목상 이

영래가 선동해 여섯 명이 언덕에 올라 만세를 외쳤고, 진위군 북면에서는 약 30명이 산상(山上) 만세를 부른 후 주재소 앞까지 가시위를 벌였다. 평북 정주군 아이포면에서는 면사무소 뒷산에서 수천 군중이 만세로 들끓었으며, 강원도 신흥군 동고면에서는 잡화상인 20세 정학련이 모교인 신흥공립보통학교에 가서 생도들을 이끌고 언덕에서 만세 외친 후 읍내를 향했다. 서울에서도 3월 22일에는 구두 직공인 21세의 안흥성 외 두 명이 금화산 꼭대기에서 만세를 불렀다. 그 밖에도 산상 만세는 일일이 손꼽기 어려울 정도로 여러 동네서, 전국적으로 광범하게 목격된다. 낮이 아니라 밤에 만세 부르는 경우에도 흔히 산을 택했다. 강원도 횡성군 갈원면에서는 밤 9시경 약 50명이 뒷산 중턱에서 기세를 올린 후 동리를 행진했고, 원주군 건등면에서도 4월 8일 밤늦게 50~60명이 산에 올라 만세를 불렀다. 만세성이 퍼지자 인근 주막에서 술 마시던 이들까지 가세했다고 한다.[28]

밤에 산상시위를 벌일 경우 대개 횃불이나 화톳불이 동원됐다. 함경도 지역에서는 산상 만세가 드물었지만, 그럼에도 3월 13일과 14일 길주군 덕산면에서 마을 사람 30여 명이 모여 종을 울리고 짚뭉치를 태우면서 기세를 올렸다. 경기도 개성군 진봉면에서는 귀향해 있던 경성고보생 상훈(尙燻)이 주도하여 3월 31일부터 4월 2일까지 사흘 연속 뒷산에서 수십 명이 봉화 올리고 만세를 불렀다. 황해도는 산상시위가 비교적 빈번히 나타난 지역이었는데, 4월 7일 해주 대차산 위에 군중이 올라 봉화를 올리자 이튿날 밤에는 이웃 가천면에서도 뒷산에서 대한독립만세를 불렀다.[29] 해방기에 3·1 운동에 대한 공개적 진술이 가능해졌을 때 박노갑과 정비석이 바로 이런 산상 만세 장면을 포착해낸 바 있다.

"산 산 봉우리 봉우리마다, 해가 지기도 전에 불꽃이 하늘로 치달았다. 거기서는 독립을 부르짖는 웅장한 소리가 들리었다./ 이 마을 사람들은, 이 마을서 준비한 마을 뒷산으로 몰려, 또한 불을 놓고, 소리 소리 맘껏 높여 만세를 부르고 부르고, 그칠 줄을 몰랐다."[30] "해 질 무렵에 서울 소식을 들은 마을 사람들은 남녀노소 없이 만세를 외치며 뒷동산 봉수대로 봉수대로 물결같이 밀려 올라갔다. 봉수대에서는 이미 봉불을 들어 화광이 충천하였고, 연달아 외치는 만세 소리는 노도와 같이 잠드는 강산을 뒤흔들었다. 누구의 충동을 받은 것도 아니요, 누구의 지혜를 비는 바도 없이 2,000만의 입에서 한결같이 절로 흘러나오는 대한독립만세!"[31]

산상 봉화시위는 주로 촌락공동체에서 출현한 현상이다. 지역별 편차는 크다. 충청도의 시위는 거반 야간의 봉화시위였을 정도다.[32] 충남에서만 따져도 기성면 가수원리, 장기면 도계리, 우성면 쌍신리와 도천리, 탄천면 여러 군데, 또 남면 방축리·보통리·양화리·진의리·송담리, 동면 응암리·예양리·노송리·송룡리, 영인면의 아산리·상성리 등, 헤아릴 수 없이 많은 동리에서 밤에 횃불을 올리고 독립만세를 불렀다. 대개 3월 말에서 4월 초까지 집중된 현상이었다. 3월 31일에는 아산군에서만 50여개 소 2,500여 명이 횃불 만세운동을 벌였다고 한다.[33] 충북에서는 4월 1일 청주·오창·강외·부용·북일·북이·강내·옥산 등 8개 면 곳곳에서 밤에 산등성이에서 봉화를 피웠다. 청주군 강내면과 연기군 동면 면민들이 그러했듯 꽤 떨어진 거리에서 동시에 봉홧불을 올리는 일종의 연합 시위를 실천한 일도 있었다.[34] 박노갑의 「40년」에서처럼 밤새, 혹은 2~3일 밤을 연거푸 산에서 버티는 일도 드물잖았다. "나무가 없을 때까지, 불이 다 탈 때까지, 목에서 피가

1913년 천장절 기념 제등행사 스케치. 1917년 천장절에는 "시내 제등 장수들이 주야로 만들다시피 하나 미처 당할 수가 없어 내지로부터 전보로 가져온 자가 많"았단다. 통상 경성일보사와 매일신보사가 주최했으며 천장절과 병합기념일 등의 행사로 의례화되어 있던 제등행사는 강제적 동원 행사였음에도 부수적으로 문화행사로서의 성격도 지녔던 것으로 생각된다. 저마다 등불을 밝혀들고 시내를 일주하는 것이 제등행사의 기본이었다. 보통 경복궁 앞에 집합해 남대문통-본정-남산정-총독관저-일출정-대화정-동대문통-종로-황금정-매일신보사 순서로 행진했다고 한다. 일본인 거주지인 남촌(南村)을 우선한 경로였다. 반면 3·1 운동 당시 시위 대중은 조선인 거주지인 북촌(北村)을 만세 부르며 돌았다.

나올 지경까지, 그들은 산에서 버티다가, 결국은 마을로 내려오고야 말았다"[35]는 식의 조용한 결말을 맺는 경우가 많았던 것 또한 산상시위의 특징이다. 충청도를 중심으로 성했던 이 양식은 인근 경기도와 강원도 일부로 번졌고, 황해도 일각에도 퍼져 나갔으며, 평안도와 함경도에서도 드물게나마 등장한 듯 보인다.

물론 밤을 밝힌다는 의미가 있었다. 3월 1일 평양 등 야간시위의 경우 제등행렬이 가끔 눈에 띄는데, 봉화 역시 비슷한 의미가 있었을 터다. 그러나 봉화시위는 산상시위의 변종으로서 '단' 위에서 외치는 방식이었다. 선창자를 노출시키는 대신 은폐시키는 것은 산상 봉화시위의 부가적 이점이다. 드물게 산 위로 포격을 해대는 과격한 진압이 없지 않았지만, 대부분의 횃불 만세운동은 어둠 속에서 타오르고 어둠 속에서 끝났다. 경찰이나 군대와 대치하는 일은 거의 없었다. 어둠 속에서의 사건이기에 신원파악이 용이치 않다는 이점도 있었다. "봉화고변(烽火告變)의 예를 따라 (⋯) 독립만세운동의 기세가 발양될 것"이라는 기대와 더불어 시위의 지속 및 참여자의 안전을 고려한 방식이었던 셈이다.[36] 그럼에도 봉화는 장관이었다. 이기영이 수십 년 후 『두만강』에서 묘사해냈듯 "사면팔방으로 꽃밭처럼 불길이 타오르는데 마치 아우성을 치듯 만세 소리가 그 속에서 들끓는다. 이 근감한 횃불들은 '합방' 전에 성행하던 '쥐불놀이'보다도 더한 장관이었다". 3·1운동에 이르기까지 의병부대가 유지됐다고 주장하는 이기영은 의병들이 이르는 "곳곳마다 만세 소리가 드높고, 산봉우리 위에는 봉화가 줄줄이 켜 있었다"고 쓴다.[37]

물동이 준비한 시민들과 한복 입은 학생들

3·1 운동 후 해마다 3월이면 "팔각정아 기억하겠느냐? 그때의 그 일을?"[38]이라는 탄식이 나올 정도로 탑골공원의 팔각정은 봉기의 기억을 상징하는 장소가 되었다. 3월 1일 탑골공원을 출발한 시위대는 동서 두 갈래로 나뉜 후 다시 각각 두세 개 대열로 갈라져, 시내 주요 간선도로를 거치며 덕수궁·창덕궁을 경유하고 정동 해외 영사관 앞을 지난 후 어둑해졌을 때 오늘날의 명동 일대에서 해산됐다. 이때쯤에는 기마 경찰과 헌병이 동원되고 민간 일본인들도 칼이며 갈고리 등을 휘두르며 나서, 시위대 중 "먼저 도망하려 하는 자, 앞을 다투는 자, 노유부녀(老幼婦女)의 울부짖는 소리, 서로 밟고 서로 밀어 부상하는 자"들이 속출했다고 한다.[39]

경성여자고보 학생 최은희는 대한문과 광화문을 들른 후 서대문 쪽을 향하는 대열에 끼어 있었다. 오후 내내 "만세!"를 외치다 보니 목이 쉬었다. 목소리가 나오지 않을 지경이었다. 최은희는 염치불구 인근 민가로 들어갔다. 물을 청할 요량이었다. 들어가 보니 마침 초로(初老) 서넛이 밥을 먹고 있다 놀라 일어났다. 남녀가 유별하던 시절 처녀가 불쑥 남의 집 대문을 열고 들어갔으니 평소라면 상상하기 어려운 일이었다. 그렇지만 묵은 예의를 따질 때가 아니었다. 물 한 잔을 달라고 말하려 했으나 목이 쉰 탓에 소리가 나오지 않았다. 할 수 없이 손짓으로 밥상 위 물주전자와 자기 목을 번갈아 가리키며 목이 마르니 물 좀 달라는 뜻을 표시했다. 뜻을 알아들은 집주인은 꿀물을 만들어 내주었을 뿐 아니라 인절미도 꿀에 찍어 권했다. 나라 위해 만세 부르는 어린 여학생이 고맙고도 딱했을 게다. 서대문역 인근 의주통(義州通)에는 아예 물동이가 등장했다. "평양 수건을 쓴 할머니들이 지켜서서 바가지로 물을 떠 주다가 바가지째 두 손을 번쩍 들고 만세를 부르"곤 했단다.[40] 물을 주고 떡을 먹이고, 시위 대중을 성원하는 움직임은 3·1 운동 내내 이어졌다. 봄을 넘기고 시위가 잠잠해지고도 한참 동안, 투옥자 옥바라지를 위해 돈을 모으고 그 가족을 돌보는 일도 계속됐다.•

3·1 운동 내내 민족 내부의 분열은 거의 눈에 띄지 않는다. 면장이나 군수에게 만세를 압박하는 일이 잦았고, 참여 거부자에게 폭력을 휘둘렀다는 소식이 종종 들렸으며, 대일협력자 가옥을 파괴하려는 실력 행사가 간간이 있었지만, 그것은 배제나 분리를 목표로 하는 대신 원(原) 민족주의적 일체감을 지향한 것으로 보인다. 조선인 형사 신승희의 이름과 더불어 전하는 '모두가 지켜낸 3·1 운동'의 신화가 말해주듯 말이다.•• 3·1 운동을 통해 단숨에 도약한 존재인 도시의 청년 학생층 또한 학생으로서의 정체성을 표나게 내세우지 않았다. 평소의 학생들이라면 학생 모자에 교복, 구두 차림이었으나 1919년 봄 시위 현장에서의 차림새는 달랐다. 3월 1일 탑골공원에 모여든 학생들은 대개 교복 대신 한복을 착용한 것으로 보인다. 교복 차림으로 나섰다거

• 예를 들어 전북 남원에서 4월 3일 봉기로 희생된 사람들에 대해서는, 인근 마을에서 돈을 갹출해 성대하게 장례를 치렀고, 장례날 '의용(義勇)의 영구(靈柩)'라는 만장을 세웠으며, 부가적으로 의연금을 모금했다.

•• '3·1 운동 계획을 미리 입수했지만 침묵, 그 사실이 발각나자 자결한 조선인 형사' 정도 서사로 압축·전승된 사연은 실제 종로경찰서 고등계 형사였던 신승희의 행적이 투영·굴절된 결과로 보인다. 『매일신보』1919. 5. 22에 따르면 신승희는 "독립운동 관계로 천도교에서 5,000원을 받고 3·1 독립운동 거사계획을 묵인한 혐의"로 체포된 후 유치장에서 자살했다고 한다. 신승희 대신 신철이라는 이름이 거론되는 경우도 있지만 사연은 대동소이하다.

297

나 교복 입은 학생들을 보았노라는 증언이 많지만[41] 시위 당시 복장에 대해 신문받은 대부분의 학생들은 하교 후 조선옷으로 갈아입고 탑골공원을 향했다고 답변했다. 질문 자체가 "피고는 조선옷으로 (…) 참가했는가", "학교에서 제복을 입지 말고서 가자고 하는 상의는 없었는가"[42]라는 식이었으니, 학생들이 교복 대신 굳이 조선옷 차림으로 시위에 참여했다는 사실은 상당히 주목을 끌었던 듯하다. 적어도 평소에 비해 한복을 선택한 학생들이 많았다는 사실은 분명하다. 번거롭게도 길거리에서 두루마기를 전달받아 교복과 바꿔 입은 후 시위 장소를 향한 사람마저 있었다. 3월 5일의 일이지만 배재고보 학생 성주복은 동생을 만나 "양복을 건네주고 두루마기를 수취"한 다음 그 옷을 입고 운동에 참가했다.[43]

쉽게 눈에 띄는 것을 피하려 한 것일 수도 있고, 학생이라는 정체성을 노골적으로 드러내기 꺼린 까닭일 수도 있으며, 혹은 조선인 일반으로서의 정체성을 먼저 드러내고자 하는 의식적·무의식적 안배 때문이었을지도 모른다. 경성의학전문학교 학생이었던 현창연의 경험담을 통해 보건대 3·1 운동 시기 학생 복장을 피하는 것은 일반적 경향이었던 듯하다. 현창연은 3월 1일 시위 장소를 단성사로 잘못 안내받은 사람 중 하나였는데, 때문에 시내 시위에는 뒤늦게 합류했고, 며칠 뒤인 3월 8일 엉뚱하게도 친구의 모교인 보통학교를 구경하던 참에 체포됐다. 이때 현창연과 그 친구들은 모두 한복을 입고 있었던바 "학생은 (…) 많이 체포되고 있었으므로" 함흥 출신 상인이라며 거짓 신분을 댔다.[44]

3월 초 곳곳에 출몰했다는 단수 혹은 복수의 '두루마기에 빵떡모자', '두루마기에 사냥모' 또한 학생이 변복(變服)한 차림새였을 것으로 짐작된다. 실제로 「동포여 일어나라」는 격문을 배포한 후 체포된 경성고보생 박수찬은 "그때에 백색 두루마기를 입고 백색의 빵모자를 쓰고 있었다"고 진술하고 있다.[45] 배재고보 재학 중이던 후일의 소설가 송영(송무현) 역시 "내가 중학생의 모자를 벗어버리고 처음으로 캡을 쓴 것은 내 나이 열일곱 살 되던 해인 1919년 초하루날"이었다고 한다.[46] 3월 4일 밤 학생들에게 이튿날 시위 때 쓰라며 붉은 천을 배부한 사람은 "20세 가량 사냥모자 쓴 남자"였다.[47] 사진 자료를 참조해도 그렇고, 당시 참여자 진술 중에도 "사각모자 쓴 사람"이 다수였다는 진술이 있으니 모자만은 학생 모자를 그대로 쓰고 나온 축이 적잖았던 것 같지만, 용의주도 모자까지 바꿔 쓴 사람도 많았다는 뜻일 터이다. 배재고보생 유흥린은 "학생 모자를 쓰고 있으면 붙잡힌다"는 소문을 듣고 사냥모를 구해 썼다고 한다.[48]

299

신발 또한 짚신류, 보다 정확하게 말하자면 삼[麻]으로 엮은 미투리가 대세였다. 무엇보다 당시 구두는 장시간 보행에 불편했던 모양이다.[49] 3월 5일 학생 시위 전날 "미투리에 들메 하고 나올 것"이라고 적은 쪽지가 돌았다는 회고도 있다.[50] 일본인 검사는 "도망칠 때 편리하게 할 생각으로 미리 준비하고 나갔던 것이 아닌가"라고 물었지만, 학생들은 "구두는 대개 학교를 다닐 때만 신"으며 "국장일이어서 구두는 신지 않기로 되어" 있다고 답했다.[51] 일하던 중이라 미투리 신은 채 나선 것이라고도 했다.[52] 여학생들은 한결같이 흰 저고리에 회색이나 갈색 치마, 그리고 미투리를 신었는데, 신발은 "국장에 참열(參列)하기 위해 학생들 각자가 사 두었던 것"이라고 한다.[53] 실용적으로 한복과 미투리는 학생이라는 구별을 어렵게 하고 이동을 편이케 했으며, 상징적으로는 죽은 황제를 애도하는 일반의 물결 속에 학생들이 쉽게 합류할 수 있게 했을 것이다. 3·1 운동을 통해 공화주의의 새로운 물결과 왕도주의라는 오래된 습관 사이 관련은 복잡하지만, '죽은 황제를 애도하는', 그것도 복제(服制)도 반포하지 않고 유락장(遊樂場) 휴무를 선포하지도 않는 식민권력에 맞서 애도를 실천한다는 자세는 민족적 일체감을 강화하는 데 기여했으리라. 무척이나 추워 겨울 날씨 같았다는 1919년 3월, 학생들은 한복으로 갈아입고 미투리 신은 채, 상복 입은 군중 속에 섞여들었다.

선언과 격문의 테크놀로지

'민족대표 33인'이 발단이 된 운동이 조직적으로 허약했다는 사실은 명백하다. 천도교가 일종의 대안적 소국을 구축하고 있을 무렵이니 훨씬 일사불란한 봉기도 가능했으련만[54] 손병희를 비롯해 '민족대표' 사이에서는 선언만으로 만족하자는 신중론이 우세했다. 총독부 앞에서 독립을 애원하는 '청원'의 방식을 취해야 한다고 생각했던 기독교 일부 인사는 '선언'에도 동의치 못해 선언서에의 서명을 거부했던 터다. 그러나 대중 사이 자발적 운동이 폭발적으로 분출하자 일각에서는 사후적으로나마 조직화를 기해야 한다는 의견이 출현하기 시작했다. 김사국·김규인 등이 주도한 4월 23일 국민대회는 그 대표적 산물 중 하나이다. 이들은 각 지역 시위가 "하등의 연락 관계가 없어 소기의 효과를 올릴 수 없"었다고 판단하고 각 지역과 부문 대표자들을 섭외, '한성임시정부'를 구성하고 각료를 선임했다. 군중을 지휘할 자동차를 섭외하고 흰 천에 '국민대회' 또는 '공화만세'라고 쓴 깃발도 제작했다.

이렇듯 용의주도 준비한 집회였지만 국민대회에서 문자의 테크놀로지는 상대적으로 빈약했다. 3월 1일의 「기미독립선언서」와 『독립신문』이 각각 2만 1,000장과 1만 장이 인쇄됐던 반면 4월 23일의 「임시정부 선포문」, 「임시정부 포고령」은 등사기로 찍어 1,000여 장씩 발행하는 데 그쳤다. 선전물로서 더욱 주력했던 것은 「국민대회 취지서」와 「선포문」이었던 듯 이 두 종류는 각각 6,000매 가량을 발행했다. 등사기로는 대량 인쇄가 어려웠던 때문인지 목판을 만들어 인쇄하는 방식으로였다.[55] 3·1 운동기 목판이나 목활자를 이용한 예는 그 밖에도 가끔 목격된다. 등사기나 목판·목활자 등의 인쇄 수단을 확보하지 못한 사람들은 일일이 손으로 써 어렵사리 선전물을 만들든가 기껏 탄산지로 몇 장씩 복사하는 데 그쳐야 했다. 전남 담양군 담양면에서는 거사 하루 전날 발각됨으로써 시위가 무산됐는데, 이날 장터 시위를 준비한 10대의 보통학교 생도들은 "등사판을 빌릴 수가 없어 백지 몇 자에 필기"해 격문을 제작했던 터였다.

　　이기영의 장편 『두만강』은 1915년 공진회 당시에도 저항의 시도가 있었음을 기록하면서 저항 언어의 테크놀로지에 대해서도 흥미로운 묘사를 남긴 바 있다. 의병 출신으로 서울에서 상점 점원으로 근무 중인 조역이 활약하는 장면인데, 그는 "반지를 놓고 복사지로 베껴" 어렵사리 격문을 만들어낸다. 얄팍하고 매끈하여 구경꾼들 사이를 누비며 그 주머니에 몰래 집어 놓기 딱 맞춤한 유인물이었다.[56] 3·1 운동 당시에도 별다른 기술적 쇄신 없이 구래의 방법을 응용한 사례가 적지 않다. 유학자들의 경우가 특히 그러했다. 유학자들은 죽은 황제를 애도하고 상복을 입는 데 앞장섰지만, '만세'를 거북해 했고 선언에도 참여치 않았다. 대신

49

3·1 운동 당시 사용한 태극기 목판. 3·1 운동기에 태극기 제작방식은 다양
했다. 일장기를 변조하기도 하고, 등사기로 태극과 사괘(四卦) 모양을
찍어낸 후 색을 칠하기도 하고, 일일이 한 장씩 손으로 그리기도 했다.
〈49〉는 태극기 모양을 새긴 후 물감을 칠해 찍어내는 데 쓴 목판이다.
태극기 제작방식 중 대량 제작이 가장 용이한 것이었다고 할 수 있겠다.
태극기 못지않게 널리 쓰인 독립만세기는 종이나 천에 일일이 글씨를
쓰는 방식으로 제작된 듯하다. 3월 1일 서울 같은 예외는 있었지만
3·1 운동기 대부분의 시위에서는 처음부터 깃발을 준비했다. 독립을
선언하는 데 깃발이 필요하다는 생각은 어떻게 하게 됐을까? 대한제국
기의 기억도 있었겠으나 보다 가까이 1910년대에 의례나 행사 때마다
일장기를 보아 온 경험도 크게 작용했으리라고 짐작된다. 3·1 운동 때
는 고종의 국장 때문에 곳곳에 일장기가 계양돼 있었는데, 일장기를 끌
어내리고 파손하는 행동방식이 흔했으나, 한편으로는 일장기를 변조해
태극기로 만든 사람들도 종종 있었다.

3·1 운동의 얼굴들

이들은 상소나 청원을 통해 언어적 실천을 모색하고자 했다. 3월 3일 고종의 장례식 날 순종의 행렬을 가로막고 복위(復位)를 청하는 상소를 올렸고, 3월 말에는 전국 유림이 서명한 장서(長書)를 파리를 향해 발송했다. 비록 '민족대표 33인' 중에는 불참했으나 3·1 운동은 유림 세력이 전국적 음역(音域)을 확보한 사회적 목소리를 낸 마지막 사건이기도 했다. 오래된 사상과 낡은 테크놀로지를 가지고, 그러나 이들은 새로운 시대의 폭력에 최선을 다해 항거했다. 1910년대 초·중반 한때 은사금에 현혹되고 한학 장려책에 호응하는 듯 보였던 유림으로서는 크나큰 도약이었다. 경북 성주에 은거하고 있던 공산(恭山) 송준필도 그러했다.

유생 송준필, 서당 마룻장을 뜯어내 통고문을 인쇄하다 303

서울에서 만세 소식이 전해진 지 며칠 후, 송준필은 나라를 되찾기 위해 일어날 뜻을 세우고 이웃 마을 사는 선학(先學)에게 편지를 띄웠다. "학문과 덕망이 남에게 신망이 있는 자"로서 복국(復國)의 선봉이 돼 달라고 청하는 내용이었다. 이튿날에는 심산(心汕) 김창숙이 찾아왔다. 김창숙은 같은 성주 출신이자 같은 스승 아래서 공부했던 후배지만, 스승의 장례 때 신주(神主)에 쓸 자구(字句) 때문에 충돌한 후 서먹해져 버린 사이였다. 소원했던 사형(師兄)을 오랜만에 찾아 온 김창숙은 유림도 독립운동에 나서야 하지 않겠느냐는 말을 꺼냈다. 파리에서 평화회의가 열리고 있으니 사람을 보내고 편지를 전달하자고 했다. 3년 전 사소한 충돌을 거리낄 계제가 아니었다. 둘은 머리를 맞대고 전국 유림 중 수장(首長)될 만한 사람을 꼽았다. 경남 거창에 사는 면우(俛

宇) 곽종석의 이름이 단박에 나왔다. 이제 일흔넷, 곽종석은 일찍이 의정부 참찬을 제수받은 바 있고, 한주학파(寒洲學派)의 대표격이면서도 다양한 계보의 학자들과 널리 교유하고 있었다.

곽종석은 오히려 늦었다며 쾌히 응낙했다. 친일 인사들이 각계 대표인 양 가장해 파리에 '독립불원서(獨立不願書)'를 보냈는데 거기 유림 대표로 운양(雲陽) 김윤식이 서명했다는 미확인 소문이 떠돌던 때다. '민족대표 33인'에도 결국 유림은 빠졌던 터였다. "우리 유림된 자는 김윤식이 대표가 되어 매국의 이름을 감수하게 맡겨둘 수 없다"는 공분(公憤)이 고조되고 있었다. 곽종석의 응낙을 받고 파리평화회의에 보낼 문안을 작성하는 한편 유림계 인사들의 동참 의사를 취합하기를 10여 일, 총 137인이 장서에 서명자로 이름을 올렸다. 토의 끝에 문안을 확정하고 김창숙이 상해를 향해 떠난 것은 3월 23일. 세필(細筆)로 장서를 적은 종이는 양지(洋紙)가 아닌 한지(韓紙)였던 것으로 보이는데, 이 종이를 노끈 모양으로 꼰 후 화물 묶는 끈으로 위장해 가져갔다고 한다. 혹은 가느다란 새끼줄 속에 섞어 짚신을 삼은 후 들고 나갔다고도 한다.

김창숙이 출발한 후 송준필은 성주에서의 시위를 준비하기 시작했다. 4월 2일 성주 장날 2,000여 명 규모로 폭발한 시위가 바로 송준필을 비롯한 야성(冶城) 송씨 문중이 기독교도들과 손잡고 준비한 시위다. 헌병이 발포하여 결국 세 명이 목숨을 잃은 대대적인 시위였다. 경찰서 지붕 위에서 깃발을 휘두르다 순국한 사람도 있었다. 이 시위를 준비하기 위해 송준필과 그 측근에서는 파리에 보낸 장서의 취지를 살려 통고문을 지었다. 그러나 막상 글을 새겨 인쇄를 하려니 방법이 막막했다. 궁리 끝에 누군가 서당의 마룻장을 목판 삼아 거기 글자를 새기면 어떻겠냐는 생각을 해냈다. "봉강 서당에 소속된 흥효당(興孝堂)의 마루 나무가 감나무였으므로 한 장을 빼어다가 정결하게 다듬고, 송인집이 글을 쓰고, 송중립이 글을 새겼다."[57] 목판에 먹을 발라 통고문을 인쇄한 것이 3,000장. 일을 끝낸 후 마룻장은 다시 본래 자리에 넣어두었다. 1980년에 보고될 때까지 그 목판은 서당 바닥의 마루 중 한 장으로 남아 있었다고 한다.[58]

　　유생들의 「파리장서」 및 관련 문서의 경우 테크놀로지의 쇄신은 없었다. 사상적으로는 "군민(君民)"을 위하던 근왕주의적 의식이 "국(國)과 민(民)" 중심으로 이행하는 양상이 엿보이지만[59] 기술의 측면에서는 구래의 목판 인쇄가 옹색하게 활용되었을 따름이다. 「파리장서」 자체는 필사(筆寫)로 작성·전달된 것으로 보인다. 조선시대 문자의 테크노크라트였던 유생들은 새로운 시대 문자의 테크놀로지에는 전혀 어두웠던 것이다. 대표적 유학자요 문장가 중 한 명이었던 김윤식 역시 3·1 운동기 「대일본장서(對日本長書)」를 작성할 때 탄산지 복사를 생각해낸 것이 고작이었다. 전수학교 재학 중인 20대 양손(養孫)의 손을 빌었는데도 등사기 같은 기계에는 생각이 미치지 못했던 것 같다. 경학원 대제학이자 자작이었던 김윤식과 경학원 부제학으로 역시 자작이었던 이용직 — 함께 「대일본장서」를 작성한 이들은 문장의 형식에서도 '청원'을 택했다. 앞서 3월 12일 종로 보신각에서 문일평 외 유학적 배경이 강한 청·장년층이 '조선 13도 대표'로서 발표한 글도 '청원서' 또는 '애원서'로 불렸다. 그만큼 군주적 존재를 가정하고 '청원' 혹은 '애원'으로 읍소(泣訴)하는 것은 유학자들의 세계에서 당연한 질서였다.

이기영이 『두만강』에서 1915년 공진회 당시 탄산지 복사가 고작인 격문 제작 과정을 보여준 반면, 1915~1918년 서도현·장승원·박용하 등 친일 인사 차단을 통해 전국을 떠들썩하게 했던 대한광복회 단원들은 경고 서한 발송을 위해 등사기를 이용했다. 1918년 충청도 지부에서 부호들에게 보낸 「고시」는 면사무소에 근무했던 정태복이 그 등사기를 사용해 인쇄해낸 것이다.[60] 자료가 부족한 만큼 쉽게 결론을 내리기는 어려우나, 『두만강』의 위 장면이 배경으로 한 1915년과 대한광복회의 경고문이 배달된 1918년 사이 새로운 인쇄 매체, 즉 등사기가 그만큼 접근하기 쉬워진 것인지도 모른다. 3·1운동을 통해 선언서나 격문·경고문 등 문서류의 절대다수는 등사기를 통해 제작됐다. 교회와 학교 소유 등사기가 가장 애용됐고 군청이나 면사무소, 사찰의 등사기를 이용한 일도 있었으며 개인 소유 등사기로 문서를 인쇄해낸 일도 드물지 않았다. 그만큼 등사기가 널리 보급돼 있었다는 증거라 하겠다. 1900년대에는 등사기에 대한 언급을 찾아볼 수 없었다는 사실을 생각하면 실로 빠른 보급 속도다. 3·1운동 당시 신문조서를 통해 보면 대부분의 관청과 학교 및 교회, 그리고 상당수의 상점과 적잖은 개인이 등사기를 보유했다고 판단되는데, 그 정도 보급 속도는 경이적이라 할 수 있겠다.

조선 내 등사기의 급속한 보급에 기여한 것은 호리이(堀井) 등사당이었다. 남대문통에 자리했던 호리이 등사당은 일본의 등사기 발명가인 호리이 신지로(堀井新治郎)가 서울에 낸 출장소다. 호리이는 아버지와 함께 간이 인쇄기를 개발, 1893년 특허를 신청하고 회사를 설립하여 본격 판매에 나섰다. 일본 시장 개척에

306

어지간히 성공한 후 중국 상하이에 출장소를 마련한 것이 1911년, 서울에는 그 이듬해 영업점을 열었다. 호리이식 등사기의 발명으로 구약판(蒟蒻版)이나 탄산지 복사가 고작이었던 소규모 인쇄의 영역은 크게 개척된다. 사업 성장도 순조로워 1930년대 초 기준 매년 380여만 원의 매출을 올렸다고 한다.[61] 1910년대 후반에는 조선 내 중등학교 학생 사이에 문예지를 등사·회람하는 것이 유행이었다고 하는데 이 또한 호리이 등사기의 보급에 힘입은 결과일 것이다. 마치 1980년대의 복사기가 제록스-맑스로서 사회주의 사상의 기술적 매개가 되었듯[62] 1910년대의 등사기는 근대문학의 기술적 기반이었다.

등사기를 이용한 인쇄는 출판법에 있어 난처한 문제였다. 등사기 이전 탄산지 복사 등은 출판법 적용을 받지 않는다는 것이 일반적 판례였던 듯하다. 3·1 운동 직후 요코하마에서 노동자 시위를 계획한 염상섭은 "몇 줄 안 되는 격문이건만 일일이 골필로 복사하는 데 여간 시간이 들지 않고 뼈골이 빠졌다"고 회고한 바 있다. 도쿄 유학생들이 「2·8 독립선언서」를 발표할 당시에는 영문은 타자기를, 일본 국회 제출용 청원서는 이토(伊藤) 인쇄소의 인쇄기를, 선언서와 결의문은 기독교청년회 소유 등사기를 각각 이용했는데[63] 그 결과 "등사판질을 하면 심지어 먹칠한 사람까지 검거가 되어 희생자가 많이" 난다는 교훈을 얻은 때문이었다고 한다. 염상섭은 매일 여관을 이동하면서 낮에는 탄산지를 이용해 격문을 만들었고 밤중이 되면 조선인 거주 지역에 남몰래 격문 및 붉은 천을 배포했다. 거사 당일 체포되어 시위는 무산되고 말았는데, 염상섭은 금고 10월 형을 선고받았다가 재심에서 무죄로 풀려났다. "유능한 변호사를 만나서 불란서의 판결례로 필사

한 것은 아무리 소위 불온문서라도 출판물로 인정하지 않는다"는 인정을 얻은 덕분이었다.[64]

국내에서는 등사기로 격문을 인쇄했던 축 중에서도 출판법 적용에 항의한 이들이 있었다. 평북 선천에서는 3월 1일 시위 때 선언서 및 태극기를 다량 등사했는데, 이로써 체포된 신성학교 학생 장일현은 "법률상 문제도 아니되는 등사를 가지고 마치 활자 매체인 양 간주하고 출판법을 적용"한다며 공소했다. "등사라는 것은 손으로 쓴 수서(手書)와 같이 헌법은 차치하고 세계 야만국의 법제라 할지라도 인쇄와 같은 법률상의 책임을 과하는 일이 없"다는 것이 그의 논리다. 같은 혐의로 기소된 고동간 역시 "타인이 저작한 것을 등사한 데 그칠 뿐 아니라 기타의 문서도 등사만 할 뿐으로 활판에 의한 것이 아니므로 출판법을 적용할 수 없"다고 항의했다.[65] 이들은 아마 3·1운동의 의미 및 구속 시 대처 방법 등을 미리 치밀하게 학습·준비했던 것이 아닐까 싶다.

등사기가 보급되기 시작한 지 오래지 않았는데도 개인적으로 등사기를 소유한 사람이 제법 있었던 모양이다. 지하신문 『각성회회보』를 출판한 김호준도 그랬다. 보통학교를 중퇴한 후 가업인 직물업에 종사하고 있었다는데, 상업상 필요로 등사기를 장만해두었던 모양이다. 친구 양재순이 찾아와 "시국 때문에 학생들도 동맹휴교를 하고 각종의 격문을 배포하고 있는데 우리도 조선인으로서 가만히 있을 수는 없으니" 격문이라도 만들자고 제안했을 때 떠올린 것이 집에 있는 낡은 등사기였다고 한다. 그러나 방치한 지 오래되어 사용할 수가 없을 지경이라 등사기를 새로 구입하기로 했다. 가장 저렴한 것은 7원 50전이었으나 16원 50전짜리를 샀다고 한다.[66] 어지간한 월급쟁이 한 달 수입에 육박하는 금액이다. 물론 호리이 등사당에서 구입했는데, 그즈음 경찰은 이미 등사당을 주목하고 있었다. 전화로 먼저 문의했더니 형사가 감시 중이므로 나중에 들르라고 응대했던 것으로 보아, 아마 조선인이었기 십상일 종업원은 3·1 운동 당시 등사기가 어떤 의미이고 또 어떻게 쓰일는지 짐작하고 있었던 셈이다. 이희승의 회고에 따르면 "지금의 한국 상업은행 본점 건물 맞은편에 호리이 등사판 전문상점이 있었는데, 한국 사람이 이것을 사러 가면, 물건은 물건대로 팔아먹은 다음에, 번번이 경찰에 밀고하는 버릇이 있었다"고도 한다.[67] 3·1 운동 당시 경성직뉴주식회사에 근무 중이던 이희승 자신은 회사 소유 등사기를 몰래 사용했고 그 외에 친구 한 명이 양주군 회천면 면사무소의 등사기를 비밀리에 조달하여 신문을 제작했다고 술회한 바 있다.

선언서나 신문 한 장을 구하면 수십 장을 등사·배포하고, 자기 자신이 쓰고 덧붙이고, 다시 인쇄해내는 식의 증식과 변형에 등사기는 안성맞춤의 테크놀로지였다. 그런 만큼 3·1 운동 이후 식민지시기 내내 등사기는 위험한 기계였다. 등사기를 구입해 돌아가던 청년이 노상에서 취체됐다거나 불온한 기미 속 각 사립학교 등사기를 다 압수했다는 등의 기사는 종종 눈에 띈다.[68] 당연히 등사기를 은밀히 간수하는 요령도 발달한다. 배재고보에 재학 중이었던 송영과 박세영은 등사기를 기름종이에 싸서 우물 속에 보관했다고 한다.[69] 소파(小波) 방정환은 불시에 가택수색을 당하게 되자 우물 깊숙이 등사기를 던져 넣었다.[70] 어느 집에선가 사위가 지하신문을 발행 중이라는 사실을 발견했을 때 장인 된 이는 즉각 등사기를 버리고 말았다. "자기 집 부엌에서 불태우고 금속

부분은 집 뒤의 땅속에 묻었으며 그 나머지는 부엌 아궁이 속에"
숨기는 치밀한 해체 방식으로였단다. 등사기를 구하고 종이와 잉
크를 조달하고 집필과 인쇄·배포 작업을 분담하는, 3·1 운동 당
시 그 자체 실천이자 현실이었던 문자 언어, 그 중심에 위치한 등
사기라는 기계는 그 자체로 불온의 증거일 수 있다고 생각했기
때문이다.

독립의 비밀, 독립의 자금

'언어의 사건'이기도 했던 3·1 운동에서는 선언서와 격문을
제작하고 지하신문을 운반하는 일이 결정적으로 중요했다. 그런
만큼 감시의 눈을 피해 언어의 무기를 나르기 위해 온갖 방법이
동원되곤 했다. 가마니 속에 문서를 숨겨 옮기는 방법이 애용됐
고, 빨래 광주리에 감추거나 보따리로 만들어 이거나 아이 업듯
둘러메기도 했다. 두부모 아래 기름종이에 싸 넣고 장수인 양 지
게에 짊어지고 다니다가 "두부드렁 사려!" 소리 사이로 집집마다
신문을 밀어넣기도 했다.[71] 「2·8 독립선언서」를 국내에 반입할 때
는 모자 속에 꿰매 넣은 후 그 모자를 쓰고 들어왔고, 「파리장서」
를 중국으로 보낼 때는 종이를 꼬아 노끈 모양으로 만든 후 수하
물 끈인 양 위장했다. 종이 한 장의 가벼운 무게일 경우 신발 바닥
에 숨기기도 속옷 안에 차기도 안성맞춤이었다. 대량 운반일 경우
는 당연히 위험도 높아질 수밖에 없었다. 3월 1일 서울에서 배포
한 독립선언서는 천도교 인쇄소 보성사에서 찍어낸 후 이종일 집
으로 옮겨 보관했다는데,[72] 지금 종로 조계사 자리에 있던 보성사
로부터 목적지까지 채 1킬로미터가 되지 않는 거리였지만, 도중

에 파출소가 두 군데나 있어 화물운반차로 나르면서 마음깨나 졸였다고 한다. 경관에게 검문당했을 때 천도교에서 찍어낸 족보라고 둘러대 위기를 모면했다는 후문(後聞)이다.[73]

독립선언서를 지방에 전달할 때는 어떻게 했을까? 서울 지역 배포는 학생들에게 맡겼지만 지방의 경우 "선언서에 이름을 올린 사람이 각기 그 지방을 맡아서 배포하기로" 한 것이 원칙이었다.[74] 교세에 따라 배포할 지역을 분담한 셈인데, 평양처럼 기독교와 천도교 측에서 동시에 선언서를 전한 경우도 있었지만 대부분은 분담 원칙대로 전달이 이루어져서, 기독교계는 평안도 지역을 책임졌고 천도교계는 황해·충청·전라·강원도 일원을 감당했다. '민족대표'가 직접 개입하지 않을 경우 실제로 배송을 총괄·의뢰한 사람은 기독교의 경우 박희도·이갑성, 천도교의 경우 이종일이었다. 배송자 선정 및 배송 자체는 다소 즉흥적으로 이루어졌다. 세브란스 의학전문 1년생이었던 이굉상은 경남 마산에 20~30매의 선언서를 전달했는데, "3월 1일 아침 (…) 독립선언서를 마산으로 가지고 갈 필요가 있는데 네가 가지고 가겠느냐고 (…) 기차 시간이 임박하였으므로 빨리 정하라고 하므로" 그 요청에 응한 후 이갑성 집에서 독립선언서와 여비 15원을 받아 마산을 향해 출발했다고 한다.[75]

전주와 청주에 배포 책임을 맡았던 보성사 인쇄소 사무원 인종익의 경우도 2월 28일에야 배포 의뢰를 받았다. "오전 7시경 보성사의 활판계장 이종일 (…) 선언서 약 2,000매와 여비 금 37원의 교부를 받았다."[76] 황해도로 향할 이경섭이 1,000장을, 강원도 방면을 책임질 안상덕이 2,000~3,000장을 의뢰받은 것도 같은 날 아침이었다.[77] 기독교와 천도교를 막론하고 선언서 지방 배

311

송 책임자들이 받은 여비는 꽤 넉넉했는데, 이에 대해 인종익은 "어느 시기를 보기까지 각지를 유랑할 목적으로 조금 여유 있게 지급받았던 것"이라고 해명하고 있다.[78] 그러나 월급 25원 받는 사무원으로서 한 달치 수입을 훨씬 상회하는 여비를 받은 이유가 그뿐은 아니었던 듯, 강원도 지역 배포 책임을 맡은 안상덕의 경우 그 돈의 상당 부분을 지역에서 선언서 게시를 의뢰하는 데 사용했다. 사람들 통행이 빈번한 곳에 선언서 붙이는 대가로 보통 장당 1원을 제안했던 것이다. 이종일에 따르면 "안상덕이 한 장을 붙이는 대가로 1원씩을 주니 모두 기뻐하면서 (…) 그래서 무사히 붙일 수가 있었다"고 한다.[79] 통천군에 선언서를 전하는 데 협조한 박병운은 고갯길에서 천도교구실 방향을 묻는 안상덕과 마주쳤는데, 자기도 천도교 신자라고 하자 안상덕이 "천도교에 관계가 있는" 광고물 게시를 부탁해왔다고 기억한다. 안상덕은 "이 광고는 비밀을 지켜야 하므로 우리도 교주의 명령으로 광고를 분배하러 왔다"며 여비조로 3원을 주려 했다고 한다. 무학(無學)으로 글자를 모르는 박병운은 그러나 천도교의 일이요 중요한 광고물이라면 돈을 받을 수 없다며 거절했다. 선언서는 50~60매를 받은 후 마침 통천군으로 가는 이웃사람에게 부탁했는데, 본인은 돈을 받지 않았지만 "타인에게 부탁하면서 돈을 주지 않을 수 없으므로" 30전을 빌려 그의 손에 쥐어 주었단다.[80]

대한민국 임시정부가 1919년 4월 11일 출범 후 포고령 제2호로 반포한 문서는 인두세(人頭稅) 시행에 대한 고시였다. 대한민국 임시의정원에서 1인당 연 1원의 인두세 납입을 결의했으니 한민족이라면 국민된 의무를 다하라는 내용이었다. 지금까지도 종종 비판 대상이 되곤 하는 조치지만, 돈이란 그토록 중요한 문제다. 3·1 운동도 천도교에서 5,000원의 자금 동원을 책임지지 않았다면 아마 좀 다른 방식으로 폭발했으리라. 천도교에서는 교섭과 회의에 필요한 자금과 인쇄·배포에 소용되는 자금 대부분을 책임졌으며, 해외로 대표를 파견하고 관련자들 옥살이를 돌보는 자금도 댔다. '성미(誠米)'라 하여 교인들이 밥 지을 때마다 한 숟가락씩 쌀 덜어낸 것을 모아 팔고, 천도교회당 신축 기금을 걷었다 반납을 지시받은 것을 허위 영수증에 날인만 받은 후 다시 거둬들여 그렇게 썼던 것이다.

평등한 분담의 형식도 없지 않았으나, 3·1 운동의 토대를 구성한 것은 종교 단체나 독지가를 통해 동원된 대규모 재원이었다. 도쿄 유학생들의 2·8 독립선언 역시 정노식이 물경 2,000원에 이르는 돈을 지원하지 않았다면 그 전개양상은 달라졌을 것이다. 여학생계에서 적잖은 돈을 마련하는 등 그 밖의 성의도 있었다지만, 조선에서 활자를 반입하고 인쇄소를 교섭하는 등의 작업은 막대한 자금 없이 추진하기 어려웠을 것이다. 「2·8 독립선언서」를 번역, 그 내용을 파리평화회의에 타전(打電)하는 데만 720원의 거금이 들었다지 않는가.[81]

촌민(村民) 몇 명이 힘 모아 깃발을 제작하고 학생 몇몇이 머리 맞대 격문을 만들 때도 돈은 필요했다. 어떤 경우에는 갹출을 했고 어떤 때는 한두 명이 돈을 댔다. 평남 용강군 서화면에서는 태극기 제작차 백지를 구입하기 위해 참여자들이 2전씩을 갹출했으며, 경기 가평군 북면에서는 깃발 제작비용을 동리에서 공동 지출했다.[82] 그런가 하면 경남 합천군에서는 '만석꾼' 김홍석이 자금을 댄 덕에 목활자를 만들고 삯꾼을 고용해 독립선언서를 찍어낼 수 있었다.[83] 서울에서 경성고보생들이 중심이 되어 격문 「동포여 일어나라」를 제작할 때는 강선필이라는 학생이 집에서 부쳐온 학비 10원을 털어서 냈다. 인쇄를 맡은 박노영에 의하면 "2원은 원지대, 95전은 잉크대, 1원은 하숙에 지불하고 (…) 31전은 연초대 등에 소비하였고" 그 밖에도 백지 800장을 구입했다고 한다.[84]

구차할 수밖에 없는 세목(細目)들 — 천과 물감과 종이와 잉크와 등사기, 게다가 담배값과 식사대와 교통비 등의 항목은 3·1 운동 관련 자료를 통해 반복적으로 출현한다. 누구든 싫도록 목격해왔듯 돈은 많은 것을 의미하고 여러 가지 일을 가능케 한다. 「2·8 독립선언서」와 「기미독립선언서」의 언어적 수행성도 돈 없이는 무용지물이었을지 모른다. 수사와 재판 과정에서 식민권력의 집행자들은 "돈을 받고 만세를 불렀는가" 자꾸 물어댔는데, 그래야 사태가 이해하기 훨씬 수월해진다고 생각했던가 싶기도 하다. 저 열렬한 '독립'도 돈을 빼면 사라지지 않을까. 저 불가사의한 '만세'도 이익동기를 제외하면 잠잠해지지 않을까. 종로경찰서의 조선인 형사 신승희가 5,000원을 수뢰(收賄)하고 3·1 운동 계획을 눈감아주었다는 소문이 말해주듯, 막대한 돈의 위력은 때로 목숨조차 걸게 하지 않는가. 경기도 수원에서도 500원 뇌물 때문에 순사 살해에 협조했다는 순사보가 있었다. 살해 사건을 사전모의의 결과로 몰려 한 날조가 아니었을까 싶지만, 순사보 오인영이 자백하기로는, 면민(面民)들이 면사무소 파괴 및 순사 살해를 계획할 때 자신은 "돈 500원을 받기로 약속"하고 "나쁜 일이라고 알면서" 묵인했다는 것이다. 푸른 괘지에 연필로 증서까지 써서 숙소 보관함에 넣어두었다고 한다. "일금 500원정/ 위 금액을 양

314

력 4월 15일에 꼭 지급하기로 이에 서명 날인함"이라는 내용이었다는 것이다.[85]

그러나 지원과 동원은 자발성과 만날 때에야 비로소 힘을 발휘한다. 앞에서도 쓴 4월 23일 국민대회 같은 행사를 통해 엿볼 수 있듯 말이다. '한성 임시정부'를 정식 선언한 이 날, 김사국·김유인 등의 주도자들은 노동자 3,000명 동원을 목표로 한 대규모 행사를 기획했다. 자동차 세 대를 빌었고 정식 간판을 주문했으며 노동자 동원 담당도 섭외했다. 다량의 격문을 마련한데다 시위대 지휘자들이 자동차를 타고 각각 동대문·서대문·남대문에서 출발할 때 쓸 대형 깃발도 여러 장 장만했다. 군중 지휘자, 간판 게시자, 노동자 동원 담당에게 지급한 돈만도 200원이었다니 야심찬 규모였다. 천도교단에 요청해 받은 500원이 종자돈이었던 듯 보인다. 서울에서 시위가 잠잠해진 지 근 한 달. 시위를 재개시키려는 뜻도 있고 정부로서 인정받으려는 뜻도 있었으련만, 이날 일반의 반응은 미온적이었던 듯하다. 주모자들 자신부터 이 행사를 '실패'라고 평가했다. 대신 선전 작업에 주력하기로 하고 85원을 헐어 풍선을 사서 격문을 살포할 것을 결정했다. 아쉽지만 이 결정은 실행에 옮겨지지 못했다. 헬륨가스를 구하려 동분서주하던 중 주모자들이 체포되고 말았기 때문이다.[86]

"노동자 수천 명을 모아서 독립만세를 부르도록 하지 않으면 안 되고, 자동차 열 대쯤을 세내어 성대하게 독립운동을 하지 않으면 안"[87]된다는 계획에 선부(善否)를 따지기는 어렵다. 독립은 화려할 수도 초라할 수도 있다. 행사는 장엄할 수도 소박할 수도 있다. 국민대회에서 선포했던 '한성 임시정부'는 이름만 존재한 전단 정부에 가깝지만, 3·1 운동기에 이렇듯 위의(威儀)를 갖

315

추려는 시도가 있었다는 사실은 그 자체로 흥미롭다. 고무신 수레 위에 서는 데서 팔각정에 오르는 데까지, 손으로 쓴 격문에서 대량 인쇄의 출판물까지, 정감록 풍 주문에서 기독교의 찬미가까지 — 3·1 운동은 실로 각색(各色)의 문화가 공존한 장이었으며, 각양(各樣)의 테크놀로지가 병립한 현장이었다.

2장.
평화

비폭력 봉기와 독립전쟁

저녁에 극도의 격정을 내보였던 주인의 모습이
그 억새 사이에서 불쑥 일어나 긴 눈초리를 창
끝처럼 번뜩이며 그를 한껏 노려보았다 — 증오
와 복수로 불타오르고 있는 그 눈! 인류애가 다
뭐란 말이냐?! 세계동포가 다 뭐란 말이냐?! 이
걸 좀 봐라! 이걸 좀 봐라! 주인은 찢어지고 피
에 물든 딸의 옷을 그 떨리는 손으로 잡아 그의
눈앞에서 세차게 흔들며 상처 입은 맹호처럼 미
친 듯이 울부짖었다. (…) 어줍잖은 세계주의자
는 그대로 그들의 술수에 걸려들고 만 것이었
다 — 급조된 감격이 무슨 소용이란 말인가! 당
장이라도 주인이 한 줄기 봉홧불을 올리면 우리
두 사람은 비처럼 쏟아지는 철화(鐵火)의 세례
를 맞게 된다.

/ 나카니시 이노스케, 「불령선인」(1922)

"오늘 난부(南部) 상등병으로부터 사냥총을 받았소. 조금이나마 교토의 근황을 들었습니다. 어머니는 매일 노리오를 데리고 궁궐 쪽에 가신다고 하더군요. 무엇보다 감사하게 생각합니다. 궁궐의 신선한 공기와 상서로운 기운을 받아 노리오의 장래에 좋은 일이 있겠지요. 노리오가 조선에 올 날이 가까워 오네요. 노리오를 안고 목욕시킬 날을 무엇보다도 즐거운 마음으로 기다리고 있습니다. 노리오는 체격이 큰가 보지요. 조선에 오면 크게 단련시킬 작정입니다."

그도 선량한 남편이요 아버지였을 터다. 일본 육군 중위 마사이케 가쿠조(政池覺造)는 1918년 8월 평안남도 성천의 헌병 분대장으로 부임했다. 아내가 있었으나 단신 부임이었다. 1년여 전에야 결혼한 아내 미요코가 첫아이를 임신하고 있었던지라 긴 여행길과 낯선 곳에서의 출산을 걱정한 때문이었기 쉽겠다. 미요코가 아들을 낳은 것은 1918년 10월, 그는 이후 시집에서 산후조리를 마치고 1919년 3월 12일 조선으로 떠날 예정이었다. 머잖아 만날 테지만 남편에게 아들 얼굴을 미리 보여주고 싶었던 걸까, 미요코는 떠날 차비를 하면서 아들 노리오의 사진을 찍었다. 마침 남편 부하가 잠깐 귀국해 들렀던지라 그 편에 아들 사진을 보내려 했지만 사진관 작업이 제때 끝나주질 않았다. 노리오의 사진을 우편으로 부친 것은 2월 28일이었다.

그러나 마사이케는 아들의 사진을 받아보지 못했다. 만세를 부르며 헌병주재소에 들이닥친 조선인들과 대치하던 중 중상을 입었기 때문이다. 그가 끝내 회복하지 못하고 세상을 떠난 것은 부상 하루 만인 3월 5일. 그때쯤 갓난 아들의 사진은 조선 어딘

319

50   51

320

마사이케 중위의 사망 소식 보도 기사 일부(50)와 마사이케 앞으로 배달된 1919년 연하장(51). 헌병분대는 도 헌병대 바로 아래 기관으로 지역을 총괄하는 역할을 했다. 3·1 운동 때 주로 타격 대상이 된 헌병주재소에 비하면 두 단계 상급기관이다. 헌병주재소는 통상 신임 하사관이 소장으로 근무한 반면 헌병분대는 위관급이 책임을 맡았다. 마사이케 중위는 3·1 운동 중 희생된 일본 군경 중 유일한 위관급이다. 〈51〉의 엽서는 어느 조선인이 새해 인사차 마사이케에게 띄운 엽서다. 마사이케의 아내가 띄운 편지도 비슷한 외양으로 성천에 도착하곤 했을 것이다. 마사이케의 죽음을 보도한 『오사카마이니치신문』은 재조(在朝) 일본인과 조선인이 가장 많이 구독한 일본 신문이었다.

가 도착해 있었을 게다. 남편의 부고를 전해 들은 후 미요코는 "남편은 직무를 수행하다가 순직하신 것이므로 저는 조금도 미련은 없"다면서도 남편이 사진으로나마 아들의 얼굴을 보지 못한 것을 슬퍼했다. "그것이 생전에 도착하지 못한 것이 안타깝습니다." 사진이 일찍 나왔더라면, 사건이 며칠 늦게 일어났더라면, 아니, 남편과 함께 있었더라면. "사진을 보내라고 하거나 빨리 아이가 보고 싶다며 편지도 이틀에 한 번씩 보냈"다는 젊은 아버지, 마사이케는 사망 당시 31세였다. 규슈의 오이타현 출신으로 장교로 임관된 지 8년째 되던 해였다.[1]

평안남도 성천은 3·1 운동 초기 격렬한 충돌 양상을 보인 몇 안 되는 지역 중 하나다. 천도교도와 기독교도 중심으로 만세를 부르던 중 3월 4일에는 1,000여 명이 헌병분대로 몰려 가 "조선은 독립했으니 일본은 물러가라"며 헌병들을 압박하기 시작했다.* 헌병들이 총으로 위협하며 해산을 종용했고, 시위대에서는 이에 맞서 돌을 던졌으며, 충돌이 격렬해지는 가운데 마사이케가 중상을 입었다. 이에 헌병들은 시위대를 향해 총을 무차별 난사, 무려 23명이 그 자리에서 숨졌다. 부상자도 40여 명이었다.[2] 그러나 이 사건을 보도한 일본 신문들은 시위대 측의 희생은

* 1910년대에 헌병대 사령관이 경무총장을 겸임하고 각 도(道) 헌병대장이 경무부장을 겸임하는 이른바 '헌병경찰' 제도가 시행되었음은 주지의 사실이다. 그러나 그 하위 단위부터는 헌병과 경찰 조직이 서로 독자성을 가졌고 지방조직도 별도로 운영했다. 헌병대 지방조직으로는 헌병분대·헌병분견소·헌병파견소(헌병주재소)가 있었는데 그 위상과 의미는 각각 다르다. 경찰서·경찰분서·순사파출소·순사주재소(경관주재소) 등도 구별해야 할 필요가 있다. 오늘날 경찰서와 파출소가 같을 수 없듯 1910년대에는 헌병분대와 헌병파견소, 경찰서와 순사주재소 사이에 큰 차이가 있었다. 이 책에서는 중요한 의미 차이가 생긴다고 판단되는 경우 외에는 가장 일반적인 '헌병주재소'와 '경관주재소'라는 명칭을 사용했지만 연구자료 자체에 혼선이 있는 만큼 따로 정리해야 할 문제다. '순사보'와 '순사보조원'은 직제 자체에 변동이 많았던 만큼 '순사보'로 통일해 칭했다.

321

외면하고 마사이케라는 개인의 불행을 강조하는 데 주력했다. 더불어 마사이케가 대화를 시도하는 동안 시위대에서 선제공격을 해왔다는 식으로 보도 방향을 잡았다. 기사에 따르면 시위대는 대화 중 "숨겨 놓은 도끼로 갑자기 중위의 무릎을 내리쳐서 다리를 절단"할 정도로 비열하고도 잔인한 존재다.[3] 그런 만큼 시위대 중 최소 23명이 숨졌다는 소식 역시 "폭도 수 명을 살상하고 겨우 진압"했다는 것으로 왜곡·요약되고 있다.

식민자의 목숨과 피식민자의 목숨

성천에서 멀지 않은 평안남도 강서군 사천에서도 3월 4일 대규모 군중시위가 있었다. 시위 계획 중 모락교회 신자 10여 명이 연행되는 사고가 있었지만, 그럼에도 본래 계획대로 합성학교에서 독립선언식을 갖고 인근 원장 장터에서 만세를 부르던 참이었다. 인근 여러 교회가 합류해 군중 숫자는 수천 명에 달했다. 이때 반석교회 장로 및 모락교회 목사가 나서서 연행된 사람들을 구출하자고 호소했다. 고양돼 있던 군중은 그 제안대로 사천군 헌병 주재소를 향해 나아갔다. 어느 지역에서나 흔히 있었던 양상이다. 시위 계획 중, 혹은 앞선 시위 중 체포된 동료와 이웃을 구출하자는 것은 3·1 운동을 통해 무수히 목격되는 행동 동기였다. 시위대는 청년대·학생대·장년대·노인대 순으로 대오를 갖춘 후 질서정연하게 행진하기 시작했다. 그러나 주재소 도착 전 굽은 길목을 막 돌았을 때 돌연 총소리가 들렸다. 처음에는 공포(空砲)였지만 시위대가 물러서지 않자 곧 실탄이 쏟아졌다. 주재소의 전원, 즉 일본인 주재소장과 세 명의 조선인 헌병보조원이 모두 나선 총공격이었다.

청년대와 학생대가 선두에 섰던 만큼 젊은이들의 희생이 컸다. 59세 윤원석의 경우 30대의 창창한 큰아들과 작은아들을 한꺼번에 잃었다. "총을 맞아가지고 붉은 피를 임리(淋漓)하게 흘리면서 피고의 가는 길 앞을 간신히 걸어오면서 울고 부르짖"었다니 아비로서 그야말로 정신이 아득했을 게다.[4] 장년대나 노인대에 속해 있던 상당수가 비슷한 경험을 했을 터, 격분한 시위대는 총 네 명에 불과한 헌병 및 보조원들을 공격하여 제압했다. "선두에 있던 한 청년이 일본인 대장에게 달려들어 총을 뺏고 (…) 개머리판으로 머리를 내리쳤"다고 한다. 주재소장인 상등병 사토 지쓰고로(佐藤實五郎)는 즉사했다. 헌병보조원들이 발악하듯 사격을 계속했으나 결국 "보조원 강은 밀밭에 숨다가, 박은 근처 마을로 피하다가, 김은 산으로 도망가다가, 모두 붙잡혀 죽었다." 이 과정에서 시위대 중 13명이 즉사하고 40여 명이 중경상을 당했다. "원장교회의 교인 서영석은 두 다리를, 같은 교회 장로 차병규는 팔 하나를, 반석교회의 이지백은 한쪽 다리를 각각 절단하는 중상을 입었고, 그 밖의 경상자가 수십 명에 달했다."[5]

사건 직후 『오사카마이니치신문(大阪每日新聞)』에서는 "서장과 헌병 상등병 (…) 이하는 격퇴하고자 노력했으나 탄약이 고갈되어 결국 24명 모두 장렬하게 최후"를 맞았다고 보도했다. 항용 있을 수 있는 부정확한 기사였다고 하겠다.[6] 경찰 측 여러 명이 사망한 것은 3·1 운동 당시로서는 예외적인 사건이었다. 시위대가 비무장 상태였다는 점을 생각하면 더욱 그렇다. 시위 군중이 몽둥이나 농기구를 준비한 일이 종종 있긴 했지만, 강서군의 시위대는 처음에는 돌멩이조차 들지 않고 주재소를 향했던 것으로

323

보인다. 그럼에도 헌병대는 이 시위대를 "주재소를 습격·쇄도하여 유치 중인 피고인 탈취 혹은 병기(兵器) 탈취 등을 목적으로 돌 던지고 관청 기물을 파괴하는" 세력으로 전제했고 "주저준순 (躊躇浚巡)하지 말고 단호하게 고압수단을 사용"해야 한다는 처방으로 응대했던 것이다.[7] 결과적으로 '고압수단' 때문에 촉발된 시위대의 저항은 '폭도'에 대비했던 식민권력의 예상을 충족시켰다. 그야말로 폭력의 자기실현적 예언(self-fulfilling prophecy)이라 불러야 할 과정이었다. 3·1 운동기를 통해 한반도에서 목숨을 잃은 헌병과 경찰은 각각 6인과 2인으로 총 여덟 명이다.

사천에서 헌병대의 희생이 확인된 후 식민권력은 즉각 보복을 개시했다. 경찰과 군대가 출동해 인근 남성들을 400여 명이나 무차별 연행, 혹독하게 고문했다. 재판에 회부된 주동자들에 대한 선고 수위도 높았다. 주동자 대부분은 고향을 떠나 은신했지만 2~3년 후 검거돼 중형에 처해졌다. 반석교회 장로 조진탁은 1921년 3월 체포된 후 이듬해 10월 평양형무소에서 교수형에 처해졌으며, 원장교회 장로 고지형은 1921년 8월 체포되어 징역 15년을 선고받고 옥고를 치르다 순국했다. 아마 은신처를 전전하면서 조진탁과 고지형은 매일 손꼽아 독립을 기다렸겠지만, 체포되고 법정에 서고 마침내 숨을 거둘 때까지 끝내 독립은 오지 않았다. 둘 다 60대의 노령이었다. 『동아일보』는 조진탁의 재판을 보도하면서 "백발성성한 머리를 숙이고 가만가만히 하나님께 억울한 기도를 드리"는 것으로 피고의 모습을 묘사하고 있다.[8]

억압자의 폭력과 피억압자의 폭력 사이 비대칭은 어디서나 발견되는 현상이다. 베버(M. Weber)의 말마따나 '합법적 폭력을 독점하는 기구', 즉 국가를 장악한 존재로서 억압자는 다른 존재에 대한 폭력 행사를 일체 불법화한다. 군대나 경찰 같은 폭력 장치를 소유하고 있으면서도 개인적·집단적 폭력 행사는 말살하려 하고, 증오나 공포를 제도화하고 있으면서도 개별적 증오나 분노의 폭발을 죄악시한다. 식민자와 피식민자 사이에서는 더욱 그렇다. 식민자는 하나의 폭력을 백배의 폭력으로, 한 명의 죽음을 수십·수백·수천의 죽음으로 되갚으려 한다. 폭력의 낌새만으로 다수의 목숨을 짓밟아 버리는 일도 흔하다. 나카니시 이노스케(中西伊之助)의 소설에서는 일본인에 의한 학살을 사죄하는 마음으로 살해당한 여학생의 집을 찾았던 '세계주의자' 일본인마저 조선인들로부터 공격당하리라는 망상 때문에 하마터면 친절한 집 주인을 쏴 죽일 뻔하지 않았던가. 3·1 운동보다 훨씬 훗날의 일이긴 하나 제2차 세계대전 후 아프리카 지역에서 프랑스가 자행한 학살이나 영국이 휘두른 폭력을 기억해볼 수도 있겠다. 프랑스는 1945년 알제리의 세띠프 봉기 때 무려 4만 5,000명을, 1947년 마다가스카르에서의 말라가시 봉기 때는 많게는 10만 명으로 추산되는 인명을 말살했다.[9] 영국 정부 또한, 1950년대 초 케냐의 마우마우단이 영국인과 친영파들을 살해한 데 대한 보복으로 1,000여 명을 처형했고 2만여 명을 진압 중 살해했으며 15만 명 이상을 강제수용소에 감금했다.[10]

폭력의 연쇄를 개시하고 증식시키는 것은 식민자 쪽이다. 식민자는 피식민자의 폭력을 진심으로 두려워하고 스스로 개인으로서는 취약하기 짝이 없는 존재라고 생각한다. 폭력의 무진장한 자원을 소유하고 있으면서도 식민자 자신의 폭력을 방어적 폭력으로 간주한다. 매를 막기 위해 쳐든 피식민자의 팔조차 폭력의 징후로 보고, 호의로 뻗은 손마저 공격의 조짐으로 해석한다. 피식민자는 흔히 궐기의 순간에도 비폭력에의 의지를 간직하고 있지만 식민자는 그 차이를 분별하려 하지 않는다. 일본 언론에서 사천 사건을 보도할 때 초점 중 하나는 현장에서 탈출한 사토 아내의 사연이었는데, 이 여성은 재판정에서 피고들에게 비교적 유리한 증언을 했다고 전한다. 일본 신문에서는 사토의 아내가 "권총을 한 손에 들고" 탈출했다고 보도했지만 현장에서의 증언은 달랐다. 흥분한 군중이 다 때려죽일 기세로 접근할 때 조진탁이 나서서 "여자에게는 죄가 없으니 다치지 맙시다"라고 설득함으로써 여자를 놓아 보냈다는 것이다.[11]

이 일화는 널리 알려진 3·1운동의 비폭력주의에 잘 부합한다. 대응 폭력으로 살인을 범했을 때조차 본연의 비폭력주의를 잊지 않았다는 점이 그 요체일 것이다. 실제로 3·1운동, 특히 3월 초·중순 도시 거점의 봉기는 평화주의적 숭고로 채색돼 있다. 난폭한 헌병의 칼을 빼앗고도 "개 같은 네 목숨을 남겨둠은 공약 3장의 정신을 위함이다"라며 무저항으로 죽음을 맞는 청년[12]이나 칼 휘두르는 일본인 앞에 "다친 손의 피를 (…) 흔들어 보이면서 (…) 어떤 보복도 가하지 않"는 막벌이꾼[13] 등은 소설 속 인물이지만 3·1운동의 적절한 상징이다. 「기미독립선언서」 공약 3장의 정신, 즉 "오직 자유의 정신을 발휘할 것이요 결코 배타적 감정으로 일주(逸走)하지 말라"고 당부하고 "가장 질서를 존중하여 (…) 어디까지든지 광명정대하게 하"라는 당부는 여러 신문과 격문을 통해 반향되었다. 공약 3장 자체가 전재(轉載)되었고 혹은 "정의와 인도에 따라 우리의 자유와 독립을 찾는 것이므로 단연코 어떠한 일에도 난폭한 행동은 일체 해서는 안 된다"[14]든가 "때리는 일과 부수는 일 같은 폭행은 조금이라도 하지 말"[15]자는 다짐처럼 그 내용을 변주한 문구가 실리곤 했다. 후일 어느 신문에서 회고했듯 전 지구적으로 "1919년은 평화의 봄"으로 시작되었던 터다.[16] 1,000만 명의 목숨을 앗아간 제1차 세계대전이 막 끝난 당시 세계는 그야말로 평화를 향한 갈망에 취해 있는 듯 보였다.

그들은 왜 무기를 탈취하지 않았나

제1차 세계대전 직전, 19세기 말~20세기 초는 폭력과 테러리즘이 번성한 시기였다. 그 시초는 1870년 전후 러시아로 거슬러 올라간다. 1866년 까라코조프(D. Karakozov)의 알렉산드르 2세(Alexandr Ⅱ) 암살 미수와 1878년 베라 자술리치(V. Zasulich)의 상트 페테르스부르크 지사(知事) 공격 이후, 1890년대가 되면 가히 테러리즘의 세계적 유행이라 할 만한 현상이 도래한다. 전 세계적으로 이때부터 제1차 세계대전에 이르는 사이 그리스·러시아·세르비아·이탈리아·포르투갈의 군주가 암살당했고 스페인 총리와 프랑스 대통령, 그리고 두 명의 미국 대통령이 희생되었다.[17] 역사와 진보라는 개념 자체가 근대 테러리즘의 주체와 표리를 이루고 있다는 의견이 있을 정도로[18] 폭력과 테러리즘은 새로운 정치·문화적 화두가 되었다. 도스토예프스키의 『악령』(1871), 오스카 와일드의 「베라, 혹은 니힐리스트들」(1880), 조셉 콘래드의 『비밀요원』(1907) 등 이 화두에 접근한 소설과 희곡만도 여러 편을 떠올릴 수 있다.

폭력의 의미 자체를 바꾸려는 노력도 있었다. 1908년 소렐(G. Sorel)이 출간한 『폭력에 대한 성찰』은 "투표용지가 총알을

327

대신"할 수 있다고 선전하는 의회사회주의자들에 맞서 "사회전쟁", "하나의 전쟁 현상"으로서의 총파업을 옹호함으로써 민주주의적 타락에 폭력이 강력한 항체가 될 수 있음을 주장했다. 소렐은 폭력을 "영웅적 정신상태"로, "숭고성[의 윤리]"으로 읽어냄으로써 혁명적 사회주의뿐 아니라 민족주의적 파시즘까지 망라할 새로운 폭력론을 기초한다. 이제 폭력은 직접 물리력을 동원한다는 수준을 넘어 심원한 의미를 갖는 문제로, "사회질서의 파괴를 지향하는 것"으로서 재정의된다.[19] 이때 사회질서의 파괴란 응당 유토피아적 미래의 촉진을 의미할 터, 소렐의 전회는 "최후의 불가피하고 정의로운 전쟁"의 이념을 승인했던 18세기의 변화[20]를 '폭력' 개념 일반에 수용한 결과라고 할 수 있겠다.

한편으로는 베른슈타인(E. Bernstein)류의 의회주의·수정주의가 득세했지만 그에 대한 불만도 팽배해지던 시기였다. 소렐의 폭력론이 보여주듯 폭력은 역사철학적 정당성을 요청하기에 이르렀고 1917년 러시아혁명 — 그리고 1922년까지 이어진 내전 — 은 그 같은 정당성을 최종적으로 확증하였다. 벤야민(W. Benjamin)이 '신화적 폭력(mystischen Gewalt)'과 '신적 폭력(göttichen Gewalt)' 사이에서 고민하고, 레닌(V. I. Lenin)·트로츠키(L. Trotsky)가 맑스(K. Marx)·엥겔스(F. Engels) 혁명론을 폭력혁명론으로 재정초하는가 하면, 로자 룩셈부르크(R. Luxemburg)가 그 위험을 경고했던 것이 모두 제1차 세계대전 전후다.[21]● 비유럽 지역에서의 논의도 활발했다. 인도에서는 간디(M. K.

● 벤야민은 제1차 세계대전 직후 쓴 「폭력론」(1921)에서 법보존적 폭력은 물론이고 법정립적 폭력인 '신화적 폭력'까지 넘어서는 '신적 폭력'의 가능성을 탐문한 바 있다. 그는 '신화적 폭력'을 비판함으로써 폭력 자체를 정당화하는 노선을 거부했지만, 동시에 "신적인 판단을 사전에 예측할 수 없으며 판단의 근거도 마찬가지로 예측할 수 없"듯 폭력에 대해 불변의 계명을 세울 수

Gandhi)가 사땨그라하^{••} 운동을 시작, 비폭력의 새로운 지평을 열었고, 페루의 마리아테기(J. C. Mariátegui)는 간디에게 깊은 존경을 표하면서도 "혁명은 불행하게도 단식으로 하는 것이 아"님을 분명히 했다. 마리아테기에 의하면 "모든 혁명가는 폭력을 당할 것인지 폭력을 사용할 것인지 선택해야 한다. 영혼과 지성이 힘의 지배하에 놓이기를 원하지 않는다면, 지성과 영혼의 지배하에 힘이 종속되도록 해야 한다."[22] 1919년 봄은 이렇듯 평화의 역설과 폭력의 옹호가 교차하면서 전 지구적 유토피아니즘 속에서 평화와 폭력이 재조형되던 시기였다.

폭력의 반대항이 무엇인지는 쉽게 답할 수 있는 문제가 아니다. 비폭력인가, 평화인가, 아니면 한나 아렌트(H. Arendt)가 제안한 대로 권력이야말로 폭력의 대립항인가? 폭력의 반대는 비폭력이라는 통념에 일단 의지해보자. 3·1운동 당시 조선인들은 왜 비폭력을 선택하고 실천했을까? 세계적으로 평화·폭력론이 재론되고 있었다지만 그것을 알 리 없었을 갑남을녀, 그들이 목숨을 바쳐 평화를 추구한 것은 무엇 때문이었을까? 가끔 폭력도 불사하겠노라는 위협을 발했다지만, 그것은 일본과 일본인을 향하는 대신 같은 조선인 내부를 겨냥하곤 했는데, 대체 왜 그런 경향을 보인 것일까? 3월 말~4월 초 촌락 봉기에서 '공세적' 경향이 강화됐을 때, 즉 농민들이 돌과 몽둥이와

없음을 인정했다. 그가 제기한 '신적 폭력'은 "베풀어 다스리는" 폭력, "죄를 면해주는" 폭력, "피를 흘리지 않은 채 죽음을 가져오는" 폭력이다. 추상적 논변일지나 폭력/비폭력에 대한 실정적(positive) 구분을 회의하는 한편 혁명을 명분 삼은 폭력까지 넘어서려 한 벤야민의 제안은 지금도 시사하는 바 크다.

•• 힌두어로 '사땨그라하'는 영혼의 힘, '아힘사'는 비폭력을 가리킨다. 간디는 이 두 개념을 결합하여 스스로의 수행에 기반한 정치적 저항으로서 비폭력 노선을 제안했다.

농기구를 손에 쥐기 시작했을 때는 모종의 변화가 있었던 걸까? 3·1운동 당시 조선인의 무장 능력이 일본인에 비해 현저히 미달했던 것은 사실이다. 비폭력이 약자의 어쩔 수 없는 생존 전략일 수도 있었으리라는 뜻이다. 3·1운동 직전인 1918년 말 조선인이 소유한 총기는 군용총과 권총·장총·엽총 등을 통틀어 전체 민유(民有) 총기의 6.8퍼센트인 총 1,731정에 불과했다. 반면 일본 민간인은 군용총만도 1,776정에 총 2만 5,590정의 총기를 소유하고 있었던데다, 경찰서에 총기를 위탁해야 했던 조선인과는 달리 개인 소지를 허가받아 한결 쉽게 무기에 접근할 수 있었다. 조선인 총기 소유자 중 상당수가 식민통치에 협조적인 인사였을 수도 있다.[23] 민간 소유 총기 상황만 해도 그러할진대 군과 경찰의 무장력까지 헤아린다면 조선인과 일본인 사이 힘의 불균형은 훨씬 심각해질 터이다.

330

그럼에도 3·1운동을 통해 목적의식적 무기 확보 시도가 없었다는 사실은 놀랍다. 3·1운동 초기부터 식민자들은 "많은 조선인들이 총을 들고 다닌다"며 두려워했지만[24] 그런 공포는 기우(杞憂)로 끝났다. 우발적 탈취가 여러 건 있었으나 집단적이고 목적의식적인 탈취는 없었던 것으로 보인다. 조선인에 의한 총기나 화기 사용 기록도 거의 없다. 지금은 북한 땅인 강원도 통천군 고저에서 약 200명이 모여 면사무소를 공격할 때 "총검을 가진 사람"이 있었다는 보고가 전할 뿐이다.[25] 광산 노동자 봉기가 여러 건 있었던 만큼 식민권력은 화약 탈취 가능성에 신경을 곤두세웠으나 그런 일도 벌어지지 않았다.•

• 3·1운동 후 1920년 9월에 있었던 평남 강동경찰서 폭파사건 때 사용된 폭탄이 바로 탄광에서 빼낸 폭약을 우유깡통에 채워 넣어 만든 것이었다. 3·1운동 당시 식민권력의 염려가 1년여 늦게 현실화된 셈이다. '강동폭탄사건'으로 불린 이 사

민간 소유 총기를 제외하더라도, 국경이 열려 있었고 치안 통제의 테크놀로지가 저발달했던 만큼 총기나 화기 확보가 불가능하지는 않았던 것 같다. 1900년대 말에 활약한 의병들은 화승총과 화약·탄환을 직접 제작·개조해 사용했고 호남 의병들의 경우 뇌관식 격발장치까지 개발했다고 한다. 서해안을 이용해 중국 상인들로부터 무기를 밀매하는 것도 중요한 총·화기 확보책이었다.[26] 1910년대에도 국내 민족운동에서 총기 사용이 완전히 사라지지는 않았다. 의병 활동은 1915년 '마지막 의병장' 채응언이 체포되면서 사실상 막을 내렸지만, 비밀결사식 항일운동에서는 종종 총기가 동원되곤 했다. "일시 반도의 인심을 흉흉하게 한" 대한광복회에서는 권총으로 재산가를 협박, 군자금을 마련하는 방법을 동원했으며 그에 불응하는 재산가 두 명을 살해한 바 있다.[27]

3·1 운동 당시에도 총기 입수가 불가능하지는 않았던 듯하다. 숭실학교 학생이었던 함상훈은 1919년 가을 평양을 회상하면서 유 아무개는 "권총을 가졌다는 죄로 오래 고생"했고 이 아무개는 "숨어 있는 집에 가면 권총이 몇십 정 있고 혁신보·독립신문 등이 길로 쌓여 있"었다고 쓴 바 있다.[28] 과장이 섞였겠지만 한낱 중등학교 학생들로서도 어렵잖게 총기에 접근할 수 있었다는 사실은 분명해 보인다. 평남 중화군, 평북 의주군, 경북 안동군 등 시위 도중 우발적·일시적으로나마 실제로 총기를 탈취했던 지역도 여럿이다.[29] 다음날 순순히 총기를 반납했다니 미리 계획한 일은 아니었던 것 같지만, 엎치락뒤치락 대치하는 과정에서 무장한 소수의 무기를 **빼앗**는 건 어쩌면 당연한 반응이었으리라. 그런데도 **빼앗**은 무

건 주모자 8인은 농민과 관청 고원(雇員), 탄광 노동자 신분이었는데, 1921년 말 검거되어 그중 이근배·이치모 2인은 무기징역을 선고받았다.

기를 사용하거나 한걸음 더 나가 적극적으로 무기를 확보해야겠다고 생각한 이들은 거의 없었다. 일본인 민가의 엽총을 탈취하려 한 시도가 한 건 목격될 뿐이다. 국경 북쪽에서는 무력으로 조선에 진공(進攻)하자는 논의가 있었으나, 제1대(隊)는 비무장에 제2대는 무장이라는 식으로, 그 또한 폭력적 적대에 대해 약간의 유보를 두고 있었다.[30]

1919년 봄이 지나간 후 그러한 유보는 빠르게 사라졌다. 3·1 운동 직후 무력투쟁이 극렬해졌다는 사실은 3·1 운동기, 특히 초기의 비폭력주의가 결코 불가피한 전략이 아니었음을 알려준다. 3·1 운동의 비폭력은 체계적이거나 수미일관하지는 않았을지언정 의식적인 선택이었다. "사실상 전 국민은 (…) 국제적 도의의 참뜻을 이해하고 그것을 신뢰하고 그것을 위해 죽을 각오가 돼 있었다. (…) 그야말로 중세 유럽의 십자군 같았다. (…) 전 국민은 '평화조약'의 다음과 같은 구절을 위해 몸 바칠 각오가 되어 있었다./ "약소민족의 자유를 위해, 강대국이 약소민족을 지배하지 못하게 하기 위해.""[31] 3·1 운동기에는 많은 지역에서 폭력적 응징·처벌을 주장하는 사람과 반대하는 사람 사이 격론이 일곤 했는데, 거의 예외 없이 후자가 최종적 지지를 얻곤 했다. 3·1 운동의 대중은 면사무소와 헌병·경관주재소를 파괴할지언정 인명(人命)을 다치려 하지 않았고, 반역자와 방관자를 응징할지언정 그 존재를 절멸코자 하지 않았다. 그들은 힘(권력)을 갈망하고 때로 폭력을 불사했으나 결코 비폭력과 평화라는 항구적 원칙을 포기하지 않았다. 그들은 심지어 적대 없는 세계를 꿈꿀 정도로 무모했다. 3·1 운동의 비폭력주의는 오늘날 흔히 떠올리는 비폭력주의, '정치 없는 도덕'의 일환인 무조건적 평화주의와는 전혀 다르다.[32] 그것은 적대성의 철폐를 요청하고 차별과 공포의 통치성을 종식시키고자 하는 강력한 정치적 항의이자 문화적 대안이었다. 평화론과 폭력론이 교차하는 가운데 평화에의 기대가 최고로 드높아졌던 1919년, 조선인들은 세계의 전환에 공명하면서 그 전환의 완성을 끝까지 요청하고자 했다.

"때리고 불 지른다고 해서 만세를 불렀다"

광산에서 화약을 단속하는 등 식민권력은 봉기 대중이 무력 탈취를 시도할까 전전긍긍했지만, 거듭 강조하듯, 그런 의식적 시도는 실제로는 없었다. 3월에 있었던 봉기의 경우 비폭력이 124건인 반면 폭력 사용은 28건에 불과했다.[33] 3·1 운동기 전체를 본다면 그 비율이 516건 대 332건으로 폭력 시위의 비중이 대폭 늘어나지만, 폭력의 양상은 몽둥이와 농기구, 돌멩이가 고작이었다. 진압군의 총격 없이 시위 대중이 먼저 파괴·살해 행위를 한 일은 더더구나 드물었으며 조선인에 의한 일본인 민간인 희생은 전무했다.* 3·1 운동에 있어 '최후의 일각까지, 최후의 일인까지'는 자기 자신의 죽음을 각오하는 자세에 가깝지 억압자의 죽음을 목표로 한 전략이 아니었다. 3·1 운동의 대중은 "쓰러질수록 나머지 병

333

* 경남 함안군 군북면에서 일본인이 한 명 사망했으나 유탄에 맞은 희생이었다. 황해도 평산에서 도로 감독으로 횡포가 심하던 일본인을 '생매장' 형식으로 응징했다는 기록이 있지만, 다른 자료에서는 해당 사실을 확인할 수 없었으며, 그 의미 또한 확정하지 못했다. 일본인 가옥에 투석하거나 상점을 파괴하고 방화를 시도한 등의 기록은 자주 보인다. 예컨대 강원도 김화군 창도리는 광산 때문에 일본인 인구가 많은 지역이었는데, 장터 시위 중 주민들은 평소 오만불손하던 하라타(原田)과 이토(伊藤)의 상점을 공격했다. 충남 강경읍에서는 일본인 상점들에 석유를 뿌려 불태우려 한 시도가 있었고, 경기도 안성군 양성면에서는 만세시위 중 일본인 잡화상 가게와 대금업자의 집을 부수고 기물을 파괴하였다.

사들의 용기는 더 커지는” 기적의 해방군 같기도 했다. 아이티혁명 당시 흑인 봉기군을 통해 그런 장면을 목격한 프랑스 장군은 다음과 같은 경탄의 말을 남긴 바 있다. “그들은 어떻게 싸우고, 어떻게 죽는가! (…) 그들은 매번 격퇴당했고, 병력의 4분의 3 가량이 땅 위에 쓰러지고 난 후에라야 물러났다.”[34]

　　반면 조선인 내부의 폭력·살해 협박은 적잖이 목격된다. 군수나 면장과 헌병보조원 등, 식민권력을 위해 봉사하는 조선인을 향한 협박이 우선이었다. 이완용과 박희병 등 ‘친일파’로 소문난 인사들의 집이 파괴되고 그 타살(打殺)이 선동되었다.[35] 독립 이후 “보조원 출신은 살해”하리라는 풍설이 도는 가운데 실제로 시위 불참 시 가족까지 다 오살(鏖殺)하겠다는 협박장이 전해졌다.[36] 강원도 양양군에서는 시위대가 군수 “이동혁을 죽여라”며 아우성이었고 인근 간성군에서도 ‘군수를 죽여라’는 선전문이 나붙었다.[37] 면(面) 단위에서도 여러 지역에서 “면장을 죽여라. 면사무소를 부숴라”는 외침이 터져나왔다. 실제 린치도 드물지 않다. 함경북도 명천군 화대동은 약 5,000명 규모의 함경도 최대 봉기가 일어난 지역이었는데, 이곳에서는 면장을 상대로 협박과 폭행이 반복됐다.

　　오래된 촌락 경계를 뒤흔들면서 지방 제도에 일대 격변을 가져왔던 면(面) 제도가 실시되고 몇 년이 지났을 때다. 면은 자체적 공공성을 가진 자치체인 동시 국가의 최하급 행정기관으로 재구성되고 있었다. 면장이라는 새로운 집단 또한 공동체의 유력가와 국가의 말단 행정관료가 교차하는 존재였다.[38] 이들 면장은 3·1 운동 전반을 통해 운동의 진전 또는 정지에 중요한 역할을 수행했는데, 하가면장의 경우 아마 후자였나 보다. 시위 군중이 만

334

세 부르라고 외쳐대는데도 그는 "나는 조선 총독이 임명한 면장이니 총독의 지시가 없이는 만세를 부를 수 없다"며 강경하게 만세 요청을 거부했다. 상당수 지역에서 구장(區長)들이 앞장서 만세를 조직·독려하고 일부 지역에서 면장까지 지휘·후원에 나선 것과는 대조적인 태도였다. 사람들은 격분했고 일부는 칼을 들어 면장을 찌르려고까지 했다. 다른 이들이 만류해 실제 폭행에는 이르지 않았다지만 분한 마음이 남아 있었을 게다. 대치 중 주민 네 명이 죽은 다음 한층 격앙된 군중은 오후에 다시 면사무소로 몰려갔다. 이때는 "면사무소에 불을 지르고 면장 집과 회계원 집도 불태워 버렸다."[39] '북한의 유관순'이라 불렸다는 동풍신[40]이 참여했던 시위다.

위혁(威嚇)은 식민권력의 하수인뿐 아니라 평범한 이웃에도 미쳤다. 실로 많은 사람들이 폭행이 두려워 만세를 불렀을 뿐이라고 주장했다. 3월 초 도시 시위에서는 이런 변명이 없었던 것이 3월 중순 이후 지방 시위 검거자들은 너나없이 비슷한 변명을 내놓았다. 실제 폭행도 없지 않았다. 지금 경기도 이천에 속하는 내락리·지하리에서는 자시(子時) 경 서너 명이 집집을 돌아다니며 "빨리 나가라, 나오지 않으면 구타하겠다"고 을러댔는데, 거부하는 사람에 대해 "곤봉으로 (…) 코에서 윗 입술 사이에 걸쳐서 강하게 때려서" 기절시킨 일이 있었다.[41] 3월 말에는 서울 시위 참가자 중에서도 협박당해 마지못해 시위에 가담했노라는 사람이 늘었다. "다른 사람이 부르라고 협박을 하여서 불렀다", "행동을 같이하지 않으면 다 죽인다고 들었[다]", "명령에 따르지 않는 자는 후일 가족을 죽이고 집을 불태운다고 말했다." 거의 모든 피의자들이 한결같이 하는 진술인 만큼 진술의 진실성을 의심해볼

335

여지는 오히려 크다. 제국의 심문관(審問官)들도 그 지점을 파고 들곤 했다. "그대의 나이는 34세가 되었고 신체도 건강한데 (…) 타인으로부터 강요당하여 만세를 부를 사람이 아니라고 생각하는데 어떠한가"[42], "그대는 보기에 좋은 체격을 하고 있고, 상당한 교육도 받고 있으면서도 타인으로부터 협박을 받았는가."[43]

　　주동자를 찾느라 혈안 된 심문관을 상대로 순순히 자발적·적극적 참여를 토로할 사람이란 거의 없을 것이다. '마지못해', '어쩔 수 없이', '생명의 위협 때문에' 연루되고 말았노란 진술은 약자들의 공통 대응이다. 그러나 3·1 운동기에 참여에의 독려와 참여에의 위협이 겹쳐 있었던 것은 사실이다. 3월 중순 청량리 일대에 뿌려진 전단에서는 "이 동네 사람들은 왜 만세를 모르난다. (…) 이달 말까지 만세 부르지 않으면 석유 2~3 미차면 전멸하리라"고 공포했다.[44] 그것은 독려인 동시 위협이었다. 방화를 겁내 피난 갔다는 사람도 있었고[45] 실제로 만세 거부하는 이를 구타하거나 그 집에 방화한 사례도 없지 않았다. 충북 옥천군에서는 장터 시위에 동참치 않은 일가붙이를 장작개비로 두들겨 패 전치 2주 이상의 타박상을 입혔고, 수원 장안면에서는 만세 동참을 거부하는 주민 집 초가지붕에 불을 갖다 댔다.[46] 강원도 횡성군 서원면에서는 4월 12일 밤에 만세를 불렀는데, 70여 명 집단이 된 군중은 뒷산에 올라 봉화 올리고 만세 부른 후 자정이 넘도록 돌아다니며 "참가하지 않은 집에 대해서는 폭력도 가했고 문을 부수기도 했다."[47]

　　상점들에 대해서도 철시 압박이 있었다. 영업 중인 상점에 들어가 손바닥에 쓴 '화(火)'자니 '살(殺)'자를 보인 후 모르는 척 나가버리는 사람들이 곳곳에 출몰했다.[48] 위협을 실행하려는 사례도 있었다. 서울 상점이 다 철시하다시피 했던 3월 말, 엿장수 직업의 19세 청년 김창성은 이틀에 걸쳐 총 아홉 개 상점에 불을 놓는다. 3월 21일 저녁 8시 경에는 낮 동안 문을 열었던 의주통 소재 상점 여섯 군데에, 25일에는 역시 같은 요령으로 봉익동 소재 상점 세 군데에 방화한 것이다.[49] 인천 내리에서는 잡화상 점원 19세 김삼수와 객주조합 급사 16세 박갑득이 폐업하지 않으면 불지르겠다는 편지를 여러 상점에 연속해 보내다 체포됐다.[50] 그러나 물론 시내 상점들이 일제히 문을 닫아건 것은 그 때문만은 아니었다. 서울의 조선인 상점들이 다 철시 중이던 3월 중순, 경성상업회의소의 일본인 서기장이 150인의 상인들을 초청해 개점을 설득했을 때, 일부는 "협박에 의해 부득이 폐점"했다고 답했지만 상당수는 일본인 앞인데도 "시위운동에 가담한 학생 등이 구금되는 것을 차마 볼 수 없다"며 전원 석방한다면 개점을 약속하겠노라고 버텼던 것이다.[51] 마찬가지로, 설혹 위협적 요소가 섞여 있었다 해도 그것이 행동의 유일한 동기였던 일은 드물었을 터이다.

337

면장들을 협박해 만세를 부르게 할 때, 거부하는 면장은 업어서라도 시위대에 동행시킬 때, 그 행동 양식은 후환을 두려워한 방책이라기보다 공동체적 유대의 범위를 최대화하려는 노력의 결과로 보일 때가 많다. 그것은 안회남이 「폭풍의 역사」에서 그려낸 해방기 풍경과 흡사하지 않았을까. 끌려나온 면장이 처음엔 어물어물 '만세'를 외치다가 조롱 속에 삼창(三唱)째 이르러서는 제법 만세성을 흉내 내는 그런 풍경 말이다.* 「폭풍의 역사」의 배경인 해방기는 민족 내부의 골이 훨씬 깊

* 해방 직후에는 순사·면장 등 식민권력의 말단 하수인에 대한 폭력적 응징이 흔했다. 「폭풍의 역사」의

평화

어진 시기였음에도 '만세'가 오랜 원한을 눅이는 효과를 발휘했으니, 3·1 운동 때 '만세'가 발휘한 대동(大同)의 효과는 여러 층 윗길이었으리라. 3·1 운동기 봉기 대중이 행사한 물리력의 양상은 그렇듯 화해와 대동의 언어이기도 했던 '만세'를 연상시킨다. 3·1 운동기의 공세적 국면에서조차 배신자를 응징하고 적대자를 말살하겠다는 의지가 전면화된 바 없기 때문이다. 앞선 연구에서 지적했듯 "조선민족이라는 일체감 가운데 취"한 축제적 기분 속에 시위꾼들은 민족배신자조차 용서하려는 온정적 기분을 드러내곤 했는데[52] 그렇듯 배신자와 적대자에게 손 내미는 심정은 3·1 운동기 전 국면을 통해 사라지지 않았던 듯 보인다. 만세 부르지 않으면 구타한다고, 시위에 협력하지 않으면 불지른다고 위협할 때, 그것은 물론 위험을 나누자는 협박이었지만 동시에 환희를 함께 하자는 초대이기도 했다.

구타와 파괴, 때로는 축제 같은

3·1 운동은 폭동이자 축제였다.[53] 이미 독립했다는 소문이 그런 분위기를 고무했겠지만, 3·1 운동의 봉기 대중은 근 10년 식민통치의 고통을 벗어나 자존을 찾게 된 경험에 열렬하게 환호했다. 힘을 과시하고 향유하면서 스스로의 위력을 유쾌한 것으로 경험하기도 했다. 충청남도 공주군 정안면의 4월 1일 시위가 전형적으로 그랬다. 이날 시위 행렬은 석송리에서 시작, 내촌리에서 묘목 식수 작업 중

마을 사람들은 "만세는 불렀으나 전에 죄가 많"다는 이유로 볼기 몇 대 치고는 면장을 놓아주었지만 "다른 지방의 농민들이 좀 더 용감하고 굳세게 민족반역자들을 처단해버린" 소식을 듣고는 "우리두 단박에 면장놈을 아주 없애버리는 걸 그랬어—"라며 분한 마음을 주고받는다.

이던 사람들까지 합류해 위세를 불린 후 광정리로까지 뻗어갔다. 정오 좀 넘은 시각에는 군중 숫자가 수백 명에 달해 있었다. 누구는 지게 메고 누구는 삽을 들었으며 어떤 이들은 쇠스랑이나 곡괭이를 휴대했다. 선두에 선 사람들은 덩실덩실 춤을 추었다. "재미있었다"고 한다. 광정리 주재소를 때려부수는 일도 유쾌했다. "자네가 삽을 휘둘러 주재소 게시판을 칠 때 비호 같더라" ― 돌아오는 길에 주막에서 누가 그렇게 말하자 삽 휘둘렀던 당사자는 그때 삽날이 휘었노라며 뽐냈다. 말 걸었던 사람이 받거니, 자기는 지게막대기를 휘둘렀는데 막대기가 부러지고 말았다고 했다. 옆에 앉았던 사람은 "주재소 유리창을 내리치자 쉽게 부서져 유쾌했다"고 거들었다.[54]

금기를 넘어선 마음은 거나해졌다. 급보를 받은 순사와 헌병 약 10인이 출동했을 때 주막에서 술 마시던 사람들은 뛰어나와 차를 가로막았다. "헌병들과 실랑이를 벌였고 (…) 칼을 빼앗으려고 했고 (…) 물어뜯고 방해"했다. 조선인 순사보에 대해서는 "너도 조선사람인데 어째서 만세를 부르지 않느냐"며 주먹을 휘둘렀다. 대체 총칼 든 헌병과 순사들에게 맨몸으로 덤벼 이빨로 물어뜯고 주먹을 휘두르다니. 이 무모한 장면을 엿보다 보면 힘(권력)과 폭력을 분별하는 영어 'power'와 'violence'보다 이 둘을 동시에 지시하는 독일어 'Gewalt'를 떠올리게 된다.[55] 권력이 행위의 영역에 작용한다면 폭력은 육체를 대상으로 작용하는 힘이며[56] 권력과 공포의 관계가 우연적·부차적이라면 폭력과 공포의 관계는 필연적일 텐데, 공포라곤 없고 공포를 일으키겠다는 의지도 없는 이런 장면은 '폭력'의 문법으로 독해될 수 없기 때문이다. 감정적 배치로 따질 때 공포가 아니라 유쾌·환희·희망의 성분이 결정적인 이같은 장면은 3·1 운동의 특징적 국면 중 하나다. 공포와 희망 사이를 분노가 매개하는 가운데 봉기 대중은 '폭력이 된 권력'을 휘두르는 식민권력에 맞서 줄기차게 '폭력 너머의 힘(권력)'을 추구하고 실천했다.

"이때에는 투석하는 사람이 대단히 많아 마치 비가 오는 것 같았으며, 유리창이나 문짝에 맞아 그것들이 깨어지는 소리가 유난스러웠다." "어떤 사람이 방화해 버리라고 소리쳤다. (…) 나도 그것에 호응하여 곁에 있는 마른 갈비를 모아 불을 붙였다. 다른 사람도 마찬가지로 불을 붙이는 사람도 있고, 또 우리가 붙이는 불을 가지고 가서 다른 곳에 옮기는 사람도 있었다. (…) 여러 곳에서 연기가 솟아올라서 연기가 가득하였으므로 나는 곧 실외로 뛰쳐나왔다."[57] ─ 4월 1일 경기도 안성군 원곡면과 양성면에서는 두 곳의 면사무소 및 양성면 경관주재소를 전소(全燒)시킨 격렬한 시위가 벌어졌다. 금고를 부수고 서류를 파기했으며, 원곡면 우편소에 들러 전주(電柱)를 넘어뜨렸고, 돌아오는 길에는 일본인 잡화상과 대금업자 집의 물품을 끌어내 파괴했다. "조선은 이미 독립해서 만세를 부르는 것"이고 "주재소는 필요가 없게 되었으니 (…) 태워야 한다"는 선동이 있었다고 한다.[58] 돈 1원 남짓이나 담배 몇 개비 정도 챙기는 사람은 있었으나 3·1 운동기 다른 봉기에서 그렇듯 원곡·양성면에서도 심각한 약탈 양상은 없었다. 파괴하고 몰수할지언정 약탈은 전무하다시피 했던 3·1 운동의 특징[59] 그대로였다. 두 개 면에 걸쳐 근 2,000명에 달하는 여러 마을 사람들이 만세 부른 이날 밤과 이후 며칠, 이 일대는 그야말로 해방구 같았다.

이 무렵 격렬해진 경기도 지역의 시위 양상은 한결같이 원곡·양성면과 비슷했다. 구체적 양상이나 인명 피해 정도에 차이가 있었으나마. 원곡·양성면 야간 시위가 있고 나서 이틀 뒤인 4월 3일, 백 리 가까이 떨어진 수원군 장안면과 우정면에서도 군중은 역시 한바탕 난장(亂場) 때처럼 격앙돼 있었다. 비장하기도 했다. 이 지역에서는 오늘날 이장 격인 구장들이 나서서 매호 1인 이상 참여를 독려한데다 방화 위협까지 돌았는지라 마을 전체가 시위에 나서다시피 했다. 4월 3일, 새벽 3시 경이었다. 3월 28일에는 이웃 송산면에서 1,000명 규모의 시위가 벌어져 일본인 순사부장을 구타·치사(致死)케 한 일이 있었고, 31일에는 제암리 주민들이 발안 장터에서 대규모 시위를 벌였다. 4월 2일 밤에는 수원군 내 여러 마을에서 동시에 봉화가 올랐다. 주민들의 희생도 적지 않았으나 일주일째 대치 상태가 계속되면서 분위기는 뜨거워질 대로 뜨거워진 참이었다. 1910년 이후 숨죽인 채 근 10년을 살았던 후다. 꼭 민족을 아끼고 나라를 사랑하고 임금을 그리워해서가 아니라, 세금이 신설되고 부역에 동원되고 물가가 폭등하는 세월 끝에 1919년 봄은 모처럼 속 시원한 시절이었다.

버릇대로 잡기판을 벌였다가 몇십 대 곤장을 맞았던 사람, 벼 품종을 바꾸고 송충이 잡고 간척공사에 내몰리는 데 진저리내던 사람, 검은색 순사복만 봐도 지레 떨어야 했던 사람들은 세상이 요동치는 낌새를 민감하게 포착했다. 원곡·양성면에서, 또 장안·우정면에서 그러했듯 한반도 곳곳에서 마을 사람들은 면사무소며 경관주재소로 몰려가 조선은 독립했으니 일본인 관리들은 돌아가라고 압박했다. 반질반질 닦은 면사무소 마루, 예전이라면 신을 벗고 올라갔어야 할 바닥을 흙발로 밟으면서 그들은 먼저 지굿지굿한 세금 관련 서류를 찾곤 했다. 몽땅 찢고 불태운다면 세금 따위 안 내도 될 것이라 믿으면서. 장안면에서는 "지금부터는 못자리일을 할 것도 없다, 송충이를 잡을 필요도 없다. (…) 간척 공사도 안 해도 좋다." 그러니까 "아무것도 하지 말라"는 외침이 터져나왔다.[60]

곧 독립이 되리라고 기대하는 한편, 당할 때는 당하더라도 속 시원하게 싸워 보기라도 하자는 배짱이었나 보다. 대부분은 돌이나 농기구, 나무몽둥이를 손에 들고 있었다. "머리에 수건을 동여맨" 자들, 즉 막노동꾼들이 선두에 섰다. 장안면장이었던 김현묵에 따르면 "무덤의 봉분을 짓는 극하층 사람들"과 "나쁜 짓을 하다가 태형을 맞은 자들"이 가장 적극적이었다고 한다.[61] 이들은 장안면사무소와 우정면사무소에서 차례로 서류를 불태우고 인근 마을 주재소로 향했다. 이때쯤 대열은 2,000여 명으로 불어 있었다. 횃불 잡고 산을 넘던 사람들은 산등성이 민가에서 잠시 쉬었다. 밥도 지어 먹었다. 일본 순사며 헌병들이 올 터이니 산에 숨어 기다리자, 앞사람이 죽으면 시체를 타 넘어가 끝까지 싸우자는 말이 나왔다. "오늘이 이 세상 밥을 먹는 마지막 날이다"라는 비장한 말을 꺼내는 사람도 있었다. 이래도 되나, 심장이 두근대기도 했을 게다. 그러나 한편으로는 들뜬 듯 후련한 듯 해방된 심정이었다. 2,000여 면민들은 그렇게 화수면 주재소에 도착했다.

후일 검·경에서 살인반·방화반 등을 미리 조직해두지 않았냐는 신문이 거듭되었을 정도로 장안·우정면민들이 벌인 시위 양상은 일사불란했다. 4월 3일 새벽에 닿은 화수면 주재소에는 일본인 순사 가와바타(川端)와 조선인 순사보 셋이 근무 중이었다. 2,000여 군중이 둘러싸고 위세를 과시하자 순사보들은 슬쩍

빠져나가 만세를 불러보이고는 마을로 달음박질쳤다. 그러나 가와바타는 홀로 총을 쏘며 맞섰다. 장안면 사곡리 사는 이경백이 총에 맞아 쓰러졌다. 격분한 군중은 실탄을 다 쓴 후 칼 휘두르며 도망치는 가와바타를 쫓아갔다. 세 정(町), 그러니까 3킬로미터쯤 떨어진 산중에서야 순사를 잡을 수 있었다. 정서성이라는 사람이 따라잡아 제압했다고 한다. 이윽고 뒤쫓아 온 사람들 중 한 명이 가와바타의 뒤통수를 몽둥이로 내리쳤다. 사전연락을 받고 다들 몽둥이를 지참했던 터, 여럿이 소나무나 밤나무 몽둥이를 휘둘러 가와바타는 결국 온몸이 타박상투성이로 숨졌다. 평소의 원한도 있었을 것이요 내 이웃을 해친 놈이지만 그래도 사람을 죽이다니. 마음이 떨리지들 않았을까. 적어도 표면적으로 마을 사람들은 후회나 죄책감보다는 통쾌한 심정이었던 것 같다. 마을 구장의 증언에 의하면 귀가길 사람들은 "순사를 때려죽이고 왔다고 하면서 대단히 뽐내"고 있었다고 한다. 정서성을 두고 "날랜 놈이더라. 도망치는 순사를 뒤쫓아서 그 작은 소나무를 타넘고 따라붙어서 한 대 치니까 순사가 바로 넘어지더라"며 감탄하는 이도 있었다.[62] 생각해보면 그렇듯 축제 같은, 난장 같은 일면이 없었다면 3·1 운동의 봉기는 훨씬 제한적이었을 것이다. 비굴했던 자아를 펴고 힘을 발휘하면서 3·1 운동의 대중은 공동행동에 의해 탄생하는 권력을 만끽했다. 그것은 존재가 새롭게 개시되는 순간, 폭력과 비폭력의 인간주의적 구분을 재고케 만드는 순간이었다.

343

3·1 운동 이후의 무장투쟁, 잔혹한 반격 그리고

이기영은 월북 후 발표한 대하장편 『두만강』에서 3·1 운동기 광산 노동자 시위 때 주인공이 소총으로 경찰을 겨냥하는 장면을 그려낸 바 있다. 이광수는 3·1 운동 직후를 배경으로 한 미완성 장편 『유랑』(1927)에서 아버지를 죽인 경찰을 육혈포로 처단하는 남매를 보여주었고, 일본인 소설가 나카니시 이노스케는 장편 『너희들의 배후에서』(1923)에서 1920년대 초 일본 경찰을 권총 살해하는 일단(一團)의 조선인 남녀를 묘사했다. 일부는 그야말로 소설다운 허구라고 생각해야겠지만, 이 세 편의 소설은 3·1 운동기의 비폭력이 회의되고 부정되는 순간을 잘 보여주고 있다. 소총으로써나마 대적할 수 있었더라면, 총기를 갖고 아버지를 보호할 수 있었더라면, 망설임 없이 적의 말단을 없앨 수 있었더라면! 곧 독립하리라는 기대가 사라진 후, 그래도 몇 달 후나 몇 년 후면 독립이 도래하리라 믿는 사람들도 있었지만, 3·1 운동식 평화 봉기에 대한 희망을 버리고 무장을 선택한 사람들도 많았다.

해외에서는 1919년 5월 독립전쟁을 위한 군정서(軍政署)가 설치됐고 같은 해 11월에는 암살·파괴·폭파를 행동방식으로 채택한 의열단이 창설됐다. 이러한 흐름 중 일부는 국내에까지 들어와 9월에는 강우규가, 이듬해 8월에는 안경신이 각각 총독과 평남도청을 대상으로 폭탄테러를 감행함으로써 일대 충격을 주었다. 거사 당시 강우규는 65세의 노인이요 안경신은 임신 4개월의 임부(妊婦)였다.● 상해 임시정부에서

● 강우규는 노인단(노인동맹단)에, 안경신은 대한민국임시정부 광복군총영에 속해 있었다. 강우규는 같은 단원인 이발(이승교)·정치윤 등이 머나먼 서울행 후 벌인 보신각 앞 시위(1919. 5. 31)에 자극받은 후, 안경신은 미국의원시찰단 방문(1919. 8. 24)에 즈음해 광복군총영에서 파견한 결사대 중 제2대에 선발된 후 각각 테러를 감행했다. 안경신의 경우, 정확하게 말하자면 다른 결사대원이 평남도청 테러에 성공한 것이요 안경신 자신의 평양경찰서 테러는 도화선이 젖어 불발로 끝났다.

는 '독립전쟁 원년'을 선포하고 공중전에 대비할 비행기 구입까지 추진하기 시작했다.[63] 이상룡·이시영·김창환 등이 주도한 서로군정서(西路軍政署)에서는 일찍이 1910년부터 한족 자치기관 경학사와 군사훈련기관 신흥학교를 운영해오다 3·1 운동 이후 국경 지방에서의 무력 활동을 본격화, 1919년 5월 함북 삼수군의 영성주재소를, 7월 평북 강계군 삼강주재소와 문옥면사무소를 타격했으며, 9월에는 평북 후창군수 계응규를 총살하였다. 1920년 10월에는 북로군정서(北路軍政署) 김좌진 부대와 대한독립군 홍범도 부대 등이 중국 화룡현 청산리 일대에서 일본군을 맞아 싸워서 잇따라 대승을 거두었다. 일본군 수백 명 규모 부대를 단일 전투에서 몰살하는 식의 대승이었다.[64] 그 밖에도 대한독립단·벽창의용대(碧昌義勇隊)·보합단(普合團)·광한단(光韓團) 등 다양한 무장투쟁단체가 줄지어 탄생했다. 국경 지역뿐 아니라 서울 등 내륙에서도 총기를 동원한 각종 사건이 빈번해졌다. 식민권력은 대한광복회 사건 때 그러했듯 총기 사건 일체를 '권총강도'로 축소하려 했지만 그중 상당수가 항일운동에 관련돼 있었을 것임은 분명하다. 『오사카마이니치신문』 5월 8일자 보도에 의하면 "소요 사건 이래 (…) 조선인 권총강도단이 각처에서 횡행"하여 5월 초에만 종로서 관내 3개소, 본정서(本町署) 관내 1개소가 피해를 입었으며 피해액은 수천 원에 이르렀다고 한다.[65]

청산리전투에서 큰 타격을 입은 일본은 그야말로 식민자다운 보복을 단행했다. 간도대학살이라고도 불리는 경신참변[●●]이 바로 그 결과다. 일본군은 약 2만 명의 대병력을 동

●● 경신년(庚申年)인 1920년 10월 청산리전투 직후에 시작된 사건이라 '경신참변'이라고 칭한다. 3·1 운동 이후 중국 내 조선인 항일부대에 연거푸 패배를 당한 일본군이 훈춘(琿春) 사건을 조작하고 마적 진압을 명분 삼아 병력을 이동, 1920

중국 유하현(柳河縣)에 있었던 신흥무관학교의 생도들(52)과 「신흥교우보」
(53). 신흥무관학교는 1911년 신흥강습소에서 출발해 1913년 신흥중
학교, 1919년 신흥무관학교로 이름과 위상을 바꾸면서 근 10년간 지
속됐다. 다른 조선인 병사 양성 기관과 차별되는 그 안정성은 이회영·
이동녕·이상룡 등 그 주도자들의 역량에서 비롯됐다는 것이 일반적 평
가다. 유림 명문가 출신인 이들은 1910년 강제병합 직전 한반도를 떠
나 간도 지방에 조선인 촌락을 건설했으며, 그곳 조선인들을 위해 자치
기관과 교육 시설을 만들었다. 특히 우당(友堂) 이회영은 6형제가 모두
중국에 망명했고, 막대한 재산을 기울여 독립운동을 북돋운 것으로 유
명하다. 〈52〉는 지금 유일하게 남아 있는 신흥무관학교 사진. 둔전제
(屯田制)를 실시해 '일하면서 싸우는' 것을 목표로 삼았던 만큼 농사일
은 학생들의 중요한 일과였을 것이다. 3·1 운동 직후 유하현의 조선인
들을 비롯한 간도 한족회에서는 일종의 임시정부인 '군정부(軍政府)'를
결성했는데, 상해 임시정부가 출범한 후 협의를 거쳐 '군정서(軍政署)'
로 그 위상을 조정했다. 신흥무관학교가 있던 서간도 지역의 군정서는
'서로(西路)군정서'로 불렸다.

원, 간도 지역 한인촌 자체를 공격 대상으로 삼았으며, '소탕' 과정에서 주민들을 독가스로 살해하고 칼로 난도질하고 작두로 목 자르고 산 채로 불에 던졌다.[66] 식민자의 폭력은 언제든 존재하지만, 러시아의 한인 빨치산 부대인 박일리야 부대가 일본군에게 타격을 입혔을 때도 그 보복 조치로 연해주 일대 조선인들이 다수 희생된 바 있지만, 경신참변 같은 무지막지한 학살은 초유의 사태였다. 『독립신문』에 따르면 경신참변 희생자는 총 3,693인, 가옥 소실로 인한 이재민은 약 5만 인에 이른다. 3·1 운동기 제암리 학살을 100번도 넘게 자행한 규모다. 제암리 학살 당시 지휘자인 일본군 중위가 의도적으로 무차별한 폭력을 사용했듯• 이번에는 일본군 수뇌부에서 '민족청소'에 가까운 야만적 폭력을 계획하고 지시했던 것이다.

돌이켜보면 3·1 운동은 인도의 사따그라하처럼 철두철미한 정신적 기반을 가졌던 것은 아니다. 조선과 인도의 식민지 경험이 크게 다르기도 했다. 일본에 비해 영국은 세계 여론을 민감하게 의식하는 국가였고, 영국의 식민지 인도는 유럽에 그 목소리를 전할 통로를 다양하게 확보하고 있었다. 또한 인도는 세포이항쟁을 통해 일찍이 19세기 중반에 대규모 무력봉기를, 그 결과 수십만으로 추산되는 인명 희생을 경험한 바

년 4월까지 무려 반년간 항일운동의 근거지인 간도 지방 조선인 마을들을 차례로 공격해 초토화한 사건이다.

347

• 제암리 학살은 일선 지휘관의 탈선적 독단에 의한 만행이었지만 제국의 지배는 그런 탈선 가능성을 늘 내재하고 있다. 사건 발생 후에는 조선총독까지 그 은폐와 축소에 공모했으며, "사실을 사실로서 처분하면 아주 간단하겠지만" 해외 언론과 국내 사기를 생각한다는 명분으로 "'저항하므로 죽였다'고 하여 학살·방화 등은 인정하지 않기로" 결정했다. 책임자 아라타 도시오(荒田)는 육군법원에서 최종 무죄 판결을 받았다. 일본의 소설가 가지야마 도시유키(梶山季之)는 「이조잔영(李朝殘影)」(1963)에서 제암리 학살을 소재로 하여 사건 책임자였던 일본인 장교의 아들과 학살된 조선인 피해자의 딸이 만나는 서사를 보여준 바 있다.

54

348

1920년 4월 강우규가 재판정에 출두하는 모습. 용수를 써서 얼굴은 보이지 않는다. 3·1 운동 후 신임 총독 사이토 마코토(齋藤實)가 부임한 것은 1919년 9월. 일본 내부의 격렬한 논란 끝에 문·무관 모두 조선총독에 취임할 수 있는 것으로 하고 일종의 타협책으로 인선(人選)한 것이 해군 퇴역 장성 사이토였다. 강우규는 총독을 향해 폭탄을 던진 당일 파나마모자 쓰고 가죽신 신고 한 손에 양산 든 차림새였으며, 다른 쪽 손에 쥔 세수수건 안에 폭탄을 감춰 갖고 있었다. 그가 던진 폭탄 중 하나는 마차 표면에 터졌으며, 다른 하나는 마차를 뚫고 들어갔으나 총독이 차고 있는 검대(劍帶)에 맞고 튕겨 나왔다고 한다. 총독은 다치지 않았지만 수행원과 신문기자 등 총 37인이 중경상을 입었다. 강우규는 총독을 죽이는 데 성공했다면 "춤추며 내가 지은 시를 읊으려" 했으나 그러지 못해 유감이라며 거사 후에도 시종일관 단호한 태도를 보였다.

있었고, 광대한 영토와 복잡한 인종·종교 구성 때문에 항쟁을 전
국화하기 어려운 상황에 처해 있었다. 세포이항쟁도 북부의 경계
를 넘지 못했던 것이다. 1919년 4월 13일의 암리차르 학살은 단
일 사건으로 3·1 운동 전 기간 동안의 피해에 육박하는 인명 희생
을 불러왔지만[67] 그 후에 전 인민적 지지를 얻은 것은 로이(M. N.
Roy) 같은 사회주의혁명 노선이 아니라 간디(M. K. Gandhi)의
비폭력주의 노선이었다. 3·1 운동 및 그 이후와는 크게 다른 전개
였던 셈이다. 간디는 '나 자신과 상대가 진정 달라지려면' 폭력은
무의미하다고 설득한다. 폭력으로 한동안 상대를 굴복시킬 수는
있겠지만 근본적으로 상대를 회심시킬 수는 없다. 그렇다고 불의
에 맞서지 않고 잠잠히 있어서도 안 된다. 그렇다면 어떻게 할 것
인가? 간디가 제안하는 것은 끝까지 저항하되 비폭력을 관철시키
는 방안이다. "좋을 대로 우리에게 고통을 퍼부으십시오. 그러면
우리는 조용히 그것을 감내하고 당신 몸의 터럭 하나 건드리지
않을 것입니다. (…) 그러나 우리 뼛속에 생명이 있는 한, 우리는
절대로 당신의 자의적인 법률을 준수하지 않을 것입니다."[68]

반면 3·1 운동의 평화와 비폭력은 그 사상 자체를 정련하
는 방식으로는 거의 계승되지 못했다. 제1차 세계대전 후 평화론
은 세계적으로 본격적 동력을 얻었고, 단순히 '전쟁 없는 상태'를
넘어 '불평등한 사회적 구조와 제도가 없는 상태', '구조적 폭력이
없는 상태'라는 함의를 향해 전개되어 갔지만[69] 식민지 조선에 직
접 적용하기에는 그것은 너무나 먼 이상처럼 보였다. 대한민국 임
시정부 기관지 『독립신문』에서는 1919년 9월 강우규가 사이토
마코토(齋藤實) 신임 총독을 향해 폭탄을 던졌을 때 "3월 1일의
공약 3장 이래로 누누이 성명"한 대로 "이러한 난폭한 행동을 찬

349

성하지 아니"한다고 천명했으나 몇 달 후에는 급격히 달라진 태도를 보였다. 이듬해 4월, "우리 손은 이미 피로 물들었"다면서 "사후의 지부(地府)의 형벌을 견딜망정 이 원수는 더 두지 못하겠"다고 치를 떨었고 "세계여 네가 바른 눈을 가졌거든 공포시대 현출(現出)의 책임자가 누군지를 바로 알리라"는 말로써 식민자의 테러에 테러로 맞대응할 뜻을 선언했던 것이다.[70] 3·1 운동을 통해 확인된 일본의 폭력성은 조선인들 사이에 일본에 대한 비타협적 적대감을 뿌리 내리게 했다. 그 위에 경신참변이 있었고 1923년에는 관동대지진 직후의 조선인 학살도 있었다. 관동대지진 당시 일본인들은 조선인이나 중국인을 학살하고 난 뒤 '만세'를 부르곤 했다고 한다.[71] 아마 3·1 운동기 유포된 '난폭한 선인(鮮人)'이라는 표상에의 반동(反動) 탓이었으리라. 그것은 3·1 운동 당시 조선인들이 외쳤던 '만세'의 무참한 역상(逆像)이자, 이후 한세기토록 동아시아가 폭력의 연쇄를 다 빠져나오지 못하리라는 사실의 불길한 전조였을지 모른다.

3·1 운동 후 한세기가 지났지만 세계는 아직까지 폭력의 문제를 둘러싼 혼란에서 벗어나지 못했다. 전쟁은 여전히 국제 문제를 해결하는 최종적 심급이며 폭력은 의구히 국내·국제를 아울러 모든 문제에 대한 궁극의 심급으로 상상된다. 대규모 전쟁은 줄어들었으나 국지전은 가혹해졌고, 합법적 폭력은 약화됐으나 테러리즘은 기승스러워졌다. 유럽의 침략 후 지난 200여 년의 역사를 그 전으로 되돌리려는 이슬람국가(IS)의 공포스런 기도가 보여주듯, 아직까지도 폭력은 과거를 취소하고 미래를 앞당기는 유일한 방법으로 이용되곤 한다. 더구나 이제 폭력은 물리적 방식으로만

현존하지 않는다. 물리적 폭력은 격감한 21세기의 한반도에서 많은 사람들이 일상 속 폭력을 절감하고 있지 않은가. 이런 상황에서 어떻게 평화와 비폭력을 사유할 수 있을까. 무한할 정도로 다양한 폭력의 사회적 양태를 일괄 부정하는 우(愚)를 범하지 않으면서, 어찌해야 그럼에도 평화와 비폭력을 향해 한 걸음 내디딜수 있을까. 평화의 기만성과 폭력의 조급성을 어떤 방식으로 헤쳐갈 수 있을까. 답은 아득할 뿐이지만, 이것은 3·1 운동의 봉기대중이 100년 전에 던진 질문이기도 하다. 그들 자신이 다 이어가지못했던 그 질문을, 지금 다시 이어볼 수 있으려나.

351

3장.
노동자

도시의 또 다른 주체

그때 나는 더벅머리 탄광 노동자,
하루 열네 시간의 노예 노동을 겪고 나면
조수처럼 밀려드는 굶주림과 헐벗음, 고된 피로
그러나 나의 손엔 겨우 일급 15전이 쥐어졌다.
(…)

드디어 1919년 3월 초하루,
치미는 울분과 원한을 참지 못해
미림의 벌판을 내달으며
청오리 뒷산에 오른 '조선독립만세' 소리

그것은 삶의 권리를 부르는
인민의 거세찬 목소리
그것은 어머니 조국을 그리는
근로하는 인민의 붉은 마음

/ 리정구, 「3·1 회상: 3·1 봉기에 참가했던
강기택 노인의 이야기에서」(1959)

서울 봉래동, 3월 22일 노동자대회

1919년 3월 23일 서울의 밤은 소란했다. 그것은 3월 1일 이래 종종 서울을 진동시켰던 만세 소리와는 좀 다른 소란이었다. 1일의 그것이 거대하고 통일적이었다면, 23일의 그것은 소규모인 동시 산발적이었지만 끈질겼다. 돌이켜보면 3월 1일 탑골공원에서 시작됐던 크나큰 함성에 비하면 스무 날 넘게 서울 도심은 비교적 조용했다. 3월 1일의 주역이었던 학생들을 중심으로 본다면 더욱 그렇다. 이튿날인 3월 2일 종로에서 학생 수백이 모였고, 5일 아침 남대문역에서 시작된 학생 시위가 상당한 파문을 불러일으켰으나, 이후 학생이 주동이 된 움직임은 거의 보이지 않는다. 학생들 상당수가 등교를 거부하고 귀향하는 쪽을 택했고, 예비검속의 성격마저 있었던 검거 선풍 속에서 주도 세력 대부분이 구속됐으며, 학교 간 대표-조직 체계 역시 와해된 때문이었을 터이다.

이 시기에 서울 시내의 긴장을 이어 갔던 것은 노동으로써 생애를 삼았던 축이다. 대규모 움직임은 3월 8일에 시작됐다. 이날 저녁 용산 인쇄국 노동자 200명가량이 잔업 차 식당에 남아 있다 돌연 만세를 불렀다. 9일 정오 무렵에는 동아연초주식회사 직공 500여 명이 파업을 감행했다.[1] 같은 날 철도국과 경성전기회사 직공·차장 등도 파업 시위를 전개, 시내 전차가 사실상 운휴(運休) 상태에 들어갔다. 상인들 또한 영업 거부에 돌입했다. 3월 8일 밤 '경성 상민(商民) 대표자 일동'으로 서명된 폐점 촉구 공약서(公約書)가 배포된 후 9일 아침부터는 실제로 시내 대부분의 상점이 철시했다. 상상해 보자면 3월 중순의 서울은 오히려 조용했을 것 같다. 학교 문이 닫히고 상점도 문을 걸어 잠근 가운데 전차마저 드물었을 테니 말이다. 흥분과 두려움이 뒤섞인 기대로써 지켜보았을 일촉즉발의 긴장된 분위기 속에서 열흘 남짓이 흘러갔다. 지하신문과 격문이 활발하게 제작·유통됐지만 직접 행동은 드물었다. 10일 밤 단성사에서 귀가하던 관객들이 만세 부른 일이 있었고, 12일 낮에는 보신각에서 문일평·김백원 등의 독립청원서 발표가 있었으나, 그 정도라면 긴장의 농도에 비할 때 국지적 사건에 불과했다.

표면상의 평온을 깬 것은 3월 22일 아침에 열린 노동자대회다. 오전 9시 반쯤 봉래동에서 노동자 200~300명을 위시한 700~800 군중이 모인 것이 발단이었다. 봉래동에는 출근길 노동자들이 아침을 사 먹는 식당이 모여 있었다는데[2] 미리 뿌려진 '노동자대회' 격문에 호응해 모여든 사람들도 있었을 것이고 밥 먹다 즉흥적으로 합세한 이들도 적지 않았을 것 같다. 순전히 자발적 참여였는지 조직적 권유가 있었는지 알 수 없으나, 이날 모인 사람들은 '노동자대회'·'조선독립만세'라고 쓴 깃발을 앞세워 노동자의 독립운동 참가를 촉구했으며, 인근 의주로를 거쳐 아현·독립문 일대로 진출하는 가운데 시내 곳곳을 누볐다. 3월 초 노동자 시위가 개별 사업장 경계 내에서 일어났던 반면 22일의 시위는 대중 일반에 호소하는 보다 광범위한 운동이었다. 이날 시위 행렬은 오늘날의 서울역 부근인 봉래동에서 출발하여 시내 서쪽을 가로지르면서 중인(衆人)의 이목을 집중시켰다. 이 대회는 도시 노동자라는 존재 일반을 문제화하는 데 성공했으며, 이후 노동자는 운동을 계획할 때 필수적으로 고려해야 할 존재가 되었다. 예컨대 4월 23일 '한성 임시정부' 주도하에 기획된 국민대회에서 노동자는 학생보다 더 중요한 동원 대상으로 고려된다.

3월 22일 노동자대회 이후 서울 시내 공기는 일변했다. 이 날 밤에는 남대문 부근에 수백 명이 모여들었으나 오래 못 버티고 해산당했다. 그러나 이튿날인 3월 23일 밤부터는 시위 장소가 늘어나는 한편 양상이 한층 격렬해졌다. 23일 밤 9시경 종로와 동대문 일대에서는 수십·수백 단위 군중이 만세를 부르면서 운행 중이던 일부 전차에 돌을 던져 유리창을 깨고 운전수를 끌어냈으며, 비슷한 시각 마포에서도 만세시위 및 전차 투석이 벌어졌다. 종로 일대에서만 총 105인이 검거될 정도로 시위 양상이 격렬했는데, 그 밖의 봉래동·훈련원·노량진·용산과 서울 근교 신설리·석교리 등 총 12개소에서도 각각 200~400명 규모의 사람들이 모여 모닥불을 지피고 만세를 외쳤다. 이날 검거된 105인 대부분이 직공·고용인 신분이었다는 사실로 보나, 용산이나 봉래동 등 이전의 노동자 시위 때 시발점이 된 지역에서 시위가 재발했다는 점으로 보나, 23일 밤의 시위는 전날 낮에 있었던 노동자대회에 자극받은 바 컸으리라 짐작된다. 이후 일본군이 증파되고 진압 양상이 일층 폭력화되기까지, 즉 27일 밤까지 서울 시내 및 인근에서는 밤마다 비슷한 소요 양상을 보였다.

밤의 노동자, 대안적 봉기 주체

돌이켜보면 3월 1일 밤부터 노동자의 존재는 선명하게 드러난 바 있다.* 이날 자정을 막 넘긴 시각 종로네거리에 약 400명이 어울려 만세를 부르며 종로경찰서 쪽으로 행

* 같은 사건에 대해 '3월 2일 정오'라고 본 경우도 있다. 일본외무성 자료에 '2일 0시 15분'이라고 돼 있는 것을 정오로 해독한 결과로 보인다. 여기서는 3월 2일 0시 15분, 즉 3월 1일 밤으로 정리했으나 고증이 필요한 대목이다.

진했는데, "집단의 다수는 노동자이고 소수의 학생도 가담하고 있었다."[3] 대부분의 시위 군중은 해질 무렵 흩어진 다음이었다. 3월 2일 밤 11시 30분경에는 세브란스 병원 사무원 정태영이 보신각 종을 타종했다.[4] 3월 초 시위의 주축은 학생이었으나 "노동자에 대하여도 권유하고 또는 협박을 시도하였다." 3월 9일 새벽에는 출근 중인 노동자들에게 독립선언서 및 격문을 나눠준 사람이 있었다고 한다. 3월 8~9일에 서울 시내 주요 사업장 노동자들이 파업에 돌입한 후에는 3월 중순에 이르기까지 출근하는 사람이 평소의 10퍼센트 가량에 불과했다.[5] 3월 9일 밤에는 노동자를 포함한 전 계층의 궐기를 호소하는 격문이 뿌려졌으며 10일 밤에는 노동자 중심 약 300명 규모 군중이 종로 4가에서 전차 운행을 저지했다. 같은 날 시작된 전차 노동자 파업을 지지·성원하는 움직임의 일환이었을 게다.

밥과 술과 돈을 제공하면서 노동자들에게 만세를 의뢰하려는 이들도 간간이 있었다. 3월 1일에도 『독립신문』 발행인 윤익선이 노동자 네 명에게 각 50전씩에 배포 작업을 의뢰한 바 있던 터다.[6] 서울에서 양화점(洋靴店)을 경영하던 24세의 유장호는 독립시위에서 어떤 책임도 맡은 바 없는데도 비슷한 착상을 했다. 그는 3월 중순 "전차 교차점에 만세 부르고 오라고" 철도 공사 인부들에게 15원을 제공한다. 20~30명 규모의 인부를 이끌고 있는 십장 김창룡을 통해서였다.[7] 첫날은 시위가 무산돼 15원을 헛되이 식대로 사용하고 말았는데도 이튿날 유장호는 다시 60원을 제공했다. 본인 소유의 양화점에서 3월 중 올린 총매출 200여 원에서 헐어낸 돈이었다고 한다.[8] 촌락 공동체의 유대가 강한 농촌 지역과 달리 구역별 동원이 불가능한데다 도시적 존재들이 장악하기 시작한 서울에서 노동자들에게 호소하는 것은 자연스런 상상의 방향이었다. 이들 노동자는 종교계와의 연관이 희미했고 학생들처럼 전체 조직화에 용이한 조건도 아니었던 만큼 3·1 운동의 일차적 참여 대상은 아니었지만, 3월 1일 밤 노동자 중심의 야간 시위에서 보이듯, 3·1 운동 초기부터 그들 스스로 운동에 관심을 보이며 개입 가능성을 타진하고 있었다. 1910년대 후반을 통해 노동자들의 숫자가 늘어나면서 파업 등 쟁의 또한 빠르게 증가했다는 사실도 잘 알려져 있는 바다.[9]

3월 22일 노동자대회가 어떻게 계획·준비됐는지는 분명하지 않다. 배재고보의 정지현이 『노동회보』를 발간하는 등 주도적 역할을 했고 조선약학교의 김공우가 협력했다고 하니 학생들의 역할이 적지 않았던 것은 분명하다. 노동자대회 당일에도 노동자 200~300명을 제외한 나머지 인원 중 상당수는 학생이 아니었을까 짐작된다. 경성고보 박노영과 배재고보 고희준도 중요한 역할을 한 것으로 전한다. 박노영의 경우 경성고보생 사이에서 신망이 높았던 학생으로, "근면·온순"하고 "의지 견고하여 매우 정직"한 성격으로 교사들에게까지 호평을 사고 있었다. 학교 측은 다만 나이 들수록 격정적·반항적 태도를 보이는 점이 우려스럽다 했는데[10] 식민지 청년으로서 그것은 당연한 성장 과정이었을 것이다. 박노영은 교유의 폭 또한 넓어서 3·1 운동기 「동포여 일어나라」 및 「오호(嗚呼) 경성시민(京城市民) 제자(諸子)여」라는 2종의 격문을 제작·배포하는 과정에서 학교와 연령의 경계를 넘어 배재고보 교사 강매·김진호, 경성의학전문의 한위건, 경성고보의 강선필·박수찬, 배재고보의 임창준·오흥순, 경성공업전문의 김세룡 등 다양한 인물과 접촉하고 있었다. 「오호 경성시민 제자여」는 제목 그대로 '시민(市民)' 즉 상인에게 철시(撤市)와 궐기를 호소한 글이었다. 고희준은 3월 1~2일부터 시위에 참가하기 시작, 3월 27일 밤 단성사 앞에서 손수건 휘두르며 시위를 주동하다 체포됐다. 그 자신이 발명(發明)하기로는 "본심으로 한 것은 아니고 음주의 결과"였으며 "도로에 군중이 약 200~300명 있어"서 즉흥적으로 만세를 지휘했다지만 사전 준비가 있었을 가능성이 높다.[11]

　　그러나 노동자대회가 오직 학생들에 의해 주도된 것은 아니었던 듯 싶다. 이날 참석한 노동자 중에는 용산에서 기관차 화부(火夫)로 일하는 22세 차금봉이 있었다. 그는 보통학교를 졸업한 후 열아홉 살 때부터 화부 견습공으로 근무하기 시작, 3·1 운동 당시 경력 3년차 화부였다. 1920년에는 놋 세공업체로 옮겨 3년여를 근무했으며, 이후 사회주의 계열 출판사에서 인쇄공으로 재직했다. 3·1 운동기에는 노동자대회 참석 외 다른 자취가 확인되지 않으나, 3·1 운동 후 노동문제에 대한 토의 및 조직화가 시동될 때 적극 관여, 조선노동문제연구회 및 조선노동공제회 발기인으로 참석한다. 조선노동공제회 혁신 후에는 중앙집행위원장이 되었고, 1926년에 조선공산당에 입당한 후에는 책임비서 및 경기도책으로 활약했다. 그야말로 1920년대 초중반의 노동·사회운동 핵심을 관통했다 할 만한 이력이다. 그의 이력은 '공제(共濟, mutual aid)'의 이념을 내세운 조선노동공제회 첫 단계에서부터 신간회 시기 제4차 조선공산당에까지 이른다. ― 차금봉은 그 외에도 직능별 노동조합 창립을 지원했고 조선노농총동맹을 주도했으며 신간회에서도 활동하다 투옥, 1929년 3월 옥중에서 사망했다. 바로 이런 이력의 첫걸음이 1919년 3월 22일의 노동자대회였던 것이다. 이 대회를 준비한 배재고보생 정지현과 차금봉은 1928년 2월 조선공산당 제3차 당대회에서도 전형위원(銓衡委員)과 중앙집행위원으로 조우한 바 있다. 3·1 운동 당시 이들 사이 관계는 어떤 것이었을까. 우연히 같은 집회에 참가한 데 불과했을까, 아니면 학생과 노동자를 동원하는 데 있어 책임을 분담하고 조직적 관련을 맺은 것이었을까. 이후 차금봉처럼 변신한 노동자는 그 한 명뿐이었을까. 지금으로선 궁금할 따름이다.

3월 말 서울, 투석과 횃불의 게릴라성 시위

되풀이하지만 3월 22일 노동자대회 이후 3월 27일에 이르기까지 서울의 밤은 불온했다. 마지막 날인 27일이 되면 사대문(四大門) 안 서울은 물론 외곽 지역까지 수십·수백 명 단위 군중이 곳곳에서 횃불 지피고 만세 불러, 멀리서 본다면 거의 불야성(不夜城) 같은 인상마저 있지 않았을까 싶다. 이날은 아침나절부터 만세성이 울렸다. 만철(滿鐵) 경성관리국 노동자 약 800명이 만세 부른 후 휴업에 돌입한 것이다. 밤에는 시내 여러 곳에서 만세 소리가 일어나던 중 안국동에서는 동아연초회사 직공인 두 명의 10대가 만세 행진을 주도했다. 17세 홍복동과 그의 친구 김복길이 장본인이었다. 이들은 오전에 천을 끊어다 독립만세기 및 태극기를 만들고 등불을 준비했다. 종이로 큰 구(球)나 원통 모양을 만든 후 그 안에 불을 밝히는 제등(提燈)은 1910년대 내내 경절(慶節)마다 동원되던 도구였는데, 천황 생일이며 승첩(勝捷) 기념일 같은 관제 축제에서 쓰이던 것이 독립시위에 전용(轉用)된 것이다. 홍복동과 김복길은 어스름녘에 깃발과 등불을 꺼내 팔판동 집에서부터 행진을 시작했다. 처음엔 장난기 많은 동네 꼬마 몇 명이 붙었을 뿐이었나 보다. 기생독립단이며 걸인독립단까지 등장했던 3·1 운동기에 열 살 안팎 어린이들이 벌인 시위는 드물지 않았는데, 아마도 그런 광경이었을 게다. 그러나 행렬이 화동-안국동-재동을 통과하는 사이 군중은 100명 넘게 불어났다. 어떻게 정해진 목적지인지 일대(一隊)는 재동 파출소에 도착하자 파출소를 에워싸고 만세 부르다가 이윽고 돌팔매질을 시작했다. 유리창을 다 박살낸 후 진압 경찰에 쫓겨 해산하는 식의 물리력 행사였다.[12]

여러 개소(個所)를 통해 시위 양상은 비슷했다. 26일 밤에는 누하동·삼청동·가회동·옥인동 등에서 각각 30인에서 200인 정도에까지 이르는 인원이 만세를 불렀고, 와룡동과 재동 파출소 부근에서는 수십 명 군중이 돌을 던져 유리창을 파괴했으며, 종로 및 서대문 일대에서는 운행 중인 전차를 습격하거나 투석하는 일이 여러 건 있었다. 총 19대의 전차가 피해를 입었다고 한다.[13] 27일에는 대부분의 차장·운전수가 출근하지 않아 피해가 덜했지만 운행을 강행하던 전차는 예외 없이 투석에 시달렸다. 종로통에서는 경성공업전문학교 등에 대한 투석도 있었다. "조선총독부가 소관하는 건물인데 건물만 보아도 미워서"였단다.[14] 무엇보다 26~27일에는 서울 인근 지역 시위가 번져나가는 양상이 두드러진다. 북쪽으로는 오늘날의 도봉동·상봉동, 동쪽으로는 상일동, 남쪽으로는 양재동, 그리고 좀 멀리는 양주와 파주와 일산에 이르기까지 많은 지역에서 26일 밤과 27일 밤에 각각 수십 명에서 수백 명 규모의 군중이 모여 만세를 불렀다. 상일동에서만 대여섯 군데 언덕에서 만세성이 울려 퍼지는 등 이중 상당수는 고지(高

地)를 택해 올랐고 화톳불 피우거나 횃불을 올렸다. 27일 밤에는 인왕산 꼭대기에서부터 횃불이 타올랐다고 한다.[15]

그러나 이날 밤을 절정으로 이튿날부터 서울 시내 시위는 주춤해진다. 진압은 폭력화됐고 군대도 증원됐다. 이때까지 시내 시위에서는 인명 피해가 목격되지 않았던 것이 "27일에는 경찰관의 제지를 듣지 않고 완강하게 저항했으므로 드디어 폭민 측에 두 명의 사망자를" 냈다고 한다.[16] 28일에는 서울에 보병 3개 중대가 추가 배치되어 삼엄한 경계를 펼치는 가운데 시내는 고요해졌다. 3월 30일에는 동아연초회사 직공인 28세의 박홍기가 종로 3가에서 조선독립만세를 외쳤으나 주변의 호응이 없어 홀로 체포되고 말았다.[17] 대신 서울의 고요를 보충이라도 하듯 인근의 경기·충청 등지에서는 바로 이즈음부터 시위가 전면화·공세화된다.[18] 3월 22일 시작되어 꼬박 엿새 동안 계속된 서울의 열기가 전파된 것일까? 그럴 가능성은 적지 않다. 시내 곳곳에서 숨바꼭질식 시위를 벌이는 사이 근동(近洞) 주민들은 불 피우고 함성 올리는 것이 3월 말 서울 및 인근 지역 시위의 일반적 양상이었는데, 특히 후자는 시각적 강렬성을 통해 주변에 영향을 미쳤을 것이다. 3월 말 서울 시위 이전 이미 봉화시위가 등장한 지역이 있었으나[19] 경기·충청·강원 일원의 봉화·횃불 시위가 본격화된 것은 3월 말~4월 초다. 3월 31일에는 아산군에서만 50여 개소 2,500여 명이 횃불 만세운동을 벌였다고 할 정도다.[20] 아직은 가설에 지나지 않지만, 3월 말 서울에서의 시위 재점화 및 그 시위 양상의 변화가 경기·충청 일원에 영향을 미쳤다고 한다면, 3월 22~27일 사이 서울의 밤은 더 본격적으로 검토될 필요가 있겠다.[21]

'노동의 레짐'의 변화와 8시간 노동제

조선인들이 독립 승인을 기대했던 파리평화회의 본회의가 폐막된 것은 1919년 6월 28일이다. 전 지구적이며 즉각적인 유토피아를 기대했던 심리에 비한다면 성과는 초라하고 위선적이었다. 조선을 포함해 아시아·아프리카 어떤 민족의 독립도 논의되지 않았고, 일본이 제안한 인종차별철폐안도 논란이 뜨거웠을 뿐 결의되지 않았다. 그럼에도 파리평화회의는 기념할 만한 성취를 여럿 남겼다. 그중 하나가 베르사이유 평화조약 제13편인 '노동편'이다. 노동조합권, 최저임금제, 그리고 8시간 노동제를 명문화한 이 조항은 19세기 후반 점점 가열돼 온 유럽 노동운동이 획득해낸 성과로서, 유럽뿐 아니라 전 세계의 노동시장을 크게 변화시켰다. 소비에트 러시아에서는 이미 1917년에 8시간 노동제를 명문화한 후였다. 평화조약에 조인한 일본 역시 노동조합법을 제정하고 최저임금제 및 8시간 노동제에 대응해야 했다. 교육 및 공제 기관으로서의 성격이 짙었던 '우애회'도 노동자 중심 '일본노동총동맹'으로 전신(轉身)했다.[22]

물론 변화가 한순간에 이뤄지지는 않았다. 『매일신보』에 토막토막 전해지는 자취를 보더라도 1910년대까지 일본의 소년 노동문제는 심각했고 장시간 노동도 고질적이었다. 12세짜리가 공장에 팔려 가 하루 12~14시간 노동에 시달리는 일이 드물지 않았다. 평화조약 '노동편'의 규정보다는 엥겔스가 『영국 노동자계급의 상태』(1845)에서 고발한 상황에 더 가까웠다고나 할까. 결국 일본이 채택한 것은 하루 9시간 30분, 일주일 57시간 노동제로 2년 반 동안 유예 기간을 갖는 타협책이었다.[23] 식민지 조선에서는 1922년 총독부 인쇄소에서 8시간 노동제를 처음 도입했다.[24] 노동시간제 외에도 여러 측면에서 '노동의 레짐'은 대폭 변동 중이었다. 당시 일본 신문의 논조를 빌어오자면 "노동자들이 요구하는 것은 생활환경의 단순한 물질적 개선만은 아니고 공장 운영에 참여하고 노동환경을 결정할 수 있는 목소리를 내는 것, 즉 산업체계의 혁명적 변화"였다.[25] 여러모로 실험적이었던 독일 바이마르 공화국 헌법에서는 단결권·단체교섭권·단체행동권의 노동 3권을 명시했다. 국제노동기구(ILO)가 탄생하여 14세 이하 노동을 제재하고 남녀 노동자 간 동일임금 정책을 수립했다. 그러나 변동이 정착하기까지는 구미(歐美)에서도 적잖은 진통이 있었다. 이탈리아에서 8시간 노동제가 폐기되고 캐나다에서도 수정안이 논의되는 가운데, 일본과 조선에서의 노동조건은 더더구나 쉽게 달라지지 않았다.

　　3·1 운동기, 특히 3월 말 서울에서 노동자들의 약진이 뚜렷했음에도 4월에 출범한 대한민국 임시정부 역시 노동문제에 본격적 관심을 두지 않았다. 산하에 노동국을 설치했지만 명목상이었을 뿐, 노동시간이나 노동자 권리 등에 대한 규정도 마련하지 않았다. 한반도 남녘을 기준으로 노동법이 제정된 것은 훨씬 후일, 한국전쟁 중인 1953년이다.[26] 그럼에도 식민통치하 조선에서는 공업화와 더불어 노동운동의 거대한 진전이 있었고, 노동조건의 개선도 더디게나마 이루어졌다. 3·1 운동 후 몇 년 안 돼 "[노동시간] 12시간을 초월하는 공장이나 회사는 어디에 가든지 존재치 아니"[27]한다고 했으니, 8시간 노동제가 정착하진 못했을지라도 가혹한 노동조건은 조금이나마 완화됐던 것으로 보인다. 3·1 운동 전후 쟁의 때 노동자들이 한결같이 내세운 조건, 즉 임금인상과 처우 개선은 3·1 운동 자체의 슬로건이 되진 못했으나 이후

1920~1930년대를 통해 노동운동의 지속적 발화점이 되었다. 3·1 운동 후 1919년에만도 8월 경성전기회사, 10월 동아연초회사, 11월 겸이포 제철소 등, 3·1 운동 당시 봉기했던 바로 그 사업장에서 굵직한 파업이 잇따랐다.[28] 마치 1987년 6월의 민주화운동이 7~8월의 노동자대투쟁을 불러왔듯, 3·1 운동은 노동자라는 존재를 사회화시켰고 노동문제를 전 사회적 문제로 만들었다.

3·1 운동 후 세계적으로 '노동의 레짐'이 변동하는 가운데, 그것이 조선인들의 삶에 미친 영향은 실제로 얼마나 컸을는지는 의문이다. 조선에서 공장 노동자의 비율은 극히 낮았다. 1917년 기준 농림업 인구가 85.1퍼센트인 데 비해 광공업 인구는 2퍼센트에 불과했다.[29] 5인 이상 공장에 국한시킨다면, 1910년대를 통해 공장 수와 노동자 수가 각각 열 배 가까이 증가해 1,900개 공장에 4만 8,709인의 노동자가 일하는 상황이었으나[30] 그것은 전체 인구 대비 1퍼센트에도 현저히 미달하는 숫자였다. 1930년대말이 되면 국내 순생산에서 광공업 비중이 근 20퍼센트, 총 상품 생산 중 공산품 생산액이 40퍼센트 선으로 발돋움하지만, 3·1 운동 전후 그 숫자는 각각 7퍼센트와 14퍼센트 안팎에 그쳤다.[31] 다시 말해 1919년을 기준으로 공장 노동자가 된다는 것은 예외적 혹은 특권적 상황에 불과했다. 발전하는 산업과 성장 중인 계층으로서 공업과 공업 노동자의 존재는 중요했으나, 농업 노동자와 자유 노동자 등 다른 조건의 노동자들이 훨씬 많았던 것이다. 후자 대부분은 8시간 노동제 등 국제적 노동조건의 변화에 전혀 영향받지 않은 채 구래(舊來)의 노동을 계속해야 했다. 공장 노동자들이 하루 12시간 미만 일하고 일 년에 100일 가까운 공휴일을 갖는 데 비해 농민들은 평균 14시간 일하면서도 20일 남짓 휴식

하는 데 불과하다는 주장이 나왔던 배경이다.[32] 그 밖의 광산 노동자와 자유 노동자도 공업 노동자와는 질적으로 다른 조건에서 일하고 생활했다.

"삼베로 머리띠를 두른" 자들, 광산·농업 노동자

서울 외 지역에서도 노동자의 활약상이 두드러진 경우가 왕왕 있다. 황해도 송림면 겸이포는 미쓰비시제철(三菱製鐵)이 운영하는 제철소 소재지였는데, 이곳에서는 3월 3일 첫 만세 소리가 울려 퍼졌다. 천도교도 약 3,000명이 밤 9시쯤부터 벌인 시위로, 기독교도들에게 참여를 제안했으나 거부당했다는 이유로 교회를 공격·파괴한 것이 이채로운 사건이었다. 바로 이 시위에 겸이포 제철소 노동자 약 200명이 합류했다. 종업원 규모가 2,500명 가량이었다고 하니 10퍼센트에 채 미치지 못하지만 적지 않은 인원이다.[33] 3월 27일에는 충남 직산 금광의 노동자들이 봉기했다. 미국인이 경영하던 직산 금광에서는 무려 1만 명 안팎의 광군(鑛軍)이 일하고 있었는데, 그중 200여 명이 인근 양대리 경찰주재소로 몰려가 돌 던지며 함성을 질러댔다는 것이다. 평안도 출신 광부 박창신의 주도하에 27일 밤 깃발을 준비하고 28일 새벽 양대리까지 행진해 갔단다. 겸이포 시위에서 별 인명 피해가 없었던 것과는 달리 이날 직산 금광 시위에서는 다섯 명이 총탄에 맞아 목숨을 잃었다.[34] 앞서 3월 20일에도 같은 지역에서 시위가 있었는데, 광명학교 교사 및 학생이 주도하는 중 14세 어린 여학생들이 여럿 체포된 시위였지만, 이기영의 소설적 기록을 믿는다면 인근 제사공장의 젊은 여성 노동자들도 적극 나섰다고 한다.

『두만강』에서의 묘사다.

이기영은 직산 금광 노동자들의 봉기에 대해 여러 차례 기록을 남긴 바 있다. 『두만강』 집필 중 남긴 「내가 겪은 3·1 운동」의 증언에 의하면 광산 노동자들이 처음 내세운 것은 "임금인상과 대우 개선" 요청이었다. 그러나 회사 측은 그 요구에 모르쇠로 일관한 것은 물론 헌병의 협조를 얻어 무력 진압을 시도했고, 이에 분격한 광부들이 광산 사무소 및 경찰주재소를 포위·습격했다는 것이다. 광산 노동자들이 "유리창을 들부수고 돌팔매질로 답새는 바람에 왜놈들은 질겁을 해서 뿔뿔이 도망질을 치고 숨었다." 이기영에 따르면 헌병들의 총격으로 인한 사상자가 발생한 후에도 노동자들은 물러서지 않고 석전(石戰)으로 대항했다고 한다.[35] 『두만강』에서의 해당 장면도 개요는 비슷하다. 의병부대가 개입하고 주인공 박씨동이 사전 계획을 지휘하며 지역 유지 이진경이 헌신적으로 관여하는 등 소설적 세부가 확충돼 있지만 사건의 양상은 대동소이하다. 그런 만큼 이기영이 제시한 노동쟁의 — 3·1 운동 봉기 — 폭력 진압이라는 전개 자체는 실제 사실에 가까워 보인다. 『두만강』은 곳곳에서 이념을 위해 핍진성을 희생시키고 있는 소설이지만, 노동쟁의가 봉기의 발단이 됐다는 것은 믿을 만한 관찰로 받아들여도 좋을 것이다. 겸이포 제철소와 직산 금광은 3·1 운동 이전에도 여러 차례 노동쟁의가 있었던 곳으로, 1917과 1918년 두 해만도 겸이포 제철소 및 인근 광산에서 총 5회, 직산 금광에서 총 2회의 쟁의가 발생한 바 있다. 대부분 임금인상 요구를 앞세운 쟁의였다.[36] 식민지를 희생시키는 일본 미가(米價) 정책에 의해 쌀값이 급등하면서 생활상 곤란이 심대해지던 즈음이다.

농업 노동자나 자유 노동자의 움직임도 3·1 운동을 통해 종종 눈에 띈다. 경남 창녕군 영산읍에서는 3월 13일 천도교도들이 결사단을 조직, 시위를 시작할 때 노동자 수십 인이 가담했다. 충북 지방에서는 3월 19일 홍명희 등이 주도한 괴산 시위가 첫 시위였는데, 이때 400여 군중 속에 20여 명의 노동자가 참여하고 있었다고 한다.[37] 4월 3일 경남 창원 진북면에서의 시위에서도 노동자들의 역할은 뚜렷하다. 진북면 시위는 유력 친족집단에서 몇 명이 나서 구장들을 권유·협박하고, 다시 구장이 집집마다 동원령을 내려 시위 대오를 짠 전형적인 향촌 시위였다. 거사날에는 도로 복구 작업을 하고 있던 인부 30여 명이 시위 대열에 합류하여 기폭제 역할을 했다.[38] 이들은 "삼베로 머리띠를 두른" 채 대열 선두에 섰는데, 일본인 순사의 눈에 "난폭한 자를 골라 그들에게 술을 마시게 해서 기운을 내도록 한" 자들로 보일 정도로 우락부락하고 기세등등했던 모양이다.[39] 강원도 통천군 고저에서의 4월 5일 시위에서는 스물 몇 명의 노동자가 선도 역할을 했다. 밤에 이들이 먼저 나서자 서당 생도들이 따랐고, 이튿날 제2차 시위 때는 1,300여 명이 모여 면사무소와 주재소·우편국을 파괴했다. 일본인 주택과 중국인 상점까지 부수었다니 3·1 운동 중 봉기로는 예외적일 만큼 공격적이었던 사례.[40]

"삼베로 머리띠를 두른" 자들, 즉 복장에서부터 농업 노동자나 자유 노동자로서의 정체성을 드러낸 이들은 위에 든 사례 외에도 3·1 운동기 곳곳에서 출현한다. 시골 마을에서 시작해 면사무소나 주재소 등을 향하던 행진은 흔히 이들 노동자의 합세로 일층 대형화·과격화되곤 했다. 이들은 주로 도로 공사나 간척 공사 등에 종사하던 이들로 그때그때 수십 명 단위 집단을 이루어

55

1908년에 나온 『노동야학독본』 권두 화보. 노동야학회 고문 유길준이 중절모에 프록코트 차림으로 "여보, 나라 위하여 일하오. 또 사람은 배워야 합니다"라고 하자 머리수건 두르고 짚신 신은 노동자는 "네, 고맙소, 그리하오리다"고 답하고 있다. 3·1 운동기에 봉기에 참여했던 광산노동자와 농촌 지역 자유 노동자는 10여 년 차이에도 불구하고 대체로 여기 나오는 노동자와 같은 차림새였던 듯 보인다. '삼베 머리수건'이 가장 큰 특징이었나 보다. 도시에서 공장에 다니는 노동자들은 어땠을까? 1930년대가 되면 튼튼해 뵈는 멜빵바지를 작업복으로 입은 '대공장―젊은―남성 노동자' 이미지가 노동자상을 지배하게 되지만 3·1 운동 당시 그런 전형적 산업노동과 복장은 정착하지 않은 것으로 보인다.

십장(什長)의 지휘하에 일한 것으로 보인다. 강원도 지역 시위에서는 삼베로 머리띠 동이고 삼베 도시락 지참한 '만세꾼'들이 목격된 바 있으며[41] 3대 과격 시위 지역 중 하나로 꼽힌 수원 장안면 시위 때도 "머리에 수건을 동여맨" 자들, "무덤의 봉분을 짓는 극하층 사람들"이 선두에 섰다.[42] 3·1 운동 후 이 사람들이 어떤 삶을 살았는지는 전혀 알려져 있지 않다. 직산 금광 시위의 경우 피검자 50인 중 광산 노동자 비율이 66퍼센트에 달하지만 구금·재판·실형 후 이들의 행방은 묘연하다.[43] 3월 22일 노동자대회 이후로도 노동자에 호소하고 노동자를 동원한 집회는 여러 차례 있었다. 일본에서는 염상섭이 준비했다 미수(未遂)에 그친 노동자대회 이후 4월에 다시 오사카 지역 노동자들에 대한 선전·선동이 있었고[44] 4월 23일 서울 국민대회 당시 서대문·동대문·남대문 세 곳에서 종로 보신각으로 모여드는 장엄한 시위 계획에서도 노동자 3,000명 동원이 계획됐다.[45] 3·1 운동을 통해 도처에 출몰한 이들 노동자의 얼굴은 그러나 지금까지도 거의 드러나지 않은 채 있다.

3·1 운동의 주체와 한국 사회주의

학생과 노동자는 근대 도시가 낳은 새로운 인간형으로서 대표적인 존재다. 식민지 조선은 농업 인구가 절대다수였으나 농민들의 조직화 방식은 도시적 존재와 다를 수밖에 없다. 동학농민운동 당시 그랬던 것처럼 농민은 농민군이 될 수는 있을지언정 뭉쳤다 사라지는 익명의 대중이 될 수는 없다. 비밀결사를 꾸리는 일도 쉽지 않고 테러의 주체가 될 수도 없다. 근대 세계 어디에서

도 농민 독자의 정당이 중요한 정치세력이 된 일은 없었다.* 1919
년 당시 전국적으로 3·1 운동기 노동자 숫자가 4만 명 선에 지나
지 않았음에도 존재 자체가 중요했던 이유다.[46] 3·1 운동은 한반
도 역사상 처음으로 도시를 진지로 한 대중운동이었고, 도시를
근거지로 한 주체들을 탄생·강화시킨 운동이었다. 1910년대 후
반 사업장 단위 경제투쟁으로 점차 존재를 드러내고 있던 노동자
들은 3·1 운동을 통해 좀 더 진전된 존재 방식을 시험했다. 사업
장 단위에서 만세를 부른 것은 물론, 작업을 거부함으로써 불러
일으키는 파장을 만끽했으며, 나아가 정치적 존재로서의 부상(浮
上)을 경험했다.

3월 말 서울 시위 피체자들을 대상으로 할 때 그 직업은 구
두 직공, 양복 직공, 연초회사 직공, 정미소 인부 등에서부터 상
점이나 음식점 종업원, 부청(府廳) 임시고용인 등을 망라한다. 대
공장 노동자의 전형적 상과는 퍽 다르다. 1910년대 노동으로 생
애를 삼는 이들 중 다수는 대규모 사업장에 직접 고용되는 대신
광산의 덕대, 공사판의 십장, 연초 제작 '칼판'의 물주 등[47] 중개-
책임자에 의해 고용됐으며, 그 고용
및 자본의 규모는 영세했다. 3·1 운
동 전후 노동쟁의는 개별 사업주와
의 충돌이라기보다 식민권력 자체에
대한 저항으로 표상됐던 것으로 보
이는데, 그것은 식민권력이 쟁의에
빈번하게 개입했기 때문이기도 하고,
노동시장의 성격상 중개-책임자를
넘어 문제를 추궁할 수밖에 없었던

• 물론 1917년의 러시아나 1949
년의 중국 사례가 실증하듯 농민은
정치적 격변의 방향을 정하는 데 관
건이 되는 존재다. "중국혁명은 실
질에 있어서 농민혁명"이라고 판단
하고 농촌을 근거지로 게릴라전을
수행했던 마오쩌둥의 노선은 오늘
날까지 세계적으로 큰 영향을 미치
고 있다. 그럼에도 자본주의와 사회
주의가 근본적으로 공유했던 도시
─산업노동(자)의 신화를 어떻게
평가할 것인지는 앞으로의 과제일
것이다.

때문이기도 할 것이다. 이들 노동자들이 처음 집결한 3월 22일의 노동자대회는 1980년대 이래 적잖은 주목을 받아 왔다. 특히 3·1 운동을 혁명과 해방 운동으로 의미화하려는 시도에 있어 노동자 시위는 적기(赤旗) 등장 및 토지균분설과 더불어 중요한 실증적 근거였다. 1917년 러시아혁명 이후 사회주의에 대한 대중적 관심이 확산되고 있었고, 재러시아 한인 중 상당수가 적군에 가담하고 러시아 지역에서 한인사회당이 창당되는 등, 3·1 운동 이전에 한국 사회주의의 기초 동력이 마련돼 있었으며 그 영향이 3·1 운동을 통해 부분적으로나마 목격된다는 것이다. 결과로부터 거꾸로 소급해 생각하자면 그렇듯 한국 사회주의의 첫 장면에 3·1 운동을 두려는 경향은 오히려 당연해 보인다. 박헌영을 위시하여 김단야·이승엽·주세죽 등 후일 사회주의자로 활동한 인물 중 상당수가 3·1 운동으로 사회적 경력을 시작했으며, 3·1 운동을 직접 겪지 못한 세대에 있어서조차 사회주의 활동가 중 다수가 '3·1 운동의 후예들'이었으니 말이다.[48]

　　이 점은 낱낱이 실증되진 못한 채로 실증 이전의 심증으로 작용해왔다. 한국 사회주의운동 첫 세대에 속하는 1900년생 전후라면 응당 3·1 운동에 참여했을 터이다. 마치 문학운동을 선도한 청년들이 그러했듯이. 그들은 식민지시기 조선의 정치와 문화를 개척한 첫 세대로서 응당 3·1 운동의 경험을 계승하고 변형시켰을 것이다 — 이런 가설을 단순한 방법으로 확인해보면 어떨까? 식민지시기에 활동했던 사회주의자들 중 3·1 운동에 참여한 숫자를 조사해본다면? '한국 사회주의의 기원으로서의 3·1 운동'이라는 명제를 생각해보기 전에 먼저 이렇듯 단순한 접근법을 시험해보았다. 기초 자료로는 1996년 발행된 『한국사회주의운동인명사

373

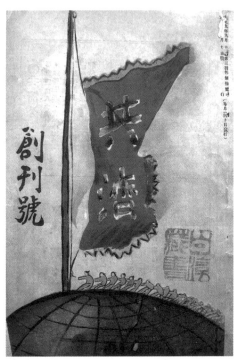

56

1920년 9월 간행된 『공제』 창간호 표지. '공제'라고 쓰인 거대한 붉은 깃발
을 많은 사람들이 협력하여 게양하고 있는 그림이다. 『공제』는 조선 최
초의 전국적 노동조직으로 꼽히는 조선노동공제회 기관지였다. 3·1 운
동 후 노동에 대한 관심은 급증했다. 『공제』에서 보고하기로 1920년에
총 82건의 노동쟁의가 있었을 정도다. 조선노동공제회는 초기 노사협
조주의적 색채를 짙게 갖고 있었다. 일부 활동가들은 "노동문제 해결책
으로 온정주의니 협조주의니 하는 것은 자본가의 주구의 헛소리"라고
통렬히 공격하면서 '노동자 해방'을 주장했지만 대부분은 사회 전체의
'노동사상'을 고취하여 '개조'를 이루어야 한다고 역설했다.

전』(강만길·성대경 편)을 택했다. 이 사전에 수록된 인명은 총 2,196건인데[49] 그중 3·1 운동 관련 사실이 기술돼 있는 경우만 따로 추려냈다. 최대한 보수적으로 조사를 해보자는 생각으로, 사전의 해당 항목에 1919년 2월 8일 이후 5월 말까지의 국내외 선언·시위 관련 기술이 직접 나와 있는 경우만 대상으로 했다. 1996년에 편찬된 사전이니 만큼 이후 발견·수정된 정보도 많지만 일단 제외했고, 포괄적으로 보자면 마땅히 3·1 운동에 참여했다고 평가해야 할 경우도 최대한 신중한 출발점을 마련하자는 원칙상 다 배제했다. 이 기준에 따라 예컨대 송영(송무현)·김산(장지락) 등 3·1 운동 관련 행적이 뚜렷한 이들까지도 해당 항목에 3·1 운동 직접 서술이 없다는 이유로 참여 인원에 포함시키지 않았으며, 대한민국 임시정부 참여 인원 중에서도 시위나 선언식 관여 흔적이 뚜렷하지 않으면 그 또한 빼고 셈했고, 3·1 운동 1주년 기념 시위 등은 더더구나 인정하지 않았다.[50] 일일이 사전을 읽어내려가며 정리하는 방식을 택한 만큼 오류가 있을 수 있겠으나, 일단 『한국사회주의운동인명사전』 수록 인명 중 3·1 운동 직접 관련 서술이 나오는 사례로 총 118건을 추릴 수 있었다. 총 항목 중 비율로 따지자면 약 5.4퍼센트에 해당하는 숫자다. 아래는 그 해당자를 표로 정리한 결과다.

식민지시기 한국 사회주의운동가의 3·1 운동 참여 상황

번호	이름	식민지시기 주요 경력	3·1 운동기 활동 지역	특기사항
1	강달영	조선공산당(이하 '조공') 책임비서	진주·합천	징역 3년
2	강진건	함북 농민운동 지도자	만주	징역 5년

노동자

3	강학병	조공당원		징역 1년
4	계봉우	신민회 회원		
5	구창회	조공당원	괴산	징역 10월
6	권원하	예천농조 위원장		
7	권일선	재일조선노총 위원장	경남	
8	권정필	조공 만주총국 책임비서		
9	김기진	「조선지광」 기자		격문 배포, 구금 3일
10	김단야	조공 해외부 위원		
11	김도엽	고려공청 회원		징역 2년 6월
12	김만겸	고려공산당 중앙위원		선언서 러시아어 번역, 배포
13	김명식	고려공산당 국내부 위원		2·8 독립선언
14	김문준	재일조선노총 중앙위원	제주	
15	김병식	전조선민중운동자대회 준비위원	해주	징역 2년
16	김복수	농총 중앙집행위원		
17	김복진	조공 경기도당 집행위원		
18	김봉빈	조공당원	전주	
19	김사국	고려공산동맹 책임비서		국민대회 개최
20	김사민	고려공청 중앙총국 책임지서	만주	
21	김성숙	창일당 간부		징역 2년
22	김세용	건국동맹 중앙간부	대구고보	
23	김승빈	신흥무관학교 교관		
24	김아파나시 아르쩬찌예비치	고려공산당 중앙위원	블라디보스톡	
25	김영휘	전북민중운동자동맹 회무위원		
26	김유인	고려공산동맹 교양부 책임자		격문
27	김재봉	조공 초대 책임비서		
28	김재홍	조공 경남도당 집행위원	진주	징역 6월

376

29	김제혜	러시아 공산당원		
30	김철국	고려공산당원		경원선 철도노동자
31	김철환	조공 재건운동 참가자		
32	김필현	경성적색노조건설협의회 경제부 책임		인쇄노동자
33	김홍선	조선 만주총국 선전부 책임	화룡현	
34	남윤구	조공 함북도 위원	청진	징역 1년
35	노명우	부여 공산주의자협의회 조사부 책임자	공주	징역 6월
36	도정호	조공 경기도당 조직부장		인쇄노동자
37	마진	고려공산당 간부	용정	
38	박건	고려공산당원	용정	
39	박노영	조공당원		징역 2년
40	박열	흑도회 조직자		
41	박영	황포군관학교 교도대 군관		
42	박청림	노령 한인빨치산부대 간부	철원	
43	박헌영	조공 총비서		
44	배치문	조공당원	목포	징역 1년 6월
45	백남표	조공 황해도 위원	재령	
46	변희용	북성회 집행위원		2·8 독립선언
47	서상용	고려공산당 간부		대한독립선언서 서명
48	서영환	고려공산당 중앙위원	서울	
49	서정희	조공당원	광주	
50	서진문	고려공청 일본부 회원	울산	
51	서태석	조공 선전부장		
52	성시백	민혁당 당원	서울	
53	송내호	소안도 농민운동 지도자	소안도	
54	신백우	서로군정서 참모주임		국민대회

377

노동자

55	인기성	조공 만주총국 동만구지역 책임비서	안동	
56	안병찬	고려공산당 책임비서	신의주	변호사
57	양림	중국공산당 당원	평양	
58	여운형	고려공산당 중앙위원		
59	오기섭	조공당원	평양	
60	오중화	조공당원		
61	요영국	고려공청 회원	성진	
62	유동열	고려공산당 중앙위원		대한독립선언서 서명
63	유연화 ·	조공당원		「자유민보」 배포, 징역 3년
64	윤세주	의열단 단원	밀양	
65	윤자영	조공재건준비위 조직부 책임		징역 1년
66	이경호	조공 만주총국 책임비서	웅진	
67	이규송	조공당원		징역 1년
68	이기택	조공 재건운동 참가자	임실	
69	이백초	「선봉」 주필	만주	
70	이병의	조공 중앙위원 후보		징역 6월
71	이봉수	조공 중앙집행위원		독립운동단 대표로 상해 파견
72	이상갑	조공당원		
73	이수을	노총 중앙집행위원		「독립신문」 배포
74	이승	적기단 부단장	북간도	
75	이승엽	조공당원		
76	이운호	신간회 안동지회장	안동	
77	이정호	적기단 간부	가평	
78	이종림	고려공청 만주비서부 위원	덕원	
79	이주하	조공 재건운동 참가자		
80	이주화	조공 만주총국 집행위원	북간도	

378

81	이준열	조공 책임비서	서울·충남	
82	이지탁	고려공청 중앙위원		대한독립선언서 배포 등
83	이지호	조공당원	안동	징역 1년
84	이춘균	북청청년동맹 신포지부 집행위원		
85	이헌	조공당원	정읍	
86	이호	조공당원		대구고보 동맹휴학
87	이황	조공당원		1920. 6 출옥
88	임민호	만주 조선총국 동만구지국 위원	용정	
89	임봉순	고려공산청년동맹 중앙위원		〈혁신공보〉 간행
90	임영선	고려공산당 당원	서울	「독립신문」 배포
91	장기욱	조공당원		징역 10월
92	장시철	조공 만주총국 당원	청진	
93	장채극	고려공산청년동맹 집행위원		징역 2년
94	정남국	조공 완도야체이까원	완도	
95	정노식	고려공산당 간부		'민족대표 48인' 중 1인
96	정재달	조공 재건운동 참가자	진천	
97	정종명	고려공청 회원		관계서류 보관
98	조극환	조공당원	영암	징역 2년
99	조봉암	고려공총 중앙집행위원		징역 1년
100	조용주	조공당원		대한독립선언서 작성 참여
101	주건	조공 만주총국 간부	연길	
102	주세죽	고려공청 중앙후보위원	함흥	구금 1월
103	진공목	조선 만주총국 조직부장		징역 1년
104	진병로	조공 일본총국 당원		
105	차금봉	조공 책임비서		기관차 화부, 노동자시위
106	채규항	조공당원	홍원	

노동자

107	최계립	적기단 단장	북간도	
108	최상덕	무산자동맹회 회원	서울	
109	최팔용	고려공산당 간부		2·8 독립선언
110	팽삼진	마산노농동우회 집행위원	마산	
111	한길상	조공 중앙위원	광주	징역 2년 6월
112	한낙연	중국공산당 당원	용정	
113	한설야	카프 중앙위원		구금 3월
114	한위건	조공 중앙위원		경성의학전문 학생 대표
115	한진	조공 만주총국 간부		
116	현칠종	조공 동만구지국 선전부장	성진	
117	홍남표	조공 선전부장		「자유보」 배포
118	홍명희	신간회 중앙집행위원	괴산	

5.4퍼센트라는 비율 자체는 그리 커 보이지 않는다. 그러나 3·1 운동 참여를 판별할 때 그 기준을 극히 보수적으로 잡았다는 사실을 떠올려 볼 필요가 있겠다. 기준을 포괄적으로 하고 보충 자료를 활용한다면 — 즉 임시정부 참여나 3·1 운동 직후 동맹휴학과 시위, 그리고 다른 자료를 통해 확인되는 참여 사실 등을 모두 셈한다면 그 비율은 크게 늘어나게 된다. 『한국사회주의운동인명사전』에는 1919년 당시 유·소년 미만인 사람도 다수 포함돼 있는데, 그런 사람들을 제외하고 제1세대만을 대상으로 둔다면 3·1 운동 참여자의 비중은 또 한층 높아질 터이다. 요컨대 5.4퍼센트에 119인이라는 명단은 식민지 조선의 제1세대 사회주의자들 중 상당수가 3·1 운동 경험에서 그 정치적 생애를 시작했다

는 사실을 확인케 해주는 데는 족하다는 뜻이다. 그렇다면 거꾸로, 3·1 운동 당시의 사상과 활동에서부터 사회주의적 지향이 존재했다고 말할 수 있을까? 식민권력이 강박적으로 의심했던 대로, "처음엔 조선의 '반란'이 주로 민족자결권의 원칙에 대한 망상 때문에 생겨났지만 볼셰비키 사상도 이러한 망상에 한몫을"[51] 했다고 할 수 있는가? 식민권력의 독해를 따라 3·1 운동기의 적기나 토지균분설을 "대체로 공산주의 파급의 징후"로 읽어내는 것[52]은 필요하고 타당한 일인가?

제1차 세계대전 전후 세계가 그러했듯 식민지 조선에서도 평화와 토지에 대한 요구가 드높았던 것은 사실이다. 고전적인 자유주의 정치학으로서는 그같은 요구를 수용하기 역부족이었다. 바야흐로 사회·정치적 대중이 탄생하는 가운데, 그들의 요구에 응답하는 데 있어 '윌슨과 레닌 가운데 어느 쪽을 선택할 것인가'가 점차 민감하게 의식되는 상황이었다.[53] 사회주의는 1910년대 중반부터 아나키즘·생디칼리즘 등 다양한 사상과 더불어 조선 청년들 사이에도 소개되기 시작했고, 해외로 떠난 조선인들 중에서는 러시아혁명과 볼셰비키의 활약상을 직접 목격한 이들도 적지 않았다. 사회주의적 영향의 증거로 거론되는 3·1 운동기 적기나 토지균분설의 사례도 지금까지 보고된 외 상당수를 추가해볼 수 있다. 그럼에도 불구하고, 3·1 운동기 조선에서 '윌슨과 레닌 사이 선택'은 아직 문제되지 않았다. 사적 소유냐 집단적 소유냐, 자유주의 의회정치냐 평의회식 공화제냐의 논점도 자라나지 않았다. 조선인들은 근대의 입구에서 이미 근대를 향해 불만을 느끼고 있었고, 세계 여러 지역에서의 그 해결 시도에 공명하고 있었지만, 그 방향은 '비근대(un-modern)'라고나 불러야 할 막연한 것

노동자

이었다. 전근대적 요소와 탈근대적 요소를, 근대적 욕망과 반근대적 욕망을 함께 품은 혼잡한 벡터의 운동성이었다. 그런 가운데 복고보다 공화로, 중앙집권보다 자치로 대중의 욕망이 수렴돼 가긴 했으나, 그 방향성의 최대치는 세계적 유행 사조인 '개조'를 넘어서지 않았다.

월슨주의와 레닌주의 사이 경쟁에도 불구하고 그 둘을 포함하는 명사로서 '개조'의 사상이 그야말로 전 세계를 풍미하던 때다. 유럽을 대신할 신흥 강국으로 부상한 미국과 소비에트 러시아는 '개조'의 방향을 공유하는 사례로 받아들여졌고, 미국이 러시아 10월 혁명을 지지하는가 하면 유럽 사회주의자들이 월슨을 예찬하는 등 상호 연대의 저수량은 풍부했다.[54] 명성 높았던 일본의 요시노 사쿠조(吉野作造)는 '월슨=+레닌=국제평화주의'라는 등식을 제안하기도 했는데[55] 아마 그것이 제1차 세계대전 직후의 일반적 실감이었을 것이다. 월슨의 평화주의와 민족자결주의가 볼셰비즘의 기세를 저지하기 위한 대응책이었음은 사실이지만 ― 그는 측근들에게 "우리는 볼셰비즘과 경주를 하고 있고, 전 세계는 불타고 있다네"라고 말하곤 했다고 한다[56] ―, 그럼에도 두 신생의 노선은 경쟁 속에서나마 협조해갈 수 있으리라고 관측됐다.

제1차 세계대전 종전 당시 생생하던 이러한 개조와 연대의 경향은 이후 3~4년에 걸쳐 차츰 퇴색한다. 3·1 운동 직후까지만 해도 "공산주의와 무정부주의 사이에 확연한 분계선이 있지 못"했고 "그러한 구별은 장래에는 있을 것이나 우선은 '반항'이라는 일점에서 지기상통하는 것에만 만족하여 청탁을 가리지 않는 형편"[57]이었다면 그런 미분화의 시기도 끝났다. 그러나 3·1 운동은 그 이전, 개조의 희망이 한창 빛나던 무렵의 사건이었다. 개조와 이상주의의 기만성을 비판하는 시각이 없지 않았으나[58] 그런 현상을 바로 사회주의적 방향으로 해석하려는 것은 무리다. 맑스(K. Marx)와 엥겔스(F. Engels)의 제1인터내셔널과 조레스(J. Jaurès)가 주도한 제2인터내셔널이 지나간 후, 레닌이 주도하는 새로운 사회주의는 막 형성 중에 있었다. 격심한 내전 중에서 신생 소비에트 러시아가 살아남을 수 있을지부터 불확실했다. 제1차 세계대전이 한창일 때 부상한 '개조'라는 사상이 그 추상성을 드러내면서 분화·해소되는 데도 역시 몇 해가 걸릴 터였다. 계급과 인종과 성(性)의 장벽이 철폐되리라는 유토피아적 전망이 각 지역의 민족적 열망을 현실화하는 회로가 되고 있던 당시, 사회주의는 그 유토피아적 전망의 일부 혹은 이웃으로 비쳤다. 막 제기되기 시작한 '노동'문제 또한 아직은 '독립'과 '만세'의 영역에 있었다.

383

노동자

4장.
여성

민족과 자아

한희라는 여자는 상해로 망명하여 간 여자××
단장이다. (…) 조선에는 '만세'가 일어났었다.
간호부 노릇은 할망정 신사상에 눈을 뜨고 천
성이 다혈질로 생긴 한희는 가만히 있을 수가
없었다. 그의 풍부한 상상력과 남에 굽지지 않
는 자부심은 '잔다−크'를 꿈꾸게 하였다. 그리
하여 그에게 모여드는 동지와 같이 제1차의 만
세 사건을 뒤받아서 여자편의 수령으로 대대적
의 음모를 평양과 서울을 중심으로 하여 계획
하였었다.

/ 염상섭, 『사랑과 죄』(1927~1928)

아산보통학교 교사, 15세 박경순

1919년 봄, 경순은 아산보통학교 교사로 재직 중이었다. 고작 열일곱 살, 만으로는 열다섯밖에 되지 않은, 처녀라기보다 소녀라고 해야 옳을 나이였다. 근대식 교육이 도입된 지 얼마 지나지 않아 교사 자격이 허술할 무렵이었지만, 갓 여학교를 졸업하고 온 열다섯 살 선생이란 진풍경이었다. 보통학교에 스무 살 전후 학생도 적지 않았을 시절이었는지라 경순은 교사로 인정받기 위해 이를 악물어야 했다. 더 열심히 일했고 더 엄격하게 굴었다. 학생들 머리를 빗어 이를 잡아 주었고, 이틀이 멀다 하고 가가호호 방문을 다니며 정성을 들였다. 3·1 운동 소식을 들으면서도 참여할 뜻을 내지 못한 건 그렇듯 교사 노릇에 진력하고 있었기 때문인지도 모른다. 경순이 이웃 마을 여학생 유관순의 소식을 들은 것은 『매일신보』를 통해서였다고 한다.[1] 유관순은 경순보다 한 살 위인 1902년생으로 3·1 운동 당시 열여덟, 만으로는 열여섯이었다. 경순의 충격은 컸다. 자신은 건성으로 흘려보낸 사건에 그토록 열렬히 반응했던 이웃 마을 또래 여학생이 있다는 사실이 머리를 치는 듯했다.

이후 박경순은 교사 노릇을 그만두고 모교에 편입, 동기가 교사로 일하는 난감한 환경에서 학업을 마치고 일본으로 유학을 떠난다. 자유연애가 열병처럼 유행할 때였던 만큼 여러 남성의 구애에 시달렸고, 자기 자신 처음에는 오빠의 친구를, 나중에는 사상가로 소문난 같은 동아리 도쿄대 학생을 뜨겁게 사랑했다. 남편 또한 경순을 경애했지만, 그는 단 한번도 생활을 책임지지 않은 채 어린 남매를 두고 투옥됐으며, 석방 후에는 "당신을 지극히 사랑하기 때문에 당신을 버리는 것"이라는 역설을 앞세워 홀로 중

387

국으로 망명하는 길을 택했다. "처자를 버리면서까지 집착하는 그를 남편으로서 의탁할 수 있을까?"[2] 이혼과 재혼을 겪고 아들 둘을 더 낳아 도합 4남매를 키워 내면서도 경순은 교편을 잡고 소설을 썼다. 후일 소설가 박화성으로 알려진 인물의 사연이다.

그와 같은 또래였던 유관순이 죽지 않고 살아 출옥했다면 어떤 길을 걸었을까. 연애열이 몰아치고 이념에의 열정 또한 대단했던 1920년대에 어떤 선택을 했을까. 유관순의 애국은 가혹한 대가를 가져왔다. 아버지와 어머니가 한날 목숨을 잃었고, 감옥에서 "저년이 너무 잘난 체하다가 제 부모도 잡아먹고 (…) 저년 하나 때문에 몇 고을이 쑥대밭이 되고 (…) 아이고 요년!" 같은 동리 아낙의 악다구니까지 감수해야 했다.[3] 그런데도 열여섯 살 소녀는 포기하지 않았다. "유관순은 애달픈 목소리로 '만세'를 외쳤다. 간수들이 달려가도 개의치 않고 '만세', '만세', '대한독립만세'를 외쳤다. 간수가 감방문을 열고 구타하여 그 소리를 잠재운 후에도 관순의 흐느낌은 오래도록 이어졌다. '나는 이제 아무도 없다. 아버지도 어머니도 없다. 부모님이 다 돌아가셨어……'"[4] 어쩌면 그가 재판정에서나 옥중생활에서 놀랄 만큼 전투적이었던 것은 분노와 절망과 슬픔이 너무나 컸기 때문이었을지도 모른다. 아끼고 집착할 어떤 것도 남지 않았다는 뼈저린 마음 때문이었는지도 모른다.

박화성은 후일 유관순 전기소설 『타오르는 별』(1960)을 집필하면서 관순을 "숙성한 키"에 "지독한 고집쟁이"되 "무한한 상냥함"을 갖춘 인물로 묘사하고 있다. 교비 유학생으로 이화학당에 다니면서 선교사를 꿈꾸었고, 운동을 잘해 "줄넘기 대장"인데다 달리기 경주에서 번번이 1등을 차지했으며, 야식으로 만주를 사기 위해 기숙사 담을 넘기도 했던 소녀 — 건강한 10대 소녀다 웠을 유관순은 그러나 3월 31일 아산 지역 봉화시위와 4월 1일 병천 시위를 준비하면서 "보통 사람이 아"닌 존재, "진짜 영웅이 될" 위인으로 변신한다. 『타오르는 별』 역시 3·1 운동 이후의 유관순에 대해서는 "항상 명랑한 얼굴과 부드러운 말씨", 옥사한 후 얼굴마저 "투명하게 광채"가 나면서 "숭고하게 깨끗하게 선연하고 평화로"운 모습으로 재현하고 있을 뿐이다.[5] 해방 후 3·1 운동을 상징하는 고유명사가 되고부터 유관순을 둘러싼 비범과 숭고의 이미지는 그렇듯 강고했다. 같은 또래요 이웃 동네에 살았던 소설가조차 근 환갑이 되도록 그런 표상에서 자유로울 수 없었으니 말이다.

서울 대정권번 기생, 21세 정금죽

기생 수업을 시작한 것은 8세 때였다. 관찰사가 베푼 잔치를 구경하다 배석(拜席)한 '마마'에 눈길이 간 것이 계기였다고 한다. 기생의 화려한 차림새며 노는 솜씨가 부러웠던가 보다. 이웃 기생집에 기예를 배우러 다니기 시작했는데 제법 솜씨가 있었다. 천재라는 말까지 들었다. '금죽(琴竹)'이라는 기명(妓名)을 택한 데서 보이듯 가야금과 소리에 특히 빼어났다고 한다.[6] 여가에는 영화 보고 소설 읽기를 즐겼다. "활동사진이나 소설 중에서 외국 여자들이 흔히 말을 타고 (…) 남자 이상으로 활발하고 용감스럽게 싸우"는 것을 볼 때마다 "어찌하면 그런 여자들과 같이 말도 잘 타고 쌈도 잘 하여 한번 조선에 유명한 여장부가 될까" 하는 마음이 꿈틀거렸다. 실제로 동료 기생 몇 명과 어울려 승마술을 익히기도 했다. 해외 영화뿐 아니라 조선 후기 자생적 레퍼토리로서도 남장하고 전공(戰功) 세우는 여성영웅소설이 유행했던 터다. 유관순의 스승이었던 박인덕, "노래 잘하는 박인덕/ 인물 잘난 박인덕/ 연설 잘하는 박인덕" 또한 남장한 채 서당에 통학한 적이 있었다. 단 모녀뿐인 외로운 가정에서 딸을 교육시켜야겠다고 결단한 어머니 뜻에 따라서였다.[7] 정금죽도 말 탈 때는 곧잘 남장을 했다. "말타기를 공부하여 (…) 남복을 하고 성내 성외로 달리고 돌아다녔으니 그때에 마음이 어찌 상쾌치 않았겠습니까."[8]

　　두어 군데 명문대가의 소실 노릇을 하기도 했다. 기생의 예능을 동경하고 여장부로서의 전공(戰功)을 꿈꾸었다지만, 정금죽 또한 대갓집 작은마님 같은 안존한 생애로 귀착했을지 모른다. 3·1 운동 때 여러 지방 도시에서 기생 시위가 일어날 때도 서울 기생들은 집단행동을 벌이지 않았다. 3월 19일 진주, 3월 29일 수원, 3월 31일 안성, 4월 1일 해주, 4월 2일 통영 등 여러 지역에서 기생들은 잇따라 일어섰다. 패물 팔아 마련한 상복 입고 짚신 신고 일부는 태극 수건까지 두른 채 만세를 불렀다. 위생검사에 항의했고 혈서를 썼으며 시위 군중에게 마실 물을 제공했다. 서대문 형무소에서 여학생들과 감방생활을 함께한 수원 기생 김향화처럼 오래 기억되는 이름을 남기기도 했다.[9] 그러나 가장 숫자가 많았고 소속 권번도 여럿이었던 서울 기생들은 그런 방식으로 나서진 않았다. 서울에서의 집단적·조직적 시위는 3월 5일 학생 시위로써 사실상 막을 내리는데, 그 이후 삼엄한 경계 속에 집합적 궐기가 어려워　밌일지도 모른다. 그러나 여러 날 시내를 휩쓴 사건이었던 만큼 기생 개개인이 3·1 운동에 접속하는 일은 드물지 않았을 것이다. 정금죽도 그러했다. "깊은 뜻은 모르나 종로 네거

리에 서서 바라보는 젊은 가슴은 흥분에 넘치는 뜨거운 눈물을 흘리면서" 시위 행렬을 따라다녔다.[10]

정금죽이 일본 유학을 결심한 것은 3·1 운동 직후다. "여러 가지 활동사진에서 본 것과 이때 받던 충동은 마침내 현해를 건너게 되어" 그의 생애는 크게 달라졌다. 이름도 정칠성으로 바꾸었다. 처음에는 일본어와 타이프라이터를 배우는 정도로 만족했으나 "차차 사회에 눈뜨게" 되면서 활동가요 연설가로 거듭났다. 귀국하여 여성동우회에서 놀았고, 재차 도일(渡日)했다 돌아온 후에는 근우회를 조직하고 신간회에서 활동했다. "여성으로서 연단에 매일같이 오르며 동경(東京) 지방에까지 다니면서 연설"할 정도의 열렬한 활동이었다.[11] 해방기 정치 활동이라든가 월북 후 활약과 숙청은 또 다른 화제겠지만, 군중 속에서 만세 부른 게 고작이었는데도 3·1 운동은 정칠성의 생애를 이끌고 변화시켰다. 그것은 민족이라는 명분으로 다 설명되지 않을, 자기 인생에 대한 해방의 의지가 낳은 변화였다. 정금죽-정칠성만이 아니었다. "현계옥이는 (…) 상해로 달아났었고 (…) 강향란도 강석자라고 이름을 고치고 (…) 조선 최초의 단발랑이 되어 여성운동에 뛰어든" — 시위 주동자나 피체자(被逮者)로 이름 올린 적 없으면서도 현계옥은 망명 후 의열단에 가입했고 강향란은 배화여학교와 정칙(正則) 학교에서 신교육을 받았다.[12] 행복은 몰라도 더 자유로워졌을는지. 이들 기생들은 3·1 운동으로써 명실상부 재생했다. 기생이란 신분이 급격한 재조정을 통과하고 있던 한복판에서였다. 관(官)에 소속돼 있던 조선 시대 신분에서 벗어나 대중 연예의 스타가 되고 명사(名士)의 연인이 되었지만, 한편으로는 여학생-신여성이 등장하면서 '거리의 주인공'으로서의 역할을 넘겨주

57   58

392

1917년에 발간된 기생 사진첩 『조선미인보감』에 실린 정금죽(57)과 현계옥(58). 정금죽은 시조·남중잡가(南中雜歌)·가야금·산조·병창 등이 특기라 씌어 있고, 현계옥은 정재무(呈才舞)·현금(玄琴)·단가·법고·승무 등에 능하다고 소개돼 있다. 소개글의 초점대로라면 정금죽은 기예가 빼어나 "남 못 당할 지낸 풍파"를 겪은 예인(藝人)이요, 현계옥은 "용태도 풍만하여 반점 경박함이 없고 재조도 민첩하여 일분 둔체(鈍滯)함이 없"는 "이른바 명기"이다. 흡사 상품 카탈로그를 연상케 하는 『조선미인보감』은 기생이 관(官)의 속박에서 풀려나 시장의 상품으로 소비되던 상황을 잘 보여주고 있다. 그러나 한편 기생은 조선시대부터 '길 위의 여성'으로서 신분상 제약 속에서나마 여성의 관습적 삶에서 벗어날 기회를 누려 왔으며, 1900~1920년대 전환기에 이탈의 가능성을 더욱 확장할 수 있었다.

어야 했을 무렵[13] — 이 갈래길에서 강향란·정금죽·현계옥 등은 종래의 공공성과는 전혀 다른 새로운 공공성과 사회성을 존재방식으로 선택했던 것이다.

개성 북부교회 전도사, 39세 어윤희

개성은 3·1 운동 이전 서울에서 대표가 파견되어 3월 1일 당일 선언식 및 선언서 배포를 의뢰했던 여섯 개 지역 중 하나다. 그러나 다른 지역과 달리 개성에서 유지들의 반응은 냉담했다. 선언 이후에는 무슨 계획이 있느냐고 물었고 희생이나 불이익에는 어떻게 대처할 것이냐며 주저했다. 서울에서 온 대표가 전달한 선언서를 마지못해 맡기는 했으나 그뿐이었다. 선언서를 돌려줘야 겠다며 어린아이 손에 들려 보내려는 사람마저 있었다. 결국 예배당 지하 석탄 창고에 선언서를 감춰두긴 했으나 배포 책임을 맡겠다는 이가 나서질 않았다. 많은 지역에서 그랬듯 상황은 기로에 처해 있었다. 전달된 불꽃이 자칫 그대로 꺼져버릴 상황이었다.[14] 이때 알음알음 소식을 전해 들은 30대 후반의 전도부인 어윤희가 나섰다. 자신이 책임지고 선언서를 배포하겠노라 했다. 다른 여성들도 뒤따랐다. 이들은 어린 보통학교 생도의 도움을 얻어 가가호호 선언서를 돌렸고 개성 시내 호수돈 여학교 및 미리흠 여학교 학생들과 더불어 선언식을 치렀다.

서대문 감옥 수형인 명부에 어윤희는 1881년생으로 기재 돼 있다. 그에 대한 회고와 기록을 종합해보면, 열여섯에 결혼했지만 며칠 안 돼 남편이 동학농민군으로 나갔다가 사망했으며, 친정 홀아버지 곁에 돌아왔지만 아버지마저 곧 세상을 떠났다고 한다. 사건 연표와 대비해보면 혼선이 없지 않지만, 갑오(甲午)-을미(乙未)-병신(丙申)년으로 이어지던 파란만장한 1890년대 중반 어윤희가 10대 후반의 소년 과부로 사고무친(四顧無親)의 처지에 놓이게 되었음은 분명하다. 충주에 살던 그가 개성에 나타난 것은 그로부터 10여 년 후인 1909년. 10대 후반에서 20대 후반까지 결코 만만치 않았을 세파(世波) 속에서는 어떻게 부대꼈을는지. 멀리 개성까지 온 어윤희는 전도사 정춘수의 설교를 듣고 충격을 받아 기독교도로 개종하는 한편 여학교 입학을 결심한다. 이후 개성 미리흠여학교과 호수돈여학교에서 수학했으며 졸업 후에는 개성북부교회 전도사로 일했다. 통상 '전도부인'으로 불리던, 대부분 중년에 이른 여성들이 교회 교육 정도를 받은 후 종사하던 자리였다.[15] 가족도 없고 버젓한 직업도 없는 한낱 전도부인, 아마 보잘것없는 존재였을 것이다.

　그렇지만 어윤희 같은 처지로서 전도부인이라는 자리는 중요한 한 걸음이었으리라. 1900년대까지만 해도 아예 여성을 들이지 않는 이른바 '홀아비교회'가 흔했다는 사실을 돌이켜보면 전도부인이란 직함의 좌표를 가늠해볼 수 있겠다. 전도부인 양성은 1910년 전후 본격화됐으며 교리·장정·전도법·성경지리 등을 교수했는데 한글부터 배워야 하는 이들이 대부분이라 교육과정을 완수하는 데는 시간이 꽤 걸렸다고 한다.[16] 이들 전도부인들은 사경회(査經會)라는 성서공부모임 지도와 가정방문을 통한 전도를 주로 담당했다. 무급(無給)도 있었다지만 어윤희의 경우 개성 성경학교 사감(舍監)도 겸하고 있었으니 수입은 안정적이었을 것이다. 어윤희가 독립선언서에 관한 소식을 들은 것은 호수돈여학교 졸업생 권애라를 통해서였다고 한다. 그는 독립선언서를 배포할 사람이 없다는 말을 듣고 즉석에서 그 역할을 자원, 3월 1일 시내에서 행인들에게 선언서를 배포했다. 역시 전도부인인 신관빈 및 미리흠여학교의 맹인 여학생 심명철과 함께였다. 이튿날에는 미리흠여학교에서 미리흠·호수돈 두 여학교 학생들이 참석한 가운데 독립선언식을 열었다.

어윤희와 신관빈·심명철, 그리고 교회 유치원 교사였던 권애라 등, 여성이 중심이 되고 여학생들이 먼저 나선 후 개성에서의 시위는 착실하게 전개됐다. 실리적이고 신중하지만 한번 움직이면 신뢰가 굳은 개성 사람들다운 전개였다. 어윤희 등은 3월 2일 체포됐지만 이튿날 호수돈여학교 학생 30여 명은 다시 시위를 시작했다. 몇 시간 뒤엔 15~16세 소년들이 선두에 선 수십 명이 만세를 불렀고 해진 후에는 2,000여 명이 모여 경찰 파출소에 돌을 던지면서 만세를 고창, 자정 무렵이 돼서야 흩어졌다. 3월 4일 오전에는 한영서원 생도들이 모였으며 오후에는 그들을 포함한 600여 군중이 시내 행진을 벌였다. 다음날에는 구속자 탈취를 위해 1,000여 명이 모여 경찰서에 돌을 던지며 대치, 인명 피해까지 났다.[17] 어윤희 자신은 1년 6개월간 옥고를 치른 후에도 대한의군부를 후원하고 신간회와 근우회 활동에 참여하는 등 3·1 운동 당시의 삶을 이어갔다.

'미친 누이', 칼 휘두른 백정 아낙들

경상북도 영천읍 과전리 장터에서 만세 소리가 터져 나온 것은 4월 12일이다. 홍종현이라는 유생이 혼자 준비하다시피 한 거사였다. 그는 독특하게도 붉은 천을 준비해 '대한독립만세'라고 크게 써서 독립기를 만들었고, 이웃 두 명에게 각각 글씨와 그림을 부탁해 구호 써 넣은 태극기도 장만했다. 장날 당일에는 이웃들이 동반하지 않았는지 홍종현 홀로 독립기와 태극기를 들고 보통학교 앞에서 만세를 불렀다고 한다. 오후 3시를 넘겨 파장 분위기가 나기 시작할 무렵이었다. 군중이 막 만세를 따라 외칠 찰나였으나 그뿐, 부근을 순찰하던 순사보가 홍종현을 체포함으로써 그날 시위는 싱겁게 끝나고 말았다. 적어도 그렇게 보였다.[18]

그러나 홍종현의 만세 소리를 듣고 그 순간 다른 인생에 뛰어든 사람도 있었다. 스물네 살 김정희가 그런 경우였다. 결혼하여 평범한 아낙으로 살고 있었으련만 김정희는 과전리 장터의 만세 소문을 듣고 흥분토록 감격했다. 밤늦도록 잠을 이루지 못했나보다. 새벽 3시가 돼서야 독립기를 만들었다니 말이다. 옷감으로 사둔 흰 비단을 사용했다는데, 거기 한글과 한자를 섞어 '대한독립만세'를 써 넣을 때 김정희는 피를 내서 한 글자 한 글자를 써 나갔다. 집게손가락을 베었다고도 하고 잘랐다고도 한다. 그 후 아침을 치르고 정돈까지 하고 나왔을는지, 김정희가 체포된 것은 오전 11시 경이었다. 홀로 노상을 배회하며 피로 쓴 독립기를 휘두르고 만세를 부르다 체포됐다고 한다.

당시 김정희의 동생 김태진은 영천 경찰서에 고등계 형사로 근무 중이었다. 먼저 누이에게 불온한 동기를 부정하길 압박한 것 같은데, 거절당하자 이번에는 누이를 정신병자로 몰았다. 검찰에 압송할 때도 정신병자 딱지를 붙였던 모양이다. 재판정에서 정신병 운운하는 말이 나오자 김정희는 단박 "내 정신은 이상이 없다"며 "너희가 미친 사람처럼 우리를 압박한다"고 몰아세웠다고 한다. 결국 징역 8월 판결을 받았다는데, 석방 후 자취에 대해서는 따로 전하는 바 없다.[19] 자식은 있었는지, 남편과의 관계는 어땠는지, 동생뿐 아니라 온 가족이 김정희를 미친 사람 취급한 건 아닌지. 혹은 김정희 자신 평소 여느 여성과 다르다는 곱잖은 시선을 받아왔던 건지. 한밤중 혼자 손가락 베어 깃발 만들고 혼자 거리에서 만세를 불렀다니, 과연 어떤 불만과 소망이 그를 그렇게 움직인 것인지.

1919년 5월 재감(在監) 인원을 기준으로 할 때 3·1 운동을 통해 체포·기소된 여성은 총 212인이었다. 대부분은 교사나 학생 신분이다. 그 밖의 숫자가 많은 분류로는 무직 38인, 농업 18인, 해당 숫자가 적은 축으로는 하녀·고용인 2인에 여인숙이나 요식업 운영자 2인 등이 눈에 띈다.[20] 김정희라면 무직으로 분류되지 않았을까 싶다. 황해도 해주에서 주막을 운영하던 50대 주봉산은 요식업자로 꼽혔으려나. 마치 김정희가 홍종현의 단독 만세 사건에 고무됐듯 주봉산은 황해도 재령의 대영학교 교사 박원경의 기개를 전해 듣고 감심했다. 박원경은 19세 소녀로 "천황폐하께 불경이요 (…) 부모님께도 불효" 운운하며 설득하는 심문관에게 "내 앞에 천황폐하가 어디 있"냐고 반박하면서 "우리 부모님 생각은 (…) 칭찬해주실 테니까 나는 효녀"라고 당당히 진술했다는데, 그 소문이 당시 황해도에 파다했다고 한다. 소문을 들은 주봉산은 크게 기꺼워하며 식칼로 왼손 무명지를 베어 피를 낸 후 주막 손님 중 글씨 잘 쓰는 이에게 부탁해 '대한독립만세'라고 쓴 깃발을 마련했다. 그리고는 홀로 만세 부르다 제 발로 헌병분견소에 들어갔다. 해주 감옥에서 복역하면서도 박원경 만나기만 소원해 간수들로부터 '미친 여자' 취급을 받았단다.[21]

진주에서는 기생 시위 및 노동자·걸인 시위가 있었던 3월

19일에 백정 아낙들도 나섰다. "육고(肉庫)에서 쓰는 칼을 들고나와 휘두르는 이채를 띠었다는 것이다." 헌병들은 감히 칼에 칼로써 맞서는 이들 여성들을 체포, 이마에 백정이라는 뜻의 '에타(ㄲ夕)'라는 낙인을 찍은 후 풀어주었다고 한다.[22] 백정 신분은 조선시대 내내 인간 이하의 천대를 받았다. 백정의 아내나 딸이라면 잘못 거리에 나섰다가는 남정네들에게 소처럼 끌려다니는 '백정 각시놀이'라는 수모까지 당해야 했다. 그랬던 처지로서 진주의 백정 아낙들은 시위대열에 합류해 만세를 부르면서 무슨 생각을 했을까. 당시 전국적으로 백정 숫자는 3만 5,000여 명에 달했다.[23] 가족까지 치자면 10만이 훌쩍 넘는 숫자였을 것이다. 3·1 운동 당시 백정 아낙들의 시위가 있었던 진주는 몇 년 후 백정해방운동인 형평사 운동의 발상지가 된다. 1923년 4월에 이르러서의 일이다. 제1차 세계대전 후 계급·여성·노동해방의 세계적 열풍이 불었고 3·1 운동 이후 신분과 성의 장벽이 어지간히 무너졌지만 백정에 대한 차별대우는 여전하던 때였다. 3·1 운동으로 뚜렷한 행적을 남긴 여학생-교사-신여성 류와 전혀 다른 이들, 김정희이며 주봉산이며 진주의 백정 아낙들에게 3·1 운동은 어떤 사건이었을까. 한번도 품어준 적 없었을 민족을 위해 부르는 '만세'에 그토록 열렬해졌다니, 혹은 직접 목격하지도 못한 '만세'의 소문과 논리에 그토록 마음이 움직였다니. 피로 '만세' 쓰고 남의 눈에 아랑곳않고 홀로 만세 부르고, 위압적인 국가권력 앞에 감히 칼을 휘두르다니. 3·1 운동에 참여한 무명(無名)의 여성들, 그 하나하나의 사연은 윤곽만으로도 놀랍다.

홍사용이 발표한 1925년 작 「봉화가 켜질 때」를 이 맥락에서 잠깐 읽어보면 어떨까. 「봉화가 켜질 때」는 3·1 운동 후 백정의 딸 귀영의 짧고 다난한 생애를 조명한 소설이다. 인물과 서사를 다루는 솜씨는 서툴지만 그럼에도 주변부 여성의 삶이 던지는 문제는 녹록치 않다. "기미년 만세운동이 일어날 때에 귀영이는 서울서 고등여학교를 졸업하였다. 고요함의 반동은 움직임이라 수백 년 동안 학대에 지질리어 잠자코 있던 귀영이의 피는 힘 있게 억세이게 끓어올랐다." 1년 징역에 3년 집행유예를 선고받은 후 다시 세상에 나왔을 때 그의 삶은 달라진 것처럼 보였다. 3·1 운동 당시 만난 김(金)과 사랑을 맺었기 때문이다. "평생을 허락한 이성의 두 동지는 전통을 부숴버리고 형식을 없이한다는 의미로서 결혼 예식도 치워버리고 그저 삼청동 어느 조그마한 집에서 꿀 같은 사랑의 살림을 벌이었다."[24] 그러나 남편이 귀영의 출신을 알게 된 순간 만사휴의(萬事休矣). 평생을 약조했던 사랑은 단번에 무너지고 만다.

절망한 귀영은 차라리 남성을 농락하며 살아간다. 한때 중국에서 의열단 활동에 참여하기도 했으나 병을 얻어 귀국할 수밖에 없었다.[25] 고향으로 돌아온 그에게 뭇사람은 비아냥거리듯 '최 백정 딸' 대신 '최 백작 딸'이란 별명을 붙여 준다. 다시 결혼도 하지만, 얼핏 번듯한 의사 남편은 그저 재산을 탐내 귀영을 선택한 인물이다. 그런 귀영에게 남은 단 하나의 동무는 기생 출신 취정. 신분과 지식의 차이에도 불구하고 취정은 "기생이라는 이 세상 제도의 가장 아래층에 있어서" 누구보다 귀영을 깊이 이해한다. 귀영은 결국 27세의 젊은 나이로 병사하는데, 그가 숨을 거둘 때 취정에게 남기는 것은 의열단 수첩이다. "그 단의 강령과 비밀암호가 씌어 있는 (…) 그리고 귀영이 자신에 관한 모든 비밀과 또

한 장차 하려고 하던 일과 뜻이 기록돼 있"는 문서다.[26]

　　귀영과 취정의 내력은 기생 출신 현계옥이나 강향란을 연상시키는 바 있다. 현계옥은 애인과 더불어 의열단원이 되었고 강향란 또한 일련의 염문(艷聞) 끝에 정치적 삶을 모색했다. 현계옥은 의열단의 유일한 여성 단원으로서 주로 폭탄 운반을 담당했으며, 강향란은 의열단의 서울-도쿄 동시 테러 계획을 거들고 박열 등의 불령사(不逞社) 활동을 원조했다고 한다.[27] 그러나 3·1 운동을 통해 새로운 존재가 되고자 한 이들에게 세상은 녹록치 않았다. 현계옥은 여러 해 성공적으로 의열단 활동을 수행했으나 애인 현정건이 옥살이 끝에 사망하자 크게 상심해 중국을 떠나고 말았다. 외몽골로 향했다고 하지만 이후 행방은 묘연하다. 강향란의 경우 역경(逆境)이 더 심각했다. 두 번이나 자살을 기도할 정도로 주변 사람들에게 외면·배신당했고, 그 자신 자학의 심정으로 그에 대응하곤 했다.[28] 한때 중국에서 러시아어를 익히기도 하고 배우 노릇을 하기도 했다지만 국내에서의 근우회 활동을 끝으로 그역시 후일의 소식이 전하지 않는다. 현계옥이나 강향란에 있어, 또 「봉화가 켜질 때」의 최귀영에게 있어 정치적 행위란 어떤 의미였을까. 연애를, 또는 연애의 실패를 보충하고 보상하는 행위에 가까웠을까. 사적 영역에서의 불만이 없었다면 정치에의 기대는 자라나지 않을 수 있었을까. 아니면, 정치야말로 사적 영역을 포함해 삶 전체를 바꿀 놀라운 가능성으로 비쳤을까. 최귀영은 왜 유일한 유품으로 의열단의 암호 수첩을 남긴 것일까.

　　「봉화가 켜질 때」는 외동딸 귀영을 잃은 후 그 아버지 최 백정이 밤마다 산에 산에 봉화를 켠다는 서술로써 마무리된다. "불질러 버려라 불 질러 버려라 모든 것을 불 질러 버려라 (⋯) 곳곳마다 난리를 보도하는 봉화(烽火)가 켜질 때에."[29] 여기서의 '봉화'는 명백히 3·1 운동을 연상시킨다. 곳곳에서 봉화가 올랐던 것이 불과 6년여 전, 아마 소설을 읽는 누구라도 3·1 운동 당시를 떠올렸을 것이다. 홍사용이 함축적으로 전달하듯 3·1 운동의 봉화는 태울 것을 다 태우지 못하고 되살릴 것을 다 되살리지 못한 채 꺼졌다. '난리'는 다시 시작되어야 한다. 그러나 봉화를 지켜나갈 최종적 계승의 몫은 최 백정이 아니라 기생 출신 취정에게 있다. 귀영은 "장차 하려고 하던 일과 뜻"이 적힌 암호 수첩을 취정에게 남기지 않았던가. 취정은 과연 어떤 선택을 할 것인가. 귀영의 자포자기와 자학까지 이해했던 그는 어떻게 그 덫을 넘어설 수 있을까. 과연 정치를 공소(空疏)한 명분으로 삼는 대신 삶과 엮어 나갈 수 있을까. 정치적 행위 안에 의열단의 테러리즘은 어떻게 배치할 수 있을까. 밑바닥 여성은 이제 막 '봉화'를 손에 쥐었을 뿐이다.

여성이 정치와 조우할 때

혁명의 성패와 방향을 여성이 좌우하는 일은 적지 않다. 1789년 프랑스대혁명 당시 있었던 여성들의 행진만 떠올려 봐도 그렇다. 프랑스대혁명은 세계사적 사건이지만 발생 당시만 해도 그 힘이 어디를 향하는지 불분명했다. 왕당파가 재결집하고 그 군대가 강화되어, 8월에 봉건적 특권을 폐지하겠노라 선서했던 국왕은 10월 초에는 '인간과 시민의 권리 선언'에 대한 비준을 유보하겠노라 선포하고 있었다. 국왕과 국민의회는 파리에서 떨어진 베르사이유에 편안히 자리잡고 있었고, 8월 선서를 이끌어낸 농

프랑스혁명기 여성들의 '베르사이유로의 행진'(59)과 여성 시민군의 모습(60). 평민들이 서로를 '시민(citoyen)'으로 부르기 시작한 당시 여성들은 '여시민(citoyenne)'으로 불렸다. 〈60〉의 여성은 모자에 혁명을 상징하는 삼색 리본을 달고 있는데, 일부 여성들은 여성의 삼색 리본 착용을 의무화해달라고 청원할 정도로 혁명에 적극적이었다. '베르사이유로의 행진'은 여성의 정치적 역할을 상징하는 사건이다. 그러나 '빵을 달라'에 그치지 않고 호위병을 살해하고 권력을 이동시키는 데 이른 여성의 모습은 혁명기 평민 남성과는 또 다른 위협으로 비쳤다. 공적 질서뿐 아니라 사적 관계까지 뒤흔들 가능성을 내포하고 있었기 때문이리라. '여시민'은 몇 년 후 조롱과 모멸의 뜻으로 바뀌어 '마담'과 '마드모아젤'이 다시 유행하기 시작했으며, '국민의회 방청석에서 뜨개질하는 여인들'의 형상은 찰스 디킨스(C. Dickens)의 『두 도시 이야기』 같은 소설에서 무시무시한 악마적 형상으로 재현되기도 했다.

3·1 운동의 얼굴들

민들 사이 '대공포(Grand Peur)'는 가라앉고 있는 듯 보였다. 그러나 국왕이 '인간과 시민의 권리 선언'에 대한 비준 유보를 선포한 다음 날, 한 무리 여성들이 베르사이유를 향해 행진하기 시작했다. 파리의 여성 장사치들이 중심이었으나 성매매 여성은 물론 여장(女裝) 부랑자들까지 끼어든 구성이었다. 마치 3·1 운동 중 진주의 백정 아낙들이 그랬던 것처럼 그들 가운데 상당수는 부엌칼을 손에 쥐고 있었다. 처음에 "빵을 달라"고 시작한 이 행진은 빵을 보장할 수 있는 체제 개혁에 대한 요구로 급전(急轉), 베르사이유에 도착해 여섯 명의 대표가 국왕을 접견한 데 이어, 마침내 베르사이유 궁전으로 쳐들어가 왕실과 국민의회를 파리로 귀환시키는 데 이른다.[30] 오늘날 '10월 행진'·'베르사이유로의 행진'이라고 불리는 이 행진에는 유명한 테루아뉴 드 메리쿠르(T. de Mericourt)도 끼어 있었다.

403

　한 세기가 넘게 흘러 3·1 운동과 같은 시기, 1919년 3월 이집트에서도 여성들은 세상을 바꾸어내고 있었다. 마치 '민족대표'가 최초의 추동력을 제공한 것처럼 이집트에서는 와프드당 즉 '대표'당이 첫 동력을 제공했다. 미국 윌슨 대통령에게 독립청원서를 보내고 파리평화회의에의 대표 파견을 결의한 행동 양식도 비슷했다. 그리고 독립선언 직후 '민족대표'들이 경찰에 의해 연행됐듯 '대표'당 지도자들은 사건의 최초 단계에서, 즉 1919년 3월 8일에 영국 식민권력에 의해 말타섬으로 추방당했다. 이후 이집트 전역은 이들의 석방 및 이집트 독립을 요구하는 시위로 달아오른다. 3월 9일 카이로에서 대규모 시위가 벌어져 300명 이상이 체포된 데 이어, 이튿날에는 알렉산드리아에서 더 크고 격렬한 시위가 벌어졌고, 그 열기는 북부 내 다른 지역으로 빠르게 전파되

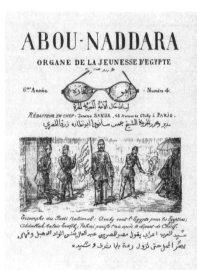

61

62

1879년 혁명기에 발행된 이집트 잡지(61)와 1919년 혁명기의 이집트 여성들(62).
이집트는 1919년 이전에 이미 '오라비(U'rabi) 혁명'이라 불리는 1879
년의 격변을 경험했던 바 있다. '오라비 혁명'은 오라비 장군이 왕을 몰
아내고 외국 영향력을 추방하려다 영국의 무력 개입 때문에 좌절했던
사건이다. 〈61〉은 그 무렵 창간됐던 유명한 풍자지 『아부 나다라
(Abou-Naddara)』. '이집트인을 위한 이집트'라는 구호를 들고 중앙
에 서 있는 사람이 오라비. 1879년 혁명에서 여성의 모습은 보이지
않는다. 반면 1919년에는 여성이 대거 등장했다. 〈62〉에서처럼 부르
카를 걸친 채 연설도 하고 시위에도 참여했다. 혁명 직후에는 부르카를
벗어던지고 간편한 히잡만 착용하는 변화도 시도했다. 그러나 1919년
혁명은 외형상 영국을 몰아내는 데 성공했지만 식민적 성격의 왕정이
정권을 장악하는 결과로 끝났다. 1879년의 혁명과는 다른 또 다른 좌
절이었다.

었다. 처음으로 여성 시위가 있었던 것은 3월 16일이다. 나흘 후인 3월 20일에도 다시 여성들만의 시위가 열렸다. 대열을 이끈 사람 중 하나는 후다 샤라위(H. Sha'rawi). 명문가 출신으로 13세 때 결혼했지만 그 후 스스로와 다른 여성들의 교육에 매진했고 1947년 사망할 때까지 이집트 여성운동을 이끌었던 인물이다.

18세기 말 프랑스에서, 20세기 초 이집트에서, 여성들은 정치 변동의 주체가 됨으로써 자신들의 삶을 혁신했다. 국민의회 방청석에 앉아 뜨개질하며 세상을 이해했고 살롱과 당파에 참여하면서 사회 활동을 익혔으며 여성 참정권과 가족 내 평등을 요구했다. 살해하고 살해당하고 단두대에도 올랐다. 올랭프 드 구즈(O. de Gouges)가 "단두대에 오를 수 있다면 연설대에도 오를 수 있다"고 말했듯, 그리고 그 자신 기요틴의 제물이 됐듯, 많은 여성들이 남성과 동등한 권리를 욕망하기 시작했다. 혹은 부르카를 쓴 채 커피숍에서, 대학 교정에서, 그리고 이슬람교 사원과 기독교 교회에서 정치적 토론과 집회를 개최했으며, '이집트인의 어머니'로서 자기 집을 대중 회합 장소로 개방하기도 했다.* 와프드당 지도자들의 추방으로 봉기가 격화되기 전부터 그랬다. 민족적 대의명분 아래 종교적 차이가 포용되던 당시, 무슬림들과 기독교(콥트교)도들이 함께 모인 3월 3일 첫 집회 시 여성들은 사원 밖에서 파업 촉구 연설을 했으며, 이튿날에는 카이로의 사원에서 봉기를 호소하는 연설회를 열었다.[31] 마치 19세기 말~20세기 초 한반도에서 여성이 만민공동회며 국채보상운동 등에 참여함

* 와프드당 지도자였던 사드 자굴룰의 아내 사피야 자굴룰(S. Zaghlul)의 경우다. 1919년 3월 8일 말타로 추방된 자굴룰은 항의 시위가 잇따른 끝에 4월 7일 석방되는데, 시위 군중은 그 사이 자굴룰의 집 앞을 집회 장소로 삼았다. 이때 자굴룰은 '민족의 집(Baytal-Umma)'이라고 불리게 된 자기 집에서 남녀 대표를 회견하곤 했고, 군중 앞에서 연설도 했다.

으로써 자신들의 사회적 진출 또한 이룩했듯, 민족과 국가라는 명분은 신분·지역·성별에 있어서의 소수성을 넘어서는 데 훌륭한 명분이자 계기였다.

그러나 혁명은 흔히 전개 과정에서 소수자에 빚지고도 최종적으로는 소수자에 등을 돌린다. 프랑스혁명이 부르주아 혁명으로 귀결됐듯, 이집트혁명이 왕정의 복권으로 귀착됐듯. 마찬가지로 여성들이 요청한 새로운 미래는 거의 달성되지 않았다. 테르미도르 이후 프랑스 정부는 보수화의 길을 걸으면서 여성을 '집안의 존재'로 돌려놓으려 했고[32] 명목상 독립을 성취한 후 이집트 정부는 여성의 정치적 공헌을 묵살해 버렸다. 바닥에서부터 성장했건 최상류층 가문에서 자라났건 무엇보다 여성으로서 살아야 했던 대다수 여성들에게 그런 왜곡은 실망스러울 수밖에 없었다. 소몰이꾼·재봉사·가정교사 등의 직업을 전전했던 테루아뉴 드 메리쿠르건 술탄의 딸로 태어난 후다 샤라위건 마찬가지였다. 혁명의 영웅이 됐던 메리쿠르는 정치적 격변 와중에 군중 앞에 발가벗겨져 매질당하는 수모를 겪은 후 마지막에는 정신병원에서 인생을 마쳤다. 샤라위는 독립 후에도 이집트 여성운동의 지도자로 남았으나, 여성 홀대 정책에 항의해 와프드 당직(黨職)을 탈퇴하고 말았고, 불가침의 전통으로 받아들여졌던 부르카를 거부하기에 이른다. 젠더 중립적이고 사회 평등주의적이었던 혁명기 '축제의 광장(carnival square)'을 이어 이집트 전역에서 부르카 철폐는 한때 대세가 되는 듯 보였다. 결국은 전통적 권위가 회귀했더라도 말이다.[33]

3·1 운동기 여학생의 소설적 재현

3·1 운동에서 두드러진 약진을 보인 집단 중 하나가 여학생이다. 여학생들은 도쿄에서는 2·8 독립선언을 논하는 자리에 함께 참석했고, 서울에서는 학생 대표 조직망에는 속하지 않았지만 학교별·개인별로 시위에 적극 가담했으며, 지하 선전물을 배포하고 물자를 지원하는 일에도 활약했다. 1910년대 후반부터 회자되던 '여학생'과 '신여성' 담론은 3·1 운동을 겪으면서 사회적 의제로 부상, 많은 여학생과 졸업생들이 강연과 조직 활동, 언론·교육·문화 활동에 활발하게 참여하기 시작했다. 그 때문인지 3·1 운동기 여성 참여 일반에 대한 기록이 귀한 데 비해 서울 시내 여학생들의 활약상에 대한 기록은 훨씬 풍부하다. 소설적 기록도 적지 않다. 그 대부분은 당대의 소산이 아니라 몇 년 후 3·1 운동의 후일담이라는 형식을 빈 창작이다. 이들 후일담은 아리따운 여학생이 3·1 운동을 겪으면서 사회와 정치에, 그리고 자주적 사랑에 눈뜨는 장면으로 시작한다. 이희철의 『읍혈조(泣血鳥)』(1923), 이광수의 『재생』(1924)이 그렇고, 여러 해 뒤의 텍스트지만 현진건의 『적도』(1933~1934)도 그렇다.[34] 심훈의 『동방의 애인』(1930)이나 『영원의 미소』(1933~1934)도 마찬가지다.[35]

『재생』의 김순영과 신봉구, 『영원의 미소』의 최계숙과 김수영은 3·1 운동을 준비하는 과정에서 각 학교 대표로 수인사를 나눈다. 『적도』의 홍영애와 김여해는 시위대열 속에서 처음 마주친다. 『영원의 미소』의 강세정과 김상렬은 호송차에서 옆자리 앉은 인연으로 만나고, 『읍혈조』의 김선희와 홍순일은 개성에서 3·1 운동 후 여러 달 동안 신문 배포 활동을 하다 함께 체포된다. 위기에 처한 여주인공을 남성 주인공이 구출하는 『적도』의 극적 장면을 대표 격으로 빌어오자면 이렇다. "여학생대 앞장에서 깃발을 든 영애. 여학생대를 옹위하는 남학생대의 앞장에 선 여해." 기마경찰이 휘두르는 칼을 대신 맞은 여해는 피를 흘리며 쓰러지고, "흥분과 혼란의 물결에 밀리면서도 그들은 단 둘의 세계를 이루었다. (…) 감격에 뛰는 두 가슴에 새빨간 사랑의 꽃봉오리를 맺고야 만다. 기미년 삼월의 봄에—."[36]

3·1 운동은 남녀 학생들이 함께 모일 수 있는 훌륭한 기회를 제공했다. 민족적 명분이 그만큼 강력했던 까닭이다. '독립'이란 목표는 교회나 학교 등 근대적 제도가 개시된 후에도 엄연했던 남녀 구분을 가로지르고 통합시키는 위력을 발휘한다. 체포와 구금의 위협 역시 남녀 주인공을 한데 모은다. 『재생』에서 봉구와 순영은 "어떤 일가집 광 속에 사흘 낮 사흘 밤을 지낸 일조차 있었다." 순영의 오라비 순흥까지 셋이 함께였지만 이렇듯 뜨겁고도 은밀한 접촉은 젊은 남녀 사이에 성적 흥분 또한 자아낸다. "모든 위험하고 고생스러운 임무를 다 마치고 혹은 으슥한 뒷방이나 행랑방 구석에서 혹은 그 추운 광 구석에서 셋이 한 이불을 덮고 잘 때에 (…) 순영의 손이 그 셋째 오빠를 지나 자기의 몸을 가리워 줄 때에 (…) 얼마나 봉구는 행복되고 감사되었을까."[37] 숭고한 열정 속에 정치와 연애는 착란된다. 마침내 "무슨 까닭으로 이 운동을 시작하였는가, 그것조차 잊어"버리는 전도 현상이 생겨나기도 한다. 애국이 연애를 정당화해주는 것이 시작이었다면, 연애를 통해 애국이 의미화되는 것이 그 경로고, 마침내 연애는 애국의 모든 후광을 둘러쓰고 자립한다. 『읍혈조』, 『재생』, 『적도』에 있어서는 그렇다.

3·1 운동을 통한 여성의 변모는 놀라울 정도다. 본래 공적·

사회적 존재였던 남성과 달리 오래도록 집안의 존재였던 여성은 3·1 운동을 통해 비로소 사회적 기반을 얻는다. 『읍혈조』의 작가는 그 순간을 연애의 자극과 엮어 다음과 같이 쓴 바 있다.[38] "학교에 가려고 자기 집 큰문을 나설 때도 나갈까 말까 주저하는 태도를 보이는 그러한 조선 여자의 심리로 종로 네거리에 손을 들어 만세를 부를 때에 그들의 흥분됨이야 어떠하랴. 그보다도 이 새로운 운명을 개탁(開坼)키 위하여 젊은 남녀가 모인 자리에 그들의 가슴에는 또 한 줄기 무슨 피가 뛰었으랴."[39] 이 장면에서 애국의 흥분과 이성에 의한 자극은 구분되지 않는다. 몇 줄 아래, "지금은 얼마든지 남녀가 같이 모여서 앉아 나라를 위하여 눈물을 뿌릴 만한 즐거운 세상"이란 표현은 더 모호하다. '즐거운'은 "나라를 위하여 눈물을 뿌"릴 수 있는 자유를 수식하는 동시 "남녀가 같이 모"일 수 있는 자유에도 할당된다. 『읍혈조』는 3·1 운동을 정치와 연애가 일체화된 순간으로 기록한다. 선희가 애인 영각의 육탄 공세를 위태롭게 겪은 것도, 새 애인 순일과 육체를 교환하는 데까지 이른 것도 3·1 운동 와중에서다. 후자의 경우 회합 장소를 급습한 경찰을 피해 숨어든 곳이 이웃의 교회 지하실이었고, 거기서 단 둘이 있는 사이 "나는 인제는 당신의 아내"라고 고백하게 되는 정황에까지 이른 것이다.[40]

이렇듯 3·1 운동은 새로운 자아의 기원인 동시 새로운 로맨스의 원천이다.[41] 그러나 3·1 운동 한복판에서 맺힌 '사랑의 꽃봉오리'는 다 피기 전에 지고 만다. 정치와 연애가 일체화돼 주체를 갱신할 가능성은 끝까지 추구되지 못한다. 일찍이 전영택의 단편 「운명」(1919)이 보여주었듯 감옥에서의 시간은 배반당한다. 「운명」에서 3·1 운동 후 3개월간 옥살이하는 동안 주인공 오동준은 애인 H를 공상하는 데만 골몰하지만, 그 사이 H는 동준의 친구 A와 동거하여 임신에까지 이르러 있다. 어쩌면 그것은 평소 "'사랑'이라는 것은 신성한 것이지만 '결혼'은 인공적이요 허위적"이라고 주장했던 오동준이 자초한 결과일지도 모른다. H는 그 간의 경과를 고백하면서 "성의 욕망이 가장 힘 있게 깨어서, 혼자서는 도저히 견딜 수 없는 적막과 슬픔과 괴롬을" 불러일으킨 까닭이었다고 적는다.[42] 3·1 운동 전후 비로소 욕망에 눈 뜨고 사회에 던져진 여성들은, 최초의 존재가 다 그렇듯, 열렬하고도 유약하다. 「운명」의 H나 『재생』의 순영이나 『적도』의 영애 — 이들은 남성 주인공의 부정적 반면(半面)으로서, 연약하거나 무절제하고, 혹은 그런 허물을 덮어쓴다. 『적도』의 영애는 파산 위기에 몰린 집안을 구하기 위해, 더구나 애인 여해까지 그 길을 강권하며 행방을 감춘 때문에 어쩔 수 없이 다른 사람과 결혼했지만, 그럼에도 여해의 복수심의 표적이 되고 타락의 알리바이가 된다. 여해는 심지어 영애의 시누이를 강간하고도 그 책임을 미루는 판이다. 영애를 향해 "이 아까운 돈, 애인도 헌신짝 같은 이 돈 (…) 이년 저년 소리도 나오는 이 돈!"이라며 지폐를 뿌릴 때 여해의 심리는 전가(轉嫁) 그 자체다. 그럼에도 그는 "잠깐 그 방향을 그르쳤을 (…) 열정"이란 말로써 모든 과오를 용서받은 후 폭탄테러의 책임을 떠맡았다가 취조 중 자폭하고 만다. 여해 때문에 생활 터전이 무너진 영애를 뒤로 한 채다. 남성 주체는 이렇듯 여성을 타자화함으로써 비로소 자신을 정당화해 나간다.

이광수와 심훈의 여성 주인공

　'배신'의 서사가 범람하는 가운데 특히 이광수는 3·1 운동의 후일담을 타락과 퇴화의 서사로 그려낸다.[43] 『재생』에서 신봉구의 귀농이 보여주듯 재생의 길 또한 미약하게나마 제시되고 있으나 그것은 1910년대에 탐구된 바 있는 민족주의적 계몽을 부연하는 데 지나지 않는다. 이광수의 소설에서 혈성(血誠)과 열정은 버림받는다. 세태가 무섭도록 바뀌어 "사람들의 마음이 모두 식어서 (⋯) 저마다 저 한 몸 편안히 살아갈 도리만 하게" 되고[44] "기미년 만세운동이 지나고 (⋯) 마치 성욕과 향락의 난무 시대를 현출"하게까지 된 그런 시대다.[45] 이광수는 그 '성욕과 향락'의 초점으로 젊고 아리땁고 연약한 여성을 두고, 저마다 나눠 져야 할 징벌을 여성 주인공의 몫으로 돌린다. 부와 쾌락을 찾아 애인을 배신한 『재생』의 순영은 더 속속들이 배신당한다. "더러운 매독과 임질로 오장까지 골수까지 속속들이 더럽히고 게다가 소박을 받는 신세다." 정미소 직공이며 방직 공장 여공 등을 전전한 끝에 결국 순영은 소경으로 태어난 어린 딸을 업고 금강산 구룡연에 투신해 죽는다. 그 사이 봉구는 순영의 배신을 딛고 "예수께서 하신 바와 같이 천하 만민을 한번 내 사랑의 품 안에 안아" 보려는 숭고한 소명(召命)의 세계로 발돋움한다.

　『읍혈조』의 양상은 좀 더 문제적이다. 주인공과의 심리적 거리 조정에 실패한데다 복선 처리도 혼란스러운 등[46] 서사적 기교로서는 소인(素人) 창작에 가까운 것이 『읍혈조』지만, 거기서 그려내는 남녀 타락의 양상은 단순치 않다. 외면적으로 『읍혈조』의 선희와 병호는 『재생』의 순영과 봉구에 가까운 인물인 듯 보인다. 선희가 3·1 운동으로 인한 옥살이를 겪은 후 생활을 위해

411

63

64

3·1 운동 속 여학생을 소설적으로 재현한 『읍혈조』(63)와 『재생』(64)의 삽화. ⟨63⟩은 『읍혈조』의 서사가 파국에 이르러 주인공 선희가 자살하기 직전, ⟨64⟩는 로맨스의 첫 고비로 주인공 순영이 감옥에서 나온 봉구와 재회하는 장면이다. 『재생』에서 봉구는 3·1 운동으로 옥살이를 마치고 나오는데, 3·1 운동기에 만나 애정을 맺었던 순영은 그 사이 청년 부호에게 유혹당해 변심한 처지다. 순영은 출옥하는 봉구를 마중나와 ⟨64⟩처럼 차 안에서 회포를 나누지만 배신은 이미 시작된 후. 『읍혈조』의 경우에는 남녀 주인공 모두 배신에 배신을 거듭하는데, 선희는 그 역정에서 기생이 되고 집단강간을 당하는 사건까지 겪는 반면 남성 주인공은 애국지사입네 하고 마지막까지 무사하다. 『읍혈조』의 선희와 『재생』의 순영 모두 자살로써 생을 마감한다.

3·1 운동의 얼굴들

병호와 동거하고 부호의 첩이 되는 등 타락 일로를 걷다 자살에까지 이르는 데 비해, 병호는 급진적 잡지를 간행하고 일본 정치가들을 면담하는 등 정치적 존재로 재생한다. 그런 변화를 시사하듯 소설의 첫 장면도 민국(民國)이라고 변성명한 병호가 일본 경찰에 체포돼 조선으로 압송되는 도쿄역에서의 광경이다. 그러나 점차 드러나기로 병호의 재생은 가짜 재생일 따름이다. 소설 첫머리에서부터 서술자가 찬탄조로 반복하는 잘생긴 얼굴에도 불구하고 그의 내면은 타락한 욕망뿐이다. 이광수 소설의 유혹자들이 어딘가 속물적인 외양을 하고 있는 것과 달리 흠잡을 데 없이 호감 가는 미남자인데도 그렇다. 병호는 일본인 기업가 가와타(河田) 집에 기식하며 그 딸 다카코(隆子)와 사실상 부부 관계를 맺지만, 3·1 운동을 전후해서는 그를 버리고 시사 잡지를 발행하는가 하면 조선인 부호에게 기부금을 강요하다 체포되고 만다. 일별하면 정치 일변도로 보이는 행보지만 기실은 "그저 허영심에 몰리어 그리고 자기의 뱃심 좋은 것이 한낱 기회가 되어 풍청거리고 돌아다닌 것뿐이다."[47]

　　출옥한 후에도 병호의 행태는 악화일로다. 3·1 운동 후 한때 동거까지 했던 선희가 부호의 첩살이를 한다는 것을 알고는 한 재산 우려낼 생각에 골몰한다. 선희를 통해 사업 투자를 충동질한 후 그 자금을 갖고 도주하는 방법으로다. 선희마저 속아 넘겼기에 후환은 오롯이 선희의 몫이다. 결국 선희는 혹독하게 구타당한 후 자괴와 회오가 뒤범벅된 상태에서 목매 자살하고 만다. "타락한 처지에서 아름답던 지나간 생활의 슬픈 추억과 또는 끊이지 않는 양심의 자극을 받는 것처럼 사람으로 하여금 '운명의 발' 앞에 힘없이 굴복을 하게 하는 것은 없었다."[48] 그러나 돈 15만 원을 들고 도망친 병호는 '민국'이라는 자못 정치화된 가명으로 경찰에 체포되고, 중국으로 가려던 길에 잡혔다 하여 "그 이면에 무슨 중대한 의미나" 있는 듯한 인상을 광범하게 전파시킨다. 『읍혈조』의 마지막 문장은 병식이 "그래도 세상에는 상해로 돈을 가지고 달아나다가 잡혔다는 아름다운 이름을 남기고 3년 징역이란 판결을 받았다"는 것이다.[49] 남성 주인공은, 실제로는 더 악착한 배신과 타락을 거듭하고 있는데도 그 명분의 정치성을 의심받지 않는다. '민국'이란 새로운 이름은 한때 병식이 사용했던 '혼다 효고[本田兵浩]'라는 일본 이름 또한 성공적으로 은폐하고 있다.

배신하는 여성과 변신하는 남성 — 이런 젠더 차별의 구조로 재현된 3·1 운동이 좀 다른 결말을 보이는 것은 심훈 소설에 있어서다. 심훈 소설은 어떤 종류에서나 사회주의로의 이행이라는 서사가 강력하게 흐르고 있는데, 『영원의 미소』는 그중 귀향과 농촌운동이라는 지향을 통해 3·1 운동 후 타락의 서사에 저항하려 한 시도다. 이 소설의 주인공 계숙은 『읍혈조』의 선희 못지않게 기댈 데 없는 처지로서 『재생』의 순영 못지않게 다양한 유혹에 시달리고 있다. 어려서 부모를 여의고 선교사 손에 길러난 선희만큼은 아니더라도, 생모가 죽고 살림이 계모 손에 넘어간 후 사실상 가족으로부터 절연당한 채 자립해야 하는 상황이다. 생활 문제를 해결하기 위해 백화점 점원으로 취직하지만, '숍-걸-'의 처지란 진열장에 놓인 상품과 마찬가지, 매일이다시피 희롱과 유혹에 시달리며 산다. 그중 명문가 부호의 자제요 전문학교 교수인 조경호의 유혹이 집요하고도 강력하다. 경호는 사촌누이 경자를 앞세워 돈으로 계숙을 공략하고, 계숙이 경자 집으로 이사하게끔 획책하며,

414

종내 성폭력까지 휘두른다. 이런 상황에서 계숙을 버티는 것은 3·1 운동 당시의 기억, 그리고 그때 만난 애인 김수영과의 연대다.

『읍혈조』의 선희나 『재생』의 순영을 함락시킨 유혹을 『영원의 미소』의 계숙도 느끼지 않은 바 아니다. 하루 14시간 근무에 월 15원이 고작이면서도 계숙 역시 어느새 파마하고 코티 분 바르는 사치에 익숙해져 있다. 그럼에도 그는 콜론타이의 『붉은 사랑』이며 일본 좌익 작가의 소설을 찾아 읽는 것으로 주변 다른 여성과 자신을 차별화하고, 무엇보다 지금은 신문배달부에 불과한 수영과의 사랑을 지킴으로써 타락으로부터 자신을 방비한다. 3·1 운동 당시 농업전문학교 대표였으나 이제 생활전선에서 고투 중인 수영은 그럼에도 "앞장을 선 병정은 싸움을 해야만 합니다. 그런데 우리는 싸움을 하다 말구 허기가 져서 밥을 찾지 않았어요?"라는 자의식을 잃지 않고 있다. 이들은 3·1 운동 당시 경험을 술회함으로써 "영혼과 육체가 한 살 한 뼈로 녹아 들어가는 듯이 친근해지는 것"을 느끼고, 3·1 운동 직전 접선 장소였던 청량리 부근을 순례함으로써 사랑의 감정을 굳건히 한다. 이들이 보기에 타락자들은 3·1 운동 당시 이미 덫에 걸려든 자들이다. 계숙이 여성잡지사 기자인 정신을 향해 쏘아붙이는 한마디는 그래서 의미심장하다. "학생사건 때부텀두 넌 우라끼리모노(배신자)야! '최계숙이 바람에 멋무르구 그랬다'구 손이 발이 되도록 빌고 나온 건 누구냐!"[50]

계숙을 짝사랑하는 병식조차 전락 직전 가까스로 자신을 구해내곤 한다. 더 이상 버틸 수 없다고 판단했을 때 그가 결국 택하는 것은 자기 파괴로서의 자살이다. 불행한 가정생활과 뜻 같지 않은 직업 전선에서 시달리면서도 그는 수영을 배신하거나 계숙을 유린하는 최후의 한 걸음은 내딛지 않는다. 그는 어떤 인간이나 "똥 싸고 생식이나 하는 동물의 일종"임을 인정하면서도 "그러나 가장 곤란한 처지에 있으면서도 낙심하지 아니하고, 희망을 창조해 가면서라도 앞으로 나아가려는 그 굳센 의지와, 무쇳덩이라도 물어뜯으려는 만용에 가까운 그 용기"를 놓치지 않는다. 반면 누추한 생활에의 정직한 실감 역시 『영원의 미소』를 통해 사라지는 법이 없다. 병식은 태평양 한가운데, 혹은 불 뿜는 분화구에 몸을 던지는 공상을 하지만 고작 사직단 뒤편 나뭇가지에 목을 맬 수 있을 뿐이다. 이국적인 웅대한 풍경 앞에서의 자살, "그것조차 나와 같은 프롤레타리아로서는 꾸지도 말라는 꿈이었네. 개처럼 올가미나 쓰는 것이 나의 숙명이었나 보이."[51] 이런 저항이 얼마나 현실적이었는지와는 별도로, 심훈 소설에 있어 3·1 운동이 타락에 대한 항체로 작용하고 있다는 사실은 기억해둘 만하다.

416

'팔 잘린 소녀', 여성과 희생제의

이광수는 3·1 운동 및 그 이후를 '타락한 여성'의 서사로 조명했지만, 한편 3·1 운동기 '순결한 소녀'의 희생에도 주목했다. 그는 신한청년당 기관지인 『신한청년』 창간호에 여러 편의 시를 기고하면서 그중 한 편에 '팔 찍힌 소녀'라는 표제를 붙인 바 있다. 이 시는 "'만세! 만세!'/ 어여쁜 한산(韓山)의 소녀가 외칠 때/ 일병(日兵)의 칼이 하얀 그의 두 팔을 찍었다"로 시작하여 점차 환유적 시선으로 "연꽃 같은 소녀의 입술", "팔에 떨어진 흰 팔뚝", "안개 같은 그의 핏방울"을 조명한다. 얼핏 아리따워 보이는 이 지체(肢體)들은 기실 수난의 증거다. 칼에 맞아 고통 때문에 벌어지는 입술, 칼날에 잘린 희디흰 팔뚝, 상처에서 안개인 듯 뿜어나오는 새빨간 핏방울까지 — 시적 화자의 시선 속에서 심미화돼 버린 젊은 여성의 고통인 것이다. 이 시의 화자는 소녀의 고통이 "동포를 비추고" "동해중에 스며들어" 마침내 온 나라를 각성시킬 것을 요청하고 있다. 시의 마지막 연은 "'만세! 만세!'/ 한산(韓山)의 아해들아 가련한 누이의 무덤을/ 자유의 꽃과 피와 눈물로 꾸밀지어다"라는 것이다.[52]

이광수가 노래한 대로 '팔 찍힌 소녀(이하 '팔 잘린 소녀')'는 3·1운동에 대한 기억을 지배한 심상 중 하나다. 순결한 소녀가 무참히도 희생됐다는 것은 민족주의적 서사에서 거의 불가피한 요소일 텐데, 해방 후 이 요소가 유관순이라는 고유명사로 압축됐다면 3·1운동 당시에는 '팔 잘린 소녀'라는 화소를 통해 전래됐던 듯하다. 1919년 3월 1일 서울 시내에서의 여러 장면을 회고하면서 "안국동 부근에서는 손을 들고 만세를 부르는 여인에 대하여 일 경찰이 환도로 그 팔을 후려쳐서 절단시킨 일도 발생"했다고 쓴 증언도 있다.[53] 4월 15일자 미주 『신한민보』는 이미 한 팔을 잃은 여학생이 다른 쪽 팔로 태극기를 옮겨 들자 그쪽마저 칼로 베는 일제의 잔학상을 고발한 그림을 게재하기도 했다. 여성 대신 아동이 희생되는 장면을 초점화한 사례도 목격된다. 4월 12일자 『국민공보』는 보통학교 1학년 소년이 '팔 잘린 소녀'와 같은 방식으로 죽음을 당했다며 그 장면을 상세히 보도했다.[54]

탄압이 워낙 폭력적이고 야만적이었던 터라 팔 잃고 다리 잃는 사람들이 3·1운동을 통해 많았던 것은 사실이다. '팔 잘린 소녀'와 비슷한 경우만 보더라도, 전북 이리에서는 문용기가 태극기를 들고 연설 중 오른손과 왼손을 차례로 잘려 목숨을 잃었다.[55] 서울 시위가 재점화됐던 3월 말에는 시위 후 귀가하던 구낙서라는 사람이 미행하던 일본 경찰에게 칼로 난자당해 두개골이 터지고 양손이 잘려 사망했다는 기록이 있다.[56] 무려 50년 후의 발언이긴 하지만 정주의 최석월과 창원의 변갑섭이 "태극기 든 오른팔이 떨어져 나가자 왼팔로" 국기를 주워 만세 부르다 순국했다는 증언도 있다.[57] 젊은 여성 중에서도 전남 광주의 수피아여학교 학생이었던 윤형숙이 왼팔이 잘리고 오른눈을 실명당하는 고통에 시달렸다고 한다. 호남은 3·1 운동에 대한 호응이 비교적 늦은 지역이었는데, 그중 광주에서는 수피아여학교 교사와 학생들이 나서 시위를 조직했고, 늦은 만큼 더 열렬한 만세성을 쏘아올렸다. 윤형숙은 광주 지역 첫 시위였던 이 3월 10일 시위에 참여했다 팔 잃고 눈 잃은 후 4년간 징역까지 살았다. 군인과 경찰은 총 쏘고 칼 휘두르고 소방대나 자위대에서는 갈고리로 찍어댔다는 봉기 진압 과정에서 참혹한 부상은 많았을 것이다. 그러나 '팔 잘린 소녀'의 형상은 그런 현실을 반영하면서도 그 현실을 초과한 이미지다. 무고하고 연약한 민족 주체를 폭력적인 제국이 짓밟았다는 인식의 선동적 표현으로서, 어쩌면 실제 사례가 없었더라도 '팔 잘린 소녀'의 소문은 탄생했을 것이다.

전체적으로 조감할 때 3·1 운동에서 여성의 몫은 그리 크지 않다. 대부분의 지역 시위에서 여성의 참여는 예외적인 현상으로, 경기도의 경우 총 2,012인에 달하는 검거자 중 여성은 13인에 불과했다. 충청도의 경우 681인 중 13인이었다. 각각 1퍼센트에도 미달하거나 겨우 2퍼센트 가까이 닿는 수치다.[58] 직업별 입감자(入監

者) 일람에 의거해보면 전국 8,833인 중 212인, 즉 2.4퍼센트 남짓이 여성이었다.[59] 학생이 시위 주도층이었던 도시에서 그 비율은 크게 증가하여 서대문 감옥에 수감된 학생 신분의 경우 남학생이 337인에 여학생이 33인을 기록하지만, 그래도 10퍼센트 전후 비율일 뿐이다.[60] 3월 1일 서울에서 여성으로 시위에 참여한 것은 경성여자고보 학생들과 총독부 병원 간호사 8인뿐이었다고 한다.[61] 대부분 여학교 학생들은 교내에 억류되어 3월 1일 당일 시내 진출에는 실패했다. 여성이 '집안의 존재'였던 시절, 봉기의 주체가 되고 진압 과정에서 희생당한 것은 당연히도 우선 남성이었다. 경상북도 영덕군 신리(新里)의 경우 본래 총 260여 명으로 남녀 비율이 비슷했던 인구가 3·1 운동 후에는 여성 130여 인에 남성은 16인에 불과하도록 크게 변동했다고 한다. 남성 중심 검거·체포가 이루어지는 과정에서 혹은 피체(被逮)되고 혹은 도주한 결과였다.[62] 여성은 1900년대 애국계몽운동에 이어 3·1 운동을 겪으면서 급속히 사회화되었으나, 그럼에도 여전히 소수적 존재요 취약한 존재였다. '여성마저 민족을 위해 일어섰다는' 그런 인식 속에서 주목된 존재였던 것이다.

그랬던 상황에 비하면 3·1 운동기 여성 표상의 대표적 두 갈래, 즉 '팔 잘린 소녀' 같은 희생의 몫과 『읍혈조』『재생』의 여성 주인공 같은 타락의 몫은 과도해 보일 정도다. 희생과 타락이 표리(表裏)의 관계이기도 하다는 점을 생각하면 더욱 그렇다. 무력한 희생과 자신도 어쩌지 못하는 타락 — 그것은 둘 다 주체성의 결여 양식으로서, 미래의 과제를 타자에게 의뢰해야 하는 존재에게 어울린다. 오랜 세월 후 1990년대의 이른바 후일담 소설에서도 여성 희생의 서사는 어지간히 번성하지 않았던가. 다행히

419

3·1 운동의 여성 표상은 희생이라는 측면에서나 타락이라는 측면에서나 극단의 전형성은 피할 수 있었다. 유관순은 무력한 동시에 최고의 용기를 갖춘 존재였고, 이광수의 주인공들은 심훈의 주인공들에 의해 공박당했으며, 무엇보다 3·1 운동의 여성들은 이후 넘어지고 실패하면서도 미개척의 길을 가기를 마다하지 않았다. 오래도록 임신·출산·양육이라는 생물학적 기능을 중심으로 편제돼 왔던 여성의 사회적 위치를 어떻게 조정할 것인지는 아직도 남은 숙제이지만, 각자 어떤 길을 가든, 3·1 운동기 여성의 용기는 기념할 만한 자취다.

3·1운동과 문화

제4부

1장.
난민/코스모폴리탄

국경을 넘는 사람들

"넓은 무대를 찾자! 우리가 마음껏 소리 지르고
힘껏 뛰어볼 곳으로 나가자!"
하고 부르짖은 것은 서대문 감옥문을 나서자 무
학재를 넘는 싯붉은 태양 밑에서 두 동지가 굳
은 악수로 맹세한 말이었다. 그들의 가슴 속에
는 정의의 심장이 뛰놀고, 새로운 희망은 그
들의 혈관 속에서 청춘의 피를 끓였다. (…) 상
해! 상해! 흰옷 입은 무리들이 그 당시에 얼마나
정다이 부르던 도회였던고! 모든 우리의 억울
과 불평이 그곳의 안테나를 통하여 온 세계에
방송되는 듯하였고, 이 땅의 어둠을 헤쳐 볼 새
로운 서광도 그곳으로부터 비치어 올 듯이 믿어
보지도 않았었던가?

/ 심훈, 『동방의 애인』(1930)

3·1 운동과 망명 문학, 강용흘과 이미륵

경성의학전문 학생 이의경은 유럽에서 공부하고 싶다는 생각을 하곤 했다. 그의 상상 속에서 유럽은 "키가 크고 쾌활해 보이는 금발의 사람들"이 "지상의 근심 걱정 (…) 생존경쟁과 죄악"에 오염되지 않은 채 "지혜의 오솔길을 따라가고 있는" 매혹적인 이방(異邦)이었다. 그렇지만 막상 자신은 고향을 떠나 서울에 적응할 때도 힘들어하지 않았던가. 온유하고 내성적인 청년으로서 실제로 유럽행을 단행하기란 쉽잖았을 것이다. 3·1 운동에 참여하지 않았다면, 체포되리란 걱정에 시달리지 않았다면, 이의경은 한반도 어딘가에서 일하는 의사로 평생을 마쳤을지 모른다. 3월 1일, 탑골공원의 독립선언식에 참석하고 이후 봉기를 촉구하는 전단을 배포하면서 이의경의 행로는 크게 바뀌었다. 검속의 손길을 피해 고향으로 온 직후[1] 어머니는 의경에게 외국으로 떠날 것을 제의한다. "용기를 내거라! 너는 쉽게 국경을 넘고 결국 유럽에도 가게 될 것이다. 어미 걱정은 하지 마라! (…) 우리가 혹여 다시 만나지 못하게 될지라도 너무 슬퍼하지 말거라. 너는 나의 일생에 많이, 아주 많이 기쁨을 가져다주었다. 자, 애야, 이제는 홀로 네 길을 가거라."[2]

미륵에게 빌어 겨우 얻은 외아들이라고 '미륵'이라는 별명으로 불렸던 청년, 이의경의 이후는 알려져 있는 대로다. 그는 잠시 상하이에 머무른 후 1920년 4월 중국인 신분의 여권을 얻어 유럽으로 향한다. 안중근의 사촌동생 안봉근과 동행이었다. 안봉근 덕에 독일 남부의 수도원에 여러 달 체류한 후 의과대학에 입학한 것이 1921년 초. 몇 해 뒤에는 의학을 포기하고 뮌헨대학에서 동물학을 전공하기 시작해 박사학위를 받았다. 그러나 이후 이

425

의경의 생애를 이끈 것은 의학이나 동물학이 아니라 문학이었다. 그는 1931년부터 습작풍의 단편을 발표하기 시작, 나치즘 치하 독일에서 장편 『압록강은 흐른다』를 탈고한다. 이 소설이 정식 출판된 것은 제2차 세계대전 종전 직후. 그는 "아주 간결해 보이는 그 투명함"을 특징으로 하는 독일어 문장으로 유명세를 얻었고, 이어 뮌헨대학 동양학과의 한국어 교수로 취임한 후 몇 년 뒤 세상을 떠나기까지 독일 내 한국학의 정착에 진력한다.[3]

이미륵에 뒤미처 고향을 떠난 젊은이 중에는 강용흘도 있었다. 이미륵과 비슷한 또래인 그는[4] "야성적이며 소박한 시골뜨기"였다고 한다. 숙부의 영향하에 한학을 익히면서도 장차 대통령이 되겠다는 야심을 공공연히 토설(吐說)했으며, 신교육에 대한 갈망으로 한때 가출을 감행하기도 했다. 3·1 운동이 일어날 당시에는 고향을 떠나 서울 YMCA에서 영어를 배우는 한편 선교사의 번역 작업을 보조하고 있었다. YMCA가 시위 행렬이 지나가는 종로 한복판에 위치하고 있었던 만큼 강용흘은 당장 만세 부르는 데 동참한 모양이다. 동참했을 뿐 아니라 행렬이 연초회사 근처를 지날 때는 그 문을 부수고 들어가 "여기 직공들은 대체 무얼 하고 있느냐?"고 호통을 쳤다고 한다. 아마 태평로 부근에 있던 동아연초회사에서였던 것으로 보이는데, 이 일로 며칠 종로경찰서에서 고초를 겪었으나 재판에 회부되지는 않고 훈방되었다. 3월 초 서울 지역의 단순 가담자들은 흔히 그랬던 터다.

강용흘이 조선을 떠날 마음을 굳힌 것은 3·1 운동 후 해외 통신을 위해 파견되던 중 체포돼 감옥살이를 할 때다. 식민지 현실에 대한 환멸이 깊어질수록 외국에서 공부하고 싶다는 진작부터의 갈망은 더욱 커졌다. 모교 교장이었던 선교사가 귀국하는 편에 동행, 샌프란시스코에 도착한 것은 1919년 말.[5] 이미륵과 달리 강용흘은 고국을 떠날 때 애달픈 회한보다 청량한 해방감을 느꼈던 듯하다. 일찍이 짧은 서울 유학 중에도 가족과 단호하게 절연했던 그는, 고향을 떠나면서 "조상의 묘지를 물러나듯이 묵묵히" 떠났다.[6] 마음만큼이나 몸도 홀가분해 사실상 무일푼이었다. 미국에 도착한 후에는 보스턴대학에서 어렵사리 의학을 공부했지만, 이미륵과 마찬가지로 강용흘 역시 중도에 그 길을 포기했다. 대신 하버드대학 교육대학원에 진학해 문학과 문학교육을 전공, 석사학위를 받은 후 뉴욕대학 비교문학과에서 영작문 강의를 담당했다. 동료 강사였던 토마스 울프(T. Wolfe)와 가까워지고 이윽고 그의 주선에 의해 장편소설을 출판한 것은 1931년이다. 울프가 『천사여 고향을 보라』를 냈던 찰스 스크리브너 선스(Charles Scribner & Sons) 출판사에서였다.[7]

『초당』과 『압록강은 흐른다』, 이주자의 행로

강용흘의 『초당』과 이미륵의 『압록강은 흐른다』는 둘 다 자서전적 장편소설로 3·1 운동 세대의 생애를 압축적으로 보여주고 있다.[8] 강용흘과 이미륵은 각각 함경북도 홍원과 황해도 해주 출신으로, 지방에서 태어나 교육을 위해 서울을 향했으며, 그곳에서 3·1 운동과 조우한 후 그때까지의 삶의 궤도를 크게 벗어나 버렸다. YMCA 영어강습생이었던 강용흘은 미국 시민이 되었고 경성의학전문 학생이었던 이미륵은 독일인으로서 후반부를 살았다. 강용흘은 해방기 미 군정청 출판부장으로 잠시 귀국한 바 있지만 이미륵은 한번도 고향을 찾지 못한 채 각각 1972년과

65
66

428

67
68

소설가 강용흘(65)과 그의 영문 소설 『초당(The Grass Roof)』(66), 그리고 미국 소설가 토마스 울프(67)와 그의 소설 『천사여 고향을 보라(Look Backward, Angel)』(68). 강용흘과 마찬가지로 뉴욕대학 강사였던 울프는 『초당』이 탄생할 수 있도록 적극적 지원을 아끼지 않았다. 그 자신 첫 소설 『천사여 고향을 보라』를 갓 출간한 신참 소설가로서 강용흘이 소설을 완성할 수 있도록 격려했고 그 출판을 주선했다. 공교롭게도 두 소설 모두 고향에서의 유·소년기를 서사의 얼개로 하고 탈향(脫鄕)을 마지막 장면으로 배치하는 등 공통점도 크다. 마치 미국을 향해 식민지 조선을 떠난 강용흘처럼, 『천사여 고향을 보라』의 주인공은 "내 운명은 다른 곳에 있다"며 고향인 산촌(山村)을 떠난다. 울프의 소설은 1918~1919년 세계 전역을 강타한 스페인 독감을 증언한 소설이라는 점에서도 흥미롭다. 스페인 독감으로 죽어간 주인공의 형은 조선에서도 많은 젊은이들이 자신과 비슷한 운명을 밟고 있음을 알 리 없었겠지만, 1910년대의 세계성은 그렇듯 전쟁과 혁명과 더불어 전염병에 의해서도 주조되고 있었다.

1950년에 세상을 뜬다. 그들이 남긴 소설 『초당』, 『동양인 서양에 가다』와 『압록강은 흐른다』, 『그래도 압록강은 흐른다』는 미국과 독일에서 조선-한국의 표상을 형성하는 데 크게 기여하는 한편 한국인이 쓴 디아스포라 문학의 선구가 되었다.

3·1 운동은 탈향(脫鄕)의 계기인 만큼 『초당』과 『압록강은 흐른다』에서 특별한 조명을 받고 있다.[9] 강용흘은 '만세'라는 장(章)을 따로 마련해 그 초봄의 기억을 적는다. "나는 목청껏 부르짖고 춤추고 힘껏 뛰고 많은 것들을 듣고 보고 하느라 배고픈 것도 전혀 깨닫지 못했으며, 그날 늦게까지 감금되지 않았다." 강용흘 자신이라 해도 과언이 아닐 『초당』의 '나'는 시위대열을 따라 종일 시내를 누빈다. "일본인 소방대, 기마대, 소총분대 등이 관리들과 합류하여 아우성치는 군중을 향해 총을 쏘고 붙잡고 하였으나, 이날 올려진 함성은 비극으로 가득 찬 것만은 아니었다. 그것은 엄청난 희열이었으며, 눈물은 고통보다는 환희에 찬 것이었다."[10] 이미륵의 진술은 보다 압축적이다. "그 조그마한 공원이 진동하고 폭발해버릴 것 같았다. 공중에는 각양각색의 삐라가 휘날렸고, 군중들이 공원으로부터 쏟아져 나와 시가행진을 하였다. 우레 같은 만세 소리가 계속되었고, 사방에서 삐라가 난무하는 사이를 뚫고 군중들이 행진하였다. (…) 서울에 있는 대학생들은 네 번째 시위를 마지막으로, 지하로 잠복하여 비밀 행동에 나섰다. 나는 전단을 만드는 일을 맡게 되었다."[11]

『초당』과 『압록강은 흐른다』는 3·1 운동 후 망명 장면에서 끝나지만, 강용흘과 이미륵은 각각 『동양인 서양에 가다』와 『그래도 압록강은 흐른다』를 통해 이주 이후의 후일담도 소설화하고 있다. 『동양인 서양에 가다』의 주인공 한청파는 독특한 개성의 조선인 이주자들에게 의지하는 한편 식당 접시닦이에서부터 백화점 판매원과 잡지 편집자까지 각색 직업을 전전하며 미국사회에 적응하고, "내 국제적 모임"이라고 부르는 다국적 회합을 결성하기도 한다. 중국인·일본인·인도인·필리핀인·이탈리아인·아프리카인 등으로 구성된 다채로운 모임이지만, 그러나 "몸서리나는 실패작이었다." 그는 미국 상원의원으로부터 "우리 사람이 되어야" 한다는 권유를 받음에도 "법적으로 거부"당하는 처지다. 가까이 사귄 조선인들은 자살하거나 재이주하고, 그럼에도 한청파는 귀국을 단념한 채 망명자로 남는다. "나는 끝내 돌아가지 않았다. (…) 나는 거기[조선]서 미국에서 온 망명객으로 존재케 되리라. 내 영혼은 서양의 양식대로 빚어져 버렸고, 사람 전체가 서양식 호사로운 생활 방식에 따라 어딘지 뭉근해져 버렸다. 나는 이제 내 고향 마을 소년들이 자랑스레 뻐겼듯 눈과 얼음 위를 맨발로 달리길 바랄 수 없으리라. (…) 내가 마침내 돌아간다면, 그것은 그저 방문을 위해서일 것이다."[12]

이미륵의 『그래도 압록강은 흐른다』의 '나'의 행동반경은 『동양인 서양에 가다』의 한청파에 비해 좁은 편이다. '나'는 "쉼 없이 공부했건만 아직 언어의 장벽마저 완전히 극복하지 못"했다며 우울해하고, 다양한 강의를 섭렵했음에도 "어느 한 학과에도 애착을 갖지" 못한다는 사실을 발견한다. "중국 학생들과 인도 유학생들 외에도 아프가니스탄, 페르시아 및 터키에서 온 학생들"과의 공동 행사에 참석하기도 하고 "폴란드, 헝가리, 그리고 세르비아에서 온 학생들"과 회합을 계속하기도 하지만 '나'는 시종일관 소극적이다. 독일 대표로 국제학생기구 회의에 참석할 때도 그 명분을 과장하는 법 없고, 발칸반도에서 '동방(Orient)'의 문화적 위력을 절감한 후에도 그 발견을 심화·확장시키려 하지 않는다. '나'의 관심 영역은 일상과 밀착된 대학 및 전공 연구에 머물 뿐이다. 『그래도 압록강은 흐른다』의 첫 장면과 마지막 장면은 '나'의 발병과 요양에 할애돼 있는데, 그것은 마치 회복기 환자와도 같은 '나'의 조심스런 시선에 맞춘 듯 잘 어울리고 있다.

3·1 운동 후 탈출을 감행한 것은 강용흘과 이미륵만이 아니었다. '민족대표 33인'이 위임한 해외 파견자였던 현순과 그 가족의 편력이 잘 보여주듯[13] 한반도 내 좁은 지역에서 살던 사람들이 중국과 러시아로, 미국으로, 체코슬로바키아로 파란만장한 역정(歷程)을 겪게 되는 원점에는 흔히 3·1 운동이 놓여 있다. 물론 그런 공간적 이동성에는 거대한 정치·사회적 이동성이 전제되고 수반돼 있다. "나는 3·1 운동 없으면 오늘은 없다."[14] 후일 함석헌이 말한 대로 3·1 운동은 많은 사람의 삶을 송두리째 흔들어버렸다. 식민지의 하급 공무원으로 그럭저럭 자족하던 사람들이 사회운동가로 변신했고, 제 한 몸의 안녕을 목표 삼던 이들이 민족과 혁명의 대의에 투신했다. 생성과 초월에의 정념이 부활하여 배움에의 열망도 불타올랐다. 전남도청 서기였던 권오설은 학술강습소를 세우고 공산청년회를 조직했고, 측량기사였던 이준태는 무산자동맹회와 신사상연구회를 만들었다.[15] 통영 우체국 서기였던 유치진이 일본 유학길에 오르고 천안군 고원(雇員)이었던 이기영이 늦깎이 공부를 결심한 것도 3·1 운동의 여파 속에서였다.[16]

　"유치한 몽상이었으나 당시의 결심은 각각 법학·문학·의학·공학 등을 배워가지고 1930년 3월 1일 상해 불(佛) 조계 모처에서 다 모여 독립운동을 하자는 굳은 약속이 있었다."[17] 혹은 체포를 피해 도주했고 혹은 다른 삶을 찾아 떠났다. 경성고보를 다니던 박헌영과 심훈은 중국으로 떠났고 평양 숭실학교에 재학 중이던 장지락은 상하이로 가서 임시정부 기관지 식자공(植字工)으로 일했다. 함흥 영생고보의 주세죽은 옥살이를 마친 후 상하이 소재 여학교에 진학하여 영어와 피아노를 배웠다. 중앙학교를 수료한 후 대구에서 시위를 주도했던 이상화는 프랑스 유학을 목표로 일본에 건너가 프랑스어를 익히기 시작했다. 좀 더 마음 급했던 젊은이들은 바로 프랑스행을 결행하기도 했다. 1920년 11월에는 조선인 청년 21명이 중국인 300여 명 속에 섞여 상하이에서 마르세이유행 배에 올랐다고 한다.[18] 중국 쪽 기록에 의하면 이즈음 프랑스를 향한 중국 학생들은 가장 급진적이었던 축이다. 저우언라이(周恩來)와 덩샤오핑(鄧小平)도 그중에 섞여 있었는데, 이들은 출항 직후 지역별 대표를 뽑고 일종의 작은 정부처럼 행동하며 태평양을 가로지르고 대서양을 건너갔다.[19] 프랑스에 도착한 후 21명의 조선 청년들은 미국으로, 독일로, 프랑스로 나뉘어 일하고 공부하면서 낯선 땅에 적응해갔다. 20여 년 후까지도, 해방과 분단과 전쟁을 겪는 조국을 바라보면서.

헤이그 밀사 이위종과 몽골의 어의 이태준

조국을 위해 조국을 떠난 이 젊은이들에게 한반도 바깥에서의 삶은 어떤 의미였을까. 남고 돌아온다는 이분법으로 다 설명될 수 없는 생활 속에서 그들은 조국을 어떻게 기억하고 또 등져야 했을까. 돌이켜보면 이산의 흐름 자체는 3·1 운동 수십 년 전이미 시작된 바 있다. 1869년 기사흉년 때 북방 농민들이 대거 중국·러시아로 옮겨 간 것을 비롯해, 1900~1910년대에도 정치·경제적 이유로 국경을 넘는 물결이 넘쳐났으며, 남녘으로는 멀리 하와이와 멕시코에까지 이민의 흔적이 닿았다. 대다수는 생활을 위해 국경을 넘었지만, 사회적 대변동의 시기였고 누구도 여유로운 여행객이기 어려웠던 시절, 노동과 학업과 정치의 동기는 오늘날처럼 명백히 구분되지 않았다.

일찍 한반도 밖으로 나섰던 이위종의 경우를 보자. 그는 1884년 이범진의 둘째 아들로 태어났다. 천주교도 박해를 주도해 '낙동염라(駱洞閻羅)'라 불렸다는 포도대장 이경하가 그의 할아버지다. 그는 열세 살 때인 1896년 주미특명전권공사로 부임하는 아버지를 따라 도미했다. 이어 3년 후에는 임지가 바뀐 아버지를 따라 프랑스에 갔고, 그곳에서 육군사관학교를 졸업한 후 프랑스군 소위로 임관됐다. 그가 헤이그 밀사로 이름을 알린 것은 프랑스군에서 퇴역한 후 러시아 공사관에서 일하고 있을 때였는데, 당시 그는 러시아 남작의 딸과 결혼식을 올리고 러시아 정교로 개종해 있었으며, 헤이그 평화회의가 끝난 후에는 계속 러시아인으로 살았다. 1916년에는 뻬쩨르부르그의 블라디미르 군사학교에 입학, 제1차 세계대전 전장에서 소위보로서 독일군과 싸웠다. 이듬해에는 공산당원이 되어 한인 빨치산 부대를 조직한 후 백군에 맞서 전투를 벌였다고 한다. 러시아 내전 와중에 숨진 것으로 추측된다. 조선 왕실의 말예(末裔)라 해외에서는 '왕자' 대우를 받으며 세계를 누빈 생애였다.[20]

1900년대까지만 해도 이위종과 같은 생애는 드물었다. 해외 유학이 생겨났고 정치적 망명이 늘었으며 생활고에 떠밀린 이민도 증가했지만, 일본과 중국과 러시아, 혹은 멀리 유럽이나 아메리카를 향한 사람 중 이위종 또래로 이위종만큼 폭넓은 활동 반경을 보인 경우는 거의 없다. 10~20년 연장(年長)인 갑신개혁 세대가 있었으나 1880년대생 중 비슷한 사례로는 김규식 외 몇 명을 떠올릴 수 있을 뿐이다. 이 세대의 해외 이주가 급증한 것은 1910년 강제병합 이후다. 이위종보다 한 살 위인 1883년생 이태 준, 세 살 아래인 1887년생 조소앙, 네 살 아래인 1888년생 홍명 희, 그리고 조금 더 연하인 이광수나 이극로 — 이들은 모두 1910 년대 초중반에 한반도를 떠나 유학·망명·이민 중 어느 한 범주에 국한되지 않는 폭넓은 편력의 양상을 보이기 시작했다.

세브란스 의학교 출신인 이태준이 중국행을 결행한 것은 105인 사건의 여파 속에서였다. 그렇잖아도 중국 신해혁명의 추이를 예의 주시하고 있을 무렵, 그 또한 연루돼 있던 신민회원들에게 검 거의 손길이 미치기 시작했기 때문이다. 급히 서울을 떠나 중국 난징에 도착한 해가 1912년.[21] 기독교계 병원에서 의료 활동을 하던 중 김규식과 동행해 몽골을 향해 출발한 것은 1914년이었다. 후일 중국군에서 활약한 서왈보도 함께였는데, 김규식이 몽골에 군관학교를 세울 계획을 갖고 그 현실성을 타진하고자 했기 때문 이다. 약속한 자금이 도착하지 않아 군관학교 설립안은 무산되고 말았으나 그 사이 김규식과 이태준은 몽골에 성공적으로 정착했 다. 김규식은 피혁 판매업을 시작했고 이태준은 병원을 개업했다. 특히 이태준은 서양식 의술을 펼쳐 큰 호응을 얻었을 뿐 아니라 몽골 국왕의 어의로 임명되기까지 했다고 전한다. 그는 한편으로 는 독립운동에 계속 관여하면서 신한청년당 활동을 지원했고 의 열단에 가입했으며 한인사회당의 비밀당원으로 활약했다. 소비에트 러시아에서 받은 거액의 지원금 운반을 책임졌고 무기 제작을 지도할 외국인을 찾아냈다. 그러나 국경을 넘나들며 그렇듯 헌신적으로 살던 청년 의사 이태준은 1921년, 불과 38세의 나이로 희생되고 만다. 내전의 여파로 몽골에까지 침략한 러시아 백군에 의해서였다.[22]

이태준은 이위종과 같은 연배지만 이위종보다 10년 이상 늦게 한반도 바깥에 발을 내디뎠다. 이위종이 서재필·윤치호·이승만 등 추방·편력·모험으로서 해외 경험을 시작했을 1860~1870년대생 세대의 감각을 공유했다면, 이태준은 망국민(亡國民)으로서의 망명·방랑·이산이라는 전혀 다른 각도에서 외국에서의 삶을 받아들였을 것이다. 이태준보다 1년 선배인 김필순 역시 마찬가지가 아니었을까 싶다. 김필순은 이태준과 같은 이유로 한발 앞서 망명, 중국 통화현에서 적십자병원을 운영하며 독립과 자유의 대의를 위해 진력했다. 그가 경모했던 안창호에게 보낸 편지를 참조하자면, "청국 혁명전쟁에 위생대로 종사코자 하매 건너왔삽더니 지금 전쟁은 정지되었사오나 도망하여 온 사람이 다시 돌아갈 수도 없사옵고," 게다가 중국으로 건너오는 동포가 줄을 잇는 중 "매일 수십 명씩 남부여대하고 속히 들어오는데 (…) 여러 가지 일에 종사하는 이는 몇 명 되지 못"므로 중국 정착을 결심했다고 한다.[23] 김필순은 1916년 동북부로 더 깊이 들어간 치치하르로 근거지를 옮긴다. 점점 심해지는 일본의 폭압을 피할 겸 "이상촌 건설의 꿈을 실현시키기 위해" 조선인 여러 가구를 이주케 한 것이었다. 아쉽게도 '조선인 이상촌'을 목표로 한 협동농장 사업은 얼마 못 가 중단되고 말았다.[24] 1919년 8월, 3·1 운동 후 조선인들이 한창 국경을 넘고 있을 무렵, 김필순이 유사콜레

435

69
70
71
72

436

김필순 일가. 왼쪽 위부터 시계 방향으로 김필순(69), 김순애(70), 김염 (72), 김마리아(71)다. 1878년생인 김필순은 부모가 초창기 기독교 신 자였던 까닭에 어려서부터 외국 선교사들과 빈번하게 교류하며 생활했 다. 언더우드(H. G. Underwood)의 주선으로 서울로 유학한 후 제중 원에서 의사 에비슨의 통역을 담당했고, 1908년 제중원의학교(후일 세 브란스의학전문) 제1회 졸업생으로 의사 면허를 취득했다. "한성의 풍 운아"라는 김필순에게는 그 못지않게 인상적인 생애를 산 누이동생들 이 있었다. 둘째 누이인 김순애는 김규식의 아내. 남편이 파리에 파견 될 때 국내로 파견되어 3·1 운동 계획을 고취하는 역할을 맡았다. 셋째 누이 김몽은의 딸인 김마리아는 3·1 운동기의 대표적 운동가 중 한 명 이다. 도쿄 유학 중 2·8 독립선언에 참여했고, 그 후 선언문을 베껴 조 선으로 갖고 들어와 독립선언을 알리는 데 기여했으며, 3·1 운동 때 몇 달 옥고를 치른 데 이어 1919년 11월 애국부인회 사건으로 재차 체포 당했다. 어렸을 적 남장한 채 학교에 다녔고 「2·8 독립선언서」를 반입 할 때는 일본 기모노 차림으로 등 뒤 오비 속에 선언서를 숨겨 왔다는 일화도 인상적이다. 김염(본명 김덕린)은 김필순의 셋째 아들로 '중국 의 영화 황제'로 성장, 중국인 배우와 결혼했고 1983년 중국에서 세상 을 떠났다. 비애국적 영화 출연은 거부했다는 그의 대표작으로는 〈야 초한화(野草閑花)〉, 〈대로〉 등이 있다.

라로 세상을 떠났기 때문이다.*

그러나 죽음으로써 단번에 중단되는 생애는 거의 없다. 김필순처럼 꾸준하고도 열렬했던 생애라면 더욱 그렇다. 가족 밖의 영향은 더 컸겠지만, 김필순은 가족 내에서도 '독립운동 명문가'라 할 만한 흔적을 남겼다.[25] 황해도 장연 소래(松川) 마을 출신, 일찍 기독교를 받아들인 집안의 식구들로서 그 영향도 있었을 터이다. 김필순의 형 김윤오는 서울 체재 시절 함께 김형제상회를 경영하며 민족운동의 터전을 마련했고, 누이동생 네 명 및 그 배우자, 즉 김구례-서병호, 김순애-김규식, 김몽은-김윤방, 김필례-최영욱은 하나같이 서로 협조하며 계몽운동과 민족·사회운동에 공헌했다. 조카 김마리아는 3·1 운동 후 애국부인회 활동을 이끌었으며, 김필순 자신의 자녀 중에서 다섯째·여섯째·일곱째는 중국에서 무장 항일운동에 투신했다. 다섯째 아들 김덕홍은 전투 중 부상으로 사망했고, 여섯째이자 큰딸인 김위는 조선의용대 창설을 함께했으며, 막내딸 김로 역시 조선의용대에서 활약하다 후일 옌안의 조선군정학교 교수를 지냈다. 아버지가 타계한 후 생활상 곤란 때문에 뿔뿔이 흩어져 자랐으면서도 큰아들과 둘째 아들은 아버지 뒤를 이어 의사가 되었고, 셋째 아들 김염(김덕린)은 배우로 입신해 '중국의 영화 황제'로 성장했다.[26] 그 삶은 아직 이어지고 있다.

437

* 유족들은 김필순이 일본에 의해 독살당했다고 믿었다. 일본인 동료 의사가 건네준 우유를 받아 마신 후 갑자기 심한 구토와 설사에 시달리다 세상을 떠났다는 것이다. "일본 특무가 의사를 가장해서" 잠입했다는 것이 유족들의 생각이었다고 한다.

민족주의 너머의 방랑

　김필순과 이태준이 중국을 향했던 1910년대 초반은 한반도를 벗어나려는 이동성이 최초로 의식화·본격화된 시기다. 그 이전의 이주가 주로 생활에 쫓긴 결과였다면 1910년대부터는 이주를 새로운 삶에의 출구로 이용하는 이들이 늘어났다. 1910년 봄 신채호, 1910년 12월 이회영, 1911년 4월 박은식 등 '개신유학(改新儒學)'을 지적 배경으로 하는 명망가들이 대거 북쪽으로 떠났고, 1913년에는 이동휘도 중국과 러시아를 오가는 활동을 개시했지만, 젊은 청년들도 식민지로 낙착된 조국에서 다투어 벗어났다. 홍명희·조소앙·이극로·이광수·진학문 등 식민지 조선의 지식과 문화를 이끌게 될 젊은이들은 중국과 러시아를 거쳐 싱가포르와 인도네시아를, 프랑스와 독일과 스위스를 편력하고 멀리 브라질에까지 이른다. 망국에 좌절한데다 아버지가 순국(殉國)한 충격을 감당해야 했던 홍명희는 20여 년 후 당시의 심경을 술회하면서 다음과 같이 쓴 바 있다. "죽지 못하여 살려고 하니 고향이 싫고 고국이 싫었다. 멀리멀리 하늘 끝까지 방랑하다가 아무도 모르는 곳에 가서 아무도 모르게 죽는 것이 소원이었다."[27]

　홍명희의 아버지 일완(一阮) 홍범식은 1910년 8월 29일, 대한제국이 멸망한 바로 그날 밤 목매 자결했다. 국망 이후 스스로 목숨을 끊은 20여 인 유학자들 중 최초의 순국자였다.[28] 충북 금산 군수로 재직 중이었던 그는 국유지 경작권을 백성들에게 되찾아주는 등의 선정(善政)으로 신망이 두터웠고, 죽을 때도 가족과 수하(手下)에게 일일이 유서를 남긴 자상한 성격이었다. "내가 백 리의 땅은 지켜냈으나 나라가 망하는 것은 지켜낼 힘이 없구나"라며 탄식했다는 홍범식, 목매기 전 군주가 있는 서울을 향해 북향사배(北向四拜)를 올렸다는 그는 옛 시대의 도리대로 죽을 자리를 찾은 것이겠지만, 그렇잖아도 침중심사(沈重深思)한 성격이었던 장남 홍명희로서 부친의 죽음은 크나큰 타격이었다.[29] 바이런을 사랑했고 악마주의에 매혹됐던 그는 그런 문학적 가상으로부터 내동댕이쳐져 가혹하면서도 일상적인 현실을 마주해야 했다. 유학 중이었던 일본에서 급거 귀거, 아버지 장례를 치르고 아버지 대신 집안을 돌봐야 했을 게고, 아버지와 달리 식민권력에 타협적이었던 할아버지와도 교섭해야 했을 게다.

최소한의 뒷감당 후에는 절로 떠나고 싶지 않았을까. 마침 러시아에서 발행되던 한글 신문 『원동(遠東)』의 초청이 있어 길 떠날 명분이 되었다. 러시아 문학을 애호하여 다소의 러시아어 공부까지 해둔 바 있으니 더더구나 안성맞춤의 기회였으리라. 혹시 그 자신이 번역했던 니에모예프스키(A. Niemojewski)의 시 「사랑」을 떠올려 보지는 않았을까. "말아도 마지못할 운명으로, 마음이 화석같이 되지 아니한 사람이면 누구든지 지르지 않고 못 배겨 지르는 소리"[30] — 백발이 되어 다시 듣는 어린 시절의 곡조, 고향의 기억과 조국의 기억. 평생 이방(異邦)을 떠돌다가 죽을 때에야 고향과 조국을 한번도 잊지 못했음을 깨닫게 되리라고 생각하지는 않았으려나. 홍명희는 중국 동북부와 중심부를 지나고 러시아를 떠돈 후 홍콩과 인도네시아를 거쳐 싱가포르에서 여러 해 고무농장을 경영했다. 동행했던 정원택의 술회에 따르자면 "광복운동의 자금기반을 마련할 수 있을는지" 답사할 목적이었다고 한다.[31] 1918년 귀국한 후 3·1 운동 당시에는 고향인 충북 괴산에서 격문을 마련하고 시위를 주동했으니 홍명희가 민족의 삶에 내내 관심을 두고 있었음은 분명해 보인다. 그는 1920~1930년대에는

439

언론계의 중견이자 민족통합운동의 지도자로 활약했고, 해방 후에는 민주독립당 위원장으로서 북한을 선택하여 이후 한반도 북녘에서 활동했다. "멀리멀리 하늘 끝까지 방랑"하고 싶었다는 20대 청년기는 이후 중·장·노년기 홍명희의 삶에 어떻게 깃들어 있던 것일까.

　20세기 초 식민지 ─ 넓게는 유럽과 북미를 제외한 비(非)백인 인구 ─ 의 젊은이들에게 세계는 넓고도 좁았다. 오산학교 교사였던 이광수는 1913년 국경을 넘어 북으로 중국을 거쳐 러시아 깊숙이 갔다가 중국으로 되돌아왔다. 본래 "걸식 여행으로 (…) 남경으로 상해로 항주로 복건으로 광동으로 안남으로 인도로 파사로 끝없는 방랑"을 계속하려는 계획이었다.[32] 목적지 없이 방랑 자체를 생애 삼으면서 베트남·인도·페르시아에까지 ─ 그러나 이광수는 바이칼 호수에까지 이르렀다가 미주 한인 신문 주필 자리를 제안받고 중국으로 되짚어 왔다. 결국 미국행이 좌절된 후 귀국하여 제2차 일본 유학길에 오르게 되지만, 1910년대에 넓은 세계를 편력했던 기억은 평생 이광수와 함께한 듯 보인다.

　이광수가 러시아로 향하는 길에 만난 고투(苦鬪) 이극로도 다르지 않았다. 1912년 독립군이 되기 위해 집을 떠난 이극로는 간도를 거쳐 상하이에서 학업을 마친 후 러시아를 횡단하여 독일로 향했다. 제1차 세계대전기의 곤란을 무릅쓰고 베를린대학에서 민족경제학을 전공했으며 『중국의 생사(生絲) 공업』이라는 논문으로 박사학위를 받았다. 박사논문 지도교수는 동아시아 무역업에 정통한 헤르만 슈마허(H. Schumacher)였다. 『사치와 자본주의』로 유명한 경제학자 베르너 좀바르트(W. Sombart)도 심사위원 중 한 명이었단다. 그러나 이극로의 후반생을 결정한 것은 경제학 박사학위가 아니라 학위를 받은 후 베를린대학에서 조선어를 연구하고 가르친 경험이었다. 한글운동에 진력할 것을 결심하고 이극로가 귀국길에 오른 것은 1928년이다.[33]

1910년대의 청년 세대가 국경을 넘은 동기는 1900년대에 활동한 계몽 지식인들의 그것과는 달랐다. 물론 민족주의적 동기가 잠재해 있었다. 그러나 홍명희를 비롯해 1910년대 청년들의 방랑은 민족주의적 의지에만 좌우된 것은 아니었다. 젊은이다운 무조건적 탈출 욕망이 못지않게 중요했다. 식민지로 전락하고 만 조국의 질식할 듯한 공기를 벗어나려는 자유에의 욕망이 생생했던 것이다. 따지고 보면 민족을 사랑하고 민족에 헌신하는 것도 민족국가의 안정이 내 자존과 복리와 자유에 연결돼 있기 때문이 아닌가. 나와 내 가족과 벗과 이웃의 삶이 모두 온전하려면 민족국가를 지켜내야 한다고 생각하기 때문 아닌가. 1910년대의 젊은이들 중 누군가는 러시아에서 살면서 자기 자신이 러시아어로 창작을 할 것을 꿈꾸었고, 누구는 남양(南洋)에 공동체를 건설할 것을 계획했으며, 혹은 세계의 종교와 사상가를 집대성한 세계 종교를 공상하였다.[34] 홍콩과 상하이와 블라디보스톡 등, 이들이 경유한 도시의 국제적 성격 또한 이들의 여정의 다국적성을 도드라지게 만든다. 민족국가에의 열망과 민족국가 너머에의 열망이 동등하게 뜨거웠던 당시, 1910년대의 문제적 청년들은 식민지인으로서의 운명에 저항하는 한편 난민될 위험을 무릅쓰면서 용맹하게도 광활한 세계를 향해 전진해갔다.

그것은 조선 청년들에게만 국한된 일이 아니었다. 청년 호치민(胡志明)은 1911년 베트남을 떠나 선원으로서 전 세계를 방황하다 1917년 파리에 정착했으며, 그보다 10년쯤 앞서, 영국 유학을 마친 젊은 변호사 간디(M. K. Gandhi)는 남아프리카의 법률사무소에서 근무하면서 현지의 공동체 운동을 전개했다. 1909년 요하네스버그 부근에 그가 마련한 농장은 의미심장하게도 '톨스토이 농장'이라는 이름을 달고 있었다. 소작인들에게 농지를 분배한 러시아의 톨스토이처럼, 톨스토이의 노선을 따른 일본의 아리시마 다케오(有島武郎)처럼, 세기 초의 식민지 청년들은 성·계급·국경을 넘어선 새로운 세계를 몽상하면서 민족과 국가를 그 새로운 틀 안에서 사고하려 했다. 한반도에서 이들 1910년대의 청년은 '세계'를 대면한 첫 세대였다. 노동 이민들과 달리 '세계'를 상대할 만한 언어적-인식적 도구를 가질 수 있었다는 점에서도 이들은 독특한 좌표 위에 있었다. 광활한 세계 속에서 이들은 좌절하기보다 도전욕에 차 있었으며, 이광수가 「우리의 이상」에서 썼듯 세계를 직접 상대할 수 있다는 자신감에 고무되기도 했다. 강화회의 당시 파리에 체류했던 조소앙은 당대의 철학자 베르그송(H. Bergson)을 방문한 후 "쥐뿔도 모르는 놈!"이란 조롱마저 뱉을 수 있었던 것이다.[35] 이들은 '대표'나 '지식인'의 개념을 통해 스스로를 정당화할 필요가 없었다. 해외로 진출한 첫 세대로서, 또한 몇 안 되는 소수 중 하나로서, 그들은 실질적으로 민족과 자신을 동일시할 만한 근거를 갖고 있었기 때문이다. 3·1 운동 이전 유럽에 거주하고 있던 조선인은 총 6인에 불과했다.[36]

"당시 유럽은 여권이란 걸 몰랐다. 국경도 사실상 존재하지 않았다."[37] 3·1 운동 후에도 프랑스에 정착한 조선인 노동자들은 존재하지도 않는 '한국(Corée)'이라는 국명으로 체류 허가를 얻을 수 있었고[38] 미국의 한인들 역시 일본 정부가 발행한 여권 외 미주한인단체인 대한인국민회가 발행한 증서를 입국과 체재를 위한 증명서로 이용할 수 있었다.[39] 유럽을 기준으로 할 때 15세기 말부터 군인 등 일부 집단에 있어서는 통행증명서, 즉 패스포트가 의무화된 바 있고 프랑스혁명 후 19세기에는 신분 증명 및 등록 제도가 도입됐지만[40] 치안과 통제의 망은 아직 허술했다. 조선인들이 탈출의 일차적 목적지로 삼았던 중국이나 러시아는 더욱 그러했다. 만주(滿洲)라 불리는 중국 동북지방, 그중에서도 간도의 경우는 특별히 이주에 편리한 상황에 있었다. 1920년대 초반 기행문이나 단편소설에 흔히 보이듯 일본으로의 여행, 심지어 조선 내 이동이 끊임없이 감시받고 통제되었던 반면[41] 19세기 중반 청 왕조가 봉금(封禁)을 해제한 이후 중국 동북지방으로의 이주는 대체로 용이했다. 1909년 청과 일본 사이 맺은 간도협약은 ─ 영토권을 청에 확약한 문제에도 불구하고 ─ 동북지방, 특히 간도를 다민족 '잡거(雜居)' 지역으로, 즉 일종의 국가 사이 공간으로 인정했고, 조선인의 거주권 및 재산권을 합법화했다. 임검(臨檢)의 불안이 있었을지언정 조선─일본 이동 시 요구된 여행 증명서 같은 서류의 제출을 요청받지는 않았던 열차 내 풍경은 이런 상황을 압축해 보여주고 있다.

1869년 기사흉년 당시부터 간도와 러시아를 향했던 농민들의 이주가 1910년대 조선 청년들의 방랑에 정신적·물질적 기초가 되었던 것은 물론이다. 1910년대 후반 중국·러시아 지역 한인 숫자는 대략 30만을 헤아렸다고 하는데[42] 빈곤으로부터의 탈

73

444

1905년 멕시코로 노동 이민을 떠났던 이종오 일가의 가족사진. 1930년대에 촬영한 사진이다. 19세기 말~20세기 초에는 조선이 여러 국가와 수교(修交)하면서 해외 이주의 행렬도 본격화됐다. 그중 1905년 이민회사 모집에 응해 멕시코로 이민을 떠난 사람은 총 1,033인으로, 도착 후 이들은 대농장에 부채 노예로 속박돼 살면서 장시간 강제노동을 견뎌야 했다. 양반도 여럿 끼어 있었다는데 이종오 일가는 왕실 일족으로 그중에서도 이채로운 존재였다. 1,033인 중 일부는 1910년 멕시코혁명과 그 이후의 정치적 격변에도 휘말려, 니카라과 지하 혁명군 일파에 용병으로 기용됐다가 희생되기도 하고, 멕시코혁명 한복판에 뛰어들어 지도자급 장군의 측근으로 활약하기도 했다. 그중 니카라과 지하 혁명군 용병으로 기용돼 '신조선'을 건국했다 희생된 사람들의 사연은 김영하의 소설 『검은 꽃』(2003)을 통해 알려진 바 있다.

출을 위해, 그리고 자유를 누리기 위해 중국으로, 러시아로 갔던 이들은 갓 국경을 넘은 동족(同族) 청년들을 보살피고 지원했다. 중국인이나 러시아인 등 외국인의 호의도 드물지 않았으나 곤란에 처했을 때 조선인 청년들이 먼저 찾는 것은 '동포'였다. 10대 후반이나 20대 초반이 고작이었던 이들 청년들에게, 예컨대 이광수나 이극로나 이인섭이나, 혹은 1930년대의 김학철에 이르기까지도 일자리를 제공하고 숙소를 갖추어 주고 병에 걸리면 간호해 준 것은 모두 일찍이 정착한 조선인 이주민들이었다. 복수의 정부가 경합했던 중국 상황도 이주자로서는 편리했다. 일단 신분 취득이 용이했다. 중국인 한정의 장학(獎學) 특혜를 얻기 위해 조선인 학생들이 중국인 원적을 꾸며내는 일이 빈번했고[43] 여행을 위해 일본인 혹은 중국인으로 신분을 위장하는 일도 많았다.[44] 극동민족대회 참석 당시 이극로가 수행했던 이동휘와 박진순도 변성명(變姓名)한 중국 여행권을 사용했다.[45] 증명서 불비(不備)로 러시아 경찰에 체포됐던 이인섭은 심지어, 감옥에서 만난 중국인 지인의 도움으로 블라디보스톡 중국 총영사관 명의의 휘조(諱照)를 얻어냈던바 이후 본명을 버리고 여권에 기록된 중국인 이름으로 살아가게 됐다고 한다.[46] 일반적으로 외국에서 통용될 정체성을 위해서는 일본 제국의 보증을 얻어야 했던 조선인 청년들에게 북방은, 특히 중국은 한결 편리한 환경이었다. 그 자체 근대 정치체로의 재구성을 둘러싸고 극심한 혼란을 겪고 있던 중국은 무국적인으로 살기에 적절한 토양을 제공했던 것이다.

445

민족국가와 치안의 경계 — 국민과 난민

바야흐로 민족국가 체제가 완성돼 가는 시점이었다. 유럽-아시아 지역 세 개의 제국, 즉 오스트리아-헝가리와 오스만-투르크, 그리고 러시아 제국이 붕괴한 자리에서 십수 개의 민족국가가 신생했다. 제1차 세계대전의 결과가 민족국가 체제의 완성과 그 위기의 동시적 현시로 요약될 수 있다면, 그것은 내적 통치성의 완성과 외적 경계의 정돈을 핵심으로 한다. 영국의 소설가 E. M. 포스터(E. M. Forster)는 제1차 세계대전 직전 완성했으나 사후(死後)인 1970년대에야 공간(公刊)할 수 있었던 『모리스』에 붙인 발간사에서 "이 이야기는 푸른 숲의 마지막 시기에 속한다"고 쓴 바 있다. "두 차례의 세계대전이 사회의 조직화를 요구하고 유증한 뒤 관공서들이 이를 받아들여 확장시켰고, 거기 과학도 힘을 보태서 (…) 오늘날에는 도망칠 숲도 산도 없고, 숨어 지낼 동굴도 없으며, 사회를 개혁하거나 타락시킬 아무런 의지도 없이 오직 세상과 떨어져 지내기만을 바라는 사람들을 위한 으슥한 골짜기도 없다."[47] 포스터의 말대로 제1차 세계대전은 국가 내부의 '숲'과 '골짜기'를 없앤 사건이었다. 1648년의 베스트팔렌 조약으로 민족국가 체제가 승인됐음에도 국가별로 중앙은 뚜렷했으나 경계는 유동적이었던 것이 옛 유럽이자 세계였다면, 제1차 세계대전 이후 국가라는 정치체는 경계-국경에 의해 표상되는 존재이자 다른 한편 경계 내부에 대한 완전한 장악력을 특징으로 하는 존재가 되었다. 이 점에서 '국경'과 '치안'을 표리(表裏) 관계로 파악한 프리드리히 슐레겔(F. von Schlegel)은 지금까지 유효한 혜안을 보여주었다 할 것이다. 그는 1812년의 유명한 강연 '고대문학과 신문학의 역사'에서 조만간 초상화를 필수적으로 포함한 여행증명 체계가 생길지 모른다고 예상하면서, "그런 꽉 막힌 상업 국가와 철통 같은 경찰 체제에서 소설이란 불가능"하리라고 경고했던 바 있다.[48]

국경과 치안의 완성 과정, 즉 '국민'의 완성 과정은 '난민'의 형성 과정과 일치한다. 제1차 세계대전 전후의 신(新) 유대인 수난사가 보여주듯 '국가 없는 민족'·'국가 없는 유럽인'은 점차 존립할 땅을 찾기 어려워졌다. 한나 아렌트(H. Arendt)는 프랑스혁명 후 종래의 공공연한 유대인 박해가 사라졌음에도 제1·2차 세계대전을 거치면서 유대인이 공적화(公敵化)돼 간 과정을 추적하면서 그 국제주의적 성격을 근인(根因)으로 꼽은 바 있다. 과연 각국 왕조에 금융 서비스를 제공하는 네트워크를 구성하고 있었던 유대인은 민족국가의 외부를 환기시킨다는 바로 그 이유로 위험한 존재가 된다.[49] 이것이 유명한 『전체주의의 기원』 전반부의 요점이라면, 그보다 10년 앞서, 미국 망명 직후인 1943년에 아렌트가 발표한 「우리 난민들(We refugees)」은 보다 현재적으로 '난민'의 문제를 다뤄내고 있다. 비통한 현실 인식으로 차 있는 이 글에서 유대인은 필사적으로 민족국가에 동화되려 하지만 번번이 실패하고 추방당하는 이들로 그려진다. 아렌트가 '콘 씨(Mr.Cohn)'라는 가상적 인물을 통해 보여주는 유대인의 행로는, 독일의 열렬한 애국자였다가 체코슬로바키아의 충직한 시민이 되고 이어 오스트리아인으로서의 조국애를 학습해야 하는 처지에 놓이며 프랑스에서는 스스로 골족(Gaul)이라고 생각하며 영주권을 기다리는, 그러한 복잡한 경로다. 지속적 과적응(co-optation)[50] 상태라 해야 할 이런 경험 속에서 유대인은 자기 기만적 낙관주의와 돌발적 자살이라는 두 극단 사이를 매일이다시피 오간다. 그러나 드물게 동화(同化)를 위한 노력을 거부한 채 버림받은 자, 즉 '파리아(pariah)'로 살아가기를 택하는 이들이 있다. 이들은 "피를 흘리지 않고 인간을 죽일 수 있는 탁월한 사회적 무기로서의 차별"을 우회하는 대신 거기 맞서고자 하며, "가장 약한 구성원을 배제하고 박해할 때" 유럽의 우의(友誼) 또한 사라질 것임을 선포하고자 한다.[51]

아렌트의 문제 제기마따나 '난민'의 반면(反面)인 '국민'은 과연 당연한 존재인가? 민족국가가 이상적 정치체로서 불가침의 주권(sovereignty)을 갖는다는 정치적 구상은 진정 최선의 결론인가?[52] 제1차 세계대전 전후부터 민족국가라는 개념이 도입되면서 대량학살이 자행되곤 한 역사를 싫도록 목격할 수 있지 않은가?[53] 아렌트의 글을 이어받아 '난민'의 문제에 착목한 조르조 아감벤(G. Agamben)은 '난민'이야말로 새로운 정치철학이 출발점으로 삼아야 할 형상임을 갈파한 바 있다. 제1차 세계대전 후 대제국들의 몰락과 함께 처음 대중적 현상으로 출현했던 '난민'은 민족국가 내에는 어떤 자율적 공간 — '순수한 인간(the pure human)' 같은 — 도 존재할 수 없음을 드러내면서 프랑스혁명 당시 「인간과 시민의 권리 선언」에서 '인간'의 자리가 사라졌음을 통감케 한다는 것이다.[54] '난민'을 토대로 미래의 정치 질서를 구상하려는 아감벤의 시도에 다 동의하기는 어려울지 모르겠다. 여기서는 역사적 고찰에 국한해, 제1차 세계대전 전후 등장한 '난민'의 형상이 1910년대 식민지 조선인들의 모습과 겹친다는 사실만을 확인해두도록 하자. 생각해보면 식민지시기 조선인들은 늘 '국가 사이의' 또는 '국가 너머의' 존재였으며 그 때문에 쫓기고 박해받고 죽음을 당해야 했다. 『아리랑』의 주인공 김산(장지락)이나 「낙동강」의 작가 조명희의 최후가 보여주듯, 그리고 이름조차 남기지 못한 숱한 생애가 증거하듯, 조선인들은 일본 제국과 내통한다고 의심받았고 조선의 독립만을 목적 삼는 믿지 못할 존재로 심문의 대상이 되었다. 1930년대 후반 중국 공산당은 많은 조선인을 일본의 스파이로 몰았고 같은 시기 소비에트 러시아에서는 10월 혁명기 적군에 가담했던 조선인들마저 "소비에트 주권을 이용하여 조선을 독립하자는" 기회주의자들로 공격했다.[55]

특히 강제병합 직후인 1910년대에 민족을 추구하면서도 '국가 사이' 혹은 '국가 너머'의 존재였던 조선인들의 특징은 더욱 뚜렷했다. 비교컨대 1930년대 말~1940년대 초에 있어서도 국가 횡단의 양상은 두드러지지만, 그때 물질적·이념적 토대가 된 것이 일본 제국의 확장세였던 반면, 1910년대의 조선인 청년들에게 있어 제국의 신민으로서의 존재론적 토양은 희박했다. 다른 한편, 민족주의적 열망은 강렬했지만 그것이 중국 혹은 러시아, 종종 더 멀리 동남아시아나 유럽에까지 이른 그들의 행적을 모두 결정하지는 않았다. 이광수의 「어린 벗에게」 중 여객선 침몰 장면에서의 기괴한 세계주의[56]나 후일 『유정』을 낳은 시베리아 경험의 황홀한 보편주의가 잘 보여주듯 그들은 민족과 국가로부터의 원심력에 매혹되고 굴복하기도 했다. 국가 사이의 혹은 국가 너머의 존재로서, 난민 혹은 코스모폴리탄으로서, 이들은 줄기차게 '아무 곳도 아닌(nowhere)' 장소를 꿈꾸었고 존재의 이동을 감행했다. 앞서 본 이들 외에도 러시아행을 포기하고 언론인으로 정착했지만 몇 년 후 다시 브라질 이민을 떠난 진학문,[57] 3·1 운동 후 중국을 거쳐 하와이행을 모색했던 『태서문예신보』 발행인 장두철,[58] 그리고 중국과 러시아를 오가며 혁명 활동에 투신했지만

449

"공민권을 미취득한 무직자" 대우를 받으며 정치적 위험분자로 시베리아에 유배됐던 주세죽[59] 등 — 3·1 운동 전후 20대를 맞은 청년들은 '조선'을 품었으되 전 세계로 유랑을 거듭했다. 역사학자 정병준이 2015년 출판한 『현앨리스와 그의 시대』에서 적은 말을 빌자면, 현앨리스뿐 아니라 "독립과 혁명의 찬란한 빛에 매료되었던" 실로 많은 청춘들이 "상하이, 블라디보스토크, 하와이, 뉴욕, 도쿄, 서울, 로스앤젤레스, 프라하, 부다페스트, 평양으로 줄달음질치며 역사와 자기 운명의 주인공이 되고자 했다."[60]

450

2장.
이중어

제국의 언어와 민족의 언어

"어이구 참, 내숭스럽게 이게 무슨 짓이에요? 조
선말로 쓴 걸 글쎄 절보고 보라구요?"
(…)
"그러면 조선말이 아니구 영국말일라구요?"
"아니에요. 일본말로 쓴 것 말씀이에요."
"네, 일본말이요? 그렇지만 조선 사람이 왜 일본
말로 시를 쓰나요?"
"아이구 참 정수 씨두…… 정수 씨두 인젠 형식
씨하구 봉우 씨 본을 보구 공연히 절 성화만 먹
이려구 들어…… 그러지 말구 어서 일본말로 쓴
걸 보여주세요."
(…)
"진정 말이지 보여드리기 싫어서 그러는 게 아
니라요. 일본말로 쓴 건 말이 모두 틀리구 그래
서 차마 보여드릴 수가 없어 그럽니다. 그 대신
내가 그걸 일본말로 번역을 해서 읽어드리지요.
네? 그러면 일반 아닙니까?"

/ 채만식, 「과도기」(1923)

조선어를 잡아먹는 일본어

1910년대에 청년기를 보냈던 사람들 사이에 일본어 습작의 흔적은 광범위하다. 제1차 일본 유학 무렵 이광수는 "일본 문단에서 기를 들고 나설까"[1]를 궁리하면서 첫 소설 「사랑인가(愛か)」를 교지에 발표했다. 주요한은 일본 시인 가와지 류코(川路柳虹)의 문하에서 시를 써서 "『아께보노(曙)』에도 실렸고 『수재문단』이라는 잡지에 당선도 했다."[2] 김동인은 "구상은 일본말로" 한 후 '교수(敎授)를 필(畢)하고'를 '가르침을 끝내고', '대합실(待合室)'을 '기다리는 방'으로 바꾸는 식으로 일종의 번역 과정을 통해 소설을 집필했으며[3] 염상섭은 훗날 "시조는 이때껏 한 수도 지어본 일이 없으면서 소년 시절에 일본의 와카(和歌)는 지은 일이 있었다"고 회고한다.[4] 김우진은 여러 편의 일본어 시·소설·평론을 남긴 외에 일기 또한 오래도록 일본어로 기록했고, 심훈은 "서대문 감옥 높은 담 위에 태극기가 펄펄 날릴 때"를 희구하면서도 소품문 현상에 응모하기 위해 일본어 문장을 썼다.[5]

일본문학은 이광수와 기노시타 나오에(木下尙江), 김동인과 다야마 가타이(田山花袋), 염상섭과 아리시마 다케오(有島武郎) 등 간의 영향과 수용 관계를 통해 한국문학에 영향을 미쳤을 뿐 아니라 일본문학에의 참여 의지까지 자극해냈다. 신경향파 문학이라는 새로운 영토를 개척한 김기진은 3·1 운동 후 한글 매체가 활성화될 무렵임에도 "원고지로 한 100매나 되는 것", "약 30매 되는 것"을 거듭 일본 유수의 잡지 『가이조(改造)』에 투고했으며, 그 편집부에서 기성 작가의 것만도 여럿인 투고뭉치를 보여준 후에야 등단 의지를 접었다고 한다.[6] 김기진의 소설 등단작 격인 「붉은 쥐」는 "본래 일본문으로 쓰려고 하던 것이며 또한 약 3

년 전에 처음 시작을 원고지로 10여 매나 쓰다 놓고서 그대로 내 버려두었던 것"이다.[7]

식민지시기 조선이 다중 언어(diaglossia) 사회였다는 사실에는 의문의 여지가 없다. 물론 조선인 사이 일본어 해독률은 1913년 당시 0.61퍼센트에 불과할 정도로 미약한 것이었다. 1930년대 중반에 10퍼센트를 돌파했으나, 일본어가 사적 영역에서마저 강제되기 시작한 후에도 그 비율은 20퍼센트 안팎을 벗어나지 못했다. 1940년 말 15.57퍼센트, 1943년 말 22.15퍼센트 정도의 수치가 고작이었던 것이다.[8] 조선과 마찬가지로 일본의 식민지였던 타이완의 경우 1940년 일어 해독자 비율이 50퍼센트를 돌파하고 1943년 말에는 80퍼센트가 '국어해자(國語解者)'라고 선전되었으니 두 지역 사이에는 큰 차이가 있었다 할 수 있다. 타이완에서 일본어가 문학과 출판의 언어로 광범하게 채택됐던 데 비해 한국에서 일본어 글쓰기는 극히 예외적인 현상이었다는 사실 또한 연접한 사실일 것이다. 지역별·종족별로 방언이 다양했던 까닭에 "일어를 통해 처음으로 의사소통을" 할 수 있었고 일본어가 "일종의 공통어 역할"을 할 수 있었다는 타이완의 특성 또한 조선과는 큰 차이가 있다. 타이완에서는 1940년대 초에 이르면 작은 시골 마을에서조차 여성과 노인은 민남어(閩南語)로 대화했지만 중년과 청년 남자들은 모두 일어로 일상적 대화를 나누었다고 하며, 마치 아일랜드에서 '앵글로 아이리쉬(Anglo Irish)'가 탄생했듯 '타이완 국어'라 불리는 토착 일본어가 생겨나기도 했다고 한다.[9] 일본이 패전하고 국민당이 타이완에 진군한 후는 일본어에 능통한 반면 관화(官話)에 서툴러 고역을 치렀던 엘리트의 존재도 드물

지 않았다.[10]

그런 차이에도 불구하고 제국의 언어가 식민지의 언어를 잡아먹어[捕食] 간 상황[11]은 조선에서나 타이완에서나 마찬가지였다. 식민지인들은 자기 언어를 빼앗기고 낯선 언어를 삼켜야 하는 폭력적 상황에 직면해야 했다. "조선인 전화 구역 내에서도 일본어로 전화번호를 불러야 하고 정거장에서 차표를 살 때도 조선 지명을 일본어로 불러야 한다"[12]는 상황 자체가 식민지의 언어를 규정하는 것이다. 일본어 서류와 일본어 표지판 속에서 일본인을 상대하고 살면서 어떻게 조선어를 위치시킬 것인가? 일본어와 일본인의 존재를 모른 체해 버릴 것인가? 실제로 식민 말기가 올 때까지 조선인 작가의 글쓰기에서 식민자 및 그들의 언어는 거의 재현되지 않았다. 염상섭이 예외적으로 『사랑과 죄』, 『이심(二心)』등 여러 장편소설에서 일본인 조역을 등장시켰으나, 일반적으로 조선인 작가 소설에서 일본인이 등장한 것은 1930년대 중반 이후다.

생각해보면 기묘한 일이다. 일본어 책과 잡지를 읽고 일본에서 공부하고 일본인 친구들을 사귀었으면서 어떻게 그토록 식민자를 배제할 수 있었던 걸까? 왜 그렇듯 식민자의 언어를 추방해야 했던 걸까? 염상섭이 묘파한 대로 식민자 앞에서라면 일본어도 조선어도 굴욕적이었기 때문인가?[13] 채만식은 미발표 소설 「과도기」에서 와세다대학 재학생인 주인공과 일본인 청년들 사이의 대화를 한글로 기록하면서 "그것은 작자가 일본말을 우리말로 번역하여 쓴 것이 아니라" 실상 "작품의 인물들이 '우리말'을 일본말로 번역하여 한 말을 작자는 다시 먼저의 그 '우리말'로 돌려보내 가지고 쓴" 것에 해당한다며 구차하게 자신을 설득해야 했다.[14]

455

포식자 일본어가 지배하는 혼종적 공간을 애써 무시하고 조선인과 조선어의 순수 공간을 가상했던 것이다. 이광수와 주요한과 김동인, 그 밖의 앞에 든 작가들이 모두 그러했다. 이들은 3·1 운동 후 개방된 유사-사회(pseudo-society)에서 유사-주체(pseudo-subject)로서 살았다.

이들 중 누구도 일본어 글쓰기를 최종적으로 선택하지 않았다. 이광수는 1910년대에 『매일신보』와 『청춘』을 무대로 '조선어로 쓰는 조선 문학'을 적극적으로 개척했고, 주요한은 1918년경부터 일본어 시 창작에 "회의를 느끼기 시작, 우리말로 시를 쓰기 시작했다."[15] 염상섭은 일본에서 지방지 기자로 사회적 이력을 시작했으나 『동아일보』의 초빙을 받고 귀국했으며[16] 김우진은 3·1 운동 직전의 분위기 속에서 일본어 대신 한글로 일기를 적기 시작했다.[17] 김기진 역시 1923년 『개벽』에 「프롬나아드 상티망탈」을 발표하면서 정력적으로 평문과 소설을 써 나가기에 이른다. 이들은 문학청년 시기에 한때 일본어로 글을 썼고 일본 문단 진출을 고려하기도 했으나 3·1 운동 전후 한글 글쓰기에 정착한다. 근대 한글 글쓰기는 이들을 통해 비로소 새로이 규범적이고 미적인 영역을 개척했다. 이윽고 1920년대를 통해 놀라울 정도로 풍성해진 공식어로서의 한글은 "조선말로는 미문을 쓸 수 없다"던 시대에서 "특수한 학문상 술어 이외에는 조선말로 쓰지 못할 말이 없도록"까지 비약했으며[18] 오늘날까지 이어지는바 독자적 자국어의 밀도를 갖추게 되었다. 물론 이것은, 1919년 3·1 운동 이후 민족어 글쓰기의 공간이 대폭 확대됨으로써 가능케 된 상황이었다.

식민권력의 유학 정책과 한문 정책

1910년대의 언어 상황은 한글과 일본어라는 두 개 항을 넘어 보다 복잡했다. 『서유견문』과 『독립신문』 이래의 어문 혁신에도 불구하고 한문의 문화적 위력이 남아 있었고, 에스페란토어 운동이나 고등보통학교(남자)의 외국어 과목 필수 규정이 보여주듯 다른 항의 영향력 또한 적지 않았기 때문이다.[19] 특히 첫 번째 항, 즉 한글과 한문의 관계 조정은 한글과 일본어 문제 못지않게 중요했다. 이광수는 『무정』의 평양 장면에서 "낡디 낡은 탕건을 쓴" 그러나 "매우 풍채가 늠름한 노인"이 언어불통(不通)의 존재로서 "낙오자, 과거의 사람"임을 애써 주장했지만, 또한 여러 해 후의 후일담에서 "그 노인은 아직도 건강"하다는 소식을 덧붙이지 않을 수 없었다.[20] 판소리계 소설이 잇따라 한역(漢譯)된 1910년대 초중반의 내력이 보여주듯 한문 – 한학의 세계는 1910년대에 오히려 안정된 듯 보이기마저 했다. 퇴조와 국지화야 막을 수 없는 근본적 추세였으나, 1894년 과거제 폐지 이래 급격한 하락세이던 것이 1910년대에 짧은 영화를 누렸던 것이다.

당시 식민권력이 적극적인 유학(자) 포섭 전략을 구사했던 까닭이 클 터이다. 일본 제국은 천황의 특별 은사금을 유생에게 분급(分給)하는가 하면 성균관을 경학원으로 재편성했고, 1900년대를 통해 위축되어 있던 한학자들은 이에 부응하듯 적극적인 활동을 보였다. 조직화도 진전되어 1910년대 초반에는 문예구락부·신해음사·이문회 등 한문학 결사가 연이어 창립된다. 여규형·정만조·윤희구·장지연 등이 주축이 된 이들 단체는 1910년대 초중반 시회 주최와 서적 발간 등의 사업을 펼쳤을 뿐 아니라, 1914년 12월 장지연이 매일신보사의 객경(客卿)으로 초빙된 것을 계

Verda E. Kim'a
Memlernolibro de la lingvo "Esperanto"
에쓰페란로 自修室
金 億

74

75

458

김억이 펴낸 에스페란토어 교재의 본문 첫머리(74)와 러시아 출신 시인 에로셴코(V. Y. Eroshenko). 1877년 폴란드 안과의사 자멘호프(L. L. Zamen-hof)에 의해 고안된 에스페란토어는 1910년대 한반도에도 상륙해 조선인 청년들 사이에 적잖은 호응을 불러일으켰다. 최초의 조선인 에스페란티스토는 홍명희로 알려져 있다. '벽초(碧初)'라는 홍명희의 호는 '최초의 초록인(Verdulo Unua)', 즉 최초의 에스페란티스토라는 뜻이라고 한다. 〈74〉의 에스페란토어 교재에도 김억이 스스로를 '초록의(Verda) 김억'이라고 지칭한 흔적이 보인다. 에로셴코는 바로 이 시기 일본에서 에스페란토어를 전파했던 러시아 맹인 시인이다. 그는 일본어로 시를 쓰고 에스페란토어로 동화를 쓰는 등 국경을 넘나드는 문학을 추구했고, 인도·일본·중국에서 차례로 생활하면서 현지 청년들과 교류했다. 일본에서는 진학문이 그와 한 집에서 살았다고 하고, 중국에서는 정화암 등의 조선인 아나키스트들과 교류했다고 한다. 수려한 미청년이었던 그는 사진과 회화의 모델로도 사랑받아, 일본인 화가 나카무라 츠네(中村彝)가 그린 〈에로셴코의 초상〉은 일본 근대미술사의 명작으로 꼽힌다.

기로[21] 『매일신보』 제1면을 석권하다시피 하는 매체 장악력을 보이기도 했다. 1917년에는 최영년을 발행인으로 하여 한문학 잡지 『조선문예』를 창간했을 정도이다.

종합잡지 『신문계』 등에서도 "시서논맹(詩書論孟)의 경골적(硬骨的) 의미를 포함"[22]하고 "한문으로 본체를 작(作)"[23]한 위에 잡종의 문화 이념을 모색한 면면이 눈에 띄는 가운데[24] 1910년대 당시 한문학의 재흥 가운데 가장 두드러진 것은 아무래도 『매일신보』 지면을 통해 이루어진 확산의 시도다. 『매일신보』는 제1·2면에 한학 지식인의 만필(漫筆)이나 한시를 위한 난을 상설화하고, 현상문예를 통해 한시를 공모하는가 하면, 유학과 한문학 관련 행사가 있을 때마다 홍보자의 역할을 자임했다. 사설란을 통해 한문학의 필요를 주창한 사례만도 다 손꼽기 어려울 정도다.[25] 그 밖의 실제 행사의 개최 및 후원에도 나서, 1912년 7월의 문예 및 궁기(弓技) 경기회(1912), 1914년 경남 공진회에서의 백일회(1914), 문묘 중수(重修) 기념 재가(在家) 백일장(1916), 신해음사와 금릉시사 공동 주최의 재가 백일장(1916), 문예구락부 문예대회(1917) 등, 한학 관련 각종 행사에 아낌없이 지면을 할애했고 진주지국 주최 백일장(1916) 등에서는 주재(主宰) 역할을 자임하기도 했다.

그 배후에는 한문-한학을 활용하려는 식민권력의 전략이 개입해 있으리라 판단된다. 1910년대에 한글이 순정한 민족의식에 호소하는 데 주로 기여했다면 한문은 동아시아 '동문(同文)'의 중세적 문명의식을 재생하는 데 이바지했다. 마치 1900년대에 이토 히로부미(伊藤博文)가 사서(四書) 강의를 통해 유생층의 적잖은 호의를 획득했듯, 1910년대에는 매일신보사 사장 아베 미츠이에(阿部充家)가 매해 경학원 석전제(釋奠祭) 때마다 유림들을 초대, "실내에는 이퇴계(李退溪)라든가 송우암(宋尤庵), 정포은(鄭圃隱), 이율곡(李栗谷) 등 (…) 고래 명현(名賢)의 서적을 진열하고" "본인은 스스로 한복을 착용"한 채 접대역을 자임함으로써 한학적 전통의 공동 후손으로서 연대의 감정을 형성할 것을 꾀했다.[26] 3·1 운동 당시 최남선의 은신처를 이마세키 덴포우(今關天彭)가 제공했다는 일화 또한 '한문'의 '동문(同文)'으로서의 성격을 흥미롭게 일깨워 준다. 총독의 '한문 비서'였다는 이마세키는 "역사가요, 역대 총독의 유고 같은 정중한 글을 지어 오는 문장가여서" 육당의 문장을 좋아했다고 하는데[27] 주로 청대 서적을 고찰한 책을 남긴 이마세키와 최남선 사이 공통점이란 역대 중국의 문장에 대한 취향이었을 것이다.

460

'허약한 제국주의'와 매체의 지형

1890년대와 1900년대를 통해 공적 언어로서의 저력을 키워 온 한글은 제한적인 매체·소통 상황에서나마 1910년대에 한층 기반을 다졌다. 문학 번역을 통해 어휘와 표현법을 넓혔고 '시문(時文)'의 전범(典範)을 시험했으며 『무정』 같은 새로운 양식의 장편소설을 생산하기도 했다. 그럼에도 한글 글쓰기의 규범적·미학적 가치는 확고하게 형성되지 못했다. 일찍이 1900년대에 많은 변화가 있었으나, 그 당시 국문 신문의 보급과 소설 양식의 약진은 매체적 자립과 양식의 완성을 볼 단계까지 도달하지는 못했다. 1910년 강점 이후 언론·출판·문화 환경이 폐색되고 식민권력의 지배정책이 억압적 금제(禁制)로 시종하는 상황에서 한글 매체 및 글쓰기의 자립과 완성은 더더구나 먼 과제가 되었다.

3·1 운동 이전, 허약한 제국주의였던, 그렇기에 역설적으로 노골적인 억압으로 시종해야 했던 1910년대의 일본 제국주의는 조선인 사이의 언론·출판 공간 역시 거의 허용하지 않았다. 1910년 이후 신문지법에 의한 조선인의 출판 활동이 허가된 일은 전무했고[28] 대대적 금서(禁書) 조치가 보여주듯 단행본 출판의 자유 역시 철저하다시피 제약당했다. 단행본 출판 규칙에 따라 발행된 정기간행물의 존재 역시 찾아보기 어렵다.『천도교회월보』, 『공도(公道)』,『유심(惟心)』등 종교 잡지를 제외하면 1910년대의 잡지란 신문사-반도시론사 간행의『신문계』,『반도시론』과 신문관 발행의『붉은저고리』,『아이들보이』,『새별』,『청춘』이 전부라고 해도 좋을 정도다. 그 밖의 잡지 대부분은 일본에서 간행되었다.『학지광』,『근대사조』,『기독청년』,『여자계』,『삼광』,『창조』,『녹성(綠星)』등이 모두 여기 해당한다.[29]『기독신보』와『태서문예신보』의 발행인은 외국인이었으며[30] 이렇듯 궁색한 관습은 3·1 운동 후에도 남아 있었던 듯,『백조(白潮)』에 대해서는 발행인으로 이름을 빌려줄 외국인을 찾아 전전한 사연이 전해지고 있다. 1919년 1월 창간한『신청년』이 "세(世)의 언론급 문단계의 사회적 생존의 시(始)"로 스스로를 평가했을 정도로[31] 조선에서 조선인에 의해 발행되는 잡지가 사회적 생존권을 얻기란 쉽지 않았다.[32] 이 상황이 지속되었더라면 타이완처럼 일본어 글쓰기가 오히려 당연해지는 상황에까지 이르렀을지 모른다. 점령 초기 수 년 동안 타이완인은 항일무장투쟁을 전개했을 뿐 아니라 한문 사숙(私塾) 수가 오히려 늘어나는 것 같은 문화적 저항 의식을 보였고, 중국 본토의 어문혁신운동인 백화문(白話文) 운동에 호응해

461

타이완 내 문화협회에서도 역시 문학혁명을 시도했으나, 식민지 시기 전체를 통해 타이완에서 훨씬 우세했던 쪽은 일본어 매체와 일본어 글쓰기였다.[33]

신문관과 최남선, 『매일신보』와 이광수

일본의 언어와 문화와 제도를 어디까지 도입할 것인지는 1910년대 일본의 조선 통치에 있어 중요한 문제였다. 식민권력의 입장에서 "치자(治者)의 언어에 의해 피치자(被治者)를 교육하는 것"은 당연한 과제겠으나, 그 속도와 범위를 어떻게 조정할 것인 지에 대해서는 다양한 의견이 경쟁했다. 타이완과는 달리 조선은 "1,200만 이상의 대중"인데다 "조선민족이라고 하는 명확한 자각심"[34]이 있는 만큼 일본어의 전면적 강제가 불가능하다는 사실은 널리 합의되고 있었던 듯하다. 그렇다면 언어와 문자에 있어 조선인의 탈민족화(denationalization)를 어디까지 추진할 것인지가 문제였다. 일본어 해득률이 1퍼센트를 훨씬 밑돌았던 당시 일본어 학습에 이익 동기를 부여하는 '순량(順良)'의 노선에 만족할 것인지 일본 제국과 천황에 대한 충성을 요구하는 동화주의의 길, '충량(忠良)'의 노선을 택할 것인지[35] — 동화주의의 방침을 표명했으면서도 식민권력은 두 노선을 일관되게 정리해내지 못했다. 동화주의의 추진 동력이 빈약했기 때문에 더욱 그러했다. 서당을 일본어 교육기관으로 삼기 위한 순회교수제가 실시되었으나 한국인 교수 대부분이 일어 능력이 부족한 탓에 소기의 성과를 거두지 못했고, 공립보통학교의 조선인 교원조차 일본어에 능숙치 않은 상황을 타개하기 위해 교원 사이 '국어 조선어 연구회'를 조직했으나 1910년대 초중반 동안 그 성과는 지지부진했다.

그러나 일본어 능력이 돈이나 출세와 직결되는 상황이 반복되면서 일본어에 대한 자발적 학습열은 서서히 높아져 갔다.[36] 헌병보조원 중 일본어 이해자의 경우 월 1~5원을 더 받을 수 있었는데[37] 그런 유인(誘引)은 다른 영역에서도 비슷했으리라. 1910년대 후반에는 '국어' 연구회의 활동이 활발해지는 한편 일어 경시대회가 성황리에 개최되었으며, 일본어 통신 강의 회원을 모집할 때 수천 명 지원자가 몰리는 현상도 나타났다.[38] 이런 상황이 계속됐다면 식민지인들의 자발적 동의 위에 일본어 영역이 점차 확장돼 갔으리라고 예측할 수 있겠다. 이미 3·1 운동 당시에도 국제 정세를 전해 듣는 통로로는 이미 『도쿄아사히신문(東京朝日新聞)』,『오사카마이니치신문(大阪每日新聞)』등의 일본 신문이 주로 꼽혔던 터이다.

그렇다고 일본어가 조선어를 대체해간 것은 전혀 아니다. 문어(文語)의 세계에서도 그랬지만 구어(口語)로서는 더욱 그러했다. 김사량이 일본어 소설 「천마(天馬)」(1940)에서 조선어학자 이명식의 입을 빌어 지적했듯, "조선인의 8할이 문맹이며, 더구나 문자를 아는 사람의 90퍼센트가 조선 문자밖에 읽지 못한다는 사실"은 식민 말기에 이르기까지 변하지 않았다. 3·1 운동 이후 한글 매체와 글쓰기의 공간이 현저하게 확대되어 그 자체 '사회화'와 '관계'에의 욕망을 자족적으로 담지할 수 있게 된 까닭이 크다. 1910년대의 상황이 지속되었다면 한글의 사회적 공간은 고사(枯死)하기 쉬웠을 것이다. 1910년대의 매체 중 가장 큰 영향을 미친 것은 신문관 발행의 각종 잡지였으되, 그것은 중학생 정도를 상한선으로 하는 청소년 대상 잡지로 그쳤다. 『붉은저고리』,

77

78

76

신문관(新文館)에서 발행한 『청춘』(76)과 그 외 단행본들(77, 78). 신문관은 1907년 최남선이 불과 18세의 나이에 창립한 출판사다. 1908년 『소년』을 창간하여 잡지계를 혁신시켰던 신문관은 1910년대에 이르러 출판계의 독보적 존재로 성장한다. 『소년』은 1910년에 폐간됐지만 그 뒤 『붉은저고리』, 『새별』, 『아이들보이』 등 소년·학생 잡지를 연이어 발간했고 1914년에는 『청춘』을 창간했다. 젊은 세대가 읽을 조선어 출판물이 드물었던 당시 『청춘』은 그야말로 만인의 애독물이었다. 〈76〉은 창간호 표지로 조선 최초의 서양화가로 불리는 고희동이 그렸다. 그리스풍 의상을 걸친 청년이 조선을 상징하는 호랑이를 대동하고 있는 장면이다. 〈77〉의 『불쌍한 동무』와 〈78〉의 『해당화』는 각각 1912년과 1918년에 출판된 신문관의 번역소설. 『불쌍한 동무』는 『플란다스의 개』, 『해당화』는 『부활』의 번역이다. 신문관은 '10전 총서'와 '6전 소설' 등 염가에 대중적 레퍼토리를 보급하는 기획도 펼쳤지만 해외 명작을 번역하는 데도 주력했다. 국망 직후 암담한 세월 최남선을 다시 일으켰다는 『플란다스의 개』와 사회 밑바닥에서도 숭고한 매춘부 쏘냐를 앞세운 『부활』은 1910년대의 정서를 형성하는 데도 적잖이 기여했을 터이다.

3·1 운동과 문화

『아이들보이』는 아동물로서 청소년층까지 포괄했고[39]『새별』은 종종 중학생용 교재로 쓰였으며,『청춘』은 본격적으로 중학생 독자를 의식한 정도의 편차 속에서였다.[40]

물론 1910년대 신문관 발행 잡지의 영향은 결코 작지 않았다. 특히 매호 2,000~4,000부가 판매된『청춘』은 발행 금지와 강제 폐간 등의 수난 속에서도 1914~1918년 총 15호를 발간했으며[41] 최남선과 이광수를 문화적 지도자로 부각시키는 한편 1920년대 이후 문학과 사회운동을 이끌어 갈 새로운 세대를 교육하고 발탁해냈다. 1910년대의 '미성년'을 교육하는 데 있어 신문관의 역할은 막대했다. 현상문예를 비롯한『청춘』의 지면이 근대 민족어의 성립에, 또한 근대 문학의 형성에 크게 기여했음은 널리 알려져 있는 사실이다. "『청춘』에부터 현상에 응모하느라고 문장에 대한 솜씨는 익혀 두었"다는 술회[42]가 있을 정도이다.『청춘』은 일관되게 순한글을 고집한 신문관 발행 번역소설[43]과 조선광문회의 한적(漢籍) 수집 사이에 위치했으며, 스스로 '시문체(時文體)'를 창조하고 규범화함으로써 지식 청년층을 통합해가고자 했다.

『청춘』의 주역이었던 최남선과 이광수는 1910년대 중·후반『매일신보』에 있어서도 중요한 역할을 수행했다. 이광수가『매일신보』와 특별한 관계를 맺었고 두드러진 활약을 보였음은 잘 알려져 있는 대로다. 최남선 또한 1915년과 1918년 신년호에서 각각 한 면 전체를 차지하는가 하면 인터뷰와 가정 탐방의 대상이 되는 등『매일신보』에서 결코 소홀치 않은 대접을 받았다.[44] 1910년대에 두 차례의 지면 개편을 거치면서 '대중'의 수요에 적극 대응하고자 했던『매일신보』로서는 최남선과 이광수 정도가 타협 가능한 최대치였을 터이다. 민족주의적 색채에도 불구하고

465

이들은 식민권력과 공존할 수 있는 논리, 즉 조선인 자신의 "무염치"와 "정신상의 위축"을 성토하고 "문명진보의 일점(一點)"을 절대적 목표로 상정하는 시각[45]이나 "신문과 잡지와 서적과 선량한 청년회 같은 사교기관"의 교육적 효과를 청원하는 시각[46]을 갖고 있었으며, 그 준비론적이고 수양주의적인 입장의 특징상, 위협적이지만 포용할 수 있는 존재로 간주됐다. 그것은 곧 식민지적 주체의 한계선이었다.

한글운동과 문학운동, 그리고 동인지 세대

"몸이 동서남북 어느 곳에 있음을 물론하고 낯이 숙면(熟面) 초면(初面)의 지(知) 부지(不知)를 물론하고, 진실로 이 지구상에 있어서 가나다라 마바사아를 읽고 말하는 이면, 다같이 제군이 나의 형제요 내가 제군의 형제로다."[47] 1910년대의 문제적 인물 중 하나인 현상윤은 '반도'의 '형제'된 증거 중 첫 번째로 한글을 읽고 말할 수 있는 능력을 들었다. 이는 물론 "반도 일월에 얼굴을 들고 반도 강산에 정을 들이던", "반도의 하늘을 이고 반도의 한 땅을 밟던" 등과 같은, 민족적 환경에 대한 친숙성을 환유한 수사 중 하나였으나, 순정한 민족적 주체를 기획할 때 언어가 일차적 요건이라는 의식만은 분명히 보여주고 있다. 그렇다고 현상윤이 한글을 배타적으로 옹호한 것은 아니다. 같은 무렵 현상윤은 한문 문예 잡지 『조선문예』에 순한문으로 「한문불가폐론(漢文不可廢論)」을 기고, 하늘이나 땅을 폐할 수 없는 것과 마찬가지로 한문 역시 폐할 수 없음을 역설했으며, "국문 역시 한문이 있을 뒤에라야 의사소통에 지장이 없"는 의존적 성격을 갖고 있

466

다는 사실을 적시하고 있다.[48] 그 자신 한문문집 『기당만필(幾堂漫筆)』을 남길 정도로 평생 한문 글쓰기를 실천하기도 했다. 현상윤 외에도 1890년 전후에 태어나 1910년 전후에 성년에 이른 세대 중 상당수, 예컨대 홍명희나 문일평이나 변영만 등은 신사상을 탐욕스럽게 섭취하면서도 평생 성리학적 배경을 간직했으며 한문 글쓰기를 일상적으로 행했다. 최남선도 도연명(陶淵明) 한시 암송하기를 즐겼고 이광수마저 말년에는 한시 여러 편을 지었다. 이는 1900년 전후 서북에서 태어난 이들, 즉 주요한·김동인 등 동인지 세대의 주역들과는 차별되는 특징으로, 한문-한글-일본어라는 복수의 언어 사이의 운동에 있어 특수한 국면을 표시하고 있다.

　'동인지 세대'에 앞선 만형뻘의 세대, 즉 최남선·현상윤 등의 세대는 한문과 한글에 두루 정통하고 그 체계의 정비를 동시에 꾀할 수 있었지만, 1910년대를 통해 점차 영향력을 키워간 경향은 한글의 문화적 역량에 집중한 선택이었다. 조선광문회의 작업도 결국 한글 사전을 편찬하는 데 집중됐다. 1920년대 초 동인지 시대를 준비한 청년들에게 있어 한문은 더더구나 문제되지 않았다. 이들 대부분이 한학적 배경이 미약했기 때문이기도 하지만, 한문이 과거의 영광을 잃어버린 한편 동아시아의 '동문(同文)'으로서 기능 역시 일본어의 직접적 대두 속에서 상실해가고 있었기 때문이다. 반면 한글 대 일본어라는 대립 및 선택·대체의 구도가 1910년대를 통해 꾸준하게 자라났다. 그 언어적 분별은 간혹 문면(文面)으로나마 인종적 분별을 누를 정도로 강력했다. 3·1 운동 후 1920년에 발표된 제2차 조선교육령에는 '내지인'이나 '조선인'이라는 명칭이 보이지 않는다. 대신 '국어를 상용하는 자', '국어를

467

상용하지 않는 자'라는 표현이 등장하여 인종적 구별을 언어적 구별로 대체하고 있다.[49] 점진적 형식으로나마 내지연장주의를 구축하면서, 원칙상 언어를 통한 정체성의 변화 가능성을 상정하고 있는 것이다. 여기서 일본어=국어는 이항대립의 한 축인 동시 포괄적 상위 범주로 자리 잡는다. 그럼에도 '국어를 상용하지 않는 자'가 대다수라는 것은 식민권력으로서도 인정하지 않을 수 없는 현실이었다. 3·1운동 후 '문화통치'적 전환 속에서 조선어의 사회적 공간이 합법화된 것은 그런 알력의 결과이기도 했다.

1910년대를 통해 이루어진 한글운동의 본격적 시발은 이러한 전환을 예비했다. 당시 문화적 집합소 역할을 한 조선광문회를 통해 보자면, 여기에는 기성의 유학 세대라 할 '광문회 영감님들'·'회중노사(會中老師)'들이 있었다. 그러나 광문회의 실무를 담당한 것은 중·장년층으로는 박은식·유근·김교헌·주시경, 좀 더 젊은 축으로는 김두봉·이규영·권덕규 등의 인물들이었다. 후자의 젊은 세대 중 다수가 주시경의 제자였음은 주지의 사실이다.[50] 『청춘』 현상문예의 투고자 중 상당수도 주시경의 문하에서 나왔다.[51] 주시경이 주도한 국어연구학회(1908)-배달말글모듬(1911)은 '조선의 언문을 실현할 목적'하에 조직되었으되, 1910년대 당시 그 목적의 포괄성은 고전 정리나 문학적 글쓰기에까지 관심을 두게 한 것이다. 조선광문회의 활동 자체가 1915년경을 기점으로 한글·한자 사전을 편찬하는 데로 정향되어 간 것은 주시경과 그 제자들이 주도한 결과로 생각된다. 『청춘』이 주창한 '시문(時文)'은 이렇듯 한문 고전 정리와 한글 연구 및 규범화가 연속되어 있는 환경, 한글운동과 문학운동이 연속되고 있는 환경 속에서 탄

468

생했다.

　　신문관은, 또한 최남선과 이광수는 사상의 표현 매체로서 글이 갖는 중요성을 강조하고 글쓰기에 숙달하기 위해 연습기관을 가져야 할 필요를 주창했다. 최남선은 『아이들보이』 독자를 향해 "사람이 세상에 살자면 글 짓는 것이 매우 중요로운 일이외다. (…) 글을 질 줄 모르면 (…) 암만 내가 하고 싶은 말이 있어도 할 수 없을지라. (…) 일과 몸이 큰 낭패 당하게 됨을 어찌하리오"[52]라는 생각을 밝히고, 이광수는 보성학교 교장에게 "우리가 무엇이나 부족치 아님이 없지마는 제일 부족한 것이 작문인 줄 알아요. 현대에는 제 사상을 발표하리 만한 글은 누구에게든지 불가결이니까"[53]라는 충고를 남긴다. 이들의 소신은 사상–언어의 결합을 다시 제기하는 동시에 "제 사상"의 청중으로서 조선인을 설정하는 기획으로 이어졌으며, 구체적인 방책으로서 "일변 상당한 사람들 청하여 작문을 가르치게 하고 (…) 교우회보 같은 것을 발행하여 (…) 작문 연습기관을 만드는 것"을 제도화하려는 시도를 낳았다. 신문관 발행 잡지에서는 '글꼬느기'(『아이들보이』), '읽어리'(『새별』), '현상문예'(『청춘』) 등의 난을 마련해 문범(文範)을 제시하고 그 모색을 독려하는 한편, '글꼬느기'를 작문·독본 과목과 연결시키는 등[54] 학교 교육과의 연결을 적극 지향하였다. 일본인이 발행한 친(親) 총독부 매체이지만 1910년대를 통해 꾸준히 발간된 종합 잡지라는 점에서 그 최소한의 영향력을 인정해야 할 『신문계』, 『반도시론』의 경우도 창간과 동시에 "작문은 특별히 청년학생의 문예를 장려키 위하여 경향 각 학교 생도의 시험지 중에 성적이 좋은 것으로 차례차례 낼 터"임을 예고했으며 "지방에서 청년학생이 작문을 부송(付送)하시는 것이 무다(無多)"하다는

469

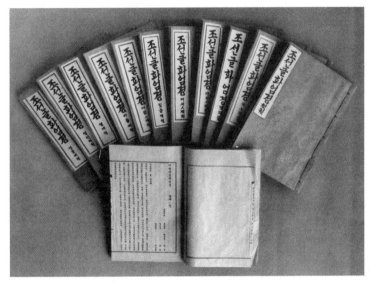

'민족대표'였던 백용성이 한글로 번역한 『조선글화엄경』. 1928년 간행되었다. 한용운과 더불어 「기미독립선언서」에 서명한 불교계 인사 중 한 명이었던 백용성은 옥중에서 천도교나 기독교의 경전이 모두 순한글인 것을 보고 충격을 받아 석방 후 '삼장역회(三藏譯會)'를 조직, 불경을 한글로 번역해 보급하는 데 힘을 쏟았다. 한용운 자신이 결혼을 했고 승려도 먼저 시민이어야 함을 주장하면서 승려의 대처(帶妻) 즉 결혼과 육식을 옹호했던 데 비해 백용성은 시종일관 대처·육식론에 반대하면서 '청정비구(淸淨比丘)'의 입지를 지지했다. 한용운의 「불교유신론」(1913)은 오늘날 불교 개혁을 위한 진지한 고심으로 평가되기보다 항일 승려의 불편한 오점 정도로 취급받곤 한다. 비구승은 수행에, 대처승은 포교에 전념하자는 이원론적 구상도 대처·육식론이 '왜색(倭色)'으로 비판받으면서 묵살됐다. 비구승 대 대처승 사이 갈등은 1961년 5·16 이후 폭발하여 현재 '비구'와 '대처'의 입장은 종파 사이 분리로 갈라져 있다. 한국 불교의 주류는 청정비구론을 기반으로 하는 조계종이다.

곤란 속에서도 '문림(文林)'란을 유지해 나갔다.[55]

한글운동에 대한 관심은 신문관과 조선광문회를 넘어 다음 세대로까지 확산된다. 한글운동과 문학운동 사이 연결점도 역시 계속 확인되는 항목이다. 3·1 운동 전후 이 두 운동 사이 연속성을 인상적으로 증거하고 있는 사례가 젊은 한글학자 이규영의 죽음을 둘러싼 정황이다. 1919년 1월 초 이규영이 세상을 뜬 후 젊은 문학가들의 행보는 빨랐다. 심훈은 타계 직후인 1월에 이미 "돌아간 이규영 선생의 전기 비슷한 것을 단편으로 만들어보려 7~8장 가량 원고를" 쓰기 시작한다. "자신이 생길 만하게 되면 『청춘』에 보낼 작정"이라고 했는데, 이때는 이미 『청춘』이 폐간된 다음이라 실제로는 『신청년』에 투고한 것으로 확인된다.[56] 그런가 하면 『학지광』 편집인을 지낸 박석윤은 '원영'이라는 이름으로 이규영을 재생해내면서, 『에반젤린』을 애독하면서도 연애를 부정하는 약관(弱冠)의 교사, "우리에게는 강력 생활이 있을 뿐"이라고 언명하는 한편 그 구체적 실현으로서 "조선 국문학을 (…) 과학적으로 연구하여 조선민족에게는 물론이려니와 세계 문화에 공헌"할 것을 다짐하는 청년 학자의 초상을 생생하게 보여주고 있다.[57] 민족과 세계의 동시적 추구라는 새로운 패러다임을 실천하는 데 있어 '민족'이라는 출발점은 필수불가결한 것이었으며, 한글은 민족이라는 주체를 언어 행위를 통해 구성해 나갈 때 주초로서, 젊은 한글학자의 죽음은 문학적 소재로 거푸 소환될 만큼 호소력 있는 것이었다.

3·1 운동 전후 한글운동과 문학운동은 인적 관계를 통해 밀접하게 결합되어 있었을 뿐 아니라 한글 글쓰기의 규범을 만들어야 한다는 목표를 의식했다는 점에서도 깊은 관련을 맺고 있었

471

다. 동인지 세대를 거치면서 문학 활동에 있어 이 목표는 간접화·원경화되지만, 한글을 성년의 언어로서 단련하지 못한 채 일본어에 먼저 노출되어야 했던 초기 동인지 세대에 있어서라면 "조선 문학의 나아갈 길은? 작풍은? 문체는?"[58]이라는 질문은 문학에 대한 질문이자 언어 자체에 대한 질문이기도 했던 것이다.

식민지의 이중 언어

사상-언어라는 연결 속에서 글쓰기가, 또한 그 중요한 축으로서 "아름다운 정(情)"이 강조되는 가운데 1910년대 중반을 통과하면서 문학적인 글쓰기는 젊은 학생들을 매혹시킨 중요한 양식이 되었다. 『청춘』이나 『매일신보』 현상문예의 인기는 이 사실을 웅변해준다. 국가가 사라진, 하여 정치적 초월을 도모하기 어렵게 된 상황에서 문학이 "'포 — '의 시집을 일부러 출판 본국에까지 주문을 의뢰"하고 하숙방에서 외국 시인의 시를 원문대로 낭송케 하는 '세계' 혹은 '보편'과의 직접 대면을 환기시킬 수 있었다는 까닭도 있었을 터이다.[59] 그러나 1919년 12월 개정 공포된 「(여자) 고등보통학교 규칙」에서 보이듯 "일본어로 자유롭게 의사를 발표할 수 있는 능력을 키우고, 문학상의 취미를 양성"하는 것과 "조선어는 보통 언어와 문장을 이해토록 하고, 간이실용적인 조선문을 쓸 수 있도록" 하는 목표는 엄격히 구별되었다. '문학'은 '간이실용'의 조선어로서는 감당할 수 없는 고급한 영역으로, 일본어 교육에 할당된 영역으로 간주되었던 것이다. 실제로 일본어를 통해 문학에 접했고 일본어로 문학을 실천하고 일본 문단에의 진출을 고민했던 청년들은 '조선어 문학'이라는 미지의 가능성

앞에서 혼란을 겪어야 했다. 한글 글쓰기의 규범이 완성되지 않았던 데 더해 한글 매체의 부재라는 악조건 또한 겹쳐 있었으므로 상황은 더욱 곤란했다. 이 상황에서, 이미 『청춘』이나 『매일신보』를 통해 한글 글쓰기의 규범 형성 과정을 목격했고 실제 글쓰기의 실천을 고무받은 청년들이 스스로 매체를 창안하는 길을 택한 것은 어쩌면 당연했다고 하겠다. 그것은 1910년대의 상황에서 한글 글쓰기가 전유할 수 있는 최대치의 공간에 해당했다. 더욱이 앞서 1900년대에 몇몇은 초보적인 언론 실천을 경험한 터였다.[60] 배재고보에서는 김기진·박영희 등이 팜플렛 등사지 『시의 구락부』를 발간했고, 휘문고보에서는 박종화와 정지현·홍사용 등이 문예 회람지 『피는 꽃』을 선보였다. 이상화는 대구에서 백기만·이상백 등과 함께 『거화(炬火)』를 찍어냈으며 유치진은 통영에서 유치환·최두춘 등과 어울려 『토성(土星)』을 냈다.[61] 여기서 동인지까지의 거리는 한 발짝에 불과했다. 다만 출판법 외부에서 등사되는 고보생 또래의 회람지와 달리 동인지가 합법화될 수 있을는지, 또한 '동인'이라는 형식 이외에 출판 시장에서의 본격적 성장과 문학 장에서의 본격적 제도화를 시동할 수 있을는지의 문제가 남아 있었다.[62]

473

그럼에도 한 발짝의 거리는 컸다. 중학생 정도를 대상으로 한 『청춘』의 자리란 여전히 많은 가능성을 사상하고 있는 것이었다. 중학 이상의 전문 교육을 받은 이들로서 스스로 작자이자 독자가 될 수 있는 매체는 1910년대 조선에 존재하지 않았다. 조숙한 중학생들조차 『새별』이나 『청춘』으로 만족할 수 없었음은 당연한 일이라 하겠다. 『기독신보』와 『매일신보』의 문예란이 방출로로서 부분적인 역할을 담당했으나, 매체의 현저한 부족이라는 현상은 절로 다른 길을 모색케 했다. 각 학교별 등사잡지의 간행은 모색의 첫 단계에 해당하겠거니와, 『창조』를 시발점으로 하는 동인지라는 형식은 학교 교육에 의해서나 매체의 소통에 있어서나 충분히 뒷받침되지 못한 한글 글쓰기가 개척할 수 있었던 최대 지점이었다. 1910년대의 상황이 계속되었더라면 한글 글쓰기는 바로 이곳, 학내의 등사지와 예외적인 동인지로서 종결되었기 쉽다. 이미 『청춘』, 『매일신보』 등의 글쓰기 장이 폐지되거나 포화에 이른 1910년대 말, 동인지 형식은 논리적인 결론이었으나 그나마 조선 내에서 계속 허용될 수 있을는지 불확실했다. "『매일신보』에 투서를 하였다가 무참히 몰서를 당하고 (…) 『학지광』에도 무슨 글을 기고를 했다가 몰서를 당한"[63], 더욱이 『학지광』 같은 매체의 경우 "문예를 학대하기로 유명"하다는 조건을 감내해야 하는 상황에서 김동인은 『창조』를 기획했거니와, 이는 이즈음 비로소 "우리말로 시를 쓰기 시작"한 주요한의 동기와 만나 완전해질 수 있는 기획이었다. 결국 3·1 운동 전야인 1919년 1월 창간된 『창조』는 일본에서 발행되었음에도 불구하고 「약한 자의 슬픔」의 정사 장면 때문에 검열 과정에서 약간의 소란을 겪었으며, 그 후에야 국내에 반입될 수 있었다.

기획은 성공적이었다. 한낱 문학청년들의 동인지에 불과한 『창조』에 쏟아진 사회적 관심은 놀라울 정도였다. 『창조』는 매호 1,000~1,500부를 판매했으며 광익서관의 후원을 받은 데 이어 한성도서주식회사의 상업적 관심을 끌었고, 한성도서와 결별한 후에는 자본금 7만 원 규모의 주식회사 설립을 도모하기까지 했다.[64] 『폐허』 역시 1,000부를 무난히 판매했다. 인기 높았던 『청춘』이 평균 2,000부, 최대 4,000부를 판매했던 상황에서 동인지가 이같은 판매부수를 기록할 수 있었다는 것은 '조선인에 의한 조선어 문학'이 1910년대를 통해 그만큼 문화적 가능성을 축적해 왔음을 증명한다.[65] 이 문화적 가능성에 힘입어 1910년대 말 ~1920년대 초에 성년에 이른 세대는 한글 글쓰기와 문학을 동시에 구성해야 할 과제에 도전할 수 있었다. 그러나 동인지 출판이 시작될 즈음 이 가능성은 말 그대로 가능성이었을 뿐, '조선어 문학'은 3·1 운동과 그 결과로서의 문화적 공간의 개방에 의해 비로소 그 근거를 마련할 수 있었다.

'국어를 상용하는' 조선인들

'국어를 상용하지 않는 자'들끼리의 문화적 공간이란 언제고 철폐될 수 있는 조건이었다. 일본인 거주 지역에서 자라나 되레 순 조선어를 더듬거렸다는 이봉창의 내력[66]은 1920년대부터의 일이고, 일본인처럼 말하기 위해 안간힘을 쓴 나머지 정작 가족과 대화할 때 조선어를 더듬거렸다는 소설 『녹기연맹(綠旗聯盟)』의 주인공 같은 사례[67]는 식민 말기에 이르면 어렵지 않게 발견된다. 폭력적 강압이 노골화되지 않은 상황에서도 '국어 상용'이란 특권의 표지였으며, 강압이 노골화될 때라면 '국어 비상용'의 권리는 단번에 박탈될 수 있었다. '국어 상용'이 궁극적 전제가 되어 있는 한에서 한글 글쓰기의 불안정성은 기원에서부터 잠재해 있을 수밖에 없다.

다시 말하자면 식민지시기 한국문학에 있어 일본어 글쓰기는 한번도 망각된 적 없었던 가능성이라 할 수 있다. 일본어 글쓰기에의 욕망은 한번도 완전히 철회되지 않았다. '민족시인'으로

불리는 김소월은 미발표 원고로 일곱 편의 일문시를 남기고 있으며[68] 1930년대 시단에 일대 센세이션을 일으킨 정지용은 명성 높은 기타하라 하쿠슈(北原白秋)의 주목을 받으면서 먼저 일본어로 시를 발표했다. 일찍이 1910년대에 황석우는 미키 로후(三木露風)의 추천을 받아 일본어 시를 잡지에 발표한 바 있었다고 하며[69] 1920년대 초에는 『씨뿌리는 사람들』에 평론을 발표한 김중생이라는 이름과 장편 『정처 없는 하늘가(さすらいの空)』를 상재한 정연규의 이름이 확인된다.[70] 이광수의 「사랑인가」에서부터 보이듯 조선인의 일본어 글쓰기란 등장인물 사이에서부터 비대칭을 전제하고 있었음에도[71] 또한 일본인이 쓴 조선 관련 소설에서도 마찬가지 비대칭이 여실함에도 불구하고,[72] 즉, 식민지와 제국 사이의 비대칭이 제국의 언어로 발화할 때조차 사라질 수 없었음에도 불구하고, 식민지를 일부로서 포괄하는 제국의 '보편적' 위력은 항존했던 것이다.

맥락은 좀 다르지만 프롤레타리아 문학운동에서는 "제국주의 국가의 국어를 배제하고 모국어·민족어를 창작적 실천의 기초로 삼"으라는 노선이 있었음에도[73] 잘 알려져 있는 백철이나 김용제 외에 김희명이나 한식 등도 일본 문단에 참여했다. 해방 후에도 손창섭·장용학 등의 전후세대는 일본어와의 고투 속에서 소설을 썼으며, 김수영은 1960년대 말까지도 일본어로 일기를 쓰는 한편 일본어로 먼저 쓴 뒤 한국어로 번역하는 과정을 통해 여러 편의 시를 창작했다고 전해진다. 식민 말기 장혁주와 김사량 등의 일본어 글쓰기는 이 긴 선상에서의 한 지점에 불과하다. 이 점에서 "한국 근대문학사는 그 출발부터 이중언어적 상황에 놓여 있었다고 해도 과언이 아니다."[74] 그럼에도 불구하고 3·1 운동 이후

476

제2차 세계대전에 이르기까지 한국문학은 한글-민족문학을 정상태로 여길 수 있었고, 그에 따라 그 바깥의 역사를 지속적으로 소외시켜 왔다. 3·1 운동 이외의 역사에 그만큼 맹목이었다고도, 민족주의 외 3·1 운동의 다른 측면에 그만큼 맹목이었다고도 할 수 있다. 그러나 3·1 운동을 잘 읽기 위해서라도 그 전후를, 맥락을 기억하는 일은 필요하고 또 소중하다.

이중어

3장.
낭만

문학청년, 불량의 반시대성

동무여
우리가 만일 개이거든
개인 체하자
속이지 말고 개인 체하자!
그리고 땅에 엎드려 땅을 핥자
혀의 피가 땅속으로 흐르도록,
땅의 말이 나올 때까지…….

동무여 불쌍한 동무여
그러고도 마음이 만일 우리를 속이거든
해를 향하여 외쳐 물어라
"이 마음의 씨를 영영히 태울 수 있느냐"고
발을 옮기지 말자 석상(石像)이 될 때까지.

/ 조명희, 「동무여」(1924)

'3·1 운동 세대'로서의 『백조』 동인

"여러분이 오시니 종로거리가 새파랗구려."[1] 소파 방정환의 말 그대로, 1920년대 초 이른바 동인지 문단 시대를 이끈 주역 중에서도 『백조(白潮)』 동인들은 유독 젊었다. 『폐허』의 오상순·남궁벽·염상섭 등도 20대 중후반에 불과했지만, 『백조』의 경우 주축인 "빙허·석영·월탄·회월은 모두 스물 한두 살"로 1900년생이나 1901년생이었으니 젊다기보다 자칫 미숙하게 느껴질 정도다. 같은 또래인 김동인조차 『백조』에 대해 "거기는 아직도 학생 기질이 많이 남아 있었다"고 술회했으니 말이다.[2] 김동인이 지적한 '학생 기질'은 "술을 먹었다. 술을 먹고는 놀러 다녔다. (…) 기생네 집에를 다녔다. (…) 요릿집에서 기생들을 앞에 놓고 문예를 논하였다"는 것으로 요약된다. "창조파에서는 기생의 집에를 놀러 다녀도 (…) 유흥 이외의 다른 일을 기생 앞에 운운하는 것을 어린 것이라 하여 피하였는데 반하여" 『백조』 동인은 무분별하게도 기생과 더불어 예술을 떠들었다는 것이다. 생기발랄한 『창조』, 침착·음울한 『폐허』와 구별되는 『백조』의 특색은 이렇듯 "보헤미안과 유사한 점", "창조파의 밝은 면과 폐허파의 방랑적 면을 합친 것"에 두드러진다. 동인지 문단 시대로 통칭되는 1920년대 초반에서 굳이 『창조』와 『폐허』와 『백조』를 구분 지은 김동인의 감각을 전적으로 신뢰하기는 어렵다 해도, 미와 예술의 가치를 '동인(同人)'[3] 사이의 신성성으로 한정시킨 『창조』나 『폐허』와 달리 『백조』가 문학에 대해 조증(躁症)에 가까운 과시욕과 다변증을 갖고 있었다는 사실은 기억해둘 수 있겠다.

동인지 문단 시대를 이해하는 데 있어 『백조』의 '학생 기질'이 던지는 시사는 특별하다. 이 시대를 평가할 때 혼란과 착종이

481

『백조』에 대해 유난한 것이며, '이광수 류의 계몽주의 — 동인지 시대의 순문학주의 — 신경향파와 KAPF 문학'이라는 문학사의 일반적 해석에 있어 『백조』의 의미가 각별한 것이며, 당시 문학계에 대한 회고와 증언에서 『백조』의 인상이 절대적인 것 등의 여러 정황이 예의 '학생 기질'과 연관되어 있는 듯 보이기 때문이다. 일찍이 문학사 서술의 초기 단계에 있어 동인지 문단 시대는 '잡다성의 바다'·'모색 시대'·'무이상 시대' 등의 평가를 받은 적이 있거니와 이런 시각을 비판하고 "이광수 시대와 신경향파 문학과의 전체적 발전적 연결의 관절"로서 이 시대를 설명하려 한 임화조차 『백조』에 대해서는 "낭만적 세기말의 잡다한 경향", 상론하자면 "허무주의·다다이즘·낭만주의·유미주의·악마주의·감상주의 등등"의 혼류를 인정하지 않을 수 없었다.[4] 『창조』와 『폐허』의 문학사적 의미나 그를 통해 배출된 문인의 경향이 비교적 일관되게 정리될 수 있는 반면 『백조』의 의미와 경향이란 혼잡하기 짝이 없다. '학생 기질'로써 문학을 접했다는 지적과 상통할 법한 이런 특성 때문에 『백조』는 동인지 문단 시대에 대한 혼란을 조장하는 데 결정적인 변수였으며, 자연주의와 낭만주의와 데카당스 사이의 관계를 가리는 데 있어 핵심적인 굴절의 효과를 담당해왔다.

『백조』 동인은 고등보통학교 재학 중에 3·1 운동을 경험한 '3·1 운동 세대'에 속한다. '동인지 세대'로 통칭돼 온 세대 전체가 광의(廣義)의 3·1 운동 세대에 속한다 할 수 있겠지만 『백조』 동인의 경우 그 연관 양상이 한층 직접적이다. 『백조』 동인은 3·1 운동 당시 휘문고보와 배재고보에 재학했던 인원이 중심으로, 휘문고보-『문우』 계열과 배재고보-『신청년』 계열의 통합체였다 해도 과언이 아니다.[5] 3·1 운동은 4·19처럼 학생층이 절대적 역할을 한 봉기가 아니었고, 따라서 '4·19 세대' 같은 뚜렷한 세대론적 명칭을 남기지 못했지만, 3·1 운동을 일종의 성인식으로서 경험한 청년들의 세대적 특이성은 명백하다.• 대부분 유학 중이었던 『창조』, 『폐허』 동인들과 달리 1919년 당시 국내 중등학교에 재학 중이었던 『백조』 동인들은 시위 행렬에 동참해 시내를 누볐고, 유치장에 갇혀 며칠을 보냈으며, 이후 여러 달 학교가 휴교 중인 동안 또래들과 어울리며 성년을 맞았다.

휘문고보의 홍사용과 박종화와 안석영(안석주), 배재고보의 김기진과 박영희는 1919년 3월 1일 서울 시내를 행진했고 3월 5일 학생 시위에 참여했으며 선언이나 격문류를 배포하기도 했다. 일본 유학을 위해 출국길에 오른 나도향, 중앙학교 수료 후 고향 대구에 머물고 있던 이상화, 후일 의열단원이 된 형 현정건과 함께 상해에 체류 중이던 현진건, 미술 부문을 담당한 김복진·원우전이나 초기에 배척된 이광수·노자영을 제외하더라도 동인들 사이에 3·1 운동에 대한 경험차가 없지 않았으나, 그런 차이를 넘어 『백조』 동인 일반을 '3·1 운동 세대'로 명명해볼 수 있다고 여기게 되는 근거다. 이미 성인으로 자부

• '4·19 세대'나 '386 세대'라는 명칭이 당시 대학생 집단을 특권화하는 결과를 가져오듯 '3·1 운동 세대'라는 명칭 역시 당시로서는 극소수에 불과했던 고등교육 수혜 집단을 특권화하는 효과가 있다. 『백조』를 그 핵심에 두고 배재와 휘문이라는 양대 사립 고등보통학교를 강조한다면 더더욱 그러할 것이다. 여기서는 이 문제를 더 다루는 대신 문학가 중에도 조명희처럼 고등교육 경험을 "유한계급 청년의 사탕 핥는 생활"이라고 비평한 이가 있었고, 배재고보 출신 가운데서도 송영(송무현)처럼 『백조』를 "부르주아 반동 문예잡지"로 비판한 사람이 있었다는 사실만을 기록해둔다. 또 하나, 최서해의 경우 3·1 운동기 기록이 상세하지 않지만, 그의 소설에 반복되는 모티프가 자전적이라고 가정한다면, 생활로부터 자유로웠던 학생층과는 달리 최서해는 면 서기로 집안 생계를 책임지면서 3·1 운동을 기피했던 것으로 보이는데, 그렇듯 강렬했던 '생활'의 낙인이 이후 신경향파 문학의 선구자로서 그의 소설에 고스란히 재생된 게 아닐까 하는 생각을 덧붙여 둔다.

483

하면서 일본 유학생의 처지로서 3·1 운동을 겪은 다른 잡지 동인들 —『창조』의 김동인·이동원(이일)·주요한 등이나『폐허』의 염상섭·오상순·황석우 등 — 과 '학생 기질'을 갖고 3·1 운동을 겪은『백조』동인들 사이에는, 비록 그 연령이나 경험의 양태가 비슷하더라도 3·1 운동의 영향을 받아들인 각도와 강도에 적잖은 차이가 있었던 듯 보인다.

배재고보 3년생, 김기진의 봄

1919년 3월 1일, 4학년 진급을 앞두고 있던 배재고보생 김기진은 다른 학생들과 마찬가지로 반장의 말에 따라 탑골공원 독립선언식에 참석한다. "그날 밤부터 (…) 반장의 하숙집으로 가서 다른 동지들과 함께『독립신문』을 만들"기도 했고 3월 5일 아침에는 "'대한문 앞으로 모이라'는 쪽지를 열댓 장 반장으로부터 받아가지고" 거리에서 나눠주기도 했다. 당연히 당일 남대문 앞 학생 시위에 참가했지만 "일본놈 경관이 (…) 불문곡직 붙들어버리는" 통에 꼼짝없이 경찰서로 끌려가고 말았다. 단순 가담자로 분류돼 사흘 만에 유치장에서 풀려난 후에는 낙향하여 여러 달을 보냈다. 그러나 가을에 휴교령이 해제되기까지 김기진과 그 주변의 분위기는 몰라보게 달라져 있었다. "그해 9월 제 2학기가 시작되고 우리가 모두 학교로 돌아오기까지 6개월 동안에 나뿐만 아니라 모든 학생들의 정신이 크게 변했다. 대부분의 학생들이 머리를 깎지 않고 길렀으며 담배를 피우며 술을 마시는 것이 표면상으로 변화된 점이라면, 선생님 앞에서 자기 의견을 주장하며 굽히지 않고 맞서는 버릇이 내면 정신의 변화였다. 무엇이 옳고 무

484

엇이 그르다는 것을 따져가지고 학생들이 모두 옳다고 생각하기 전에는 선생님의 명령이라도 굴복할 수 없다는 것이 두드러진 경향으로 나타났다."[6]

김기진의 경우 3·1 운동기 고향에서 별다른 활동을 하지는 않았다. 여느 방학 때처럼 아버지의 안동 김씨 족보 내력을 듣고 또 들으며 시간을 보냈을 따름이리라. 유명한 유관순을 비롯해 귀향 후 지역에서 만세시위를 조직하는 데 기여한 학생들이 여럿 있었으나* 보다 다수가 택한 것은 관망과 숙고 쪽이었던 듯 보인다. 그럼에도 3월 1일 탑골공원에서, 3월 5일 남대문역 광장에서 출발해 수천 명이 함께 시내를 활보하고 몇 시간 동안 "만세!"를 외쳐대며 거의 해방을 구가했던 경험은 이 세대에게 평생토록 흔적을 남겼다. 3월 5일 이후 시위 열기가 지방으로 옮겨가고 진압 양상 역시 폭력화된 반면 3월 초 서울에서의 시위는 비교적 평화로운 가운데 치러진 만큼 '해방'의 실감은 더 깊었을 것이다.

3·1 운동 후 배재고보에 복교(復校)한 김기진은 몇 달 지나지 않아 일본 유학길에 오른다. 신문보급소에서 숙식하면서 배달부 노릇을 하기도 하고, 열정적 연애에 몸 바치기도 하고, 일본 지식인들을 찾아다니기도 한 것이 그의 3년간 도쿄 유학 생활이었다. 릿쿄(立教)대 영문과에 적을 두고 가외로 프랑스어와 독일어도 배웠다. 본래 "저 무지개빛으로 찬란하게 빛나는 예술의 궁전속에 들어가서 초연하게 살고자" 했던 청년은 나카니시 이노스케(中西伊之助)의 소설을 읽고 고마키 오미(小牧近江)와

* 휘문고보생 김장환이 제주도 조천리 봉기를 주도한 것을 비롯해 경성여자고보생 최은희가 형부 송흥국과 함께 황해도 백천 시위를 이끌고 세브란스의학전문 학생 배동석이 고향 친구들과 함께 경상남도 김해 시위를 전개하는 등, 귀향 학생들의 지방 활동 사례는 풍부하다. 여기서 든 사례는 모두 군 단위 이상에서의 최초 봉기를 귀향 학생들이 촉발한 데 해당한다.

낭만

486

「백조」동인이자 토월회(土月會) 회원이었던 원우전이 만든 무대장치. 김기진
역시 1922년 봄 창립된 신극단체 토월회의 중요 성원이었다. 토월회가
국내에서 제1회 공연을 가진 것은 1923년 6월. 이 공연은 여러 면에서
큰 실패로 끝났다. 처음 올린 박승희 원작의 창작극 〈길식(吉植)〉은 비
교적 호평이었으나 두 번째 레퍼토리로 올린 버나드 쇼의 〈그 남자가
그 여자의 남편에게 무엇이라 거짓말을 했나〉에서 주연 배우들이 대사
를 잊고 무대를 중도에서 포기해버린 것이 패착(敗着)이었다고 한다.
그러나 "안방·마루·부엌이 있고 마당에 장독대가 즐비한" 원우전의 무
대미술은 놀랍도록 세밀하고 입체적인 묘사로 관객의 감탄을 샀다. 원
우전은 이후 1950년대까지 대표적 무대미술가로 활약한다. 〈80〉의 배
경은 극단 호화선(豪華船)에서 1937년 5월 상연한 〈내가 사랑하는 사
람들〉의 무대장치. 무대미술 담당자는 일찍이 「백조」동인이자 토월
회 회원이었던 원우전이었으리라 추정되고 있다.

아소 히사시(麻生久)를 만나면서 달라지기 시작한다. 나카니시가 조선의 현실을 핍진하게 묘사해 낸 데 충격을 받고, 고마키를 통해 유럽의 클라르테(Clarté) 운동을 접하고, 아소가 권하는바 "대학을 더 다녀서는 무얼 합니까. 조선에 돌아가서 (…) 씨를 뿌리시오"라는 말에 자극받아서, 1923년 5월 귀국한 후에는 프롤레타리아문학의 선구라 할 문장을 발표하기 시작한다.[7] 김기진이 박영희가 활동 중이던 『백조』에 동인으로 가담하고, 배재고보 시절부터의 절친한 벗이었던 그를 프롤레타리아 국제주의의 방향으로 설득해 낸 것은 그 직후의 일이다.

휘문고보 3년생, 정지현의 문학과 노동자대회

휘문고보생 정지현은 후일 문학가로 이름을 날린 박종화나 홍사용과 가까웠다. 그 자신 문학에의 취미와 소질을 적잖이 갖고 있었다. 박종화·홍사용 등이 『피는 꽃』을 발행할 때는 참여치 않았지만 문우회(文友會)에는 한몫 끼었다. 박종화가 한국 근대문학의 요람으로 꼽은 바 있는 바로 그 문우회다. 3·1 운동 당시 문우회는 교사 박중화가 회장 역할을 맡고 신석우·권덕규·이선근 등 후일 학계·언론계·정치계에서 활약한 인물들 외 박종화 본인과 정백·정지용이 참여하고 있었다고 한다.[8] 마치 4·19 세대 문학의 전개에 있어 서울대 문리대가 각별한 역할을 수행했듯 3·1 운동 이후 문학의 추이에 있어서는 휘문고보가 특별한 역할을 했다고 주장하고 싶어한달까.* 자기중심적 회고요

* 문학 외 정치·사회 및 문화·예술 분야에서도 3·1 운동 세대의 궤적을 좇아볼 수 있을 것이다. 예컨대 서양화 교육 및 전람회 개최를 목적으로 1919년 11월 발기한 고려화회는 서울 시내 고보생들이 중심이 돼 조직한 단체였다. 『백조』 동인이

평가이기는 하겠으나 박종화의 자부심에 근거가 없는 것은 아니다. 1900년대 신소설과 역사전기물의 유행을 지나, 1910년대 번안 가정소설 레퍼토리와 이광수·최남선의 이른바 2인 문단시대를 넘어, 3·1 운동 직후인 1920년대 초기 문학에 있어서는 서북 출신-일본 유학생의 역할을 중요하게 보는 것이 문학사의 통설이지만, 이후 문학사 전개에 있어서는 서울 시내 고등보통학교, 특히 휘문고보와 배재고보의 역할이 적지 않다. 휘문고보의 박종화·정지용·홍사용, 배재고보의 김기진·나도향·박영희·박용철·박팔양·송영(송무현)·최승일 등 이 무렵의 재학생들은 몇 해 지나지 않아 문단의 중진으로 활약하기 시작했다. 3·1 운동과의 특별한 관계라는 점에서도 이 세대는 주목해볼 만하다. 이들 대다수는 3·1 운동에 적극 참여했고 일부는 옥고까지 치렀다. 박종화의 경우 3·1 운동 하루 전 독립선언서 30매를 받아 주변에 전달했으며, 이후 연말 가깝도록 "독립신문을 지하에서 배포"했다고 한다.[9] 송영과 박세영은 『자유신종보(自由晨鍾報)』라는 신문을 편집·발행했다.[10]

정지현은 그런 젊은이 중 하나였다. 그러나 3·1 운동기를 보내는 데 있어 그의 경험은 김기진이나 박종화의 그것과는 조금 달랐다.[11] 그의 이름은 먼저 3월 22일 서울 노동자대회와 더불어 전한다. 수백 명 노동자들이 모여들어 조용하던 서울을 뒤흔들어 놓은 노동자대회. 정지현은 이 집회를 기획·주도하는 데 참여했다. 노동자들이 전체 인원의 절반에 못 미쳤다 하니 학생들도 꽤 있었을 텐데 정지현 외 학생 참여자로 이름이 전하는 것은 조선약학교의 김공우뿐이다. 김공우는 기소·신

되는 안석영 외 박영래·강진구·김창섭·이제창·장발(張勃) 등이 발기인으로 참여했다.

488

문당하고 실형에 처해진 반면 정지현의 경우 그런 기록은 없다. 실제로는 함께 노동자대회를 준비했으리라 짐작되는데, 김공우는 심문관(審問官)에 답하면서 주도적 역할을 한 것은 정지현 쪽이라고 주장했다. 3월 17일경 정지현이 먼저 접근하여, "경성에서 학생이 주동하여 조선독립운동을 개시하였으나 힘이 미약하여 이 기회에 노동자계급의 지원을 받지 않으면 당초의 목적을 달성하기 어려우니 (…) 『노동회보』라는 인쇄물을 각 곳 노동자에게 배부하여 이들에게 독립운동을 권유하라"면서 『노동회보』를 교부했고 노동자대회 개최를 지시했다는 것이다. 정지현 자신의 글에 "기미(己未) 춘삼월 풍랑에 표류를 당하"였다는 구절은 이때 체포당한 경험을 가리키는 것으로 보인다. 감옥살이를 했겠지만 기소는 면할 수 있었다.[12]

　　『노동회보』를 발간하고 노동자대회를 주최한 정지현 — 박종화와 홍사용의 친구였다는 그는 과연 어떤 인물인가? 그의 생애는 파란만장하다. 그는 1899년 강원도 김화군 김화면 운장리 출생으로 『조선지광』 기자를 지냈으며 1931년 치안유지법 위반으로 실형을 선고받은 바 있다.[13] 3·1 운동 후에는 주로 정백(鄭栢)이란 이름으로 활동했다. 해방기에 발행된 『조선연감 1947~1948년』판에서는 그가 서울청년회 청년총동맹의 간부를 역임하고 제1차 공산당사건으로 7년간 옥살이를 했으며 이후에도 여러 차례 투옥된 바 있다고 돼 있다. 해방기에는 건국준비위원회에서 활동하는 한편 민전(民戰) 중앙위원을 지냈다고 한다. 『개벽』의 1926년자 기사에서는 정백이 1923년 이성태·송종건 등과 더불어 민중사를 조직했고 1924년에는 조선노동총동맹 및 조선청년총동맹을, 1925년에는 전진회를 조직했다고 쓰고 있다.[14] 해방기에는 여운형의 측근으로서 송진우와 여운형 계열 합동을 위해 노력했다. 박헌영과 거리가 있어 조선공산당 주류가 아니었음에도 해방기에는 좌익 거물로 취급됐던 듯, 1949년 체포·압송될 때의 사진도 남아 있으며[15] 해방 후 한국전쟁기까지 좌익 검거의 역사를 기록한 '표적' 시리즈 중 한 권이 그에게 통째 할애돼 있기도 하다.

박종화의 회고로는 자신이 정지현을 만난 것은 그가 버린 습작 원고를 우연히 발견했을 때라고 한다. 문장이 일품이라 교유(交遊)를 청했는데 마침 집도 가깝고 해서 급속히 친해졌단다. 문우회에 가입할 때도 서로 뜻을 맞췄을 텐데, 작가로 입신할 마음도 있던 게 아닐까 싶다. 홍사용·박종화·정지용 등 그 또래의 많은 휘문고보생들이 실제로 문학을 평생의 업으로 선택하고 작가로서 이름을 남겼다. 반면 정지현이 택한 길은 달랐다. 3·1 운동으로 유치장 신세를 진 후 풀려나 친구 홍사용의 본가에 함께 낙향해 있다가, 이후로는 언론계에서 활약하는 한편 사회·정치운동에 투신했다. 해방기에 체포되어 '전향', 한국전쟁 중 북한 군대에 의해 처형당할 때까지 정지현은 사회주의 활동가로서의 전형적 생애를 살아간다. 그가 한국문학사에 이름을 남긴 것은 주로 홍사용 및 박종화와의 관계 속에서다. 홍사용의 경우 "본격적으로 문학을 시작한 것은 3·1 운동에 참가하여 일경에 체포되고 3개월간 옥살이를 한 후 풀려나, 친우 정백과 함께 (…) 『청산백운』이라는 합동 수필집을 쓴 때부터"였다.[16]

『청산백운』은 정식 출판된 책이 아니라 정지현·홍사용 공동 명의로 각각 2~3종의 수필을 원고지에 정서한 후 표지를 붙여 묶어낸 책자다. 이 책자 첫머리에는 정지현의 아호(雅號)인 '묵소(默笑)'로 서명돼 있는 1919년 8월 1일자 머리말이 실려 있다. 정지현에 따르면 3·1 운동으로 파란을 겪다 홍사용의 고향인 용인 인근에 내려온 것은 1919년 6월로, 이후 그들은 몰이해 속에서도 "백의인(白衣人)과 낙원을 같이 건너가려고" 애쓰고 있는 중이다. 좀 더 길게 본문을 인용해보면 다음과 같은 문장이다. "학해(學海)에 동주인(同舟人)이 되어 기미 춘삼월 풍랑에 표류를 당하고 이리저리 떠다니다가 다시 한곳으로 모이니 곳은 화성(華城) 양포(良浦)요 때는 동년(同年) 6월이라. 주인은 소아(笑啞)요 과객은 묵소(默笑)러라. / 그들은 항상 남모르는 웃음을 웃으며 무시로 청천(靑天)에 떠가는 백운(白雲)을 수연(愁然)히 바라본다. / 촌사람들은 가리켜 불가사의인(不可思議人)이라고 조소한다. 그 많은 사람에도 그 두 사람을 알아주는 사람은 그 두 사람밖에 없다. 그 두 사람은 해 저물어 가는 강가에서 울고 서 있는 백의인과 낙원을 같이 건너가려고 손목을 마주잡고 배 젓기에 바쁜 그들이다."[17]

  3·1 운동 이후 조선인들의 사회·언론·문화 공간이 열렸을 때 정지현은 잡지 기자로 전신(轉身)했다. 처음에는 지방 유지 이병조가 자금을 댄 문흥사라는 출판사에서 근무했다. 여기서 낸 잡지가 『서광』, 『문우』 등이다. 특히 『문우』에서 정지현은 주필을 맡아 활약했다.[18] 여러 편의 글도 남겼지만 문학적 문장은 거의 쓰지 않았다. 『문우』 창간호에 발표한 단편소설 「21일」 정도가 고작이다. 1920년 1월 1일자로 서명된 「21일」은 말단 관리인인 젊은 가장의 생활고를 다룬 짤막한 소설이다. 자유연애 풍조에 비판적으로 접근하는 한편 3·1 운동 전후 유행어였던 '번민'과 '비애'를 진단하는 데 있어 실생활과의 연관을 강조하는 면모가 흥미롭다.

그러나 주인공 정수는 구여성인 아내 정희를 지식으로 단련시키면서도 총독부 말단 관리로서의 역할 자체에 대해서는 별 회의를 드러내지 않으며, 생활고로 인한 고민을 해소하는 데 있어 사랑과 종교에 의지한다. 정수의 마지막 말은 종교색 짙은 자족적인 대사로서, "우리는 아무쪼록 하나님 사랑에서 죽지 않고 영원히 살 터이니까 에덴동산 속에 가서도 둘이 손목을 잡고 지낼 것이니까…… 나는 참으로 사랑에는 만족"한다는 것이다.[19]

3월 1일 이전, 외롭게 죽어갈 때 민족은

3·1 운동은 좌우를 막론하고 이후 운동의 수원지였을 뿐 아니라 사상·지식·문화의 발원지였다. 개인과 공동체의 생애에 있어 도드라진 불회귀점으로서, 3·1 운동은 1910년대의 문화 변동을 계승하면서도 그것과 근본적으로 다른 장을 열어젖혔다. 3·1 운동 이전, 전근대적 왕조-가족-촌락 유대가 끊기고 1900년대식 애국주의도 불가능해졌던 1910년대에, 개인은 저마다의 생물학적 실존을 움켜쥐고 홀로 남겨졌던 바 있다. 전근대에도 1900년대에도 속박되지 않았던 도시 청년들, 특히 유학생들이 그러했다. 당연히 '죽음'을 화두로 한 1910년대의 문학 텍스트는 적지 않다.[20] 장티푸스에 걸려 숨진 친구의 사연이나(현상윤, 「박명」), 층(層) 하나를 사이에 두고 하숙집 여주인의 죽음을 생생하게 경험하는 주인공(진학문, 「부르짖음」)이 대표적이지만, 『태서문예신보』에 아나크레온(Anakreon)의 시 「죽음의 공포」나 롱펠로우(H. W. Longfellow)의 시 「무덤」이 번역된 등의 현상을 보면 해외 원천을 통해서도 '죽음'이라는 주제가 적잖은 흥미를 끌었음

을 짐작할 수 있다.

급변 중인 세계에서 새로 발견된 죽음은 무엇보다 고통스럽고 허망하다. 「부르짖음」은 6개월 동안 복막염을 앓아온 하숙 여주인이 숨을 거두는 날, 그 마지막 밤을 묘사한다. 이날 화자 순범을 찾아온 친구 박(朴)은 믿어왔던 사랑과 우정을 동시에 잃었다고 탄식하고, 고국에서는 오랜 벗이 죽었다는 전보가 날아든다. 친구의 죽음을 통지받았을 때부터 "아무의 낙도 없고 아무 빛도 없는 그의 단조한, 고적한 생활"이 어떤 의미가 있었는지 회의하면서 삶이란 긴 침묵 속 짧은 부르짖음, 깊은 어둠 속 잠깐 스친 빛과 같다고 느끼고 있던 화자는 침묵–어둠과 죽음을 동일시한다. "나도 얼마 아니 있다가, 그 측량할 수 없는, 무서운, 캄캄한 어둠 속에 빠지겠고나! 찬, 얼음과 같이 찬, 한없는, 긴 침묵에게 삼켜지겠고나!" 바로 그때 마지막 숨을 거두면서 일본인 여주인은 도둑 잡으라는 헛소리를 내지른다. "더러운 돈과 거짓 사랑" — 연약한 부르짖음이요 찰나의 불빛에 불과한 생에서 기껏 남기는 것이 돈과 애욕에 대한 집착에 불과하단 말인가? "지금까지 해 내려온 생활의 심볼"을 보는 듯 화자는 두려움에 떤다. 짧고 허망한 생애도, 그 생애에서 어떤 의미나 가치도 찾을 수 없다는 사실도 가공할 만한 발견이다. 이러한 발견을 촉구했던 죽음이라는 운명 혹은 환경은 "습하고, 누른, 숨이 막힐 듯한" 안개 낀 밤으로 환치된다.[21]

죽음으로 압축되는 생의 고통 앞에서는 '사랑'도 무의미하다. 참된 동정이 최고의 자선이라는 요지로 정리될 법한 투르게네프의 산문시 「걸인」이 몇 번이나 번역되고 아류작까지 낳은 시절이었지만, 한편으로는 사랑의 일방성과 허구성을 묘파한 같은 작가의 단편 「밀회」도 『태서문예신보』, 『삼광』, 『생장』 지면에 반복 게재되었다. 모파상(G. de Maupassant)의 수상 「고독」이 『태서문예신보』, 『창조』에 실리고 러시아 작가 솔로구쁘(F. Sologub)가 『태서문예신보』 발간 내내 지면을 장식한 데서 알 수 있듯, 생의 고독과 비애와 허무란 1910년대를 짙게 지배한 정념이다. 솔로구쁘의 예를 통해 보자면, '생의 공포'가 지배하는 가운데 작가는 세계란 냄새 나는 동물원에 불과하며 인간은 우리에 갇힌 수인이라는 니힐한 결론에 이른다. "생! 나는 원치 아니하노라. 다만 이를 없이하지 않을 뿐"이라는 데서 보이듯 '생의 공포'는 죽음의 공포 못지않게 크다.

후일 임노월은 솔로구쁘를 『작은 악마』의 작가로, 악마주의의 일파로 분류하지만[22] 김억에 의해 최초로 소개된 맥락에서는 솔로구쁘 문학의 공포와 염세가 한결 중요한 색채였다. 삶의 무의미와 부조리, 혹은 고독과 비애 ─ 그 심상은 암흑과 냉기로 상징된다. "생존의 무서운 고통은 우리가 영원히 고독이라는 데서 생긴다"[23]거나 "내 재산의 전부는 고통과 비애"라는 등의 인식이[24] "나는 빙(氷)세계에서 생활하노라 (…) 사막을 여행하노라"[25]로 재진술되곤 하는 것이다. 죽음이 위안과 동경의 대상으로 다가오는 것은 이때, 암흑·사막·빙세계 한복판에서이다. "하루바삐, 저─리로, 광명한 곳으로, 가는 것이, 나에게는…… 나에게는, 더 즐거워요…… 나의, 그리운 곳은, 저…기 저곳뿐이에요…… 조금이라도, 이 세상에, 더 있을수록…… 더 많은 괴롬밖에…… 나는, 저─리로!"[26] ─ 연애 갈등과 신경쇠약 끝에 자살하는 주인공은 부르짖고, "아름다움의 끝인/ '죽음'"을 부르면서 시인은 "'생'은 보기 싫은 희극/ '사(死)'는 아름다운 비극/ '생'은 펄럭이

는 초ㅅ불/ '사'는 빛나는 금강석"이라는 대구를 노래한다.[27]

　죽음도 공포스럽지만 생은 더욱 그러하다는 이 지점에 이르면, 죽음이 위안이자 일종의 미(美)로 고양되는 동시, 제1차 세계대전을 목격하면서 심화된 비관이 삶의 일반적 감각으로까지 자리잡는다. "과거는 추오(醜汚), 타락, 공포, 고통, 비애, 고독이었으니 장차 오려는 미래도 또한 이런 것이리라마는."[28] "인생은 (…) 허위와, 공포와, 교만과, 싸움과, 울음에 싸여서, 캄캄한 죽음 속으로 다투어 이끌려가다."[29] — 인용문의 표현마따나 '공포, 고통, 비애'라 이름 붙임직한 이 새로운 심리는 청년 학생층 전반을 장악하지는 못했을지언정 일부를 뿌리부터 흔들어 놓았고, 민족주의와 지도자의식이 버티는 한켠에서 개인과 내면에 대한 관심이 자리 잡게끔 했다. 삶이 공포·고통·비애라는 관점에서 보면 역사와 세계 또한 무한대로 확산된 시공간으로서 무미(無味)한 연장(延長)이요 반복에 지나지 않는다. 문명론적 진보의 관념이 사라진 자리에 이 시공간 개념은 썩 적절하다. 그러나 '죽음'이 문학적 주제의 핵심이 된 순간, 개체들이 저마다의 자유와 공허 속에서 씨름해야 했던 시절은 근대 한국에서 오래 가지 않는다. 3·1운동을 만들어냈기 때문이다. 죽음을 직시하면서도 신생에의 의지와 공동체적 감성, 개조에의 의지를 키워내게 됐기 때문이다.

495

'자유'와 '문화'의 관계

　"아 — 총창(銃創)! 아 — 살도(殺倒)!!/ 머리가 떨어지며 다리가 끊어지도다/ 이놈도 거꾸러지고 저놈도 자빠지도다." 이것이 제1차 세계대전 개전 당시의 감상이었다면, "이것이 번복(飜

覆)이 아닌가?"며 세계의 대격변을 예감하고 "온 세계는 찬란한 광(光)의 세계로다/ 평화의 소리가 높도다 개조를 부르짖도다/ 온 인류는 신선한 자유의 인류로다"며 희망에 뛰논 것이 3·1 운동 전후의 일반적 감각이었다.[30] 1910년대에 만연했던 암울한 의식, 즉 "반도에 충일한 것은 사(死)뿐"[31]이라는 진단이나 "우리 세계는 악마의 굴이로다. (…) 우리의 나라는 암탁(暗濁)의 정(井)이로다"[32]는 절규는 3·1 운동 후 신생과 개조에의 의지에 의해 지양되어 갔다. 사람의 신체는 신진대사 작용에 의해 7년마다 한 번씩 새 몸이 된다는 생리학적 설명이 유행하면서 사랑과 평화의 새 세계에 대한 기대가 확산되어 나갔다. 버트런드 러셀(B. Russell)이며 에드워드 카펜터(E. Carpenter) 등 개조사상가가 주목을 받았고 문화=자아의 자유로운 향상·발전이라는 가치를 주장한 구와키 겐요쿠(桑木嚴翼)와 소우다 키이치로(左右田喜一郎) 등 일본 문화주의·인격주의 사상가가 큰 영향을 미쳤다.[33] 유명한 개조 사상가 요시노 사쿠조(吉野作造)는 이미 1910년대 후반부터 한국 유학생회의 단골 초청 연사로서, 장덕수·송진우·현상윤·진학문·최승만 등 지도자 격 조선 유학생들과 두루 만나고 있었다. 한국 유학생을 위해 매달 학비 보조를 제의한 일도 있었다고 한다.[34] 러시아에 의해서도 고무된 국제주의적 분위기 속에서 한국은 바야흐로 민족해방=인류해방일 수 있는 시기를, 그 투쟁방법조차 유혈(流血)이기보다 개조(改造)일 수 있는 시기를 맞고 있는 듯 보였다.

꿈이 오래 가지는 않았다. 1922년 2월까지 끌었던 워싱턴 회의는 민족자결주의가 패전국 식민지에나 관철될 수 있는 원칙임을, 그리고 평화 대신 새로운 열강 구도가 출현했음을 알리면서 막을 내렸다. 환멸이 번져나가기 시작했다. 더욱이 3·1 운동 이후 일본의 식민지지배는 '문화통치'라는 허울 아래 치밀하게 체계화되고 있었다. 러시아를 제1의 적으로 삼아 북방에 배치되어 있었던 일본 군대가 한반도 곳곳에 분산 배치되었고, 헌병이 사라진 대신 경찰력이 대폭 증강되었다. "독립운동의 장래에 다소 희망을 걸고 있던 자도 이제 그를 돌아보지 않게 되"었으며 정의와 평화에 대한 갈구 대신 안위와 행복에 대한 소망이 자리 잡았다.[35] 1910년대 내내 억눌려 있다가 3·1 운동으로 출로를 찾았던 민족 감정은 다시 갈 길을 잃은 것처럼 보였다. 다른 한편 '조선'은 이제 지식과 담론의 층위에서라면 엄연한 현실로 자리 잡았다. 3·1 운동 이후 언론·출판 공간의 개방 속에서 '조선인 사회'가 형성된 것이다.[36] 그것은 기만적 유사—사회(pseudo society)에 불과했지만, 입법권도 선거권도 없는 식민지 사회에 불과했지만, 형용모순인 채로나마 '자유'의 여지를 부여하는 듯 보였다.

3·1 운동 이후, 새 총독 사이토 마코토(齋藤實)가 부임하고 이른바 '문화통치'가 선언된 이래 열린 출판·문화와 교육의 공간 속에서 민족적 열정은 유감없이 분출되어 나왔다. 이전에는 학교에 대해 온갖 흉흉한 소문이 떠돌아 매 50호당 1인씩 뽑기로 돼 있는 군비생(郡費生) 차출도 어려웠던 것이, 3·1 운동 후에는 보통학교 시험제도를 마련해야 할 정도로 갑작스레 입학 열기가 일었다. 군(郡)의 교육비 지원을 거부하는 것은 물론 벌금까지 감수하면서 한사코 취학(就學)을 마다하던 시절은 완전히 지나가 버렸다.[37] 『동아일보』, 『조선일보』, 『시사신문』이 발행 허가를 얻은 것을 시작으로 각종 잡지가 봇물처럼 쏟아져 나왔고, 언론의 권리는 새

497

시대의 특징이 되었다. 3·1 운동 이후 학생계의 분위기도 완전히 바뀌었다. 1919년 3월 이후 서울 소재 중등 이상 교육기관은 약 6개월간 공식적이거나 실질적인 휴교 상태에 있었는데, 9월부터 학교에 복귀한 학생들은 반항과 혁명의 기운을 완연히 몸에 익히고 있었다. "일어 산술책은 집어던지고 천하대세를 통론"하기를 일삼았고, 여학생들 또한 "수틀과 골무를 뿌리치고 여자해방을 부르짖"었다.[38]

이 상황에서 경제나 정치도 제약 속에서나마 다소의 진전을 보였다. 물산장려운동이라든가 청년회·소작인조합·노동조합 등 각종 단체의 신흥(新興)이 그 대표적 현상이다. 그러나 청년 대중이 가장 열렬하게 호응한 것은 다름 아닌 문화·예술 분야에서의 실험과 성취였다. 스스로 후진(後進)이라 여기는 처지로서 가장 역전 가능성이 높은 분야가 문화 쪽이기 때문이기도 했겠고, 신채호가 일갈한 대로 문예가로 행사하면 "혁명이나 다른 운동같이 체수(逮囚)와 포살(砲殺)의 위험은 없"기 때문이기도 했을 터이다. 신채호는 1920년대 초중반 학생 사회가 적막해진 이유를 "학생들이 신문예의 마취제를 먹은 후로 혁명의 칼을 던지고 문예의 붓을 잡으며, 희생·유혈의 관념을 버리고 신시·신소설의 저작에 고심"하는 까닭이라고 통매(痛罵)한다.[39] 그의 말대로 3·1 운동의 소망을 이어 정치·경제적 '자유'를 추구하는 길이 험하디험한 길이라면 문화와 예술에서의 '자유'를 추구하는 길은 적어도 물리적으로는 훨씬 안전한 길이었다. 이미 3·1 운동 전 '문단의 혁명'을 고창했던 어느 일본 유학생의 말마따나 "문학의 천지는 자유의 천지라"고 노래해볼 수도 있었다. 그는 "예술파의 남구문학도 가하며, 인생파의 북구문학도 가하며, 절충파의 영미문학도

가하며 잡종파의 일본문학도 가하니 차(此)를 수입지(輸入之), 역술지(譯述之), 저작지(著作之), 소화지(消化之)"하자고 제안하는데, 그 내용은 물론 경박하고 어지럽지만[40] 문화·예술을 경유한다면 세계사적 동시성의 장에 재빠르게 참여할 수 있으리라는 흥분만은 인상적으로 보여주고 있다.

자유에 세계성, 게다가 피 흘리지 않아도 좋은 신천지라니. 그렇다면 『백조』를 포함한 이른바 '동인지 문학'의 주역들은 3·1 운동의 기억을 다 잊었던 것일까. 문학사적 상식이 설명하듯 3·1 운동 후 정치적 절망 때문에 문화라는 반대축으로 도피한 것일까. 동인지 문학, 특히 『폐허』와 『백조』의 경향에 대해서는 3·1 운동이 '실패'로 끝난 후 좌절의 소산이라는 평가가 일반화되어 있다. 구체적으로 적시하자면 "기대하던 민족 부르가 (…) 그들 소시민의 공연한 대립자로서" 등장한 계급적 상황,[41] 혹은 "지금까지 역 499 사를 영도해오던 세력에 대하여는 실망을 하였고 그렇다고 해서 그것을 인계해서 영도할 세력을 발견하지 못한"[42] 과도기적 상황 속에서 "암담한 현실감과 무이상"이 표출되었다는 것이다. 『폐허』와 『백조』의 동인 가운데서도 예컨대 염상섭처럼 "3·1 운동의 의의는 논외로 하고, 당장 잃은 것은 많고 얻은 것은 없다는 허탈감·공허감"[43]을 인정한 축이 있어 이런 평가는 더욱 설득력을 발휘해왔다. 절망과 무이상의 상황에서 오직 개인성만이 약진했으며 이것이야말로 전후(戰後)의 계몽주의 및 신경향파와 구별되는 동인지 문학의 특징을 이루고 있다는 시각 역시 마찬가지 전제에서 출발한 듯 보인다.

2000년대 이래 이 같은 설명틀에 대한 이견은 꾸준히 제기되어 왔다. 3·1 운동 전후 문학을 조명하는 데 있어 연구자들은 문학청년들의 아나키즘적·사회주의적 사상 및 활동을 발굴해내는가 하면[44] 동인지 문학의 개인성 추구가 사회적 공공성 기획의 일환임을 주장했고[45] 각도를 다소 달리하여 1920년대 초 데카당스에서 민족주의를 대타화한 문학적 근대성의 전략을 읽어내기도 했다.[46] 3·1운동과 좀 더 가까이 관련시켜 3·1운동기 해방의 경험이 죽음 너머의 육체성을 형성한 기제를 살피고[47] '미적 공통성'이란 문제의식하에 지식으로서의 사회주의와 예술 미학으로서의 상징주의·낭만주의 사이 결합 양상을 탐색하는 연구[48]도 나왔다. 이들 연구가 공통적으로 지적하듯 1920년대 초반의 문학 정신은 퇴폐와 좌절이란 말로써 요약해버리기에는 훨씬 복잡한 기원과 구조를 갖고 있다. 신세대 사이 새로운 문학은 1910년대 후반부터 활발하게 모색되고 있었던 터이지만, 3·1운동 이후 문학 운동의 놀라운 도약은 그것만으로는 설명할 수 없다. '문화통치'의 도입으로 인한 언론·매체 공간의 개방만으로도 문단 주체의 변화를 다 설명해내기는 어렵다. '죽음'에 짓눌려 있던 청년들은 어떻게 '미'와 '예술'을 발견하게 되었는가? '낭만'과 '퇴폐'의 새로운 인식론과 행동양식을 익히게 된 것은 무엇 때문인가? 1910년대, 약육강식을 회의하고 실존적 무게에 눌리면서도 문제를 타개할 만한 자신감을 갖지 못했던 청년들은 어떻게 3·1운동 후 달라진 존재가 되었는가?

"피동적 문명이 무슨 만족이 있을손가"

　　3·1운동을 통해 가장 흔하게 목격되는 단어 중 하나는 '자유'다. "조선청년독립단은 아(我) 2,000만 민족을 대표하여 정의

500

와 자유의 승리를 득(得)한 세계만국의 전(前)에 독립을 기성(期成)하기를 선언하노라"고 썼던 「2·8 독립선언서」나 "아(我)의 고유한 자유권을 호전(護全)하여 생왕(生旺)의 낙(樂)을 포향(飽享)"하리라 다짐했던 「기미독립선언서」부터 그렇다. 불교계 인사로 「기미독립선언서」에 서명했던 한용운 역시 옥중에서 집필한 「조선독립의 서(書)」를 "자유는 만유의 생명이요 평화는 인생의 행복이라"는 문장으로 열었다. "압박을 피(被)하는 자의 주위의 공기는 분묘(墳墓)로 (化)하고 쟁탈을 사(事)하는 자의 경애(境涯)는 지옥이 되느니" 그것이 자유와 평화를 위해서라면 생명조차 아끼지 말아야 할 이유라고 했다.[49] 시위 참여자들 다수도 '자유'를 만세 부른 이유로 꼽았다. 황해도 해주 거주 50대의 농민이 그러했듯, 식민화 이후 생활이 개선됐는데 왜 독립을 바라느냐고 묻는 심문관(審問官)에 대해 참여자들은 "타력적 진보는 그 쾌함이 무엇이며 피동적 일시의 안전은 무슨 만족이 또한 있을손가"라고 질타하곤 했다.[50] "세계의 대세상 사람은 자유이어야 한다."[51] "우리는 자유를 속박당하고 있으므로 겨우 월급장이에 만족하는 것 같은 일은 옳은 일이 아니다."[52] 제1차 세계대전의 종결과 아울러 세계적으로 고양되고 있던 '자유'는 식민지인의 불만에 이념적 기반을 제공했다. 식민 통치하 문명의 진보가 있었다손 치더라도 그것은 강요된 진보, 제국을 위한 진보, 착취와 불평등의 진보일 수밖에 없다는 사실을 날카롭게 공격한 것이다.

　　3·1 운동은 좁디좁은 사적 영역에 유폐된 위축과 비굴을 끝장냈다. 3·1 운동 당시 경찰서장을 끌어내고 군수를 공박하고 거리를 시위 행렬로 뒤덮은 기억은 1910년대의 굴종과 주저와 무기력을 몰아내 버렸다. 식민권력에 의해 강요되던 '양민'의 삶과,

낭만

그 함수로서의 '동정'이나 '자선', 혹은 '부랑'과 '일탈'의 양상은 근본적으로 달라졌다. 3·1 운동으로 많은 사람이 죽고 다치고 갇혀서 고통받은 것은 사실일지나, 그런 만큼 독립이 수포로 돌아갔을 때의 회의와 좌절도 독했을지나, 그럼에도 3·1 운동의 경험은 취소되거나 망각될 수 없었다. 봉기의 대중, 거리의 민주주의의 분자(分子) 중 하나로서 특히 3·1 운동의 청년들은 새로 열린 삶의 지평으로 용감하게 돌진했다. 그것은 선택의 문제라기보다 불가피한 변화였다. 많은 이들에게 있어 3·1 운동 후 이전으로 돌아간다는 것은 불가능해졌기 때문이다. 식민권력에 의해 찍힌 낙인 때문이기도 했고, '더 알게 된' 주체의 어쩔 수 없는 운동성 때문이기도 했다. 마치 더 행복하지는 못할지라도 더 자유로워졌다는 실존의 주체처럼[53] 3·1 운동 세대는 '자유'의 윤리에 충실한 새로운 존재 방식을 모색했다. 때로는 불량으로, 때로는 낭만으로, 혹은 혁명과 사회주의로. 어떤 이는 경박하게, 다른 이는 심각하게, 머리와 옷차림에서부터 감성과 생활과 이념에 이르기까지 혁신을 실험하면서.[54]

3·1 운동의 청년 세대가 1910년대의 '공포, 고통, 비애'를, 3·1 운동을 통해 목격한 죽음의 충격을 잊었던 것은 아니다. 반대로 이들은 생의 비애를, 죽음의 공포를 정면에서 상대함으로써 새로운 감성·사상·문학을 개척할 수 있었다. 여기서 3·1 운동의 경험을 '수난당하는 육체'와 '초월에 들린 자아' 사이 동학(動學)으로,[55] 3·1 운동 이후의 변화를 '불멸의 길'을 찾는 모색 과정으로 읽었던[56] 앞선 연구를 떠올려 보아도 좋겠다. 본래 공업을 전공할 계획으로 도일한 김기진은 결국 문학을 선택하는데, "전공분야 선택

502

기준이 무엇이었더냐 하면 우리가 죽은 뒤에도 오래오래 살아남는 길을 택하는 일"[57]이었다고 한다. '어차피 죽어야 한다면 어떻게 살고 어떻게 죽을 것인가' — 3·1 운동의 젊은이들은 쇄신된 존재로서 이 낡은 문제에 부딪혀 갔다.

전영택이 자전적 소설 「생명의 봄」(1920)에서 보여주듯 죽음은 절대적이지만 생명에의 의지는 그 때문에 더 생생하게 타오른다. 주인공 영순은 아내 영선을 결혼 며칠 만에 3·1 운동기 검거 선풍에 빼앗긴 처지. 그는 사랑하는 아내가 옥고(獄苦)와 병고(病故)의 양대 고비를 넘는 과정을 함께한다. 옥중의 아내가 점점 파리해져 갈 때 같은 감옥에 있던 P목사는 옥사하고, 출옥 후 아내가 스페인 독감에 시달릴 때는 옆 병상 젊은 여인이 숨을 거둔다. "어떤 사람은 살고 어떤 사람은 죽는고. 그 젊은 여인은 어떻게 먼저 죽었는고." 삶과 죽음은 종이 한 장 차이다. 영순은 3·1 운동 전의 청년들처럼 생의 허무를 뼈저리게 느낀다. "아— 끝없는 공간과 한없는 시간 사이의 사람의 생명이! 바람에 흔들리는 적은 불꽃이 점점 엷어지다가 그만 깜박 꺼져버리고 마는 셈이로고나!" 그러나 그는 몇 년 전 청년들과 달리 허무의식에서 멈추지 않는다. "그것이 인생의 최종일까? 그러면 사람의 정신은, 그 아름다운 마음은 (…) 영혼은 어떻게 될까." 그는 자연과 예술 앞에 불멸의 가능성을 실감하고, 그것을 추구하기 위해 신(神)마저 버리고 길을 떠난다. 바야흐로 '생명의 봄'이다.[58]

3·1 운동 이전, 홀로 감당해야 할 때 죽음이 그토록 공포스러운 대상이었다면, 3·1 운동 후 그 공포는 한결 완화된다. 3·1 운동을 직접 문제삼지 않는 문학에 있어서도 그렇다. 박석윤의 「벗의 죽음」(1920)이나 김준연의 「이동화의 죽음」(1921)에서 젊

503

은이들은 병마(病魔)에 쓰러지고 부모의 몰이해 때문에 자살하지만, 그들의 생은 "우주와 더불어 무궁히" 남을 자취로, 죽음은 "그 후에 몇 신인(新人)을 분기시킬" 단초로 기념된다. 일찍이 이광수의 『개척자』(1917~1918)에서 성순의 장엄한 최후가 선구적으로 보여주었듯 죽음은 이제 마땅한 유산을 남긴다. 물론 죽음을 자연주의적으로 묘사한 작품들이 등장해 「K와 그 어머니의 죽음」(전영택, 1921)이나 「감자」(김동인, 1925) 등의 목록을 형성하지만, 여기 이르면 화자와 죽음 사이의 거리는 여러 층 떨어져 있다. 1910년대의 화자처럼 바로 앞에 맞닥뜨린 죽음의 얼굴에 짓눌려버린 화자는 등장하지 않는다는 뜻이다. 죽음이 불가해하고 부조리한 절대적 경험이라는 사고는 3·1 운동 전야인 1910년대 중후반 가장 압축된 문학적 언어를 얻었다가 이후 점차 다른 지평으로 이어진다.

504

패션의 정치학과 '꿈'의 지도

백철은 1920년대 초 동인지 시대를 가리켜 "퇴폐주의는 없었다. 그러나 퇴폐주의적인 경향은 존재했다"라고 쓴 바 있다.[59] 이 말대로 데카당스는 뚜렷한 문학적 경향이라기보다 생활과 풍속을 아우른 분위기요 풍조였다. 무리 지어 몰려다니며 그 이름을 유명하게 한 것은 특히 『백조』의 동인들이었다. 3·1 운동 세대인 그들은 1920년대 초반 "호화한 요정의 찬란한 전등 밑에서 미녀와 속삭이며, 혹은 노래하고 취하고 웃고 울"면서 나날을 보냈고, 문화사 간판을 붙인 낙원동 좁은 '흑방(黑房)'에 모여 앉았다가 "인습타파·노동신성·연애지상·유미주의" 등 온갖 화제를 두고 몇 시간이고 격론을 벌이곤 했으며, 논쟁 끝에 만취해서는 "가자!", "순례다"라는 선창(先唱)과 더불어 기생을 찾아 거리거리를 헤매었다. 낮에도 "기생방 경대 앞에서 낮잠에 생코를 골며 창작을 꿈꾸"는 것이 그들의 방자한 일상이었다. 취흥이 도도해지면 벌거벗고 '살로메' 춤을 추거나 투르게네프의 〈그 전날 밤〉 공연에 나온 노래를 부르기도 했다.[60]

술이나 기생집 순례는 『백조』 동인만의 행태가 아니었다. "당시 술을 통음하는 일은 신문기자·변호사·문인이 다 같았다." '명정(酩酊)'은 1920년대 초 지식인 사이의 일반적인 풍조였다. 신문·잡지사에서 원고료 대신 술을 대접하고, 혹 원고료를 지급받았다 해도 당장 추렴해내 하룻밤 거나한 술판을 벌이는 것이 관례가 되다시피 했다.[61] 『폐허』의 오상순과 염상섭 외에 변영로·이관구가 합세하여 원고료를 선지급받아 술을 마시곤, 비에 젖었다는 핑계로 옷을 남김없이 찢어 던진 후 소 한 필씩을 타고 시내 진출을 시도한 일마저 있었다.[62] '퇴폐' 혹은 '데카당스'는 "현실을 부정하면서도 그것을 버리지 못하고 그 암흑면을 더듬어가는"[63] 텍스트의 면면을 통해 확인되기에 앞서 청년-학생-지식인 사이에 번진 제스처로 존재했다. 『백조』 동인들이 '순례'를 외치며 거리를 떠돌았다면 조선일보사 기자들은 '돌격'을 연호하곤 기생집으로 내달았고, 누구라 할 것 없이 '술 권하는 사회'에서 살았다. "가을의 병든 미풍(微風)의 품에다 (…)/ 나는 술 취한 집을 세우려다"[64]는 시적 영탄이나 "무표단(無瓢簞)이면 무인생(無人生)"[65]이라는 소설 속 발화는 이 분위기를 상징하는 문자였으니, "사회란 것"을 "딴 나라에는 없고 조선에만 있는 요릿집 이름이어니" 했던 「술 권하는 사회」(현진건, 1921)의 아내는 한편으론 꽤 날

505

506

3·1 운동 직후 『한국의 독립운동(The Korean Independence Movement)』이 란 책자에 실린 희생자의 사진. 외국인 선교사들이 촬영해 해외로 보낸 사 진 중 하나다. 3·1 운동 당시 도시에서의 인명 피해는 적었던 만큼 젊 은 학생층이 3·1 운동의 폭력과 죽음을 얼마나 경험했는지는 의문이다. 운이 좋았다면 소문으로만 그 잔혹성을 들었을지도 모른다. 그러나 적 어도 수백 명이 희생된 사건인 만큼 그들에게도 '죽음'은 새삼 육박해 오는 문제일 수밖에 없었으리라. 그 '죽음'에 관심 가졌던 이들 중 외국 인 선교사들이 있었다. 1919년 조선에는 외국인 선교사 약 400명이 체 류 중이었다. 미국인이 가장 많았는데, 이들은 3·1 운동기에 학생들을 보호하고 일본의 탄압상을 세계에 알리는 데 힘썼다. 평양의 모펫(S. A. Moffett)과 홀드크로프트(J. G. Holdcroft)처럼 시위 행렬에 앞장선 사람도 있었고, 모리(E. M. Mowry)처럼 학생들을 숨겨주다 체포당한 사람도 있었다. 이들은 3·1 운동을 '기독교에 대한 일본제국의 탄압'으 로 규정함으로써 3·1 운동에 대한 국제적 관심을 환기시키고자 했다.

카로웠던 셈이다.

당연한 일이지만 이들은 의장(衣裝) 또한 남달랐다. "초승달을 장식한 토이기 모(帽), '루바쉬카', 홍안장발(紅顔長髮)"은 어디서나 이들을 눈에 띄게 해주는 기호였다.[66] 『폐허』 동인 남궁벽의 장발은 "거리의 아름다운 풍경"이었고, 오상순의 "장발을 올백으로 넘겨서 뒷머리가 어깨까지 덮"은 헤어스타일은 "웬 서양 거지"냐는 기성세대의 비아냥을 샀을지언정 3·1 운동 세대의 상징이었다.[67] 길고 덥수룩한 머리는 "대모테 안경과 흔한 양복과 은장식한 단장"[68]과 대비되는 외양으로서 "소위 자연의 미를 나타내는 것"으로 양해된다.[69] 신사의 말끔한 복장과 대조되기는 루바쉬카나 터키모자 역시 마찬가지이다. 본래 러시아 농민의 작업복인 루바쉬카는 그 풍성하고 거친 선으로 양복의 날렵한 윤곽에 맞서고, 단순한 원통형의 터키모자는 챙 달린 중절모나 대팻밥모자를 번거로워 보이게 만든다.

1920년대 초반 문학청년들의 장발-루바쉬카-터키모자는 1900년대 이래 남성-문명의 기호를 개척해온 단발-양복-중절모의 계열과 충돌한다. 후자의 계열은 특히 '신사'라는 이름으로 '영웅'과 '지사'가 사라진 1910년대의 거리를 지배했던바, 1920년대 초반 동인들의 의장은 이 '신사'의 가치를 문제 삼는 효과를 발휘했다고 말할 수 있다. 물론 이때의 '신사'란 1910년대 조선이라는 상황을 전제한 특유한 명사이다. "식덕(識德)에 겸비한 사람", "사회의 중추가 되어 그 사회를 선의의 진보로 인도하는 모범적 인물"이라는 것이 '신사(紳士, gentleman)'라는 호칭에 대한 규범적 기대겠지만, 식민지 조선에서 '신사'는 중산모-금안경-인력거-외투, 혹은 지팡이-머릿짓-금지환(金指環)-양복-별댁(別

宅, 첩) 같은 패션이며 행태와 연관된 칭호이다.[70] 경륜과 활동에 의해 스스로를 증명해야 마땅하지만 흔히 50~60원 짜리 값진 양복, 20~30원에서 100원까지 가는 금시계 등 일련의 교환 가치로 무장함으로써 자신을 과시하는 존재인 것이다. 동인지 문학 시대 주역들의 장발-루바쉬카-터키모자는 이들 '신사'의 환금성(換金性)을 거부하려는 의지의 표현이었다. 그들의 퇴폐와 불량은 반(反) 주류의 신호였다.

동인지 시대의 문학이 비애와 퇴폐로 편향된 가운데서도 '꿈'으로 상징되는 이상주의적 색채를 갖고 있었다는 사실은 기존의 문학사에서도 대체로 인정되고 있다. 백철은 『폐허』와 『백조』를 구분하여 후자가 보여준 '꿈'의 모티프야말로 "낭만주의가 퇴폐주의와 구별된 계선(界線)"[71]이었다는 서술을 남기고 있으나, '꿈'은 『백조』만의 전유물은 아니었다. 『폐허』 창간호를 장식한 오상순의 「시대고와 그 희생」만 보더라도 그렇다. 공초(空超) 오상순은 "우리 조선은 황량한 폐허의 조선이요 우리 시대는 비통한 번민의 시대이다"라는 인식으로 첫 문장을 연다. 그렇지만 폐허와 번민이 그 자체로 마감되는 것은 아니다. 『폐허』 창간호 표지에 아로새겼던 쉴러의 시구처럼, "옛것은 멸하고 시대는 변하였다. 새 생명은 폐허로부터 온다." 오상순 역시 쉴러의 인식을 변주한다. "폐허 밑에 어린싹이 자라나고 있다. 이 어린싹은 다른 것이 아니라 일체를 파괴하고 건설하고 혁신·혁명하고 개조·재건하고 개방·해방하여 진정 의미 있고 가치 있고 광휘 있는 생활을 시작하고자 하는 열렬한 요구! 이것이다."[72]

1910년대 후반부터 유행한 로맹 롤랑(R. Rolland)의 말, "나는 허무와 싸우는 생명이다. 밤에 타는 불꽃이다. (…) 나는 영

508

원히 싸우는 자유의지이다"라는 강렬한 토로는 이러한 전환을 떠받치고 있는 주초(柱礎)이다. 절박한 것은 '폐허'와 '번민'의 자각이지만 궁극적으로 생의 의지는 그것을 초월한다. "큰 진리의 망에 부딪혀 넘어질 때/ 내 몸이 선지피투성이가 될 때", 그때에야 비로소 "우레소리보다 더 큰 포효로써/ 뛰고, 뛰어 노래"할 수 있다.[73] 물론 흔히 "우주의 광영 — 그 자랑이요/ 생명의 결정(結晶) — 그 초점"인 "인자(人子)"가 "허무의 칼"에 쓰러지는 순간이 온다.[74] "모든 새로운 살림을/ 이 세상 위에 세우려는 사람의 무리"가 "격분에 뛰는 빨간 염통이 터져/ 아름다운 피를 뿜고 넘어질 때까지" 성내고 부르짖는다 해도 그것은 "아지 못할 한때의 꿈자리"일 뿐일지 모른다. 마침내 토해내는 것은 "얻을 수 없나니/ 참을 얻을 수 없나니"라는 탄식뿐이어야 하는지도 모른다.[75]

그러나 더 굳센 쪽은 삶에의 의지다. 『백조』의 동인이었던 이상화는 노래한다. "죽으면 — 죽으면 — 죽어서라도 살고는 말련다. (…) 남의 입에서 세상의 입에서/ 사람 영혼의 목숨까지 끊으려는/ 비웃음의 살이/ 내 송장의 불쌍스런 그 꼴 위로/ 소낙비같이 내리쏟을지라도".[76] 그렇다면 욕설로 채찍질당할지라도 포기할 수 없는 삶에의 의지란 구체적으로는 무엇인가? 어떤 것이 '삶'인가? 일찍이 무정부주의적 잡지 『근대사조』를 발행한 바 있고 『장미촌』 동인으로 활약한 황석우는 세상의 강자-가진 자들을 향해 다짐한다. "나는 세상 없어도 그들과는 다시 눈을 견주지 아니하겠다/- 내 눈이 밤눈 어둔 온갖 벌레의 등이 되더라도-/ 나는 세상 없어도 그들과는 다시 입을 견주지 아니하겠다./ -내 입이 도랑가에 꿈벅이는 굼벵이의 나팔이 되더라도-".[77] 『폐허』 창간 동인이면서도 문학주의와 구별되는 정치적 축을 구성했던 이

509

혁로[78] 역시 「황장미화」라는 글에서 다음과 같이 쓴다. "아아 나는 허위의 생을 보내기 싫다. 나의 가던 길에는 위선·타협·혼탁·구차의 부패하고 머리 지근한 공기가 싸이어 있다. 아아 나는 이 길을 불로 살라버리어야만 살 수가 있겠다."[79]

'허위의 생'을 거부하고 '가진 자들'과의 결별을 선언한 문학청년들은 어디로 가는가? 그들 중 일부는 "철두철미 예술 (…) 새로운 정열과 경이"를 지향했지만[80] 보다 다수는 문학이로든 정치로든 현실에 더 깊이 관여하는 길을 택했다. 김기진이나 정지현-정백의 행로가 보여주듯 말이다. 3·1 운동 이후 청년 세대 문학의 핵심은 '개인성의 고양'이었으되 그것은 군중-대중-다중(多衆)에 적대적이지 않고 오히려 친화적인 개인성이었다. 이광수가 최종적으로는 3·1 운동을 군중에 대한 공포와 혐오 — 그리고 그 반면으로서의 연민과 애정 — 로써 경험했고 그것을 르봉(P. Le Bon)의 『군중론』에 기대 이론적으로 체계화해냈다면[81] 동인지의, 특히 『백조』의 젊은이들은 개인성의 무한한 고양을 예찬하면서도 그 근간을 다중에 대한 찬탄 속에 두었다.

돌이켜 보건대 이광수 또래 세대에서부터 분열은 있었다. 이광수의 영웅들이 대중으로부터 오해받고 박해받는 반면 양건식·현상윤의 주인공들은 흔히 그들 자신이 상상한 미래상이었던 소시민들, 즉 소학교 교사나 순사보, 하급 공무원 같은 존재들에게 쫓긴다. 그들의 머리를 짓누르는 소리는 "얘 ○○야, 내가 참말이다. 그만치 공부를 하였으면 판임관이 나는 하기가 아주 쉽겠구나", "싯누런 금줄을 두르고 길쭉한 검을 늘였는데 참말 좋더라 — 너도 그걸 해보아라" 같은 주변 사람들의 비아냥 섞인 권유

510

다. 식민권력의 작은 기관들, 판임관은 물론 교사·순사보·면서기도 고향 사람들에게는 대단한 권력이다. 화자 자신 그들을 볼 때면 움츠러든다. "저편으로 긴 칼 늘인 보조원도 심상치 않게 나를" 볼 때마다 심장이 고동치곤 한다.[82]

　　그런 소리와 시선에 저항할 때 3·1 운동 세대의 문학은 형성된다. "병문꾼 대 순사보가 지각이 없고 향상심이 없어서 그 지위에 만족함은 다 일반이다. (…) 다만 관복을 입고 칼을 찬 까닭에 순사보는 막벌이꾼을 징계하는 권리와 자격이 있다."[83] 염상섭의 음울한 중편 「만세전」의 주인공이 귀국길에 만나는 형의 직업이 '소학교 훈도'인 것, 김기진이 양양자득해 했던 첫 소설 「붉은 쥐」에서 주인공이 "순사와 전차 인스펙터[inspector, 검표원]"와 마주치면서 광란의 탈주를 시작하고 그들이 지켜보는 가운데 죽음을 맞는다는 것은 상징적이다. 나도향의 『청춘』(1920)[84]처럼 보통학교 훈도인 주인공이 등장하는 소설이 있지만, 이들 역시 '직분'의 세계에 안주하지 못하고 사랑을 빌미로 폭발해 버린다. 현상윤이나 양건식 소설에 있어 교사·서기·순사보가 내면화된 사회적 압박을 상징하는 존재였다면 3·1 운동 세대의 소설에 있어서 그들 직업군은 무찔러야 할 대상이다. 3·1 운동 세대는 그렇듯 '양민'을 거부하고 '불량'을 연기하며, '개인'을 추구하면서도 '대중'을 경애하는 자리에서 출발한다. 이후 서로 엇갈리는 행로 속에서 혹은 기원을 부정하고 혹은 반(反)-자기(anti-self)의 욕망 속에 문학을 빚기도 하지만, 3·1 운동은 반(反)시대적 정신까지 물들인 거대한 사건이었다.

511

낭만

512

동인지 『금성(金星)』 제 2호(1924. 1)의 표지(82) 및 악보(83). 표지는 안석영
이 그렸고 '금성'이라는 표제의 악곡은 유엽(유춘섭)이 만들었다. '금성'
은 표지 그림에서처럼 'La Venus'로 번역되기도 하고 악곡에서처럼
'Morning star'로 번역되기도 했다. 유엽이 쓴 가사는 "빛난 금성이
셋이어니라/ 그 눈 그 눈 그 샛별눈/ 안 잊히는 그 샛별눈/ 그 눈은 어
디 가고 무심한 저 금성만 솟아 있나"로 시작한다. 동인들이 실제로 강
변에서 통음(痛飮)하며 이 노래를 자주 불렀다고 한다. 동인 대부분은
와세다대학에 재학 중이던 학생들로, 관동대지진 때문에 도일(渡日)을
유예하고 있는 사이 잡지라도 하나 내 보자는 의논을 한 데 따라 시 창
작 및 번역을 전문으로 『금성』을 창간했다고 전한다. 창간호는 1923년
11월에 발행되었고, 마지막 호가 된 제3호는 1924년 5월에 나왔다.

1929년 11월 3일 대구, 시인 이장희

서울의 만세시위 소식이 대구에 닿은 것은 3월 2일이었다. 독립선언서가 도착한 것은 3월 4일, 서문시장에서 학생 중심 1,000여 명이 모여 만세를 부른 것은 3월 8일이다. 대구의 문학청년들, 동인지 『거화』를 함께 발행하며 인연 맺은 백기만·이상백·이상화 등이 주축이 된 거사였다. 백기만이 대구고보에, 이상화가 계성학교에 연락책임을 맡았으며 이상화의 집 사랑에서 격문과 깃발도 함께 준비했다고 한다.[85] 체포와 도피와 비밀활동으로 그해 봄이 지나간 후 이들은 서울과 도쿄로 흩어졌다. 이상화는 서울로 도피해 있다가 1921년 도일(渡日), 프랑스 유학을 목표로 아테네 프랑세즈에서 수학하기 시작한다. 1922년 1월 출발한 『백조』에 동인으로 참여한 것은 일찍이 중앙학교에서 공부한데다 3·1 운동 후 서울에 체류하며 같은 또래와 봉기 전후의 경험을 공유한 때문이었으리라 짐작된다. 도쿄를 거쳐 서울로 와 있던 백기만 역시, 『백조』에 끼지는 않았으나 동인 중 한 명인 대구 출신 현진건 집에 기식(寄食)하면서 문예지에 시를 투고하기 시작하고 있었다. 백기만이 같은 와세다대 동창인 손진태·양주동·유엽(유춘섭)과 함께 시 동인지 『금성』을 창간한 것은 1923년 11월이었다.

고월(古月) 이장희는 『금성』 마지막 호가 된 제3호(1924. 5)에야 참가한 뒤늦은 동인이다. 이상화의 형이자 3·1 운동 대구 시위 조직가 중 한 명이었던 이상백도 이때 이름을 올렸으나 이장희의 경우는 여러모로 색달랐다. 그 혼자 와세다대 출신이 아닌데다 3·1 운동을 통한 연대도 없었기 때문이다. 목우(牧牛) 백기만은 고향 대구에서 처음 이장희를 보았을 때를 회상하면서 그에

513

대한 주변의 반응이 온통 비소(鼻笑)였음을 기록하고 있다. "왜 꿀봉이 모르나, 이병학이 아들"이라며 낄낄대고 처마 밑으로만 걸어다니는 주제에 책은 꼭 끼고 다닌다며 좌중이 다 코웃음치더라는 것이다. 좌중의 반응마따나 대구 부호 이병학의 아들, 그러나 12남 9녀의 무려 21남매 사이에 끼어 별 존재감이 없었을 이장희는 외양이나 성격으로도 눈에 띄지 않는 축이었던 모양이다. 외모나 기질이 다 화려했고 연애 경력 또한 호화로웠던 이상화 같은 경우와는 전혀 달랐다 하겠다. "네모난 넓적한 얼굴에 근시경을 걸고 침사(沈思)하는 듯한 표정으로" 비쩍 마른 몸을 구부정하게 숙이고 껑충대듯 걷는 모습은 "하릴없이 굶주린 황새" 같았다.

3·1 운동 후 그 역시 서울로 올라왔으나 부친 소유의 집에서 월 15원 인색한 생활비를 받아 근근이 생활할 뿐 부호의 자제다운 면모는 조금도 없었다. 옷도 속옷 한 벌에 양복 한 벌의 단벌이요, 방은 냉방이고 식사마저 변변찮았다. 오죽해야 현진건이 그를 가리켜 '경성 씨닉스'라 했을까. 가진 것도 가릴 것도 없는 견유학파(犬儒學派, cynics)처럼 이장희 또한 야망도 교제도 없이 헐벗은 채 골방에서 다만 그림 그리고 시를 써 나갔다. 지역의 유력가요 중추원 참의였던 아버지에게 격렬히 저항했다는 증언이 있으나, 용돈을 받아 쓰고 부친 결정대로 결혼까지 하는 등, 이장희의 저항이란 순응하되 최종적 복종은 한사코 피하는 식이 아니었을까 싶다. 큰길을 당당하게 걷는 대신 처마 밑으로 숨듯 다닌다고 비웃음을 샀던 그가 아닌가. 벗들 중에도 백기만 같은 이는 "그렇게도 소극적이고 퇴영적으로 살려거든 차라리 죽어버려라"며 욕설을 퍼붓기도 했다. 염려섬세(艶麗纖細)하기만 한 시

514

풍을 나무라는 이도 있었다. 그럴 때마다 이장희는 "시는 플라치나[platina, 백금] 선(線)이라야 한다. 광채 없고 탄력성 없고 자극성 없는 철선(鐵線)은 시가 아니다"며 반박했다.

어느 논자가 평가한 대로 '우울의 근대성'이랄까.[86] 『폐허』동인으로 이장희보다 여러 해 손위였던 오상순은 40대 초반에 이르러 "나의 심장을 쪼개고 보면 '이장희' 석 자가 박혀 있을는지도 모른다"고 토로한 바 있다.[87] 오상순은 "천박한 공리주의적 이기심"이 지배하는 세태에서 왕왕 부정당하는 원칙이지만 "산 자는 살 권리와 자유가 있는 동시에 죽을 권리와 자유가 있는 것"임을 상기시킨다. '저널리즘'이며 '사회적 비판'이 떠들썩하지만 그 표준을 묵종(默從)한다면 "인생의 타락, 인류의 노예화적 과정"이 기다리고 있을 뿐이다. 이장희 시의 귀족적·미학적·고답적 개성은 그런 노예적 표준에 맞서려 한 고투의 소산이다. 사회적 존재로서 편협하고 소심했지만 예술적 존재로서 독보적이요 전투적이었던 이장희는, "주위의 사람들이 아무 주견도 정견도 없이 지동치서(之東馳西) ― 고양이 눈알 모양으로 변전하여 조삼모사(朝三暮四)함을 볼 때 그는 상을 찌푸리며 가장 불쾌히 여겼고 더욱 친지 중에 자기의 성격이나 개성을 기시(旣視)하고 무반성 몰비판으로 유행을 따라 흐름을 볼 때 가장 심통(心痛)하였다."

이장희는 1928년 귀향, 1929년 11월 3일 어려서부터 자라난 집에서, 그러나 본채 아닌 행랑방에서 음독자살했다. 유서 한 줄, 유언 한 마디 남기지 않은 채였다. 동향 문우(文友)들의 압력에 가족이 굴복해 장례식은 성대했다지만 그뿐이었다. "적극적 반역과 혁명적 의지와 용기를 결여한 한 약하고 선량한, 그러나 양심을 팔아먹지 못하고, 무도한 자 악한 놈에게 머리 숙일 줄 모

515

르는" 시인의 자취는 그로써 끊겼다. 유작 수백 편을 수습하여 그 해 겨울 대구에서 전시회를 열었으나, 그 보관 책임을 맡았던 이 상화 집이 압수 수색당하면서 이장희의 유고는 간 곳을 알 수 없 게 되고 말았다. 감각의 조탁과 언어적 정련 그 자체를 목표로 한 그의 독특한 시 세계는 오늘날 30여 편이 전할 뿐이다. 3·1 운동 세대 중 한 명으로, 그러나 3·1 운동을 비껴 살면서, 이장희는 김 기진이나 정지현—정백과는 다른 방식으로 3·1 운동 이후의 변화 를 증언했다. 1919년 봄 봉기의 경험은 식민지인의 자폐적 생애 를 끝장냄으로써 젊은 세대가 만용과 치기 가득한 '불량'과 '낭만' 을 살 수 있게끔 했으며, 감히 초월과 절대를 꿈꾸면서 비통과 절 망의 포즈를 지을 수 있게끔 했고, 한편에서는 변혁 운동에까지 이르는 길을, 다른 한편에서는 언어와 내면으로 침잠하는 길을 닦았다. 이장희의 고립과 자유와 독행과 오만[88]은 그 표현형 중 하나다.

4장.
후일담

죽음, 전락, 재생 그리고 다 못한 말

기미(己未)년 만세 때
나도 소리 높여 만세를 부르고 싶었다.
아니 숭내라도 내고 싶었다.
그러나 나는 그 전해에 났기 때문에
어린애 본능(本能)으로 울기만 하였다.
여기서 시작한 것이 나의 울음이다.

광주학생사건 때
나도 두 가슴 헤치고
여러 사람을 따르고 싶었다.
그러나 그때의 나는
중등학교 입학시험에 미끄러져
그냥 시골구석에서 한문을 배울 때였다.
타고난 불운(不運)이 여기서 시작한 것이다.

/ 오장환, 「나의 길: 3·1 기념의 날을 맞으며」
(1946)

이토록 많은 후일담

식민지시기를 통해 3·1운동의 후일담은 광범위하게, 그러나 국지적 증상으로서 존재한다. 몇 푼 월급 때문에 봉기에 불참했다가 벗들로부터 외면당하는 면 서기(최서해, 「전아사(餞迓辭)」), 시위대의 폭행을 겪음으로써 보상 격으로 영전의 행운을 잡은 군청 서기(장혁주, 「취하지 못한 이야기(醉へなかった話)」), 반대로 봉기 경험 후 운동가로 변신한 면 서기(조명희, 「낙동강」)나 금융조합 서기(이기영, 『고향』) 등 하급 관리직의 체험담에서부터, 그 봄의 경험에 자극받아 지식의 세계를 지향하거나(이태준, 『불멸의 함성』) 망명지의 정치적 격동에 뛰어들거나(심훈, 『동방의 애인』) 혹은 멀리 미국이나(강용흘, 『초당』) 유럽으로 흘러간(이미륵, 『압록강은 흐른다』) 청년층의 인생유전에까지, 3·1운동은 이후 문학에 깊이 스며 있다. 「2·8독립선언서」를 기초한 이광수와 「기미독립선언서」를 작성한 최남선, 괴산 시위를 주도한 홍명희와 대구 시위 조직책이었던 이상화·백기만이라든가 오사카 노동자 시위를 준비한 염상섭이나 평양에서 격문을 쓴 김동인, 고향에서 봉기에 참여한 김말봉·유치진·이기영, 서울 시내 중등학교 학생으로서 만세 부르고 격문을 돌린 김기진·박영희·박종화·송영(송무현)·심훈(심대섭)·박세영·채만식 등, 근대 문인들의 삶에서도 3·1운동은 미증유의 사건으로서 평생 가는 흔적을 남긴 바 있다.[1]

1900년을 전후로 앞뒤 몇 년 사이 태어난 세대에게 3·1운동의 경험은 특히 압도적이다. 김내성이나 정비석 등 약간 뒷세대 중에도 1919년의 경험을 증언하고 그것을 소설화한 사례가 있지만, 유년기에 목격한 봉기는 청년으로서 직접 참여한 운동과 다를 수밖에 없다. 3·1 운동을 낳은, 또한 3·1 운동이 낳은 주체로서 당시 청년들은 시위 준비 과정에서부터 체포된 후 감옥살이까지 운동의 다양한 면모를 증언한다. 폭력적 진압과 공세적 봉기가 많았던 지방과 달리 비교적 희생이 적었던 도회지에서 사건을 겪은 때문인지 이들 청년에게 3·1 운동은 성장의 계기인 동시 로맨스의 기회이기도 하다. 3·1 운동 당시 젊은 남녀들은 시위 준비 과정에서(이광수, 『재생』), 혹은 시위 현장에서 만나고(현진건, 『적도』), 봉기의 불길이 꺼질세라 선전 활동을 하다 어울린다(이희철, 『읍혈조』).

이들이 운동의 또 다른 반면, 즉 총격과 살해, 구금과 고문의 양상을 겪지 않은 것은 아니다. 검열이 엄연했음에도 3·1 운동 당시 야만적 진압에 대한 증언은 해외와 국내에서 드물지 않게 목격된다. 기월(其月)이란 이름으로 서명돼 있는 「피눈물」에서 남녀 주인공은 둘 다 시위 현장에서 참살당하고, 이광수의 미완성 장편 『유랑』에서 주인공 남매의 아버지는 봉기 선두에 섰다 야비한 총격으로 희생된다. 3·1 운동 당시의 감옥 체험도 이들 세대에게는 중요한 주제다. 연령과 처지가 다른 3·1 운동의 영웅들은 운동이 지나간 후 감옥살이 한복판에서 지치고(김동인, 「태형」) 미쳐버리고(염상섭, 「표본실의 청개구리」) 고통 속에 죽어간다(심훈, 「찬미가에 싸인 원혼」).

늦게는 식민 말기에 이르기까지 3·1 운동의 경험을 소설화하는 작업은 끊이지 않았다. 김사량의 경우가 대표적이다. 1914년생으로 3·1 운동 당시 6세에 불과했을 터인데도 그는 장편 『낙조』(1940~1941)나 단편 「향수」(1941)에서 운동의 선연한 자취를 보여준다. 『낙조』에서는 딱 그 자신 나이인 소년의 시점으로, 「향수」에서는 운동의 주력이었던 당시 청년 세대를 초점으로 해서다. 먼저 「향수」에 주목해보자면, 여기서 서사의 초점은 화자인 현이 아니라 나이 차이 큰 그 누나다. 현의 누나 가야는 일찍이 "대정 팔 년 삼 월 사건" 직후 남편인 윤장산과 더불어 중국으로 망명한 처지다. 윤장산은 이후에도 "평판 높은 망명 정객"으로서 바람결에 그 소문이 전해지곤 했다. "누님 부부가 시베리아 혹은 연해주, 북만주, 동만주 등지를 떠돌아다니면서 이주 동포들의 지도 조직을 맡고 있다"고도 하고 "매형이 지나군에 잡혀가 중대한 임무를 맡고 있다느니, 지금은 소비에트에 들어가 있다느니, 혹은 지방의 작은 대학에서 동양사를 강의하고 있다"고도 한다. 20년이 지나 현이 고미술을 시찰한다는 명분으로 중국행을 감행한 것도 누나 부부를 만나 보겠다는 일념 때문이다. 최근 전해진 뜻밖의 소식에 따르면 누나와 매형은 "이미 황군의 손에 넘어간" 북경 시내에 거주하고 있다고 한다.[2]

「향수」는 군데군데 '만주국 서사'로 얼룩져 있고 일본어를 둘러싼 균열 또한 남기고 있지만[3] 그 서사의 근간은 3·1 운동의 영웅들이 이후 20년을 어떻게 겪었느냐의 문제다. 미를 사랑하는 계몽 운동가였던 누나는 베이징 뒷골목 쓰러져 가는 집에서 "음기가 드리워진", "초라하고 바싹 마른 얼굴"로 나타난다. "누님을 만난 순간 이미 누님을 잃어버린 것 같은 느낌이 들" 정도다. 만난 지 얼마 되지 않아 누나 가야는 마약 중독자에 밀매상이 돼 버린 현재를 드러낸다. "정진 정명한 실천주의자"이자 "치밀하며 탁월한 웅변가"였던 매형 장산도 마찬가지다. 그는 사상적으로 몰락한데다 복역 중인 후배의 아내와 치정으로 얽혀 버린 처지다. 누나 부부의 유일한 아들인 무수는 일본군 통역으로 남중국 전선에서 복무 중이라고 한다. 「향수」는 장산이나 무수를 직접 등장시키지는 않지만, 마치 그 대리보충인 양 장산의 수하였던 옥상렬을 여러 차례 출현시켜 20여 년 사이 3·1 운동의 굴곡과 변질을 증언한다. 이제 일본인 특무기관을 위해 일하고 있는 옥상렬은 한때의 영웅들을 타락시킨 과거 운동에 "피로 된 침을" 뱉고 싶다고 토로한다. 3·1 운동이 일어나고 20여 년 후다.[4]

배반당한 숭고 ―「피눈물」과 「태형」 사이

식민지시기에 3·1 운동을 민족주의적 숭고로 재현한 사례는 없다시피 하다. 그것은 이중의 난제였다. 외부적 규제, 즉 직·간접적 검열의 문제가 있었고, 그 숭고를 배반하면서 생활하는 자기 자신을 처리해야 한다는 자아의 난관이 있었다. 이 두 가지 문제는 식민지라는 권역에서는 피하기 어려웠던 것이라, 3·1 운동의 소설화에 있어 민족주의적 숭고라는 전략은 해외에서의 창작을 통해서나 간헐적으로 나타날 뿐이다. 예컨대 임시정부 기관지 『독립신문』에 연재된 「피눈물」이 그렇다.[5] 이 소설에서는 어떤 인물도 개성적 인물로 재현되지 않지만, 그중 고유명사를 부여받은 주인공 격 남녀 학생은 시위 현장에서 처참하게 도륙당해 죽는다. 오전 10시부터 연이어 한 시간 차 시위를 벌이기로 한 장대한 계획을 실천한 날이다. 이 현장에서 여학생 정희는 대한문 앞 시위에서 태극기 들고 만세를 부르다 양쪽 팔을 차례로 잘려 거꾸러지고 만다. 시위 주동자 중 한 명인 윤섭은 이 광경을 보고 일본인 헌병에게 달려들어 칼을 빼앗지만, "개 같은 네 목숨을 남겨둠은 공약 3장의 정신을 위함이다"라는 말과 더불어 스스로 칼을 부

러뜨린 후, 뒤이어 달려든 순사들에게 온몸을 난자당하고 쓰러진다.[6]

생면부지의 처지로 한곳에서 쓰러진 이들은 급히 제중원으로 옮겨지지만 곧 숨을 거둔다.* "독립청년단의 단장(團葬)"이라는 명목을 붙였으나 그 장례는 초라하다. 공덕리 공동묘지에서 "아무 장식도 없는 상여"에 실려 서로 지척에 묻힌 채 독립에의 희망과 만세 소리에 의해 가까스로 위무될 뿐이다. "다음 번 봄바람에는 불쌍한 두 동생의 무덤 꽃으로 꾸미고 그들이 위해 죽은 독립을 얻었음을 고하게 하소서."[7] 소설 화자는 마지막에 조사(弔辭) 겸 독립에의 기원을 토로하지만, 이 소설이 연재되던 1919년 9월까지만 해도 다 꺼지지 않았던 그 희망은 결국 무위로 돌아가고 말았다. 그렇다면 결국, "애국은 지금 와서는 (…) 종교적 열정"[8]이라던 「피눈물」의 남녀 주인공들은 값없이 희생된 것일까.

3·1 운동이 즉각 독립을 가져오지 못했다는 사실을 이제는 다 안다. 「피눈물」의 윤섭이 목숨까지 바친 대의, 즉 침략주의·강권주의에 맞선 평화주의란 국제 정세를 오인한 결과에 불과했다는 견해가 주류화된 지 오래다. 3·1 운동 이듬해부터 이른바 문화통치가 조선에 시행되기 시작했지만, 그것을 운동의 성과로 인정하는 시각은 대체로 인색한 편이다. 봉기의 시간이 지나가고 나서, 한편으로는 파리평화회의와 워싱턴회의가 끝나고 나서 3·1

* 3·1 운동으로 인한 사망자를 7,509명으로 집계한 박은식의 『한국독립운동지혈사』에서 보고하고 있는 서울 시내 인명 피해는 5인이다. 만약 이 집계가 옳다면 「피눈물」에서 그려내고 있는 두 명의 죽음은 근 절반값이 되는 셈이다. 일본 측 자료로는 서울 시위에서의 사망자는 3월 27일 밤 희생된 2인이다. 어느 쪽이든, 지방 시위에서의 희생자가 많았던 데 비해 대도회에서의 희생자가 적었던 것은 사실이다. 3월 22~27일을 제외하면 서울 시위는 3월 초로 끝났고 평양에서의 시위 또한 그러했다. 이 책을 통해 3·1 운동의 지역적 특수성은 거의 다루지 않았지만 숙고가 필요한 문제다.

523

하하在해利比西士志命革一의야리가불
립그린그아하緣을黨京嗣☐☐大
아하러칙운히方가絲微인絴結을足千
다른오써해수旅가地녀極太라先秦

84

상해 임시정부 기관지 『독립신문』에서 3·1 운동 1주년을 기념해 게재한 그림. "불가리아의 일(一) 혁명지사 서비리(西比利)[시베리아]에 재(在)하여 대한독립당을 위하여 그린 그림"이라는 표제와 함께 "수족을 결박한 철사가 방(方)히 끊어지려 하여 영광의 태극이 지평선 위에 떠오른다"는 설명글이 붙어 있다. 설명처럼 그림 뒤편에 마치 해가 뜨듯 태극이 떠오르는 모습이 보인다. 『독립신문』은 이날 「기미독립선언서」를 크게 실었고 「3·1절」, 「즐김노래」, 「3월 1일」, 「새 빛」 등 다수의 시편을 비롯한 다양한 기념 기사를 게재했다. 불가리아는 투르게네프의 소설 『그 전날 밤』(1860)을 통해 조선 청년들에게 친숙하게 알려졌던 나라다. 투르크 지배에 맞서 민족해방을 위해 헌신하는 불가리아 청년 혁명가와 그를 사랑한 러시아 귀족의 딸을 주인공으로 한 『그 전날 밤』은 1910년대 조선인 유학생들이 가장 사랑한 소설 중 하나였다. 유학생들의 연극으로도 여러 차례 상연됐다.

3·1 운동과 문화

운동은 완연히 과거의 사건이 된다. 사회주의가 유행의 초점이 되는 가운데 3·1 운동 때 경험했던 민족의 공동체적 시간은 빠르게 박제화된다. 김동인의 「태형」(1922)이나 이광수의 미완성 장편 『유랑』을 통해 보건대 3·1 운동을 직접 진술하는 일이 아예 불가능하지는 않았던 것으로 판단되지만, 그런 시도가 본격적으로 이루어진 바는 거의 없다. 「피눈물」 같은 민족주의적 숭고는 더구나 불가능해진다. 「피눈물」의 희망과 숭고, 그 반대편을 보기 위해서는 먼저 김동인의 단편 「태형」을 참조할 수 있겠다.

임화는 「조선신문학사론 서설」에서 「만세전」과 더불어 「태형」을 1920년대 초 소설계의 수작으로 꼽은 바 있다.[9] "당시의 옥내 생활을 상당히 정확한 수법으로 지적한 아름다운 역사적 풍경화의 일폭"이라는 것이 그 평가의 핵심이다.[10] '아름다운 역사적 풍경화' 「태형」은 평안도 지역 3·1 운동 관련자들이 수감돼 있었을 당시 평양 형무소에 대한 생생한 기록이다.[11] 김동인 자신 시위를 위한 격문을 기초했다가 3월 26일부터 석 달간 출판법 위반 혐의로 감옥 생활을 했던 바 있다. 소설이 연재됐던 『동명』이 신문지법에 의해 허가받은 주간 시사잡지였던 까닭인지, 「태형」에는 사전 검열을 받아야 했던 다른 잡지에선 찾아보기 어려운 3·1 운동에 대한 구체적 서술 또한 여러 군데 등장한다. 특히 1922년 12월 24일 연재분은 맹산에서의 학살을 비롯한 3·1 운동에 대한 폭력적 진압 양상을 직접 증언하고 있다.[12] '내'가 "내겐 마누라두 있소. 뜰의 유월도(六月桃)도 거반 익어갈 테요"라는 혼잣말을 입 밖에 냄으로써 시작된 동료 수감자들의 데카메론식 독백 중 맹산 출신 청년은 이렇게 말한다. "우리 아바진, 헌병대 구류장에서 총 맞아

없앴시오. 50인이나를 구류장에 몰아넣구 기관총으루⋯⋯. 도둑놈들."[13] 실제 평안남도 맹산에서는 주민들이 모여 체포된 교사 석방을 요구하던 중 헌병분견소 안에서 협상하자는 소장의 제안에 따라 분견소에 들어서는 순간 헌병들이 일시에 발포해 56명 중 54명이 살해당하는 학살극이 벌어진 바 있다.[14]

수형번호 774번인 '영감'의 사연도 그렇다면 사실대로일 가능성이 높다. 간수에게 얻어맞을 때도 "집엔 그 녀석(간수)보담 나이 많은 아들이 둘이나 있쉐다가레⋯⋯"라고 중얼거리던 영감은 "삼월 여드렛날 뫼골짜기에서 만세 부를 때" 아들 둘이 다 총탄에 쓰러졌다고 털어놓는다. 아우마저 쓰러지는 것을 본 순간 자기 자신 다리에 총을 맞고 정신을 잃었다고 한다. 일가 몰살에 가까운 이 참상이 "집안이 통 떨려나서" 만세 부른 대가다.[15] 음력 혹은 양력 3월 8일에 산상(山上) 시위가 폭력적으로 진압됐다는 기록이 평안남북도 일원에서 눈에 띄지는 않으나[16] 영감의 진술은 3·1 운동의 한 단면을 강력하게 시사한다. 사망자만 15명을 낳은 3월 9일 영원군에서의 시위가 영감이 기억하는 "삼월 여드렛날" 만세운동에 근접한 사건이라 할 수 있겠다.[17] 문제는 이런 면모에 반응하는 '나'와 동료 수감자들의 태도다. '나'는 청년이나 영감의 사연에 대해 어떤 반응도 기록하지 않고, 대신 이 정보를 영감을 공격하는 데 써먹는다. 태형 90대 언도를 받고 항소하겠다는 영감을 "아들 둘 다 총 맞아 죽은 다음에 뒤상 하나 살아 있으면 무얼 해"라며 조롱하는 것이다.[18] 헌데 어쩌다, 3·1 운동에 뛰어들었던 '내'가 이렇게까지 몰인정한 인물이 된 것일까? 3·1 운동에서의 희생을 기리기는커녕 아들도 죽었는데 살 욕심을 낸다며 한참 연장인 동료 수감자를 몰아붙이다니, 김동인은, 또 「태형」의 '나'는 3·1 운동 이후를 어떻게 살아남은 것일까?

앞선 연구에서 여러 차례 지적됐다시피 「태형」에서 묘사되는 감옥은 살풍경하다.[19] "어제 이야기한 바와 같이 쉬 독립된답디다" 같은 소문이 아직 힘을 잃지 않은 시기였다는 점을 생각하면 이 살풍경은 더 의미심장하다. 엊그제 공판에 다녀온 동료는 "한 열흘 있으면 된답디다"라며 독립 예고 소식을 전하고, 어렵사리 통방한 옆 감방에서도 "좋,은,소,식,있,소,독,립,은,다,되,었,다,오"라고 자음과 모음 신호를 일일이 두들겨 알려준다.[20] 실제로 3·1 운동 당시에는 이미 독립됐다는 소문부터 만세 부르면 독립된다는 소문까지 각종 루머가 뒤섞여 흘러 다녔으며, 그 봄의 봉기가 끝나갈 때까지도 독립이 불가능하다고 믿는 사람은 오히려 소수에 불과했다.[21] 부모와 처자가 "탄우(彈雨) 속에서 앞을 다투어가며 그 생명을 깎이고 있다"는 소식이 공포보다 공분을 자아내는 정황이었다.[22] 그럼에도 격문을 기초하고 만세를 외치다 감옥에 들어온 사람들은 곧 독립된다는 미래보다 당장 목 타고 쉴 자리 없는 현재에 붙박여 있다. 무리도 아니다. "사 평이 좀 못 되는" 감방에 무려 마흔한 명이 갇혀 있는 것이다. 한 평에 열 명이 넘는 인원이라니. "지금 그들의 머리에는 독립도 없고, 자결도 없고, 자유도 없고, 사랑스러운 아내나 아들이며 부모도 없고, 또는 더위를 감각할 만한 새로운 신경도 없다."

3·1 운동의 숭고는 「태형」의 감옥에서 무참하게 배반당한다. 「태형」의 감옥은 공동 투쟁에 의해 식수를 획득해낸 후 그것을 차례차례 배급할 수 있었던 「물!」(김남천, 1933)이나 화자인 '나'만은 독존(獨尊)의 자세를 지킬 수 있었던 「무명(無明)」(이광수, 1939)의 감옥과 다르다. 3·1 운동 당시 감옥을 배경으로 한

527

심훈의 소품, 「찬미가에 싸인 원혼」(1920)과의 거리는 더더구나 말할 것도 없다. 「태형」보다 2년여 앞서 발표된 「찬미가에 싸인 원혼」은 어떠했나. 민족대표 중 한 명으로 1919년 5월 옥사한 양한묵을 연상시키는 이 짧막한 소설에서[23] "천도교의 서울 대교구장"인 "29방에 있는 노인"은 의사의 진료도 받지 못한 채 죽어가는 중이다. "참으려 하여도 참지 못하고 자연히 우러나오는 그 지긋지긋한" 않는 소리는 감옥 안 모든 사람을 고통스럽게 한다. 그럼에도 "십팔 명의 동고(同苦)하는 젊은 사람들"은 "그의 가족이라도 더할 수 없을 만큼 지성으로" 노인을 간호하고, 한편 노인은 16세에 불과한 K를 "내 막내 손자 같"다며 어루만진다. 「태형」의 감옥과 달리 「찬미가에 싸인 원혼」 속 감옥은 "간수의 눈을 피하여 가며 목침 돌리기로 옛날이야기도 하고 가는 목소리로 망향가도 부르"는 공간이다.[24] 고문 끝에 한 생명이 꺼져가는 중이지만 노인은 최후까지 존엄을 잃지 않고 희망을 전파한다. 함께 수감된 청년들은 천도교 간부인 노인의 최후를 기독교의 눈물 젖은 찬미가로 전송한다.[25] 심훈은 다른 글에서도 3·1 운동 당시의 감옥을 일컬어 "생지옥 속에 있으면서 하나도 괴로워하는 사람이 없"는, "누구의 눈초리에나 뉘우침과 슬픈 빛이 보이지 않고 도리어 그 눈들은 샛별과 같이 빛나"는 공동체적 공간이었다고 표현한 바 있다.[26]

서울과 평양의 차이였을까? 그것이 중요한 원인은 아니었겠으나 「찬미가에 싸인 원혼」과 「태형」 사이 낙차에는 지역 차이도 다소 개입해 있을지 모른다. 3·1 운동 직후 전국적으로 감방한 평당 평균 수용인원은 6.04명이었다.[27] 서대문 감옥에는 두 평남짓 감방에 15인이 수용돼 있었다지만[28] 소설 외 구체적 사정은 전하지 않으나마 평양 감옥의 사정은 더 심각했던 것 같다. 누울 자리도 없어 "하룻밤을 삼분(三分)하고, 인원을 삼분하여 번갈아 잠을" 자야 할 상황이다. 더욱이 화씨 100도를 넘나드는 염천(炎天) 한복판이다. "일종의 독와사"가 가득 찬 감방에서 다들 온몸이 종기투성이가 된 채 썩어가고 있는 중이다. 수감자들 사이 대화가 금지돼 말을 나누다 들키면 채찍으로 얻어맞아야 하는 비인간적 환경에서 3·1 운동으로 고조됐던 연대와 공공성의 기류는 찾아볼 길 없다. "당신은 당신이 죽겠다구 걱정하지만, 그래 당신만 사람이란 말이오?"란 힐난은 3·1 운동 당시라면 연대와 공공성을 촉구하는 목소리였을 터이나, 1919년 6월의 평양 감옥에서는 곁의 사람을 사지로 몰아넣는 매몰찬 명령이 돼 버린다. 결국 '나'를 비롯한 감방 동료들의 핍박과 조롱에 못 이겨 영감은 사지로 끌려가듯 태형 90대를 맞으러 나간다. "방안 사람들의 얼굴을 보니, 그들의 얼굴에는 자리가 좀 넓어졌다는 기쁨이 빛나고 있었다."[29]

평생 3·1 운동에 대해 발언한 염상섭과 달리 김동인은 별다른 회고담을 남긴 바 없다. 3개월간 옥살이라는 이력까지 닮은 꼴인데도 그렇다.[30] 부분적으로는 1950~1960년대, 3·1 운동에 대해 합법적으로 왕성하게 발언할 수 있는 시기를 살아서 맞지 못한 까닭이겠지만, 「태형」을 자전적 기록으로 친다면 김동인에게 있어 3·1 운동은 인간과 자기 자신에 대한 환멸을 돋군 경험으로 종료돼 버렸을 공산이 크다. 「태형」 마지막에서 '나'는 영감이 매 맞으면서 내지르는 비명을 듣는데, 이때 "머리는 더욱 숙여"지고 "멀−거니 뜬 눈에서는 눈물이 나오려" 하지만, 그럼에도 '나'는 자신과 타인에 대한 때늦은 연민에 불과할 눈물을 "눈을 꽉 감

529

후일담

아" 막아본다.[31] '나'는 영원 영감이나 맹산 청년의 사연에 무감했듯 "쉬 독립된다"는 주변의 전언에도 무감각했으니, 한 오라기 감상으로 벌충하기엔 그 낙인이 너무나 선명하다. 3·1 운동 후 첫 소설, "제가 옥 안에 있을 때 이야기를 듣고 옥에서 나온 뒤에 조사해서 쓴 것"[32]이라는 「마음이 옅은 자여」에서 김동인은 3·1 운동 직전을 배경으로 쓰면서도 오직 연애담만으로 시종한 바 있다. 그 주인공은 심지어 "화려한 강산 우리 반도는/ 4,000여년 역사국으로/ 대대손손 향락하더니/ 오늘날 이 지경 웬일이냐!"는 우국적 창가마저 "아 — 유쾌하다"는 병후(病後) 회복의 감각 속에 사용할 따름.[33] 청년 김동인이 일종의 불신과 환멸을 기조로 하는 소설 세계를 구축하게 되었다면, 그 복판에는 3·1 운동이 작용하고 있을 가능성이 크다.

530

「민족개조론」, 변신 또는 배신

「태형」이 발표된 것은 워싱턴회의가 끝나고 몇 달 후다. 1921년 11월 12일부터 이듬해 2월 6일까지 열린 이 회의는 제1차 세계대전 후 '평화'와 '개조'의 기류를 반영한 마지막 회의로서, 해군 감축 조약에 합의하고 일부 국가에서 군함 상당수를 폐기하는 등 적잖은 성과를 거두었지만, 조선인들이 고대했던 독립 문제는 논의되지 않았다. 임시정부에서는 회의에 대표를 파견하는 등 독립을 위한 활동을 전개했으나 한편으로는 그런 국제회의를 불신케 된 사람들도 많았던 것 같다. 워싱턴회의를 '제국주의적'인 행사로 규정하고 대신 소비에트 러시아로 희망을 옮기는 자취는 회의 직전부터 보인다.[34] 3·1 운동 후 여러 달이 지나고 심지어

1~2년이 지날 때까지 계속된 독립에의 기대[35]가 이때쯤 좌절됐다고 해도 되겠다. 그야말로 센세이셔널했던 이광수의 「민족개조론」은 이 맥락에서 징후적인 글이다. 워싱턴회의 직후인 1922년 5월부터 『개벽』에 연재된 「민족개조론」에서 이광수는 "태평양회의가 열리는 날(1921. 11. 11)" 이 글을 쓰기 시작해 열흘 간 집필했다는 사실을 두드러지게 내세운다. 이 글의 요지는 세계를 향해 요구하던 '개조'를 민족 내부로 돌린 것으로서, 그 결정적 전환점은 3·1 운동에 대한 '반성'의 도입이다. 이광수에 따르면 "'구화회의나 국제연맹이나 태평양회의는 조선인의 생활개선에는 아무 관계가 없'"다. "설사 조선인의 생활의 행복이 정치적 독립에 달렸다 하더라도 그 정치적 독립을 국제연맹이나 태평양회의가 소포우편으로 부송할 것이 아니"다. 정치적 독립은 법률상 수속일 뿐, 독립의 실 내용은 실력에 의해 쟁취해야 한다. 그러니 만큼 "우리는 다시 구원을 우리 밖에 구하는 우를 반복하지 아니할 것이요, 우리는 목적을 요행에서 구하려는 치(穉)를 반복치 아니할 것"이다.[36] 이 중요한 각성은 "과거의 쓰라린 경험"을 통해 얻은 것이라 하는데, 이것이 곧 3·1 운동을 가리킨다는 사실은 분명하다. 논리적으로 부연하자면 3·1 운동은 곧 '구원을 우리 밖에 구'하고 '목적을 요행에서 구'하려 한 어리석은 행동으로 평가되는 셈이다.

531

실제로 당시 비판자들이 가장 격렬하게 반발한 지점도 3·1 운동에 대한 이광수의 저평가였다.[37] 특히 문제된 것은 "재작년 3월 1일 이후로 우리의 정신의 변화는 무섭게 급격하게 되었습니다. (…) 그러나 이것은 분명한 자각과 일정한 계획으로 의식적으로 변화하려 하여 한 것이 못 됩니다"로 시작하는 부분이다. 여기서 이광수는 3·1 운동 및 그 이후의 변화를 '자연의 변화', '우연의 변화'라 명명한 뒤 "또는 무지몽매한 야만인이 자각 없이 추이(推移)하여 가는 변화와 같은 변화"라는 설명을 첨부하고 있다.[38] 비판문을 쓴 논객 중 한 명이었던 신일용은 바로 "이 절을 읽을 때에 혈조(血潮)가 면(面)에 창(彰)하며 전신이 율전(慄然)"하였다고 쓴다.[39] 얼굴이 상기되고 온몸이 떨릴 정도의 분노, 「민족개조론」은 그런 감정적 반응을 불러오는 글이었다. 『동아일보』에 반박문을 발표한 일본 유학생 최원순 역시 "그 사실에 대하여 '계획'도 없고 '노력'도 없던 일이었다고 명언하는 사가(史家)는 전 세계를 통하여 (…) 이춘원 이외에는 다시 한 사람도 없을 것"이라며 통렬히 공박한다.[40] 「민족개조론」 비판을 통해 3·1 운동의 숭고성을 상기시키려는 것도 비판문들에 있어 중요한 줄기다. 비판의 제1성을 발한 신상우는 이광수가 꺼내든 문명/야만 이분법을 비판하는 가운데 문명국이라는 유럽 제국(諸國)에 의해 자행된 각종 학살극을 상기시키며, 그런 문명을 표준 삼을 수 없는 만큼 이광수가 사랑하는 부(富)와 강(强)과 지(智)의 가치 역시 비판되어야 한다고 못 박는다. 문명화 정도는 이제 재부와 강력과 지식에 의해서가 아니라 평등과 안전과 자유에 의해 측정되어야 한다. 이 점에서 3·1 운동이야말로 문명화를 선도한 사건이다. 그 핵심 요구가 "인권에는 평등을 여(與)하라! 생활에 안전을 여하라! 자유롭게 생(生)하겠다"는 절규였기 때문이다.[41]

돌이켜보면 「민족개조론」에서 토로한 이광수의 3·1 운동 비판은 훨씬 일찍부터 제기돼 온 것이다. 3·1 운동 직후, 상해 임시정부에서 기관지 『독립신문』을 편집할 때도 이광수는 3·1 운동에 대한 반분의 찬탄과 반분의 회의를 함께 품고 있었다. '장백산인(長白山人)'이라는 필명하에 연재한 논설 「개조」에 그 자취가 특히 뚜렷하다. 물론 근 3년의 시차를 두고 있는 『독립신문』의 「개조」와 『개벽』의 「민족개조론」은 판이한 글이다. 연재 초기 「개조」는 테러리즘을 고평하고 심지어 요구하는 등 3·1 운동 직후의 흥분을 고스란히 담고 있기도 하다. 그러나 동시에 장차 「민족개조론」으로 발전한 회의의 심정은 「개조」에서도 분명하다. 질서와 통일을 지상 과제로 강조할 때, 실력을 역설할 때 특히 그렇다. 3·1 운동을 언급하면서 「개조」의 이광수는 이 거족적 운동이 "미국이나 평화회의의 자선적 행동을 시(恃)하고 함이 아니"듯 "한번 하여 보자 요행될는지 아나"라는 속셈으로 시작한 사건도 아니라고 역설한다. "10년간 적의 압박하에서라도 축적한 실력이 있기 때문에 (…) 공론으로써 세계의 안전(眼前)에서 일본과 쟁(爭)할 때에 우리는 족히 일본을 설파하리라는 자신이 있기 때문에 (…) 혈전(血戰)으로써 무강(武强)을 자시(自恃)하는 일본을 응징하리라는 자신이 있기 때문에", 즉 성공할 만한 실력을 갖추었기 때문에 시작한 운동이었다는 것이다.[42]

533

거꾸로 해석하자면, 일을 성사시킬 자신과 실력이 없이 터져나오는 봉기는 의존심이나 요행심의 소산에 다름 아니다. 이 논리대로라면 존재란 사건 없이 성장하지 않는다(learning curve)는 명제는 어불성설일 터이다. 더불어 이광수는 3·1 운동 때도 문제됐던 바 있는 각자 행동을 극도로 경계한다. "이번 3월 1일 사건에도 각 소단체는 3월 1일을 기다리기를 우활하다 하여 각각 독립 행동을 하려 하는 것을 가까스로 눌렀다 하니 이것도 아직도 전체, 통일, 준비 등 원려의 정신이 부족한 소치가 아닙니까. (…) 혹 모처에는 기천명의 결사대가 출동한다 하며 모처에서는 기십명의 단체가 단독으로 모종의 행동을 하려 하며 모모는 몇만 원의 금전으로 모종의 사업을 경영한다 함이 모두 원려의 정신을 결한 소치가 아닙니까."[43]

이광수가 임시정부 활동을 접고 귀국한 후 쓴 「민족개조론」은 위의 「개조」에서는 희망과 더불어 위태로이 공존했던 민족적 회의(懷疑)가 집대성된 판본이다. 여기 와서 3·1 운동은 "구원을 우리 밖에 구"하고 "목적을 요행에서 구"하려 한 어리석은 행동으로 폄하된다. 「민족개조론」이 불러일으킨 파문을 생각한다면, 한편으로는 이광수와 자기 자신과 조선인 일반이 느끼고 있던 균열의 지점을 그만큼 정확하게 파고든 것이라 할 수 있겠다. 독립이 불가능하다는 인식이 확산되면서 3·1 운동에 대한 평가도 동요했을 당시, 이광수는 한때 자부심의 원천이었던 운동을 반성의 출발점으로 바꿔 놓는다. 개항 후 수십 년 동안 "얼마나 더 성질이 부패하였나 기강이 해이하였나 부가 줄었나 자신이 없어졌나"를 묻는 이광수의 시선은 명백히 과거와 미래를 모두 비관하는 시선이다. 4,000~5,000년에 걸친 민족의 생애 중 2~3차에 불과한, 즉 기적에 가까운 전면적 개조 없이는 조선민족이 멸망하리라는 암울한 시선인 것이다. 3·1 운동에 대한 이광수식 후일담인 『재생』 등은 바로 이 비관을 먹고 자라난 소설이다. 3·1 운동의 후일담을 연애 서사로 치환하는 것은 1920년대 소설사에 있어 흔히 목격되는 기획이지만[44] 이광수의 소설은 그중에서도 타락과 배신이란 화소를 가장 짙게 간직하고 있다.

이광수와 신세대, 시간을 둘러싼 경쟁

이광수와 동인지 문학 사이의 관계는 역설적이다. 이광수를 『창조』와 『백조(白潮)』 동인으로 영입한 데서 알 수 있듯 동인지 문학 세대는 10년쯤 연장인 이광수[45]를 향해 연대의, 적어도 공존의 의지를 갖고 있었다. 그들은 최남선·이광수가 이끈 『소년』과 『청춘』의 영향하에 글쓰기를 시작한 세대였고 이광수의 「어린 벗에게」, 「윤광호」나 『무정』과 『개척자』를 통해 "자아의 해방! 정서의 해방!"을 맛본 세대이기도 했다.[46] 동인지 세대의 입장에서 보자면, 유교적 윤리 감각을 강요하는 기성세대에 저항하는 데 있어 이광수는 스승이요 선배요 든든한 동맹자였다고 할 수 있겠다.

그럼에도 이광수와 접속하는 데 있어서 이들은 "주간이니 주필이니" 하는 이름을 피하고 '동인'이라는 "평등적 책임"을 나눌 것을 고집했으며[47] 한편으론 망명한 이광수의 원고가 뒤늦게 도착했을 때 특별부록을 따로 편집할 정도로 이광수의 위상을 존중하고 그를 "조선문학계의 거성이요 기적"으로 칭송하는가 하면[48] 권두(卷頭)의 자리를 특설(特設)하면서도[49] 그를 혹독하게 비평하는 글에도 지면을 할애했다.[50] 『백조』는 일껏 이광수를 동인으로 영입해 원고를 받은 후 제2호부터는 관계를 끊었고 그의 문학론을 비판하는 글을 싣기까지 했다.[51]

이광수 또한 『창조』, 『백조』의 동인 요청을 수락하고도 만만히 그 노선을 따르지는 않았다. 『백조』 창간호에는 고구려 역사를 소재로 한 시조 「악부」를 주었고, 『창조』 제8호에는 새로운 문학 경향을 비판하는 시편과 논설 「문사와 수양」을 투고했다. "근래에는 문사라 하면 '학교를 졸업하지 말 것', '푸른 술 붉은 술에 탐닉할 것', '반드시 연애를 담(談)할 것', '두관(頭冠)과 의장(衣裝)을 야릇하게 할 것', '신경쇠약성 빈혈성 용모를 가질 것', '불

535

가측 불합리한 생활을 할 것' 등의 속성을 가진 인물을 의미하게 되었습니다"라는 공격으로 시작한 「문사와 수양」은 지덕체 수양을 강조하는 한편 '문사(文士)=의사(醫師)'의 상을 정립할 것을 시도하면서 "과거의 무의식적 최소저항주의적 데카당스적 생애를 벗어버"릴 것을 요구함으로써 『창조』를 포함한 문학의 새로운 경향 전반을 비판 대상으로 삼고 있다.[52]

같은 호에 실린 이광수의 시편 역시 마찬가지 내용을 제언한다. 그는 『창조』 8호에 기고한 세 편의 시를 통해 "동무야/ 우는 소리를 그쳐라 참 듣기가 싫다"고 공박하는가 하면 "너는 청춘이다, 혈기다,/ 뛸 것이다, 웃을 것이다,/ 강산이 떠나가도록 희망의 노래를 부를 것이다./ 그 소화불량성의 불평과,/ 결핵성의 센티멘털리즘을 버려라"[53]는 명령조를 노골화했다. 이후 「인생과 예술」, 「문학에 뜻을 두는 이에게」로 이어진 이 계열의 문학론이야말로 이광수와 동인지 세대 사이 전선(戰線)을 생성케 한 결정적인 계기였던 것으로 보인다.

"집에는 먹을 것이나 있고 건강은 중(中)이나 되"는 것을 문학자의 조건으로 삼은 「문학에 뜻을 두는 이에게」에 이르면, 1910년대에 때때로 낭만적 해방의 정조를 보여주었던 이광수가 얼마나 보수화되고 있는지를 생생하게 목도할 수 있다. 물론 『매일신보』라는 독점적 언론 권력의 후원을 받은 데서 짐작할 수 있듯 이광수에게는 근본적으로 타협의 가능성이 내재되어 있었다. 그는 "조선에서라고 로크나 루소가 나지 말라는 법이 있으며, 벤덤이나 밀이 나지 말라는 법이 있습니까"[54]라 하여 세계적 동시성의 감각을 일찍부터 예시했지만, 동시에 그 감각을 문화에 국한시키고 또한 문화의 위치를 정치·경제에 비해 열등한 것으로 두는 태도에서 평생 벗어나지 않았다.

　"우리의 민족적 이상을 말할 때에 문화 한 가지만을 말한 것은 무슨 까닭인가"[55]라는 질문에서 자유로울 수 없었던 이 감각이란, 선진(국)/후진(국) 혹은 개화/미개라는 서열을 문화 부문에 한해서만 철폐한 고식적 대처에 지나지 않는다.『개척자』에서 낭만적 저항의 한 극점을 보여준 바 있으나 근본적으로 문명과 성장의 서사를 추구했던 이광수는, 스스로 성장의 책임을 달성하기 전에 세계의 변혁과 폭발을 목표하는 일체의 기획을 혐오했다.『무정』이 췌언식 결말을 필요로 했던 것, 각각 일본과 미국으로 떠나 예술가와 과학자로 성장하는 주인공들의 미래를 굳이 부기해야 했던 필요가 이광수의 시각에서는 자명하다. "생물학이 무엇인지도 모르면서 새 문명을 건설하겠다고 자담하는 그네의 신세도 불쌍하고 그네를 믿는 시대도 불쌍하다."[56] 미숙성은 은폐될 수 없다. 미숙성이 그나마 참을 만한 악덕이 되는 것은 미래의 성장 서사가 보장될 때뿐이다.『무정』결말에서 약조한 '유정하고 가멸고[豊] 밝은 세상'은 형식·영채·선형 들이 교육받은 선민(選民)으로 자라날 때야 찾아올 것이다.

　이광수에게 있어 '시간'은 추월하거나 무화시킬 수 없는 절대적 전제다.「윤광호」의 자멸적 결말,「소년의 비애」의 성장=타락이라는 감각,『개척자』의 폭발하는 낭만성이 꼭 주변적인 요소였던 것만은 아니었으되, 3·1 운동을 겪고 상해에서의 경험을 거쳐 귀국한 후 이광수는 이 모두를 주변적이고 잉여적인 존재로 만드는 선택을 감행한다. 청년 세대를 혁명적 존재로 만든 3·1 운동이 이광수에게는 오히려 고착과 보수화의 계기였을지 모른다는 생각이 드는 것은 이 지점에서다.「문학에 뜻을 두는 이에게」

나 「신생활론」, 그리고 무엇보다 「민족개조론」은 이광수를 1910
년대에 붙박아 버린 발언이었고, 그와 동인지 세대와의 관계는
그 지점에서 비로소 갈등과 대결의 국면으로 결정되었다고 할 수
있다.

이광수가 시간과 성장의 서사 ― 따라서 그것이 불가능할
때는 타락의 서사 ― 를 중시했다면 동인지 세대는 공간의 상징,
회귀와 비약의 서사를 좇는다. 이들은 이미 1910년대 중후반부터
오이켄(R. C. Eucken)·베르그송(H. Bergson)과 신칸트학파 등을
동시대 사상으로 호흡했고, 더구나 제1차 세계대전을 목격하면
서 구미 문명의 우월성이라는 신화의 몰락을 절감한 세대다. 『백
조』의 시편을 특징짓고 있는 '밀실'이나 '동굴' 이미지는 시간-성
장의 가치를 부정하고 있으며 '어린아이'와 '어머니'라는 표상의
범람은 계몽-성숙의 기획 일반을 회의케 하고 있다. 동인지 세대
작가들이 성장기에 이광수에 매혹되었던 까닭은 그가 구도덕과
의 전투에 나섰기 때문이며 또한 총독부가 주도한 1910년대의 문
화정책에 저항하는 면모를 잃지 않았기 때문이다. 그는 문명의
기획에 있어서나 개인-사회의 관계를 구상하는 데 있어서나
1910년대 중반 이후 총독부의 기획과 상당 부분에서 일치했지
만[57] 동시에 미결정의 변수 역시 풍부하게 갖고 있었다. 그러나
3·1 운동 이후, 청년 세대가 진화론적 위계에 입각한 문명의식에
서 자유로워지고 연대와 해방의 경험을 기억하게 된 다음부터 이
광수와의 관계는 변화한다. 『재생』 등에서 볼 수 있듯 이광수 자
신 3·1 운동의 수확을 인정하기보다 그 이후 타락의 징후를 기록
하는 데 유독 민감했다. 동인지 세대에게 있어 사회적 탄생의 계
기였던 3·1 운동은 이광수에게 있어서는 몰락의 출발점으로 기

억된다. 결국은 그 자신의 생애에서 그러했듯이.

'만세후'로서의 「표본실의 청개구리」

이광수가 3·1 운동의 타락을, 심훈이 3·1 운동을 타락에의 항체로 의지하는 서사를 보여주었다면 「만세전」의 작가 염상섭의 자리는 이광수와 심훈 사이에 있으되 배신과 계승이라는 그 구도를 벗어나 있다. 염상섭은 한 편의 '만세전'과 여러 편의 '만세후'를 썼다.[58] '만세후'로 대표적인 것이 1921년 8월부터 10월까지 『개벽』에 연재된 「표본실의 청개구리」다. 발표 순서로 치면 염상섭의 첫 소설에 해당하는 「표본실의 청개구리」[59]는 이미 여러 편의 평문을 발표한 그가 소설가로 재탄생했음을 알리는 신호탄으로서, 김동인의 반응이 상징하듯 당시 문학청년들 사이 적잖은 긴장감을 불러일으킨 바 있다.[60] 과연 「표본실의 청개구리」는 한국 근대문학에 없었던 우울과 사색과 내성(內省)의 정조를 소개했다. 문체마저 이광수 류의 연문체(軟文體)나 『창조』류의 감상적 수필체와는 다른 번쇄한 한자투성이 스타일이었다. '조선의 햄릿' 염상섭은 「표본실의 청개구리」에서 이중으로 3·1 운동을 다룬다. 하나는 초점화자라 할 X의 3·1 운동이요 다른 하나는 진남포의 광인 김창억이 겪은 3·1 운동이다. 이중 보다 핵심적인 것은 후자다.

앞선 연구에서 되풀이 지적됐다시피 김창억의 사연이 3·1 운동을 배경으로 한다는 사실은 명백하다.[61] 30여 세의 김창억[62]은 "금년 봄에 한 서너 달, 감옥에 들어갔다가, 나온 뒤에" 한 달 만에 정신을 놓아버린 인물이다. 그는 8월 중순 가까울 때 발작하

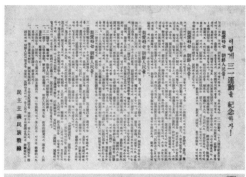

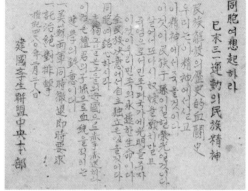

해방기에 좌·우익이 배포한 3·1 운동 관련 전단지. 〈85〉는 민주주의민족전선에서 배포한 '이렇게 3·1 운동을 기념하자!'는 전단으로, "3·1 운동이 어디까지나 노동자·농민·학생·소시민 등, 근로 인민의 피의 기록이요. (⋯) 이른바 '민족지사'류의 공로에 속함이 아니라는 것"을 선전하고 있다. 반면 건국학생연맹중앙본부에서 발행한 〈86〉은 '동포여 상기하라 기미 3·1 운동의 민족정신'이라는 제목하에 '탁치(託治) 절대배격'을 앞세우면서 "적구(赤狗) 그들은 그들의 모국으로 적수적송(赤手赤送)하라"고 선동한다. 드디어 3·1 운동을 떳떳하게 기릴 수 있게 된 해방기에, 그러나 좌·우익 분열은 그 기념을 정치투쟁의 장으로 만들었다. 좌·우익은 3·1절 기념행사를 각각 남산공원과 서울운동장에서 따로 개최했고 행진 과정에서 유혈충돌마저 벌였다.

여 10월 중순에 예의 삼층집 짓는 데 착수, "꼭 한 달 열사흘 (…) 만에" 그 완성을 볼 수 있었다. X 일행이 김창억을 찾아간 것은 그 후 얼마 되지 않아서다. X의 생활에 작가 염상섭의 이력을 겹쳐 놓는다면 「표본실의 청개구리」에서의 평양−진남포행은 1920년 가을의 사건이겠지만,[63] 서술자의 목소리를 그대로 신뢰한다면 그 배경은 1919년 말이 될 터이다. 그렇다면 지난 7~8개월간 X의 생활, "혼백까지 잠식"한 피로와 무기력의 나날은 3·1 운동 이후와 대략 겹치는 셈이다.

작가 염상섭의 이력에서 찾아볼 수 있는 것 같은 적극적 모색의 시간을 지움으로써[64] 「표본실의 청개구리」는 '만세후'를 침체와 환멸의 시간대로 묘사한다. 진남포의 광인 김창억에게 있어 3·1 운동은 전락의 계기다. 보통학교 교사로 10년간 근무하면서 나름 안정된 생활을 하고 있던 김창억은 3·1 운동으로 4개월간 옥살이를 하고 나온 후 인생의 대변동을 경험한다. 아내가 출분해버린 사건이 그 핵심으로, 이후 김창억은 서서히 발광하여 유곽 뒷산에 삼층집을 짓고 스스로 동서친목회 회장으로 행세한다. 그가 말하는 동서친목회란 "약육강식의 대원칙" 때문에 "불의 심판", 즉 "구주대전의 참혹한 포연탄우(砲煙彈雨)"가 지나간 후 "세계가 일대 가정을 이룰 시기"를 맞아 조직한 단체다. 김창억 자신은 장차 유럽 각국을 돌아다니며 경찰도 하고 설교도 할 예정이라고 한다. 한편으로는 "금강산에 들어가서, 옥좌에 올라앉"게 되리라면서 주변 사람들에게 군수 자리를 약속하기도 한다.[65] 종합하자면 그 내용은 "민족주의에 코스모폴리터니즘 비슷한 이상향을 가미한 것"이자[66] 서양에 대한 선망과 비판을 뒤섞은 것이며[67] 또한 추상적 평화주의에 신흥종교풍 말세론과 출세주의를 결합

541

시킨 것이다.[68]

후일 염상섭은 김창억이란 인물을 두고 "모델을 잡아서 쓴
것"이라고 술회한 바 있다. "진남포에 갔을 때 어떤 광인을 보고
쓴 것"이었다고 한다.[69] 염상섭과 X 사이 거리에서 보이듯 김창억
의 모델이 있다는 사실이 곧 각종 세부의 일치를 뜻하는 것은 아
니겠으나, 김창억과 유사한 개인사를 가진 실제 인물이 있었을
가능성도 배제할 수 없다. 이런 시각에서 진남포에서 3·1 운동의
역사부터 살펴보자. "어른, 애들과 함께 20리나 되는 길을 걸어
남포에서 일어난 독립만세운동을 구경하러 간 기억도 난다"[70]는
회고를 보면 인근에선 진남포 시위가 큰 축이었겠지만[71] 평남 시
위 대부분이 그러했듯 진남포에서의 시위도 비교적 이른 시기에
종료된다. 3월 1일 신흥교회에서 고종의 봉도식을 끝낸 500여 명
군중이 시내로 진출해 독립선언식을 가진 데 이어 5~6일에도 산
발적 시위가 있었고 7일에는 수천 명이 운집해 시위를 벌였다. 한
두 차례 철시가 있었으나 군중 시위는 7일을 마지막으로 더 이어
지지 않는다.[72]

진남포에서의 시위를 주도한 것은 삼숭학교 교사들이었다.
설립연도에 대한 증언이 어긋나긴 하나 삼숭학교는 1898년 설립
된 후 1908년경 체제를 정비한 학교인 듯 보인다.[73] 후자의 증언
을 채택하면 김창억이 근무한 소학교가 창립 10주년을 맞이하고
있었다는 진술과도 대략 부합한다. 남아 있는 판결문에 의하면 진
남포의 3·1 운동 검거자 중 학교 교사 신분은 삼숭학교 교원들뿐
이다. 평양 법원의 신문조서가 남아 있지 않은 만큼 진남포 시위
를 가까이 들여다볼 수 있는 자료는 고등법원의 판결문 정도인데,
그 제740호에 따르면 진남포 시위 관련자로는 총 20인이 상고했

는바 그중 6인이 삼숭학교 교사진인 것으로 돼 있다. 교장이었던 당시 35세의 홍기황을 비롯해 36세의 이겸로와 조두식, 29세의 송영환, 28세의 김영한과 홍기주가 그들이다.[74]

최근 연구에서 지적됐다시피 3·1 운동은 염상섭 평생의 원(原)기억이었다.[75] 해방 후, 시간이 갈수록 3·1 운동이 더 진한 기억이 돼 버린 인상마저 있다. 3·1 운동에 대한 염상섭의 평가는 두 가닥이다. 하나는 3·1 운동을 통해 개선된 바는 사실상 전무하다는 내용이다. 무단통치가 문화정치로 치장을 바꾸었지만 일본의 경제·문화적 지배는 조금도 줄어들지 않았으며, 넓게는 세계적으로도 해방의 과제가 전연 달성되지 못했다는 것이다. 다른 한편 염상섭은 한반도에서 오랫동안 살아온 백성이 3·1 운동을 통해 "그래도 우리가 민족적으로 살아 있다는 것을 중외(中外)에 선포하였고" "아직은 죽지 않았다는 입증을 하는 데서 마음 든든한 정신적 결속을 얻었"다고 평가한다.[76] 말하자면 3·1 운동은 폐색과 해방이라는 이중적 효과를 가져왔다는 것이 평가의 골자라 할 수 있겠다. 이후 염상섭은 전자의 측면, 즉 현실의 부정과 암흑면을 폭로하는 데 주력하는 듯 보이지만, 후자, 다시 말해 재생과 희망의 계기는 그의 소설에 늘 깊숙이 잠재해 있다. 염상섭은 숱한 인명이 학살당했을지언정, 운동 후의 체포·신문과 수감 과정을 통해 인간으로서의 전락을 경험했을지언정, 3·1 운동을 통해 조선인들이 자기 존엄성을 확인할 수 있었음을 인정한다.

염상섭의 시각마따나 3·1 운동은 종착점보다 출발점이라는 시각에서 바라볼 때 적극적 의의를 갖는다. 3·1 운동은 개인적·민족적 층위에서 공히 불회귀적 사건인 동시, 실패냐 성공이냐의

543

질문을 무의미하게 만들어버리는 종류의 사건이다. 그것을 부정한다면 '나' 자체를 부정하게 되는, 존재의 기초이자 폭발적 성장의 계기인 것이다. 3·1 운동을 통해 조선인은 비로소 집단적 '불령선인(不逞鮮人)'으로서의 정체성을, 즉 저항하는 존재로서의 자존을 형성할 수 있었다. 조직망도 통신망도 저발달한 상태에서 사실상 전국 모든 지역에서 일어난 이 놀라운 운동은 지금까지도 부동(不動)의 민족적 알리바이다. '우리'는 단연 일제에 반대했던 것이다. 비록 힘이 모자라 짓밟혔을지언정 그것은 식민지시기 내내, 그리고도 오래 더 살아남은 기억이었다. '3·1 운동이 없었다면 민족으로서의 우리는 거의 아무것도 아니었을 것이다.'

그렇다고 염상섭이 3·1 운동을 영광의 계기로 수락해버리는 것은 전혀 아니다. 염상섭은 3·1 운동의 기억을 박제화하는 데 반대한다. 그 신화 때문에 상투화하고 그 알리바이 때문에 현재를 정당화하게 되는 기제를 경계한다. 「표본실의 청개구리」에서 보이듯 염상섭은 3·1 운동을 전락과 퇴화의 서사로 서술하기를 주저치 않는다. 주목해야 할 점은 그러나 이 전락-퇴화의 서사가 그 자체로 역전의 가능성을 품고 있다는 사실이다. 진남포의 광인 김창억, 그는 3·1 운동으로 말미암아 미쳐 버렸을지언정 발견과 해방의 계기를 품고 있다. 김창억이 원인과 증상의 관계를 왜곡시키는 전형적 정신이상을, 직업을 잃고 아내에게 버림받은 개인적 불행을 민족적·세계적 대의명분으로 얼버무리는 과대망상을 보이는 것은 사실이다. 그러나 과연 '나'와 그 주변 사람들은 김창억보다 제대로 살고 있는가? 김창억이 잃어버린 대상과 자기 자신을 분리하지 못한 채 우울에 시달리고 있다면 '나'와 벗들은 성공적으로 상실을 기념하는 애도의 도상(途上)에 올랐다고 할 수 있을까?[77] 그 상실을 망각해도 되는 것일까? 정상인이노라 사는 우리는 3·1 운동을 다 잊고, 그때 제기했던 문제를 덮어버리고, 부정직하게도 타협하며 살고 있을 뿐인지도 모른다. 그 사실을 인정케 될까 봐 잔인하게도 김창억 같은 광인을 놀림거리로 삼으면서. 김창억은 화자인 X의 학생 시절 박물학 교사, '해부'라는 근대 과학의 분석적 시선을 상징하는 인물을 빼닮은 존재로서, 근대의 최대치란 근대의 궁경(窮境)일 수밖에 없음을 보여주는 동시, X와 그 친구들의 시민적 삶에 대한 '해부'의 시선으로 작용하고 있다.

다시 시선을 돌려 김창억의 이력을 진남포 3·1 운동 관계자들의 실제 이력과 비교해본다면, 김창억의 모델이 될 만한 인물은 대략 이겸로·송영환·김영한의 세 명으로 압축해볼 수 있다. 검사의 기소에 의하면 학교장 홍기황이 위촉한 데 의해 조두식과 홍기주가 학교에 비치된 등사기를 이용해 독립선언서 800매를 찍어냈고, 김영한 등은 군중과 더불어 진남포 부내를 행진했다고 한다.[78] 염상섭이 모델이 있다고 인정했던 광인 김창억은 과연 이겸로나 송영환, 혹은 김영한이나 홍기주 중 한 명이었을까. 지금으로선 더 따져볼 만한 자료가 없다. 혹 더 실증할 만한 여지가 있다고 해도 소설은 당연히 현실을 비껴 설 것이다.

그럼에도 「표본실의 청개구리」는 3·1 운동 전후의 시대를 짙게 함축하고 있다. 김창억은 "물질만능, 금전만능의 시대", "물욕에 사람의 마음이 가리"운 옛 시대가 지나고 "세계가 일대 가정"을 이루게 됐다고 설파한다. 그는 기독교의 '아멘'을 '아맹(啞孟)'으로, 김씨의 '김(金)'을 곤륜의 옥(玉)과 여수의 금(金)의 합성으로 읽고, 천(天)을 '일대(一大)'로, 지(地)를 '흙(土) 야(也)'로 새기는 등 문자 놀이에 열심인데, 한자문화권에서 오래된 이 지적 유머는 김삿갓 등에 얽힌 민간 설화로써 친숙해진 것으로, 도참(圖讖) 신앙에서 활발하게 전용된 바 있다. 김창억은 한성고등사범학교를 졸업한데다[79] 한때 기독교에 심취했고 단테의 『신곡』을 읽었으며 "동경 어떠한 대학의 정경과 강의록"을 공부하기도 한 근대적 지식인이지만, 한편 통속적 파자(破字)의 세계에 친숙하다. 제1차 세계대전 직후 코스모폴리터니즘에 깊이 영향받은 한편 "금강산에 들어가서, 옥좌에 올라앉아 세계의 평화를 누리게 하라"는 상제의 명을 받았다고 주장하는 면모도 복합적이다.[80] 실제로 3·1 운동 당시에는 이러한 여러 가지 동기가 착잡하게 얽혀 나타난 바 있다.

546

　　광인 김창억의 특이성은 수미일관할 수 없는 각종 모순된 동기를 3·1 운동에 접속시키고 있다는 사실에 있다. 부유한 객주집 외아들이었던 그는 조실부모하고 개체로서의 고독을 절감했던 축으로, 『신곡』과 대학 강의록으로 상징되는 지적 갈망 또한 중도에 포기해야 했다. 재혼해 맞아들인 처의 성적 욕구를 감당하지 못해 허덕대는가 하면 기독교 내부의 허위의식에 염증을 느끼기도 했다. 소설에서 부각돼 있는 것은 전자이지만, 삼숭학교를 비롯한 대부분 사립학교가 기독교 선교사들에 의해 설립되었던 만큼 후자의 문제 또한 녹록치 않았을 것이다. 교사로서의 무난한 생활 속에서 이렇듯 여러 가지 문제를 안고 있었던 김창억에게 있어 3·1 운동은 어떤 사건이었을까. 그는 어떤 동기로 어떻게 운동에 참여했고 옥중에서는 어떤 시간을 보냈던 것일까. 「표본실의 청개구리」는 이 문제에 대해 침묵해 버린다. 3·1 운동을 소실점으로 하고 있음이 분명함에도 X의 생애에서나 김창억의 생애에서나 그것은 직접 다루어지지 못한다. 검열 탓이 컸겠으나 「표본실의 청개구리」에서의 3·1 운동은 오늘날까지 근 100년을 이어진 3·1 운동, 편재하는 동시 부재하는 3·1 운동의 면모와 겹친다. 3·1 운동 후 수개월, 화자인 X는 당시 유행하던 보들레르의 시를 연상시키는바 "어디든지 가야 하겠다. 세계의 끝까지. 무한에. 영원히…… 무인도! 서백리아의 황량한 벌판! 몸에서 기름이 부지직 부지직 타는 남양!"이라고 부르짖으면서 한편 누르기 힘든 자살 충동에 시달리고 있을 뿐이다. "환희와 오뇌 사이에서" 찢겨 있는 그에게 3·1 운동은 분명 강렬한 경험이었겠으나 그것은 마치 물(物) 자체와 같다.[81] 현재 속에 포착하려는 순간 3·1 운동은 기껏 김창억을 예전 박물 교사와, 혹은 평양에서 본 장발의 창백한 남성과 동일시하는 것 같은 환유의 운명을 벗어날 수 없다. 그것은 너무나 거대한, 다 저작될 수 없는 무수한 개별체의 집합이다.

547

신세대의 기억, 유년 속 3·1 운동

1930년대 말~1940년대 초에 이르기까지도 3·1 운동의 후일담은 계속 창작된다. 3·1 운동을 경험했다기보다 그 전설을 먹고 자랐을 세대로서 김사량은 3·1 운동의 지속성과 상징성에 주목한다. 1920년대 초중반에 생산된 3·1 운동의 후일담 일반과는 달리, 사건 당시로부터 20여 년이 지나 김사량이 기록하는 3·1 운동은 전락도 재생도 아니고, 두 플롯이 서로 다른 등장인물에 의해 병립하는 구도도 아닌, 두 가지 서사가 한 몸에 깃들어 있는 혼종적 구조다. 영웅과 배신자, 피해자와 가해자의 구도도 뒤섞인다. 「향수」와 같은 무렵 한글로 발표한 미완의 장편 『낙조』에서 작가는 3·1운동을 유년을 뒤엎고 지나간 폭풍우로 묘사한다. "천지가 깨어지는 듯한 우레 소리가 울리기 시작하였다. 마른번개가 친다. 하늘이 번쩍번쩍댄다. 소나기가 쏟아지기 시작하였다."[82] 바로 이날 친일파 윤남작의 첩이자 주인공 수일의 어머니인 기생 산월은 집 곳곳에 불을 놓고 저 자신 그 불길 속에 뛰어든다. 낮에 집을 에워싸고 '우레'와 '소나기'로 군림했던 군중의 투석을 완성하듯이. 연연하고 섬세한 성품에 첩실들의 질시에 지치고, 아들 수일과 떨어진 채 적막과 공포에 시달리는 나날을 보낸 후다.

　　3·1운동 당시 친일파 저택이나 관공서 등에 대한 방화·파괴 시도가 없지 않았으나 윤남작 집의 화재 사건은 "도깨비불이니 (…) 벼락불이니" 하는 소문 속에 유야무야된 축이다. 하긴 1910년대 후반, 3·1운동 직전엔 서울 시내에서 유난히 도깨비불에 대한 소문이 많았다.[83] "뭇사람들이 무더기를 짓고 사나운 파도처럼 술렁거리"던 그날, 윤남작 집은 업보인 양 그 내부의 희생자 산월에 의해 불타 버린다. 그날 이후 수일의 누이격인 귀애는 민족적 '계몽'과 '행복'의 길에서 "우리집은 그 나가는 문 앞에 바위처럼 딱 막어 선 방해물"이라는 자의식으로 괴로워한다. 미완으로 끝난 만큼 『낙조』라는 제목에서 예상되는바 윤남작 가(家)의 몰락이라는 정해진 결말이 어떻게 구현돼 갈는지는 미결정 상태이나, 그것이 외부로부터 초래되는 단순한 양상을 취하지 않을 것임은 비교적 분명해 보인다. 3·1운동은 "바위처럼 딱 막어 선 방해물" 같은 윤남작 가의 몰락에 있어 결정적 계기가 될 것이다. 몰락 이후의 미래를 살게 될 귀애와 수일, 어린 남매에게 있어 산월은 그 때문에 "몸뚱이 밟히어 부서진 (…) 한 사람"인 동시 "제

548

손으로 용감하게 죽"음으로써 장애를 돌파하려 한 위인으로 비친다.[84]

『낙조』의 수일은 혹 사회주의자로 자라날 예정이었을까. 심훈이 『영원의 미소』나 『동방의 애인』에서 제기했듯 '미완의 3·1 운동'은 사회주의를 통해 계승되고 완성된 것일까. 김산(장지락)이나 박헌영 등의 생애가 보여주듯, 그 밖에도 많고 많은 '3·1 운동의 후예들'[85]이 보여주듯 3·1 운동의 동력 중 중요한 몫이 사회주의 운동으로 이월됐다는 것은 주지의 사실이다. 최서해와 심훈과 이기영이 여러 차례 이 지점을 소설의 주제로 삼았다. 특히 이기영은 중편 「서화」(1933)가 "'기미 전후'의 시대를 장편으로 쓰려 한 시도"의 일환이었음을 밝히면서 본래 『고향』을 그 속편격으로 쓰고자 했다고 천명한 바 있다.[86] 『고향』의 조역 박훈이 '기미 전후'에 대한 작가의 구상을 엿볼 수 있게 해주는 인물이라 할 터인데, 3·1 운동을 계기로 한 변신-재생의 계기는 비슷한 시기 「박승호」(1933)에서도 제시된다. 여기서 주인공 박승호에게 민중적 각성의 계기를 제공하는 점동 아버지는 "동학을 하면 잘 산다니까 와 — 하고 그리로 쏠리고 ××[만세]를 ××[부르]면 잘 산다니까 또 와 — 하고 ××[만세]를 불렀지요"라며 지난 역사를 회상하고 있다.[87] 그 부친이 '동학 난리' 통에 죽은 점동 아버지로서는 동학농민운동이나 3·1 운동이나 "세상에 잘난 사람들이나 남을 믿고 산다는 게 아주 허사라는 것"을 절감케 한 사건이라는 점에서는 등가다. 「박승호」에서의 인식을 부연하자면, 「서화」의 속편이 완성됐을 경우 주인공 돌쇠를 자립시키고 선병질의 지식인 정광조를 부차화시킬 법했을 사건이 3·1 운동이었으리라 상상해 볼 수도 있다. 또 다른 작가 송영이 보여주듯 3·1 운동은 부르

87

550

해방기에 나온 『3·1 기념시집』. 1946년 3월 1일 조선문학가 동맹 시부(詩部)에서 발간했다. 열여섯 명 시인이 3·1 운동을 주제로 쓴 열여섯 편의 시를 묶어냈는데, 3개월 만에 3만 부가 팔렸다고 한다. 권환·박세영·임화 등 좌파로 분류되는 시인들이 많았지만 김광균·김기림 같은 이른바 '중간파'는 물론이고 서정주도 시를 기고했다. 임화는 「3월 1일이 온다」는 표제를 달아 "언 살결에/ 한층/ 바람이 차고// 눈을 떠도/ 눈을 떠도// 티끌이/ 날려 오는 날// 봄보다도/ 먼저/ 3월 1일이 왔다"는 독백으로 첫 연을 삼았다. 서정주는 「혁명」이라는 표제의 시를 실었다. 지금도 잘 알려져 있는 시로서 전문은 다음과 같다. "조개껍질의 붉고 푸른 무늬는/ 몇천 년을 혼자서 용솟음치던/ 바다의 바다의 소망이리라.// 가지가 찢어지게 열리는 꽃은/ 날이 날마다 여기와 소근대던/ 바람의 바람의 소망이리라.// 아— 이 검붉은 징역의 땅우에/ 홍수와 같이 몰려오는 혁명은// 오랜 하늘의 소망이리라." 크든 작든 대일협력을 저지르며 지냈던 대부분의 문학가들은 해방을 어떻게 맞이했을까. 서정주는 해방 후 한동안 침묵을 지키다 1945년 말부터 다시 시를 발표하기 시작, 잠시 조선문학가동맹에서 활동했으나 『귀촉도(歸蜀道)』(1948)를 낼 무렵에는 김동리·조연현 등과 함께 우파적 민족문학으로 입장을 정리한다.

주아 민족주의와의 절연의 계기이며[88] 조선인 내부에 '만세 사람'이라는 저항성을 각인시킨 사건이다.[89]

　　3·1 운동―사회주의라는 이런 서사와 갈라지는 대항 서사도 있었을 법한데, 이광수 장편에서의 타락―배신 서사 외 다른 줄기가 또렷이 감지되지는 않는다. 이광수의 미완성 장편 『유랑』(1927)이 혹 다른 결을 보여줄 수 있었을까 짐작되지만 이 소설은 채 한 달을 채우지 못하고 중단돼 버렸다. 『유랑』은 평남 강서에서 실제 있었던 학살극이 출발점인 소설로, 아버지를 잃은 남매가 원수 격인 일본 순사를 살해한 후 벌이는 해외 탈주극까지를 다루고 있다. 어렵사리 중국 옌타이(烟臺)에 가닿은 것이 이들 남매의 여정이었으니 이후 서사는 『재생』식 타락―배신과는 다른 길을 밟았기 쉽다. "울지 마라. 혁명가에게 눈물이 당하냐"[90] 같은 대사가 이 사실을 예감케 한다. 그러나 『유랑』이 중단된 이후 비슷한 행로가 다시 모색된 것 같지는 않다. 다른 작가에까지 시선을 넓혀 봐도, 유진오의 「송군 남매와 나」(1929)에서 3·1 운동 당시 영웅의 아들딸은 빈곤에 쫓기고, 염상섭 작 『삼대』(1931)의 홍경애는 아버지가 3·1 운동기 지사로 세상을 뜬 후 전락해버리며, 이태준 단편 「불도 나지 않았소, 도적도 나지 않았소, 아무 일도 없소」(1931)에서는 대동단원의 딸이 매춘 직전의 곤경에 처한다. 강경애마저 「어둠」(1937)에서는 3·1 운동으로 아버지를 잃은 데 이어 간도 공산당 사건으로 오빠까지 처형당한 후 주인공을 발광이라는 극단적 상황으로 몰아넣고 있다.

　　해방 이후에야 3·1 운동은 자긍할 만한 사건으로 재생된다. 안회남의 「폭풍의 역사」(1947)며 박노갑의 「40년」(1948), 방인근의 『혁명가의 일생』(1949)과 정비석의 『고원』(1950) 등, 얼핏 기억나는 소설만 꼽아도 한참을 계속할 수 있을 정도다. 그 흔적은 선우휘의 「불꽃」(1957)이며 안수길의 『성천강』(1971~1974)에까지 미친다. 이렇듯 문학사에서 계속 형상화돼 왔음에도 3·1 운동은 아직 미지의 영역이다. 이광수 장편에서의 타락-배신과 심훈 장편에서의 성장-사회주의를 두 축으로 둘 때 그 사이, 후일담 이전 3·1 운동을 그 자체로 탐사한 예는 거의 보이지 않는다. 이렇듯 편재하지만 결코 풍부하지 않은 3·1 운동의 유산 가운데 「표본실의 청개구리」는 그 충격과 모순을 그대로 드러냄으로써 특이한 지점에 도달하고 있다. 소설의 화자는 "큰 경이가 있은 뒤에는 큰 공포와 침통과 큰 애수가 있다"고 한 후 "인생의 진실된 일면을 추켜들고 거침없이 육박하여 올 때 전령(全靈)을 에워싸는 것은 경악의 전율이요. 그리고 한없는 고민이요. 샘솟는 연민의 눈물이요. 가슴이 저린 애수요……. 그리고 남는 것은 기쁘게 넘친 통쾌요……"라며 복잡한 심경을 토로하는데, 이 착잡한 상황에서 광인 김창억은 "최후에 가마 밑에 졸라붙은 오뇌의 환약"인 동시 "우리의 욕구를 홀로 구현한 승리자"다.

청년 염상섭은 여러 차례 "모든 것에 대한 해방"[91]만이 표준이 될 수 있다고 썼다. 파리평화회의 후, 14세 이하 노동 금지며 8시간 노동제 등 중요한 개량이 이루어졌음에도 염상섭은 이 '개조'가 결코 '해방'일 수는 없다고 단언한다.[92] 이 시기 그는 "선미(善美)하리라 몽상하고, 선미케 되지 않으면 안 되리라고 바라던 인성의 모든 추악, 모든 간악, 모든 약점"에도 절망했던 듯 보인다.[93] 「표본실의 청개구리」는 그런 지 몇 달 후 염상섭이 내놓은 그의 첫 공개작이다. 3·1 운동에 대한 1920년대 초중반의 후일담이 전락이나 재생, 한쪽으로 정향돼 있다고 할 때, 이 소설은 그런 선택을 거부하고 있는 후일담이라 할 수 있겠다. 「표본실의 청개구리」에서의 3·1 운동은 차라리 약 20년 후 김사량이 그려낸 3·1 운동에 가깝다. 재생에 전락을 겹쳐 쓰고 전락에 재생을 겹쳐 쓰는, 개별자를 증식시킴으로써 사건의 원심력을 유지하고자 하는 서술 전략이 이들 소설의 특징이다. 이들에게 있어 3·1 운동은 가능성의 정점이자 불가능성의 극점이다.

나가는 글

아직,

3·1 운동을 만나면 길을 잃는다. 여전히 그가 낯설다. 새롭다. 처음 들어선 고장 같다. 원근법과 방향감각이 작동하지 않는다. 가깝고 먼 것이 섞여 보인다. 그가 문득 생소한 눈길로 나를 본다. 그제야 나는, 세상 자체가 얼마나 이물스러운지를 깨닫는다.

554   결코 이전 세대 선학들처럼 살 수 없으리라고 느껴 왔다. 그들처럼 확고한 무게중심을 갖고 그들처럼 절제된 밀도의 언어를 구사할 수 없으리. 내 밖에서 지렛대를 발견할 수 없으리. 나 자신 나를 들어올려야 하리. 내 또래 연구자들 중에는 한국학 전공자가 아니더라도 유학 경험 없는 사람들이 꽤 있다. 일괄할 수 없겠지만 '토착성'이나 '자주성'을 열망했던 한 시절의 흔적이라고 생각한다. 여전히 많은 사람의 삶에 그 흔적이 남아 있다고 생각한다. 지긋지긋해 하면서도 열렬하게 한반도를, 대중을 사랑하는, 자기 자신을 그것과 분리시킬 수 없는 능력 혹은 무능력은 그들의 공부의 토대다. 나 또한 그중 하나로 한반도에서 살고 한반도의 경험을 공부한다. '나' 아닌 어떤 것에 의지해서 '나'를 설명할 수 없다는 사실을 절감한다.

3·1 운동은 지금껏 온전히 이해되지 못하고 있는 사건이다. 한반도의 과거를 조망하는 보편적 기준이었던 민족주의적·근대주의적 해석조차 3·1 운동에 대해서는 일관되게 적용되지 못했다. 민족주의는 선명했던 반면, 정치·경제적 근대성을 논하기에는 고종의 죽음이라는 변수부터 난해했던 탓이다. 3·1 운동이 본격적으로 연구되기 시작한 1960~1970년대에 봉기 자체에 대한 자료는 풍부하게 수집·정리·보고됐지만, 그 해석의 지평은 민족주의적 일원론에 머물러 있었다.

　　1980년대에 민중적 관점이 부상하면서 한때 3·1 운동의 공세적 측면, 그리고 일부 지역에서 적기를 휘두르고 토지 재분배를 희망했던 면모가 조명된 적도 있다. 그러나 이후 오래도록 3·1 운동에 대한 연구는 새로운 이념적·방법론적 지평을 타개하지 못한 채 분산적으로 이루어져 왔다. 그런 중에도 지방 봉기에 대한 실증적 연구는 꾸준히 축적되어, 최근 몇 년은 그 성과를 토대로 사회운동이나 참여민주주의의 시각에서 3·1 운동에 접근하려는 시도가 이루어지는 중이다.

이 책은 3·1 운동에 대한 세계사적 해석과 문화론적 접근을 표방한다. 이 책을 통해 제안하고 싶은 바는 간단하다. 3·1 운동을 그 세계사적 맥락으로 되돌리고 3·1 운동에서 토의된 정치·경제·문화적 쟁점들을 오늘에 되살려 보자는 것이다. 3·1 운동은 빛나는 경험이다. 그러나 그 빛은 천상의 순일성이 아니라 지상의 악전고투로 물들어 있다. 모든 가능성을 품고 있으나 가능성을 오용할 위험 또한 수태하고 있다. 3·1 운동이 지나고 사람들은 갈래갈래 헤어졌다. 많은 이들이 평생 3·1 운동을 살았으나, 그들 사이 엇갈린 길은 때로 혈전(血戰)까지 불러왔다. 3·1 운동의 빛나는 가능성은 다 탐색되지 못했다. 3·1 운동 100주년 — 이제야말로 3·1 운동 속 대중이 목격했던 세계와 그들이 꿈꾸었던 나라에 대해 발본적으로 논해볼 수 있다면, 정말 좋겠다.

다 똑같고 다 뻔하다고 느낄 때가 있다. 살아갈 필요가, 공부할 필요가 더더구나 휘발돼 버리는 순간이다. 내게 3·1 운동은 한번도 그렇지 않았다. 이 책을 읽는 분들께 그런 심정이 조금이나마 전달될 수 있었으면 한다. 이 책에는 맹목의 지점이 많다. 지역·계층·사건 간 균형이 부족하고 문제의식도 편중돼 있다. 3·1 운동에 대해 객관적이고 공정한 앎을 더하는 데는 실패했다고 할 수밖에 없을 것이다. 대신 이 책이 3·1 운동에 대해 더 많은 질문을 낳을 수 있었으면 한다. 읽고 나면 결국 자기 자신을 보게 되는 그런 책이었으면 한다. 다행히 3·1 운동 100주년을 맞아 자료를 집대성한 데이터베이스도 개통된다고 하니 객관과 공정성에 대한 책임은 그쪽으로 미룰 수 있을지 모르겠다.

누구도 '책'을 쓸 수는 없다. 그동안 쓴 글을 책으로 묶으면서야 깨닫게 된 사실이 여럿 있다. '찾아보기'는 책의 민낯 중 하나일 텐데, '찾아보기'를 만들 때쯤 돼서야 이 책에 가장 자주 등장하는 인물이 누구인지를 알게 됐다. 춘원(春園) 이광수다. 「2·8 독립선언서」의 그리고 「민족개조론」과 『재생』의 저자. 이광수는 한국 근대문학을 공부할 때 늘 마주하게 되는 대상이다. 하필 이광수라니. 그런 생각이 없지 않았지만, 그동안 내 관심과 공부의 내력을 생각하면 한편 당연한 결과다. 문학에서 문화론으로, 1900년대에서 1970년대까지 공부하면서 적잖은 편폭을 거쳤으나 이광

556

수는 언제나 내 화두로 걸려 있는 존재 중 하나다. 연민과 공감으로, 이해와 안타까움으로, 때로 분노와 염증으로, 무수히 이광수를 만나 왔다.

3·1 운동을 공부하면서 많은 존엄한 인생을 목격했다. 김경천, 김규식, 김필순, 신규식, 이태준, 이회영, 주세죽, 지청천…… 이름을 따로 꼽기 저어될 정도로 이들 외에도 상처투성이인 채 시종 자신과 민족에 성실했던 생애를 만나고 또 만났다. 그 경험이 내 자아의 작은 뿌리가 되면 좋겠다. 그러나 동시에, 이광수 같은 인생과 대화하는 과정이 없다면 독립운동가들의 존엄마저 박약해지지 않을까 하는 생각이 든다.

어릴 적부터 독립운동가들은 고립된 영웅처럼 보였다. 외롭고 때로는 무서워 보이기마저 했다. 만세 외친 대가로 고문당하고 난자당했다는 유관순의 일화는 어린 마음에 악몽 같았다. 그가 그렇게 기억되길 즐길까 싶었다. 개발독재 시절 본격화된 유관순 신화는 한편으로는 민족주의적 숭고의 선양이었지만 다른 한편으로는 정치에의 공포를 조장한 은밀한 덫이 아니었는지. 그 고통의 반복적 현시는, 섣불리 정치에 뛰어들지 말라는 경고는 아니었을는지. 나는 위대한 운동가들을 고립과 소외에서 구출해 내고 싶다. 인간으로 마주 대하되 여전히 숭고하게 느끼고, 그 단처와 약점을 받아들이면서 그럼에도 경애할 수 있었으면 좋겠다.

한편으로는, 옥관빈·윤치호·이광수…… 그런 문제적 생애를 다 추방하고 나면 내 자아가 얼마나 앙상해질까 싶다. 이 책을 통해 문학사적으로는 이광수 대신 심훈을, 또 염상섭을 세워 보려 노력했지만, 그렇다고 이광수를 망각하고 싶은 것은 아니다. 이광수를 몰아내는 대신 그와 대결하고 싶다. 그는 아직 내게 맞설수록 새로운 대상이다. 그러므로 적대와 분할이 기승스러워지는 21세기 대한민국에서, 3·1 운동의 봉기 대중처럼, 대결할지언정 누구도 추방하지 않는 세상을 꿈꾸어 본다. 죄를 묻고 벌을 정해야겠지만 궁극에는 모든 존재를 품는 그런 질서를.

잠시 3·1 운동을 떠나보내야 하나 보다. 100주년이니까 그가 외롭지는 않으리라 믿는다. 영광 속에 고립되지는 않으리라고 기대한다. 지금 3·1 운동을 궁금해하기 시작한 사람이 한 명이라도 있다면. 그래도 걸음이 서성거려진다. 책 작업을 끝내고 나면 그 주제로 돌아가지 않는 것이 습성이었는데, 이번에도 그럴 수 있을지 못내 자신이 없다. 애초부터 그를 만나고 사랑한 것은 내 멋대로의 사건이었을 뿐인데. 그에게 내 시선은 헛짚고 미끄러지고 고집 피우는 귀찮은 애정이었을 뿐일 텐데. 그러니 그가 그 자신도 모르게 넘겨준 자산을 안고 길을 떠나야지. 세계성의 지평 속에서 한국문학을 읽는 일도 이제 할 수 있을 것 같으니.

여전히,

그를 사랑하지만.

2019년 2월 3·1 운동 100주년에 가까운 날
권보드래

감사의 말

10년 전 3·1 운동에 대해 집중토론할 기회를 주시고
첫 글을 쓸 수 있게 해주신 박헌호·류준필 선생님께,
연구공간 수유+너머 시절 『매일신보』 세미나와
『개벽』 세미나, 1920년대 초 잡지 세미나를 함께했던
구장률·문경연·박정수·서승희·손유경 선생님,
신지영·윤혜진·이승원·이유미 선생님,
그리고 그 밖의 성원들께,
짧은 기간이었으나마 역사문제연구소의   559
1910년대 세미나에서
많은 가르침을 주신 박종린·이기훈·이태훈·허수 선생님,
그 밖의 다른 선생님들께도,
몇 달 동안 3·1 운동을 주제로 세미나 기회를 주신
윤해동·이정은·한상구 선생님,
역시 3·1 운동 세미나에 함께했고,
책 막바지 작업 때 초보적 자료 질문에
명쾌하게 답해주시곤 했던 류준범 선생님께,
각각 캠브리지와 튀빙겐과 버클리에서
책에 집중할 길고 짧은 기회를 가질 수 있게 도와주셨던
신동준·이유재·안진수 선생님께,
그중에서도 연구학기를 보낸 캠브리지대학교 도서관을 기억하며,

해외에서 3·1 운동에 대해 발표할 기회를 주신

김경현·백영서·이진경·최경희 선생님께,

영어 발표 때마다 신세 진

류영주 선생님과 조너선 키프(Jonathan Kief) 선생님께,

이집트에 대해 문제의식을 북돋아 주고

책을 선물해주신 호삼 아불−엘라(Hosam Aboul-Ela) 선생님께,

여러 번 발표 기회를 주신

한림대학교 한림과학원 HK사업단의 여러 선생님들께,

공부뿐 아니라 일상도 나눠 온

고려대·동국대·서울대의 선후배와 동료 선생님들께,

상허학회를 비롯한 여러 학회에서 만난

경이로운 인연들에,

560

10년 넘게 함께해온 '냉전 아시아와 한국문화'

세미나팀의 오래된 혹은 새로운 성원들,

공영민·공임순·김옥란·김윤경·박연희·박현선·반재영,

이봉범·이선미·이순진·이영미·이영재,

이화진·정종현·조준형 선생님께,

특히 2018년 12월의 샌프란시스코 자료조사 때

제 원고에만 마음 팔린 연구책임자를 참아주고 격려해주셨던

멋진 일행들께,

만날 때마다 3·1 운동에 대해 들어달라는

철없는 선배를 감당해주신

'넷금비' 고병권·권용선·손애리·이수영·최진호 선생님께,

이제 막 꿈꾸기 시작한 '읽기의 집'이

무르익을 수 있기를 기원하며,

시각자료 사용을 허락하고 협조해주신
국립중앙도서관, 독립기념관, 서울역사박물관, 소명출판,
아단문고, 우당기념관께,
사진자료 사용을 허락해주신 김병학 선생님께,
꼼꼼한 솜씨로 미주 정리와 참고문헌 작성을
도와준 김미연 님께,

그리고 다 못 부른,
마음에 남은 분들께,
크게 영향받았는데도 참고문헌 속 한 줄로만 남은
저자들께도   561

깊이 감사드린다.

2019년 2월
권보드래

제1부 3·1운동 그리고 세계

1장 선언 — 현재가 된 미래

1 채만식, 「기미 3·1날」, 『채만식전집 10』, 창작과비평사, 1987, 472쪽.

2 윤소영 편역, 『일본신문 한국독립운동기사집』, 독립기념관 한국독립운동사연구소, 2009, 120쪽.

3 김정인·이정은, 『국내 3·1운동 1』, 독립기념관 한국독립운동사연구소, 2009, 225쪽.

4 이 단락에서 열거한 각 지역 사례는 독립운동사편찬위원회, 『독립운동사자료집 5: 3·1운동 재판기록』, 독립유공자사업기금운영위원회, 1971(이하 ''독립운동사자료집 5'로 표시)의 589(2회), 588, 719, 604쪽 차례로 참조.

5 L.Dubois, *A Colony of Citizens*, University of North Carolina Press, 2004, pp. 85~89.

6 『독립운동사자료집 5』, 232, 258, 262쪽.

7 姜德相, 『現代史資料 25: 朝鮮 1·三一運動篇 1』, みすず書房, 1967, 429~430쪽.

8 김진호·박이준·박철규, 『국내 3·1운동 2』, 독립기념관 한국독립운동사연구소, 2009, 47쪽.

9 姜德相, 앞의 책, 411, 389쪽.

10 유해정은 다시 도쿄 지사에게 편지를 써서 천황에게 보내는 편지를 동봉한 후 전달을 부탁한다. 편지가 실제로 일본 궁내부에 전달된 것은 — 물론 일본 왕에게 직접 전달되진 않았다 — 4월 초로서, 이후 유해정은 불경죄로 징역 3년을 선고받는다.

11 『독립운동사자료집 5』, 308쪽.

12 현은, 『미국독립사』, 황성신문사, 1899, 91~92쪽에서의 번역이다. 원문은 "they[these colonies] are absolved from all allegiance to the British Crown, and that all political connection between them and the State of Great Britain, is and ought to be totally dissolved; and that as Free and Independent States, they have full Power to levy War, conclude Peace, contract Alliances, establish Commerce, and to do all other Acts and Things which Independent States may of right do." 1900~1910년대를 통해 소개된 여러 선언서가 「기미독립선언서」에 끼친 영향은 따로 살펴볼 만한 주제다.

13 '선언'은 『조선왕조실록』에서만 총 78건이 목격되는 오래된 어휘다. 본래 임금이 하는 말을 가리켰으며, 그 의미가 확대되어 밖에 드러내 공공연히 하는 말을 가리키는 뜻으로 쓰였다.

14 아이티는 독립 후 군주제를 채택, 독립전쟁기 군사 영웅 데살린이 황제로 즉위하였다(시 엘

아르 제임스, 우태정 옮김, 『블랙자코뱅』, 필맥, 2007, 489쪽).

15 『독립운동사자료집 5』, 862쪽.

16 위의 책, 1388쪽.

17 V. Nosek, *Independent Bohemia: An Account of the Czechoslovak Strategy for Liberty*, J.M.Dent & Sons Ltd., 1918, pp. 178~182.

18 J. G. Masaryk, "Our People is Free and Independent!", G. J. Kovtun ed., *The Spirit of Thomas G. Masaryk (1850~1937)*, Palgrave Macmillan, 1990, p. 191.

19 C. Pergler, "An Experiment in Progressive Government: The Czechoslovak Republic", *The Annals of the American Academy of Political and Social Science*, Vol. 84, July 1919, Sage Publications, pp. 59~61.

20 핀란드 독립선언서의 영역본으로는 https://en.wikipedia.org/wiki/Finnish_Declaration_of_IndependenceText_of_Finland's_Declaration_of_Independence를, 에스토니아 독립선언서 영역본은 https://en.wikipedia.org/wiki/Estonian_Declaration_of_Independence를, 아일랜드 독립선언서는 https://www.difp.ie/docs/1919/Declaration-of-independence/1.htm를 각각 참조했다.

21 대한독립선언서가 3·1 운동 이전의 것인지 이후의 소산인지에 대해서는 논란이 아직 다 정리되지 않았다. 조항래, 「대한독립선언의 발표시기경위」, 『한민족독립운동사논총』, 탐구당, 1992 등.

22 독립선언서 목록으로는 조항래, 「조선 혁명선언의 배경과 이념」, 『한국민족운동사』 10, 1994. 12, 221~229쪽 참조.

23 조동걸, 『于史 조동걸 저술전집 6 : 3·1 운동의 역사』, 역사공간, 2010, 244쪽.

24 이용락, 『3·1 운동 실록』, 3·1 동지회, 1969, 945쪽.

25 "파고다공원에 가니 (…) 어떤 자가 육각당 위에서 선언서를 낭독했는데 우리들이 있는 곳까지는 그 소리가 잘 들리지 않았다"(「박노영 신문조서」, 『한민족독립운동사자료집 16』, 국사편찬위원회, 1993, 303쪽).

26 「강기덕 신문조서(3회)」, 『한민족독립운동사자료집 11』, 국사편찬위원회, 1990, 87쪽; 「이규영 신문조서」, 『한민족독립운동사자료집 17』, 155쪽; 「김백평 신문조서」, 같은 책, 245쪽.

27 『독립운동사자료집 5』, 982, 1014, 1024쪽.

28 위의 책, 813쪽.

29 독립운동사편찬위원회, 『독립운동사 3: 3·1 운동(하)』, 독립유공자사업기금운용위원회, 1971, 298쪽.

30 윤익선은 1만부, 이종린은 5,000부라고 증언했다.

31 「윤익선 신문조서(1회)」, 『한민족독립운동사자료집 13』, 국사편찬위원회, 1990, 4쪽.

32 「예심결정에 대한 의견서」, 『한민족독립운동사자료집 16』, 국사편찬위원회, 1993, 141~142쪽.

33 『독립운동사자료집 5』, 229쪽.

34 차영호가 백지 1만 6,000매를 교부했다고 한다(『독립운동사자료집 5』, 81쪽).

35 『국민신보』는 서울에서 이일선 등에 의해 제 26호까지 발간된다(『독립운동사자료집 5』,

254~255쪽).

36 『독립신문』 및 기타 지하신문인 『각성회회보』, 『반도의 목탁』, 『자유민보』, 『국민신보』 등의 발행 상황 전반에 대한 정리로는 박찬승, 「언론운동」, 독립기념관 한국독립운동사연구소, 2009, 49~75쪽 참조.

37 이희승, 「내가 겪은 3·1 운동」, 『3·1 운동 50주년 기념논집』, 동아일보사, 1969, 405쪽.

38 「김호준 신문조서(제1회)」, 「양재순 신문조서(제3회)」, 『한민족독립운동사자료집 13』, 국사편찬위원회, 1990, 129~131쪽 등.

39 김수길은 3월 8일 대구 시위 관련 피의자 명단에도 보인다. 『독립운동사자료집 5』, 1267쪽.

40 『독립운동사자료집 5』, 1447~1449쪽.

41 위의 책, 1242쪽.

42 1980년 광주민주화운동에 있어서는 『투사회보』를 발간하거나 시내 방송을 책임지는 등 언론 활동에 관여한 이들이 상대적으로 낮은 형량을 선고받았다. '언어의 무력(無力)'을 전제하는 당시 정권의 태도를 보여준 것이라 하겠다(최정운, 『오월의 사회과학』, 오월의봄, 2012, 45쪽). 3·1 운동 당시 언어를 통한 운동이 식민지 사법 권력에 의해 어떻게 평가됐는지는 앞으로 더 살펴봐야 할 과제다.

43 『독립운동사자료집 5』, 829~830쪽.

44 「채순병 신문조서」, 『한민족독립운동사자료집 14』, 국사편찬위원회, 1991, 226쪽.

45 이 글에서는 선언과 선전문의 문자언어적 수행성을 주로 다루었다. 구술언어에 초점을 맞춘 접근으로는 천정환, 「소문·방문·신문·격문: 3·1 운동 시기의 미디어와 주체성」, 박헌호·류준필 편, 『1919년 3월 1일에 묻다』, 성균관대 출판부, 2009 참조.

564

2장 대표 ─ 자발성의 기적

1 「유봉진 신문조서(1~3회)」, 『한민족독립운동사자료집』 26, 국사편찬위원회, 1996.

2 반병률, 『성재 이동휘 일대기』, 범우사, 1998, 31~40쪽.

3 「인천인물 100인(97): 애국지사 유봉진」, 『경인일보』 2007. 11. 21. http://www.kyeongin.com/main/view.php?key=354821.

4 유봉진의 진술이다. 주문도에서 유봉진을 따라 강화로 건너 온 영생학교 교사 최공섭에 의하면 "강화도 길상면 온수리 51번지 유봉진 결사대원"이라고 종이에 써서 속옷에 붙여 두었다고 한다(「최공섭 신문조서」, 『한민족독립운동사자료집 26』, 국사편찬위원회, 1996).

5 조봉암, 「내가 걸어온 길」, 박태균, 『조봉암 연구』, 창작과비평사, 17~18쪽에서 재인용.

6 김진호·박이준·박철규, 『국내 3·1 운동 2』, 독립기념관 한국독립운동사연구소, 2009, 13~17, 20~21, 27, 29쪽.

7 김진호, 「충북의 3·1 운동」, 『역사와 담론』 68, 2013. 10, 45쪽.

8 김진호·박이준·박철규, 앞의 책, 89쪽.

9 박노갑, 『40년』, 깊은샘, 1989, 68쪽.

10 이기영, 『두만강 2부·하』, 논장, 1989, 714, 724쪽.

11 『한민족독립운동사 3』, 국사편찬위원회, 1987. 348쪽.

12 독립운동사편찬위원회, 『독립운동사자료집 5: 3·1 운동 재판기록』, 독립유공자사업기금운

영위원회, 1971(이하 '「독립운동사자료집 5」으로 표시).

13 위의 책, 1270~1271, 937, 869쪽.

14 1919년 4월 사드 자글룰의 체포에 대한 항의로 시작한 이집트혁명은 1922년 2월 독립을 획득하는 것으로 종결된다. 그러나 이때 성립된 정부는 국토의 무려 10분의 1을 소유하고 있던 술탄 푸아드를 왕으로 옹립한 입헌군주제였다.

15 이집트혁명에 대한 입문적 안내로는 송경근, 「이집트의 1919혁명에 관한 연구」, 『한국중동학회논총』 38권 2호, 2017 참조; Z.Fahmy, *Ordinary Egyptians*, Stanford University Press, 2011.

16 창원에서의 만세시위에 대한 예심결정문 중 일부 내용이다. 「금일 공판 開廷되는 창원사건 예심결정서」, 『동아일보』 1920. 7. 24).

17 '민족대표 33인' 중 상당수가 2월 말에야 「기미독립선언서」에의 서명을 제안받았으며, 김완규·백용성 등 선언식 당일까지 그 내용을 전달받지 못한 사람도 여러 명이었다.

18 조동걸, 『于史 조동걸 저술전집 6: 3·1 운동의 역사』, 역사공간, 2010, 54쪽.

19 姜德相, 『現代史資料 25: 朝鮮 1·三一運動篇 1』, みすず書房, 1966, 462쪽.

20 박은식, 김도형 옮김, 『한국독립운동지혈사』, 소명출판, 2008, 284쪽.

21 주요섭, 『구름을 잡으려고』, 좋은책만들기, 2000.

22 대표적 반전사상가였던 로맹 롤랑의 찬사다. E.Manela, *The Wilsonian Moment*, Oxford Univ. Press, 2007, p. 19.

23 G.D.Herron, *Woodrow Wilson and the World's Peace*, Mitchell Kennerley, 1917, p. 8, 29.

24 W.Wilson, "The Fourteen Points Address"(final draft), Link, A. S. ed., *The Papers of Woodrow Wilson* vol.45, Princeton University Press, 1987, pp. 522~523(이하 같은 총서는 *The Papers of Woodrow Wilson*으로 표시).

25 "To the Fourth All-Russia Congress of Soviets", Link, A. S. ed., *The Papers of Woodrow Wilson*, vol.46, p. 598.

26 E.Manela, *The Wilsonian Moment*, Oxford Univ. Press, 2007, p. 75.

27 *Ibid.*, p. 25, 29.

28 이광수, 「자녀중심론」, 『이광수전집』, 삼중당, 1966.

29 김규식 본인은 신한청년당 대표로서의 정체성보다 재 중국 조선 독립운동가들의 대표라는 보다 포괄적인 정체성 하에서 행동한 것으로 보인다. 정병준, 「1919, 파리로 가는 김규식」, 『한국독립운동사연구』 60집, 2017. 11, 83쪽.

30 E.Manela, *Op.cit.*, p. 70.

31 D.Arnold, *Gandhi: Profiles in Power*, Longman, 2001, p. 66.

32 J.Lacouture, P.Wiles trans., *Ho Chi Minh*, The Penguin Press, 1968.

33 J.Winter, *Dreams of Peace and Freedom*, Yale Univ. Press, 2006, p. 64.

34 알랭 바디우, 현성환 옮김, 「사도 바울」, 새물결, 2008, 48쪽 등 참조.

35 E.Manela, *Op.cit.*, pp. 59~60.

36 *The Papers of Woodrow Wilson*, vol.56, p. 187.

37 이 점을 문제 삼은 3월 1일 국민대회 격문에 대해서는 姜德相, 앞의 책, 283~284쪽 참조.

38 제헌의회를 해산한 레닌·트로츠키 등과 그것을 '대표' 개념에 대한 도식적 이해 탓으로 비판
   한 룩셈부르크 사이 논쟁에 대해서는 로자 룩셈부르크, 풀무질 편집부 옮김, 「러시아혁명」,
   『룩셈부르크주의』, 풀무질, 2002, 285~286쪽 참조.

39 위의 책, 286쪽.

40 수원 우정면 장봉래와 장순명의 경우다. 『한민족독립운동사자료집 20』, 국사편찬위원회,
   1994, 115쪽.

41 최은희, 『여성을 넘어 아낙의 너울을 벗고』, 문이재, 2003, 19쪽.

42 『독립운동사자료집 5』, 독립운동사편찬위원회, 1972, 715쪽.

43 「김영진 신문조서」, 『한민족독립운동사자료집 13』, 국사편찬위원회, 1991, 46쪽.

44 조르주 르페브르 저, 최갑수 옮김, 『1789년의 대공포』, 까치, 2002, 79~80쪽; L. Dubois,
   A Colony of Citizens, University of North Carolina Press, 2004, pp. 85~89; C. Hib-
   bert, *The Great Mutiny: India 1857*, Penguin Books, 1980, p. 61.

45 제임스 밀러, 김만권 옮김, 『민주주의는 거리에 있다』, 개마고원, 2010.

46 G.D.Herron, *Woodrow Wilson and the World's Peace*, Mitchell Kennerley, 1917, p.
   37, 44.

47 블라디미르 레닌, 이창휘 옮김, 『임박한 파국, 그것에 어떻게 대처할 것인가』, 새길, 1990,
   96~97쪽.

48 블라디미르 레닌, 『국가와 혁명』, 돌베개, 2015, 149, 89쪽.

49 임경석, 『모스크바 밀사』, 푸른역사, 2012; McGuire, Elizabeth, *Red at Heart*, New
   York, NY : Oxford University Press, 2017.

50 대한민국임시정부자료집 편찬위원회, 『대한민국임시정부자료집 2: 임시의정원 1』, 국사편
   찬위원회, 2005, 43쪽.

3장 깃발 ─ 군왕과 민족과 대중

1 권태억, 「경성직뉴회사의 설립과 경영」, 『한국사론』 6호, 1980 및 류상윤, 「1910~20년대
   서울의 직물업」, 『서울학연구』 30호, 2008. 2 참조.

2 이희승, 『일석 이희승전집 7』, 서울대 출판문화원, 2010, 304~310, 320~328쪽 참조. 3·1
   운동 준비에 대해 이희승은 "모교 숙직실을 중심으로 심상찮은 움직임이 일고 있다는 낌새
   는 채고 있었다"고 회고한다.

3 이희승, 「내가 겪은 3·1 운동」, 『3·1 운동 50주년 기념논집』, 동아일보사, 1969, 402~403쪽.

4 최은희, 『여성을 넘어 아낙의 너울을 벗고』, 문이재, 2003, 17쪽.

5 『한민족독립운동사 3: 3·1 운동』, 국사편찬위원회, 1987, 269쪽.

6 『한민족독립운동사자료집 17』, 국사편찬위원회, 1994, 48쪽.

7 이윤상·이지원·정연태, 「3·1 운동의 전개양상과 참가계층」, 한국역사연구회·역사문제연구
   소 엮음, 『3·1 민족해방운동 연구』, 청년사, 1989.

8 유각경·유철경 쌍둥이 자매의 집이었다니 아마 그들의 부친인 유성준의 계동 집이었을 것으
   로 추측되는데, 그 집 뒤뜰 석굴에서 제작했다고 한다(최은희, 앞의 책, 18쪽).

9 『한민족독립운동사자료집 17』, 국사편찬위원회, 1994, 167쪽.

566

10 중동학교생 김종현, 경성고보생 김강윤, 국어보급학관 채순병 등이 김종현 소유 탄산지와 철필 세 자루를 이용해 통고문 4백장을 제작, 송현동·소격동·중학동 일대 인가에 배포하였다고 한다(「김종현 신문조서」, 『한민족독립운동사자료집 14』, 232쪽).

11 「김승제 신문조서」, 『한민족독립운동사자료집 17』, 국사편찬위원회, 1991, 48쪽.

12 최은희, 앞의 책, 18쪽.

13 평양의 독립선언식은 2시경 시작된 서울에서의 독립선언식보다 일렀다. 북한 역사학계에서는 이 사실을 들어 '3·1운동의 발상지로서의 평양'을 강조한다.

14 행사의 세부에 대해서는 기록별로 차이가 있다. 『신한청년』 1호(1919. 12)에서는 강규찬이 고종 추도 연설을 했다고 쓰고 있다.

15 독립운동사편찬위원회, 『독립운동사자료집 5: 3·1 운동 재판기록』, 독립유공자사업기금운영위원회, 1971, 각 지역별 사례는 순서대로 787쪽, 443쪽, 225~226쪽, 464쪽, 671쪽 참조(이하 '『독립운동사 자료집 5』로 표시).

16 독립운동사편찬위원회 편, 『독립운동사 2: 3·1 운동(상)』, 독립유공자사업기금운용위원회, 1971, 401쪽(이하 '『독립운동사 2』로 표시); 김진호·박이준·박철규, 『국내 3·1 운동 2』, 독립기념관 한국독립운동사연구소, 2009. 12, 213쪽.

17 윤병석, 『증보 3·1 운동사』, 국학자료원, 2004, 324쪽, '파리강화회의에 보내는 한국 임시정부의 제안'(1919. 6)에도 다음과 같은 서술이 나온다: "우리는 3월 26일 京城에서 최대 규모의 시위운동을 전개했습니다. 남산 위에 높이 태극기를 휘날리며 시작한 이날의 시위운동에서 2백 명이 체포되고 쌍방에 사상자도 발생했습니다."

18 其月, 「피눈물」(6), 『독립신문』, 1919. 9. 6.

19 『독립운동사자료집 5』, 독립운동사 편찬위원회, 1971, 590, 1034, 658쪽.

20 1971~74년 『신동아』에 연재된 『성천강』은 원고지 5천여 매 분량의 방대한 장편이다. 3·1 운동에서 수십 년이 지난 후의 산물이긴 하나 화자의 아버지 '윤원구 노인의 회고록'에 바탕한 글쓰기라는 장치가 암시하듯, 『성천강』은 안수길 부친의 증언을 주된 원천으로 삼은 소설로 판단된다. 강진호, 「근대 초기의 풍속과 민족주의적 열정: 『성천강』론」, 『한국현대소설』 48, 2011. 12 참조.

21 안수길, 『안수길 전집 13: 성천강』, 글누림, 2011, 788쪽.

22 조동걸, 『于史 조동걸 저술전집 6: 3·1 운동의 역사』, 역사공간, 2010, 69쪽.

23 「윤용구 신문조서」, 『한민족독립운동사자료집 11』, 국사편찬위원회, 1990, 107쪽.

24 임경석, 「유교 지식인의 독립운동: 1919년 파리장서의 작성 경위와 문안 변동」, 『대동문화연구』 37, 2000, 131쪽.

25 『독립운동사자료집 5』, 1372, 220쪽.

26 전반적 상황은 姜德相, 앞의 책, 70~85쪽 참조.

27 최은희, 앞의 책, 15쪽.

28 「여학생일기」(4), 『독립신문』, 1919. 10. 7.

29 「여학생일기」(5), 『독립신문』, 1919. 10. 14.

30 「박승영 신문조서」, 『한민족독립운동사자료집 16』, 국사편찬위원회, 1993, 199쪽.

31 「최정숙 신문조서」, 『한민족독립운동사자료집 14』, 국사편찬위원회, 1991.

32 「공판시말서(제3회의 2)」, 『한민족독립운동사자료집 18』, 국사편찬위원회, 1994, 69쪽.

33 「홍순복 신문조서」, 『한민족독립운동사자료집 16』, 국사편찬위원회, 1993, 262쪽 등.

34 고종 독살설 전반에 대해서는 윤소영, 「한·일 언론자료를 통한 고종 독살설 검토」, 『한국민족운동사연구』 66, 2011 참조.

35 백승종, 『정감록 미스터리』, 푸른역사, 2012.

36 『韓國民族運動史料·其三: 三一運動篇』, 국회도서관, 1979, 105쪽 및 82쪽.

37 이민원, 『(대종교와 대한민국 임시정부) 조완구』, 역사공간, 2012, 95쪽.

38 「권동진 신문조서」, 『한민족독립운동사자료집 11』, 국사편찬위원회, 1990, 49쪽.

39 1909. 10. 20 기서 「欺誤事者」의 일부다. 김도훈, 「1910년대 초반 미주한인의 임시정부건설론」, 『한국근현대사연구』 10, 1999, 256쪽에서 재인용.

40 위의 글, 256쪽 및 266쪽.

41 강영심, 『시대를 앞서간 민족혁명의 선각자 신규식』, 역사공간, 2010, 105쪽.

42 「손병희 신문조서」(제3회), 『한민족독립운동사자료집 11』, 국사편찬위원회, 1990, 128쪽.

43 「인종익 신문조서」(제3회), 『한민족독립운동사자료집 13』, 국사편찬위원회, 1990, 28쪽.

44 『한민족독립운동사자료집 16』, 국사편찬위원회, 1993, 35쪽.

45 『독립운동사자료집 5』, 79~82쪽. 태극기는 쓰이지 않은 것으로 판단된다.

46 일본인 헌병에 따르면 이렇게 말하면서 이영철은 "이는 일본의 교육을 받은 결과인바 자기들이 그런 말을 하면 어떻게 생각하는가? 기쁘게 생각하는가? 아니면 시끄럽고 귀찮게 생각하는가?"라고 질문했다고 한다. 『독립운동사자료집 5』, 681~687쪽.

47 『독립운동사자료집 5』, 876쪽.

48 「이애주 신문조서」, 『한민족독립운동사자료집 17』, 국사편찬위원회, 1994, 125쪽.

49 「어대선 신문조서」, 위의 책, 172쪽.

50 박현모, 「일제시대 공화주의와 복벽주의의 대립: 3·1운동 전후의 왕정복고[復辟] 운동을 중심으로」, 『정신문화연구』 30권 1호, 2007, 봄, 67~68, 73쪽.

51 『독립운동사자료집 5』, 824, 567쪽.

52 위의 책, 992, 706쪽.

53 김진호·박이준·박철규, 앞의 책, 196, 176쪽.

54 목수현, 「망국과 국가 표상의 의미 변화: 태극기, 오얏꽃, 무궁화를 중심으로」, 『한국문화』 53, 2011, 157~158쪽. 1910년 이후 태극기의 의미에 대해서는 미국 대한인국민회에서 1917년 개최한 국치 제8회 기념일에서의 '국기 부활 예식' 참조.

55 대구 계성학교 생도 2인이 "대한 독립기라 쓴 종이 기"를 생도들에게 배부하는 등 예외적인 사례가 몇 목격되기는 한다(『독립운동사자료집 5』, 1272쪽).

56 시 엘 아르 제임스, 우태정 옮김, 『블랙 자코뱅』, 필맥, 2007, 483쪽. 흰색을 뺀 것은 백인을 추방한다는 의미였다고 한다.

57 이광수, 「박영효 씨를 만난 이야기」, 조일문·신복룡 편역, 『갑신정변 회고록』, 건국대 출판부, 2006, 221쪽.

58 이헌미, 『반역의 정치학: 대한제국기 혁명 개념 연구』, 서울대 박사논문, 2012, 129쪽.

59 김현철, 「박영효의 「1888년 상소문」에 나타난 문명·개화론」, 유병용 외, 『박영효 연구』, 한

국정신문화연구원, 2004, 80~89쪽 참조.

60 이광수, 앞의 글, 222쪽.

61 김옥균, 조일문 역주, 『갑신일록』, 건국대학교출판부, 1977, 138쪽.

62 박은숙, 『갑신정변 연구』, 역사비평사, 2005, 228~229쪽. 정변 참여자 중 하인층의 비율은 14퍼센트였다고 한다.

63 이헌미, 앞의 글, 128쪽 및 147~148쪽.

64 권보드래, 「망국과 공화」, 『신소설, 언어와 정치』, 소명출판, 2014.

65 위르겐 하버마스, 한승완 옮김, 『공론장의 구조변동』, 나남출판, 2001, 135~146쪽. 하버마스는 커피하우스·신문·정당을 공론장의 핵심적 장치로 보고 영국을 모델화하면서도 '혁명 과정에서 공론장의 압축적 형성을 경험한' 프랑스 사례 등 다양한 차이에도 주목하고 있다.

66 「고상윤 외 100명(치안유지법 위반 등) 공산주의 운동」, 『권오설』 1, 푸른역사, 2010, 493쪽.

67 장석흥, 「6·10 만세운동」, 독립기념관 한국독립운동사연구소, 2009, 104~105쪽.

68 박은식, 『한국통사』, 달성인쇄주식회사, 1946, 281~282쪽; 이상옥, 「3·1 운동 당시의 流言」, 『3·1 운동 50주년 기념논집』, 동아일보사, 1969, 379~380쪽.

69 『독립운동사 2』 194쪽.

70 이헌미, 앞의 글, 200쪽.

71 조동걸, 「임시정부 수립을 위한 1917년의 〈대동단결선언〉」, 『한국학논총』 9, 1987. 2, 126쪽.

4장 만세 — 새 나라를 향한 천 개의 꿈

1 조규태, 「황해도 수안지역 천도교인의 3·1운동」, 『숭실사학』 23, 2009. 12, 123~129쪽.

2 이때 외친 내용을 비롯해 일부 엇갈리는 기록도 있다. 『동아일보』 1920년 7월 23일자 보도로는 이영철이 당시 "우리들은 오늘부터 일본의 통치를 벗어나서 자유민이 되고 조선국의 독립 목적을 달할 터이라"고 연설한 것으로 돼 있다(「又! 無送致의 대공판! 제1일은 수안 급 신의주 사건」).

3 조규태, 앞의 글에서는 총 13인이 아니라 총 9인이 사망했다고 정리하고 있다.

4 『한민족독립운동사 3: 3·1 운동편』, 국사편찬위원회, 1988, 301쪽(이하 '『한국민족독립운동사 3』'으로 표시).

5 「又! 無送致의 대공판! 제1일은 수안 급 신의주 사건」, 『동아일보』, 1920. 7. 23.

6 『독립운동사자료집 5: 3·1 운동 재판기록』, 독립운동사편찬위원회, 1971, 678쪽(이하 '『독립운동사자료집 5』'로 표시).

7 『한민족독립운동사 3』, 307~308쪽; 독립운동사편찬위원회 편, 『독립운동사 3: 3·1 운동(하)』, 독립유공자사업기금운용위원회, 1971, 432쪽(이하 '『독립운동사 3』'으로 표시)에 의하면 탈출한 인원은 2인이 아니라 3인이었다고 한다.

8 3월 말 이후 서울과 평남·함남 일대 시위는 급감했다. 평안남도에서 3월말 이후 벌어진 시위는 총 11건에 지나지 않는다(이정은, 『3·1 운동의 지방시위에 관한 연구』, 국학자료원, 2009, 143쪽).

9 이정은, 앞의 책, 332, 340, 153쪽.

10 姜德相, 『現代史資料 25: 朝鮮 1·三一運動篇 1』, みすず書房, 1966, 431, 435쪽 참조.

11 프란츠 파농, 남경태 옮김, 『대지의 저주받은 사람들』, 그린비, 2004, 97, 121쪽.

12 문명기, 「1920년대 한국과 대만의 자치운동」, 미야지마 히로시·배항섭 엮음, 『동아시아는 몇 시인가?』, 동문선, 2015, 477~478쪽. 자치청원운동은 "타이완 정치운동의 시작과 끝"으로 조선 내 자치운동과는 크게 다르다는 것이 문명기의 평가다.

13 신채호, 「조선혁명선언」, 단재 신채호전집 편찬위원회, 『단재 신채호전집 8』, 독립기념관 한국독립운동사연구소, 2008, 896쪽.

14 市川正明, 『三一獨立運動 3』, 原書房, 1984, 228쪽.

15 강용흘, 장문평 옮김, 『초당』, 범우사, 1999, 227쪽.

16 민태원, 「어떤 소녀」, 권문경 엮음, 『민태원 선집』, 현대문학사, 2010, 41쪽. 조남현, 『한국 현대소설사 1』, 문학과지성사, 2012, 311쪽에서는 이 대목을 두고 3·1 운동을 비하한 것으로 해석하고 있으나 좀 더 토론이 필요한 문제라고 생각한다.

17 夏里, 「民國時代的'萬歲'口號」, 『同舟共進』 2004, 12, 41쪽.

18 다카시 후지타니, 한석정 옮김, 『화려한 군주: 근대 일본의 권력과 국가의례』, 이산, 2003, 213쪽.

19 예컨대 "[독립협회] 회원들이 (…) 황상폐하를 위하여 만세를 부르며 태자전하를 위하여 천세를 부르고 전국 이천만 동포 형제들을 위하여 백세를 부르고 서로 즐거워하였더라"(「만세경축」, 『독립신문』 1898. 7. 26).

20 조경달, 허영란 옮김, 『민중과 유토피아』, 역사비평사, 243쪽.

21 송아지, 「追懷」, 『독립신문』, 1919. 10. 4.

22 이희철, 「읍혈조」(71), 『동아일보』, 1923. 8. 14.

23 「김원벽 신문조서」. 그 날 시위에 참가했던 다른 학생도 김원벽의 진술을 지지하고 있다. "독립만세라고는 부르짖지 않았다. 2인이 조선 독립만세라고 쓴 기를 가지고 인력거에 타고 있었으므로 다만 만세 만세하고 부르짖었을 뿐이다"(「채순병 신문조서」, 『한민족독립운동사자료집 14』, 국사편찬위원회, 1991, 227쪽).

24 「임팔룡 신문조서」, 『한민족독립운동사자료집 22』, 국사편찬위원회, 1995, 94쪽. 3·1 운동 당시 무지의 신문전략 일반에 대해서는 천정환, 「소문·방문·신문·격문: 3·1 운동 시기의 미디어와 주체성」, 박헌호·류준필 편, 『1919년 3월 1일에 묻다』, 성균관대 출판부, 2009 참조.

25 「김홍수 신문조서」, 『한민족독립운동사자료집 13』, 국사편찬위원회, 1990, 276쪽.

26 「증인 유인봉 신문조서(제1회)」, 위의 책, 150쪽.

27 「황주원 신문조서」, 위의 책, 286쪽.

28 『독립운동사자료집 5』, 261쪽.

29 이렇게 진술한 김혁근은 "합방 이래 10년 이상 지금까지 우리들이 무사히 먹고 입은 것은 모두 폐하의 은덕이므로" 천황폐하만세를 불렀다고 하면서 한편으로는 "다른 사람은 모두 조선독립만세를 부르고 있었는데 내가 폐하의 만세를 부른 것은 다른 사람에게 들리지 않았는지도 모르겠다"고 변명했다(「김혁근 신문조서(제2회)」, 『한민족독립운동사자료집 27』, 국사편찬위원회, 1996, 160~161쪽).

30 이정은, 앞의 책, 317~319쪽.

31 『독립운동사자료집 5』, 800쪽.

32 「유준근 신문조서」, 『한민족독립운동사자료집 17』, 국사편찬위원회, 1994, 257쪽.

33 「平和之第一春」, 『東京一日新聞』 1919. 1. 1, 明治大正昭和新聞研究會, 『(新聞集成)大正編 年史(八年)』上, 東京: 明治大正昭和新聞研究會, 1981.

34 『독립운동사자료집 5』, 370, 526, 679쪽.

35 「김택영 신문조서(2회)」, 『한민족독립운동사자료집 14』, 국사편찬위원회, 1991, 41쪽.

36 『독립운동사자료집 5』, 1371쪽.

37 姜德相, 앞의 책, 394, 439쪽.

38 위의 책, 418~419쪽.

39 『韓國民族運動史料·其二: 三一運動篇』, 국회도서관, 1979, 292쪽.

40 신용하, 『3·1운동과 독립운동의 사회사』, 서울대 출판부, 2001, 75~81쪽 참조.

41 『독립운동사자료집 5』, 281쪽.

42 姜德相, 앞의 책, 395쪽.

43 3·1운동에 있어 생활주의·현세주의적 계기를 지적한 연구로는 조경달, 앞의 책, 221쪽 참조.

44 『한민족독립운동사자료집 27』, 국사편찬위원회, 1996, 24, 27, 37, 90쪽 등.

45 「이규민 신문조서」, 위의 책, 8쪽.

46 姜德相, 앞의 책, 394, 395, 507, 429, 407쪽.

47 『독립운동사자료집 5』, 1230, 1113, 1192, 1270, 1473쪽.

48 함상훈, 「3·1운동에서 얻은 교훈」, 『신천지』 1권 2호, 1946. 3, 43쪽.

49 『한민족독립운동사자료집 24』, 국사편찬위원회, 1995, 64, 70쪽.

50 『독립운동사자료집 5』, 485, 1542~1543쪽.

51 김정인, 『천도교 근대 민족운동 연구』, 한울, 2009, 90, 96쪽.

52 『독립운동사자료집 5』, 914, 943쪽.

53 姜德相, 앞의 책, 399쪽.

54 일진회는 '민권 보호'와 '생명재산 보호'를 명분으로 창설됐다. 실제로 일진회원들이 군수와 관찰사에 임명되는 등 상황에서 정치적 이권을 노리고 일진회에 참여한 '중류 이상의 민'들 의 동향에 대해서는 김종진, 『일진회의 문명화론과 친일활동』, 신구문화사, 2010, 217~231쪽 참조.

55 「손병희 신문조서」, 『한민족독립운동사자료집 11』, 국사편찬위원회, 1990.

56 『독립운동사자료집 5』, 1034쪽.

57 박걸순, 「옥파 이종일의 사상과 민족운동」, 『한국독립운동사연구』 9, 1995. 12, 59~60쪽.

58 市川正明, 앞의 책, 232~233쪽.

59 이원희, 「유아사 가츠에와 조선」, 『일본학』 22, 2003. 12, 217, 220쪽에서 재인용.

60 위의 책, 418쪽.

61 「박연세 신문조서」, 『한민족독립운동사자료집 16』, 국사편찬위원회, 1993, 125쪽.

62 姜德相, 앞의 책, 399쪽.

63 『3·1운동 독립선언서와 격문』, 국가보훈처, 2002.

64 『독립운동사자료집 5』, 804, 867, 884쪽.

65 M. Macmillan, *Paris 1919: Six Months That Changed the World*, Random House,

2003, p. 342, pp. 308~310.

66 위의 책, p. 307, 320.

67 나카니시 이노스케, 박현석 옮김, 「불령선인」, 『너희들의 등 뒤에서 & 불령선인』, 현인, 2017.

68 小野容照, 『朝鮮独立運動と東アジア』, 京都 : 思文閣出版, 2013.

69 여운형이 윌슨 대통령 특사 크레인에게 보냈던 편지 내용의 일부다. 정병준, 「1919년, 파리로 가는 김규식」, 『한국독립운동사연구』 60, 2017. 11, 96쪽에서 재인용.

70 신한청년당의 3·1 운동기 활동에 대해서는 『한민족독립운동사 3』, 151~181쪽 참조.

71 姜徳相, 앞의 책, 431쪽.

72 「경성의 폭동을 목격한 미국인: 우연히 첫 번째 소요에 개입된 동양의 방문자 당황」, The Japan Advertiser 1919. 3. 9. (류시현 옮김, 『재팬 애드버타이저 3·1 운동 기사집』, 독립기념관 한국독립운동사연구소, 2015, 119쪽.)

73 「구주대전 이후의 민족적 이상의 진화」, 『개벽』 33, 1923. 3, 17쪽.

74 『독립운동사자료집 5』, 710, 715, 844쪽.

75 姜徳相, 앞의 책, 404쪽.

76 『독립운동사자료집 5』, 595쪽.

77 1919년 3월초 '한국신문국' 명의로 선교사들에게 우송된 영자 신문의 내용 중 일부다(강덕상, 삼일운동 1, 앞의 책, 294쪽).

78 「문창환 신문조서」, 『한민족독립운동사자료집 13』, 국사편찬위원회, 1990, 158쪽.

79 로버트 J.C. 영, 김택현 옮김, 『포스트식민주의 또는 트리컨티넨탈리즘』, 박종철출판사, 2005, 503쪽.

80 G.A.Riddell, *Lord Riddell's Intimate Diary of the Peace Conference and after, 1918~1923*, Victor Gollancz, 1933.

81 소설가 박태원이 『약산과 의열단』에서 주장한 사실이지만, 중국 유학 중이던 김철성을 암살자로 파리에 파견했다는 이 주장은 아직 확인되지 않고 있다(염인호, 『김원봉 연구』, 창작과비평사, 1993, 32~33쪽).

82 조경달, 앞의 책, 227쪽.

83 「충북자유보」 제 1호, 「3·1 운동 독립선언서와 격문」, 국가보훈처, 2002, 181쪽.

84 田邊明生, 「インド民族運動の轉換」, 『第一次世界大戰·三』, 岩波書店, 2014, 120쪽.

85 지그문트 프로이트, 윤희기·박찬부 옮김, 「쾌락 원칙을 넘어서」, 『정신분석학의 근본 개념』, 열린책들, 2003, 314~315면.「쾌락 원칙을 넘어서」는 1차 대전 막바지인 1919년 봄에 집필된 원고로서 프로이트 사상의 전회를 알려주는 중요한 저작이다.

86 주독 미국 대사였던 W.C.Bullitt와 S.Freud가 함께 윌슨에 대한 '심리학적 분석'에 착수한 것은 1930~38년 사이다. 미완성으로 끝난 이 저작은 1967년에야 일부가 Encounter에 공개된다(Freud, S. & Bullitt, W.C., "Thomas Woodrow Wilson, A Psychological Study", *Encounter* vol. 28 no.1, Jan. 1967.)

87 S.Buck-Morss, *Dreamworld and Catastrophe*, The MIT Press, 2002.

88 「종로의 小騷擾」, 『매일신보』 1919. 6. 1.

89 「俄領老人團 代表者 逮捕確報」, 『한인신보』, 1919. 6. 15.

90 김창수, 「일우 강우규 의사의 사상과 항일의열투쟁」, 『이화사학연구』 30, 2003. 12, 474~476쪽.

91 「怪事 慘事 11인의 미신자살」, 『매일신보』, 1919. 7. 1.

92 「이천 평강의 소요사건」, 『매일신보』, 1917. 12. 13.

제2부 1910년대와 3·1 운동

1장 침묵 ― 망국 이후, 작은 개인들

1 안재홍, 「비통! 조국의 覆滅!」, 『신천지』 1946. 8, 12~14쪽.

2 김윤식, 『이광수와 그의 시대 1』, 솔, 1999, 332~333쪽.

3 이광수, 「나의 고백」, 『이광수전집 13』, 1962, 201~202쪽.

4 박순천, 「내가 걸어온 길, 내가 걸어갈 길: 나의 정치백서」, 신태양사, 1957, 32~43쪽, 최정순, 『박순천 연구』, 백산서당, 2017, 43쪽에서 재인용.

5 안재홍, 앞의 글, 10, 12쪽.

6 김인식, 『중도의 길을 걸은 신민족주의자: 안재홍의 생각과 삶』, 역사공간, 2006.

7 『조선왕조실록』 1910. 8. 29. 대한제국의 군주로서 융희황제가 마지막으로 내린 조칙 일부다.

8 량치차오, 주시경 옮김, 『월남망국사』, 노익형책사, 1907, 23~34쪽. 실제로 이 책에서 가장 관심을 기울인 것은 세금의 신설·증가 문제로, 무려 14개 항에 걸쳐 세금 관련 혹정을 고발하고 있다.

9 시부에 다모츠, 어용선 옮김, 『파란말년전사』, 탑인사, 1899. 97~99쪽.

10 「口腹이 원수」, 『대한매일신보』 1909. 12. 22, 『詞藻』, 『대한매일신보』 1909. 2. 25.

11 「유언비어 勿信」, 『매일신보』 1910. 10. 12.

12 「종두방해자 嚴査」, 『매일신보』 1910. 10. 14.

13 권태억, 「1910년대 일제 식민통치의 기조」, 권태억·박명규 외, 『한국 근대사회와 문화 2』, 서울대학교 출판부, 2005, 8쪽.

14 朴慶植, 『日本帝國主義の朝鮮支配』上, 靑木書店, 1973, 41~42, 212쪽.

15 신주백, 「1910년대 일제의 조선통치와 조선주둔 일본군」, 『한국사연구』 109호, 2000, 141~148쪽. 무기를 확충해 소총 2.5배, 권총 4배라는 보급률을 달성하고 경찰 기마대를 증강하는 한편 자동차와 경찰 전화를 통해 기동성을 더하게 된 것 역시 3·1 운동 이후였다(朴慶植, 앞의 책, 213~215쪽).

16 태형령 및 범죄즉결례의 상황 전반에 대해서는 이종민, 「가벼운 범죄, 무거운 처벌: 1910년대의 즉결처분 대상을 중심으로」, 『사회와역사』 107, 2015 참조.

17 린닝쉬(林能士), 「1920년대 대만의 비무장 항일운동과 3·1 운동에 대한 시론」, 『3·1 독립정신과 비폭력운동』(3·1독립운동기념탑건립 및 정부수립 50주년 기념 국제학술심포지움), 3·1독립운동기념탑 건립위원회·경원대학교 민족운동사연구소, 1998, 283~284쪽.

18 이들 활동의 개요에 대해서는 권대웅, 「1910년대 국내독립운동」, 독립기념관 한국독립운동

573

사연구소, 2008 참조.

19 「騷擾答案」, 『草亭先生文集』 卷六 (Ⅱ : 181~189)

20 김상태 편역, 『윤치호 일기, 1916~1943』, 역사비평사, 2001.

21 정준영, 1910년대 조선총독부의 식민지교육정책과 미션스쿨: 중.고등교육의 경우, 『사회와 역사』 72, 2006. 12; 나카바야시 히로카즈, 「1910년대 조선총독부의 교육정책과 동화주의」, 『역사문제연구』 34, 2015. 10.

22 「냉매열평」, 『청춘』 5호, 1915. 2, 73~74쪽.

23 「확호불원(確乎不援)의 입지(立志) 전국 청년의 모범」, 『매일신보』 1914. 3. 26.

24 「냉매열평」, 『청춘』 4호, 1915. 1, 105쪽.

25 취미라는 개념 및 그 문화적 실천행위에 대해서는 최근 여러 편의 논문이 상재된 바 있다. 특히 공연문화와 관련해 '취미'를 통해 근대적 문화 주체가 구성되는 과정에 대한 연구 성과로 문경연, 『한국 근대 극장예술과 취미 담론』, 소명출판, 2012 참조.

26 「절대한 쾌락 ― 금강산을 구경함은 최대의 쾌락」, 『매일신보』 1915. 5. 1.

27 임종국, 『친일문학론』, 평화출판사, 1966; 김시종, 윤여일 옮김, 『조선과 일본에 살다』, 돌베개, 2016, 85~86쪽.

28 R. Guha & G. C. Spivak, *Selected Subaltern studies*, Oxford University Press, 1988; 조지 오웰, 박경서 옮김, 『버마시절』, 열린책들, 2010, 54쪽.

29 몽외생, 「일요잡사」, 『매일신보』, 1913. 6. 3.

30 「관중 5만 ― 종로 야시의 개시식」, 『매일신보』, 1915. 7. 23.

31 「춘원의 가화 만발」, 『매일신보』, 1914. 2. 7.

32 「화경의 장미원」, 『매일신보』, 1918. 6. 18.

33 매일신보사에서 직접 기획하지 않고 관람 기회만 제공한 행사, 예컨대 활동사진 무료 초대 행사(1912. 3 대구/ 1912. 7 평양) 등은 목록에서 제외했다.

34 「전고 미증유의 대운동회」, 『매일신보』, 1912. 4. 28.

35 예컨대 고종 인산 즈음의 기사인 「장엄한 습의 행렬 ― 끔찍이 많은 습의 구경, 공진회 처음 날보다 갑절」, 『매일신보』, 1919. 2. 15 등을 참조할 수 있다.

36 서민교, 「1910년대 일본의 무단통치」, 독립기념관 한국독립운동사연구소, 2009, 62쪽.

37 「금오도 사건」, 『매일신보』 1915. 6. 18.

38 동학농민운동 중 지역 봉기의 상당수도 항세(抗稅) 성격을 띠었던 것으로 분석된다. 경남 고성을 중심으로 1890~1900년대 조세저항을 추적한 최희정, 「갑오·광무시기 징세체계의 변화와 경남 고성(固城) 지역의 항세운동」, 『석당논총』 66, 2016. 11 참조.

39 『한국민족운동사료 기삼』, 국회도서관, 1979.

40 이영학, 「1910년대 조선총독부의 농업정책」, 『한국학연구』 56, 2015. 3, 556~557쪽.

41 고바야시 타쿠야(小林拓矢), 「일제하 도로 사업과 노동력 동원」, 『한국사론』 56, 2010. 6, 292~294쪽.

42 이정은, 『3·1 독립운동의 지방시위에 관한 연구』, 국학자료원, 2009, 49쪽.

43 「만세전」에는 3·1 운동 이후의 현실 비판 또한 공존하고 있다. 염상섭이 검열 우회를 위해 이 또한 3·1 운동 이전으로 형상화해 냈다는 지적에 대해서는 이혜령, 「정사(正史)와 정사(情

574

史) 사이: 3·1운동, 후일담의 시작」, 『민족문학사연구』 43, 2009. 8 참조.

44 염상섭, 「만세전」, 『염상섭전집 1』, 민음사, 1987, 85~86, 89, 62쪽.

45 「본간 촉탁의 변사」, 『매일신보』 1914. 11. 13.

46 1910년대의 조세저항에 대해서는 임경석, 「1910년대 계급구성과 노동자·농민운동」, 한국 역사연구회·역사문제연구소 엮음, 『3·1 민족해방운동 연구』, 청년사, 1989, 223~224쪽 참 조. 1910년대의 생활난 및 통제저항에 대해서는 이정은, 「『매일신보』에 나타난 3·1 운동 직 전의 사회상황」, 『한국독립운동사연구 4』, 1990 및 권보드래, 『1910년대, 풍문의 시대를 읽 다: 『매일신보』를 통해 본 한국 근대의 사회·문화 키워드』, 동국대 출판부, 2008, 309~394 쪽 참조.

47 「오늘의 화제에 대한 일본 언론의 논평」, 『재팬 애드버타이저 3·1 운동 기사집』, 독립기념관 한국독립운동사연구소, 2015, 64쪽.

48 「빈민의 공황: 흙을 파 먹는다」, 『매일신보』 1917. 6. 15.

49 「물가 등귀로 6구(口)가 아사할 뻔: 한 비참한 전례」, 『매일신보』, 1918. 4. 27.

50 「노동자의 내지행과 경무당국의 최선 조치한 노동자의 내지로 가는 데 대하여」, 『매일신보』 1917. 9. 2.

51 앨프리드 W. 크로스비, 김서형 옮김, 『인류 최대의 재앙, 1918년 인플루엔자』, 서해문집, 2010; 김택중, 1918년 독감과 조선총독부 방역정책, 『인문논총』 74권 1호, 2017. 2. 숫자는 『매일신보』 1919. 1. 30 기사에 근거한 것으로, 김택중(178~184)에 의하면 실제 사망자는 14만 명을 상회했을 가능성이 높다고 한다.

2장 약육강식 — 진화론의 갱생, 인류의 탄생

1 김상태 편역, 『윤치호 일기·1916~1943: 한 지식인의 내면세계를 통해 본 식민지시기』, 역 사비평사, 2001, 70쪽.

2 「윤치호 씨의 '오십이각'」, 『매일신보』 1915. 5. 20.

3 『윤치호 일기』 1920. 1. 22, 1921. 1. 22.

4 『윤치호 일기』의 묘사에 따르면 개인으로서 고종은 온화하고 친절하지만 게으르고 나약하고 무책임한 사람으로 재현된다. 12시에 예정된 행사가 있는데도 늦잠 끝에 오후 2시에야 일어 나 5시에 행사를 치르는데다, 게다가 시계바늘을 뒤로 돌려 12시에 맞춰놓곤 제 시각에 거 행합네 하는 모습을 볼 때 윤치호는 "부끄럼도 모르는 거렁뱅이 근성의 허영덩어리"라고 공 격한다(1905. 1. 1).

5 박지향, 『윤치호의 협력일기』, 이숲, 2010, 103쪽.

6 최석하, 「평화회의에 대한 余의 感念」, 『태극학보』 9, 1907. 5.

7 윤치호 일기 1903. 1. 3.

8 「세계에는 강권이 첫째」, 『대한매일신보』, 1909. 7. 21 논설.

9 雪園生, 「忙中閑抄: 신성한 약자」, 매일신보 1919. 9. 14. '설원생'이 곧 백대진이라고 결론지 은 까닭은, 1919년 6월 『매일신보』에 연재한 「여시관(如是觀)」의 필자가 처음에 '백낙천 자(白樂天者)'로 돼 있다가 중간에 '백설국(白雪國)'으로 바뀌고, 이어 제1면의 유사한 기사 에 '백설원(白雪園)'과 '설원생(雪園生)'이라는 서명이 거푸 등장하기 때문이다. 백대진=백

낙천자=설원생이라는 사실은 이미 김복순, 「1910년대 한국문학과 근대성」, 소명출판, 1999, 181~82쪽에서 『신문계』, 『반도시론』을 자료로 논증한 바 있다.

10 「조선인을 위하여 비애」, 『매일신보』 1919. 3. 8.

11 윤해동, 『지배와 자치』, 역사비평사, 2006, 139쪽. 식민지기에 면장이나 면 서기는 상당한 월급을 받는 국가 관료였다. 면장 월급은 60원에서 300원, 면 서기 월급은 48원에서 188원까지로 그 내부에 상당한 차이가 있었는데, 월급 높은 유력면의 면장은 거의 일본인이었다.

12 「선언서」, 『3·1 운동 독립선언서와 격문』, 국가보훈처, 2002, 41, 44쪽; 「2·8 독립선언서」, 『한민족독립운동사 3』, 국사편찬위원회, 1988, 203쪽.

13 최명환, 「자연계의 생존경쟁」, 『신문계』 1권 6호, 1913. 9, 25, 28쪽.

14 雨村, 「허위를 피하여」, 『신청년』 2호, 1919. 12, 14쪽.

15 晚霞, 「모교선생께」, 『신청년』 2호, 1919. 12, 18쪽.

16 현상윤, 「핍박」, 김복순 책임편집·해설, 『슬픈 모순(외)』, 종합출판 범우, 2004, 13~18쪽.

17 양건식, 「슬픈 모순」, 위의 책, 59~62쪽.

18 菊如, 「석사자상」, 『불교진흥회월보』 1, 1915. 3, 36~37쪽.

19 닷메, 「원단의 걸인」, 『청춘』 7, 1917. 5, 89쪽.

20 「참된 동정」, 『신청년』 3, 1920. 8.

21 1910년대 후반과 1920년대 초반 이념적 입장을 막론하고 광범하게 번져 있던 '동정'의 수사학에 대한 고찰로는 손유경, 「고통과 동정」, 역사비평사, 2008, 특히 71~82쪽 참조.

22 「한국사회에 모범될 인물」, 『대한매일신보』, 1909. 3. 19 논설.

23 「한국사람의 숭배할 인물」, 『대한매일신보』, 1909. 6. 15 논설.

24 장덕수, 「의지의 약동」, 『학지광』 5, 1915. 5, 40쪽.

25 김봉렬, 「번민의 밤!」, 『매일신보』 1919. 10. 6.

26 이광수, 「우리의 이상」, 『학지광』 14, 1917. 11, 4쪽.

27 후쿠자와 유키치, 정명환 옮김, 『문명론의 개략』, 홍성사, 1986, 20~23쪽 참조.

28 유길준, 『서유견문』, 교순사, 1895, 376쪽.

29 「한 사람과 한 사회의 관계」, 『대한매일신보』, 1909. 7. 20 논설.

30 1920년대 초반 중국에서의 유사한 인식을 참조할 만하다. 오병수, 「1920년대 전반 중국 『동방잡지』에 나타난 공리적 세계인식」, 『근대전환기 동아시아 속의 한국』, 성균관대 출판부, 2004, 특히 127~128쪽 참조.

31 여기서의 논의는 국외 망명자들을 일단 논외로 한 채 진행한다. 망명자들의 경우 신채호의 「꿈하늘」에서 보이듯 진화론적 의식을 극단까지 몰고 갈 가능성도 있었다고 생각되는데, 그러나 신채호 자신이 점차 아나키즘에 편향되어 갔다는 사실은 잘 알려져 있으며, 박은식의 「몽배금태조」를 통해 사회진화론에서 민족평등주의로 이행하는 면모를 부각시킨 연구도 제출되어 있다. 후자에 대해서는 박찬승, 『민족주의의 시대: 일제하의 한국 민족주의』, 경인문화사, 2007, 17~19쪽 참조.

32 주종건, 「신년을 당하여 유학생 제군에게 물함」, 『학지광』 4, 1915. 2, 29쪽.

33 五峰生, 「신년의 노래」, 『학지광』 4, 1915. 2, 48쪽.

34 박석윤, 「'자기'의 개조」, 『학지광』 20, 1920. 7, 14쪽.

35 현상윤, 「이광수군의 「우리의 이상」을 독함」, 『학지광』15, 1918. 3, 56쪽.

36 피터 게이, 조한욱 옮김, 『바이마르 문화』, 탐구당, 1983 참조.

37 이에나가 사부로, '수유+너머' 일본근대사상사팀 옮김, 『일본근대사상사』, 소명출판, 2006, 263~264쪽.

38 季武嘉也, 『大正社會と改造の潮流』, 東京: 吉川弘文館, 2004, 11~13쪽 참조.

39 三木清, 『讀書遍歷』, 『三木清全集 1』, 岩波書店, 1966, 387쪽. 太田鐵男, 『大正デモクラシの思想水脈』東京: 同時代社, 1987, 25쪽에서 재인용.

40 松尾尊兊, 『大正デモクラシ』, 東京: 岩波書店, 2001, 133~35쪽 참조.

41 遠藤祐, 「'自己'と '人類': 武者小路實篤について」, 『白樺派文學』, 東京 : 有精堂, 1974, 226~331쪽.

42 실제로 1910년대 지식인 사이에서 유행했으며 1920년대 초반 『개벽』을 통해 일층 대중화된 일련의 사상가 소개는 대개 『近代思想十六講』이나 『社會改造の八大思想家』 번역에 의지한 것으로 알려져 있다(허수, 『일제하 이돈화의 사회사상과 천도교: '종교적 계몽'을 중심으로』, 서울대 박사논문, 2005, 65~66쪽). 그 밖에도 예컨대 1910년대 당시 베르그송의 영향 및 그 원천을 밝힌 연구로는 이보영, 「염상섭과 베르그송」, 『월간문학』288, 1993, 179~81쪽 및 심원섭, 『한일 문학의 관계론적 연구』, 국학자료원, 1998, 96~97쪽 등 참조.

43 최승구, 「불만과 요구」, 『학지광』6, 1915. 7, 75쪽.

44 김이준, 「출진하는 용사제군에게」, 『학지광』6, 1915. 7, 40쪽.

45 億生, 「가난한 벗에게」, 『태서문예신보』16, 1919. 2. 17.

46 전영택, 「구습의 타파와 신도덕의 건설」, 『학지광』13, 1917. 7.

47 앙리 베르그손, 황수영 옮김, 『창조적 진화』, 아카넷, 2005, 57, 384~89, 395~397쪽 등 참조.

48 朝永三十郎, 「人格の哲學と超人格の哲學」, 東京: 弘道館, 1909, 6~25쪽 참조.

49 현상윤, 앞의 글, 56쪽.

50 제임스 조이스, 성은애 옮김, 『젊은 예술가의 초상』, 열린책들, 2010.

51 『韓國民族運動史料·其三: 三一運動篇』, 국회도서관, 1979, 26~27쪽.

52 CY생, 「과부해방론」, 『학지광』20호, 1920. 12, 19쪽.

53 「공판시말서」, 『한민족독립운동사자료집 18』, 180쪽.

54 『독립운동사자료집 11』, 597쪽. 강우규의 생애와 사상에 대해서는 박환, 「강우규의 의열투쟁과 독립사상」, 『한국민족운동사연구』55, 2008 참조.

3장 제1차 세계대전 — 파국과 유토피아

1 이인섭, 반병률 엮음, 『망명자의 수기』, 한울아카데미, 2013, 198~206쪽.

2 김도형, 「프랑스 최초의 한인단체 '재법한국민회' 연구」, 『독립운동사연구』60, 2017, 135~146쪽.

3 황기환의 활동에 대한 전반적 소개로는 윤선자, 「1919~1922년 황기환의 유럽에서의 한국 독립운동」, 『한국근현대사연구』78, 2016 참조.

4 김동성, 「기자대회에서 화성돈회의에 (3)」, 『동아일보』, 1922. 2. 8.

5 윤선자, 위의 글, 183쪽.

6   베네딕트 앤더슨, 서지원 옮김, 『세 깃발 아래에서』, 길, 2009, 30쪽.

7   20세기 말~21세기 초 지구화 상황 속에서의 진단이긴 하지만 '여행자'와 '떠돌이'의 구분에 대해서는 지그문트 바우만, 김동택 옮김, 『지구화, 야누스의 두 얼굴』, 한길사, 2003 참조.

8   「김용성 씨의 종군 청원」, 『신한민보』 1917. 8. 9에서는 자원입대한 김용성 외 추첨으로 징병 된 청년 김정은·이상구·박학문·이희복 네 명의 이름을 보도하고 있다.

9   여기 나온 이름은 모두 윤영실, 「식민지의 민족자결과 세계 민주주의」, 『한국현대문학연구』 51, 2017에서 조사·보고된 이름이다. 확인 차 『신한민보』 지면과 대비하여 약간의 수정을 가했을 따름이다. 괄호 안 날짜는 보도 날짜를 뜻한다.

10 「한인 30여명 종군: 청년회는 전별회를 열어」, 『신한민보』 1918. 7. 25.

11 「재미외국인의 종군을 허락: 적민이 아니라도 환영」, 『신한민보』 1917. 8. 9.

12 N. G. Ford, *Americans All!: Foreign-born Soldiers in World War I*, Texas A&M University Press, 2001.

13 윤영실, 앞의 글, 99~100쪽 참조.

14 姜德相, 『現代史資料 25: 朝鮮 1·三一運動篇 1』, みすず書房, 1966, 13쪽.

15 「적진 정찰 중 서왈보씨 참사」, 『동아일보』 1926. 5. 10.

16 이희철, 「읍혈조」(21), 『동아일보』, 1923. 6. 22.

17 김갑의 편, 「풍운아」, 『춘사 나운규 전집: 그 생애와 예술』, 집문당, 2001, 147쪽 참조.

18 이 인물들에 대한 정보는 강만길·성대경 엮음, 『한국사회주의인명사전』, 창작과비평사, 1996의 인물별 항목 확인.

19 『韓國民族運動史料: 三一運動篇·其三』, 국회도서관, 1979, 6쪽(이하 '「한국민족운동사료」' 로 표시).

20 김경천의 생애에 대해서는 김병학, 「경천아일록과 연해주 항일독립운동가 김경천의 생애」, 『인문사회과학연구』 14권 1호, 2013 참조.

21 「경천아일록」(1924. 9. 30), 김경천, 김병학 정리 및 옮김, 『경천아일록』, 학고방, 2012.

22 山室信一, 「世界認識の轉換と'世界內戰'の到來」, 山室信一·岡田曉生·小關隆·藤原辰史 編, 『第一次世界大戰 4: 遺産』, 東京: 岩波文庫, 2014, 80~81쪽.

23 마크 마조워, 김준형 옮김, 『암흑의 대륙』, 후마니타스, 2009.

24 빅토르 세르주, 정병선 옮김, 『한 혁명가의 회고록』, 오월의봄, 2014, 118쪽.

25 앙리 바르뷔스, 정봉구 옮김, 『포화(외)』, 을유문화사, 1974, 46쪽.

26 로버트 J. C. 영, 김택현 옮김, 『포스트식민주의 또는 트리컨티넨탈리즘』, 박종철출판사, 2005, 448쪽.

27 이태훈, 「1910~20년대 초 제1차 세계대전의 소개양상과 논의지형」, 『사학연구』 105, 2012. 3, 206쪽에서 재인용.

28 존 키건, 조행복 옮김, 『제1차 세계대전사』, 청어람미디어, 2009, 602쪽.

29 소설가 H.G.웰즈가 유행시킨 말이라고 한다. 웰즈는 또한 '최후의 전쟁', '인민의 전쟁'이라는 표현도 사용했다(A.Gregory, *The Last Great War: British Society and the First World War*, Cambridge Univ. Press, 2008, p. 5).

30 폴 존슨, 이희구·정승현 옮김, 『세계현대사 1』, 한마음사, 39쪽.

578

31 久保昭博,「自律芸術の終焉?」, 山室信一, 山室信一·岡田暁生·小關隆·藤原辰史 共編,『第
　　一次世界大戰·三: 精神の變容』, 암파서점, 2014, 90쪽.

32 서춘,「구주전란에 대한 3대 의문」,『학지광』14, 1917. 11, 16쪽.

33 강용흘, 장문평 옮김,『초당』, 범우사, 1999, 260~261쪽.

34 장덕수,「신춘을 迎하여」,『학지광』4, 1915. 2, 1쪽.

35 KY생,「희생」,『학지광』3호, 1914. 12, 38~40쪽.

36 開戰이 확정된 것은 8월 23일이었다.「일로양국의 국교단절과 전쟁상태」,『매일신보』1914.
　　8. 24.

37 이희철,「읍혈조(22)」,『동아일보』1923. 6. 23.

38 장덕수, 앞의 글, 1쪽.

39 예컨대 이 시기 가장 활발하게 담론활동을 펼친 인물 중 하나인 중국의 杜亞泉은 전쟁의 경
　　과를 보고하면서 애국심과 국민도덕이 승리의 동력이 된다는 사실을 교훈적으로 설파하고
　　있다. 僧父,「大戰爭與中國」,『東邦雜誌』11권 3기, 1914. 9;「大戰爭之所感」,『東邦雜誌』
　　11권 4기, 1914. 10. 인하대학교 인문과학연구소 '20세기 초 중국의 근대어와 근대지식 연표
　　작성 및 데이터베이스화 연구팀' 보고서에 의한다.

40 小星,「학우회 망년회 스켓치」,『학지광』4, 1915. 2.

41 김철수,「신충돌과 신타파」,『학지광』5, 1915. 5, 34쪽.

42 流暗,「세계의 처음」,『학지광』8, 1916. 3, 29~30쪽.

43 서춘, 위의 글,『학지광』14, 1917. 11, 16~19쪽.

44 H.Bergson, The Meaning of the War: Life and Matter in Conflict, T.Fischer Unwin
　　Ltd., 1915, pp. 18~35.

45 M. Lewis, The Birth of the New Justice, Oxford University Press, 2014.

46 『매일신보』, 1914. 10. 14, 1914. 12. 2.

47 『매일신보』, 1914. 12. 12.

48 『매일신보』, 1914. 11. 13.

49 소월,「벨지엄의 용사」,『학지광』4, 1915. 2, 50쪽.

50 「구주대전 이후의 민족적 이상의 진화」,『개벽』33, 1923. 3.

51 J.M.Cooper & M.MacMillan, "Ending the Great War: The Peace that Failed?",
　　J.Winter ed., The Legacy of the Great War: Ninety Years on, Univ. of Missouri Press,
　　2009, p. 126.

52 「구주대전 이후의 민족적 이상의 진화」,『개벽』33, 1923. 3.

53 J.Winter, Sites of Memory, Sites of Mourning, Cambridge Univ. Press, 1998, pp.
　　184~186.

54 W.B.Maynard, Woodrow Wilson: Princeton to the Presidency, Yale Univ. Press,
　　2008, p. 229.

55 「구주대전 이후의 민족적 이상의 진화」,『개벽』33, 1923. 3.

56 A.Iriye, Cultural Imperialism and World Order, The Johns Hopkins Univ. Press,
　　1997.

4장 혁명 — 신생하는 세계

1 양주흡 관련 서술은 2012년 5월 웹진 'Weekly 수유+너머'에 2회에 걸쳐 연재한 글(http://
   suyunomo.net/?p=10056) 일부를 수정한 것이다. 3·1 운동 시기 양주흡의 일기는 『한민
   족독립운동사자료집 13』, 국사편찬위원회, 1992에 증거자료로 실려 있다. 이를 자료로 한
   논문도 최근 제출되었다(최우석, 「재일 유학생의 국내 3·1 운동 참여: 「양주흡 일기」를 중
   심으로」, 『역사문제연구』 31, 2014).

2 서연호·홍창수 편, 『김우진 전집 2』, 연극과인간, 2000, 442쪽.

3 이헌미, 『반역의 정치학: 대한제국기 혁명 개념 연구』, 서울대 박사논문, 2012.

4 이정식, 『혁명가들의 항일 회상』, 민음사, 2005, 42쪽.

5 단행본에서의 출현에 대해서는 이헌미, 앞의 글, 77쪽. 그 밖의 1900년대 전반을 통한 '혁명'
   및 관련 개념에 대한 논의도 이 글에 상세하다. 이헌미에 따르면 갑오내각 붕괴 후 한동안
   '혁명'은 '민란'으로 대치돼 쓰였다고 한다(91~94쪽). 『독립신문』에서는 1899년 2월 28일자
   '외국통신' 내 '자객소문'이라는 제목의 기사에 "청국 혁명당 괴수 강유위 씨"라는 구절이 보
   인다.

6 이만규, 『여운형 선생 투쟁사』, 민주문화사, 1946, 19쪽; 강덕상, 김광열 옮김, 『여운형 평
   전 1』, 역사비평사, 2007, 104쪽.

7 김기승, 『조소앙이 꿈꾼 세계』, 지영사, 2003, 322~323쪽.

8 민필호, 「한중외교사화」, 『한국혼』, 보신각, 1971, 109쪽, 박찬승, 『대한민국은 민주공화국
   이다』, 돌베개, 2013에서 재인용.

9 조성환의 생애와 활동, 신해혁명에 대한 반응에 대해서는 김희곤, 「(독립군을 기르고 광복
   군을 조직한 군사전문가) 조성환」, 역사공간, 2013, 20~33쪽 참조.

10 배경한, 「동아시아 역사 속의 신해혁명」, 배경한 편저, 앞의 책, 24~25쪽.

11 김희곤, 앞의 책, 36쪽.

12 김희곤, 「신해혁명과 한국 독립운동」, 『중국근현대사연구』 53호, 2012.

13 한정선, 「근대 중국의 공화제 실험과 제국 일본의 동요」, 배경한 편저, 앞의 책, 191~197쪽.

14 당시 신문기자 마루야마 간도(丸山侃堂)의 지적이다. 위의 글, 187쪽 참조.

15 이경훈, 「『학지광』의 매체적 특성과 일본의 영향 1: 『학지광』의 주변」, 『대동문화연구』,
   2004, 119, 130쪽 참조.

16 山室信一, 「世界認識の轉換と「世界內戰」の到來」, 山室信一·岡田曉生·小關隆·藤原辰史
   編, 『第一次世界大戰·4: 遺産』, 岩波書店, 2014, 90쪽 참조.

17 吉野作造, 『支那革命小史』, 萬朶書房, 1917, 72쪽.

18 이경훈, 앞의 글, 101~108쪽.

19 미나미 히로시, 정대성 옮김, 『다이쇼 문화』, 제이앤씨, 2007, 293쪽.

20 심재욱, 『설산 장덕수(1894~1947)의 정치활동과 국가인식』, 동국대 박사논문, 2007, 36쪽.

21 이호룡, 「류자명의 아나키스트 활동」, 『역사와현실』 53, 2004, 225쪽.

22 일본에서 아나키즘 관련 서적 번역 및 저작에 대해서는 박양신, 「근대 일본의 아나키즘 수용
   과 조선으로의 접속: 크로포트킨 사상을 중심으로」, 『일본역사연구』 35, 2012 참조.

23 변희용, 「행동을 쏟았던 젊음의 정열」, 『일파 변희용 선생 유고』, 성균관대 출판부, 1977,

297쪽.

24 박양신, 앞의 글, 141쪽.

25 오스기 사카에, 김응교·윤영수 옮김, 『오스기 사카에 자서전』, 실천문학사, 2005, 357~369쪽.

26 「일기장(중 제1호)」, 『한민족독립운동사자료집 13』, 국사편찬위원회, 1990, 221쪽.

27 최승구, 「너를 혁명하라!」, 『학지광』 5, 1915. 2, 12쪽.

28 백일생, 「문단의 혁명아야!」, 학지광 14, 1917. 11, 46~48쪽.

29 서상일, 「'문단의 혁명아'를 독하고」, 『학지광』 15, 1918. 3, 62쪽.

30 최승구, 「너를 혁명하라!」의 서두는 다음과 같다. "혁명이라 하면 일반으로, 17세기 중엽에 영길리(英吉利)〔영국〕의 촬스 1세를 죽이던 크롬웰의 거완(巨腕)이나, 프로텍터 지배하의 장기회의의 살풍경을 연상하거나, 18세기 하반에 불란서의 루이 16세를 무찌르던 레퍼블리칸의 단두대이나, 마운틴 격려 하의 공안위원회의 수라장을 의미할 터이다."

31 김이준, 「출진하는 용사제군에게」, 『학지광』 6호, 1915. 7.

32 전영택, 「구습의 파괴와 신도덕의 건설」, 『학지광』 13, 1917. 7, 49~50, 52쪽.

33 Revolution이 천체의 운행을 의미하던 단어에서 극적인 의미 변화를 겪었다는 사실은 잘 알려져 있다. 라인하르트 코젤렉, 한철 옮김, 『지나간 미래』, 문학동네, 1995 참조.

34 「陳弁書」, 345~346쪽. 김석근, 「고토쿠 슈스이의 무정부주의」, 『한국동양정치사상사연구』 7권 1호, 2008, 64쪽에서 재인용.

35 천두슈, 「문학혁명론」, 김수연 편역, 『신청년의 신문학론』, 한길사, 2012, 83쪽.

36 朱謙之의 『革命哲學』(1921)에 서시 격으로 수록된 시로서, 전집판에는 미수록돼 있다고 한다(이욱연, 『곽말약과 중국의 근대』, 서강대 출판부, 2013, 78쪽).

37 후쓰, 「문학개량추의」, 김수연, 앞의 책, 233~235쪽.

38 郭沫若, 「黃河與揚子江對話」, 『郭沫若全集 1』, 314쪽. 이욱연, 앞의 책, 36쪽의 번역에 의한다.

39 1918년 5월 18일 도쿄 유학생 학우회에서 개최한 각 학교 연합웅변회에서 와세다대생 한태원의 웅변, '불평한 사회와 사회주의'의 내용이다. 姜德相, 『現代史資料 25: 朝鮮 1·三一運動篇 1』, みすず書房, 1966, 10쪽.

40 1918년 11월 30일 고등상업학교 동창회 주최 각 학교 연합웅변회에서 게이오대생 김범수의 웅변, '공산주의'. 위의 책, 16쪽.

41 오스기 사카에, 앞의 책, 219쪽. 일찍이 고토쿠 슈스이(幸德秋水)도 브레스코프스카야에 대한 글을 남긴 바 있다.

42 이일, 「푸레스코프스카야」, 『학지광』 15, 1918. 3, 72쪽.

43 극웅, 「KERENSKY」, 『학지광』 14, 1917. 11, 37쪽.

44 박은식, 김도형 옮김, 『한국독립운동지혈사』, 소명출판, 2008, 157쪽.

45 김영범, 『혁명과 의열: 한국 독립운동의 내면』, 경인문화사, 2010, 5쪽.

46 예컨대 이승만이 현순에게 보낸 1919년 4월 27일자 편지 참조. 유영익 편, 『이승만 동문서한집』 상, 연세대 출판부, 2009, 170~171쪽.

47 최명식, 『안악사건과 3·1운동과 나: 兢虛 崔明植 선생 약전과 자서』, 긍허전기편찬위원회, 1970, 6쪽.

48 「各國革命運動史要」, 조소앙, 『소앙선생문집』, 삼균학회, 1979, 111~112쪽.

49 염상섭, 「이중해방」, 한기형·이혜령 편, 『염상섭 문장전집 1』, 소명출판, 2013, 73쪽.

제3부 3·1 운동의 얼굴들

1장 시위문화—정치, 일상의 재조직

1 홍종인, 「평양학생사건」, 『신천지』1권 2호, 1946. 3.

2 독립운동사편찬위원회, 『독립운동사자료집 5: 3·1 운동 재판기록』, 독립유공자사업기금운 영위원회, 1971, 877~878쪽(이하 『독립운동사자료집 5』로 표시). 20여 명의 젊은 여성이 "신대한의 애국 청년/ 끓는 피가 뜨거워"로 시작하는 〈혈성가〉를 불렀다는 회고도 있다(최 은희, 『한국근대여성사(중)』, 조선일보사, 1991, 159쪽.)

3 「3·1과 나: 그날의 산 증인」, 『경향신문』, 1969. 3. 1.

4 원문에는 "대한민국 만세야⋯⋯"라고 돼 있는 것을 해방 이후의 착오이기 쉽다고 생각해 바 꾸어 인용했다.

5 송도학원 편, 『송도고보 100년사』, 송도중·고등학교총동문회, 2006, 104~107쪽.

6 장유정, 「옛날 노래책에 빠지다: 애국창가집 『창가』(손봉호, 1910)의 해제」, 『근대서지연 구』 7, 2013. 6.

7 권보드래·천정환, 『1960년을 묻다』, 천년의상상, 2012, 34~35쪽.

8 『독립운동사자료집 5』, 290~291, 195쪽; 독립운동사편찬위원회, 『독립운동사 3: 3·1 운동 (하)』, 독립유공자사업기금운용위원회, 1971(이하 『독립운동사 3』으로 표시), 230쪽. 다른 사례는 『독립운동사자료집 5』, 1192, 1228, 1441쪽 등 참조.

9 『독립운동사 3』, 271쪽.

10 『韓國民族運動史料·其三: 三一運動篇』, 국회도서관, 1979, 11쪽(이하 『한국민족운동사 료·기삼』으로 표시).

11 「김지웅 신문조서」(1회), 『한민족독립운동사자료집 12』, 국사편찬위원회, 1990, 209~210쪽.

12 『독립운동사자료집 5』, 1496, 317, 319, 500쪽 참조.

13 『독립운동사자료집 5』, 333쪽.

14 『독립운동사 3』, 219쪽.

15 영산 지역에서는 「소년전진가」도 쓰였다. 구호로는 '대한독립만세'와 '약소민족 해방만세'가 나왔다고 한다(이정은, 『3·1 독립운동의 지방시위에 대한 연구』, 국학자료원, 2009, 191쪽).

16 이정은, 위의 책, 296쪽.

17 『독립운동사 3』, 227쪽.

18 『독립운동사자료집 5』, 49쪽.

19 실제로 일부 학생들은 탑골공원 대신 단성사를 향했다. 『한민족독립운동사자료집 18』, 국사 편찬위원회, 1994, 139~141쪽.

20 「'요릿집' 태화관이 독립선언 장소로 낙점된 까닭은?」, 『동아일보』 2018. 6. 16.

21 혼선이 없지는 않다. 『매일신보』 지면을 참고(1916. 3. 17 등)하면 군악대 및 이왕직 양악대

의 상주공간 겸 연주회 장소는 팔각정 북쪽에 위치한 음악당이었던 것으로 보이기 때문이다.
국내 백과사전류에서 한결같이 팔각정에서 군악대 및 이왕직 양악대 공연이 있었다고 서술
하고 있으므로 일단 그에 따른다.

22 「탑동공원의 주악」, 『매일신보』, 1916. 5. 31.

23 『한민족독립운동사 3』, 국사편찬위원회, 1987, 269쪽.

24 『독립운동사 3』, 350쪽.

25 『독립운동사자료집 5』, 1258쪽.

26 『독립운동사 3』, 538~539쪽.

27 이정은, 앞의 책, 191쪽.

28 『독립운동사자료집 5』, 279, 407, 862, 1007, 218, 951, 529쪽.

29 『독립운동사자료집 5』, 527, 757쪽.

30 박노갑, 『40년』, 깊은샘, 1989, 67쪽.

31 정비석, 「수난자 金鳳鳴傳」, 김현주 엮음, 『정비석 문학 선집 3』, 소명출판, 2013, 233쪽.

32 충남의 총 111회 시위 중 만세시위는 75회, 그중 최소 45회가 산상 횃불시위였다고 한다
   (『한민족독립운동사 3』, 국사편찬위원회, 1987, 346쪽).

33 김진호·박이준·박철규, 「국내 3·1운동 2」, 독립기념관 한국독립운동사연구소, 2009,
   13~17, 20~21, 27, 29쪽.

34 김진호, 「충북의 3·1 운동」, 『역사와 담론』 68, 2013, 45, 89쪽.

35 박노갑, 앞의 글, 68쪽.

36 김진호, 위의 글, 45, 89쪽.

37 이기영, 『두만강』, 논장, 1989, 714, 724쪽.

38 박달성, 「봄을 맞는 탑동공원」, 『개벽』 33, 1923. 3, 77쪽.

39 『한민족독립운동사 3』, 국사편찬위원회, 1987, 270~274쪽.

40 최은희, 『한국근대여성사(중)』, 조선일보사, 1992, 113쪽.

41 「김찬두 신문조서」, 『한민족독립운동사자료집 17』, 국사편찬위원회, 1994, 136쪽.

42 「손흥길 신문조서」, 『한민족독립운동사자료집 15』, 국사편찬위원회, 1991, 135쪽; 「허영조
   신문조서」, 같은 책, 186쪽.

43 「성주복 신문조서」, 『한민족독립운동사자료집 17』, 국사편찬위원회, 1994, 111쪽.

44 「현창연 신문조서」, 『한민족독립운동사자료집 15』, 국사편찬위원회, 1991, 230쪽.

45 「박수찬 신문조서」, 『한민족독립운동사자료집 14』, 국사편찬위원회, 1991.

46 송영, 「어두운 밤 폭풍을 뚫고」, 한설야·이기영 외, 『나의 인간수업, 문학수업』, 도서출판
   인동, 1990, 91쪽.

47 「은성기 신문조서」, 『한민족독립운동사자료집 13』, 국사편찬위원회, 1990, 87쪽.

48 「유흥린 신문조서」, 위의 책, 101쪽.

49 「양재순 신문조서(2회)」, 위의 책, 198쪽. 그는 구두를 신고 탑골공원에 나갔는데 구두 밑바
   닥 징 때문에 장시간 보행에 곤란을 겪었다고 한다.

50 최은희, 앞의 책, 133쪽.

51 「유점선 신문조서」, 『한민족독립운동사자료집 14』, 국사편찬위원회, 1991, 105쪽.

583

52 「김애순 신문조서」, 위의 책, 114쪽.

53 「유점선 신문조서」, 『한민족독립운동사자료집 17』, 국사편찬위원회, 1994, 131쪽.

54 김정인, 『천도교 근대 민족운동 연구』, 한울, 2009.

55 『독립운동사자료집 5』, 79~82쪽.

56 이기영, 『두만강 2부·하』, 논장, 1989.

57 송인근, 「유림단독립운동실기」, 유림단독립운동실기 편찬위원회, 『(국역)유림단독립운동실기』, 대보사, 2001, 31쪽.

58 송인근, 위의 글, 274~277쪽과 오세창, 「3·1 독립운동과 파리장서」, 위의 책, 107쪽 참조.

59 임경석, 「유교 지식인의 독립운동: 1919년 파리장서의 작성 경위와 문안 변동」, 『대동문화연구』 37, 2000.

60 문선희, 『(광복회 총사령 38년 우국충정의 일대기) 박상진』, 책만드는집, 2010.

61 日統社 編, 『謄寫版發明家 堀井新次郎 苦鬪傳』, 日統社, 1932, 5~20쪽.

62 임태훈, 「'복사기의 네트워크'와 1980년대」, 『우애의 미디올로지: 잉여력과 로우테크로 구상하는 미디어 운동』, 갈무리, 2012, 215, 234쪽.

63 최승만의 증언으로는 선언문 인쇄를 위해 조선에서 활자를 반입했으나 "없는 글자가 많아서" 쓰지 못하고 한글 선언문·결의문을 붓으로 쓴 후 등사판으로 박아냈다고 한다. 최승만, 『2·8 독립선언과 관동진재의 진상과 사적 의의』, 2·8 독립기념관 설치위원회, 1984, 9쪽.

64 염상섭, 「3·1 운동 당시의 회고」, 한기형·이혜령 엮음, 『염상섭 문장전집 3』, 소명출판, 2014, 262, 265쪽.

65 『독립운동사자료집 3』, 856쪽.

66 「김호준 신문조서(제1회)」, 「양재순 신문조서(제3회)」, 『한민족독립운동사자료집 13』, 국사편찬위원회, 1991, 129~131쪽.

67 이희승, 「내가 겪은 3·1 운동」, 『3·1 운동 50주년 기념논문집』, 동아일보사, 1969, 405쪽.

68 「등사판 구입자 엄중취조」, 『동아일보』, 1920. 8. 29; 「각 학교 단체용 등사판 압수 시험 중 학교는 대곤란」, 『동아일보』, 1928. 11. 13. 이들 자료는 발표 당시 토론을 맡아주었던 이혜령 선생이 알려 준 것이다.

69 박세영, 「인민을 위하여 복무하고저」, 한설야 외, 『나의 인간 수업, 문학 수업』, 인동, 1990.

70 최은희, 앞의 책, 97쪽.

71 같은 곳.

72 「이종일 선생 취조서」, 이용락, 『3·1 운동 실록』, 3·1 동지회, 1969.

73 최은희, 앞의 책, 96~97쪽.

74 「이갑성 신문조서」, 『한민족독립운동사자료집 12』, 국사편찬위원회, 1990.

75 「이굉상 신문조서」, 『한민족독립운동사자료집 13』, 국사편찬위원회, 1990, 253쪽.

76 「인종익 신문조서(1회)」, 위의 책, 9쪽. 인종익은 제2회 신문에서는 수령한 여비가 '40원 남짓'이라며 진술을 번복한다.

77 이종일은 2,000장, 안상덕은 3,000장이라고 진술했다. 「이종일 신문조서(2회)」, 『한민족독립운동사자료집 11』, 국사편찬위원회, 1990.

78 「인종익 신문조서(1회)」, 『한민족독립운동사자료집 13』, 국사편찬위원회, 1990, 14쪽.

584

79 「이종일 선생 취조서」, 이용락, 앞의 책, 211쪽.

80 「박병운 신문조서」, 『한민족독립운동사자료집 27』, 국사편찬위원회, 1996, 213쪽.

81 『2·8 독립선언』, 국가보훈처, 1990, 41쪽.

82 『독립운동사자료집 5』, 824, 504쪽.

83 이정은, 앞의 책, 229쪽.

84 「박노영 신문조서」, 『한민족독립운동사자료집 14』, 국사편찬위원회, 1991. 원고 작성은 경성의학전문 학생 한위건이 맡았다.

85 「오인영 신문조서」, 『한민족독립운동사자료집 19』, 국사편찬위원회, 1994, 245쪽.

86 「공판시말서(4)」, 위의 책, 8~10, 61쪽.

87 김명혁, 「해광 김사국의 삶과 민족해방운동」, 『한국근현대사연구』 23, 2002. 12, 113쪽.

2장 평화 — 비폭력 봉기와 독립전쟁

1 「순직한 남편: 마사이케 성천 헌병부대장의 유족」, 『大阪每日新聞』 1919. 3. 9, 윤소영 편역, 『일본신문 독립운동기사집 2』, 독립기념관 한국독립운동사연구소, 2009, 155쪽에서 재인용.

2 『한민족독립운동사 3』, 국사편찬위원회, 1987, 307쪽(이하 '『한민족독립운동사 3』으로 표시).

3 「마사이케 중위의 죽음: 조선 소요민의 습격을 받아 순직한 성천 헌병분대장」, 『大阪每日新聞』 1919. 3. 11, 윤소영 편역, 앞의 책, 169쪽.

4 「銃火에 二子를 具失하고」, 『동아일보』 1921. 12. 2.

5 고당기념사업회 엮음, 『고당 조만식 전기: "북한 일천만 동포와 생사를 같이하겠소"』, 기파랑, 2010, 95~96쪽; 「헌병의 처 남편의 권총을 한 손에 들고……」, 『大阪每日新聞』 1919. 3. 8, 윤소영 편역, 앞의 책, 150~151쪽. 헌병보조원 강병일·박요섭(박애섭)·김성규 세 명 전원이 사망했는지 두 명이 사망했는지에 대해서는 기록별로 차이가 있다.

6 「헌병의 처 남편의 권총을 한 손에 들고…」, 『대판매일신문』 1919. 3. 8, 윤소영 편역, 『일본신문 독립운동기사집 2』, 독립기념관 한국독립운동사연구소, 2009, 150~151쪽.

7 「鎭撫の爲め採りたる處置特に良手段と認めたる事項及未然防止の爲め有效なりし手段」, 市川正明, 『三一獨立運動 3』, 原書房, 1984, 326~327쪽.

8 「오천의 군중을 率하고 사천 헌병대를 습격한 사건: 고지형 조진탁 등 사실 신문」, 『동아일보』 1921. 9. 18.

9 로버트 J.C.영, 김택현 옮김, 『포스트식민주의 또는 트리컨티넨탈리즘』, 박종철출판사, 2005, 482쪽 등.

10 염운옥, 「식민지 폭력피해와 배상: 케냐 마우마우의 사례」, 『영국연구』 34, 2015, 392~393쪽. 1952년 영국 여성을 구타·살해하는 데서 시작해 1953년에는 단일 사건에서 97인의 친영파를 학살하는 등 마우마우단이 자행한 폭력의 범위와 강도도 심각했다.

11 「민족의 함성」(2), 『동아일보』 1969. 2. 22.

12 其月, 「피눈물」, 『독립신문』 1919. 9. 18.

13 강용흘, 장문평 옮김, 『초당』, 범우사, 1993, 346쪽.

14 『노동회보』 제2호(1919. 3. 21), 『3·1 운동 독립선언서와 격문』, 국가보훈처, 2002.

15 「경고문」(당주동 발견), 위의 책, 191쪽.

585

16 「한민」 1937. 3. 1.

17 베네딕트 앤더슨, 서지원 옮김, 『세 깃발 아래에서』, 길, 2009.

18 C. Verhoeven, *The Odd Man Karakozov: Imperial Russia, Modernity, and the Birth of Terrorism*, Cornell Univ. Press, 2009, p. 7.

19 조르주 소렐, 이용재 옮김, 『폭력에 대한 성찰』, 나남, 2007. 차례대로 91쪽, 385~387쪽, 291~292쪽, 301쪽과 242쪽 참조. 소렐의 여러 차례의 사상적 전회 및 그가 죽기 직전 표현한 이탈리아 파시즘에 대한 호감은 유명한 일화다.

20 빌헬름 얀센, 한상희 옮김, 『코젤렉의 개념사 사전 5: 평화』, 푸른역사, 2010, 74~76쪽 참조.

21 발터 벤야민, 최성만 옮김, 『역사의 개념에 대하여(외)』, 길, 2008.

22 호세 카를로스 마리아테기, 최진솔 옮김, 「간디」, 『동양의 전언』, 서울대 라틴아메리카연구소, 2018, 43쪽.

23 신용하, 『3·1 운동과 독립운동의 사회사』, 서울대 출판부, 2001, 209쪽.

24 「조선인들의 무장화에 대한 이토 왕자의 언급」, 1919. 3. 11, 『재팬 애드버타이저 3·1 운동기사집』, 독립기념관 한국독립운동사연구소, 2015, 129쪽.

25 독립운동사편찬위원회 편, 『독립운동사 2: 3·1 운동(상)』, 독립유공자사업기금운용위원회, 1971, 604쪽(이하 '『독립운동사 2』로 표시).

26 홍영기, 「한말 후기의병의 장기항전 전략과 전술」, 『역사학연구』 57, 2015, 147~149쪽.

27 「광복회 내막」, 『매일신보』 1918. 11. 19.

28 함상훈, 「3·1 운동에서 얻은 교훈」, 『신천지』 1권 2호, 1946. 3, 44쪽.

29 『韓國民族運動史料·其三: 三一運動篇』, 국회도서관, 1979, 8~9, 72, 117쪽. 일본 외무성 자료 중 '조선소요사건 도별 통계표'에는 '전멸 후 무기를 빼앗김'과 '무기를 빼앗김'이란 항목이 따로 조사돼 있는데, 1919년 3월 1~31일 그 숫자는 각각 한 건과 세 건이다(같은 책, 469쪽)(이하 '『한국민족운동사료·기삼』'으로 표시).

30 위의 책, 129쪽.

31 강용흘, 장문평 옮김, 『초당』, 범우사, 1999, 352쪽.

32 신자유주의하에서 비폭력론이 '정치 없는 도덕'으로 귀착할 위험에 대해서는 사카이 다카시, 김은주 옮김, 『폭력의 철학: 지배와 저항의 논리』, 산눈, 37쪽 참조.

33 『한국민족운동사료·기삼』, 468쪽.

34 시 엘 아르 제임스, 우태정 옮김, 『블랙 자코뱅』, 필맥, 2007, 486~487쪽.

35 「한인들이 이완용 집을 훼손」, 『국민공보』 1919. 4. 28, 『중국신문한국독립운동기사집 2: 3·1 운동편』, 178쪽.

36 『한국민족운동사료·기삼』, 30쪽.

37 『독립운동사 2』, 615쪽.

38 윤해동, 『지배와 자치』, 역사비평사, 2006, 135~143쪽.

39 독립운동사편찬위원회 편, 『독립운동사 3: 3·1 운동(하)』, 독립유공자사업기금운용위원회, 1971, 753쪽. 그 밖의 다른 지역 사례로 독립운동사편찬위원회, 『독립운동사자료집 5: 3·1 운동 재판기록』, 독립유공자사업기금운영위원회, 1971, 1111, 1252쪽 등 참조(이하 『독립운동사 3』과 『독립운동사자료집 5』로 표시).

40 동풍신은 화대동 시위 중 죽은 동민수의 딸로 알려져 있다. 어린 나이에 옥사해 '북한의 유관
순'으로 지칭되는 인물이기도 하다. 그러나 같은 시기 함흥 감옥에서 복역했던 전창신의 회
고에 따르면 동풍신은 동민수의 딸이 아니라 아들의 이름이다. 딸의 신상과 이력이 현재 '동
민수의 딸 동풍신'으로 알려져 있는 인물의 이력과 일치하지만 전창신은 그 이름을 따로 기
록하고 있진 않다. 실증이 필요한 대목이겠다(전창신, 『작은 불꽃: 전창신 할머니 이야기』,
창조문화, 2003, 82~83쪽 참조).

41 「이병규 신문조서」, 『한민족독립운동사자료집 27』, 1996, 146쪽; 「고소조서」, 같은 책,
147~148쪽.

42 「김두수 신문조서」, 위의 책, 11쪽.

43 「손규혁 신문조서」, 위의 책, 14쪽.

44 『3·1 운동 독립선언서와 격문』, 국가보훈처, 2002.

45 『한민족독립운동사자료집 24』, 국사편찬위원회, 1995, 236쪽.

46 그 밖에 강원도 화천, 경남 남해, 경기 부천, 경기 부천 등지에서도 면장이나 구장, 면 서기
가옥을 파괴한 사례가 목격된다. 『독립운동사 2』, 151, 553쪽과 『독립운동사 3』, 274쪽.

47 『독립운동사 2』, 580쪽.

48 「한민 혁명원인에 대한 일본인의 평론」, 『吉長日步』 1919. 4. 29, 『중국신문 한국독립운동기
사집 3: 3·1 운동편』, 독립기념관 한국독립운동사연구소, 2015, 197쪽.

49 「9戶에 방화한 불량소년 체포」, 『매일신보』 1919. 4. 13.

50 「김삼수 등 판결문」(공훈전자사료관 http://e-gonghun.mpva.go.kr/openViewer.do).

51 『한국민족운동사료·기삼』, 70쪽.

52 조경달, 허영란 옮김, 『민중과 유토피아: 한국근대민중운동사』, 역사비평사, 2009, 243쪽.

53 위의 책, 241쪽.

54 『독립운동사자료집 5』, 1150~1152쪽.

55 'Gewalt'라는 단어의 이 같은 특성 때문에 1960년대 일본 학생운동에서는 '폭력' 대신 '게바
(ゲバ)'라는 말을 사용하기도 했다(사카이 다카시, 앞의 책).

56 위의 책, 94쪽.

57 「고흥남 신문조서」, 『한민족독립운동사자료집 23』, 국사편찬위원회, 1995, 20쪽.

58 「정성유 신문조서」, 위의 책, 43쪽.

59 조경달, 앞의 책, 222쪽.

60 「김현묵 신문조서」, 『한민족독립운동사자료집 20』, 국사편찬위원회, 1994, 77쪽.

61 위의 글, 81쪽.

62 「장소진 신문조서」, 『한민족독립운동사자료집 21』, 국사편찬위원회, 1995, 40쪽; 「증인 최
중환 신문조서」, 같은 책, 7쪽.

63 「이동휘가 노백린에게 보낸 편지」(1920. 4. 13), 『이승만 동문서한집』 중, 연세대 출판부,
2009, 277~278쪽.

64 청산리전투를 민족사에서뿐 아니라 통국가적 복합전쟁으로 고려할 필요에 대한 문제제기도
있다. 공임순, 「청산리 전투를 둘러싼 기억과 망각술: '청산리전투'에 대한 이범석의 자기서
사와 항(반)일=반공의 회로」, 『국제어문』 76, 2018, 57~60쪽 참조.

65 「완전히 움츠러든 천도교」, 『대판매일신문』 1919. 5. 8, 윤소영 편역, 『일본신문 한국독립운동기사집』, 독립기념관 한국독립운동사연구소, 2009, 318쪽.

66 간도참변에 대한 연구로는 조동걸, 「1920년 간도참변의 실상」, 『역사비평』 45, 1998 참조.

67 영국군 발표로는 암리차르 사건의 사망자는 397인이다. 3·1 운동 당시 시위 군중 사망수에 대한 일본측 통계는 553인이다.

68 마하뜨마 간디, 라가반 이예르 엮음, 허우성 옮김, 『진리와 비폭력 1』, 소명출판, 2004.

69 강성우, 「영국 평화 개념 논의의 궤적」, 『신앙과 학문』 23권 1호, 2013. 8, 7쪽.

70 『독립신문』 1919. 9 및 「恐怖時代現出乎」, 『독립신문』 1920.4.10. 김주현, 「상해 『독립신문』에 실린 이광수의 논설 발굴과 그 의미」, 『국어국문학』 176, 2016. 9에 의하면 앞의 논설의 필자는 이광수, 후자의 필자는 주요한이다. 그러나 평화론과 준비론에 가까운 어조를 보이던 이광수도 1920년 1~3월에는 당시 안창호 연설의 영향하에 강경한 혈전론(血戰論)을 전개했다고 한다.

71 가토 나오키, 서울리다리티 옮김, 『구월, 도쿄의 거리에서: 1923년 간토대지진 대량학살의 잔향』, 갈무리, 2015, 111쪽.

3장 노동자 — 도시의 또 다른 주체

1 『韓國民族運動史料·其三: 三一運動篇』, 국회도서관, 1979, 23쪽(이하 '『한국민족운동사료·기삼』'으로 표시).

2 『한국민족운동사료·기삼』, 113쪽.

3 『한국민족운동사료·기삼』, 7쪽.

4 『한민족독립운동사 3』, 국사편찬위원회, 1987, 276쪽.

5 『한국민족운동사료·기삼』, 30, 64쪽.

6 「윤익선 신문조서(1회)」, 『한민족독립운동사자료집 13』, 국사편찬위원회, 1990, 4쪽.

7 「김창룡 신문조서」, 『한민족독립운동사자료집 14』, 국사편찬위원회, 1991, 164쪽.

8 「유장호 신문조서」, 위의 책, 161~162쪽.

9 임경석, 「1910년대 계급구성과 노동자·농민운동」, 한국역사연구회·역사문제연구소 엮음, 『3·1 민족해방운동 연구』, 청년사, 1989.

10 「경성고등보통학교 학생성행조사서」, 『한민족독립운동사자료집 15』, 국사편찬위원회, 1991.

11 「고희준 신문조서」, 『한민족독립운동사자료집 13』, 국사편찬위원회, 1991.

12 「박계갑 신문조서」, 『한민족독립운동사자료집 27』, 국사편찬위원회, 1996, 102쪽.

13 『한국민족운동사료·기삼』, 129쪽.

14 「김윤식 신문조서」, 『한민족독립운동사자료집 27』, 국사편찬위원회, 1996, 92쪽. 운양 김윤식과는 한자까지 같은 동명이인이다.

15 『한국민족운동사료·기삼』, 133~135쪽.

16 재동 경찰서 앞 시위에서의 희생이었다고 한다(『한국민족운동사료·기삼』, 133쪽). 종로 시위 후 귀갓길 노동자가 희생됐다는 등 다른 기록도 전한다.

17 독립운동사편찬위원회, 『독립운동사자료집 5: 3·1 운동 재판기록』, 독립유공자사업기금운

영위원회, 1971, 263쪽(이하 「『독립운동사자료집 5』로 표시).

18 구체적 날짜에 대해서는 다소의 견해 차이가 있다. 이정은, 『3·1 독립운동의 지방시위에 대한 연구』, 국학자료원, 2009에서는 3월 28일부터 4월 11일까지를 경기·충청 지역의 시위 활성기로 꼽고 있는 반면, 이윤상·이지원·정연태, 「3·1 운동의 전개양상과 참가계층」, 한국역사연구회·역사문제연구소 엮음, 앞의 책에서는 3월 23일을 시작일로 잡고 있다.

19 함경도 지역에선 산상(山上) 만세가 드물었지만, 3월 13일과 14일 길주군 덕산면에서는 마을 사람 30여 명이 모여 종을 올리고 짚뭉치를 태우면서 기세를 올렸다(『독립운동사자료집 5』, 527쪽).

20 김진호·박이준·박철규, 『국내 3·1 운동 2』, 독립기념관 한국독립운동사연구소, 2009, 29쪽.

21 비슷한 의견으로 정연태·이지원·이윤상, 「3·1 운동의 전개양상과 참가계층」, 한국역사연구회·역사문제연구소 엮음, 『3·1 민족해방운동 연구』, 청년사, 1989, 248쪽 참조.

22 김종식, 「제1차 세계대전에 대한 일본과 식민지조선의 대응: 노동정책을 중심으로」, 『일본학보』 102, 2015. 2, 203~207쪽.

23 김두희, 「전후 세계대세와 조선 노동문제」, 『공제』 2, 1920. 7, 7쪽.

24 「교과서의 자급자족기」, 『동아일보』 1922. 8. 31.

25 「온정 아닌 자조」, 『東京朝日新聞』, 1919. 6. 22, 『재팬 애드버타이저 3·1 운동 기사집』, 독립기념관 한국독립운동사연구소, 2015, 333쪽.

26 Jong-chol An, "The Constitutional Codification of Labor Law: Hugo Sinzheimer, Ernst Fraenkel, and Jin-Han Jeon during the U.S. Occupation of Koea, 1945~48", Konferenz "Geschichte der Deutsch-Koreanischen Beziehungen", *Geschichte der Deutsch-Koreanischen Beziehungen*, Jul 21, 2018.

27 이성환, 「농촌문제: 조선사람은 농촌으로(27)」, 『동아일보』 1922. 10. 9.

28 한국노동조합총연맹, 『한국노총 50년사』, 한국노총정보센터, 2003, 88쪽(이하 「『한국노총 50년사』로 표시).

29 강만길·하원호·최윤오·박은숙·곽건홍, 「근대이행기의 노동운동」, 『한국노동운동사 대토론회』, 1999, 11쪽.

30 『한국노총 50년사』, 79쪽.

31 정진성, 「식민지기 공업화와 그 유산」, 『광복 50주년 기념논문집』, 한국사회학회, 1995, 324쪽.

32 이성환, 「농촌문제: 조선 사람은 농촌으로(27)」, 『동아일보』 1922. 10. 9.

33 『한국민족운동사료 기삼』, 17쪽.

34 한복선, 「직산 금광 광부들의 '작변(作變)'과 3·1 만세운동 연구」, 충북대 석사논문, 2012, 25~55쪽.

35 이기영, 「내가 겪은 3·1 운동」, 이상경, 『이기영, 시대와 문학』, 풀빛, 1994, 56~57쪽에서 재인용.

36 한복선, 앞의 글, 46~47쪽.

37 『독립운동사자료집 5』, 195쪽.

38 「김영종 신문조서」, 『한민족독립운동사자료집 9』, 국사편찬위원회, 1993, 11쪽.

39 「증인 삽곡칠차 조서」, 위의 책, 68~69쪽.

40 독립운동사편찬위원회 편, 『독립운동사 2』, 독립유공자사업기금운용위원회, 1971, 603~604쪽.

41 조동걸, 『于史 조동걸 저술전집 6: 3·1운동의 역사』, 역사공간, 2010.

42 「김현묵 신문조서」, 『한민족독립운동사자료집 19』, 국사편찬위원회, 1994, 81쪽.

43 한복선, 앞의 글, 59~65쪽 참조.

44 「불령조선인의 잠입: 전 교토대학생 安, 林 두 명」, 『대판매일신문』1919. 4. 25, 윤소영 편역, 『일본신문 독립운동기사집 2』, 독립기념관 한국독립운동사연구소, 2009, 302쪽.

45 『독립운동사자료집 5』, 79~82쪽.

46 임경석, 「1910년대 계급구성과 노동자·농민운동」, 한국역사연구회·역사문제연구소 엮음, 『3·1 민족해방운동연구』, 청년사, 1989, 208쪽. 5인 이상 사업장만을 대상으로 한 집계다.

47 '칼판' 및 물주 존재 양상에 대해서는 「남초절공의 동맹파업」, 『매일신보』1916. 8. 27 참조.

48 정병준, 『현앨리스와 그의 시대』, 돌베개, 2015.

49 『한국사회주의인명사전』 서문에는 수록 항목에 대한 정확한 정보 없이 "이 사전에는 약 2000명이 수록되었다"고만 쓰여 있다(강만길·성대경 편, 「책을 펴내면서」, 『한국사회주의운동인명사전』, 창작과비평사, 1996).

50 3·1운동 참여의 경계로 삼은 것은 예컨대 다음과 같은 여운형 관련 서술이다. "[1918년] 12월 미국 윌슨 대통령에게 보내는 『조선독립에 관한 진정서』를 미 대통령 특사 크레인에게 전달했다. 1919년 초 신한청년당의 노령·간도 파견 대표로 선정되었다. 노령과 간도를 순회하며 현지 민족운동 지도자들과 함께 독립운동 방법을 협의했다. 4월 대한민국 임시정부 외무부 위원, 7월 상해한인거류민단 단장으로 선출되었다." 여운형이 3·1운동의 가장 핵심적 활동가 중 한 명이었음에도 불구하고 해당 서술은 일체의 추가 정보 없이 그 문면만 읽을 때는 모호해 보인다. 앞서 쓴 대로 3·1운동 참여를 1919년 2~5월 시위·선언식 참여 및 격문 배포라는 좁은 의미로 제한할 때 그 해당 여부를 가리기 모호한 서술이라는 뜻이다. 항목 설명 중 진정서 전달 및 신한청년당 대표로서의 활약, 상해 임시정부 참여 등 여러 요소가 중첩돼 있으므로 3·1운동 참여자 명단에 포함시켰지만 이 정도를 포함의 최대치로 삼았다.

51 「조선의 볼셰비즘」(1919. 4. 9), 『재팬 애드버타이저 3·1운동 기사집』, 독립기념관 한국독립운동사연구소, 2015, 193쪽.

52 『韓國民族運動史料·其二: 三一運動篇』, 국회도서관, 1978, 292쪽.

53 마크 마조워, 김준형 옮김, 『암흑의 대륙: 20세기 유럽 현대사』, 후마니타스, 2007, 28쪽.

54 『학생계』는 1921년 1월 '신년호특별대부록: 현대 12인걸의 생애와 및 그 사업'이란 기획을 마련한 바 있는데, 거기 수록된 인물은 '(미국 대통령) 윌슨, (영국 총리대신) 로이드 조지, (미국 대좌) 하우스, (영국 신문왕) 노드클리프, (전 불국 총리대신) 쁘리안, (과격파 수령) 레닌, (전 불국 총리대신) 클레만소, (전 독국 황제) 카이제르, (전 영국 총리대신) 아스퀴드, (전 불국 대통령) 포안카레, (전 伊國 총리대신) 손니노, (과격파 거두) 트롯스키'였다. 전 독일 황제와 미·영·불의 수반(首班), 그리고 레닌·트로츠키가 동일한 경탄의 어조로써 서술되는 상황이었던 것이다.

55 山室信一·岡田曉生·小關隆·藤原辰史 共編, 『第一次世界大戰·三: 精神の變容』, 암파서

점, 2014, 90쪽.

56 앨프리드 W. 크로스비, 김서형 옮김, 『인류 최대의 재앙, 1918년 인플루엔자』, 서해문집, 2010, 228쪽.

57 염상섭, 『염상섭 전집 2: 사랑과 죄』, 민음사, 1987, 209쪽.

58 1919년 4월 열린 한인사회당 제4차 대회에서는 파리 평화회의에 파견된 대표 소환을 결의한 바 있다. 근거가 박약하긴 하나 의열단장 김원봉이 파리 평화회의 대표 암살까지 주장했다는 진술도 박태원, 『약산과 의열단』, 백양당, 1947에 나온 바 있다.

4장 여성 ― 민족과 자아

1 당시 『매일신보』에 유관순의 이름이 보이지는 않는다. 아우내장터 시위 희생자 중 잘 알려졌던 것은 김구응과 그 어머니로, 그들의 사연은 『신한민보』 1919년 9월 2일자에 보도됐다. (이정은, 『유관순』, 독립기념관 한국독립운동사연구, 2004, 348~350쪽).

2 박화성, 『눈보라의 운하』, 여원사, 1964, 196쪽. 박화성은 자전적 소설 『북국의 여명』에서는 출옥 후 남편의 서사를 자기 서사로 바꾸는 전도를 감행했다. 소설에서 주인공은 출옥한 남편이 사상과 이념을 배신하는 모습을 보이자 아이들마저 버려둔 채 북국으로 향한다.

3 최은희, 『여성을 넘어 아낙의 너울을 벗고』, 문이재, 2003, 249쪽.

4 Induk Park, *September monkey*, New York : Harper, 1954.

5 박화성, 『박화성 문학전집 9: 타오르는 별』, 푸른역사, 2004.

6 「저명인물일대기」, 『삼천리』 9권 1호, 1937. 1.

7 Induk Park, *Op.cit.*

8 「의분 공분 心膽俱爽痛快!! 가장 통쾌하였던 일」, 『별건곤』 8, 1927. 8, 54쪽.

9 김향화의 생애에 대해서는 이동근, 「1910년대 기생의 존재방식과 3·1 운동」; 「위생검사날… 藝妓 김향화, 동료 30여 명 이끌고 "대한독립만세"」, 『동아일보』 2018. 9. 22.(http://news.donga.com/3/all/20180922/92125346/1) 참조.

10 정금죽-정칠성의 생애 전반에 대해서는 노지승, 「젠더, 노동, 감정, 그리고 정치적 각성의 순간: 여성 사회주의자 정칠성의 삶과 활동에 대한 연구」, 『비교문화연구』 43, 2016 참조.

11 『삼천리』 1937. 1,

12 (좌담)「장안 재자가인, 영화와 흥망기」, 『삼천리』 11권 1호, 1939. 1, 114쪽.

13 근대 초기 기생과 여학생의 존재 방식에 대해서는 권보드래, 『연애의 시대: 1920년대 초반의 문화와 유행』, 현실문화연구, 2003 참조.

14 「강조원 신문조서(제2회)」, 『한민족독립운동사자료집 12』, 국사편찬위원회, 1990, 185쪽.

15 어윤희의 생애와 활동에 대해서는 강영심, 「어윤희(1880~1961)의 생애와 독립운동」, 『한국문화연구』 17, 2009. 12을 주로 참고했다. 개성에서 3·1 운동기 여성 활동상에 대한 개략적 정보로는 다음의 신문기사 역시 참조할 수 있다: 「남자들 대신… 개성 '여성 4인방' 3·1운동 선두에 섰다」, 『동아일보』 2018. 10. 6.

16 황미숙, 「앨리스 샤프의 충청지역 여성 전도사업과 교육사업」, 『한국 기독교와 역사』 47, 2017, 224쪽. 앨리스 샤프는 유관순을 이화학당 교비생으로 추천한 선교사다.

17 『韓國民族運動史料·其三: 三一運動篇』, 국회도서관, 1979. 11, 21쪽(이하 '『한국민족운동

591

사료·기삼」으로 표시).

18 독립운동사편찬위원회, 『독립운동사자료집 5: 3·1 운동 재판기록』, 독립유공자사업기금운
   영위원회, 1971, 1290쪽; 『독립운동사 3』, 364~365쪽.

19 『독립운동사 3』, 365쪽.

20 『韓國民族運動史料·其二: 三一運動篇』, 국회도서관, 1978, 104~107쪽(이하 '『한민족운동
   사료·기이』로 표시).

21 최은희, 『한국여성운동사(중)』, 조선일보사, 1992, 221~222쪽.

22 위의 책, 310쪽.

23 「형평운동에 불평」, 『동아일보』1923. 5. 20.

24 露雀, 「봉화가 켜질 때에」, 『개벽』 61호, 1925. 7, 24쪽.

25 소설에는 '열사단'으로 돼 있으나 맥락상 의열단으로 옮겨 적어본다.

26 露雀, 앞의 소설, 30쪽.

27 김명섭, 「1920년대 한인 의열투쟁과 여성」, 『여성과역사』 28, 2018. 6, 178~184쪽.

28 (좌담)「장안 재자가인, 영화와 흥망기」, 『삼천리』 11권 1호, 1939. 1, 114쪽.

29 露雀, 앞의 소설, 33쪽.

30 프랑스혁명 시기 여성의 위상 및 역할의 전개와 변화에 대해서는 육영수, 『혁명의 배반 저항
   의 기억』, 돌베개, 2013, 40~51쪽 참조.

31 Z. Fahmy, *Ordinary Egyptians*, Stanford University Press, 2011, p. 148.

32 린 헌트, 조한욱 옮김, 『프랑스혁명의 가족 로망스』, 새물결, 1999, 222~236쪽 참조.

33 Z. Fahmy, *Op.cit.*, pp. 165~166.

34 『적도』의 3·1 운동 관련 부분은 1927년 현진건 단편 「해 뜨는 지평선」을 통해 이미 제시됐던
   바 있다.

35 일각에서는 『영원의 미소』를 1926년 작 「탈춤」에 근간을 둔 소설로 평가한다. 다 동의하긴
   어렵지만, 만약 그렇다면, 『적도』의 예까지 함께 생각할 때 3·1 운동을 연애 서사와 결합시
   킨 소설은 1920년대 중반에 집중적으로 착상되고 창작된 셈이 된다.

36 현진건, 「적도」, 이강언 외 엮음, 『현진건문학전집 2』, 국학자료원, 2004, 99~100쪽.

37 이광수, 「재생」, 『이광수전집 2』, 삼중당, 1966, 19~20쪽.

38 『욱혈조』 및 그 작가 이희철에 대한 연구로는 권두연, 「소설의 모델, 작가, 독자: 이희철의
   문학적 행보에 대한 고찰」, 『비평문학』 42, 2011; 「전경화된 연애, 후경화된 시대, 실종된
   '청년'들: 이희철의 『욱혈조』를 중심으로」, 『대중서사연구』 18권 2호, 2012 참조.

39 이희철, 「욱혈조」(87), 『동아일보』 1923. 8. 30.

40 이희철, 「욱혈조」(90), 『동아일보』 1923. 9. 2.

41 3·1 운동의 후일담으로 정치담과 연애사를 섞어 쓰고 후자를 물신화하는 경향에 대해서는
   이혜령, 「正史와 情史 사이: 3·1운동, 후일담의 시작」, 박헌호·류준필 편, 『1919년 3월 1일
   에 묻다』, 성균관대 출판부, 2009.

42 전영택, 「운명」, 표언복 엮음, 『늘봄 전영택전집 1』, 목원대 출판부, 1994, 77, 83, 72쪽.

43 이광수가 노르다우의 '퇴화' 개념에 영향받아 반데카당스의 입장을 정립하게 되었으며 『재
   생』은 그에 따라 김순영의 퇴화의 서사 대 신봉구의 재생의 서사를 대립시키고 있다는 지적

도 있다. (이재선, 『이광수 문학의 지적 편력: 문학론의 원천과 형성』, 서강대 출판부, 2010,
175~177쪽),

44 이광수, 「재생」, 앞의 책, 68쪽.

45 이광수, 「그 여자의 일생」, 『이광수전집 7』, 삼중당, 1966, 257쪽.

46 시간 계산에서도 치밀성이 부족하다. 소설 말미에서 한때 선희를 사랑했던 성운은 "지나간
육 년 전"의 일을 회상하는데, 연재 시점인 1923년에서 따질 때 그것은 1917년이 되겠지만,
실제 가리키는 내용은 1918~1919년에 해당한다.

47 이희철, 「읍혈조」(102), 『동아일보』 1923. 9. 14.

48 이희철, 「읍혈조」(139), 『동아일보』 1923. 10. 27.

49 이희철, 「읍혈조」(140), 『동아일보』 1923. 10. 28.

50 심훈, 「영원의 미소」, 『심훈문학전집 3』, 탐구당, 1967, 64, 100, 114쪽.

51 위의 소설, 242, 240쪽.

52 춘원, 「팔 찍힌 소녀」, 『신한청년』 1호, 1919. 12, 83쪽.

53 이희승, 「내가 겪은 3·1 운동」, 『3·1 운동 50주년 기념논문집』, 동아일보사, 1969, 402쪽.

54 「일본인이 부녀를 능욕」, 국민공보 1919. 4. 12; 『중국신문한국독립운동기사집 2: 3·1 운동
편』, 독립기념관 한국독립운동사연구소, 2014, 171쪽)

55 『한민족독립운동사 3』, 국사편찬위원회, 1987, 379~380쪽. (이하 '『한민족독립운동사 3』'
으로 표시).

56 독립운동사편찬위원회, 『독립운동사자료집 4』, 독립유공자사업기금운용위원회, 1971, 377쪽.

57 『동아일보』 1969. 2. 22.

58 『한민족독립운동사 3』, 344, 346쪽.

59 『한민족운동사료·기이』, 107쪽.

60 위의 책, 104쪽.

61 최은희, 앞의 책, 101쪽.

62 「여자는 백여 명에 남자는 겨우 16명」, 『매일신보』 1919. 5. 19.

593

제4부 3·1 운동과 문화

1장 난민/코스모폴리탄 — 국경을 넘는 사람들

1 1920년 6월 이의경은 대구지방법원에서 열린 궐석재판에서 징역 2년형을 선고받는다(정규
화·박균, 『이미륵 평전』, 범우, 2010, 37쪽).

2 이미륵, 정규화 옮김, 「그래도 압록강은 흐른다」, 『압록강은 흐른다(외)』, 범우사, 1998,
233쪽.

3 강용흘의 생년에 대해서는 1896~1903년 사이 여러 해 중 하나로 기록 및 의견이 엇갈린다
(김욱동, 『강용흘』, 서울대 출판부, 2004, 7~11쪽).

4 위의 책, 23~26쪽.

5 강용흘, 장문평 옮김, 『초당』, 범우사, 1999, 370쪽. 이 부분은 『초당』에서의 한청파의 행적

과 심정을 강용흘의 그것에 겹쳐 읽은 것이다. 실제로는 한청파와 강용흘 사이 적잖은 간격이 있어서, 한청파가 서울행에 이어 일본 유학을 경험한 것으로 설정돼 있는 데 비해 강용흘은 가출 후 약 1년 서울에서 공부하다 귀향했다는 등의 차이가 눈에 띈다.

6 김욱동, 앞의 책, 26~45쪽.

7 『초당』과 『압록강은 흐른다』에 대한 선구적 연구로는 김윤식, 「유년시절을 그린 두 개의 소설」, 『사상계』 1970. 3 참조.

8 『초당』과 『압록강은 흐른다』에서의 3·1 운동 재현에 대한 비교로는 최윤영, 『한국문화를 쓴다』, 서울대 출판부, 2006, 138~140쪽 참조.

9 강용흘, 앞의 책, 346쪽.

10 이미륵, 정규화 옮김, 『압록강은 흐른다(외)』, 범우사, 1998, 142~144쪽.

11 강용흘, 유영 옮김, 『동양선비 서양에 가시다』, 범우사, 328, 373, 437~438쪽. 원제는 'East Goes West'. 현재 간행돼 있는 유일한 번역본에서는 '동양선비 서양에 가시다'란 표제를 채택하고 있으나 이 책에서는 '동양인 서양에 가다'로 번역해 썼다. 본문 인용 시에는 번역본을 기준으로 하되 필요할 경우 원문을 직접 번역했다.

12 Younghill Kang, *East Goes West: The Making of an Oriental Yankee*, Kaya Production, 1997, p.368.

13 정병준, 『현앨리스와 그의 시대』, 돌베개, 2015.

14 함석헌, 「죽을 때까지 이 걸음으로」, 『함석헌 저작집 6』, 한길사, 2009, 164쪽.

15 김희곤 외, 『권오설 1』, 푸른역사, 2010, 27, 31쪽.

16 유치진의 경우 「3·1과 나: 그날의 산 증언」, 『경향신문』 1969. 3. 1 참조. 이기영의 경우 3·1 운동에 대한 강렬한 인상을 여러 차례 토로하고 소설화한 바 있으나 유학 결심과 3·1 운동을 직결시키기에는 다소 무리가 있다. 그는 보통학교를 졸업할 때부터 유학을 꿈꾸었으나 여러 직업을 전전하다 1919년 1월 천안군청에 취직했으며, 호서은행까지 거쳐 다소의 자금을 축적한 후 1922년 4월에야 유학길에 올랐다(이상경, 『이기영, 시대와 문학』, 풀빛, 1994, 54~59쪽).

17 함상훈, 「3·1 운동에서 얻은 교훈」, 『신천지』 1권 2호, 1946. 3, 45쪽.

18 「1920년, 프랑스로 떠난 식민지 청년 21명 있었다」, 『오마이뉴스』 2010. 10. 18.

19 E.MacGuire, *Red at Heart*, Oxford Univ. Press, 2018. 이것은 1920년 5월 프랑스를 향했던 126인 규모의 다른 중국인 학생들의 사례다. 항해 중인 선박에서의 정치적 경험이 어찌나 강렬했던지, 5·4 운동을 경험하지 못한 학생 한 명은 이 항해를 "나의 사적인 5·4 운동"이라고 불렀을 정도다.

20 오영섭, 「이위종의 생애와 독립운동」, 『한국독립운동사연구 29』, 2007. 12.; 윤상원, 「근대인 이위종의 생애와 시대인식」, 『한국인물사연구』 20, 2013. 9. 참조. 이위종이 제1차 세계대전에 종군했다는 정보는 후자에 나온다.

21 아래 반병률의 글은 1911년 12월로 돼 있으나 이태준보다 한발 앞섰던 김필순이 출발한 일자가 1911년 12월 31일이었다니 이태준이 출발한 때는 1912년이었을 가능성이 높아 보인다.

22 이태준의 생애에 대해서는 반병률, 「의사 이태준의 생애와 몽골에서의 반일혁명활동」, 「대

한의사협회지」59권 9호, 2016. 9 참조.

23 김필순의 생애와 활동 전반에 대해서는 김주용, 「의사 김필순의 생애와 독립운동」, 『연세의
사학』21권 1호, 2018. 6 참조.

24 치치하르 서북 100킬로미터 위치 '김씨마을' 혹은 '김고려촌'으로 불린 농장 역시 김필순이
운영했다는데 이것이 위의 '이상촌'과 동일한 사업인지 다른 사업인지는 의문이다(위의 글,
19~20쪽 참조).

25 김필순 일가의 삶은 KBS TV에서 '어느 가문의 선택'이란 표제의 다큐멘터리(2018. 3. 1)로
조명된 바 있다.

26 김염을 중심으로 한 이 가계의 역사에 대해서는 박규원, 『상하이 올드 데이스』, 민음사,
2003 참조.

27 홍명희, 「내가 겪은 합방 당시」, 『서울신문』1946. 8. 27, 강영주, 『벽초 홍명희 연구』, 창작
과비평사, 1999, 89~90쪽에서 재인용.

28 권대웅, 「1910년대 국내독립운동」, 독립기념관 한국독립운동사연구소, 2008.

29 홍범식의 자결 순국에 대해서는 박걸순, 「일완 홍범식의 자결 순국과 그 유훈」, 『군사지』
79, 2011. 6 참조.

30 니에모예프스키, 홍명희, 「사랑」, 『소년』3권 8호, 1910.8, 42쪽.

31 정원택, 홍순옥 편, 『지산외유일지』, 탐구당, 1983, 104쪽, 강영주, 앞의 책, 105쪽에서 재
인용.; 윤대영, 「1910년대 한인 청년들의 남양행과 남양 인식: 정원택의 『志山外遊日誌』를
중심으로」, 『지역과 역사』29호, 2011. 10, 371쪽.

32 이광수의 편력에 대해서는 김윤식, 『이광수와 그의 시대』1, 솔, 1999 참조.

33 이극로, 『고투 사십년』, 아라, 2014, 87~91쪽; 박용규, 『북으로 간 한글운동가』, 차송,
2005.; 조준희, 「이극로의 독일 조선어강좌 관계사료」, 『한국민족운동사연구』79, 2014. 6
참조.

34 각각 진학문, 정원택, 홍명희, 조소앙의 사례다.

35 「베르그송과 조소앙」, 『동아일보』1936. 3. 18, 이철호, 「한국 근대소설과 '의식의 흐름'」,
『상허학보』36, 2012. 10에서 재인용.

36 「구주에서 처음 생긴 아 유학생 단체」, 『독립신문』1922. 7. 15.

37 빅토르 세르주, 정병선 옮김, 『한 혁명가의 회고록』, 오월의봄, 2014, 59쪽.

38 김도형, 「프랑스 최초의 한인단체 '재법한국민회' 연구」, 『한국독립운동사연구 60』, 2017.
11 참조.

39 여권 발행에 있어 중앙 정부의 독점적 권리가 늦게 인정된 미국의 특수성도 작용했을 것이
다. 제1차 세계대전 전까지 미국 여권의 신빙성 부족은 국제적으로 악명 높았다.
C.Robertson, *The Passport in America: The History of a Document*, Oxford Univ. Pr-
ess, 2010.

40 발렌틴 그뢰브너, 김희상 옮김, 『너는 누구냐?』, 청년사, 2005, 248~249, 324쪽 참조.

41 「만세전」에서의 관부연락선 취체나 「표본실의 청개구리」에서의 기차역 검역소 등을 떠올리
는 것으로 충분하겠지만, 그 밖에도 『창조』에 게재됐던 김환의 「동도의 길」이나 김엽의 「강
호에서 동정호까지」 등에서도 그 자취를 찾아볼 수 있다.

42 「간도의 생활: 완연한 소조선(小朝鮮)」, 『매일신보』 1917. 5. 23~24.

43 『고투 사십년』, 이극로와 동료들 자신 상하이 동제대학에 입학할 때 그렇게 했다고 한다.(이
극로, 조준희 옮김, 『고투사십년』, 아라, 2014, 62쪽.)

44 진학문은 홍명희에게 보내는 편지에서 중국 여행 당시 여행권 위조 때문에 일본인으로 오해
받았다가 급급히 운남 출신이라고 변명한 경험 등을 소개한 바 있다. (순성진학문추모문집
발간위원회 편, 「H형님!」, 『순성진학문추모문집』, 순성진학문추모문집발간위원회, 1975.
92쪽.)

45 이극로, 앞의 책, 64쪽.

46 이인섭, 앞의 책, 194쪽.

47 E.M. 포스터, 고정아 옮김, 『모리스』, 열린책들, 2005, 320쪽.

48 발렌틴 그뢰브너, 앞의 책, 327~328쪽.

49 한나 아렌트, 이진우·박미애 옮김, 『전체주의의 기원 1』, 한길사, 2006, 99~113쪽.

50 일란 파페, 유강은 옮김, 『팔레스타인 현대사』, 후마니타스, 2009.

51 H.Aredt, "We Refugees", M.Robinson ed., Altogether Elsewhere: Writers on Exile,
Faber&Faber, 1994.

52 한나 아렌트, 김정한 옮김, 『폭력의 세기』, 이후, 1999.

53 마크 마조워, 김준형 옮김, 『암흑의 대륙』, 후마니타스, 2009, 95쪽.

54 G.Agamben, "Beyond Human Rights", Social Engineering no.15, 2008, pp. 90~91.
이탈리아어 발표는 1993년, 최초 영어 번역은 2000년이다.

55 이인섭, 앞의 책, 해제 11쪽 참조.

56 「어린 벗에게」는 화자인 임보형과 일본 유학 시절 만난 김보련 사이 애정의 서사를 뼈대로
하고 있는데, 여러 해 만에 중국에서 재회한 이들은 우연히 미국행 여객선에도 동승했다가
독일군의 공격을 받아 배가 침몰하는 상황에 빠진다. 임보형은 김보련과 그 보호자인 미국인
여성 중 한 명만을 살릴 수 있는 선택에 직면하는데, 이 상황에서 그는 선택을 위해 일종의
무작위성을 도입한다. 같은 민족이요 오래 사랑해온 여인을 두고도 그를 살리기 전 모든 인
간 생명의 평등성이란 강박을 느끼는 장면이다. 서희원, 「공동체를 탈주하는 방랑과 죽음으
로 귀환하는 여행」, 『한국문학연구』 40, 2011 참조.

57 일본인 아내와 결혼한 그는 해방기에 한반도를 떠나 1956년까지 일본에 거주하기도 했다.

58 해몽 장두철의 생애는 상세히 알려져 있지 않다. 박헌영이 경성고보 재학 시절(1915~20)
YMCA에서 장두철에게 영어를 배웠고 당시 장두철이 성서공회 사무원으로 근무했다는 것
은 사실인 듯하다(임경석, 『이정 박헌영 일대기』, 역사비평사, 2004, 54쪽). 그러나 『대한성
서공회사』에서는 장두철의 자취를 찾을 수 없었고, 이승만의 서간철을 수록한 『이승만 동문
서한집』, 연세대 출판부, 2008에서 장두철이 1919~20년 상하이에서 밀정 혐의를 받았고
1920년에는 장두철을 하와이의 『국민보』 주필로 초빙하려는 시도가 있었다는 데 대한 약간
의 자료를 발견했을 뿐이다.

59 주세죽의 생애와 활동에 대해서는 임정연, 「망명도시의 장소상실과 방황하는 코즈모폴리턴
의 초상: 주세죽과 상해, 그리고 모스크바」, 『국제어문』 77, 2018. 6 참조.

60 정병준, 『현앨리스와 그의 시대』, 돌베개, 2015, 322쪽.

2장 이중어 — 제국의 언어와 민족의 언어

1   이광수, 「나의 소년시대」, 『이광수전집 19』, 삼중당, 1963, 18쪽.

2   주요한, 『새벽』, 요한기념사업회, 1982, 20쪽. 가와지 류꼬가 서광시사(曙光詩社)를 창립 (1918)하기는 했으나 『서(署)』라는 잡지는 존재하지 않았다고 하며 『수재문단(秀才文壇)』 역시 지금까지 존재가 확인되지 않았다.

3   김동인, 「조선근대소설고」, 『김동인전집 16』, 조선일보사, 1988, 19쪽; 「문단 15년 이면 사」, 같은 책, 376쪽.

4   염상섭, 「문학소년시대의 회상」, 『염상섭전집 12』, 민음사, 1987, 215쪽.

5   심훈, 「일기」, 『심훈문학전집 3』, 탐구당, 1966, 580쪽. 1920년 1월의 일이다.

6   김기진, 「나의 문학청년 시대」, 『김팔봉 문학전집 2』, 문학과지성사, 1988, 421쪽.

7   김기진, 「미정고」, 위의 책, 417쪽.

8   김규창, 『조선어과 시말과 일어교육의 역사적 배경』, 고 김규창교수 유고논문집 간행위원 회, 1985, 10쪽.

9   손준식, 「동화와 개화의 상흔」, 손준식·이옥순·김권정, 『식민주의와 언어: 대만·인도·한국 에서의 동화와 저항』, 아름나무, 2007, 25, 33, 34, 43쪽.

10 藤澤たかし, 『ある臺灣人の昭和史』, 東京: ロ — ヤル國際クラブ出版部, 1991, 147쪽.

11 '포식'이라는 용어에 대해서는 루이 장 칼베, 김병욱 옮김, 『언어와 식민주의』, 유로서적, 2004, 156쪽.

12 『동아일보』 1924. 3. 10.

13 이 문제에 대한 보다 심층적 탐구로는 이혜령, 「식민자는 말해질 수 있는가: 염상섭 소설 속 식민자의 환유들」, 『대동문화연구』 78, 2012. 6 참조.

14 채만식, 「과도기」, 『채만식전집 5』, 창작사, 1987, 205쪽.

15 주요한, 앞의 글, 20~21쪽.

16 염상섭, 「횡보문단회상기」, 『염상섭전집 12』, 226~228쪽.

17 "지금이야 각지하였다. 사오 년을 일본문으로만 기록하여 오던 나의 일기가 이제 우리 본국 문어로 기록됨을. 이 사랑스러운 국문으로 무의식으로 기록한 지 전일을 上하여 조사한 지 3 일 전부터이다"(『김우진전집 2』, 연극과인간, 2000, 445쪽). 1919년 1월 31일자 일기이다.

18 김동인, 앞의 글, 377쪽.

19 식민지기 조선에서의 에스페란토어 운동에 대해서는 근년에 여러 편의 연구가 제출된 바 있 다. 임수경, 『식민지 조선의 에스페란토와 기억』, 성균관대 박사논문, 2015; 문혜윤, 「1920-30년대 식민지 조선의 에스페란토 문학」, 『민족문화연구』 70, 2016. 2 등 참고.

20 이광수, 「무정」, 『이광수전집 1』, 164~165, 318쪽.

21 『매일신보』 1914. 12. 23 사고.

22 「新文界의 정의」, 『신문계』 1권 7호, 1913. 7, 3쪽.

23 「新文은 학계에 輪船」, 『신문계』 1권 4호, 1913. 4, 3쪽.

24 『신문계』는 그 밖에도 '한문신강화'를 연재하는가 하면 한시 제재를 위한 고정란을 만들고 '최후의 서리시인' 최영년을 영입했다.

25 문명의 완성에는 유학이 필수적이라는 의견을 개진한 「문명과 유교의 관계」(1911. 1. 13),

신지식을 두루 갖추었더라도 한학 교양을 아울러야만 최종적 완성을 이룰 수 있다고 설파한 「문장학을 불가전폐」(11. 2. 26)나 「시학의 관계」(11. 10. 29), 유학이 조선인의 정신교육 방책이 되어야 한다고 주장한 「공자교의 부활」(1913. 2. 1) 등. 한편으로는 「구일 독서자에 대하여」(1911. 2. 2)라든가 「구학문가의 폐해」(1911. 3. 25) 등 한학이 궁극적으로는 신학문에 의해 응용·지양되어야 함을 역설한 경우도 없지 않다.

26 中村健太郎, 「阿部無佛翁を偲ぶ」, 『경성일보』1936. 1. 15; 심원섭, 「나카무라 겐타로(中村健太郎)의 「아베(阿部)무불옹(無佛翁)을 추모함」: 해설 및 역문 자료」, 『정신문화연구』33, 2010. 3에서 재인용.

27 조용만, 『육당 최남선』, 삼중당, 1964, 155쪽.

28 정진석, 『한국언론사연구』, 일조각, 1983, 125쪽의 표 참조. 1910년 한·일인에 의해 각각 1종씩이 허가된 이후 1918년까지의 허가 기록은 전무하다. 1919년 일본인에 대해 5건이 허가되고 1920년 한국인에 의해 4건, 일본인에 의해 14건이 허가되었다.

29 『綠星』은 잡지 광고에 있어서는 '경성부 竹添町'을 발행소 소재로 명기하고 있다. 고구를 요한다.

30 『태서문예신보』의 발행인이 데이비드·이·환이라는 김근수의 소론에 따른다. 실제 『태서문예신보』에서는 훼손 때문에 편집인 장두철 외 발행인 이름은 확인할 수 없었다. 외국인 명의를 차용하는 관례에 대한 금지법안은 1920년대 중반에 마련된다(장신, 「1920년대 조선의 언론출판관계법 개정 논의와 '조선출판물령'」, 『한국문화』47호, 2009. 9, 266쪽 참조).

31 『신청년』1호, 1919. 1, 15쪽.

32 경성청년구락부의 기관지로 발행된 『신청년』은 이정섭이 발행인이었으며 영풍서관에서 발매했다.

33 전반적인 상황은 金宗洙, 『臺灣新文學七十年』上, 延邊大學出版社, 1990, 13-22쪽 참조. 陳晏晴, 「淺折臺灣文藝聯盟的分裂與一九三〇年代楊逵和張深切的文學思考」, 『제1회 동아시아 국제 신진연구자 학술교류회』, 동국대학교 BK21 한국어문학에서의 '전승'과 '번역' 연구인력 양성사업단 자료집, 2010. 2. 8, 552쪽 참조.

34 李姸淑, 고영진·임경화 옮김, 『국어라는 사상』, 소명출판, 2006, 303쪽에서 재인용.

35 정준영, 「1910년대 조선총독부의 식민지 교육정책과 미션스쿨」, 『사회와역사』72호, 2006, 220~221쪽 참조.

36 相場淸, 「箒の跡」, 『京城雜筆』, 1941. 11, 20쪽에서는 1900년대 중반 일본어를 조금 말할 줄 안다고 군수가 된 사내의 일화를 들고 "그 수준이란 소학 1학년 정도였을 것"이라고 회고하고 있다.

37 서민교, 「1910년대 일제의 무단통치」, 독립기념관 한국독립운동사연구소, 2009, 279쪽.

38 김형목, 「1910년대 경기도의 일어보급과 국어강습회」, 『동양학』39호, 2004, 8~12쪽 참조.

39 박영희, 「초창기의 문단측면사」, 이동희·노상래 편, 『박영희전집 2』, 영남대 출판부, 1994, 286쪽. 『붉은 저고리』 구독을 시작한 것은 14세 때의 일이요, 이어 『청춘』 역시 구독했다고 한다.

40 『새별』의 작문란 '읽어리'의 경우 크게 인기를 끌어 서울과 시골 각 중학교에서 작문 교재로 썼다고 한다(조용만, 앞의 책, 121쪽).

41 신문관 발행 잡지를 비롯해 1910년대 서적·잡지의 검열 상황에 대해서는 알려진 바가 거의 없다. 다만 "하도 오래 육당의 글만을 보아 왔으므로"(조용만, 앞의 책, 154쪽) 3·1 독립선언서 발표 당시 최남선의 글임을 한눈에 알아보았다고 하는 아이바 키요시(相場淸)가 1910년대 육당의 글을 전담해 검열했다고 하는 것은 오래도록 전해진 일화 중 하나다. 후일 최남선의 『조선상식문답』을 번역 출판(1965년)하는 인연을 맺기도 한 아이바가 최남선을 독립선언서 작성자로 지목했다는 회술은 최남선의 아들 최한웅의 증언을 거쳐 2000년대의 연구에도 기록되어 있다(植田晃次, 「日本近現代朝鮮語教育史と相場淸」, 『言語文化硏究』 35호, 2009. 3, 2쪽).

42 김동인, 「작가 4인」, 『김동인전집 16』, 조선일보사, 308쪽. 최서해에 대한 언급이다.

43 권두연, 「신문관 단행 번역소설 연구」, 『사이/間/SAI』 5호, 2008. 11, 126쪽.

44 「學生第一要事件」(1915. 1. 1)과 「民德論」(1918. 1. 1) 등.

45 최남선, 「민덕론」, 『매일신보』 1918. 1. 1.

46 이광수, 「대구에서」, 『이광수전집 18』, 삼중당, 1966, 209쪽.

47 현상윤, 「말을 반도 청년에게 붙임」, 『학지광』 4호, 1915. 2, 15쪽.

48 현상윤, 「한문불가폐론」, 『현상윤전집 4』, 현암사, 2008, 302, 305쪽.

49 朴慶植, 앞의 책, 221~222쪽. 이연숙은 이를 "'국어'의 보급도의 저조함에 두려움을 느낀 당국이 '국어'를 통한 동화 교육에 한층 더 힘을 쏟으려 했던 것을 표현"한 것이라고 해석한다(李姸淑, 앞의 책, 소명출판, 2006, 297쪽).

50 오영섭, 「조선광문회 연구」, 『한국사학사학보』 3호, 2001. 3. 105~106쪽.

51 한기형, 「최남선의 잡지 발간과 초기 근대문학의 재편」, 『대동문화연구』 45집, 2005, 248~249쪽 참조.

52 최덕교, 『한국잡지백년 1』, 현암사, 2004, 264쪽에서 재인용.

53 외배, 「중학교 방문기」, 『청춘』 3호, 1914. 11, 81쪽.

54 『청춘』 3호, 1914. 11 권말에 "'읽어리'는 이미 경성 각 사립고등 정도 학교의 필수참고서로 채용을 몽(蒙)하"였다는 내용의 광고가 보인다.

55 『신문계』 1권 1호, 1913. 4, 69쪽; 『신문계』 1권 4호, 1913. 7, 84쪽. 물론 식민권력과 친화적이었던 『신문계』, 『반도시론』의 경우는 일본어 교육에 보다 열의를 기울여 '국어속성'·'국어연습'·'국어新話' 등의 난을 개설하는가 하면 학생들의 '국어 답안'을 공모하기도 했다.

56 심훈, 앞의 글, 583, 595쪽.

57 용주인, 「벗의 죽음」, 『학지광』 20호, 1920. 4, 66, 70쪽.

58 김동인, 「조선근대소설고」, 『김동인전집 16』, 조선일보사, 28쪽.

59 박영희, 「나의 문학청년시대」, 『박영희전집 2』, 영남대 출판부, 119쪽.

60 이광수는 일본에서 등사회지 『소년』을 냈으며, 주요한은 소학교 친구들과 더불어 신문을 제작한 바 있다. 『소년』은 차치하고라도 10대 초반 당시 최남선이 겪은 필화 사건은 유명하다.

61 박영희, 앞의 글, 117쪽; 박종화, 『역사는 흐르는데 청산은 말이 없네』, 삼경출판사, 1979, 388쪽.

62 당시 중등학교(고등보통학교)에서 발간한 등사 회람지는 출판 제도나 법규와 무관하게 자유 출판된 것으로 보인다. 반면 동인지는 자본과 법령의 훨씬 큰 제약 아래 있었으며, 1920년대

검열을 거치지 않고 창간호를 자유 출판한 『愛』, 『폐허이후』는 압수되었다.

63　김동인, 「문단 15년 이면사」, 앞의 책, 373쪽.

64　「급고」, 『창조』 7호, 1920. 7 참조.

65　1924년 창간된 문예전문잡지 『조선문단』의 판매부수 역시 1,000~1,500부였다. 『개벽』의 최대 8,000부는 놀라운 부수였다. 종합 잡지까지 망라하여, 잡지가 '1,000부 시대'를 벗어나 '1만 부 시대'에 접어든 것은 1930년대 중반의 일이다.

66　배경식, 『기노시타 쇼조, 천황에게 폭탄을 던지다』, 너머북스, 2008, 125쪽.

67　오태영, 「도쿄/경성의 공간 분할과 내선일체의 (불)가능성 : 김성민의 『녹기연맹』에 관한 소고」, 제 01회 동아시아 국제 신진연구자 학술교류회」, 동국대학교 BK21 한국어문학에서의 '전승'과 '번역' 연구인력 양성사업단 자료집, 2010. 2. 8, 321쪽.

68　김용직 편저, 『김소월 전집』, 서울대학교 출판부, 1996, 456~465쪽.

69　시나다 히로코, 『최초의 모더니스트 정지용』, 역락, 2008, 61쪽에서 재인용.

70　이한창, 「재일동포 문인들과 일본문인들과의 연대적 문학활동」, 『일본어문학』 24집, 2005. 3, 285~286쪽.

71　정백수, 『한국 근대의 식민지 체험과 이중언어 문학』, 아세아문화사, 2000, 79~82쪽에서는 이 텍스트를 통해 주인공 문길(文吉)과 등장인물 간 회화가 거의 없으며 주인공이 사랑하는 미사오와 대화하는 모습은 단 한번도 묘사되지 않는다는 사실을 지적하고 있다. 이(異)언어 시스템이 주인공에게 허락하는 대화의 공간은 '겉치레 인사'뿐이라는 것이다.

72　와타나베 나오키는 「中西伊之助の朝鮮關聯の小說について」, 『일본학』 22집, 2003. 11, 255~258쪽에서 나카니시 이노스케 소설에서 조선인과 일본인 사이의 대화가 전개되는 순간 조선인 주인공이 후경화되고 그 언어가 서투르고 난폭한 것으로 재현되는 양상을 지적하고 있다.

73　1932년 5월 KOPF 제5회 대회에서 천명된 원칙이다(고영란, 「제국 일본의 출판시장과 전략적 '비합법' 상품의 자본화 경쟁」, 『검열과 동아시아』, 2010. 1. 22 학술대회 발표문 자료집, 159쪽 참조).

74　한수영, 앞의 글, 292, 261쪽.

3장 낭만 ― 문학청년, 불량의 반시대성

1　홍사용, 「백조시대에 남긴 餘話」, 『조광』 2권 9호, 1936. 9, 128쪽.

2　김동인, 「속 문단회고」, 『김동인전집 12』, 조선일보사, 1988, 327쪽.

3　'동인(coterie)'라는 존재방식의 의미에 대해서는 김춘식, 『미적 근대성과 동인지 문단』, 소명출판, 2003 참조.

4　각각 신남철·김기진·이종수의 견해이다. 임화, 「조선 신문학사론 서설」, 임화전집편찬위원회 엮음, 『임화문학예술전집』, 소명출판, 2009 참조.

5　박현수, 「박영희의 초기 행적과 문학활동」, 『상허학보』 24, 2008. 10, 174쪽.

6　김기진, 「편편야화」, 홍정선 편, 『팔봉 김기진전집 2』, 문학과지성사, 1988, 333~334쪽.

7　박현수, 「김기진의 초기 행적과 문학 활동」, 『대동문화연구』 2008. 3, 61, 447~448쪽.

8　박종화, 『역사는 흐르는데 청산은 말이 없네』, 삼경출판사, 1979, 388쪽.

9 박종화, 「3·1과 나: 그날의 산 증인」, 『경향신문』 1969. 3. 1.

10 송영, 앞의 글, 92쪽; 박세영, 「인민을 위하여 복무하고저」, 이기영·한설야, 앞의 책, 135쪽.

11 『문우』, 『신생활』과 관련하여 정지현–정백을 조명한 연구로는 이경돈, 「동인지 『文友』와 다점적 혼종의 문학」, 『상허학보』 28, 2010. 2; 최병구, 「1920년대 프로문학의 형성과정과 '미적 공통성'에 관한 연구」, 성균관대 박사논문, 2013, 76~80쪽 참조.

12 휘문칠십년사발행위원회, 『휘문칠십년사』, 휘문중고등학교, 1976, 158쪽에 따르면 3·1 운동으로 구금된 휘문고보생은 총 8인이었으며 그중 재판에 회부돼 옥고를 치른 것은 신용준·임주찬·심원섭의 3인이었다고 한다. 정지현은 이름이 밝혀지지 않은 나머지 8인에 포함돼 있을 가능성이 높다.

13 일제감시대상인물 카드 http://db.history.go.kr/id/ia_4978_3781addresses

14 「사회운동단체의 현황」, 『개벽』 66, 1926. 3, 49쪽.

15 「鄭栢送廳」, 『동아일보』 1949. 12. 6.

16 이원규 편저, 『백조가 흐르던 시대』, 새물터, 2000, 21쪽.

17 默笑, 「머릿말」, 『청산백운』, 이원규, 앞의 책, 60쪽에서 재인용.

18 사상·문화사에 있어서 『문우』의 의미에 대해서는 정우택, 「『문우』에서 『백조』까지: 매체와 인적 네트워크를 중심으로」, 『국제어문』 47호, 2009. 12 참조.

19 정백, 「廿一日」, 『문우』 1호, 1920. 5, 19쪽. 『문우』는 성균관대 국문학과의 정우택 선생님께서 소장하고 계신 자료를 이용했다. 손수 자료를 보내주신 후의에 깊이 감사드린다.

20 1910년대 단편소설 양식에서 '죽음'이 주제화되는 방식에 대해서는 이영아, 「1910년대 유학생 단편소설에 나타난 죽음의식」, 『국어국문학』 141호, 2005. 12 참조.

21 순성(瞬星), 「부르짖음(Cry)」, 『학지광』 12호, 1917. 4, 59, 57쪽.

22 임노월, 「예술지상주의의 신자연관」, 박정수 편저, 『춘희(외)』, 범우출판사, 2005, 258~60쪽.

23 기 드 모파상, 억생(億生) 옮김, 「고독」, 『태서문예신보』 14, 1919. 1. 13.

24 이일, 「해안의 고독」, 『태서문예신보』 7, 1918. 11. 16.

25 남성(南星), 「K, S 양형에게」, 『학지광』 17, 1919. 1, 76쪽.

26 극웅(極熊), 「황혼」, 『창조』 1, 1919. 2, 19쪽.

27 주요한, 「생과 사」, 『창조』 7, 1920. 7, 3쪽.

28 돌샘, 「내의 가슴」, 『학지광』 4, 1915. 12, 47쪽.

29 김찬영, 「프리!」, 『학지광』 4, 1915. 12, 47쪽.

30 「권두언」, 『개벽』 1, 1920. 6.

31 주종건, 「신년을 당하여 유학생 제군에게 문함」, 『학지광』 4, 1915. 2, 29쪽.

32 김철수, 「신충돌과 신타파」, 『학지광』 5, 1915. 5, 35쪽.

33 일본 문화주의의 영향에 대해서는 박찬승, 『한국 근대 정치사상사 연구』, 역사비평사, 1991, 181쪽 참조.

34 이경훈, 「『학지광』의 매체적 성격과 일본의 영향」, 『대동문화연구』 48, 2004. 12 참조.

35 임경석, 앞의 글, 93쪽 참조.

36 김현주, 『사회의 발견: 식민지기 사회에 대한 이론과 상상, 그리고 실천 1910~1925』, 소명출판, 2013, 157~171쪽. 김현주는 더불어 1910년대의 분할을, 즉 1912년까지 단지 '생업세

계로서의 사회'로 존재했던 사회가 1910년대 중반 이광수 등 '토착적 발화자'를 갖춘 사회로
바뀌는 과정을 제시해 주고 있다.

37 김병준, 「신학년 입학난과 우리의 각성」, 『개벽』 23, 1922. 5, 97쪽.

38 「변하여 가는 학생 기풍」, 『동아일보』 1920. 4. 1.

39 신채호, 「낭객의 신년만필」, 『단재신채호전집 6』, 독립기념관 한국독립운동사연구소,
    2008, 583쪽.

40 白一生, 「문단의 혁명아야」, 『학지광』 14, 1917. 11, 49쪽.

41 임화, 「조선 신문학사론 서설」, 임규찬·한진일 편, 『임화 신문학사』, 한길사, 1993, 343쪽.

42 백철, 『조선신문학사조사』, 수선사, 1948, 276쪽.

43 염상섭, 「『폐허』」, 『염상섭전집 12』, 민음사, 1987, 221쪽.

44 시인 황석우의 활동 및 인맥을 중심으로 하여 초기의 문학 실천에 사회주의적 지향이 잠복해
    있었음을 실증한 연구로 조영복, 『1920년대 초기 시의 이념과 미학』, 소명출판, 2004, 특히
    제7~9장; 정우택, 『황석우 연구』, 박이정, 2008, 특히 제1부 참조. 염상섭을 중심으로 그
    사상과 글쓰기의 아나키즘적 경향을 재구성한 연구로는 이종호, 『염상섭 문학의 대안근대성
    연구』, 성균관대 박사논문, 2017 참조.

45 김춘식, 『미적 근대성과 동인지 문단』, 소명출판, 2003, 특히 59~60, 160쪽 참조.

46 윤상인, 「데카당스와 문학적 근대」, 『아시아문화』 13, 1997. 12.

47 박헌호, 「3·1운동과 '낭만'의 조우 : 해방운동의 해방성과 육체성」, 박헌호·류준필 엮음,
    『1919년 3월 1일에 묻다』, 성균관대 출판부, 2009.

48 최병구, 앞의 글.

49 한용운, 「조선독립의 서」, 『한용운전집 1』, 신구문화사, 1973, 356쪽.

50 『독립운동사자료집 5』, 독립운동사편찬위원회, 1971, 574쪽.

51 「공판시말서」, 『한민족독립운동사자료집 18』, 국사편찬위원회, 1994, 165쪽.

52 「유극로 신문조서」, 『한민족독립운동사자료집 16』, 국사편찬위원회, 1993, 175쪽.

53 시몬느 보봐르, 윤영내 옮김, 『제2의 성(性)』, 자유문학사, 1993, 30쪽.

54 최병구, 앞의 글.

55 박헌호, 앞의 글, 180~183쪽.

56 박현수, 「김기진의 초기 행적과 문학 활동」, 『대동문화연구』 2008. 3, 61, 447~448쪽.

57 김기진, 「예술과 실업의 두 갈래 길」, 『현대문학』 11권 6호, 1965. 2, 12~13쪽, 박현수, 앞
    의 글, 448쪽에서 재인용.

58 『창조』 2권 4호, 1920. 7, 11~17쪽. '생명' 개념에 초점을 맞춰 「생명의 봄」을 분석한 연구로
    는 이철호, 「1920년대 초기 동인지 문학에 나타난 生命 의식 : 田榮澤의 「生命의 봄」을 위
    한 서설」, 『한국문학연구』 31, 2006. 12 참조.

59 백철, 앞의 책, 190~191쪽.

60 홍사용, 「백조시대에 남긴 餘話」, 『조광』 2권 9호, 1936. 9, 134~136쪽.

61 박종화, 『역사는 흐르는데 청산은 말이 없네』, 삼경출판사, 1979, 433~435쪽.

62 변영로, 『酩酊半世紀』, 국민문고사, 1969, 42~45쪽.

63 백철, 앞의 쪽, 212쪽.

64 이상화, 「말세의 희탄」, 『백조』 1, 1922. 1, 69쪽.

65 염상섭, 「표본실의 청개구리」, 『염상섭전집 9』, 민음사, 1987, 18쪽.

66 홍사용, 앞의 글, 140쪽.

67 박종화, 앞의 책, 415쪽.

68 나도향, 「幻戱」, 주종연·김상태·유남옥 엮음, 『나도향전집 2』, 집문당, 1988, 109쪽. 「환
    희」에서 주인공 선용이 "귀를 거의 덮"는 머리와 "거치러운 수염"(135)으로 묘사되는 데 반
    해 은행 사장의 아들인 연적 백우영은 "양복 입고 얌전"(142)한 태도로 등장한다.

69 김환, 「신비의 막」, 『창조』 1, 1919. 2, 33쪽.

70 頭公, 「신사연구」, 『청춘』 3호, 1914. 11, 65~67쪽. 『청춘』을 통해 엿볼 수 있는 1910년대
    '신사'의 면모와 그에 대한 비평에 대해서는 길진숙, 「문명 체험과 문명의 이미지」, 권보드래
    외, 『『소년』과 『청춘』의 창: 잡지를 통해 본 근대 초기의 일상성』, 이화여대 출판부, 2007,
    78~80쪽 참조.

71 백철, 앞의 책, 283쪽.

72 오상순, 「시대고와 그 희생」, 『폐허』 1, 1920. 7.

73 황석우, 「血의 시」, 『폐허』 1, 1920. 7.

74 오상순, 「허무혼의 선언」, 『폐허』 1, 1920. 7, 19~20쪽.

75 월탄, 「사의 예찬」, 『백조』 3, 1923. 9

76 이상화, 「독백」, 대구문인협회 편저, 『빼앗긴 들에도 봄은 오는가』, 그루, 1998, 35쪽.

77 상아탑, 「세 결심」, 『폐허』 1, 1920. 7, 20~21쪽.

78 『폐허』 창간 동인 중 이혁로·정태신·나경석은 초기 사회주의 운동의 중요한 인물들이다. 이
    혁로는 『폐허』 창간(1920. 7) 후 1년 반쯤 지난 1922년 1월 무산자동지회 창립 발기인으로
    이름을 올렸다1910년대 후반~1920년대 초 문학자들과 사회주의 사상가들의 결합 양상에
    대해서는 조영복, 앞의 책 참조.

79 이혁로, 「황장미화」, 『폐허』 1, 1920. 7, 64쪽.

80 임노월, 「사회주의와 예술」, 박정수 책임편집·해설, 『춘희(외)』, 범우, 2005.

81 이재선, 『이광수 문학의 지적 편력: 문학론의 원천과 형성』, 서강대 출판부, 2010.

82 현상윤, 「핍박」, 『기당 현상윤 전집 5』, 나남, 2008, 322, 321쪽.

83 양건식, 「슬픈 모순」, 남윤수·박재연·김영복 편, 『양백화 문집 1』, 강원대 출판부, 1995, 44쪽.

84 집필연도를 뜻한다. 단행본으로 출간되어 세상에 선보인 것은 1926년이다.

85 백기만, 「상화와 고월의 회상」, 김두한 편저, 『백기만 전집』, 도서출판 대일, 1998,
    129~131쪽.

86 정우택, 「고월 이장희 시 연구」, 『민족문학사연구』 21, 2002. 12, 193쪽.

87 오상순, 「고월 이장희 군: 자결 7주년忌를 際하여」, 김재홍 편저, 『이장희』, 문학세계사,
    150쪽.

88 정우택, 앞의 글, 206쪽.

4장 후일담 — 죽음, 전락, 재생 그리고 다 못한 말

1   일본인에 의한 3·1 운동의 문학적 증언도 적지 않다. 이에 대해서는 세리카와 데츠요, 「3·1

독립운동을 통해서 본 한일문학」, 『광복 70년, 통일과 창조를 위한 한국어문학』, 국어국문학회 2015. 5. 30 발표문집 참조.

2 김사량, 장영순 옮김, 「향수」, 김재용·곽형덕 편역, 『김사량, 작품과 연구 1』, 역락, 2008, 148~151쪽.

3 윤대석, 『식민지 국민문학론』, 역락, 2006.

4 김사량, 앞의 소설, 157, 158, 155, 186쪽.

5 이상경, 「상해판 『독립신문』의 여성관련 서사 연구: "여학생 일기"를 중심으로 본 1910년대 여학생의 교육 경험과 3·1 운동」, 『페미니즘연구』 10권 2호, 2010. 10에서 「여학생 일기」를 다루면서 「피눈물」에 대해서도 적잖이 논의한 바 있다. 부언하자면 「여학생 일기」 또한 3·1 운동의 후일담으로 읽힐 만한 글쓰기다.

6 其月, 「피눈물」, 『독립신문』 1919. 9. 18.

7 「피눈물」, 『독립신문』 1919. 9. 27.

8 「피눈물」, 『독립신문』 1919. 9. 2.

9 최근에는 조남현, 『한국현대소설사 2: 1931~1945』, 문학과지성사, 2013에서 비슷한 평가가 제기된 바 있다.

10 임화, 「조선신문학사론 서설」, 『임화 문학예술전집 2』, 소명출판, 2009, 409쪽.

11 1919년 당시 감옥은 전국에 10곳, 분감(分監)은 13곳이 있었다. 평안남도에는 평양 감옥과 진남포 분감이 설치돼 있었다(최우석, 「매일신보가 그려낸 1919년 감옥의 풍경」, 『향토서울』 80호, 2012, 211쪽). 진남포 3·1 운동 관계자들은 진남포 분감에 수용돼 있다가 공소 시 평양 감옥으로 이송됐을 것으로 짐작된다. 「태형」에는 '나'와 같은 감방에 "진남포 감옥에서 공소로 넘어온 사람" 6인이 있었던 것으로 기술돼 있다(김동인, 「태형」, 『김동인전집 1』, 조선일보사, 1987, 211쪽).

12 해방기에 발행된 단행본 소재 「태형」에는 이 부분이 삭제돼 있다는데 이유는 짐작하기 어렵다. 조선일보사에서 발행된 1987년판 전집에서는 『동명』 연재분을 저본으로 하여 이 대목을 복원시켜 놓았다. 이하 「태형」 인용 시에는 전집본을 원칙으로 하되 필요에 따라 연재본 인용을 병행한다.

13 김동인, 「태형」, 『동명』, 1922. 12. 24.

14 김정인·이정은, 『국내 3·1 운동 1』, 독립기념관 한국독립운동사연구소, 2009, 242쪽. 「태형」의 이 대목은 이지훈, 「김동인 소설에 나타난 식민지 법의 의미 연구」, 『한국현대문학연구』 42호, 2014. 4, 363쪽에서 주목된 바 있다.

15 김동인, 「태형」, 『동명』, 1922. 12. 24.

16 산에 모여 만세 부르고 봉화를 올리는 양상은 충청남북도 지방에서 즐겨 활용된 시위 방법이었다. 평안도에서는 3월 4일 용강군 온정리, 3월 7일 평원군 영유읍, 4월 2일 초산군 등지 산상 시위가 진압되는 과정에서 각각 사상자가 발생한 바 있다(김정인·이정은, 앞의 책, 236, 238, 270쪽 참조).

17 두 차례 '영원 영감'으로 지칭되고 있는 것으로 보아 영감은 영원군 출신으로 짐작되는데, 영원군에서는 3월 9일 시위 도중 15명이 사망하고 34명이 부상한 것으로 알려져 있다(위의 책, 244쪽).

18 김동인, 「태형」, 김동인, 「태형」, 『동명』 1922. 12. 24, 222쪽.

19 최근에는 김주언, 「식민지 감옥을 견디는 글쓰기의 영도」, 『현대소설연구』 24호, 2010. 8 등 김남천의 「물!」과 이광수의 「무명」 등 식민지기 감옥이라는 장소성에 초점을 맞춘 비교 연구도 몇 편 산출된 바 있다.

20 김동인, 「태형」, 『동명』, 1923. 1. 7.

21 4월 24일 평안부윤 및 경찰서장이 이틀에 걸쳐 부민 약 900명을 모아놓고 조사한 바에 의하면 강화회의 종료 때까지는 기필코 독립되리라고 믿는 사람이 3할, 반신반의가 대다수였던 반면 독립은 불가능하다고 답한 사람은 소수에 불과했다(姜德相 編, 『現代史資料 25』, みすず書房, 1966, 431쪽).

22 염상섭, 「檄」, 한기형·이혜령 엮음, 『염상섭 문장전집 1』, 소명출판, 2013, 45쪽.

23 반면 심훈이 1919년 8월 29일에 쓴 것으로 돼 있는 「감옥에서 어머님께 올린 글월」을 보면 노인은 "먼 시골의 무슨 교를 믿는 노인"으로만 돼 있다(『심훈문학전집 1』, 탐구당, 1967, 21쪽).

24 심대섭, 「찬미가에 싸인 원혼」, 『신청년』 3호, 1920. 8, 4쪽.

25 앞서 언급한 심훈의 「감옥에서 어머님께 올린 글월」에서 '찬미가'는 "그날에 여럿이 떼지어 부르던 노래"(22)로 돼 있다. 단순한 찬미가가 아니라 3·1 운동 당시 부르던 노래였으리라 짐작된다.

26 심훈, 「감옥에서 어머님께 올린 글월」, 20쪽.

27 「獄舍設備ノ狀況附內地台湾 トノ比較」, 『第四二回帝国議会説明資料』, 1919, 151쪽. 이종민, 「가벼운 범죄, 무거운 처벌: 1910년대의 즉결처분 대상을 중심으로」, 『사회와역사』 107, 2015, 19쪽에서 재인용.

28 최우석, 앞의 글, 203쪽.

29 김동인, 「태형」, 『김동인전집 1』, 조선일보사, 1987, 211~223쪽.

30 3·1 운동에 대한 김동인의 회고는 지극히 단순하다. 일본에서의 검거 경험을 좀 더 상세히 쓸지언정 평양 사건에 대해서는 "그러는 동안에 余가 마침내 투옥되었다"고 쓰는 식이다 (「작품·작가·문단」, 『김동인전집 16』, 조선일보사, 1987, 311쪽).

31 김동인, 「태형」, 『김동인전집 1』, 조선일보사, 1987, 225쪽.

32 「남은 말」, 『창조』 3호, 1919. 12.

33 김동인, 「마음이 옅은 자여」, 『김동인전집 1』, 조선일보사, 1987, 141쪽.

34 『동아일보』에서도 그러했다. 예컨대 1921년 10월 30일자 기사 「제2태평양회의, 노농 露國 주재로 '일크스크'에서 조선 暹羅 인도 몽고 등 종속적 국가에 초대장 발송: 조선대표 旣 출발, 회의 취지는 제국주의적 華盛頓會議에 대항하여 민주적 회의를 開함에 在함」 참조.

35 예컨대 1919년 11월 1일자 상해 발 『독립신문』 논설 「독립완성시기」는, 제목부터 그러하거니와, "독립은 언제나 되나" "언제나 저희놈들이 가나"라며 기대하고 초조하는 여론을 선명히 비추고 있다.

36 춘원, 「민족개조론」, 『개벽』 1922. 5.

37 「민족개조론」의 핵심이 3·1 운동 평가에 있다는 점에 주목하고 그 논의 지형을 다시 살펴보게 된 것은 이만영, 「염상섭과 진화론: 염상섭의 초기 텍스트를 중심으로」, 『광복 70년, 통

605

일과 창조를 위한 한국어문학」(국어국문학회 2015. 5. 30 발표문집) 덕분이다. 일찍이 류시현, 「1920년대 삼일운동에 대한 기억: 시간, 상소, 그리고 '민족/민중'」, 「역사와현실」 74, 2009. 12, 177~179쪽에서도 같은 지점이 논의된 바 있다. 이만영, 「한국 근대소설과 진화론」, 고려대 박사논문, 2018에서는 3·1 운동을 '진화'와 '혁명' 사이 관계를 고심케 한 결정적 사건으로 평가하는 한편 그 맥락 속에서 상해 임시정부 시절부터 「민족개조론」에 이르기까지 이광수의 글쓰기 전반을 고찰하고 있다.

38 이듬해 한성도서주식회사에서 「민족개조론」을 포함해 단행본 「조선의 현재와 장래」를 상재할 때 이광수는 이 부분을 대폭 생략·수정했다.

39 신일용, 「춘원의 민족개조론을 평함」, 「신생활」, 1922. 7, 3쪽.

40 최원순, 「이춘원에게 問하노라(2)」, 「동아일보」, 1922. 6. 4.

41 신상우, 「춘원의 민족개조론을 독하고」, 「신생활」, 1922. 6, 77쪽.

42 장백산인, 「개조」(7), 「독립신문」 1919. 9. 20.

43 「개조」(13), 「독립신문」 1919. 10. 4.

44 이혜령, 「正史와 情史 사이: 3·1운동, 후일담의 시작」, 박헌호·류준필 편, 「1919년 3월 1일에 묻다」, 성균관대 출판부, 2009.

45 상대적으로 이광수와 동년배라 할 수 있는 「폐허」 동인들의 경우는 예외적이다. 「창조」, 「백조」와 「폐허」 사이 일종의 세대적 긴장이 존재했는지 여부는 또 다른 논점이겠으나 여기서는 논외로 한다.

46 박종화, 앞의 책, 423쪽; 박영희, 「초창기의 문단측면사」, 「박영희전집 2」, 영남대 출판부, 1997, 292쪽.

47 「남은 말」, 「창조」 2호, 1919. 3.

48 「특별부록」, 「창조」 6호, 1920. 5.

49 「남은 말」, 「창조」 7호, 1920. 7.

50 정영태, 「창조 8호를 읽음」, 「창조」 9호, 1921. 5.

51 월탄, 「오호 아 문단」, 「백조」 2호, 1922. 5. 배후의 사정은 박종화, 앞의 책, 434쪽 참조.

52 춘원, 「문사와 수양」, 「창조」 8호, 1921. 1.

53 춘원, 「偶感 3편」, 「창조」 8호, 1921. 1.

54 이광수, 「우리의 이상」, 「학지광」 14호, 1917. 11, 4쪽.

55 현상윤, 「이광수군의 「우리의 이상」을 독함」, 56쪽.

56 이광수, 「무정」, 「이광수 전집 1」, 삼중당, 1962, 314쪽.

57 1910년대 초반 총독부의 문화정책은 기존의 유교 도덕을 이념적 기치 삼아 활용하는 것, 개개인의 고립화 정책을 추진하는 것이었다고 생각된다. 이 같은 노선은 1913년경부터 변화의 조짐을 보이기 시작해 1915년 정도에는 완연한 선회를 노정하게 된다.

58 「만세전」에 3·1 운동의 후일담으로서의 성격이 겹쳐 있다는 지적도 있다. 이혜령은 앞의 글에서 "「만세전」이 만세와 만세 전후 그 모든 시간을 콜라주화한 텍스트"(628)임을 설득력 있게 보여준 바 있다.

59 잘 알려져 있듯 1919년 10월 26일 초고를 완성한 「암야」가 집필 순서상 「표본실의 청개구리」에 앞선다.

60 김동인, 「조선근대소설고」, 『김동인전집 16』, 조선일보사, 1987, 24쪽.

61 염상섭이 후일 「초기작품시대」(1954)에서 김창억의 이력으로 '기미운동'을 명시하고 있는 등 그 구체적 증거에 대해서는 이보영, 『난세의 문학』(수정재판), 예림기획, 2001, 74~75쪽 참조.

62 "김창억은, 아직 남포 해안에 증기선의 검은 구름이 보이지 않던 30여년 전에, 당시 굴지하는 객주 김건화의 집 안방에서, 고고의 첫소리를 올리었다"(염상섭, 「표본실의 청개구리」, 권영민 외 편, 『염상섭전집 9』, 민음사, 1987, 31쪽).

63 김윤식의 경우 「표본실의 청개구리」가 1920년 9월 염상섭이 오산학교에 부임할 당시 '구원의 여정'을 소설화한 것이라 추정한 바 있다(김윤식, 『염상섭 연구』, 서울대 출판부, 1987, 146쪽).

64 염상섭은 1919년 3월 오사카에서 시위를 조직하다 체포, 같은 해 6월 석방된 후에 일본 신문에 조선독립의 정당성을 역설하는 글을 투고하는가 하면 요코하마 소재 복음인쇄소 직공으로 일했고 1920년 초부터 수개월은 동아일보사 기자로 근무한 바 있다(위의 책, 901~902쪽).

65 염상섭, 「표본실의 청개구리」, 권영민 외 편, 『염상섭전집 9』, 민음사, 1987, 24~26쪽.

66 염상섭, 「나의 초기 작품시대」, 한기형·이혜령 엮음, 『염상섭 문장전집 3』, 소명출판, 2013, 275쪽.

67 "서양 사람의 집을 보니까, 위생에도 좋고 사람 사는 것 같기에 (…) 우리가 그놈들만 못할 것이 무엇이요. (…) 그놈들처럼 무식하고, 아첨 좋아하는 더러운 놈은 없겠습디다"(26) 등.

68 1910년대 당시 신흥종교의 유행과 그 말세론 및 출세주의에 대해서는 권보드래 편저, 『1910년대, 풍문의 시대를 읽다』, 동국대 출판부, 2008 참조.

69 염상섭, 「『만세전』과 그 여성」, 한기형·이혜령 엮음, 『염상섭 문장전집 2』, 소명출판, 2013, 214~215쪽.

70 조의설, 「노교수와 캠퍼스와 학생」, 『동아일보』 1974. 1. 5.

71 진남포의 시위 참여 인원에 대한 증언은 엇갈리지만 최대 1만 5,000명이었다는 기록도 있다(박헌영, 「3·1 운동의 의의와 그 교훈」, 이정 박헌영전집 편집위원회, 『이정 박헌영전집 3』, 역사비평사, 2004). 당시 진남포 인구는 2만이었으며 일찍이 개항장이었던 만큼 그중 일본인 비율은 30퍼센트였다(김정인·이정은, 앞의 책, 233쪽).

72 김정인·이정은, 위의 책, 234~235쪽.

73 삼숭학교는 미국 북감리교회 소속 선교사들이 주축이 되어 설립한 학교다. 지금까지 찾은바 신문에서 삼숭학교에 대한 언급이 처음 보이는 것은 『황성신문』 1909년 6월 3일자 「鎭校盛況」이란 기사로 이에 의하면 학교 설립일자는 1908년 5월 28일로 추정된다. 반면 『동아일보』에 실린 각종 기사를 종합하면(「삼숭교 廿四회 기념」, 1922. 7. 19; 「삼숭교 승격운동 인가신청 준비」, 1929. 9. 12; 「진남포 삼숭보교 38주년 기념」, 1936. 7. 17) 삼숭학교는 1898년 7월 설립된 것으로 판단된다.

74 『독립운동사자료집 5』, 독립운동사 편찬위원회, 1972, 806쪽.

75 이종호, 「염상섭의 자리, 프로문학 밖, 대항제국주의 안」, 한기형·이혜령 엮음, 『저수하의 시간, 염상섭을 읽다』, 소명출판, 2014, 52~57쪽.

607

76 염상섭, 「만세 전후의 우리 문단」, 한기형·이혜령 엮음, 『염상섭 문장전집 3』, 소명출판, 2014, 267쪽.

77 애도와 우울증에 대해서는 지그문트 프로이트, 윤희기 옮김, 「슬픔과 우울증」, 『정신분석학의 근본 개념』, 열린책들, 2003.

78 독립운동사편찬위원회, 『독립운동사자료집 5: 3·1 운동 재판기록』, 독립유공자사업기금운영위원회, 1971, 813쪽.

79 한성고등사범학교 관제는 1895년 4월 공포되었다. 이 학교의 본래 입학자격은 20~25세에 국한돼 있었고, 첫해에는 2년 과정 본과에서 100명을, 6개월 과정 속성과에서 60명을 모집했다고 한다. 3·1 운동 당시로부터 역순으로 계산해보면 「표본실의 청개구리」의 김창억이 한성고등사범에 다닌 것은 1900년대 중반으로 추측되는데, 이 무렵 입학한 김창제는 신입생 15명 모집에 128명 응시하는 등 학교의 인기가 상당했다고 증언한다. 입학시험과 교과에서 한문중심주의를 채택해 신식 교육기관이면서도 최고학부로 쉽게 인식될 수 있었던 까닭이라고 한다(이광행, 『개화기의 초등교원 양성제도 연구』, 강원대 박사논문, 2006, 5~10쪽).

80 염상섭, 「표본실의 청개구리」, 『염상섭전집 1』, 민음사, 1987, 24~37쪽.

81 염상섭, 위의 책, 13, 31쪽.

82 김사량, 「낙조」, 유임하 책임편집, 『김사량 작품집』, 글누림, 2011, 122쪽.

83 권보드래, 앞의 책 참조.

84 김사량, 「낙조」, 앞의 책, 129, 122, 126쪽.

85 '3·1 운동의 후예들'이란 표현은 정병준, 『현앨리스와 그의 시대: 역사에 휩쓸려간 비극의 경계인』, 돌베개, 2015에서 빌어온 것이다.

86 이기영, 「작자의 말」, 『서화』, 동광당서점, 1937. 「서화」는 그 자체 3·1 운동 당시 산상 봉화시위 참여 경험을 투영하고 있는 소설이다(이상경, 『이기영: 시대와 문학』, 풀빛, 1994, 58쪽).

87 이기영, 「박승호」, 『신가정』 1933. 1, 148쪽.

88 송영의 단편 「아버지」(1936)에서 수감 중인 소설가 만식의 사연이 이 모티프를 잘 보여주고 있다.

89 송영, 「여사무원」, 『조광』, 1936. 7, 315쪽.

90 이광수, 「유랑」, 『동아일보』, 1927. 1. 22.

91 염상섭, 「부인의 각성이 남자보다 긴급한 소이」, 한기형·이어령 엮음, 『염상섭 문장전집 1』, 15쪽.

92 염상섭, 「이중해방」, 위의 책, 72~73쪽.

93 염상섭, 「자기학대로부터 자기해방에」, 위의 책, 80쪽.

장 표제지 인용문 출처

제1부 3·1 운동 그리고 세계

1장. 안회남, 「폭풍의 역사」, 박헌호 엮음, 『안회남선집』, 현대문학, 2010, 148~149쪽.

2장. 김남천, 「삼일운동」, 『삼일운동』, 아문각, 1947, 217쪽.

3장. 안수길, 『안수길전집 13: 성천강』, 글누림, 2011, 788쪽.

4장. 강용흘, 장문평 옮김, 『초당』, 범우사, 1993, 346쪽.

제2부 1910년대와 3·1 운동

1장. 박노갑, 「40년」, 『40년』, 깊은샘, 1989, 30~31쪽.

2장. 김산, 「기묘한 무기」, 조남철 엮음, 『중국내 조선인 소설선집』, 평민사, 1998, 94쪽.

3장. 차의석, 「세계 민주주의」, 『신한민보』1918. 5. 2.

4장. 槇村浩, 「間島バルチザンの歌」, 貴司山治·中澤啓作 編著, 『間島バルチザンの歌』, 新日本出版社, 1976, 34쪽(오석윤, 「마키무라 히로시(槇村浩)의 「간도 빨치산의 노래」론」, 『일어일문학연구』55권 2호, 2005. 11에서의 번역을 따랐다. 다만 시인의 이름은 '마키무라 코우'로 읽는다는 다른 견해를 채용했다).

제3부 3·1 운동의 얼굴들

1장. 「나의 바람」, 『독립신문』(4월 1일 고양군 숭인면 돈암리 게시), 『3·1 운동 독립선언서와 격문』, 국가보훈처, 2002, 155쪽.

2장. 나카니시 이노스케, 「불령선인」, 박현석 옮김, 『너희들의 등 뒤에서 & 불령선인』, 현인, 2017, 67~68쪽.

3장. 리정구, 「3·1 회상: 3·1 봉기에 참가했던 강기택 노인의 이야기에서」, 『조선문학』139, 1959. 3, 77쪽.

4장. 염상섭, 『염상섭전집 2: 사랑과 죄』, 민음사, 1987, 70쪽.

제4부 3·1 운동과 문화

1장. 심훈, 「동방의 애인」, 『심훈문학전집 2』, 탐구당, 1967, 550쪽.

2장. 채만식, 「과도기」, 『채만식전집 5』, 창작과비평사, 1987, 262쪽.

3장. 조명희, 「동무여」, 이명재 책임편집·해설, 『범우비평판한국문학 8: 낙동강(외)』, 범우, 2004, 273쪽.

4장. 오장환, 「나의 길: 3·1 기념의 날을 맞으며」, 조선문학가동맹부 편, 『3·1 기념시집』, 건설출판사, 1946, 50~51쪽.

시각자료 출처

이 책에 실린 시각자료 중에 저작권자를 확인하지 못한 이미지는 추후 정보가 확인되는 대로 적법한 절차를 밟겠습니다.

1 『자료로 본 대한민국임시정부』, 독립기념관, 2016, 19쪽(독립기념관 소장).

2 『자료로 본 대한민국임시정부』, 독립기념관, 2016, 15쪽(독립기념관 소장).

3 https://www.christies.com/features/The-Irish-Proclamation-of-Independence-7498-3.aspx.

4 https://www.google.co.kr/search?biw=1228&bih=848&tbm=isch&sa=1&ei=blpmXIuJNYfchwPukZqICw&q=czechoslovakia+Declaration+of+Independence&oq=czechoslovakia+Declaration+of+Independence&gs_l=img.3...12735.13375..13687...0.0..0.138.485.0j4......1....1..gws-wiz-img.egXmyMHSfF0#imgdii=h-0VwboJyPkBKGM:&imgrc=TLHz-6X7X8ZEdM:&spf=1550211703794.

5 『독립기념관 소도록』, 독립기념관, 2011, 112쪽.

6 The Crisis, Vol. 18 No. 1, 1919 May, p. 31.

7 https://www.google.co.kr/search?q=%EA%B9%80%EA%B7%9C%EC%8B%9D&source=lnms&tbm=isch&sa=X&ved=0ahUKEwiY_9Tei73gAhVCfXAKHf77AugQ_AUIDigB&biw=1228&bih=848#imgrc=8LBrSNw51TqT-M:&spf=1550211466632.

8 https://www.google.co.kr/search?biw=1228&bih=848&tbm=isch&sa=1&ei=fVpmXIHtHcamoASpj6SgDg&q=%E9%99%86%E5%BE%81%E7%A5%A5&oq=%E9%99%86%E5%BE%81%E7%A5%A5&gs_l=img.3...678246.678246..679134...0.0..0.120.120.0j1......1....2j1.gws-wiz-img.M8pzYP0Qwho#imgrc=0qH3CseEkvZx2M:&spf=1550212383897.

9 https://www.google.co.kr/search?biw=1228&bih=848&tbs=isz%3Al&tbm=isch&sa=1&ei=ol1mXMeCI8Pn-QaS-LzICg&q=+%E9%A1%BE%E7%B-B%B4%E9%92%A7&oq=+%E9%A1%BE%E7%BB%B4%E9%92%A7&gs_l=img.3...35i39.16708.16708..17185...0.0..0.92.92.1......1....2j1.gws-wiz-img.b8a39SXk-D8I#imgrc=PsUbUI9_oe0KBM:&spf=1550212534395

10 『자료로 본 대한민국임시정부』, 독립기념관, 2016, 83쪽(독립기념관 소장).

11 김광식 편, 『1900~1999 한국불교 100년』, 민족사, 2000, 110쪽.

610

12 https://thecharnelhouse.org/2015/05/01/nikolai-bukharin-on-the-criteri-on-of-practice-in-epistemology/lenin-second-row-third-from-right-bukharin-second-row-far-right-and-trotsky-with-delegates-to-the-first-comintern-con-gress-in-moscow-1919/

13 '고종황제장례식사진', 서울역사박물관 소장(http://www.museum.seoul.kr/archive/archiveView.do?currentPage=1&type=D&type2=&arcvGroupNo=3130&lower-ArcvGroupNo=&arcvMetaSeq=28060&arcvNo=78543&realArcvGroup-No=3130&searchVal=역사박물관).

14 대한민국교육회, 『초등소학 3』, 1906, 12쪽.

15 국가보훈처 편, 『3·1 운동 독립선언서와 격문』, 국가보훈처, 2002, 100쪽.

16 『매일신보』, 1914. 8. 14.

17 『매일신보』, 1915. 10. 21.

18 『천도교회월보』 58호, 1915. 5.

19 천도교 서울교구사 편찬위원회, 『천도교 서울교구사』, 천도교서울교구, 2005, 168쪽.

20 Jay Winter and Blaine Baggett, 1914-18, BBC Books, 1996, p. 346.

21 『매일신보』, 1919. 7. 1.

22 『매일신보』, 1919. 7. 5.

23 심정섭 편, 『일제의 순사들』, 예원, 2014, 18쪽.

24 유모토 고이치, 연구공간 수유+너머 동아시아 근대 세미나팀 옮김, 『일본 근대의 풍경』, 그린비, 2004, 143쪽.

25 〈證據物件〉,《大正四年臺灣南部匪徒討伐警察隊紀念》, 1916 https://www.tfam.muse-um/Journal/Detail.aspx?id=34&aID=14&ddlLang=zh-tw의 '도18'에서 재수록.

26 《臺灣匪亂小史》(臺北 : 臺灣總督府法務部, 1920 https://www.tfam.museum/Jour-nal/Detail.aspx?id=34&aID=14&ddlLang=zh-tw의 '도21'에서 재수록.

27 『매일신보』, 1915. 5. 4.

28 서울시정개발연구원·서울시립대학교 서울학연구소 공편, 『서울, 20세기-100년의 사진기록』, 서울시정개발연구원, 2000, 85쪽.

29 『매일신보』, 1916. 2. 13.

30 한국민족문화대백과사전, '105인사건' http://encykorea.aks.ac.kr/Contents/SearchNavi?keyword=105인사건&ridx=0&tot=1036#.

31 『매일신보』, 1915. 5. 20.

32 『매일신보』, 1917. 1. 1.

33 Jay Winter and Blaine Baggett, 1914-18, BBC Books, 1996, p. 256

34 https://www.scmp.com/photos/today-photos/gallery/1555584/photos-chinese-labour-corps-first-world-war-july-25.

35 김경천, 김병학 정리 및 현대어역, 『경천아일록』, 학고방, 2012, 17쪽.

36 앞의 책, 409쪽.

37 『매일신보』, 1915. 1. 1.

611

38 「매일신보」, 1914. 12. 2.

39 가와시마 신, 천성림 옮김, 『중국근현대사 2』, 삼천리, 2013, 174쪽.

40 江漢出版社, 『辛亥革命畵史』, 台北: 文海出版社, 1981, 3쪽.

41 이정 박헌영 전집 편찬위원회, 『이정 박헌영 전집 9』, 역사비평사, 2004, 29쪽.

42 앞의 책, 48쪽.

43 이은영, 『한국 독립운동과 암호』, 민속원, 2017, 57쪽.

44 앞의 책, 47쪽.

45 https://libcom.org/library/german-revolution-1918.

46 http://www.returnofkings.com/76781/important-lessons-from-bela-kun-and-
the-hungarian-communist-revolution-of-1919.

47 『해외의 한국독립운동사료: 최신 창가집』, 국가보훈처, 1996, 93쪽.

48 「매일신보」, 1913. 10. 31.

49 태극기목판 『독립기념관 소도록』, 독립기념관, 2011, 106쪽.

50 윤소영 편역, 『일본신문 한국독립운동기사집 Ⅱ』, 독립기념관 한국독립운동사연구소, 2009,
99쪽.

51 https://blog.goo.ne.jp/kaseinohimitsu/e/a92d52458e2a19e9e001463736f3f32d.

52 우당기념관 소장.

53 장세윤, 「신흥교우단의 기관지 『신흥교우보』」, 『한국독립운동사연구』 제36집, 2010, 419쪽
(독립기념관 소장).

54 「동아일보」, 1920. 4. 16.

55 유길준 저술 및 발행, 조윤정 편역, 『노동야학독본』, 도서출판 경진, 2012, 206쪽.

56 서유리, 『시대의 얼굴』, 소명출판, 2016, 231쪽.

57 조선연구회 편저, 『조선미인보감』, 민속원, 2007, 정금죽 부분.

58 앞의 책, 현계옥 부분.

59 https://www.google.co.kr/search?q=October+march&source=lnms&tbm=is-
ch&sa=X&ved=0ahUKEwiQi5CLpb3gAhWIWrwKHSrlDcQQ_AUIDigB&bi-
w=1228&bih=848#imgrc=JABM9IITPIXXYM:&spf=1550218267960.

60 Jakoby·Baasner, Paris 1789, Elster Verlag, 1988, p. 254.

61 https://www.google.co.kr/search?biw=1228&bih=848&tbm=isch&sa=1&ei=
VHRmXPHIGYSs8QXcq7WACQ&q=Egypt+women+revolution&oq=Egypt+-
women+revolution&gs_l=img.3...1368.5437..5729...0.0..0.148.1258.1j10....2..1....
1..gws-wiz-img.......0i19j0i10i19j0i8i30i19.-Jjyt2X3eh8#imgrc=SAaGRY1GT-
p0MmM:&spf=1550218325361

62 Ziad Fahmy, Ordinary Egyption, Stanford University Press, 2011, p. 57.

63 「동아일보」, 1923. 10. 26.

64 「동아일보」, 1924. 11. 13.

65 김욱동, 『강용흘 그의 삶과 문학』, 서울대학교출판부, 2004, 11쪽.

66 앞의 책, 14쪽.

67 http://www.nclhof.org/inductees/1996-2/thomas-wolfe/.

68 https://www.kobo.com/ww/en/ebook/look-homeward-angel-17.

69 https://ko.wikipedia.org/wiki/%EA%B9%80%ED%95%84%EC%88%9C.

70 http://theme.archives.go.kr/next/woman/womanArchiveDetail.do?archive
EvntId=2146&subject=sub02_01&type=pic&page=2&keytype=&bbsSearchKey
word=&subMenu=.

71 https://mpva.tistory.com/134
http://theme.archives.go.kr/next/woman/womanArchiveDetail.do?archive
EvntId=2146&subject=sub02_01&type=pic&page=2&keytype=&bbsSearch-
Keyword=&subMenu=.

72 https://hwaryu.com/2015/12/11/%ED%95%9C%EB%A5%98-%EC%9B%90%
EC%A1%B0%EB%8A%94-1930%EB%85%84%EB%8C%80-%E4%B8%AD-
%EC%98%81%ED%99%94-%ED%99%A9%EC%A0%9C-%EA%B9%80%EC%
97%BC%E9%87%91%E7%84%B0/.

73 한미동포재단 미주 한인이민 100주년 기념사업회, 『미주 한인이민 100년사』, 한미동포재단,
2002, 113쪽.

74 藤井省三, 「エロシェンコの都市物語 : 1920年代東京·上海·北京」, 東京: みすず書房,
1989.

75 『안서 김억의 에쓰페란토 학습서(4권)와 에쓰페란토론』, 한국문화사, 28쪽.

76 『한국 근대문학 해제집: 문학잡지(1896~1929)』, 국립중앙도서관 근대문학정보센터, 2016,
66쪽.

77 박진영 엮음, 『신문관: 번역 소설 전집』, 소명출판, 2010, 화보 8쪽.

78 박진영 엮음, 『신문관: 번역 소설 전집』, 소명출판, 2010, 화보 3쪽.

79 김광식 편, 『1900~1999 한국불교 100년』, 민족사, 2000, 110쪽.

80 최상철, 『무대 미술 감상법』, 대원사, 1997, 120~121쪽.

81 The Korean Independence Movement, Columbia University Library 웹사이트
https://exhibitions.library.columbia.edu/exhibits/show/kio.

82 아단문고 소장.

83 아단문고 소장.

84 『상해판 독립신문』 제49호(6), 1920. 3. 1.

85 김현식·정선태 편저, 『'삐라'로 듣는 해방 직후의 목소리』, 소명출판, 2011, 345쪽.

86 앞의 책, 346쪽.

87 조선문학가동맹 시부(詩部), 『3·1 기념시집』, 건설사, 1946.

613

참고문헌

1. 1차 자료

『경향신문』, 『대한매일신보』, 『독립신문』, 『동아일보』, 『매일신보』, 『서울신문』, 『한인신보』, 『황성신문』

『개벽』, 『공제』, 『동명』, 『백조』, 『별건곤』, 『불교진흥회월보』, 『삼천리』, 『소년』, 『신가정』, 『신문계』, 『신생활』, 『신천지』, 『신청년』, 『신한민보』, 『신한청년』, 『조광』, 『창조』, 『청춘』, 『태극학보』, 『태서문예신보』, 『폐허』, 『학생계』, 『학지광』, 『한민』

『대한민국임시정부자료집 2: 임시의정원 1』, 국사편찬위원회, 2005.
『독립운동사 2: 3·1 운동(상)』, 독립유공자사업기금운용위원회, 1971.
『독립운동사 3: 3·1 운동(하)』, 독립유공자사업기금운용위원회, 1971.
『독립운동사자료집 4: 3·1운동자료집』, 독립유공자사업기금운용위원회, 1971
『독립운동사자료집 5: 3·1운동 재판기록』, 독립유공자사업기금운영위원회, 1971.
『한국민족운동사료·기이: 삼일운동편』, 국회도서관, 1978.
『한국민족운동사료·기삼: 삼일운동편』, 국회도서관, 1979.
『한민족독립운동사 3: 3·1운동편』, 국사편찬위원회, 1987.
『한민족독립운동사자료집』 11~27, 국사편찬위원회, 1990~1996.

『기당 현상윤 전집 5』(나남, 2008), 『김동인전집』(조선일보사, 1987), 『김소월 전집』(서울대학교 출판부, 1996), 『김우진전집 2』(연극과인간, 2000), 『김팔봉 문학전집 2』(문학과지성사, 1988), 『늘봄 전영택전집 1』(목원대 출판부, 1994), 『단재 신채호전집 8』(독립기념관 한국독립운동사연구소, 2008), 『박영희전집 2』(영남대 출판부, 1994), 『박화성 문학전집 9』(푸른역사, 2004), 『심훈문학전집』(탐구당, 1967), 『안수길 전집 13』(글누림, 2011), 『양백화문집 1』(강원대 출판부, 1995), 『염상섭전집』(민음사, 1987), 『이광수전집』(삼중당, 1966), 『채만식전집 5』(창작과비평사, 1987), 『채만식전집 10』(창작과비평사, 1987), 『초정선생문집 6』(경인문화사, 1996), 『팔봉 김기진전집 2』(문학과지성사, 1988), 『한용운전집 1』(신구문화사, 1973), 『현상윤전집 4』(현암사, 2008), 『현진건문학전집 2』(국학자료원, 2004)

614

2. 국내논저

2·8 독립선언 80주년 기념 학술 심포지움 준비위원회 편, 『2·8 독립선언 제80주년 기념 자료집』, 서울 YMCA, 1999.

강덕상, 김광열 옮김, 『여운형 평전 1』, 역사비평사, 2007.

강만길·성대경 엮음, 『한국사회주의인명사전』, 창작과비평사, 1996.

_____·하원호·최윤오·박은숙·곽건홍, 「근대이행기의 노동운동」, 『한국노동운동사 대토론회』, 고려대학교 노동문제연구소, 1999.

강만길·성대경 편, 「책을 펴내면서」, 『한국사회주의운동인명사전』, 창작과비평사, 1996.

강성우, 「영국 평화 개념 논의의 궤적」, 『신앙과 학문』 23권 1호, 2013. 8.

강영심, 「어윤희(1880~1961)의 생애와 독립운동」, 『한국문화연구』 17, 2009. 12.

강영주, 『벽초 홍명희 연구』, 창작과비평사, 1999.

강용흘, 장문평 옮김, 『초당』, 범우사, 1993.

_____, 유영 옮김, 『동양선비 서양에 가시다』, 범우사, 2000.

강진호, 「근대 초기의 풍속과 민족주의적 열정: 『성천강』론」, 『한국현대소설』 48, 2011. 12.

고당기념사업회 엮음, 『고당 조만식 전기: "북한 일천만 동포와 생사를 같이하겠소"』, 기파랑, 2010.

고병권, 『민주주의란 무엇인가』, 그린비, 2011.

고영란, 「제국 일본의 출판시장과 전략적 '비합법' 상품의 자본화 경쟁」, 『검열과 동아시아』, 2010. 1. 22 학술대회 발표문 자료집.

공임순, 「청산리 전투를 둘러싼 기억과 망각술: '청산리전투'에 대한 이범석의 자기서사와 항(반)일=반공의 회로」, 『국제어문』 76, 2018.

국가보훈처 편, 『3·1 운동 독립선언서와 격문』, 국가보훈처, 2002.

권대웅, 『1910년대 국내독립운동』, 독립기념관 한국독립운동사연구소, 2008.

권두연, 「소설의 모델, 작가, 독자: 이희철의 문학적 행보에 대한 고찰」, 『비평문학』 42, 2011. 12.

_____, 「신문관 단행 번역소설 연구」, 『사이/間/SAI』 5호, 2008. 11.

_____, 「전경화된 연애, 후경화된 시대, 실종된 '청년'들: 이희철의 『읍혈조』를 중심으로」, 『대중서사연구』 18권 2호, 2012.

권보드래, 『연애의 시대: 1920년대 초반의 문화와 유행』, 현실문화연구, 2003.

_____, 『1910년대, 풍문의 시대를 읽다: 『매일신보』를 통해 본 한국 근대의 사회·문화 키워드』, 동국대 출판부, 2008.

_____·천정환, 『1960년을 묻다』, 천년의상상, 2012.

_____, 『신소설, 언어와 정치』, 소명출판, 2014.

권태억, 「1910년대 일제 식민통치의 기조」, 권태억·박명규 외, 『한국 근대사회와 문화 2』, 서울대학교 출판부, 2005.

권태억, 「경성직뉴회사의 설립과 경영」, 『한국사론』 6, 1980.

김갑의 편, 『춘사 나운규 전집』, 집문당, 2001.

김경천, 김병학 정리 및 옮김, 『경천아일록』, 학고방, 2012.

김광식, 『한국 불교 100년: 1900~1999』, 민족사, 2000.

김규창, 『조선어과 시말과 일어교육의 역사적 배경』, 고 김규창교수 유고논문집 간행위원회, 1985.

김기승, 『조소앙이 꿈꾼 세계』, 지영사, 2003.

김남석, 「새롭게 발굴된 원우전 무대 스케치의 역사적맥락과 무대미술의 특징에 관한 연구」, 『한국연극학』 56, 2015. 8.

김도형, 「프랑스 최초의 한인단체 '재법한국민회' 연구」, 『한국독립운동사연구』 60, 2017. 11.

김동성, 김희진·황호덕 옮김, 『미주(美洲)의 인상(印象)』, 현실문화, 2015.

김명섭, 「1920년대 한인 의열투쟁과 여성」, 『여성과역사』 28, 2018. 6.

김명혁, 「해광 김사국의 삶과 민족해방운동」, 『한국근현대사연구』 23, 2002. 12.

김병학, 「경천아일록과 연해주 항일독립운동가 김경천의 생애」, 『인문사회과학연구』 14권 1호, 2013

김복순, 「1910년대 한국문학과 근대성」, 소명출판, 1999,

김사량, 김재용·곽형덕 편역, 『김사량, 작품과 연구 1』, 역락, 2008.

김사량, 유임하 책임편집, 『김사량 작품집』, 글누림, 2011.

김상태 편역, 『윤치호 일기·1916~1943: 한 지식인의 내면세계를 통해 본 식민지시기』, 역사비평사, 2001.

김석근, 「고토쿠 슈스이의 무정부주의」, 『한국동양정치사상사연구』 7권 1호, 2008.

김소진, 「1910년대의 독립선언서 연구」, 숙명여대 박사논문, 1995.

김시종, 윤여일 옮김, 『조선과 일본에 살다』, 돌베개, 2016.

김영범, 『혁명과 의열: 한국 독립운동의 내면』, 경인문화사, 2010.

김옥균, 조일문 역주, 『갑신일록』, 건국대학교출판부, 1977.

김욱동, 『강용흘』, 서울대 출판부, 2004.

김윤식, 「유년시절을 그린 두 개의 소설」, 『사상계』 1970. 3.

_____, 『염상섭 연구』, 서울대 출판부, 1987.

_____, 『이광수와 그의 시대 1』, 솔, 1999.

김재철, 『헤이그의 왕자 위종(瑋鍾)』, 작가와비평, 2016.

김정인, 『독립을 꿈꾸는 민주주의』, 책과함께, 2017.

김정인, 『천도교 근대 민족운동 연구』, 한울, 2009.

김정인·이정은, 『국내 3·1 운동 1』, 독립기념관 한국독립운동사연구소, 2009.

김종식, 「제1차 세계대전에 대한 일본과 식민지조선의 대응: 노동정책을 중심으로」, 『일본학보』 102, 2015. 2.

김종진, 『일진회의 문명화론과 친일활동』, 신구문화사, 2010.

김주언, 「식민지 감옥을 견디는 글쓰기의 영도」, 『현대소설연구』 24호, 2010. 8.

김주용, 「의사 김필순의 생애와 독립운동」, 『연세의사학』 21권 1호, 2018. 6.

김주현, 「상해 『독립신문』에 실린 이광수의 논설 발굴과 그 의미」, 『국어국문학』 176, 2016. 9

김지영, 「근대기 국가의례의 장으로서의 東郊」, 『서울학연구』 36, 2009. 8.

김진호, 「충북의 3·1 운동」, 『역사와 담론』 68, 2013. 10.

김진호·박이준·박철규, 「국내 3·1 운동 2」, 독립기념관 한국독립운동사연구소, 2009.

김창수, 「일우 강우규 의사의 사상과 항일의열투쟁」, 「이화사학연구」 30, 2003. 12.

김춘식, 「미적 근대성과 동인지 문단」, 소명출판, 2003.

김학철, 「무명소졸」, 「한국대표소설선 6: 김학철·지하련(외)」, 창작과비평사, 1996.

김항, 「종말론 사무소」, 문학과지성사, 2016.

김현주, 「사회의 발견」, 소명출판, 2013.

김현철, 「박영효의 「1888년 상소문」에 나타난 문명·개화론」, 유병용 외, 「박영효 연구」, 한국정
신문화연구원, 2004.

김형목, 「1910년대 경기도의 일어보급과 국어강습회」, 「동양학」 39호, 2004.

김희곤 외, 「권오설」 1, 푸른역사, 2010.

_____, 「신해혁명과 한국 독립운동」, 「중국근현대사연구」 53호, 2012.

_____, 「(독립군을 기르고 광복군을 조직한 군사전문가) 조성환」, 역사공간, 2013.

나도향, 주종연·김상태·유남옥 엮음, 「나도향전집 2」, 집문당, 1988.

나카바야시 히로카즈, 「1910년대 조선총독부의 교육정책과 동화주의」, 「역사문제연구」 34,
2015. 10.

노연숙, 「20세기 초 한국문학에서의 정치서사 연구」, 서울대 박사논문, 2012.

노지승, 「젠더, 노동, 감정, 그리고 정치적 각성의 순간: 여성 사회주의자 정칠성의 삶과 활동에
대한 연구」, 「비교문화연구」 43, 2016.

독립기념관 한국독립운동사연구소 편, 「중국신문한국독립운동기사집 2: 3·1 운동편」, 독립기념
관 한국독립운동사연구소, 2008.

류상윤, 「1910~20년대 서울의 직물업」, 「서울학연구」 30호, 2008. 2.

류시현, 「1920년대 삼일운동에 대한 기억: 시간, 장소, 그리고 '민족/민중'」, 「역사와현실」 74,
2009. 12.

린녕쉬, 「1920년대 대만의 비무장 항일운동과 3·1 운동에 대한 시론」, 「3·1 독립정신과 비폭력운
동」(3·1독립운동기념탑건립 및 정부수립 50주년 기념 국제학술심포지움), 3·1독립운동기
념탑 건립위원회·경원대학교 민족운동사연구소, 1998.

목수현, 「망국과 국가 표상의 의미 변화: 태극기, 오얏꽃, 무궁화를 중심으로」, 「한국문화」 53,
2011.

문경연, 「한국 근대초기 공연문화의 취미 담론 연구」, 경희대 박사논문, 2008 참조.

문선희, 「(광복회 총사령 38년 우국충정의 일대기) 박상진」, 책만드는집, 2010.

문혜윤, 「1920-30년대 식민지 조선의 에스페란토 문학」, 「민족문화연구」 70, 2016. 2.

민태원, 「어떤 소녀」, 권문경 엮음, 「민태원 선집」, 현대문학사, 2010.

민필호, 「한중외교사화」, 「한국혼」, 보신각, 1971.

박걸순, 「옥파 이종일의 사상과 민족운동」, 「한국독립운동사연구」 9, 1995. 12.

_____, 「일완 홍범식의 자결 순국과 그 유훈」, 「군사지」 79, 2011. 6.

박규원, 「상하이 올드 데이스」, 민음사, 2003.

박노갑, 「40년」, 깊은샘, 1989.

박득준, 「조선근대교육사」, 한마당, 1989.

617

박세영, 「인민을 위하여 복무하고저」, 한설야 외, 「나의 인간 수업, 문학 수업」, 인동, 1990.

박순천, 「내가 걸어온 길, 내가 걸어갈 길: 나의 정치백서」, 신태양사, 1957.

박양신, 「근대 일본의 아나키즘 수용과 조선으로의 접속: 크로포트킨 사상을 중심으로」, 「일본역사연구」 35, 2012.

박용규, 「북으로 간 한글운동가」, 차송, 2005.

박은숙, 「갑신정변 연구」, 역사비평사, 2005.

박은식, 「한국통사」, 달성인쇄주식회사, 1946.

_____, 김도형 옮김, 「한국독립운동지혈사」, 소명출판, 2008.

박종린, 「일제하 사회주의사상의 수용에 관한 연구」, 연세대 박사논문, 2007.

박종수, 「외로운 독립 운동가 이위종의 인생역전」, 「러시아와 한국」, 백의, 2001.

박종화, 「역사는 흐르는데 청산은 말이 없네」, 삼경출판사, 1979

박진영, 〈번역과 변안의 시대〉, 소명출판, 2011.

박지향, 「윤치호의 협력일기」, 이숲, 2010.

박찬승, 「근대이행기 민중운동의 사회사」, 경인문화사, 2008.

_____, 「대한민국은 민주공화국이다」, 돌베개, 2013.

_____, 「민족주의의 시대: 일제하의 한국 민족주의」, 경인문화사, 2007.

_____, 「한국 근대 정치사상사 연구」, 역사비평사, 1991.

_____, 한국독립운동사편찬위원회 편, 「언론운동」, 독립기념관 한국독립운동사연구소, 2009.

박태원, 「약산과 의열단」, 백양당, 1947.

박헌영, 「3·1 운동의 의의와 그 교훈」, 이정 박헌영전집 편집위원회, 「이정 박헌영전집 3」, 역사비평사, 2004.

박헌호, 「3·1운동과 '낭만'의 조우: 해방운동의 해방성과 육체성」, 박헌호·류준필 편, 「1919년 3월 1일에 묻다」, 성균관대학교출판부, 2009.

박현모, 「일제시대 공화주의와 복벽주의의 대립: 3·1운동 전후의 왕정복고[復辟] 운동을 중심으로」, 「정신문화연구」 30권 1호, 2007. 봄.

박현수, 「김기진의 초기 행적과 문학 활동」, 「대동문화연구」 61, 2008. 3.

_____, 「박영희의 초기 행적과 문학활동」, 「상허학보」 24, 2008. 10.

박화성, 「눈보라의 운하」, 여원사, 1964.

박환, 「강우규의 의열투쟁과 독립사상」, 「한국민족운동사연구」 55, 2008.

반병률, 「성재 이동휘 일대기」, 범우사, 1998.

_____, 「이위종(李瑋鐘)과 항일 혁명운동」, 이태진 외, 「(백년 후 만나는) 헤이그 특사」, 태학사, 2008.

_____, 「의사 이태준의 생애와 몽골에서의 반일혁명활동」, 「대한의사협회지」 59권 9호, 2016. 9.

배경식, 「기노시타 쇼조, 천황에게 폭탄을 던지다」, 너머북스, 2008.

배경한, 「동아시아 역사 속의 신해혁명」, 배경한 편, 「동아시아 역사 속의 신해혁명」, 한울아카데미, 2013.

배희권, 「(독립투사 105인의)영혼」, 명상, 2003.

백기만, 김두한 편저, 「백기만 전집」, 도서출판 대일, 1998.

백승종, 『정감록 미스터리』, 푸른역사, 2012.

백철, 『조선신문학사조사』, 수선사, 1948.

변영로, 『명정반세기』, 국민문고사, 1969.

변희용, 『일파 변희용 선생 유고』, 성균관대 출판부, 1977.

서대숙·김인식·이동원, 『한국의 독립운동가들』, 역사공간, 2011.

서민교, 『1910년대 일제의 무단통치』, 독립기념관 한국독립운동사연구소, 2009.

서일수, 「필리핀에서 폴란드로, 파리강화회의에서 전개된 對美 독립청원의 외교적 포석」, 『역사연구』 35, 2018. 12.

서중석, 『신흥무관학교와 망명자들』, 역사비평사, 2002.

세리카와 데츠요, 「3·1 독립운동을 통해서 본 한일문학」, 『광복 70년, 통일과 창조를 위한 한국어문학』, 국어국문학회 2015. 5. 30 발표문집.

소영현, 『부랑청년 전성시대』, 푸른역사, 2008.

손성준, 「영웅서사의 동아시아 수용과 중역의 원본성」, 성균관대 박사논문, 2012.

손유경, 『고통과 동정』, 역사비평사, 2008.

손정목, 『일제강점기 도시사회상 연구』, 동광미디어, 2005.

손준식, 「동화와 개화의 상흔」, 손준식·이옥순·김권정, 『식민주의와 언어: 대만·인도·한국에서의 동화와 저항』, 아름나무, 2007.

송경근, 「이집트의 1919혁명에 관한 연구」, 『한국중동학회논총』 38권 2호, 2017.

송도학원 편, 『송도고보 100년사』, 송도중·고등학교총동문회, 2006.

송영, 「어두운 밤 폭풍을 뚫고」, 한설야·이기영 외, 『나의 인간수업, 문학수업』, 도서출판 인동, 1990.

송인근·송준필, 『(국역) 유림단독립운동실기: 반중일기』, 대보사, 2001.

순성진학문추모문집발간위원회 편, 『순성진학문추모문집』, 순성진학문추모문집발간위원회, 1975.

시나다 히로코, 『최초의 모더니스트 정지용』, 역락, 2008.

신용하, 『3·1 운동과 독립운동의 사회사』, 서울대 출판부, 2001.

신주백, 「1910년대 일제의 조선통치와 조선주둔 일본군」, 『한국사연구』 109호, 2000.

신채호, 「낭객의 신년만필」, 『단재신채호전집 6』, 독립기념관 한국독립운동사연구소, 2008.

심선옥, 「해방기 기념시집 연구: "해방"과 "3·1" 표상을 중심으로」, 『민족문학사연구』 54, 2014. 4.

심원섭, 「나카무라 겐타로(中村健太郎)의 「아베(阿部)무불옹(無佛翁)을 추모함」: 해설 및 역문 자료」, 『정신문화연구』 33, 2010. 3.

_____, 『한일 문학의 관계론적 연구』, 국학자료원, 1998.

심재욱, 「설산 장덕수(1894~1947)의 정치활동과 국가인식」, 동국대 박사논문, 2007.

안종수, 『에스페란토, 아나키즘 그리고 평화』, 선인, 2006.

양건식·현상윤 외, 김복순 책임편집·해설, 『슬픈 모순(외)』, 종합출판 범우, 2004.

양민아, 「1920년대 러시아한인예술단 내한공연의 무용사적 의미: 디아스포라 문화연구의 관점으로」, 『무용역사기록학』 34, 2014.

619

염상섭, 한기형·이혜령 엮음, 『염상섭 문장전집 1~3』, 소명출판, 2013.

염운옥, 「식민지 폭력피해와 배상: 케냐 마우마우의 사례」, 『영국연구』 34, 2015.

염인호, 『김원봉 연구』, 창작과비평사, 1993.

오병수, 「1920년대 전반 중국 『동방잡지』에 나타난 공리적 세계인식」, 진재교 외, 『근대전환기 동아시아 속의 한국』, 성균관대 출판부, 2004.

오상순, 「고월 이장희 군: 자결 7주년忌를 際하여」, 김재홍 편저, 『이장희』, 문학세계사, 1993.

오세창, 「3·1 독립운동과 파리장서」, 송인근·송준필, 『(국역) 유림단독립운동실기: 반중일기』, 대보사, 2001.

오승은, 『동유럽 근현대사』, 책과함께, 2018.

오영섭, 「조선광문회 연구」, 『한국사학사학보』 3호, 2001. 3.

_____, 「이위종의 생애와 독립운동」, 『한국독립운동사연구』 29, 2007. 12.

오태영, 「도쿄/경성의 공간 분할과 내선일체의 (불)가능성: 김성민의 『녹기연맹』에 관한 소고」, 제 01회 동아시아 국제 신진연구자 학술교류회」, 동국대학교 BK21 한국어문학에서의 '전승' 과 '번역' 연구인력 양성사업단 자료집, 2010. 2. 8~9.

유길준, 『서유견문』, 교순사, 1895.

유선영, 「3·1운동 이후의 근대 주체 구성: 식민적 근대 주체의 리미널리티」, 박헌호·류준필 편, 『1919년 3월 1일에 묻다』, 성균관대학교출판부, 2009.

유수진, 「대한제국기 『태서신사』 편찬과정과 영향 연구」, 고려대 석사논문, 2012.

유영익 외 편, 『이승만 동문서한집 상』, 연세대 출판부, 2009.

육영수, 『혁명의 배반 저항의 기억 : 프랑스혁명의 문화사』, 돌베개, 2013.

윤경로, 「105인 사건 피의자들의 사건 이후 행적에 관한 소고: 친일로 경도된 9인을 대상으로」, 『한국 기독교와 역사』 36, 2012. 3.

윤대석, 「식민지 국민문학론」, 역락, 2006.

윤대영, 「1910년대 한인 청년들의 남양행과 남양 인식: 정원택의 『志山外遊日誌』를 중심으로」, 『지역과 역사』 29호, 2011. 10.

윤병석, 『증보 3·1 운동사』, 국학자료원, 2004.

윤상원, 「근대인 이위종의 생애와 시대인식」, 『한국인물사연구』 20, 2013. 9.

윤상인, 「데카당스와 문학적 근대」, 『아시아문화』 13, 1997. 12.

윤선자, 「1919~1922년 황기환의 유럽에서의 한국독립운동」, 『한국근현대사연구』 78, 2016.

윤소영, 「한·일 언론자료를 통한 고종 독살설 검토」, 『한국민족운동사연구』 66, 2011.

윤영실, 「식민지의 민족자결과 세계 민주주의」, 『한국현대문학연구』 51, 2017.

윤해동, 『지배와 자치』, 역사비평사, 2006.

이경돈, 「동인지 『文友』와 다점적 혼종의 문학」, 『상허학보』 28, 2010. 2.

이경훈, 「『학지광』의 매체적 특성과 일본의 영향 1: 『학지광』의 주변」, 『대동문화연구』 48, 2004. 12.

이광수, 「박영효 씨를 만난 이야기」, 조일문·신복룡 편역, 『갑신정변 회고록』, 건국대 출판부, 2006.

이광행, 「개화기의 초등교원 양성제도 연구」, 강원대 박사논문, 2006.

620

이극로, 『고투 사십년』, 아라, 2014.

이기영, 「내가 겪은 3·1 운동」, 이상경, 『이기영, 시대와 문학』, 풀빛, 1994.

_____, 『두만강 2부·하』, 논장, 1989.

이기훈, 「장병준의 생애와 민족운동」, 『도서문화』 42, 2013. 12.

_____, 「일제하 강진 지역의 민족운동의 전개와 의의」, 『다산과현대』 17, 2017. 12

이만규, 『여운형 선생 투쟁사』, 민주문화사, 1946.

이만영, 「염상섭과 진화론: 염상섭의 초기 텍스트를 중심으로」, 『광복 70년, 통일과 창조를 위한
    한국어문학』, 국어국문학회 2015. 5. 30 발표문집.

_____, 「한국 초기 근대소설과 진화론」, 고려대 박사논문, 2018.

이미륵, 정규화 옮김, 『압록강은 흐른다(외)』, 범우사, 1998.

이민원, 『(대종교와 대한민국임시정부) 조완구』, 역사공간, 2012.

이병헌 편저, 『3·1운동 비사』, 시사시보사출판국, 1959.

이보영, 「염상섭과 베르그송」, 『월간문학』 288, 1993

_____, 『난세의 문학』(수정재판), 예림기획, 2001.

이상경, 『이기영: 시대와 문학』, 풀빛, 1994.

_____, 「상해판 『독립신문』의 여성관련 서사 연구: "여학생 일기"를 중심으로 본 1910년대 여학
    생의 교육 경험과 3·1 운동」, 『페미니즘연구』 10권 2호, 2010. 10.

이상옥, 「3·1 운동 당시의 流言」, 『3·1 운동 50주년 기념논집』, 동아일보사, 1969.

이상화, 대구문인협회 편저, 『빼앗긴 들에도 봄은 오는가』, 그루, 1998.

이수영, 『섹슈얼리티와 광기』, 그린비, 2008.

이영아, 「1910년대 유학생 단편소설에 나타난 죽음의식」, 『국어국문학』 141호, 2005. 12.

이영학, 「1910년대 조선총독부의 농업정책」, 『한국학연구』 56, 2015. 3.

이용락, 『3·1 운동 실록』, 3·1 동지회, 1969.

이욱연, 『곽말약과 중국의 근대』, 서강대 출판부, 2013.

이원규 편저, 『백조가 흐르던 시대』, 새물터, 2000.

이원희, 「유아사 가츠에와 조선」, 『일본학』 22, 2003. 12.

이원동, 「한국 프로문학의 형성과 클라르테 운동의 수용: 바르뷔스적인 것과 김기진의 초기 프로
    문학론」, 『국어국문학』 172호, 2015. 9.

이인섭·반병률 엮음, 『망명자의 수기』, 한울아카데미, 2013.

이자경, 「멕시코 한인 이민사」, 한미동포재단 미주 한인이민 100주년 남가주 기념사업회 편집부
    편, 『미주 한인이민 100년사』, 한미동포재단 미주 한인이민 100주년 남가주 기념사업회,
    2002.

이재선, 『이광수 문학의 지적 편력: 문학론의 원천과 형성』, 서강대 출판부, 2010.

이정은, 「『매일신보』에 나타난 3·1 운동 직전의 사회상황」, 『한국독립운동사연구 4』, 1990. 11.

_____, 『유관순』, 독립기념관 한국독립운동사연구 , 2004.

_____, 『3·1 독립운동의 지방시위에 관한 연구』, 국학자료원, 2009.

이종민, 「가벼운 범죄, 무거운 처벌: 1910년대의 즉결처분 대상을 중심으로」, 『사회와역사』 107,
    2015.

621

이종호, 「염상섭 문학의 대안근대성 연구」, 성균관대 박사논문, 2017.

_____, 「염상섭의 자리, 프로문학 밖, 대항제국주의 안」, 한기형·이혜령 엮음, 『저수하의 시간, 염상섭을 읽다』, 소명출판, 2014.

이준식, 「김규식의 민족운동 노선과 이념」, 『한국민족운동사연구』 39, 2004. 6.

이지훈, 「김동인 소설에 나타난 식민지 법의 의미 연구」, 『한국현대문학연구』 42호, 2014. 4.

이철호, 「한국 근대소설과 '의식의 흐름'」, 『상허학보』 36, 2012. 10.

이태훈, 「1910~20년대 초 제1차 세계대전의 소개양상과 논의지형」, 『사학연구』 105, 2012. 3.

이한창, 「재일동포 문인들과 일본문인들과의 연대적 문학활동」, 『일본어문학』 24집, 2005. 3.

이헌미, 「반역의 정치학: 대한제국기 혁명 개념 연구」, 서울대 박사논문, 2012.

이현주, 「(한국광복군 총사령) 지청천」, 역사공간, 2010.

이혜령, 「식민자는 말해질 수 있는가: 염상섭 소설 속 식민자의 환유들」, 『대동문화연구』 78, 2012. 6.

_____, 「正史와 情史 사이: 3·1운동, 후일담의 시작」, 박헌호·류준필 편, 『1919년 3월 1일에 묻다』, 성균관대 출판부, 2009.

이호룡, 「류자명의 아나키스트 활동」, 『역사와현실』 53, 2004.

_____, 「한국의 아나키즘 1: 사상편」, 지식산업사, 2001.

_____, 「한국의 아나키즘 2: 운동편」, 지식산업사, 2015.

이희승, 「내가 겪은 3·1 운동」, 『3·1 운동 50주년 기념논문집』, 동아일보사, 1969.

임경석, 「1910년대 계급구성과 노동자·농민운동」, 한국역사연구회·역사문제연구소 엮음, 『3·1 민족해방운동 연구』, 청년사, 1989.

_____, 「유교 지식인의 독립운동: 1919년 파리장서의 작성 경위와 문안 변동」, 『대동문화연구』 37, 2000.

_____, 「모스크바 밀사」, 푸른역사, 2012.

임노월, 박정수 책임편집·해설, 『춘희(외)』, 범우, 2005.

임수경, 「식민지 조선의 에스페란토와 김억」, 성균관대 박사논문, 2015

임정연, 「망명도시의 장소상실과 방황하는 코즈모폴리턴의 초상: 주세죽과 상해, 그리고 모스크바」, 『국제어문』 77, 2018. 6.

임종국, 「친일문학론」, 평화출판사, 1966

임종명, 「표상 경쟁: 脫식민 남한, 3·1의 표상과 경쟁, 그리고 설립 초기 대한민국」, 박헌호·류준필 편, 『1919년 3월 1일에 묻다』, 성균관대 출판부, 2009.

임태훈, 「'복사기의 네트워크'와 1980년대」, 『우애의 미디올로지: 잉여력과 로우테크로 구상하는 미디어 운동』, 갈무리, 2012.

임화, 임규찬·한진일 편, 『임화 신문학사』, 한길사, 1993.

임화전집편찬위원회 엮음, 『임화문학예술전집』, 소명출판, 2009.

장석흥, 「6·10 만세운동」, 독립기념관 한국독립운동사연구소, 2009.

장신, 「1920년대 조선의 언론출판관계법 개정 논의와 '조선출판물령'」, 『한국문화』 47호, 2009. 9.

장유정, 「옛날 노래책에 빠지다: 애국창가집 『창가』(손봉호, 1910)의 해제」, 『근대서지연구』 7, 2013. 6.

전창신, 『작은 불꽃: 전창신 할머니 이야기』, 창조문화, 2003.

정규화·박균, 『이미륵 평전』, 범우, 2010.

정근식, 「일제하 검열기구와 검열관의 변동」, 『대동문화연구』 51집, 2005. 9.

정백수, 『한국 근대의 식민지 체험과 이중언어 문학』, 아세아문화사, 2000.

정병욱, 「1919년 삼일운동과 일기 자료」, 『한국사학보』 73, 2018. 11.

정병준, 「1919년, 파리로 가는 김규식」, 『한국독립운동사연구』 60, 2017. 11.

_____, 『현앨리스와 그의 시대: 역사에 휩쓸려간 비극의 경계인』, 돌베개, 2015.

정비석, 김현주 엮음, 『정비석 문학 선집 3』, 소명출판, 2013.

정연태·이지원·이윤상, 「3·1 운동의 전개양상과 참가계층」, 한국역사연구회·역사문제연구소 엮음, 『3·1 민족해방운동 연구』, 청년사, 1989.

정우택, 「『문우』에서 『백조』까지: 매체와 인적 네트워크를 중심으로」, 『국제어문』 47호, 2009. 12.

_____, 「고월 이장희 시 연구」, 『민족문학사연구』 21, 2002. 12.

_____, 『황석우 연구』, 박이정, 2008.

정원택, 홍순옥 편, 『지산외유일지』, 탐구당, 1983.

정윤재 외, 『민세 안재홍 심층연구』, 황금알, 2005.

정종현, 「유관순 표상의 창출과 전승: 해방 이후 제작된 유관순 영화의 내러티브를 중심으로」, 박헌호·류준필 편, 『1919년 3월 1일에 묻다』, 성균관대 출판부, 2009.

정준영, 「1910년대 조선총독부의 식민지 교육정책과 미션스쿨」, 『사회와역사』 72호, 2006.

정진석, 『한국언론사연구』, 일조각, 1983.

정진성, 「식민지기 공업화와 그 유산」, 『광복 50주년 기념논문집』, 한국사회사학회, 1995.

조규태, 「황해도 수안지역 천도교인의 3·1운동」, 『숭실사학』 23, 2009. 12.

조남현, 『한국현대소설사 1』, 문학과지성사, 2012.

_____, 『한국현대소설사 2』, 문학과지성사, 2013.

조동걸, 「임시정부 수립을 위한 1917년의 〈대동단결선언〉」, 『한국학논총』 9, 1987. 2.

_____, 「1920년 간도참변의 실상」, 『역사비평』 45, 1998.

_____, 『于史 조동걸 저술전집 6: 3·1 운동의 역사』, 역사공간, 2010.

조봉암, 「내가 걸어온 길」, 박태균, 『조봉암 연구』, 창작과비평사, 1995.

조성환, 『북경과의 대화』, 학고방, 2008.

조소앙, 「各國革命運動史要」, 『소앙선생문집』, 횃불사, 1979.

조영복, 『1920년대 초기 시의 이념과 미학』, 소명출판, 2004.

조용만, 『육당 최남선』, 삼중당, 1964.

조준희, 「이극로의 독일 조선어강좌 관계사료」, 『한국민족운동사연구』 79, 2014. 6.

조항래, 「대한독립선언의 발표시기경위」, 『한민족독립운동사논총』, 탐구당, 1992.

_____, 「조선 혁명선언의 배경과 이념」, 『한국민족운동사 10』, 1994. 12.

주완요, 손준식·신미정 역, 『대만: 아름다운 섬 슬픈 역사』, 신구문화사, 2003.

주요섭, 『구름을 잡으려고』, 좋은책만들기, 2000.

주요한, 『새벽』, 요한기념사업회, 1982.

623

지수걸, 「3·1운동과 국내 공산주의 계열의 민족해방운동」, 『한국독립운동사연구 13』, 1999.

차승기, 「기미와 삼일: 해방 직후 역사적 기억의 전승」, 『한국현대문학연구』 28, 2009.

천정환, 「소문·방문·신문·격문: 3·1 운동 시기의 미디어와 주체성」, 박헌호·류준필 편, 『1919년 3월 1일에 묻다』, 성균관대 출판부, 2009.

최덕교, 『한국잡지백년 1』, 현암사, 2004.

최명식, 『안악사건과 3·1운동과 나: 兢虛 崔明植 선생 약전과 자서』, 긍허전기편찬위원회, 1970.

최병구, 『1920년대 프로문학의 형성과정과 '미적 공통성'에 관한 연구』, 성균관대 박사논문, 2013.

최수일, 『『개벽』연구』, 소명출판, 2008.

최승만, 『2·8 독립선언과 관동진재의 진상과 사적 의의』, 2·8 독립기념관 설치위원회, 1984.

최우석, 「매일신보가 그려낸 1919년 감옥의 풍경」, 『향토서울』 80호, 2012.

_____, 「재일 유학생의 국내 3·1 운동 참여: 「양주흡 일기」를 중심으로」, 『역사문제연구』 31, 2014.

최윤영, 『한국문화를 쓴다』, 서울대 출판부, 2006.

최은희, 『한국근대여성사(중)』, 조선일보사, 1991.

_____, 『여성을 넘어 아낙의 너울을 벗고』, 문이재, 2003.

최정순, 『박순천 연구』, 백산서당, 2017.

최정운, 『오월의 사회과학』, 오월의봄, 2012.

최태원, 「어느 식민지 문학청년의 행방: 진학문」, 『상허학보』 50, 2017. 6.

최희정, 「갑오·광무시기 징세체계의 변화와 경남 고성(固城) 지역의 항세운동」, 『석당논총』 66, 2016. 11

한국노동조합총연맹, 『한국노총 50년사』, 한국노총정보센터, 2003.

한기형, 「최남선의 잡지 발간과 초기 근대문학의 재편」, 『대동문화연구』 45집, 2005.

한복선, 「직산 금광 광부들의 '작변(作變)'과 3·1 만세운동 연구」, 충북대 석사논문, 2012.

한정선, 「근대 중국의 공화제 실험과 제국 일본의 동요」, 배경한 편, 『동아시아 역사 속의 신해혁명』, 한울아카데미, 2013.

함석헌, 『함석헌 저작집 6』, 한길사, 2009.

허수, 『일제하 이돈화의 사회사상과 천도교: '종교적 계몽'을 중심으로』, 서울대 박사논문, 2005.

____, 『이돈화 연구』, 역사비평사, 2011.

허영란, 「삼일운동의 네트워크와 조직, 다원적 연대」, 『사학연구』 132, 2018. 12.

허윤회, 「해방 이후의 서정주 1945~1950」, 『민족문학사연구』 36, 2008. 4.

현은, 『미국독립사』, 황성신문사, 1899.

홍영기, 「한말 후기의병의 장기항전 전략과 전술」, 『역사학연구』 57, 2015.

황미숙, 「앨리스 샤프의 충청지역 여성 전도사업과 교육사업」, 『한국 기독교와 역사』 47, 2017.

황호덕·이상현 편, 『한국어의 근대와 이중어사전』, 박문사, 2012.

휘문칠십년사발행위원회, 『휘문칠십년사』, 휘문중고등학교, 1976.

3. 동양 논저

가토 나오키, 서울리다리티 옮김, 『구월, 도쿄의 거리에서: 1923년 간토대지진 대량학살의 잔향』, 갈무리, 2015.

고마고메 다케시, 오성철·이명실·권경희 역, 『식민지제국 일본의 문화통합』, 역사비평사, 2008.

고바야시 타쿠야, 「일제하 도로 사업과 노동력 동원」, 『한국사론』 56, 2010. 6.

나가타 아키후미, 박환무 옮김, 『일본의 조선통치와 국제관계』 일조각, 2008.

나카니시 이노스케, 박현석 옮김, 『너희들의 등 뒤에서 & 불령선인』, 현인, 2017.

다카시 후지타니, 한석정 옮김, 『화려한 군주: 근대 일본의 권력과 국가의례』, 이산, 2003.

량치차오, 주시경 옮김, 『월남망국사』, 노익형책사, 1907.

류시현 옮김, 『재팬 애드버타이저 3·1 운동 기사집』, 독립기념관 한국독립운동사연구소, 2015.

미나미 히로시, 정대성 옮김, 『다이쇼 문화』, 제이앤씨, 2007.

사카이 다카시, 김은주 옮김, 『폭력의 철학: 지배와 저항의 논리』, 산눈, 2007.

시부에 다모츠, 어용선 역, 『파란말년전사』, 탑인사, 1899.

오스기 사카에, 김응교·윤영수 옮김, 『오스기 사카에 자서전』, 실천문학사, 2005.

윤소영 편역, 『일본신문 한국독립운동기사집』, 독립기념관 한국독립운동사연구소, 2009.

이에나가 사부로 엮음, '수유+너머' 일본근대사상사팀 옮김, 『일본근대사상사』, 소명출판, 2006.

李姸淑, 고영진·임경화 옮김, 『국어라는 사상』, 소명출판, 2006.

조경달, 허영란 옮김, 『민중과 유토피아: 한국근대민중운동사』, 역사비평사, 2009.

천두슈, 김수연 편역, 『신청년의 신문학론』, 한길사, 2012,

후쿠자와 유키치, 정명환 옮김, 『문명론의 개략』, 홍성사, 1986.

姜德相, 『現代史資料 25: 朝鮮 1·三一運動篇 1』, みすず書房, 1966.

季武嘉也, 『大正社會と改造の潮流』, 東京: 吉川弘文館, 2004.

金宗洙, 『臺灣新文學七十年』上, 延邊大學出版社, 1990.

吉野作造, 『支那革命小史』, 萬朶書房, 1917.

南博, 『大正文化: 1905-1927』, 勁草書房, 1987.

渡辺直紀, 「中西伊之助の朝鮮關聯の小說について」, 『일본학』 22집, 2003. 11.

藤井省三, 『エロシェンコの都市物語: 1920年代東京·上海·北京』, 東京: みすず書房, 1989.

藤澤たかし, 『ある臺灣人の昭和史』, 東京: ローヤル國際クラブ出版部, 1991,

明治大正昭和新聞研究會, 『(新聞集成)大正編年史: 大正8年度版 上』, 東京: 明治大正昭和新聞研究會, 1981.

朴慶植, 『日本帝國主義の朝鮮支配』上, 靑木書店, 1973.

山室信一, 「世界認識の轉換と'世界內戰'の到來」, 山室信一·岡田曉生·小關隆·藤原辰史 編, 『第一次世界大戰 4: 遺産』, 東京: 岩波文庫, 2014.

三木淸, 「讀書遍歷」, 『三木淸全集 1』, 岩波書店, 1966.

相場淸, 「箒の跡」, 『京城雜筆』, 1941. 11.

小野容照, 『朝鮮独立運動と東アジア』, 京都: 思文閣出版, 2013.

松尾尊兊,『大正デモクラシ』, 東京: 岩波書店, 2001.

日統社 編,『謄寫版の發明家 堀井新次郎 苦鬪傳』, 日統社, 1932.

僧父,「大戰爭與中國」,『東邦雜誌』11권 3기, 1914. 9.

市川正明,『三一獨立運動 3』, 原書房, 1984.

植田晃次,「日本近現代朝鮮語教育史と相場淸」,『言語文化研究』35호, 2009. 3.

遠藤祐,「'自己'と'人類': 武者小路實篤について」,『白樺派文學』, 東京 : 有精堂, 1974.

田邊明生,「インド民族運動の轉換」,『第一次世界大戰·三』, 岩波書店, 2014.

朝鮮憲兵隊司令部 編,『大正8年朝鮮騷擾事件狀況』, 極東研究所出版會, 1969.

朝永三十郎,『人格の哲學と超人格の哲學』, 東京: 弘道館, 1909.

太田鐵男,『大正デモクラシの思想水脈』東京: 同時代社, 1987.

夏里,「民國時代的'萬歲'口號」,『同舟共進』, 2004.

4. 서양 논저

E.M. 포스터, 고정아 옮김,『모리스』, 열린책들, 2005.

라인하르트 코젤렉, 한철 옮김,『지나간 미래』, 문학동네, 1995

로버트 J.C. 영, 김택현 옮김,『포스트식민주의 또는 트리컨티넨탈리즘』, 박종철출판사, 2005.

로자 룩셈부르크, 풀무질 편집부 옮김,『룩셈부르크주의』, 풀무질, 2002.

루이 쟝 칼베, 김병욱 옮김,『언어와 식민주의』, 유로서적, 2004

린 헌트, 조한욱 옮김,『프랑스혁명의 가족 로망스』, 새물결, 1999.

마크 마조워, 김준형 옮김,『암흑의 대륙』, 후마니타스, 2009.

마하뜨마 간디, 라가반 이예르 엮음, 허우성 옮김,『진리와 비폭력 1』, 소명출판, 2004.

발렌틴 그뢰브너, 김희상 옮김,『너는 누구냐?』, 청년사, 2005.

발터 벤야민, 최성만 옮김,『역사의 개념에 대하여(외)』, 길, 2008.

베네딕트 앤더슨, 서지원 옮김,『세 깃발 아래에서』, 길, 2009.

블라디미르 레닌, 문성원·안규남 옮김,『국가와 혁명』, 돌베개, 2015.

_____, 이창휘 옮김,『임박한 파국, 그것에 어떻게 대처할 것인가』, 새길, 1990.

빅토르 세르주, 정병선 옮김,『한 혁명가의 회고록』, 오월의봄, 2014.

빌헬름 얀센, 한상희 옮김,『코젤렉의 개념사 사전 5: 평화』, 푸른역사, 2010.

시 엘 아르 제임스, 우태정 옮김,『블랙자코뱅』, 필맥, 2007.

시몬느 보봐르, 윤영내 옮김,『제2의 성(性)』, 자유문학사, 1993.

안톤 판네쿡, 환선길·김주환 옮김,『노동자평의회』, 빛나는전망, 2005.

알랭 바디우, 현성환 옮김,『사도 바울』, 새물결, 2008.

앙리 바르뷔스, 정봉구 옮김,『포화(외)』, 을유문화사, 1974.

앙리 베르그손, 황수영 옮김,『창조적 진화』, 아카넷, 2005.

에메 세제르, 프랑수와즈 베레즈, 변광배·김용석 옮김,『나는 흑인이다 나는 흑인으로 남을 것이
다: 에메 세제르와의 대담』, 그린비, 2016.

위르겐 하버마스, 한승완 역, 「공론장의 구조변동」, 나남출판, 2001.

일란 파페, 유강은 옮김, 「팔레스타인 현대사」, 후마니타스, 2009.

제임스 밀러, 김만권 역, 「민주주의는 거리에 있다」, 개마고원, 2010.

Japan Chronicle 특파원, 윤경로 옮김, 「105인 사건 공판 참관기」, 한국기독교역사연구소, 2001.

조르주 르페브르 저, 최갑수 옮김, 「1789년의 대공포」, 까치, 2002.

조르주 소렐, 이용재 옮김, 「폭력에 대한 성찰」, 나남, 2007.

조지 오웰, 박경서 역, 「버마시절」, 열린책들, 2010.

존 키건, 조행복 옮김, 「제1차 세계대전사」, 청어람미디어, 2009.

지그문트 프로이트, 윤희기·박찬부 옮김, 「정신분석학의 근본 개념」, 열린책들, 2003.

폴 존슨, 이희구·정승현 옮김, 「세계현대사 1」, 한마음사, 1993.

프란츠 파농, 남경태 옮김, 「대지의 저주받은 사람들」, 그린비, 2004.

피터 게이, 조한욱 옮김, 「바이마르 문화」, 탐구당, 1983.

한나 아렌트, 김정한 옮김, 「폭력의 세기」, 이후, 1999.

_____, 이진우·박미애 옮김, 「전체주의의 기원 1」, 한길사.

호세 카를로스 마리아테기, 최진솔 옮김, 「동양의 전언」, 서울대 라틴아메리카연구소, 2018.

Agamben, G, "Beyond Human Rights", Social Engineering no.15, 2008.

An, Jong-chol, "The Constitutional Codification of Labor Law: Hugo Sinzheimer, Ernst Fraenkel, and Jin-Han Jeon during the U.S. Occupation of Koea, 1945~48", Konferenz "Geschichte der Deutsch-Koreanischen Beziehungen", *Geschichte der Deutsch-Koreanischen Beziehungen*, Jul 21, 2018.

Aredt, H, "We Refugees", M.Robinson ed., *Altogether Elsewhere: Writers on Exile*, Faber&-Faber, 1994.

Arnold, D, *Gandhi: Profiles in Power*, Longman, 2001.

Bergson, H., *The Meaning of the War: Life and Matter in Conflict*, T.Fischer Unwin Ltd., 1915.

Buck-Morss, S, *Dreamworld and Catastrophe*, The MIT Press, 2002.

Cooper, J. M. & MacMillan, M, "Ending the Great War: The Peace that Failed?", Winter, J. ed., *The Legacy of the Great War: Ninety Years on*, Univ. of Missouri Press, 2009.

Dubois, L, *A Colony of Citizens*, University of North Carolina Press, 2004.

Fahmy, Z, *Ordinary Egyptians*, Stanford University Press, 2011.

Ford, N. G, *Americans All!: Foreign-born Soldiers in World War I*, Texas A&M University Press, 2001.

Freud, S. & Bullitt, W.C., "Thomas Woodrow Wilson, A Psychological Study", *Encounter* vol. 28 no.1, Jan. 1967.

Gregory, A, *The Last Great War: British Society and the First World War*, Cambridge Univ. Press, 2008.

Guha, R. & Spivak, G.C., *Subaltern studies*, Oxford University Press, 1988.

Herron, G. D, *Woodrow Wilson and the World's Peace*, Mitchell Kennerley, 1917.

Hibbert., C., *The Great Mutiny: India 1857*, Penguin Books, 1980.

Iriye, A, *Cultural Imperialism and World Order*, The Johns Hopkins Univ. Press, 1997.

Kontje, T, *The Cambridge Introduction to Thomas Mann*, New York, Cambridge UP, 2010.

Lacouture, J, Wiles. P, trans, *Ho Chi Minh*, The Penguin Press, 1968.

Link, A. S. ed, *The Papers of Woodrow Wilson*, vol.46, vol.56., Princeton University Press, 1986.

MacGuire, E, *Red at Heart*, Oxford Univ. Press, 2017.

Macmillan, M, *Paris 1919: Six Months That Changed the World*, Random House, 2003.

Manela, E, *The Wilsonian Moment*, Oxford Univ. Press, 2007, p.19.

Masaryk, J. G., "Our People is Free and Independent!", G. J. Kovtun ed., *The Spirit of Thomas G. Masaryk (1850–1937)*, Palgrave Macmillan, 1990.

Maynard, W. B, *Woodrow Wilson: Princeton to the Presidency*, Yale Univ. Press, 2008.

Nosek, V., *Independent Bohemia: An Account of the Czechoslovak Struggle for Liberty*, J.M.Dent & Sons Ltd., 1918.

Park, Induk, *September monkey*, Harper, 1954.

Pergler, C, "An Experiment in Progressive Government: The Czechoslovak Republic", *The Annals of the American Academy of Political and Social Science*, Vol. 84, July 1919, Sage Publications, pp. 59~61.

Riddell, G. A, *Lord Riddell's Intimate Diary of the Peace Conference and after, 1918-1923*, Victor Gollancz, 1933.

Robertson, C, *The Passport in America: The History of a Document*, Oxford Univ. Press, 2010.

Sundquist Eric J ed., *The Oxford W.E.B. Du Bois Reader*, Oxford Univ. Press, 1996.

Verhoeven, C, *The Odd Man Karakozov: Imperial Russia, Modernity, and the Birth of Terrorism*, Cornell Univ. Press, 2009.

Wilson, W, "The Fourteen Points Address"(final draft), *The Papers of Woodrow Wilson* vol.45, Princeton Univ. Press, 1987.

Winter, J, *Dreams of Peace and Freedom*, Yale Univ. Press, 2006.

_____, *Sites of Memory, Sites of Mourning*, Cambridge Univ. Press, 1998.

5. 기타 자료

「김필순 일가의 이야기: 김필순 선생의 외증손녀, 박규원 작가 인터뷰」, 『연세의사학』 21권 1호, 2018. 6.

「인천인물 100인(97): 애국지사 유봉진」, 『경인일보』 2007. 11. 21.

「'요릿집' 태화관이 독립선언 장소로 낙점된 까닭은?」, 『동아일보』 2018. 6. 16.

「황임성 신문조서」, 『한민족독립운동사자료집 28』, 국사편찬위원회, 1996.

https://en.wikisource.org/wiki/Declaration_of_Independence_of_the_Czechoslovak_Nation.

https://en.wikipedia.org/wiki/Finnish_Declaration_of_Independence#Text_of_Finland's_Declaration_of_Independence.

https://en.wikipedia.org/wiki/Estonian_Declaration_of_Independence.

https://www.difp.ie/docs/1919/Declaration-of-independence/1.htm.

http://www.kyeongin.com/main/view.php?key=354821.

http://db.history.go.kr/item/level.do?setId=1&itemId=hdsr&synonym=off&chiness-Char=on&page=1&pre_page=1&brokerPagingInfo=&position=0&levelId=hds.

http://db.history.go.kr/item/level.do?levelId=kd_005_0010_0010_0120.

http://www.jejugo.co.kr/bbs/zboard.php?id=jejugo20008&no=355.

공훈전자사료관 http://e-gonghun.mpva.go.kr/openViewer.do.

http://news.donga.com/3/all/20180922/92125346/1.

「1920년, 프랑스로 떠난 식민지 청년 21명 있었다」, 『오마이뉴스』 2010. 10. 18.(http://www.ohmynews.com/NWS_Web/View/at_pg.aspx?CNTN_CD=A0001463067).

참고문헌

찾아보기

630

631

632

633

634

635

637

638

639

641

642

643

645

646

발표지면

이 책의 토대가 된 필자의 글은 다음과 같다. 대폭 수정·재구성해 수록했다.

「1910년대의 새로운 주체와 문화: 『매일신보』가 만든, 『매일신보』에 나타난 대중」, 『민족문학사연구』 36, 민족문학사연구소, 2008. 4.

「진화론의 갱생, 인류의 탄생: 1910년대의 인식론적 전환과 3·1 운동」, 『대동문화연구』 66, 성균관대 대동문화연구원, 2009. 6.

「1910년대의 이중어 상황과 문학 언어」, 『동악어문학』 54, 동악어문학회, 2010. 2.

「미래로의 도약, 3·1 운동 속 직접성의 형식」, 『한국학연구』 33, 인하대 한국학연구소, 2014. 5.

「동인지의 청년들, 반(反)식민과 반(反) 이광수: 3·1 운동 이후의 문학적 분기」, 『서정시학』 24, 서정시학사, 2014. 8.

「1910년대의 '혁명': 3·1 운동 전야의 개념과 용법을 중심으로」, 『개념과 소통』 15, 한림대 한림과학원, 2015. 6.

「'만세'의 유토피아: 3·1 운동에 있어 복국(復國)과 신세계」, 『한국학연구』 38, 인하대 한국학연구소, 2015. 8.

「3·1 운동과 '개조'의 후예들: 식민지시기 후일담 소설의 계보」, 『민족문학사연구』 58, 민족문학사연구소, 2015. 8.

「선언과 등사: 3·1 운동에 있어 문자와 테크놀로지」, 『비교어문연구』 40, 비교어문학회, 2015. 8.

「3·1 운동의 밤」, 박경石 편, 『동아시아의 '근대' 체감』, 한울아카데미, 2018.